0
100 km
Straßen
Eisenbahn
NEPAL
Ghaghara
Sarda/Chauka
Bahraich
Sitapur
Lucknow
Faizabad
Gorakhpur
Kanpur
UTTAR PRADESH
Ganga (Ganges)
Yamuna
Jaunpur
Allahabad
Varanasi (Benares)
Mirzapur
Rewa

Phoolan Devi

Ich war die Königin der Banditen

Phoolan Devi

mit

Marie-Thérèse Cuny und Paul Rambali

Ich war die Königin der Banditen

Die Autobiographie

Gustav Lübbe Verlag

Erläuterungen zu den indischen Namen und Begriffen
finden Sie am Ende des Buches.

Bildnachweis:
Stern, Jay Ullal, Hamburg: 1–4
Laffont/Fixot, Paris: 5–13, SU

Titel der englischsprachigen Originalausgabe:
»I, Phoolan Devi. The Autobiography
of India's Bandit Queen«

Übersetzung aus dem Englischen: Theresia Übelhör,
Bringfried Schröder, Malte Heim, Sebastian Vogel
Textredaktion: Diethelm Kaiser, Bonn
Satz: Dörlemann Satz, Lemförde
Gesetzt aus der Baskerville Book von Berthold-Satzsysteme
Druck und Einband: Franz Spiegel Buch GmbH, Ulm

Printed in Germany
ISBN 3-7857-0799-1

1 3 5 4 2

Mein Schwiegervater hatte mich im Dunkeln eingesperrt. Nur ein schmaler Lichtstreifen drang unter der Tür hindurch in den Kuhstall, und alles, was ich erkennen konnte, waren die rostigen Werkzeuge und Kochtöpfe zwischen dem Rattenkot. Ich hockte mich nieder und vergrub mein Gesicht in den Händen. Mir war heiß. Meine Wangen brannten ... Ich hatte geweint und nach meiner Mutter gerufen. Mein Schwiegervater hatte wohl befürchtet, ich würde davonlaufen, als ich ihm erzählte, daß mein Mann gedroht hatte, mich zu verprügeln. Bestimmt hatte er mich deshalb hier im Dunkeln eingesperrt. Er glaubte sicher, es wäre meine Schuld.

Als er wissen wollte, warum sein Sohn wütend auf mich war, wagte ich zuerst gar nicht, es ihm zu sagen, aber er drängte weiter.

Also sagte ich es ihm.

»Er wollte mich anfassen! Er hat mir die Bluse aufgeknöpft!«

Ich hatte um Hilfe geschrien. Ich wußte, daß ich meinen Körper vor den Blicken der Männer verbergen sollte. Seit dem letzten Frühjahr hatte mir meine Mutter immer wieder gesagt, ich wäre nun zehn Jahre alt und sollte nicht mehr mit offener Bluse herumlaufen.

»Hat er dir weh getan?« hatte mein Schwiegervater gefragt und war dabei sehr ernst geworden. »Hör auf zu weinen und erzähl mir, was er gemacht hat ...«

»Er sagte, ich sei eine kleine Taube ... er sagte, er wüßte nicht, wann ich erwachsen werden würde ... Er hat mich mit seinen Händen überall angefaßt!«

Ich hatte meinen Schwiegervater angefleht, mich zu meiner Mutter zurückzubringen. Er meinte nur, ich sollte mich beruhigen, und versprach, mir ein wenig Milch zu bringen. Aber ich konnte nicht aufhören zu weinen. Deshalb sperrte er mich in den Kuhstall.

Ich bettelte, er solle die Tür aufmachen, aber es war zwecklos. Er war wahrscheinlich fortgegangen und ließ mich dort zurück.

Ich war seit drei Tagen allein mit meinem Mann und seinem Vater. Sie hatten meinen Eltern gesagt, daß sie mich für den Haushalt bräuchten, weil mein Mann Witwer war, und gleich am Tag nach meiner Hochzeit waren wir zu seinem Dorf aufgebrochen. Ich tat alles, was sie wollten. Ich machte die ganze Hausarbeit, aber zum Brunnen durfte ich nicht gehen, weil sie Angst hatten, ich könnte hineinfallen, und ich durfte auch nicht kochen, weil der alte Mann Sorge hatte, ich könnte mir die Finger verbrennen. Das einzig Gute dort war das Essen. Ich durfte bei jeder Mahlzeit vier dünne Brotfladen, *chapatis*, essen, und ich wünschte mir nur, ich könnte ein paar davon für meine Schwestern und meinen Bruder aufheben. Immer wenn ich hinauswollte, um mit den anderen Kindern auf der Straße zu spielen, hielt mich mein Mann zurück.

»Eines Tages werde ich dich wieder nach Hause bringen«, sagte er, »und du wirst viele feine Sachen zu essen bekommen, aber wenn du weinst und versuchst wegzulaufen, werde ich dich schlagen, hast du verstanden?«

Dann hatte er meine Bluse aufgeknöpft und meine Brust angefaßt. Er zwickte mich in die Rippen und kicherte.

Der Ausdruck in seinen Augen machte mir angst, aber es war nicht meine Schuld, daß er meine Brust anstarrte und mich anfaßte. Ich versuchte, ihm zu entkommen, und wenn sein Vater nicht gerade in diesem Augenblick zurückgekommen wäre, hätte er mich ganz bestimmt geschlagen.

Nach der Hochzeit meiner großen Schwester hatte es noch eine Zeitlang gedauert, bis sie in das Dorf ihres Mannes zog. Er drohte nie, sie zu schlagen, er beschützte sie, und sie machte den Haushalt und kochte für ihn. Mein Mann roch nach Schweiß, und jedesmal, wenn er mich sah, machte er mit seinem Mund ein komisches Geräusch. Ich wollte nach Hause und meine Mutter fragen, was ich dort eigentlich zu tun hatte.

Ich weinte so sehr, daß mein Kopf schmerzte und mein Rock

ganz feucht war von den vielen Tränen. Nach einer Weile hörte ich sie draußen streiten.

»Sie ist doch noch ein Kind«, schrie der alte Mann. »Wie konntest du dich an sie heranmachen?«

»Was erwartest du von mir? Du warst es doch, der dieses verdammte Kind für mich ausgesucht hat!«

Weiter hörte ich nichts mehr von ihnen. Sie ließen mich allein in dem dunklen, leeren Kuhstall.

Ich beschloß, daß ich von nun an, wenn sie mich wieder herausließen, in der Nähe des alten Mann bleiben würde. Ich würde mit ihm zum Brunnen gehen, damit sein Sohn mich nicht mehr anfassen konnte. Ich würde meinen Rock, mein Unterkleid und meine Bluse anziehen und meinen Sari, das Tuchkleid, so fest darüber wickeln, daß er ihn nicht mehr aufmachen konnte. Ich kannte ihn doch gar nicht, er gehörte nicht einmal zu meiner Familie, und er versuchte mir Angst einzujagen!

»Phoolan! Wo versteckst du dich, mein Täubchen?«

Es war die Stimme von Putti Lal.

»Jetzt, wo wir verheiratet sind, zeige ich dir, was verheiratete Leute machen ... Hab keine Angst. Ich bringe dir ein neues Spiel bei ...«

»Vater, wo wohnt Gott?«

Meine Mutter hockte vor einem Kuhfladen. Sie nahm eine Handvoll Dung und formte daraus mit einer Bewegung, die ich, seit ich ein kleines Mädchen war, bei ihr gesehen hatte, einen Ziegel, den sie neben die Reihe weiterer Dungziegel vor sich setzte.

Am anderen Ende des Feldes trockneten die Ziegel, die sie einige Tage zuvor gemacht hatte und die wir nun aufstapeln mußten. Es war eine harte Arbeit. Der Dung klebte wie Honig an unseren Händen. Ich bildete mit den Ziegeln zuerst einen Kreis und schichtete dann den nächsten oben drauf, bis ich auf die Spitze des Hügels aus Dungziegeln nicht mehr hochreichen konnte. Dann machte meine Schwester Rukmini weiter, die größer war als ich, und ich begann mit dem nächsten Hügel. Gegen Abend war das Feld voller Hügel aus getrocknetem Dung – nun nicht mehr dunkelbraun, sondern ockerrot, die Farbe der trockenen, staubigen Erde, die zwischen unseren Zehen klebte und auch unsere Füße rot färbte.

Mit einem Strohkorb, den ich auf dem Kopf balancierte, ging ich den Weg vom Feld ins Dorf zu unserem Haus zurück. Meine kleine Schwester Choti neben mir trug ebenfalls einen Korb auf dem Kopf. Die Farbe meines Dorfes war rot wie die Erde. Die Wände der Häuser wurden von den Dorfbewohnern mit dieser Erde gebaut, sie formten die Erdklumpen mit ihren Händen so wie wir die Ziegel aus Dung, die wir verbrannten, um unser Essen zu kochen und um im Winter nicht frieren zu müssen, dem gleichen Dung, der die Erde fruchtbar machte und die *hora*, die Kichererbsen, wachsen ließ.

Im Hof unseres Hauses wartete mein Vater darauf, daß wir zurückkamen und ihm sein Essen zubereiteten. Weil sie die älteste war, mußte Rukmini die Chapatis machen. Zunächst reinigte sie den Mahlstein, um darauf den Weizen für den Teig zu zerstampfen, dann hockte sie sich auf die Fersen, wie auch meine Mutter es immer tat, und entfachte mit ein paar Zweigen das Feuer. Sie stützte sich mit einer Hand auf ihrem Knie ab, lehnte sich zur Seite, strich ihr Haar zurück und blies vorsichtig in die Glut. Ihr Gesicht glühte im Schein des Feuers. Rukmini war dreizehn, sie war schön, und ihre Haut war hell, nicht so wie meine. Vater hatte uns gesagt, daß sie bald verheiratet werden sollte.

»Wohin gehst du mit dem Stock, Phoolan?« fragte mein Vater.

Ich antwortete nicht. Die untergehende Sonne warf lange Schatten in unserem kleinen Hof. Den ganzen Tag lang hatte ich über etwas sehr Ernstes nachgedacht ...

»Vater«, fragte ich, »wo wohnt Gott?«

Seine Stirn war von tiefen Furchen durchzogen, er hatte die gleiche große, flache Nase wie ich, und seine Haut war so dunkel wie meine. Er kam mir immer traurig vor. Manchmal kratzte er sich stundenlang am Kopf, als würde er versuchen, sich von Gedanken zu befreien, die ihn wie Läuse juckten. Als er mich aber jetzt mit meinem Stock sah, hellte sich seine sorgenvolle Miene auf.

»Wo glaubst du denn, daß Gott wohnt, Phoolan?«

»Im Dschungel, Buppa. Ich gehe mit Choti dorthin. Ich habe den Stock dabei, um die Schlangen abzuwehren.«

Choti und ich hatten vor, über die Mauer unseres Hofes zu klettern, am Graben entlangzulaufen und dann dem Fluß zu folgen, bis wir den Dschungel erreichten.

Dieses Mal war es unsere Mutter, die uns rief.

»Phoolan! Geh und hol Wasser!«

Vater lächelte. Seine Zähne waren schwarz, und es fehlten so viele, daß ich mich oft fragte, wie alt er wohl war. Damals war ich fast neun Jahre alt – nehme ich an. Niemand, nicht einmal meine Eltern, wußten genau, in welchem Jahr ich geboren war. Sicher war nur, daß ich am Tag des Blumenfestes zur Welt kam, deshalb nannten sie mich Phoolan, was Blume bedeutet. Meine Eltern hatten bereits eine Tochter, Rukmini, und nach mir wurde noch ein Mädchen, Ramkali, geboren. Wir gaben ihr den Spitznamen Choti, weil sie so zierlich war. Dann bekamen sie einen Sohn, Shiv Narayan, der noch ein Baby war. Und im Bauch unserer Mutter gab es ein Geheimnis …

»Gott ist überall, Phoolan, nicht nur im Dschungel«, sagte mein Vater. »Jetzt geh Wasser holen, und sprich unterwegs mit niemandem.«

Wir liefen die Straße entlang und dann den Weg zwischen den Häusern zum Brunnen hinauf. Er war so tief, daß Choti und ich gemeinsam an dem Seil ziehen mußten, um den Eimer heraufzubekommen. Wir mußten ganz fest ziehen und hakten uns mit den Zehen unter dem Steinsockel ein, um nicht hinuntergerissen zu werden. Das Wasser am Grund war schwarz, und ich war überzeugt davon, daß dort unten böse Geister hausten.

Ich wollte Gott finden, um ihn etwas zu fragen. Ich hatte schon lange Zeit darüber nachgedacht – während ich die Kühe auf die Weide führte oder Wasser vom Brunnen holte oder auf dem Feld meine Notdurft verrichtete –, aber zunächst mußte ich herausbekommen, wo ich den Gott finden konnte, der bestimmt hatte, daß ich in diesem Dorf geboren wurde, hier auf dem flachen Land, nahe beim Fluß.

In unserem Dorf tratschten alle, und wenn sie nicht zu müde von der Arbeit auf den Feldern waren, zankten sie sich oft. Ich nahm an, es war der Hunger, der sie dazu brachte, so miteinander zu schimpfen. Über die Lehmmauern der Innenhöfe hinweg hörte man Frauen um einen Topf Milch streiten oder ihre Kinder anbrüllen – allerdings nicht in der heißen Jahreszeit, wenn die Luft so flimmerte, daß die Fliegen darin zu schweben schienen und die Schreie der Vögel in den Bäumen schier erstickten. Ein warmer Wind wehte, und nur die Affen, die sich im Schatten der Feigenbäume gegenseitig die Flöhe aus dem Fell suchten, hatten noch Kraft übrig und die Stechmücken, die träge an unserer Haut saugten. Kurz vor Beginn der Regenzeit, die den Staub wegwaschen würde, blieb kaum mehr Luft zum Atmen.

Der einzige Ort, an dem ich allein sein konnte, war das Feld am Rande des Dorfes; Ruhe zum Nachdenken hatte ich nur dort, wenn ich mich zwischen den hohen Gräsern hinhockte und pinkelte.

Doch um zum Feld zu gelangen, mußte ich an dem großen Haus vorbeigehen, das Bihari gehörte. Und er versuchte immer, mich zu schlagen. Er war alt, grausam und gemein. Mit dem Lächeln eines Halunken, der so tut, als würde er Zuckerrohr verkaufen, rief er mich stets, wenn ich vorbeikam. »Komm, kleines Mädchen, komm, Phoolan«, lockte er mich, »komm und besuch deinen Onkel Bihari ...« Eigentlich sollte ich Leuten, die älter waren als ich, gehorchen, aber ich wußte, daß er versuchen würde, mich zu fangen und zu schlagen, sobald ich meinen Fuß in seinen Hof setzte. Er schlug auch Choti mit seinem Stock. Und er schlug meine große Schwester Rukmini, wenn sie so dumm war und an seinem Haus vorbeiging. Er schlug sogar meine Mutter, wenn er sehr böse auf uns war. Er behauptete, wir würden ihm nachspionieren oder irgend etwas Unerlaubtes tun. Dabei war er es, der immer auf der Lauer lag – dort in seinem Hof neben der Tür, hingestreckt auf seinen *khat* aus Bambus mit dem weichen Strohbelag. Er arbeitete nicht wie mein Vater, sondern verbrachte seine Tage damit, uns aufzulauern und seinen Dienern zuzusehen, wie sie den Schmutz wegfegten.

Von seinem Khat erhob er sich meist nur, um meine Mutter über die Mauern hinweg anzuschreien. »Kannst du deine dreckigen Töchter nicht im Haus behalten?« brüllte er dann.

Dieser Tyrann wohnte am Ende der kleinen Häuserreihe, die unseren Weg säumte. Sein Haus war aus Zement gebaut, es besaß zwei Stockwerke und einen Balkon. Um die Eingangstür herum war das Holz mit Schnitzereien verziert wie der Palast eines *rajahs*. In seinem Hof gab es sogar einen Brunnen, so daß seine Frauen nicht im Dorf anstehen mußten.

Die Wände unseres Hauses waren mit Lehm bedeckt, und das Dach war aus Stroh. Um unsere hölzerne Eingangstür gab es keine Schnitzereien. Innen waren ein kleiner Hof und die überdachten Räume: zwei für uns – einer, in dem wir im Winter schliefen, und ein anderer mit einer Feuerstelle aus Ton zum Kochen – und dann noch einer für die Kühe. Es gab weder Fenster noch Türen, deshalb war es in den Räumen immer dunkel und kühl. Für abends hatten wir eine Öllampe aus einer alten Blechbüchse mit einem Loch im Deckel für den Docht. Die einzige Dekoration war unser kleiner

Schrein; Möbel gab es nicht außer drei alten Khats im Schlafzimmer und einen im Hof neben der Tür, wo mein Vater lag, wenn er keine Arbeit hatte. In der heißen Jahreszeit schlief mein Vater gerne im Hof, aber die Kühe schliefen immer drinnen. Wir hatten zwei Kühe. Wenn wir sie draußen gelassen hätten, wären sie womöglich gestohlen worden, und sie waren alles, was wir besaßen. Wir waren arme *Mallahs* und besaßen nur das, was der Fluß uns zum Leben gab.

Wenn ich mit unseren Kühen Biharis Feld überquerte, schlug er mich. Wenn ich an seinem Haus vorbeikam, auch wenn ich nur schnell im Feld pinkeln wollte, versuchte er mich zu schlagen. Ich begriff überhaupt nicht, warum er uns weh tun wollte. Meine Mutter sagte immer, daß er uns loswerden wollte. Ich wußte nur, daß er sich immer bei ihr beschwerte, wir würden Unheil anrichten, wir würden sein Grundstück unbefugt betreten und wir wären häßlich und schmutzig.

Um ihm nicht zu begegnen, machte ich meist den längeren Weg zu den Feldern, aber als ich klein war, konnte ich manchmal nicht warten, so dringend mußte ich. Dann nahm ich den Weg, der direkt an der Mauer seines Hofes vorbeiführte, paßte auf, daß ich mit den Füßen nicht in die Abwasserrinne trat, und rannte so schnell ich konnte, weil ich Angst hatte, mich selbst vollzupinkeln. Aber natürlich lag er auf der Lauer …

»Ja Phoolan! Wo willst du denn wieder hin?« schrie er dann. »Du bist auf meinem Grundstück!« Seine Frau, eine scheußliche Alte, hockte schnatternd auf ihrem Khat im Hof und wedelte mit ihrem Sari.

Wenn ich den langen Weg außen herum nahm und mein Kleid vollpinkelte, mußte ich es im Fluß auswaschen und dann ganz nackt warten, bis es getrocknet war. Ich hatte nur ein Kleid. Und keine Schuhe. Niemand in meiner Familie besaß Schuhe.

Ich konnte nicht verstehen, weshalb wir die Beleidigungen und Schläge von Bihari erdulden mußten. Oft malte ich mir aus, wie Choti und ich uns eines Tages, wenn er, durch seine große Hakennase schnarchend, auf seinem Khat lag, zu Bihari heranschleichen und ihm einen schweren Stein auf den Kopf werfen würden, um ihm all das heimzuzahlen, was er uns angetan hatte! Es war, als hätte ich nicht das Recht, in meinem Dorf zu leben, als wäre meine Familie weniger wert als die Flöhe eines Hundes. Lag es daran, daß wir Mallahs, arme Leute waren? Deshalb wollte ich Gott aufsuchen, um ihn das zu fragen.

Als ich klein war, liebte ich den Geruch von nasser Erde. Oft nahm ich mehrere Handvoll Schlamm vom Flußufer und schluckte ihn hinunter. Meine Mutter schimpfte mich immer aus. Sie mußte mir sogar die Hände zusammenbinden, um mich davon abzuhalten, den schweren roten Lehm zu essen. Er sorgte für das Wachstum des Getreides, das an den Flußufern stand, und bedeckte die Wände der Häuser. Sein Geruch überwältigte mich. Aber man konnte ihn nicht essen.

Das war ein weiterer Grund, warum ich wissen wollte, wo Gott wohnt – um ihn zu fragen, warum wir offenbar nie genug zu essen hatten. Meine kleine Schwester Choti wollte mit mir kommen. Wir hatten viel über diesen Gott gesprochen, der bestimmt hatte, daß wir arm sein sollten, und wir hatten den Entschluß gefaßt, in den Dschungel zu gehen und ihn um Hilfe zu bitten.

Gott, so wollten wir zu ihm sagen, gib uns alles, was wir brauchen: ein Haus wie das von Bihari mit zwei Stockwerken, ein Feld, um darauf Weizen anzupflanzen, einen Mangobaum, viele Kühe, einen Büffel und einen Karren. Choti wollte haufenweise *batasas* haben, die krümeligen Süßigkeiten aus Milch und Zucker, und wir wollten um ganz viele Rupien für unseren Vater bitten.

Manchmal kam es mir so vor, als wäre ich immerzu hungrig, und es gab nie genug zu essen. Ich aß gerne Linsen und Mangos, aber oft hatten wir nur Kartoffeln. Wenn wir ein wenig Weizen hatten, zerstampfte ihn Rukmini, um daraus Chapatis zu backen. Und manchmal beträufelte meine Mutter die Chapatis mit köstlichem *ghee* – dem schweren Butteröl, das wir den Göttern im Tempel opferten –, und wir löffelten mit ihnen unser Gemüse. Für ein wenig Weizen oder ein kleines Töpfchen Ghee mußte mein Vater einen ganzen Tag irgendwelche Arbeiten im Haus einer reichen Familie erledigen. Wenn wir auf dem Feld arbeiteten, hatten wir nur gesalzene Erbsen zum Mittagessen. Die Hauptmahlzeit gab es am Abend, und Vater bekam immer zuerst zu essen. Wenn er sich bedient hatte, nahmen wir uns von dem, was übrig war. Zuletzt aß immer diejenige, die gekocht hatte, und das war Rukmini. Ich sah ihr oft beim Zubereiten des Essens zu, und immer aß sie zuletzt. Es muß hart sein, immer als letzte zu essen, dachte ich und war mir darüber im klaren, daß es meine Aufgabe sein würde, das Essen zuzubereiten, sobald sie verheiratet war.

Wenn ich meine Aufgaben im Haus oder auf den Feldern erledigt hatte, mußte ich für jeden im Dorf Arbeiten ausführen, der danach fragte. Mein Vater sagte, es sei meine Pflicht. »Hüte ihre Rinder, sammle ihre Feldfrüchte ein oder suche die Läuse auf ihren Schädeln, dann bekommst du vielleicht etwas zu essen dafür.«

Eines Tages hatte der *pradhan*, das Dorfoberhaupt, mir befohlen, zu ihm zu kommen und seinen Kopf zu massieren. Vor ihm lag auf dem Zementboden seines Hofes ein großer Haufen Mangos, die frisch von seinem Baum gepflückt worden waren.

Normalerweise sprach ich nie in seiner Gegenwart, und ganz gewiß hätte ich ihn nie um etwas gebeten. Er war ein bedeutender Mann, das Oberhaupt aller Dörfer des Bezirks, und ich war viel zu schüchtern, um auch nur ein Wort hervorzubringen. Aber die Mangos waren so frisch und dick und so rot wie die untergehende Sonne. Zu Hause hatten wir nie solche Mangos. Wir konnten uns nur die billigste Sorte leisten, grün und sauer, an denen man fest saugen mußte, um überhaupt etwas Saft herauszubekommen. Das hier waren die besten Mangos, die ich je gesehen hatte. Ich stellte mir vor, wie sich das weiche Fruchtfleisch in meinem Mund anfühlen und wie der süße Saft meine Kehle hinunterrinnen würde. Ihr Duft war so stark, daß es mich schließlich überkam.

»Bitte, darf ich ein kleines Stück Mango haben?« fragte ich.

Die Ohrfeige war so heftig, daß es in meinem Kopf dröhnte. Ich war wie betäubt – ich konnte nicht mehr richtig sehen, alles drehte sich um mich, und ich fiel um.

Der Pradhan war wütend. »Wie kannst du es wagen, mich um eine Mango zu bitten? Heute willst du eine Mango, und morgen ist es dann etwas anderes!«

Ich hatte solche Schmerzen und solche Angst, daß ich mir ins

Kleid machte. Ich rannte nach Hause und hoffte, meine Mutter würde mich nicht sehen. Aber sie war da.

»Was ist jetzt schon wieder los?« fragte sie. »Was hast du diesmal angestellt?«

Am liebsten hätte ich mich versteckt. »Ich gehe nie wieder in dieses Haus«, heulte ich. »Ich will nie mehr diese Arbeit tun. Sollen ihn die Flöhe auffressen!«

Obwohl ich davon überzeugt war, daß auch sie mich schlagen würde, erzählte ich ihr, was passiert war. Während ich sprach, sah ich, wie die dunklen Augen meiner Mutter vor Wut zu funkeln begannen. Sie packte mich am Arm, aber sie versuchte nicht, mich zu schlagen. Statt dessen schleppte sie mich zurück zu dem Haus des Pradhans.

Dort angekommen, begann sie von der Straße aus mit zornerfüllter Stimme zu schreien.

»Glauben Sie, wir setzen Kinder in diese Welt, nur damit sie Ihre Sklaven sind? Statt sie so zu schlagen, hätten Sie sie einfach töten sollen! Los, töten Sie sie! Dann wird sie Sie nie mehr um Mangos bitten! Bringen Sie sie um, wenn Sie wollen!«

Als mein Vater nach Hause kam und hörte, was vorgefallen war, schämte er sich. Er sagte, es sei unsere Pflicht, ihnen zu dienen. So sei die Welt nun mal. Wenn wir klaglos täten, was sie verlangten, wenn wir uns verneigten und zum Zeichen unseres Respekts ihre Füße berührten, dann würden sie uns etwas zu essen geben. Er sagte, die Welt sei so, weil Gott sie so erschaffen hat.

»Vater, wie sieht Gott aus?« fragte ich.

»Gott hat viele Gesichter, Phoolan!«

»Sieht er aus wie ich?«

Mein Vater versuchte, sein Schmunzeln zu verbergen.

Ich wußte, daß ich nicht so hübsch war wie Rukmini. Meine Haut war zu dunkel, wenn auch nicht so dunkel wie die von Choti, und meine Nase war zu groß. Ich war zu klein, zu dünn und zu schwach, um schön zu sein. Rukmini hatte helle Haut; meine Mutter liebte sie sehr und mein Vater ebenfalls. Von dem Essen, das er von den Leuten bekam, für die er arbeitete, bewahrte er immer etwas für sie auf und brachte es ihr nach Hause mit: ein Topf Milch oder eine Chapati, die er eigens für sie aufgespart hatte. Rukmini würde bald verheiratet werden, erklärte er, deshalb mußte sie schön und gesund bleiben. Ich aber konnte besser auf Bäume klettern als andere Mädchen, und ich konnte auch schneller rennen! Ich konnte im Fluß schwimmen und war in der Lage, alle möglichen Arbeiten zu verrichten. Ich konnte mit meiner Sichel Getreide schneiden und es für die Tiere dreschen, ich konnte schwere Körbe und Krüge mit Wasser auf dem Kopf tragen. Wir hatten nicht viel zu essen, es muß also die Wut gewesen sein, die mir die Kraft verlieh.

Ich war geboren worden mit dem Zorn meiner Mutter. »Ich habe alles ausgebrochen, was ich gegessen habe, als du in mir warst«, erzählte sie mir einmal.

»Wenn es dir wegen mir so schlechtgegangen ist«, fragte ich sie, »warum hast du mich dann nach der Geburt nicht einfach erwürgt?«

Jedesmal, wenn sie jammerte, weil ich ein Mädchen war oder weil sie sich wegen mir schlecht gefühlt hatte oder weil ich ihr nur Sorgen machte, hätte ich am liebsten geweint. Aber ich tat es nicht, ich blieb still oder stellte statt dessen irgend etwas an. Dann schlug sie mich und beklagte sich weiter bei dem Gott, der ihr nur einen einzigen Sohn geschenkt hatte.

Wir fragten uns, ob im Bauch unserer Mutter ein Junge oder ein Mädchen heranwuchs. Choti und ich konnten kaum glauben, daß im Leib unserer Mutter ein Baby sein sollte. Das alles war sehr geheimnisvoll. Wie kam es nur, daß ihr Bauch so riesig wurde und ihr übriger Körper so dünn blieb? Den ganzen Tag hielt sie ihren Bauch, sie stützte ihn von unten mit beiden Händen. Sie machte ein Gesicht, als hätte sie Schmerzen, und Tränen standen ihr in den Augen. »Bitte, Gott«, stöhnte sie, »mach, daß es ein Junge wird!« Das war das einzige, soweit ich es mitbekam, worum sie Gott je angefleht hatte.

Schließlich hatte er ihr zwei Mädchen auf einmal geschenkt, und sie waren beide gestorben. An jenem Tag hörte ich, wie eine Frau zu ihr sagte: »Das erste starb am Vormittag, das zweite am Abend.« Ich kann mich an ihre Gesichter nicht erinnern, ich erinnere mich nicht einmal, ob ich sie überhaupt gesehen habe. Meine Mutter kam aus dem Raum, in den sie sich zurückgezogen hatte und den wir nicht betreten durften, und sagte, daß sie glücklich sei darüber. »Gott hat sie zu sich genommen«, verkündete sie. »Gott wird sich in einem anderen Leben um sie kümmern, nicht hier. So viele Mädchen! Warum bloß, warum?«

Als ich meine Mutter fragte, wo Gott wohnt, lachte sie nur …

Im Gegensatz zu meinem Vater betete sie nie. Sie zog es vor, über das große Unglück zu wehklagen, das Gott über sie gebracht hatte. »Wenn er mir wenigstens genug zu essen für die vielen Mädchen geben würde …« Einmal nahm sie eine kleine Götterstatue aus unserem Haus und warf sie in den Dorfbrunnen. Sie machte sich sogar über meinen Vater lustig, wenn er zur Göttin Kali betete, was er zweimal täglich vor dem kleinen, mit Butteröllampen und Blumen geschmückten Schrein in unserem Haus tat. Und wenn sie mich bei einer Missetat erwischte, schlug sie mich auf den Hintern und schrie: »Wo ist dein Gott jetzt, he? Ruf ihn, damit er dir zu Hilfe kommt! Wie oft soll ich es dir noch sagen? Du bist schon wieder über Biharis Feld gelaufen!«

Eine Zeitlang glaubte ich, Gott würde im Fluß leben, an der Stelle, wo man immer die Asche der Verstorbenen hineinstreute, deshalb hielt ich mich einmal am Schwanz eines Büffels fest, der hineinwatete. Ich wollte unten im Wasser nachsehen, ob ich dort im Fluß vielleicht einen flüchtigen Blick von Gott erhaschen konnte. Aber ich sah nichts außer Schlamm.

Wenn Gott die beiden Babys fortgeholt hatte, überlegte ich, dann mußte er woanders leben; weit weg im Dschungel, mit den Tigern, Hyänen und Schlangen.

Vater sagte uns, daß Gott überall sei und daß er uns beobachten würde, auch wenn wir ihn nicht sehen konnten.

Wie sollten wir ihn bloß finden, fragte ich mich, wenn er sich vor den Menschen versteckte?

»Wenn du ihn aufspüren willst, mußt du Geduld haben und beharrlich sein«, sagte mein Vater. »Du mußt oft beten und meditieren wie der Priester im Tempel.«

Ich hatte keine Ahnung, was meditieren bedeutete, aber ich

wußte, daß ich keine Geduld haben würde. Ich konnte nicht warten, ich wollte Gott sofort finden.

»Phoolan, wenn du Gott treffen willst, such nicht im Dschungel nach ihm, geh in den Tempel.«

Aber das war zwecklos. Ich hatte im Tempel bereits nachgeschaut. Dort gab es viele Statuen, viele Götter. Vater hatte mir einmal gesagt, daß die Figuren lebendig werden und einem den Weg zu Brahma zeigen würden, wenn man nur andächtig genug betete.

Ich war mit Choti in den Dorftempel gegangen, um die Statuen anzuschauen. Ich hatte mich genau vor sie hingestellt und ihnen direkt in die Augen gesehen, aber es geschah nichts. Sie wurden nicht lebendig.

So gab ich mein Vorhaben auf, Gott zu finden.

In dieser Nacht platzte der Bauch meiner Mutter ...

Wir wußten alle, daß bald ein Baby kommen würde. Choti und ich hatten oft über diese mysteriöse Sache gesprochen, die da vorging, daß sich der Bauch unserer Mutter gewölbt hatte und daß ein Baby darin war. Unsere Amma ging in ein Zimmer des Hauses, das wir nicht betreten durften, und kam später mit einem neuen Baby auf dem Arm heraus!

Am nächsten Tag dachten wir uns ein neues Spiel aus. Ich ging, mit Mutters Sari bekleidet, ins Haus und tat, als hätte ich einen dicken Bauch, und dann kam ich wieder heraus und sagte, daß ein Baby geboren sei. Choti schlug auf einen Blechteller, um die Neuigkeit im Dorf zu verbreiten.

Aber unsere Mutter war sehr böse, ihre Augen wirkten noch größer und dunkler in ihrem schmalen Gesicht. Das Baby war ein Mädchen, wieder ein Mädchen. Sie erhielt den Namen Bhuri. Ein viertes Mädchen, das durchgefüttert werden mußte.

Meine Mutter faßte einen Entschluß. Sie würde Bhuri ihre Milch nicht geben, nur Wasser. Wir Mädchen sollten uns um das Baby kümmern und es füttern; meine Mutter sagte, sie hätte zuviel Arbeit auf den Feldern. Wir mußten die Milch für Bhuri irgendwo auftreiben, auch wenn das hieß, daß wir sie von den Ziegen anderer Leute stehlen würden.

Wenn eine Ziege in der Nähe unseres Hauses herumstreunte, vergewisserten wir uns zuerst, daß uns niemand sah, dann führten wir sie durch die Tür in unseren Hof und melkten sie schnell, wobei wir darauf achteten, nicht zuviel zu nehmen, damit der Besitzer es nicht merkte. Dann ließen wir die Ziege unauffällig wieder frei. Wir mischten die Milch mit Wasser und gaben sie Bhuri. Ich wußte, daß es nicht recht war zu stehlen, aber sicher wollte Gott nicht, daß sie keine Milch bekam.

Falls ich Gott finden würde, wollte ich ihn das unbedingt fragen.

Mittlerweile war ich froh, daß das Baby überlebt hatte. Seit die anderen beiden kleinen Mädchen gestorben waren und unsere Mutter gesagt hatte, es wäre gut, daß Gott sie zu sich genommen hätte, fürchtete ich, daß auch wir bald bei ihnen sein und wie sie hoch oben am dunklen Nachthimmel leben würden.

Wenn wir nachts weinten, zeigte unsere Mutter immer hinauf und sagte: »Schaut! Eure Schwestern sind dort oben ... Sie sind zu Sternen geworden!« Es gab so viele Sterne dort oben, große und kleine, und ich hatte Angst, mich dort oben zu verirren. »Amma«, fragte ich, »wenn ich sterbe, werde ich dann ein größerer und leuchtenderer Stern als die anderen?« Ich neckte Choti wegen ihrer Hautfarbe und sagte, sie würde ein »kara« werden, ein schwarzer Stern, der nur Schatten wirft, während ich zu einem »tara« werden würde, einem Stern, der strahlendes Licht verbreitet.

In dem Jahr, in dem Bhuri geboren wurde, wußte ich noch nicht viel.

Die Welt, die mein Vater uns beschrieb, die Welt unter dem Himmel, wohin Gott, obwohl man ihn nicht sehen konnte, meine Schwestern gebracht hatte, war mein Dorf, das Gurha Ka Purwa heißt. Im Zentrum meiner Welt, vorbei an Biharis Haus an der Ecke und die steilen, schmalen, von vielen anderen kleinen Häusern wie dem unseren gesäumten Pfade hinauf, befand sich der Brunnen, tief und dunkel, von dem ich mit einem an einem Seil befestigten Eimer Wasser holte. Neben unserem Haus war ein Fluß, der Nadi, in dem wir die Wäsche wuschen und der in die Yamuna floß, in die wir die Asche der Toten streuten.

Das Wasser der Yamuna war im Frühling weich und klar und im

Sommer blau. Insekten tanzten auf der glitzernden Oberfläche, und Schlangen glitten, in der Sonne aufleuchtend, an den Ufern entlang. Mit den Monsunregen wurde der Fluß braun und schlammig, ein breiter, reißender Strom, der allen Staub und Schmutz davontrug. Die Regenmassen flossen durch das Dorf, trieben Schlangen und Kröten aus ihren Löchern, und manchmal wurden die direkt am Ufer stehenden Häuser fortgerissen. Die Yamuna entsprang in den Bergen, wo die Götter des Tempels zu Hause waren. Flußaufwärts gab es Schluchten, wo nur ein paar dornige Sträucher wuchsen, und Urwälder voll mit wilden Tieren: Tiger, Leoparden, Schakale, Eulen und Schlangen. Jenseits des Dschungels, dort wo die Sonne abends schlafen ging, war die Welt zu Ende.

Es war besser, wenn ein Junge aus dem Bauch der Mutter herausplatzte, weil seine Familie keine Mitgift zahlen mußte, wenn er heiratete.

Das war alles, was ich wußte, was ich gelernt hatte, nicht aus Schulbüchern, sondern mit Hilfe meiner eigenen Augen und Ohren.

Eines Tages sagte mein Vater zu mir: »Du mußt respektvoll zu Bihari sein. Er ist dein Onkel!«

Ich glaubte ihm nicht. Wie konnte jemand, der so reich war, mein Onkel sein, jemand, der Diener hatte und ein Haus mit Fußböden aus Zement? Wenn er wirklich unser Onkel wäre, würde er sicher versuchen, uns zu helfen, statt uns zu schlagen und zu beschimpfen! Bihari verachtete uns. Als ich klein war, grinste er uns immer höhnisch an, mich und meine kleine Schwester, weil wir völlig unbekleidet herumliefen. »Sieh dir diese Kinder an, sie sind nackt!« schrie er oft meine Mutter an. »Das ist widerlich!« Im ganzen Dorf verbreitete er, daß wir diejenigen seien, die den anderen ständig Schwierigkeiten machen würden.

Dabei konnten wir uns nur deshalb nichts zum Anziehen leisten, weil er das Land meines Vater gestohlen hatte. Mein erstes Kleid mußte aus einem Stück vom Sari meiner Mutter gemacht werden.

Bihari und mein Vater waren Brüder. Sie hatten denselben Vater, aber verschiedene Mütter, und Bihari war reich, weil er den Anteil an Land und Tieren für sich behalten hatte, den eigentlich mein

Vater hätte bekommen sollen. Er sagte, mein Vater hätte kein Anrecht darauf. »Als deine Mutter in das Haus meines Vaters kam«, hörte ich ihn so laut schreien, daß es das ganze Dorf hören konnte, »schleppte sie dich bereits mit!«

Danach gab mein Vater alle Rupien, die er als Zimmermann verdiente, dafür aus, gegen meinen Onkel gerichtlich vorzugehen. Beim hiesigen Gericht in Kalpi gewann mein Vater, und wir gingen alle zusammen in den Tempel, um den Göttern Blumengirlanden zu Füßen zu legen. Aber Bihari war schlau. Er wandte sich an ein höheres Gericht, weit weg, in Orai, und dann sah es so aus, als habe sich überhaupt nichts geändert. Um zum Gericht nach Orai zu gelangen, mußte mein Vater einen ganzen Tag zu Fuß gehen, und jedesmal kam er noch enttäuschter zurück, seufzte und sagte, er müßte noch mehr Rupien auftreiben, um einen weiteren Rechtsanwalt bezahlen zu können.

Mein Vater sprach beinahe täglich davon, und selbst wenn er nicht darüber redete, wußte man, daß er daran dachte. Und ich begann diesen Onkel zu hassen, der einen Blick hatte wie ein Falke, der über den Schluchten kreist. Er führte sich wie ein *Thakur* auf, wie jemand, der wichtig war und mächtig, jemand, der Land besitzt und nicht daran denkt, sich die Hände auf den Feldern schmutzig zu machen. Weil er reich war, dachte Bihari, er hätte die gleiche Macht wie ein Thakur, aber in Wirklichkeit war er ein Mallah wie wir.

Eines Tages wurde mein Vater vor den *panchayat*, den Dorfrat, gerufen. »Weißt du, was du tun solltest, Devidin?« sagte der *sarpanch*, das Oberhaupt des Rates, zu ihm. »Du solltest deinen Prozeß gegen Bihari aufgeben. Hast du dir eigentlich überlegt, was mit deinen Töchtern ist? Denk doch mal an ihre Hochzeiten. Du hast jetzt vier Mädchen. Wie willst du jemals ihre Mitgift aufbringen, wenn du mit dem Prozeß weitermachst?«

Mein Vater flehte sie an. »Ich bitte euch, ich will nur Gerechtigkeit. Laßt das Gericht entscheiden.« Aber niemand hörte auf ihn. Selbst als er anfing zu weinen, blieben sie unbeeindruckt. Die Dorfältesten waren alle reich, alle Freunde von Bihari.

Als er nach Hause kam und uns erzählte, was geschehen war, wurde ich sehr wütend. Mein armer Vater war ängstlich und gutmütig. Es war kein Funken Haß in ihm. So gut wie nie schlug er uns. Er benutzte seinen Stock nur, um sich darauf zu stützen, wenn er abends nach Hause ging, denn sein schmaler Rücken war bereits gebeugt. Er wandte sich sogar an die anderen Dorfbewohner: »Ihr seid meine Brüder, Mallahs wie ich. Helft mir! Geht und sagt dem Gericht, ob Devidin wirklich der Sohn seines Vaters ist oder nicht! Sagt nichts als die Wahrheit!« Aber die Dorfbewohner hatten Angst vor Bihari. Sie wußten, was er getan hatte, aber sie wagten nicht, sich für meinen Vater einzusetzen. Sie waren arm wie wir, und sie taten immer das, was der Sarpanch ihnen sagte. Und wenn ein Dorfbewohner tatsächlich versucht hätte, meinem Vater zu helfen, hätte Bihari die Männer, die für ihn arbeiteten, geschickt, um ihn zu verprügeln.

Dann, als der Tag näher rückte, an dem mein Vater wieder zum Gericht gehen sollte, kam Bihari, um mit ihm zu sprechen. Er sagte, er würde ihm ein Feld von sechzig *bighas* geben, wenn er den Prozeß auf sich beruhen lassen würde. Mein Vater willigte ein, aber das Ganze erwies sich als eine List. Als mein Vater zu ihm ging, spottete Bihari nur: »Dein Fall wurde aufgerufen, aber du warst nicht da«, sagte er zu ihm. »Und überhaupt, sie können mich gar nicht dazu bringen, dir Land zu geben, weil ich nämlich keines habe!«

Er hatte ein Feld von achtzig Bighas verkauft und die Rupien für den Bau seines großen Hauses mit dem Brunnen im Hof ausgegeben. Ein anderes Feld hatte er seinem Sohn, Mayadin, vermacht, und sein übriges Land hatte er auf den Namen seiner Tochter umgeschrieben.

Deshalb sah unser Buppa immer so traurig aus.

Abgesehen von einem Fleckchen Land, auf dem mein Vater einen *neem*, einen Paternoster-Baum gepflanzt hatte, besaßen wir keine eigenen Felder. Um überleben zu können, waren wir auf unser *kachwari* angewiesen, das Land am anderen Ufer der Yamuna, das trocken lag, wenn das Hochwasser nach dem Monsun zurückgegangen war. Dieses Land gehörte niemandem. Sechs Monate im Jahr wurde es uns von der Yamuna geschenkt, die eilig dahinfloß, um sich mit den Wassern des Ganges zu vereinen.

Der Fährmann verlangte von uns fünf Rupien Miete am Tag für sein Boot. Wir mußten es selbst hinüberrudern, nachdem wir es mit Körben voll Dung beladen hatten, den wir mit dem sandigen Boden vermischten, um Wassermelonen und Gurken anbauen zu können. Wir mußten mehrmals am Tag übersetzen, um den Dünger hinüberzubringen, und manchmal war die Strömung so stark, daß wir für eine einzige Überfahrt stundenlang rudern mußten.

Als ich noch sehr klein war, habe ich bereits gelernt, das schwere Boot gegen die Strömung über den Fluß zu steuern. Mallahs sind klein, aber behende wie die Libellen, die über die Oberfläche des Wassers sausen. Mit vier oder fünf konnte ich bereits schwimmen. Ich wußte, wie man den Dünger aufsammelte, den Korb auf dem Kopf hinunter zum Fluß trug und ins Boot beförderte. Ich wußte, wie ich Rukmini und meiner Mutter beim Pflügen des Bodens helfen konnte und wie man das Saatgut ausstreute. Wenn sie dann gewachsen waren, gehörten die Feldfrüchte auf dem Kachwari uns. Wir konnten sie selbst essen oder zum Markt bringen und verkaufen. Das war das einzige, was Gott uns gab, und Vater sagte uns, wir sollten uns damit begnügen.

»Gott erweist den Menschen, mit denen er zufrieden ist, viele Wohltaten«, sagte er.

Mutter war da anderer Meinung. »Es hat keinen Sinn, sich auf die Suche nach Gott zu machen, Phoolan. Gott gibt nur den Reichen. Er hat Bihari alles gegeben und deinem Vater nichts.«

Im Dorf gab es viele Mütter, die ihre Kinder küßten und hätschelten und ihnen feine Sachen zu essen gaben, aber unsere Mutter konnte uns nicht so lieben, wie es die anderen Mütter taten. »Unsere Amma ist ein böser Geist«, sagte Choti. »Immer ist sie wütend auf uns.« Wir hatten Mund und Magen, also waren wir immer hungrig, und außerdem waren wir Mädchen.

Wir fürchteten uns vor unserer Mutter, wenn sie jammerte: »Was soll nur aus den vielen Mädchen werden? Wer wird sie heiraten?« Manchmal bekam ihr Gesicht einen ganz seltsamen, furchterregenden Ausdruck. Ihre Augen wurden groß und dunkel, größer als die Augen eines Büffels, und dann stöhnte sie: »Wir haben nicht genug zu essen. Ich weiß nicht, warum wir so viele

Mädchen bekommen mußten ...« Als ob *wir* die Diebe wären! Als ob *wir* es gewesen wären, die der Familie den Lebensunterhalt geraubt hatten.

Einmal hatte sie meinen Vater angeschrien und uns an den Armen gepackt und daran gezerrt, als wollte sie sie uns ausreißen. »Ich werde mich in den Brunnen stürzen! Erst werde ich diese Mädchen hineinwerfen, und dann werde ich mich selbst hinunterstürzen!« Ich bekam einen furchtbaren Schrecken, und Choti zitterte vor Angst. »Wirf mich nicht hinein, Amma«, weinte sie. »Bitte nicht! Wenn du mich in den Brunnen wirfst, sterbe ich.«

Es war Winter, und Mutter war zornig, weil wir nichts zu essen hatten, während Bihari alles hatte. Sie war auch zornig, weil mein Vater sich nie gegen ihn auflehnen oder gegen ihn kämpfen wollte. Mein Vater arbeitete nur wie ein Sklave und betete. Meine Mutter sagte, er sei ein Schwächling. »Onkel Bihari entscheidet alles für ihn«, meinte sie. Mein Vater sagte nie etwas, wenn Onkel Bihari mich schlug. Er kam nur danach zu mir, um mich zu trösten. Er setzte mich auf seine Knie und erklärte mir: »Dein Onkel ist kein Mensch, er ist ein Dämon.«

Gut, sagte ich mir, wenn das so ist, dann will ich auch ein Dämon werden. Dann bin ich imstande, mich zu wehren und mich gegen ihn zu behaupten.

Mir kam es so vor, als sei ich seit meiner Geburt unentwegt geschlagen worden. Meine Schwester Choti und ich zeigten uns immer gegenseitig die Striemen und blauen Flecken von den Schlägen, die wir bekommen hatten. Ich fragte mich, ob eigentlich alle Kinder geschlagen wurden. Manchmal hatte ich das Gefühl, jeder Tag meines Lebens bedeutete eine neue Tracht Prügel. Wenn es nicht Bihari war, dann war es der Pradhan oder meine Mutter.

Vater versuchte mir zu erklären, daß es in unserem Dorf zwei Arten von Menschen gab: die Reichen, die Land besaßen, und die Armen wie wir, die warten mußten, bis die Überschwemmung so weit zurückgegangen war, daß sie auf ihrem Kachwari, dem Land, das nur dem Fluß gehörte, Feldfrüchte anpflanzen konnten.

»Ein Reicher kann dir Befehle geben, er kann dich schlagen und bestrafen, weil er ein Landbesitzer ist, er hat die Macht über unser

Leben und unseren Tod. Er besitzt die Felder und gibt uns Arbeit. Wenn er das nicht täte, würden wir verhungern.«

Die Armen hatten nichts, weder Land noch Rupien noch Macht. Sie wurden nur geboren, um zu dienen.

»So ist das nun mal, Phoolan«, sagte mein Vater. »Du mußt dich verneigen und die Füße derer berühren, die über dir stehen, weil sie dich beschützen.«

Ich betrachtete das verängstigte Gesicht meines Vaters, die Furchen auf seiner Stirn, sein altes Baumwollhemd, seine von der harten Arbeit zerschundenen Hände, seine Haut, die von ockerrotem Staub bedeckt war, von der Farbe der Erde, der Farbe unseres Lebens. Dann dachte ich an Onkel Bihari in seiner langen, wallenden weißen *kurta* mit einer Chapati in der Hand, mit der er große Portionen Linsen löffelte; ich dachte daran, wie er den bedrohlichen Stock schwenkte, den er immer bei sich hatte. Ich konnte nicht verstehen, worin der Unterschied zwischen uns bestand, warum er reich war, wir dagegen arm.

So war es immer schon gewesen, nach der Aussage meines Vaters. Die Armen müssen sich tief hinunterbeugen und die Füße der Reichen berühren. Die Armen essen ein paar Körner Hirse, während die Reichen Mangos schmausen. Der Schmerz des Hungers im Bauch der Armen erzeugt Angst und Unterwürfigkeit. Ich versuchte mich zu unterwerfen, wie mein Vater es mir gesagt hatte, aber ich konnte es nicht. Ich war wie meine Mutter. Es war zuviel Wut in mir.

Ein Mädchen ist ein großes Unglück

Der Brahmane, der Priester, kam, um über die Schule zu sprechen.

Einmal, als ich klein war, hatte mich mein Vater zur Schule im Haus des Pradhan mitgenommen. Ich muß vier oder fünf Jahre alt gewesen sein, jedenfalls noch nicht groß genug, um die Nase eines Büffels berühren zu können. Vater hatte sich auf seinen Khat im Hof gesetzt und mich gerufen.

»Es ist Zeit, daß du sprechen lernst, Phoolan«, hatte er verkündet. »Warum sagst du nie etwas? Du lachst nie und bist argwöhnisch gegen jeden. Hast du Angst vor mir, Phoolan?«

Ich schüttelte den Kopf. Angst vor meinem Vater? Nein. Ich fürchtete mich vor meiner Mutter, ja, und ließ mich auch von meiner Schwester Rukmini einschüchtern, weil sie größer war als ich, aber nicht von meinem Vater. Wenn er mich ansah, war sein Blick immer voller Zärtlichkeit. Aber es stimmte, daß ich damals kaum ein Wort sprach.

»Ich werde dich zur Schule bringen«, beschloß er. »Zum Brahmanen. Er wird dir das Sprechen beibringen. Du mußt ihm genau zuhören und alles genau so machen, wie er es dir sagt.«

Vater nahm mich bei der Hand, und wir gingen den Weg bis zum Ende unserer Häuserreihe, vorbei an dem leerstehenden Haus, das einer alten Frau namens Kamlesh gehörte, die wir nie zu sehen bekamen; vorbei an dem Haus von Makhan, dem Fischer, der nur ein Auge hatte und sehr arm war; vorbei an dem Haus von Ram Sevak, der ebenfalls Fischer war; vorbei an dem *pukka*-Haus, das Onkel Bihari für seine Tochter Bitoli gebaut hatte. Und dann hasteten wir an dem großen Haus an der Ecke vorbei, das Onkel Bihari selbst gehörte.

Es gab eine Straße, die zur Schule führte, und eine, die sich den Hügel bis zu den Tempeln hinaufwand, am Brunnen und dem Panchayat vorbei, dem Haus, in dem der Dorfrat zusammenkam. Unser Dorf hatte zwei Tempel, einen, in den mein Vater immer ging, um der Göttin Durga Opfergaben zu bringen und um ihren Beistand zu beten, und einen anderen, viel schöneren, in den die Reichen gingen, um für all die Dinge zu danken, die sie besaßen. Der Brahmane war der Dorfpriester. Er kümmerte sich um beide Tempel.

Mein Vater führte mich ein kurzes Stück die Straße hinunter zum Haus des Pradhans. Er hielt vor einer Holztür, auf der Buchstaben geschrieben waren. »Schau, Phoolan, das bedeutet ›Grundschule‹. Hier wirst du lesen und rechnen lernen.«

Das Haus des Pradhan hatte einen Hof aus Zement, in dem wir Kinder uns niedersetzen mußten. Jeder von uns bekam ein kleines Buch mit Zeichnungen; wir schauten auf die Seiten, und der Brahmane zeigte mit seinem Stock auf Buchstaben an der Tafel. Aber der Brahmane war ein ungeduldiger Mann, der die Kinder bestrafte. Er versuchte uns die Buchstaben mit seinem Stock einzuprügeln. Er beschimpfte uns, wenn wir das, was er gesagt hatte, nicht richtig wiederholten, und wenn er sehr wütend war, schlug er uns auf unsere kahlen Köpfe, die man wegen der Läuse geschoren hatte.

»*Ek* … *Do* … *Tin* … *Char* … *Panch* … Wiederholt!«

»Eins … Zwei … Drei … Vier … Fünf …«

Ich blieb nicht sehr lange dort, und ich ging nie wieder hin. Wir waren zu arm und ich mußte arbeiten. Darum habe ich nie rechnen und lesen gelernt, doch mein Vater brauchte sich keine Sorgen zu machen, weil ich nicht sprach. Ein paar Jahre später redete ich unentwegt.

Aber die Buchstaben, aus denen die Wörter bestanden, die wir sprachen, blieben ein Rätsel für mich. Das einzige Buch, das ich je gesehen habe, war das berühmte Ramayana-Epos, die Geschichte von Rama, der Inkarnation von Vishnu. Der Brahmane las den unter einem Baum versammelten Dorfbewohnern häufig daraus vor. Manchmal bat er andere Brahmanen, zu kommen und mit ihm zusammen zu lesen, weil das Buch so dick und die Geschichte sehr lang und sehr schön war. Ich sah das Buch immer nur aus der Ferne. Frauen durften es nicht berühren.

Das Vorlesen dauerte mehrere Stunden. Obwohl ich ihn nicht mochte, verzauberte mich die Stimme des Brahmanen, während sie die Geschichten von Rama vortrug, der die Prinzessin Sita heiratete. Die Prinzessin wurde von einem Dämonen entführt, und Rama machte sich auf, sie zu retten. Er mußte gegen viele wilde Dämonen kämpfen, und später dann, in der Nacht, träumte ich von Rama und den Dämonen, die er besiegte.

Als ich klein war, sprach ich zunächst nur leise, nur mit mir selbst. Ich sah zu, wie das Wasser der Yamuna, das mit den Jahreszeiten seine Farbe wechselte, dahinfloß, und ich beobachtete die großen weißen Wolken, die kamen, um das Wasser des Flusses zu trinken, und ich dachte darüber nach, wie die Wolken das Wasser in den Himmel hinaufsaugten, um es über den Feldern wieder auszuschütten. Es gab zwei Elemente im Himmel, Wasser und Feuer. Die Sonne war das Feuer. Dann kamen die Wolken, um das Wasser zu trinken, und die Sonne kämpfte mit den Wolken und rief den Donner hervor. Und dann fiel Regen auf die Pflanzen in den Feldern, ließ sie grün werden und wachsen.

Ich beobachtete häufig die großen hölzernen Schiffe, die sich langsam auf dem Fluß zwischen Dörfern wie dem unseren dahinbewegten. Mein Vater hatte uns gesagt, daß es in Orai elektrische Lampen gab, die angingen, ohne daß sie jemand anzünden mußte, und die, obwohl sie keine Flamme hatten, heller leuchteten als Sterne. Es gab einen Zug, der auf Eisenschienen von Orai nach Kanpur fuhr, einer Stadt, in der *Jatavs* Tierhäute zuschnitten und zusammennähten, wo in Geschäften schöne, aus goldenen Fäden gefertigte Saris verkauft wurden und wo ein Tempel stand, der so groß wie ein Berg war, weiß angemalt und mit bunten Sternengirlanden verziert. In unserem Dorf gab es keine elektrischen Sterne in den Bäumen, nur Affen, diese kleinen Früchtediebe, die ihre eigene Sprache hatten und immerzu in den Ästen herumschnatterten.

Ich wünschte mir, ich könnte verstehen, was sie sagten, so wie ich mich manchmal fragte, ob die großen schwarzen Ochsen über ihre früheren Leben nachdachten, während sie das Futter kauten, das ich ihnen gab. Nach Bhuris Geburt hatte ich immer wieder die gleichen Träume. Ich träumte, daß ich in meinem vorherigen Leben mit meinem Baby lebendig begraben worden war. In dem Traum rannte ich zu meinem Vater und weinte und flehte ihn an, mein Baby zu suchen und es mir zurückzugeben. Oder ich träumte, daß ich mit einem alten Maharajah verheiratet sei und daß mich der Maharajah lebendig begraben ließ, weil ich mit einem Diener etwas Verbotenes getan hatte. Ich konnte mich sogar an die Stelle erinnern, wo man mich beerdigte, es war unter einer Dattelpalme, nahe bei einem breiten Fluß.

Immer wenn ich geschlagen worden war, ging ich allein zum Fluß, um dort zu weinen. Dann wünschte ich, Gott hätte mich in diesem Leben als Tier auf die Welt kommen lassen. Sie waren weder arm noch reich, sie wurden gefüttert und versorgt, und sie wußten alles, was sie wissen mußten, ohne es vorher lernen zu müssen. Selbst die Ratte, die unser Getreide stahl, war klüger als wir.

Mutter schickte den Brahmanen, der gekommen war, um über die Schule zu sprechen, wieder fort und sagte, wir hätten zu viel zu arbeiten, um lesen und schreiben zu lernen.

Mir wurde mitgeteilt, daß ich nie wieder zur Schule gehen müßte und auch meine Schwestern nicht. Mein kleiner Bruder Shiv Narayan allerdings sollte später in die Schule und lesen und rechnen lernen. Meine Mutter sagte, wir Mädchen bräuchten nichts anderes zu lernen, als Weizen zu zerstampfen, Chapatis zu machen, Unkraut zu jäten, Getreide zu dreschen, um damit die Tiere zu füttern, und Wasser vom Brunnen zu holen. Sie meinte, das Wichtigste, was ich lernen müßte, wäre, Gefahren aus dem Weg zu gehen. Sie warnte mich ständig, ich würde mich eines Tages in ernste Schwierigkeiten bringen, woraufhin ich überlegte, was das wohl für Schwierigkeiten sein mochten. Es mußte etwas ganz Schreckliches sein, da die Augen meiner Mutter immer voller Angst waren, wenn sie das sagte.

Und die Gefahr war, wie Gott, überall …

Sie wartete bei der Flußbiegung, das wußte ich, weil meine Mutter uns nie ohne ausdrückliche Erlaubnis dorthin zum Baden gehen ließ. Und es war uns strikt verboten, den kürzesten Weg über das Feld des Pradhans, das sich hinter seinem Haus erstreckte, zu nehmen, dort, wo der Nadi in die Yamuna fließt. Diese Gefahr war offensichtlich genug: Er hatte bissige Hunde, die er auf jeden hetzte, der unbefugt seinen Grund und Boden betrat. Wenn wir diesen Weg nahmen, mußten wir sehr schnell rennen. Aber ich konnte auch schnell rennen, über Mauern springen und einen Kopfsprung in den Fluß machen, dort, wo das Wasser tief war.

Ich hatte keine Arbeiten mehr für den Pradhan erledigt, seit er mich wegen meiner Bitte um eine Mango geschlagen hatte. Der Pradhan war das Oberhaupt unserer Dorfgemeinschaft. Sein Name war Kisna. Er war reich und schien genau wie mein Onkel Bihari nie irgend etwas zu arbeiten. Er saß immer auf einem Khat in seinem Hof, just an der Stelle, wo die Frauen vorbeikamen, wenn sie zum Fluß gingen, um sich zu baden. Er war klein und fett, hatte einen dicken Hals und die Augen eines Hahnes, wachsam und leuchtend.

Er war stets da und beobachtete uns, wenn wir vorbeigingen, und seine Söhne waren nicht weniger schlimm. Immer wenn eine Frau vorbeikam, machten sie irgendwelche Bemerkungen. »Ah, was für eine Schönheit!« riefen sie etwa. »Komm her! Komm zu uns!«

Der Pradhan versuchte immer, Frauen zur Rückseite seines Hauses zu locken oder auf die andere Seite der Yamuna. Deshalb ließ uns meine Mutter nie allein an der Flußbiegung baden oder über sein Feld rennen. Sie fürchtete, er könnte ihre Töchter fangen, so daß sie in große Schwierigkeiten kämen. Rukmini sollte bald verheiratet werden und aus unserem Haus fortgehen, sie muß also gewußt haben, worin die Gefahr bestand, aber als ich sie danach fragte, sagte sie lediglich: »Ein Mädchen darf mit keinem Mann sprechen außer mit ihrem Vater und ihrem Ehemann, Phoolan. Wenn ein Mann sie nimmt, ohne sie zu heiraten, dann gehört sie allen, und kein Ehemann will sie dann mehr haben.« Das war schwer zu verstehen ... Wenn ein Mädchen mit dem Pradhan oder einem seiner Söhne auf die andere Seite des Flusses ging, bedeutete das, daß jeder sie schlagen konnte, weil sie allen gehörte?

Rukmini wußte Dinge, von denen ich keine Ahnung hatte. Sie

war schon seit mehreren Jahren eine Frau. Seit sie vierzehn oder fünfzehn war, wachte Vater sorgsam über sie, weil ab diesem Alter darauf geachtet werden mußte, daß ihr Männer nicht zu nahe kamen. Sie blieb immer bei meiner Mutter, arbeitete im Haus oder auf den Feldern wie die anderen Mädchen ihres Alters, und Mutter schlug sie nicht mehr. Rukmini war immer mit dem Kochen beschäftigt, und wir unterhielten uns selten. Ich spielte statt dessen mit meiner kleinen Schwester Choti und paßte auf Bhuri, unser Baby, auf.

Fast ein Jahr war vergangen, und Bhuri lebte noch immer. Sie war im Monat Kartik, dem Herbstmonat, geboren worden, als wir gerade begonnen hatten, unser Kachwari zu pflügen, und wir mußten sechs Monate warten, bis der Winter vorbei war und wir ernten konnten. Eine Zeitlang hatten wir so wenig zu essen gehabt, daß meine Eltern dachten, sie würde sterben. Mutter wollte nichts von diesem hungrigen kleinen Mädchen wissen, das nur eines zuviel zum Durchfüttern war. Sie konnte sich nicht um das Baby kümmern, weil sie den ganzen Tag auf unserem Kachwari arbeiten mußte. Aber Bhuri überlebte ihren ersten Winter, und der Frühling war gekommen. Sie starb nicht, aber sie schrie oft. Sie aß Hirsegrütze, und bald würde sie Chapatis essen können.

Vier Mädchen in einer Familie waren ein großes Unglück. Im Dorf sagten sie, eine glückliche Familie würde aus vier Jungen und einem Mädchen bestehen. Söhne brachten Rupien, wenn sie heirateten, die Mitgift von der Familie der Braut. Mädchen waren nur zusätzliche Mäuler, die gestopft werden mußten.

Die Morgendämmerung war die Tageszeit, die ich am meisten liebte. Choti und ich trafen uns mit unseren Freundinnen, um zu baden. Ganz weit weg, jenseits der Ebenen, schob sich die Sonne über den Horizont und breitete ein sanftes, rosafarbenes Licht über die steilen, sandigen Ufer. Der Himmel war von einem fahlen Blau, und die Luft war noch klar, noch nicht dunstig vom ockerfarbenen Staub.

Der Fluß war breit, und meine Mutter schärfte uns immer ein, wir sollten am Ufer bleiben und nicht tiefer als bis zu den Knien ins

Wasser gehen. Man mußte nur die rechte Hand hineintauchen, das Wasser schöpfen und über sich gießen, um die Wahrheit des Flusses zu erfahren – um rein zu sein. Und sie wiederholte ihre Warnungen vor dem Pradhan. Vor allem sollten wir auf keinen Fall mit ihm sprechen, wenn er an der Flußbiegung lauerte, um die Frauen zu belästigen. Der Weg zum Fluß führte ganz dicht an seiner Tür vorbei, und wenn man sich nicht beeilte, erwischte er einen zwischen seinem Haus und dem Fluß. Deshalb gingen wir sehr früh zum Baden, bevor er aufgestanden war.

Ich badete gern und hätte liebend gern den ganzen Tag am Wasser verbracht und mit Choti und meiner Freundin Ram Dhakeli gespielt. Sie war etwa so alt wie ich; ihre Haut war heller als meine. Nachdem ihr Vater, der Schmied, gestorben war, hatte sie angefangen, mit mir auf den Feldern zu arbeiten, und war meine beste Freundin geworden. Beim Tod ihres Vaters war sie acht oder neun Jahre alt gewesen.

Eines Morgens, als wir nach dem Baden im Sand lagen und auf die Sonne warteten, die uns wärmen würde, erzählte uns Ram Dhakeli, was damals passiert war.

»Pradhan, dieses Schwein, hat meinen Vater umgebracht«, sagte sie.

Ram Dhakelis Mutter war sehr hübsch, sie besaß dieselbe helle Haut wie ihre Tochter. Männer mögen Frauen mit heller Haut, und Pradhan hatte seine großen, blitzenden Augen schon seit geraumer Zeit auf sie gerichtet. Der fette, kleine Gockel paßte scharf auf, und eines Tages, als sie einen Ochsen zum Fluß führte, geschah das Entsetzliche. Das Tier brach aus und lief auf Pradhans Feld. Bevor es irgendeinen Schaden anrichten oder etwas fressen konnte, gelang es der Frau des Schmieds, es wegzuführen. Aber seine Diener waren wie ihr Herr, sie waren ständig auf der Lauer. Wie aufgeschreckte Hühner schrien sie nach dem Pradhan: »Kisna! Kisna! Sieh nur!«

Er sah die Frau des Schmieds mit ihrem Ochsen und bemerkte sofort, daß sie allein war, was selten vorkam, da ihr Mann sie meist im Auge behielt. Nie hatte der Pradhan eine Gelegenheit gefunden, sie zu seinem Haus zu locken, und er konnte sie nicht einfach zwingen, mit ihm zu kommen. Wenn sie mit anderen Frauen auf dem Weg zum Fluß war, eilte sie immer vorbei, ohne ihm zu antworten, und verhüllte ihren Kopf mit ihrem Sari.

Der Pradhan stürmte hinaus und stellte sich ihr, an seinem Schnurrbart zwirbelnd, in den Weg. Er sagte zu ihr, daß sie sehr schön sei und daß sie Strafe zahlen müßte, weil sie ihren Ochsen auf sein Feld gelassen hatte.

Ram Dhakeli war an diesem Tag zu Hause. Sie erzählte, daß ihr Vater sehr wütend wurde, als ihre Mutter zurückkam und ihm erzählte, was der Pradhan gesagt hatte. Der Schmied war so mutig und ging zu dessen Haus, um sich zu beschweren. Daraufhin rief der Pradhan seine Männer zusammen. Ram Dhakeli und ihre Mutter waren in einigem Abstand gefolgt. Sie sahen, wie Pradhans Männer mit ihren Bambusstöcken auf ihn einschlugen. Der Schmied blieb, mit dem Gesicht im Staub, auf dem Boden liegen, seine lange weiße Kurta war blutverschmiert. Voller Entsetzen lief Ram Dhakeli nach Hause. Ihr Vater rührte sich nicht mehr, erzählte sie. Später kam seine Familie, legte ihn auf einen Khat und brachte ihn zurück zu seinem Haus. Er starb am nächsten Tag.

Wenn ihr Vater noch leben würde, müßte Ram Dhakeli nicht als Arbeiterin auf den Feldern schuften. Er war Schmied gewesen und hatte viele Rupien verdient; er brauchte nicht für andere wie ein Sklave zu arbeiten. »Jetzt muß meine Mutter im Haus meines Onkels eingesperrt bleiben, bis sie einen neuen Ehemann findet. Und ich bin nur eine einfache Feldarbeiterin«, sagte sie.

Wir lagen im Sand und betrachteten die glatte, ruhige Fläche des Wassers. Inzwischen hat Gott gewiß die Asche ihres Vaters aus dem Fluß geholt, dachte ich. Der Scheiterhaufen war riesengroß gewesen. Ich hatte von der Terrasse unseres Hauses lange Zeit zugesehen, wie er brannte.

Als ich an die Prügel dachte, die er bekommen hatte, begann mein Blut vor Wut zu kochen.

Einmal hatte ich gesehen, wie der Pradhan einen Fischer schlug. Der arme Mann hatte die ganze Nacht bei seinen ausgeworfenen Netzen gewacht, aber nur einen Fisch gefangen. Er war auf dem Weg nach Hause, als der Pradhan auf ihn zuging und den Fisch sah, den er bei sich hatte. Der Fischer versuchte ihn zu verstecken, aber es war schon zu spät.

»Was du gefangen hast, gehört mir!« hatte der Pradhan gesagt.

»Bitte, Kisna!« bettelte der Fischer. »Ich habe nur einen Fisch gefangen, und ich muß meine Familie ernähren. Sieh, es ist nur ein einziger, und ich habe so viele Kinder.«

Der Pradhan wurde wütend und begann auf den Fischer einzuschlagen. Wir rannten alle davon, um in unseren Häusern Schutz zu suchen. Immer wenn er anfing, jemanden zu verprügeln, war es besser, man versteckte sich. Niemand wagte jemals zu protestieren oder gar einzugreifen, denn er selbst wäre dann auch geschlagen worden.

»Wenn jemand meinen Vater zu Tode prügeln würde, ich würde ihm alle Knochen im Leibe brechen!« rief ich aus, ohne mich darum zu kümmern, ob der Pradhan mich hören konnte.

Ram Dhakeli war viel gehorsamer als ich. Nie tat sie etwas Dummes oder Böses, und ihre Mutter schlug sie nie. Ich sah ihr zu, wie sie ihr Haar kämmte und die Flechten drehte, um das Wasser auszuwringen. Sie hatte schöne Arme, die im Sonnenschein wie Gold glänzten. Meine waren dünn und dunkel wie eine sternlose Nacht. Ich sagte ihr, sie bräuchte sich keine Sorgen zu machen, sie würde irgendwann einen Ehemann haben, der sie beschützen würde.

»Wenn dein Vater sterben würde, Phoolan, und für dich die Zeit zum Heiraten käme, dann hätte deine Familie auch große Schwierigkeiten, die Mitgift zu bezahlen«, sagte sie bekümmert. »Meine Onkel müssen schon die Rupien für die Mitgift aufbringen, damit meine Mutter einen neuen Mann bekommt.«

Ich konnte mir nicht vorstellen, daß Onkel Bihari ein paar Rupien zur Mitgift meiner Schwester Rukmini beisteuern würde. Ich sagte Ram Dhakeli, daß ich unser Dorf verlassen wollte, auf uns würde hier ein Fluch lasten.

»Wo willst du denn hin, Phoolan?« fragte sie.

»Es gibt andere Dörfer an der Yamuna. Mein Vater hat dort gearbeitet. Wenn er Khats oder Hocker macht, bringt er sie in andere Dörfer. Ich weiß, daß es viel größere Dörfer gibt, mit Lichtern in den Bäumen.«

»Nicht für uns«, sagte Ram Dhakeli kopfschüttelnd. »Meine Mutter kam vom Dorf ihres Vaters, und du wirst eines Tages ins Dorf deines Mannes gehen. Und es wird genauso sein wie hier. Du kannst nicht allein in ein anderes Dorf gehen. Ein Mädchen kann nirgends allein hingehen.«

Choti, die uns zugehört hatte, fragte: »Wird Rukmini bald in ein anderes Dorf gehen?«

»Amma sagt, daß sie gehen wird, aber nicht gleich. Es wird ein Fest zu ihrer Hochzeit geben. Der Bräutigam wird auf einem Pferd kommen, zusammen mit seiner Familie. Es wird getanzt, und es gibt Geschenke und Rupien für ihn, und dann wird er wieder in sein Dorf zurückkehren.«

Sie sah mich verwundert an.

Ich wurde bald zehn Jahre alt, und Choti war erst etwa sieben, aber wir besprachen alles mit ihr, und sie war bei unseren Streichen dabei – wenn wir zum Beispiel Stoffstücke von dem *ghoora*, einem Haufen von Stoffresten, stahlen, um daraus Puppen zu machen. Wir hatten daheim nie Stoff zum Puppenmachen übrig, aber im Dorf gab es einen Schneider, der die Streifen, die er nicht verwenden konnte, wegwarf. Neben seiner Werkstatt lag immer eine ganze Menge solcher Reststücke in verschiedenen Farben. Wenn niemand es sah, gingen wir zu diesem Haufen, um nach Stoffresten zum Puppenmachen zu suchen.

Als wir nach dem Baden mit Ram Dhakeli zurückgingen, versprach ich Choti, daß wir im Ghoora stöbern würden, sobald wir unsere Arbeiten erledigt hatten. Mutter hatte uns angewiesen, Dung für unser Kachwari zu sammeln und zum Fluß hinunterzubringen. Sie hatte mit Rukmini die Yamuna bereits überquert.

Es war eine anstrengende Arbeit. Choti und ich mußten den Dung aufsammeln und ihn in Körben auf unseren Köpfen zum Boot tragen. Wir sangen immer bei der Arbeit:

Arbeite hart, und die Ernte wird gut
Arbeite hart, und die Ernte wird reichlich

Bei der Arbeit hatte ich, wie einen Stachel, stets denselben Gedanken im Kopf: daß es sich mein Vater, wenn wir hart genug arbeiteten, leisten konnte, nach Orai zu gehen und den Prozeß gegen seinen Bruder zu gewinnen. Dann hätten wir Land – ein ganzes Feld, auf dem wir große gelbe Hirse anpflanzen könnten, so daß wir bis an unser Lebensende genug zu essen hätten.

Vater hatte unser Kachwari mit Reben markiert. Er mußte dort sein, sobald das Wasser tief genug gefallen war, um unser Stück von dem unseres Nachbarn abzugrenzen. Wenn unsere Gurken und Wassermelonen reif waren, ernteten wir sie und verkauften sie, um mit dem Geld einen Getreidevorrat für die Zeit zu erwerben, in der wir nichts anpflanzen konnten. Rukmini und ich gingen mit Körben voll Früchten auf den Köpfen den ganzen Weg bis zur Hauptstraße hinter unseren Eltern her. Choti mußte zurückbleiben und auf den Rest der Ernte aufpassen, damit sie nicht von Rindern zertrampelt oder aufgefressen wurde. Während der Ernte schliefen wir sogar auf dem Kachwari, um unsere Melonen und Gurken zu bewachen, für den Fall, daß jemand sie stehlen wollte. Aber das würde erst im Monat Jeth, im Sommer, soweit sein. Wir hatten die Früchte im Magh, im Winter, angepflanzt; jetzt war es Frühjahr, und wir mußten Dünger ausstreuen, damit sie besser wuchsen.

Im Winter, wenn wir die Samen einpflanzten, wurden unsere nackten Füße blau vor Kälte. Wir hatten keine eigenen Kleidungsstücke für den Winter; mit dem, was wir anpflanzten, verdienten wir nie genügend Rupien, um Kleider kaufen zu können. Und in der heißen Jahreszeit wurden unsere Füße auf dem glühenden Sand ganz rot. Wenn der Sommer kam, verarbeiteten wir die Stoffreste des Ghoora nicht nur zu Puppen, sondern machten auch Sandalen daraus, aber selbst wenn unsere Füße in Lumpen gehüllt waren, konnten wir über den Sand nur hüpfen, um unsere Füße nicht zu verbrennen.

Der Ghoora leuchtete in allen Farben, und wir gingen sehr gerne dorthin. Für eine Puppe mußte man die dicksten Stoffstücke heraussuchen, und für das Kleid brauchte man besonders bunte.

Wenn wir nicht auf dem Kachwari arbeiteten, hüteten Choti und ich Tiere. Wir beaufsichtigten sowohl die Tiere anderer Leute wie unsere eigenen. Als ich klein war, hatten wir nur zwei Kühe gehabt, aber jetzt besaßen wir fünf Kühe und ein paar Ziegen, allerdings keine Büffel. Sie waren viel teurer als Kühe. Und gerade war ein männliches Kalb geboren worden. Wenn es zwei oder drei Jahre alt war, konnten wir es für mehr als tausend Rupien verkaufen, sofern nicht Bihari es wieder stehlen würde, wie schon das letzte, in jenem Jahr, als Bhuri geboren wurde. Wir hatten die ganze Nacht nach ihm gesucht und jeden im Dorf gefragt, ob er ein großes Kalb mit kurzen Hörnern gesehen hatte. Aber es war zwecklos, weil jeder genau wußte, wer der Dieb war, und sie alle Angst vor ihm hatten. Er hatte gewartet, bis das Kalb bei seinem Haus vorbeikam, dann hatte er ihm ein Seil umgebunden und es in sein Haus geführt, wo es einige Tage blieb. Er wußte, daß wir nicht wagen würden, zu ihm zu kommen und es zurückzufordern.

Wir behielten ein wenig Milch von den Kühen für uns, aber die sahnehaltigste Milch bot meine Mutter auf dem Markt feil, um dann Weizen zu kaufen, den Rukmini für die Chapatis zu Mehl zerstampfte. Ich wußte, daß mein Vater gerne Büffel gehabt hätte, um immer genügend Milch für die ganze Familie zu haben.

Wir arbeiteten den ganzen Tag auf unserem Kachwari, und die Sonne war schon fast verschwunden, als wir nach Hause zurückkehrten. Vater ging in den Tempel, um für eine gute Ernte zu beten, während Rukmini Chapatis zubereitete. Ich sagte meiner Mutter, daß Choti und ich pinkeln mußten, aber das war nur ein Vorwand. Ich wußte, wenn ich sie um Erlaubnis bitten würde, im Ghoora stöbern zu dürfen, liefen wir Gefahr, von ihr geschlagen zu werden.

Wir hockten uns mit heruntergelassenen Shorts nieder, taten so, als würden wir pinkeln, und durchsuchten dabei den Stoffhaufen. Nachdem wir uns vergewissert hatten, daß uns niemand beobachtete, steckte Choti ihren Kopf in den Haufen, bis sie fast verschwunden war. Schließlich streckte sie ihren Arm mit einem Stück leuchtendgelben Baumwollstoffs heraus.

Plötzlich drehte sich Choti erschreckt um.

Biharis Diener hatten uns entdeckt! Von der Terrasse seines großen Hauses aus konnte man alles überblicken, was sich im Dorf abspielte.

Unsere Shorts mit der einen Hand haltend, die Stoffetzen in der anderen, rannten wir schneller als Ziegen zum Fluß zurück.

Bihari kam hinter uns her und schwenkte seinen *lathi*. Ich schrie nach unserer Mutter.

»Amma, hilf uns!«

Wenn er uns erwischte, würde er uns schlagen. Es war, als gehörte sogar der Ghoora ihm. Alles gehörte ihm!

Die einzige Rettung war, zum Fluß hinunterzulaufen, ins Wasser zu springen und uns zwischen den Büffeln zu verstecken, indem wir direkt unter ihren Nasen herumschwammen. Nach einer Weile schlichen wir hinter einem kleinen Hügel vorbei, damit man uns vom Dorf aus nicht sehen konnte, und hielten uns in den Gräben, bis wir die Mauer des Hauses unseres Nachbarn erreichten. Jedesmal, wenn wir hinüber kletterten und über seinen Hof liefen, schimpfte uns Dhakeli, der Fischer, aus, aber er war ein netter Mann, der uns nicht schlug.

Leider war Bihari schon in unserem Haus und beschimpfte lauthals meine Mutter.

»Deine Töchter stehlen Stoffstücke, sie ziehen den Namen meiner Familie in den Schmutz!«

Mit seinem Lathi schlug er auf meine Mutter ein.

»Die kleinen Schlampen ruinieren so meinen Ruf. Moola Devidin, du solltest sie im Haus einsperren!«

Wieder schlug er sie, meine Mutter duckte sich und versuchte, seinem langen Bambusstock auszuweichen. Ich wußte, daß sie uns schlagen würde, sobald er aufgehört hatte, sie zu verprügeln, und daß sie danach wieder anfangen würde, über ihr Unglück zu jammern.

Es war immer das gleiche. Ich konnte gar nicht mehr zählen, wie oft der diebische Hund uns schon nachgerannt war, weil wir im Ghoora gestöbert hatten. Aber wir waren ganz verrückt nach Puppen. Für eine Puppe lohnte sich eine Tracht Prügel.

Es war ein langer Arbeitstag gewesen. Wir hatten die Körbe mit Dung gefüllt, bis uns der Rücken schmerzte. Sobald die Sonne aufhörte, uns auf den Kopf zu brennen, kamen die Mücken und plagten uns. Unsere Füße waren geschwollen, und ich konnte den Dung noch immer in meinen Haaren riechen. Wir waren wieder wegen Bihari geschlagen worden, aber wenigstens hatten wir unsere Stoffstücke vom Ghoora.

Wir nähten die Arme und Beine an und stopften den Stoff mit Stroh aus. Unsere Puppe hatte einen orangefarbenen Sari, einen Schal, um ihren Kopf zu bedecken, und ein rotes Mal auf der Stirn. Choti wiegte sie so, wie wir Bhuri wiegten, die noch zu klein war, um mit Puppen zu spielen. Wir schlugen unsere Puppen nie, wir spielten Hochzeit mit ihnen.

Im Winter schliefen wir im Haus. Rukmini hatte eine Liege für sich allein, während ich mir einen Khat mit Choti teilte. Wir breiteten Stroh unter uns aus, um ein warmes Bett zu haben. Choti drehte sich immer und stieß mich im Schlaf, wenn sie nicht sogar den ganzen Platz beanspruchte. Manchmal fiel ich hinunter und landete auf dem Boden. Als dies wieder einmal passierte, stach mich ein Skorpion. Mutter glaubte mir zunächst nicht, aber ich schrie so arg, daß ein Brahmane gerufen werden mußte, der ein *mantra* sprach, damit ich von dem bösen Gift befreit wurde.

Aber in dieser Nacht war es warm, und wir wollten das erste Mal in diesem Jahr unter freiem Himmel in unserem Hof schlafen. Vor dem Einschlafen schaute ich gerne zu den Sternen hinauf. Ich stellte mir alle Götter und Göttinnen dort oben vor, und dann häuften sich all die Dinge, die im Laufe des Tages geschehen waren, in meinem Kopf an wie die Stoffreste des Ghoora. Als ich so dalag, hörte ich die Kälber um Milch betteln und das sachte Tapsen der Schritte meines Vaters, als er vom Gebet aus dem Tempel zurückkam. Vielleicht hatte Mutter recht, dachte ich. Zu den Göttern beten reichte nicht aus. Aber ich liebte meinen Vater und konnte es nicht ertragen, ihn weinen zu sehen.

Mein Vater hat mich nur einmal richtig geschlagen. Das war bald nach Bhuris Geburt gewesen. Ich mußte das Futter für die Kühe vorbereiten, indem ich Gras mit ein wenig Hirse mischte. Ich fing an, die Mischung in verschiedene Gefäße zu füllen, aber Vater wollte, daß ich zuerst einen Korb vollmachte und dann den Rest auf die Gefäße verteilte. Ich hatte keine Lust, noch einmal von vorne anzufangen. Ich stellte den Korb ab und sah ihm geradewegs in die Augen.

»Mach du es!« sagte ich.

Niemals zuvor war ich zu meinem Vater frech gewesen oder hatte ihm so direkt in die Augen geschaut. Das war etwas, was man niemals tun durfte. Aber ich war wütend. »Ich kann nicht so viel tragen. Glaubst du etwa, ich bin ein Büffel?«

Da schlug er mich.

Es war ein harter Schlag, und ich schrie so laut, daß meine Mutter herbeigerannt kam. »Warum hast du meine Tochter geschlagen?« wollte sie wissen. »Wer bist du, daß du es wagst, meine Tochter zu schlagen?«

»Ich bin ihr Vater«, erwiderte er, »und du, ihre Mutter, du schlägst sie jeden Tag wegen nichts und wieder nichts! Heute war es das erste Mal, daß ich sie geschlagen habe, und es tut mir leid, ich wollte das nicht.«

Sie fingen zu streiten an, und ich schrie noch lauter. Drei Tage lang, jedesmal, wenn ich meinen Vater kommen sah, versteckte ich mich vor ihm, aus Angst, er würde mich erneut schlagen. Aber er tat es nie wieder. Er war sogar noch liebevoller zu mir, und wenn er, nachdem er irgendwo gearbeitet hatte, etwas zu essen mit nach Hause brachte, rief er mich, um es mit mir zu teilen.

»Komm, Phoolan, hab keine Angst. Komm und iß.«

Er gab mir manchmal einen Topf mit Milch, die sahnig und köstlich schmeckte, und dicke, aus dem besten Weizenmehl gemachte Chapatis. Ich aß sie hastig, ohne aufzublicken, und er lachte und sagte: »Hab keine Angst, iß nicht zu schnell ...«

Nach diesem Vorfall füllte ich jedesmal, wenn ich Futter zu den Kühen tragen mußte, die Körbe bis zum Rand, damit er nicht böse auf mich war und immer liebevoll mit mir sprechen würde.

Aber gerade als ich dabei war einzuschlafen, sah ich die Gesichter böser Männer vor mir, Gesichter wie das meines Onkels Bihari und des Pradhan. Ich spuckte ihnen vor die Füße. Es machte mich so wütend, daß unsere Familie nichts besaß. Wir durften nicht zur Flußbiegung, weil der Pradhan dort zu den Frauen schlimme Sachen sagte. Wir mußten den großen Umweg um Biharis Haus machen, wenn wir unsere Notdurft in den Feldern verrichten wollten, weil Bihari mit dem Pradhan befreundet war. Wir mußten ihre

Tiere füttern und hüten, und erst danach konnten wir uns um unsere eigenen kümmern und mußten noch hoffen, daß sie uns diese nicht stehlen würden. Es war, als ob uns sogar das Betreten der Erde in unserem Dorf verboten war. Wir waren fast so arm und elend wie die Unberührbaren, die noch unter den Tieren standen.

Und wenn man ein Mädchen war, galt man noch weniger. Ein Mädchen existierte einfach nicht ohne ihren Vater, ihren Bruder, ihren Onkel oder ihren Ehemann – oder sonst irgendeinen Mann, der zu ihrer Familie oder ihrer Kaste gehörte. Sie konnte nicht einmal ohne Angst vom Dorf zum Fluß gehen.

Ich hatte gehört, daß es Brahmanen gab, die freundlich waren, die Priester von Brahma, jenem Gott, den zu finden ich die Hoffnung aufgegeben hatte. Aber der Brahmane meines Dorfes schlug die Kinder, wenn er ihnen etwas beibringen wollte. In meinem Dorf gab es nur jene, die den ganzen Tag, mit ihren Stöcken drohend, herumlagen und sich an den reichen Ernten ihrer Äcker labten – und jene, die sich vor den Stöcken duckten, die Äcker bestellten und das wenige aßen, was sie finden konnten.

Onkel Bihari, seine häßliche Frau und sein Sohn Mayadin dachten, sie wären bedeutender als wir. Sie hatten unser Land gestohlen, und sie versuchten uns wie Schlangen das Leben zu vergiften. Aber ich hatte keine Angst vor den Schlangen, die während des Monsuns durch unser Dorf glitten. Ich betete wie mein Vater zu Durga, der Göttin, die auf einem Tiger durch die endlose Nacht ritt. Sie war die einzige, von der ich jetzt Hilfe erwartete. Ich bat sie, mir den Weg zu weisen und mir auch einen Stock zu geben, damit ich mich wehren konnte.

Geisterspiele

Ich fragte meinen Vater nie, wo er hinging, wenn er das Haus verließ. Es würde Unglück bringen.

Unser Vater arbeitete den ganzen Tag. Manchmal pachtete er die Felder der Reichen. Er bestellte die Äcker und kaufte Saatgut, und wenn er dann die Ernte einbrachte, erhielt er einen Teil davon. Aber es war nie so viel, wie er erwartet hatte, und wenn die Ernte schlecht ausfiel, war es noch weniger. Er arbeitete als Bauer, war aber auch Maurer und Zimmermann. Wenn er mit einem Hocker, den er gemacht hatte, auf dem Kopf fortging, wußte ich, daß er ihn zu jemandem bringen wollte, der ihn in Auftrag gegeben hatte. Er verstand es, die verschiedensten Dinge aus Holz herzustellen; er konnte Khats, Türen und sogar Boote bauen. Er machte seine Arbeit immer gut, aber manchmal wurde er nur mit einer Schale Mehl bezahlt.

Als er an diesem Tag fortging, blies ein starker Wind, der das Gras niederdrückte. Überall war Staub. In wenigen Tagen oder Wochen würde der Monsun einsetzen. Obwohl er es uns nicht gesagt hatte, wußten wir, daß er in das Dorf ging, in dem Rukminis zukünftige Schwiegereltern lebten, um über ihre Mitgift zu verhandeln.

Ich würde also bald einen *jeeja*, einen Schwager, haben! Ich hatte schon Hochzeiten im Dorf miterlebt und wußte, daß er auf einer mit Geschenken und Blumen beladenen Stute kommen würde – falls seine Familie mit der Mitgift einverstanden war, die mein Vater anbot. Ich hatte etwas von fünftausend Rupien gehört, dazu eine Kuh, einen Büffel und einen Satz Kochgeschirr.

Es würde aber noch eine Weile dauern, bis Rukmini ihren Ehemann zu Gesicht bekäme. Sie wußte nicht, ob er dunkel war und eine große Nase hatte, ob er häßlich wie ein Affe war oder stark und stattlich wie ein Adler, ob er hinkte oder ob er bereits Witwer war.

Ich konnte es kaum erwarten, zum Fluß zu gehen, um zu baden und mit Choti darüber zu reden, aber unsere Mutter erwischte uns, als wir uns davonschleichen wollten.

»Phoolan, wo gehst du hin?« fragte sie. »Du hast noch nicht genügend Kuhdung aufgesammelt. Wer soll das denn sonst machen? Rukmini muß den Weizen mahlen. Also nimm deinen Korb und geh.«

Ich sammelte so viele Dungfladen auf, daß wir den ganzen Winter damit heizen konnten.

»Ich bin mit all meiner Arbeit fertig! Bitte, Amma! Dürfen wir?«

Ich wollte an diesem Tag auch aus einem anderen Grund so gerne zum Baden gehen, aber das konnte ich ihr nicht sagen. Choti und ich hatten einen Schatz gefunden, ein Stück Seife. Eine Krähe, die über das Dorf geflogen war, hatte sie aus dem Schnabel verloren. Ich hatte es, so schnell ich konnte, aufgehoben und unter meiner Bluse versteckt.

»Wir gehen später zum Tempel, und Choti ist voller Schlamm. Schau ihre Haare an! Bitte, Amma, bitte!«

Ich mußte meine Mutter immer mindestens zehnmal bitten, bevor sie mir etwas erlaubte. Ich mußte immer alles machen, was sie mir auftrug, und ihr so viele Dinge versprechen, wie es Götter im Himmel gab: Sprich mit keinem Fremden, halte dich vom Pradhan fern, tu dies nicht, tu das nicht! Amma kam immer wieder mit derselben Leier: »Wenn du einem Mann begegnest und er versucht dich anzufassen oder dich zu zwingen, mit ihm zu gehen, laß es nicht zu! Wenn dir ein Mann Geld anbietet, darfst du nicht mit ihm sprechen. Lauf weg und erzähl es mir, so schnell du kannst. Selbst wenn er ganz scheußliche Sachen sagt, mußt du sie mir erzählen. Wenn du mir nicht gehorchst, schneide ich dich in Stücke und werfe dich in den Fluß!«

Ich versprach es.

Damals wußte ich bereits, daß es eine große Demütigung darstellte, wenn man einem Mann in die Hände fiel. Ein Mädchen des Dorfes war in die Gewalt einer ganzen Horde von Männern geraten; insgesamt zwanzig waren es, sagte sie. Sie war verlobt und sollte heiraten, war aber ihrem zukünftigen Ehemann noch nicht begegnet. Und dann konnte das ganze Dorf sehen, daß ihr Bauch dicker wurde. Der Panchayat war zusammengetreten, und jeder wollte wissen, wer der Vater des ungeborenen Kindes war. Sie sagten, sie sei ein schlechtes Mädchen und es sei allein ihre Schuld; einer meinte sogar, man sollte sie fesseln und in die Yamuna werfen! Aber ihr Vater verteidigte sie. Er wagte es sogar, zu einem der *panches* zu sagen: »Dein Sohn war es, der dieses Verbrechen begangen hat!«

Schließlich wurde das Mädchen dazu gebracht, ins Haus ihres Mannes zu ziehen, und ihre Schwiegermutter zwang sie, das Baby loszuwerden, bevor es geboren wurde. Danach sahen wir sie nie wieder. Es war ihr nicht erlaubt, nach Hause zurückzukommen und ihre Eltern zu besuchen. Ihr Vater war darüber sehr unglücklich. Er war ein netter, freundlicher Mann, der mich einmal, als ich ganz klein war und noch nicht richtig schwimmen konnte, vor dem Ertrinken gerettet hatte. Er sprach viel mit meinem Vater über die Demütigung seiner Tochter und wie sehr er sich danach sehnte, sie wiederzusehen.

Ich versprach meiner Mutter, daß man mich nicht so leicht fangen und daß ich auch Choti nicht aus den Augen lassen würde.

Das Wasser sprudelte um unsere nackten Füße, als sie in den Schlamm einsanken und eine Wolke aus goldenem Sand aufwühlten. Wir lachten so laut, daß die Vögel in den Büschen am Ufer aufflatterten. Unser Vater sagte uns immer, wir dürften draußen im Freien nicht laut lachen und damit auf uns aufmerksam machen, aber er war weit weg auf der Straße nach Teonga, und im Wasser waren wir frei, freier als im Dorf und freier als in einem Feld mit hohem Gras. Das Wasser löschte unseren Durst, säuberte unseren Körper und reinigte unseren Geist.

Das Stück Seife war hart wie Stein. Ich hatte nie zuvor ein Stück Seife in der Hand gehabt, und ich rieb so fest ich konnte, bis meine Haut rot wurde. Dann warf ich es Choti zu, und sie machte es genauso und warf es dann zu mir zurück. Wir rieben, so fest wir konnten, aber es wurde nicht milchig. Ich hatte Frauen gesehen, die Seife benutzten. Bei ihnen entstand immer eine Milch, so hell und weiß wie der Schaum auf einem Topf mit kochender Hirse, aber alles, was ich jetzt erreichte, war, daß meine Haut klebrig wurde. Sand aus dem Flußbett klebte daran, den ich nicht einmal abspülen konnte. Choti warf einen verzweifelten Blick auf das Stück Seife, ihre Haare klebten in großen Strähnen zusammen. Lag es daran, daß wir sie nicht richtig benutzten? Ich probierte es an meinen Kleidern aus und rieb wie wild. Vielleicht war die Seife zu alt?

Zwei Frauen hatten uns beobachtet und kamen herbei.

»Was hast du vor, Phoolan?« fragte eine von ihnen.

»Könnt ihr das nicht sehen?« entgegnete ich. »Ich wasche meine Kleider mit dieser Seife.«

»Was für eine Seife? Zeig her ...«

Ich hielt ihr das harte, klebrige Stück hin. Die Frau nahm es und begann zu lachen.

»Du wäschst dich mit einer Süßigkeit?« fragte sie ungläubig.

Sie gab mir das Ding zurück, das ich für Seife gehalten hatte. Ich biß ein Stück ab und spuckte es in den Fluß. Es schmeckte ein wenig nach Früchten. Die Frau hatte allen Grund, uns auszulachen, mit unserer wundgeriebenen, klebrigen Haut und unseren verklebten Hemden und Unterröcken. Wir konnten nicht anders und lachten mit. Und es blieb uns nichts anderes übrig, als uns mit Sand abzureiben, bis alles weg war.

Wir hätten dort lachend und im Schlamm herumspringend gut und gerne den Rest des Nachmittags verbringen können, aber wie gewöhnlich hatten wir unsere Pflichten zu erfüllen; wir mußten zu den Feldern zurück und Gras für die Tiere mähen.

Während ich das tat, mußte Choti das Kalb hüten, ein niederträchtiges kleines Tier, das immer davonlief. Es war schwierig, es festzuhalten, und Choti war bald außer Atem. Sie schimpfte mit ihm und setzte sich auf die Erde.

»Mir reicht's!« sagte sie. »Ich mähe das Gras, und du kannst dem Kalb hinterherrennen!«

»Nein, Amma hat gesagt, du mußt darauf aufpassen, nicht ich.«

»Ich bin zu klein, und dieses Kalb ist ein Teufel, der mich im Kreis herumjagen will wie eine Fliege. Fang du es ein!«

»Nein!«

Choti nahm einen Stock und versuchte, mich damit zu schlagen. Wir rauften miteinander, und sie rannte schreiend heim. »Amma! Phoolan hat mich geschlagen. Sie will nicht auf das Kalb aufpassen.«

Sie weinte so lange, bis schließlich ich diejenige war, die es ausbaden mußte. Bevor ich entwischen konnte, packte mich meine Mutter bei den Haaren und schlug mich mit einem Stock so fest auf den Hintern, daß mich der Schmerz fast lähmte.

Am nächsten Tag tat es immer noch weh. Auf meinem linken Hinterteil waren zwei riesige Striemen zu sehen, und ein weiterer, von der Größe einer Mango, zeigte sich am folgenden Tag.

»Amma«, sagte ich zu meiner Mutter, »du hast mich zu fest geschlagen, ich kann nicht einmal sitzen, so weh tut es.«

Der Abszeß wurde täglich größer und brannte, als würde er mein Fleisch zerfressen. Bald konnte ich nicht mehr laufen. Ich mußte auf dem Khat liegen und war nicht einmal imstande, auf die Felder zu gehen, um meine Notdurft zu verrichten.

Als mein Vater von seiner Reise zurückkam, war er entsetzt.

»Phoolan, mein armes Mädchen!« jammerte er. »O Mutter Durga, hab Erbarmen mit meinem kleinen Mädchen! Hilf ihr, wieder gesund zu werden.«

Sogar Amma begann zu beten. »Gott, hilf meiner kleinen Phoolan«, schluchzte sie.

Nur Gott wußte, ob dieser Abszeß wirklich die Folge der Schläge war, die sie mir verabreicht hatte, aber nie zuvor hatte ich solche Schmerzen verspürt. Selbst als die Hunde des Pradhan uns nachgejagt waren und Choti in den Knöchel gebissen wurde, hatte sie nicht so große Schmerzen gehabt wie ich damals.

Amma legte warmen Lehm auf den Abszeß, und dadurch verschwand der Schmerz für kurze Zeit. Aber sobald der Lehm abgekühlt war, kam er wieder. Ich weinte den ganzen Tag. Mutter machte einen Umschlag aus den Blättern unseres Neem-Baumes. Er wuchs auf dem kleinen Fleckchen Land, das meinem Vater gehörte. Er hatte ihn vor langer Zeit selbst gepflanzt, und wir benutzten seine bitter schmeckenden Zweige, um uns morgens die Zähne zu putzen. Unser Neem war für uns wie ein Brahmane: Er hielt die bösen Geister fern und heilte unsere Wunden und Krankheiten.

Choti machte sich über meine Leiden lustig. Ihr war nicht klar, daß sie an allem Schuld hatte. »Dein Hintern ist eine einzige große Beule. Es wäre besser für dich, wenn du tot wärst, weil du für den Rest deines Lebens nicht mehr laufen kannst.«

Aus Tagen wurden Wochen. Eines Nachts – ich versuchte auf der rechten Seite zu schlafen, um den riesigen violetten Ball nicht zu berühren, der unter meiner Haut pulsierte – verspürte ich ein dringendes Bedürfnis.

»Ich muß pinkeln«, flüsterte ich meiner Mutter zu.

Sie befahl Rukmini, mich zu dem Topf in der Ecke des Hofes zu bringen. Dort ließ mich meine Schwester allein. Ich fühlte mich hilflos, nicht einmal in der Lage, alleine zum Pinkeln hinauszugehen. Plötzlich sah ich ein Tier auf mich zukommen, einen wilden Hund. Ich schrie ihn an, und er fletschte die Zähne, als er, vom Geruch der Wunde angelockt, auf mich zukam.

Ich rief meinen Vater zu Hilfe. »Ein Riesenhund! Er will mich fressen!«

Mein Vater stürzte mit einem großen Stock herbei und ging auf den Hund los, der in den Stall rannte. In wenigen Sekunden hatte er zwei Zicklein getötet und in Stücke gerissen, bevor er aus dem Stall huschte.

Mir hatten schon die gelben Augen und die leuchtenden Zähne einen furchtbaren Schrecken eingejagt, aber der Anblick der toten Zicklein machte mir noch mehr angst. Ich wußte, daß sie wiedergeboren werden würden, vielleicht als Hunde, weil sie durch einen Hund getötet worden waren, aber ich haßte es, Tiere sterben zu sehen. Ich begann zu schluchzen, und mein Vater versuchte mich zu trösten.

»Das war kein Hund, Phoolan, es war eine Hyäne! Jetzt weiß ich, daß mein kleines Mädchen nicht sterben wird. Wenn die Hyäne sie nicht fressen konnte, dann wird auch der Abszeß sie nicht umbringen.«

Das einzig Gute in diesen schmerzvollen Wochen war der kleine Topf Milch, den ich jeden Abend bekam. Es war der einzige Moment, an dem ich meine Schmerzen und Beschwerden vergessen konnte. Den Rest der Zeit krümmte ich mich vor Schmerzen und wälzte mich auf dem Boden, und wenn ich etwas brauchte, mußte ich Rukmini, die schon genug zu tun hatte, bitten, mir zu helfen.

Am Diwali-Tag, dem Fest des Lichts, blieb ich allein im Haus zurück. An diesem Abend wurden in den Tempeln und allen Häusern des Dorfes Öllampen entzündet zu Ehren von Lakshmi, der Frau Vishnus, der Göttin der Schönheit und des Glücks. Lakshmi kann Leid und Not nicht ertragen. Beim Fest des Lichts wird ihr Sieg über die dunklen Mächte gefeiert. Im stillen bat ich Mutter Lakshmi, Erbarmen mit mir zu haben.

Während ich betete, spürte ich, wie das Böse aus mir herausfloß und über den Boden lief. Es war ein Gefühl, als hätte ich mein Wasser nicht halten können und als hätte ich die ganze Flüssigkeit aus meinem Körper herausgepinkelt.

Das Haus war für das Fest geputzt worden. Vater hatte eine neue Schicht Lehm und Dung auf die Wände aufgetragen. Amma hatte den Boden gesäubert, und ich befürchtete, sie würde bei ihrer Rückkehr böse werden, aber es tat so weh, daß ich mich nicht einmal umdrehen konnte, um nachzusehen, was passiert war.

Meine Mutter kam als erste zurück. Sie sah eine Blutlache in dem Zimmer, in dem ich schlief, und stieß einen Schrei des Entsetzens aus, weil sie dachte, eine zweite Hyäne wäre gekommen und hätte mich angegriffen. Sie fand mich bewußtlos auf dem Bett. Der untere Teil meines Körpers war ganz mit Blut befleckt. Ein widerlicher Geruch stach ihr in die Nase. Als sie mich umdrehte, bemerkte sie, daß der Abszeß aufgeplatzt und der Eiter herausgelaufen war. Sie wischte mir das scheußliche schwarze Blut ab; in meinem Hintern war ein Loch, groß genug, um ihre Faust hineinzustecken. Mein Bein tat immer noch weh, und es sollte noch viele Tage dauern, bis ich wieder arbeiten konnte. Ich war noch immer eine Last für meine Familie.

Meine Freundin Kusumi, die zwei Häuser weiter wohnte, sagte, sie sei sehr froh, daß ich nicht gestorben war. Kusumi und ich spielten oft zusammen. Sie war dünn und groß – viel größer als ich, obwohl sie so alt war wie ich und auch die gleiche dunkle Haut hatte. Sie würde sich freuen, sagte sie, daß ich bald wieder mit ihr und den anderen Mädchen spielen könnte. Wenn die anderen versuchten, auf einen Baum zu klettern, mußten sie manchmal aufgeben, während ich es immer schaffte. Meistens machten sie mich zur Anführerin, weil meine Spiele gewöhnlich die besten waren. Aber nicht immer ...

Kusumi war an der Reihe, die Tote zu spielen. Sie mochte dieses Spiel sehr. Sie mußte sich am Fluß in den Sand legen und durfte sich nicht bewegen, während wir so taten, als würden wir ihre Bestattung zelebrieren. Ein Mädchen namens Maya brachte ein Tuch, um sie zu bedecken, einen weißen Sari mit Goldstickerei, den ihre Mutter damals zur Hochzeit geschenkt bekommen hatte. Ihre Mutter mochte diesen Sari sehr, und Maya hatte ihn ohne ihr Wissen genommen. Ich nahm meine Sichel, um ein paar trockene Stecken für den Scheiterhaufen abzuschneiden. Es war ein Spiel, welches wir oft spielten. Normalerweise häuften wir unter Kusumi Gras auf und taten dann, als würden wir ihren Leichnam verbrennen, und sangen dazu das Mantra der Toten:

»Ram nam Satya Hai ...«

Nachdem wir lange genug gesungen hatten, so daß sie ihren Weg in ein neues Leben finden konnte, trugen wir sie zum Fluß. Gerade, als wir sie hineinwerfen wollten, erwachte sie und erschreckte uns, indem sie sagte: »Ich bin ein Geist und werde euch fressen!« Wir hatten so zu tun, als wären wir verängstigt, rannten weg und riefen: »Kusumi ist ein Geist! Kusumi ist ein Geist!« Dann mußte sie versuchen, uns zu fangen, und wenn es ihr gelang, zwickte sie uns mit ihren spitzen Fingernägeln. Schließlich nahmen wir sie gefangen und zogen sie an den Haaren. Aber Kusumi war inzwischen so groß geworden, daß wir gar nicht mehr an ihre Haare herankamen, deshalb sprangen wir nur um sie herum und machten entsprechende Bewegungen.

Normalerweise war das das Ende des Spiels. An den Haaren gezogen zu werden tat dem Geist so weh, daß er verschwand, und Kusumi war wieder sie selbst. Danach gingen wir meist zurück an unsere Arbeit auf den Feldern.

An diesem Nachmittag gelang es uns, unser Spiel noch zu verbessern. Wie gewöhnlich legten wir Kusumi hin, aber diesmal auf ein schönes Bett aus trockenen Blättern und Zweigen, einen richtigen Scheiterhaufen, wie jene, die aufgeschichtet wurden, wenn ein Leichnam zum Fluß gebracht und verbrannt wurde. Eines der Mädchen sagte: »Ich habe Streichhölzer. Sollen wir ein richtiges Feuer machen und sehen, was passiert?« Wir hatten den Männern oft beim Anzünden der Scheiterhaufen zugeschaut. Es gab eine Stelle an der Yamuna, zu der die Leute aus allen umliegenden Dörfern kamen, um ihre Toten zu verbrennen. Sie entzündeten den Scheiterhaufen immer mit einer brennenden Fackel.

Ich trug die Fackel und näherte mich langsam dem Scheiterhaufen, um ihn in Brand zu stecken.

Wir schauten zu, wie die Flammen zu Kusumis regungslosem Körper hinaufstiegen, und traten langsam zurück, so wie wir es bei den Trauernden gesehen hatten. Man mußte leise für die Seele beten, die nun dieses Leben verließ. Aber unser Ritual kam zu einem schnellen Ende.

Im Nu hatte der schöne bestickte Sari, der unseren Leichnam bedeckte, Feuer gefangen. Kusumi sprang hoch wie ein Ziegenbock. Anstatt den brennenden Stoff abzuschütteln, rannte sie schreiend mit ihm zum Fluß. Bis sie das Wasser erreichte, war sie schon ganz von Flammen eingehüllt. Sie sprang hinein, und wir hörten ein entsetzliches Zischen ...

Von ihr war nichts zu sehen.

Einen Augenblick später kam ihr Körper an die Oberfläche. Langsam stand sie auf und kam mit Schlamm und Asche bedeckt auf uns zu. Sie war ein richtiges Gespenst geworden!

In Panik rannten wir zum Dorf zurück, das Gespenst Kusumi kam hinter uns her und schwenkte die Sichel, die ich zum Schneiden der Zweige benutzt hatte.

»Kusumi ist ein Geist! Kusumi ist ein Geist!« schrien wir.

Dieses Mal waren wir wirklich davon überzeugt. Die anderen Mädchen versteckten sich in ihren Häusern, und ich tat das gleiche.

Meine Mutter sah mich außer Atem und ohne meine Sichel hereinhuschen. Sie blickte mich mit ihren schwarzen Augen vorwurfsvoll an.

»Wo ist das Gras für die Tiere?«

Wie gewöhnlich hatte ich das Gras ganz vergessen. Ich hatte es auf dem Feld gelassen. Ich würde wieder Schläge bekommen.

»Ich habe alles Gras geschnitten, Amma, und es in Bündel zusammengebunden, aber Kusumi hat sich wirklich in einen Geist verwandelt! Sie hat mich und die anderen Mädchen verfolgt, und wir sind alle nach Hause gerannt! Das ist die Wahrheit!«

Meine Mutter sah mich nachdenklich an. Sie hockte neben dem Mahlstein, stellte die Schale mit Getreide nieder und schüttelte den Kopf.

»Phoolan, warum machst du immer nur Ärger? Ich habe dir gesagt, du sollst auf den Feldern Gras schneiden und nach Hause bringen.«

Ich hatte keine Möglichkeit mehr zu antworten. Die vier Brüder von Kusumi standen vor der Tür unseres Hauses. Sie waren schon bei den anderen Mädchen gewesen und suchten jetzt nach mir. Da ich diejenige war, die den Scheiterhaufen angezündet hatte, war ich auch diejenige, die die meiste Verantwortung trug. Kusumis Brüder waren groß und kräftig. Der Älteste wandte sich an meine Mutter.

»Deine Tochter Phoolan hat unsere Schwester angezündet. Du mußt sie bestrafen.«

Bald war das ganze Dorf in Aufruhr. Mein Vater wurde gerufen, und eine Strafe wurde festgesetzt.

Meine Eltern waren sehr zornig. Meine Mutter gab mir einen heftigen Schlag mit der bloßen Hand, und dann ging sie und schnitt einen langen Zweig ab, um mich damit auszupeitschen. Ich konnte ihr nicht verständlich machen, daß ich Kusumi nicht wirklich hatte anzünden wollen, daß ich bloß gespielt hatte. Aber ihr waren unsere Spiele gleichgültig. Sie war hauptsächlich deshalb so wütend, weil ich das Gras auf den Feldern gelassen hatte. Ich hatte meine Pflichten vernachlässigt.

Mein Hinterteil tat von dem Abszeß noch immer weh, und nun schmerzte es auch noch von den Peitschenhieben, die mir meine Mutter verabreichte. Es war bereits später Nachmittag, aber meine

Mutter schickte mich zurück, um meine Arbeit zu beenden. Und ich mußte meine Sichel von Kusumi zurückholen.

Als ich zu ihrer Türe kam, schimpfte ihre Mutter mich aus. Ich mußte sie so freundlich, wie ich nur konnte, bitten, mir mein Werkzeug zurückzugeben.

»Sieh nur, was du angerichtet hast«, sagte Kusumis Mutter. »Sieh dir meine Tochter an ...«

Ich blickte auf, um meiner Freundin ins Gesicht zu sehen.

Ihre Wimpern waren angesengt, ihre Hände waren verbrannt, und ihre Haare waren ganz ein Raub der Flammen geworden. Ich dankte der Göttin, daß es Kusumi gelungen war, in den Fluß zu springen, bevor sie richtig Feuer fing.

»Bist du böse auf mich, Kusumi? Willst du jemals wieder Bestattung spielen?«

»Das nächste Mal, wenn ich ein Geist werde, fresse ich dich auf! Und hinterher werfe ich deine Knochen in den Fluß!«

Dann gab sie mir meine Sichel zurück.

Ich rannte so schnell ich konnte zu den Feldern zurück und rieb mir dabei meinen schmerzenden Hintern. Choti kam lachend hinter mir hergelaufen.

»Phoolan fürchtet sich vor einem Geist! Phoolan fürchtet sich vor einem Geist!«

In dieser Nacht hatte ich Alpträume. Geister zogen mich an den Füßen in die Tiefe der Erde hinab, und ich mußte mich an die Oberfläche zurückkämpfen, um meine Sichel zu suchen.

Der Baum der Hoffnung

Onkel Bihari war jetzt schon seit mehreren Monaten krank. Dunkle, krächzende Laute drangen nur jedesmal aus seiner Kehle, wenn er uns anschreien wollte, was aber immer seltener geschah. Wir sahen ihn kaum mehr auf seinem Khat neben der Tür zu seinem Hof auf der Lauer liegen. Etwas mit seiner Atmung war nicht in Ordnung, es war eine Krankheit, die mit dem Saft aus dem Mark des Neem-Baumes zu heilen war. Aber vielleicht wollten die Götter nicht, daß er gesund wurde.

Rukmini hatte zum ersten Mal ihren Ehemann gesehen, während der *Baraat*-Prozession. Er kam auf einer Stute angeritten, geschmückt mit einem rosafarbenen Turban mit einem goldenen Kopfband. Er hatte ein zinnoberrotes Mal auf der Stirn und trug ein Schwert an seiner Seite. Ihm folgten seine Familie und seine Freunde, die zu den Trommeln der Musikanten tanzten. Bevor sie zu unserer Tür kamen, gingen sie in die Tempel, um Opfer darzubringen. Rukmini wartete, ihr Kopf war von einem schönen Sari bedeckt. Sie trug viele Armreifen und anderen Schmuck. Unsere Mutter begrüßte den Bräutigam mit Geschenken und segnete ihn. Sie hielt eine große flache Schale mit Reiskörnern, Blüten und etwas Zinnoberpulver. Mit der Schale beschrieb sie einen Kreis um seinen Kopf und tauchte ihren Finger in das Pulver, um ihm damit ein Zeichen auf die Stirn zu malen. Dann streute sie Reis und Blüten über ihn.

Am Abend, nach dem Essen, saßen Braut und Bräutigam unter einem mit Girlanden aus Blumen, Mangoblättern und farbigen Bändern verzierten Baldachin auf einem Geflecht aus vier großen grünen Blättern der Bananenpalme. Der Brahmane entzündete das *homa*, das heilige Feuer, und Rukmini und ihr Bräutigam mußten siebenmal um das Feuer schreiten, während der Priester die Mantras sprach. Bei jeder Umkreisung mußte der zukünftige Ehemann geloben, für seine Frau zu sorgen und sie zu achten. Zwischendurch überreichten die Verwandten Rukmini nacheinander ihre Geschenke. Es schien viele Stunden zu dauern, und es war so schön, daß mir zum Weinen zumute war. Rukmini trug noch immer ihren Sari mit dem schweren Schleier. Man konnte nur ihre Handflächen sehen. Dann vollführten meine Eltern den *kanyadaan*: Sie zerrieben Gelbwurz auf den Handflächen meiner Schwester und ihres Ehemanns und legten die Hand meiner Schwester in die seine. Schließlich hob die Frau des Barbiers, die Rukmini geführt hatte, weil sie durch ihren Schleier nichts sehen konnte, diesen zum ersten Mal, und der Bräutigam führte den *sindoor* aus – er streute Zinnoberpulver auf ihren Scheitel.

Dann war die Zeremonie vorbei, und die Feier begann, ein riesiges, scheinbar nie enden wollendes Fest. Es gab ein Feuerwerk, Musik und Tanz und viele Süßigkeiten zu essen. Es waren viele, viele Gäste da, mehr als hundert. Und es regnete die ganze Zeit.

Einmal, als ich mich mit Rukmini gestritten habe, war ich so wütend, daß ich sie anschrie: »Ich hoffe, daß es an deinem Hochzeitstag regnet! Ich hoffe, es regnet so stark, daß du unter einem Schirm verheiratet werden mußt!« Und tatsächlich regnete es an diesem Tag, während der ganzen Zeremonie ging ein heftiger Monsunregen nieder. Das ganze Haus stand unter Wasser. Rukmini war deshalb böse auf mich, aber mir tat es leid, daß es regnete, weil ich mich so darauf gefreut hatte, einen Jeeja, einen Schwager, zu haben. Mein Jeeja hatte eine Mitgift von fünftausend Rupien, viele Geschenke, eine Kuh und einen Büffel erhalten. Er war zwei Jahre älter als Rukmini und sehr nett. Ich folgte ihm auf Schritt und Tritt und zog am losen Ende seines *dhoti*. Sein Name war Ramphal, und Rukmini sagte, daß er sie sehr lieben würde.

Schließlich sagte sie uns, daß sie nach einiger Zeit in das Dorf ihrer Schwiegereltern gehen würde. Vorläufig würde sie noch bei uns bleiben.

An diesem Tag war Rukmini sehr glücklich. Onkel Bihari hatte es schon dreimal geschafft, eine Hochzeit zu verhindern, die für sie arrangiert worden war. Das letzte Mal hatte er an dem Tag, an dem die Baraat-Prozession erwartet wurde, die Polizei gerufen. Der Bräutigam auf seinem Pferd führte die Prozession an. Er und seine Familie waren den ganzen weiten Weg von Kanpur gekommen, aber unser Haus erreichten sie nicht. Onkel Bihari stoppte sie auf der Hauptstraße bei Kalpi, bevor sie in die Straße, die zu unserem Dorf führte, einbogen. »Das Mädchen ist minderjährig«, sagte er ihnen. »Sie ist erst vierzehn Jahre alt, und ihr Vater will sie verkaufen! Das ist gegen das Gesetz.« Er hatte sich mit dem Pradhan zusammengetan, und sie brachten gleich die Polizei mit. Der Bräutigam kam aus einer guten Familie, und sie waren so aus der Fassung gebracht, daß sie sofort, ohne meinem Vater ein Wort zu sagen, umgekehrt und in ihr Dorf zurückgegangen waren. Meine Schwester schämte sich; sie schluchzte und sagte, daß sie Selbstmord begehen, sich ins Feuer stürzen würde. Davor hatte Bihari verhindert, daß Leute aus dem Dorf meinem Vater Geld für Rukminis Mitgift liehen; er hatte behauptet, mein Vater würde es ihnen niemals zurückzahlen können. Und das erste Mal hatte er der Familie des Bräutigams erzählt, daß Rukmini adoptiert worden sei. Das stimmte nicht. Bevor Rukmini geboren wurde, hatte unsere Mutter drei Babys verloren. Rukmini war ihr viertes Baby, aber das erste, das am Leben blieb.

Mutter sagte, daß Bihari befürchtete, Rukmini könnte in eine einflußreiche Familie einheiraten und er könnte dann die Macht über uns verlieren. Aber nun hatte Rukmini ihren Ehemann, und meine Mutter und mein Vater waren zufrieden. Rukminis Schwiegereltern konnten uns möglicherweise helfen, das Land, das uns als Erbe zustand, das schöne Horafeld, zu bekommen. Die Familie des Bräutigams hatte keine Angst vor Bihari. Sie hatten meinen Onkel gewarnt, daß sie ihm Schwierigkeiten machen würden, falls er die Hochzeit zu verhindern versuchte. Meine Mutter sprach oft mit meinem Vater darüber. Ich sollte das nicht hören, und wenn sie sich unterhielten, schickten sie mich aus dem Haus, aber ich bekam es trotzdem mit.

Das Hochzeitsfest dauerte nun schon drei Tage. Es war spät, und Choti und ich mußten zu den Feldern, um uns zu erleichtern. Meine kleine Schwester hatte besonders große Not. »Laß uns am Haus des Onkels vorbeirennen«, flüsterte sie, »ich muß so dringend!«

Aber wir waren nicht schnell genug. Als wir vorbeiliefen, hörten wir die heisere Stimme von Bihari.

»Phoolan, komm her!«

Ich hielt den Atem an. Er hatte uns flüstern gehört. Ich dachte, er würde uns wieder schlagen, und mein erster Gedanke war zu fliehen, aber etwas lag in seiner Stimme, das mich zögern ließ. Ich begriff, daß ihn der viele Regen noch kränker gemacht hatte.

»Es ist etwas Seltsames in seiner Stimme«, sagte ich zu Choti.

»Ich geh da nicht rein, Phoolan. Er versteckt sich wahrscheinlich hinter der Tür und wartet auf uns.«

»Er hört sich an, als ob er sehr krank wäre. Komm schon.«

Aber Choti wollte nicht hineingehen.

»Er wird uns jetzt nichts tun«, sagte ich ihr. »Wir haben Rukminis neue Familie hier, die uns beschützt. Hör nur! Er ruft wieder.«

»Nein, frag ihn von hier, was er will.«

»Dann geh ich eben allein. Warte hier auf mich. Wenn er mich zu schlagen versucht, dann renn nach Hause und sag Bescheid.«

Wieder stöhnte Bihari. »Phoolan, meine kleine Nichte, ich habe Durst.«

Vorsichtig trat ich ein, aber es war niemand im Hof. Dann sah ich Bihari zusammengerollt auf seinem Khat neben der Tür seines Zimmers liegen, seine Augen glühten fiebrig. Zögernd kam ich näher. Er nannte mich wieder seine kleine Nichte und dankte mir mit gefalteten Händen für mein Kommen, deshalb berührte ich pflichtschuldig seine Füße – aber ganz rasch, für den Fall, daß er mich zu packen versuchte.

»Was ist los mit dir, Onkel? Bist du krank?«

Ich überlegte mir gut, was ich sagte. Er schien wirklich sehr krank zu sein. Seine Stimme kam aus seiner Kehle wie das Rumpeln eines fernen Donners, und aus irgendeinem Grund ängstigten mich seine buschigen Augenbrauen nicht mehr.

»Es ist wieder mein Asthma, Phoolan«, krächzte er. »Dieser Monsun bringt mich um. Gib mir etwas Wasser ...«

Ich hob den Wasserkrug, den ich dabeihatte, um mich zu waschen. »Ich bin auf dem Weg zur Toilette. Dieses Wasser ist nur zum Waschen. Warum gehst du nicht ins Haus und fragst jemanden, ob er dir etwas zu trinken gibt? Ist niemand da?«

»Geh und hole deinen Vater, bitte.«

Es war das erste Mal, daß er so freundlich zu mir gesprochen hatte, und er bat mich, meinen Vater zu holen, auch das hatte er nie zuvor getan. Ich rannte zu unserem Haus zurück.

»Komm, Vater! Er ist sehr krank.«

Mutter ergriff das Wort. »Dein Vater geht nicht.«

Immer entschied sie alles für ihn. Aber dieses Mal widersprach mein Vater. »Bihari ist schon lange krank. Wer weiß? Vielleicht will er mir Land geben.«

Sie murmelte etwas vor sich hin, die üblichen Verwünschungen gegen Bihari, den Dieb, den Schurken, den Lügner.

»Er ist krank. Vielleicht will er seine Angelegenheiten regeln und über die Erbschaft sprechen.«

Vater beschloß zu gehen. Ich folgte ihm mit Choti, in Aufregung versetzt angesichts seines möglichen Todes, der für uns vielleicht Land bedeutete – Land, das eigentlich schon immer uns gehörte.

»Vater, du solltest von ihm mehr als ein paar Bighas verlangen, fordere hundert!«

»Gott wird für uns entscheiden, Phoolan. Sei nicht habgierig! Wir müssen das nehmen, was Gott uns zuteilt.«

Als wir ankamen, lag Bihari auf dem Zementboden seines Hauses. Seine Augen waren geschlossen. Vater kniete bei ihm nieder und begann zu weinen.

»Wieso weinst du, Vater?« fragte ich.

»Mein Bruder ist tot!«

Tot? Ich konnte es nicht glauben. Noch vor wenigen Minuten hatte er um Wasser gebeten, und jetzt lag er da – tot. Wenn das stimmte, hieß das, daß er uns nie mehr schlagen würde!

Choti sah ihn voller Abscheu an. »Jetzt sind wir sicher vor ihm«, sagte sie.

»Glaubst du wirklich?« fragte ich. »Was ist, wenn er in ein paar Tagen wieder aufsteht?« wollte ich wissen.

»Keine Angst, sie werden ihn morgen verbrennen. Er wird auf keinen Fall zurückkommen.«

In diesem Moment eilte Mayadin, der älteste Sohn unseres Onkels, mit Tränen in den Augen ins Zimmer. Er kniete, das Gesicht in den Händen vergraben, vor seinem Vater nieder. »Was hat er gesagt? Wer war hier? Wer war zum Schluß bei ihm?«

»Ich«, antwortete ich. »Er richtete seine letzten Worte an mich.«

»Was hat er gesagt, kleine Cousine?«

Ich war überrascht, daß ich jetzt plötzlich seine »kleine Cousine« war.

»Er wollte Wasser haben.«

Mayadin begann laut zu schluchzen. »Ich war nicht einmal da, um ihm am Ende etwas Wasser zu geben«, klagte er. Einige Dorfbewohner hatten sich im Hof versammelt, und ich hörte jemanden sagen, daß man einem Sterbenden niemals Wasser verweigern dürfte. Ich hätte ihm das schmutzige Wasser geben sollen, das ich mit mir trug. Dabei hätte ich es ihm gern über den Kopf geschüttet!

Am nächsten Morgen wurde sein Leichnam für die Einäscherung abgeholt. Es war eine lange Prozession, und das ganze Dorf nahm daran teil, aber meine Mutter wollte nicht, daß mein Vater mitging. Sie meinte, sie könnten ihm später die letzte Ehre erweisen, und danach könnten sie, wie es Sitte war, im Fluß baden. Aber natürlich gingen wir zur Bestattung. Bihari wollte wie die Reichen sein, wie ein Thakur. Vater sagte uns immer, daß es falsch wäre, einer anderen Kaste angehören zu wollen, wenn Gott nun einmal beschlossen hatte, daß wir als Mallahs geboren wurden; wir mußten den Willen Gottes respektieren. Bihari wollte ein Thakur sein, aber jetzt war er tot, und alles würde anders werden.

Als Biharis Leichnam auf dem Scheiterhaufen brannte, zogen bedrohliche Monsunwolken auf und verdunkelten den Himmel, aber ich fühlte mich leicht wie ein Schmetterling. Hinterher wurden seine Zähne und einige seiner Knochen in Urnen getan. Mayadin würde diese, so verlangte es der Brauch, bei Kanpur in den Ganges werfen. Er mußte etwas Wasser aus dem heiligen Fluß mitbringen, und am dreizehnten Tag würden wir dann alle etwas davon trinken.

Als die Bestattungsriten beendet waren, kam Mayadin zu uns. Er hatte ein Gesicht wie eine Eidechse: eine platte Nase mit großen, breiten Nasenflügeln und verlogene Augen. Er sprach unseren Vater respektvoll als seinen *chacha*, seinen Onkel an!

»Jetzt bist du das älteste Familienmitglied, Chacha«, sagte er. »Es spielt keine Rolle, wie sich mein Vater euch gegenüber verhalten hat, ich habe nicht vor, so weiterzumachen. Von nun an gehören wir zur gleichen Familie.«

Meine Eltern freuten sich, das zu hören. Meine Mutter lächelte, und plötzlich hellte sich ihr Gesicht auf. Sie sah erleichtert aus. Vielleicht dachte sie, daß sie uns jetzt nie mehr wegen Bihari schlagen mußte. Sie schien der Meinung zu sein, daß Mayadin ein guter Mann war, der uns unseren Anteil geben würde. Freudig hörte ich der Unterredung zwischen meinem Vater und Mayadin zu, die beide zusammen auf einem Khat saßen. Ich hätte nie gedacht, daß so etwas jemals geschehen könnte.

Vater erzählte seinem Neffen, daß er vorhatte, den Neem zu fällen, den Baum, der auf dem kleinen Fleckchen Land wuchs, das uns gehörte, ein Stück von nur drei Bighas. Der schöne Baum war von unserem Vater dort gepflanzt worden, und der Stamm war so dick, daß Choti, Rukmini und ich uns an die Hand nehmen mußten, um ihn zu umfassen. Vater sagte, er sei sicher, für das Holz genügend Rupien zu bekommen, mehr als tausend, um damit meine Hochzeit zu bezahlen.

»Du kannst den Baum verkaufen, Chacha, und darüber hinaus kannst du, anstatt weiter auf eurem Kachwari zu arbeiten oder Land von anderen Leuten zu pachten, zu mir kommen und für mich arbeiten«, sagte Mayadin. »Während wir auf die Ernte warten, werde ich dich jeden Monat mit Getreide bezahlen. Ich werde genau Buch führen, und wir rechnen beim nächsten Monsun ab.«

Vater seufzte erleichtert auf. Wir würden das ganze Jahr über genug zu essen haben.

»Ich bin dir sehr dankbar«, sagte er demütig. »Die Familie meiner Frau hat einen Heiratsantrag für unsere Tochter Phoolan erhalten. Der Mann ist Witwer und lebt in Maheshpur. Es ist eine gute Familie, in die Phoolan einheiraten könnte.«

Sein Neffe schien bereit zu sein, allem zuzustimmen, was Vater vorschlug.

»Ich werde dir bei den Verhandlungen behilflich sein, Chacha. Und ich werde den Kanya-Daan ausrichten. Deine Tochter Phoolan wird eine sehr schöne Hochzeit haben.«

Ich sollte also verheiratet werden!

Ich malte mir aus, daß es ein Fest geben würde, das tagelang dauerte, wie das von Rukmini. Ich würde einen schönen Sari und Armreifen tragen, und es würde viele gute Speisen geben. Und dann würde mein Ehemann in sein Dorf zurückkehren, wie es Rukminis Mann getan hatte, und Choti und ich könnten mit unseren Puppen Hochzeit spielen.

Meine Mutter hatte mir einmal erzählt, daß Onkel Bihari bei seiner Hochzeit sechzehn Elefanten für die Baraat-Prozession gemietet hatte. Er wollte jedem zeigen, wie reich er war. Natürlich war er reich, dachte ich, er hatte ja das Erbe meines Vaters gestohlen! Aber jetzt wollte sein Sohn es wiedergutmachen. Vater konnte das Holz des Neem-Baumes verkaufen und sollte für einen Anteil an der Ernte das Land der Familie bestellen. Ich wollte zum Tempel gehen und für all die Dinge danken, die Mayadin für uns tun würde. Ich musterte ihn genau und kam zu dem Schluß, daß er nicht das Schakalgesicht seines Vaters hatte. Seine Nase war groß wie der Schnabel eines Adlers, und wenn er lächelte, bekam sein breiter Mund einen liebenswürdigen Ausdruck. Er hatte demutsvoll die Hände gefaltet, als er meinen Vater begrüßt und gesagt hatte, er sei der älteste der Familie. Und er sprach jetzt zu ihm mit dem Respekt, der dem Älteren gebührt.

»Wenn der Mann Witwer ist, wird die Mitgift kleiner sein, Chacha. Das ist eine gute Vereinbarung«, sagte er.

Mein Vater nickte. »Sein Name ist Putti Lal. Seine erste Ehefrau stammte aus der Familie meiner Frau Moola. Sie wird sich mit ihren Brüdern treffen, um die Baraat vorzubereiten. Der Sterndeuter wird den Zeitpunkt des *teeka* festsetzen.«

Das war der Tag, an dem mein Vater ins Dorf meines Mannes gehen würde, um ihm den ersten Teil der Mitgift zu übergeben und ein zinnoberrotes Zeichen auf seine Stirn zu machen …

Ich rannte hinaus in den Regen, der vom Himmel fiel. Wassertropfen fielen wie Perlen von der Spitze meiner großen Nase, und ich dachte an die Harztropfen, die sich auf der Rinde des Neems bildeten, unseres schönen Baumes mit den blaßgrünen Blättern, an denen hübsche gelbe Blüten sprossen. Im Dorf gab es sonst keinen Neem, und er gehörte mir: Unser Neem sollte meine Hochzeit bezahlen. Ich rannte bis ans Ende der Straße, vorbei an Mayadins Haus und dann den Weg entlang durch die Felder zu unserem Baum. Ich breitete meine Arme aus und umarmte den rauhen Stamm. Ich würde die Früchte vermissen, die er trug, die gelb wie die Sonne waren und wie Zwiebeln rochen. Die Eichhörnchen würden sich einen anderen Baum suchen müssen. So viele Rupien für einen Baum! Aber er war der König der Bäume, und er war viel älter als ich.

Es dämmerte, und die Sterne begannen am Himmel zu verblassen. Ich lag mit Choti auf dem Khat im Hof und schlug plötzlich die Augen auf. Ein Geräusch hatte mich geweckt – jetzt hörte ich es wieder. Es war das Geräusch einer Axt, die Holz spaltet. Die Hiebe erfolgten regelmäßig, aber wo kam das Geräusch bloß her? Ich schloß die Augen, um zu lauschen, und da begann mein Herz vor Angst zu pochen. Ich rüttelte meine Schwester wach.

»Choti, wach auf. Jemand fällt einen Baum.«

»... Und?«

»Der Neem. Sie fällen *unseren* Baum!«

»Warum sollten sie? Vielleicht hat Vater den Holzfäller damit beauftragt.«

»Nun komm schon!«

»Neeiin! Bist du verrückt? Wenn wir um diese Zeit allein hinausgehen, könnte uns etwas Schreckliches passieren!«

Wir waren ganz allein. Meine Mutter war noch im Dorf ihrer Brüder. Ich nahm an, daß sie mit Rukmini fortgegangen war, um meine Hochzeit vorzubereiten. Vater arbeitete in einem Dorf weiter flußaufwärts. Er hatte gesagt, er würde sechs Tage dort bleiben. Er stellte Backsteine her, um damit den Brunnen im Hof eines reichen Mannes einzufassen. Ich konnte die Tage nicht mehr zählen und wußte nicht, wann er zurück sein würde. Es konnte nicht unser Baum sein, den sie da fällten, sagte ich mir. Ich versuchte, wieder einzuschlafen. Es war noch zu früh, um zum Brunnen zu gehen oder ein Bad im Fluß zu nehmen. Aber ich fand keinen Schlaf mehr, ich dachte an den großen schönen Baum und hörte die Schläge der Axt.

Als ich den ersten Sonnenstrahl auf unserem Dach sah, hielt es mich nicht länger. Ich zog mein grünes Hemd über das Unterkleid.

»Komm, Choti, wir gehen und schauen nach!«

Wir rannten durch das Dorf, ganz nahe an den Häuserwänden entlang, und sprangen über die Abflußrinnen, bis wir zu dem kleinen Stückchen Land kamen, auf dem unser Vater unter dem Neem ein wenig Hirse anbaute. Aber der Baum war nicht mehr da! Das Feld war voller Arbeiter, die Teile eines Baumstammes auf einen von einem Traktor gezogenen Wagen luden. Daneben stand ein Karren, der von zwei kräftigen weißen Büffeln gezogen wurde. Der Karren war kunstvoll bemalt, und am Geschirr der Büffel baumelten silberne Verzierungen. Ich kannte den Karren, er gehörte Mayadin!

Wo war mein Baum? Wo war der König der Bäume?

Er lag auf Mayadins Karren, tot und in Stücke zersägt! Sie hatten ihn umgebracht! Das war das Geräusch gewesen, das ich in der Nacht gehört hatte, das Geräusch von Äxten, die meinen wunderschönen Baum zerstückelten. Ich sah, wie das gelbrosa Mark des Baumes seinen zähen Saft ausblutete. Die dicken Zweige waren mit einer Säge zerkleinert und aufgestapelt worden und warteten darauf, abtransportiert und verkauft zu werden. Mein Herz hämmerte wild. Ich hatte das Gefühl, ich würde ersticken vor Wut. Mayadin hatte gelogen! Der verlogene Sohn seines betrügerischen Vaters wollte uns überhaupt nicht helfen. Er hatte die Abwesenheit unseres Vaters genutzt, um unseren Baum zu stehlen. Er hatte es wie ein Dieb in der Nacht getan. Als er, die Hände wie zum Gebet gefaltet, zu meinem Vater gesagt hatte: »Nimm diesen Baum, Chacha, und verkaufe ihn …«, war sein Lächeln in Wahrheit das verräterische Lächeln eines Schakals gewesen.

Das kleine Fleckchen Erde war das einzige Land, das wir besaßen, und der Baum, der darauf wuchs, gehörte uns, nur uns allein. Ich brachte kein Wort heraus, während ich zusah, wie der Traktor davonfuhr, aber als ich Mayadin erblickte, der in seinem sauberen weißen Dhoti, welcher lose zwischen seinen Knien hing, und seiner Seidenkurta, die bis zum Hals hinauf geknöpft war, auf seinen prächtigen Karren stieg, geriet ich außer mich. Er hatte sich nicht einmal seine Hände schmutzig gemacht – und trotzdem waren sie vom Blut meines Baumes bedeckt. Ich sprang zu dem Karren und packte das zum Geschirr gehörige Seil, das durch die Nase eines der Büffel geführt war.

»Du Betrüger!« schrie ich. »Gib uns unseren Baum zurück.«

Mayadin schlug mich von seinem Sitz aus mit seiner Peitsche, aber ich ließ das Seil nicht los. Die Nase ist die empfindlichste Stelle des Büffels, und die Augen des Tieres, die ich direkt vor mir hatte, rollten wild vor Angst, während ich mich weiter festklammerte und gegen seine Beine trat. Es muß dem armen Tier sehr weh getan haben, aber ich war blind vor Wut.

»Du nimmst dieses Holz nicht! Ich laß es dich nicht einfach stehlen!«

Mayadin schlug immer noch auf mich ein, härter und härter. Er muß Angst gehabt haben, ich würde seinem Büffel die Nase abreißen, und das Tier würde durchgehen. Ich ließ nicht los. Ich spürte seine Peitsche auf meinen Armen und auf dem Rücken und dann an meinem Kopf und den Ohren. Ich konnte kaum etwas sehen, Blut lief mir in die Augen, aber ich hielt das Seil weiter fest.

»Ich laß es nicht zu, daß du es nimmst!«

Choti war davongelaufen, als ich zur Nase des Büffels gesprungen war. Ich konnte ihre Rufe im Dorf hören: »Rettet meine Schwester, kommt und helft ihr! Alle!«

Sie kamen alle, aber sie standen nur da und lachten, als handelte es sich um eine Vorführung. Ich hörte einen Dorfbewohner sagen: »Dieses verrückte Mädchen hat es tatsächlich geschafft, Mayadins Karren aufzuhalten!«

Als Mayadin begriff, daß ich nicht loslassen würde, egal wie fest er auf mich einschlug, und er auch nicht losfahren konnte, rief er nach seinen Schlägern. Vier Männer kamen herbei, boxten mich und versuchten mich zu packen, um mich wegzureißen. Das Tier brüllte vor Schmerz, und ich ließ los. Ich wurde von einem riesigen

Mann festgehalten, der mich an den Händen und Füßen herumschleuderte und auf den Boden warf wie ein Bündel Stroh.

Bevor Mayadin davonfahren konnte, rappelte ich mich wieder auf, rannte zurück und kletterte auf das gewaltige Rad des Karrens, dann schrie ich zu Mayadin hinüber, wenn er wegfahren wolle, könnte er dies nur tun, indem er mich unter dem Rad zermalmte. Er zögerte. Es müssen Hunderte von Leuten gewesen sein, die zuschauten, fast das halbe Dorf.

»Es ist unser Baum!« schrie ich. »Du bist ein Dieb!«

Ich hatte gerade noch Zeit, seine Seidenkurta zu zerreißen und zu sehen, wie seine Augen vor Wut rot anliefen. Riesige Hände packten mich an meinen Kleidern, zogen mich vom Rad und ließen mich diesmal nicht mehr los. Ich rang nach Luft, und die Tränen schossen mir in die Augen, aus ohnmächtiger Wut ebenso wie durch den Schmerz, den mir die Arme zufügten, die mich würgten und noch immer zurückhielten. Hilflos, unfähig, mich loszureißen, sah ich zu, wie die Männer den Rest der Zweige zersägten, sie aufeinanderschichteten und auf den Karren luden.

»Laßt sie ... laßt sie«, bettelte ich. »Sie gehören meinem Vater!«

Der Mann, der mich umklammerte, hatte ganz schön zu kämpfen. »Mein Gott, was ist das für ein Mädchen«, rief er aus. Ich biß ihn fest in die Hand und spuckte sein Blut auf die Erde. Mit einem Schrei ließ er mich fallen.

Aber es war vorbei ...

Ich konnte nur noch zusehen, wie Mayadin auf seinem Karren mit dem ganzen Holz meines Vaters davonfuhr, dem Holz, mit dem eigentlich meine Mitgift bezahlt werden sollte. Der Karren fuhr langsam, im schlurfenden Rhythmus der Büffel die Straße hinunter. Es war nichts übrig, kein einziges Zweigchen: In der Mitte von unserem Flecken Land stand nur noch ein Baumstumpf. Sogar die Hirse, die darunter wuchs, war zerstört, von den Holzfällern zertrampelt. Mein schöner Baum konnte uns keinen Schatten mehr spenden. Und all das bedeutete für meinen Vater eine erneute Demütigung.

Es war wertvolles Holz, das uns mehr als tausend Rupien eingebracht hätte. Ich war eine kurze Zeit glücklich gewesen, aber dieser neue Schmerz, ein vernichtender Schmerz, der Schmerz, ein Sklave zu sein, weniger zu sein als ein Hund, drehte mir den Magen um. Ich würgte und wollte mich übergeben. Wir waren arm, und deshalb waren wir machtlos. Erschöpft setzte ich mich auf die Erde, zu Füßen von Mayadins Männern in den Staub und in die niedergetretene Hirse, und schluchzte. Die vier Männer zerrten mich hoch und stießen mich den Weg bis zu unserem Haus vor sich her. Sie warfen mich in den Hof und verbarrikadierten von außen die Tür. Aber das machte keinen Unterschied. Ich hatte sowieso keine Kraft mehr. Mit dem Gesicht auf der harten Erde liegend, konnte ich nicht einmal mehr weinen. Ich fühlte mein Herz so heftig schlagen, daß ich fürchtete, es könnte in mir explodieren. Ich hatte getan, was ich konnte, aber ich war allein.

Die Dorfbewohner hatten gelacht. Als ich kämpfte, hatte nicht einer von ihnen versucht, mir zu helfen. Und als es vorbei war, waren sie in ihre Häuser geschlichen, um sich zu verstecken. Zu Mayadins Bande, die für ihn arbeitete, gehörten einige Männer aus dem Dorf, darunter einer, den ich kannte. »Warum tust du das? Du weißt, daß es der Baum meines Vaters ist!« hatte ich ihm zugerufen. »Er bezahlt mich, Phoolan«, hatte der Mann geantwortet. »Mayadin sagte mir, er würde mich mit einem Sack Hirse bezahlen.«

Mayadin lernte offenbar, die Macht zu nutzen, die ihm sein räuberischer Vater vererbt hatte. Und all die feigen Hunde im Dorf hatten ihm gehorcht. Aber er war rot vor Wut gewesen, er hatte in seinen sauberen Kleidern geschwitzt, und ich hatte gesehen, wie seine Augen ungläubig aufgeblitzt hatten, weil ich es gewagt hatte, ihn in Abwesenheit meines Vaters anzugreifen. Ich begann mich zu beruhigen, als ich daran dachte, in welch peinlicher Lage er gewesen war. Das mußte ihn wütend gemacht haben. Er mußte gedacht haben, ich würde mich für das Oberhaupt meiner Familie halten! Hätte ich ein Messer bei mir gehabt, hätte ich ihn erstochen, wie er da auf seinem Karren mit den kostbaren Silberverzierungen saß, aber mein Messer war aus Holz, und es war nur zum Gemüseschälen zu gebrauchen.

Choti schaffte es, über die Mauer des Nachbarn zu klettern, und setzte sich neben mich.

»Ich habe mir ins Kleid gemacht. Ich hatte Angst, daß sie dich umbringen, Phoolan. Schau, du blutest noch immer!«

Ihre Stimme war schwach und heiser von ihren Hilferufen. Aber niemand kam jemals Devidins Töchtern zu Hilfe – niemand.

»Choti ... Komm, Schwester.«

Das Blut auf meinem Körper trocknete und wurde schorfig, alle meine Muskeln schmerzten, und überall hatte ich blaue Flecken. Wir kletterten über die Mauer und schlugen den Weg zum Fluß ein. Dort konnten wir im geheiligten Wasser unsere Wunden kühlen, wir konnten das Blut abwaschen, den Urin und unsere Tränen.

Die Sonne war bereits untergegangen, als meine Mutter mit der kleinen Bhuri auf dem Arm zurückkehrte. Über dem Dorf war der Mond aufgegangen, rund und fahl wie eine Perle, und ich starrte ihn an, während ich ihr erzählte, was geschehen war. Sie tastete zuerst meine Arme und danach meine Beine ab, um zu sehen, ob etwas gebrochen war, dann setzte sie sich, die Hände vors Gesicht geschlagen, auf den Khat und begann zu weinen.

»Phoolan, du machst uns wirklich nur Schwierigkeiten ...«

Diesen Vorwurf hatte ich wahrlich schon oft gehört, aber diesmal war ihre Stimme leise und gequält. Sie schrie nicht, und sie versuchte nicht, mich zu schlagen. Sie war zu müde in dieser Nacht, um mich zu schlagen. Meine Mitgift war auf dem Karren dieses Diebes weggeschafft worden, und wieder soll ich diejenige gewesen sein, die Schwierigkeiten machte? Weil ich Mayadin aus diesem Grund angegriffen hatte, machte ich Schwierigkeiten? Ich war schuld, immer war ich schuld! Ich war das schmutzige Gör, das keinen Respekt zeigte, jedermann beleidigte und nur Unheil anrichtete. Und dann wurde ich dafür geschlagen.

Ich bat Durga, die Göttin der Rache, mir Kraft zu geben, aber mein Gebet wurde unterbrochen.

»Gott? Du bittest Gott?« Meine Mutter weinte noch immer. Ihre Stimme war trocken und bitter. »Wie sollen wir dich denn jetzt verheiraten? Frag ihn das!«

Nach Rukminis Hochzeit hatten wir monatelang nichts anderes als Kartoffeln zu essen gehabt. Ich hatte schon beschlossen, daß ich, wenn ich erwachsen war, Maurer oder Zimmermann werden wollte wie mein Vater, dann konnte ich hart arbeiten und eine Menge Rupien verdienen und ganz viel Weizen nach Hause bringen, genug, um uns alle satt zu machen. Ich war mir sicher, daß ich die Arbeit von Männern tun konnte, und niemand würde mich so betrügen, wie sie meinen Vater betrogen. Jemand aus dem Dorf war losgegangen, um ihm mitzuteilen, was vorgefallen war. Es war nach Mitternacht, und der Mond stand hoch am Himmel, als er, erschöpft von dem langen Marsch, zu Hause eintraf. Mutters Tränen waren getrocknet, und inzwischen war sie wütend.

»Morgen früh gehe ich zur Polizei und erstatte Anzeige«, erklärte sie.

»Der Baum ist weg, Moola! Was können wir da noch tun?«

»Du läßt dir alles gefallen, Devidin! Phoolan weiß sich besser ihrer Haut zu wehren als du!«

Am nächsten Tag zwang sie meinen Vater, mit ihr zur Polizeistation nach Kalpi zu gehen. Sie berührten die Füße der Beamten und baten sie, mit uns zu kommen und das Feld zu inspizieren. Aber dort gab es keine Spur mehr von dem Baum, nicht einen Zweig, nicht einmal ein einziges Blatt. Der Baumstumpf war verbrannt und das Loch mit Erde aufgefüllt worden.

»Wie kannst du es wagen, Mayadin zu beschuldigen? Er ist doch schon ein reicher Mann«, sagte der Polizist. »Was sollte er noch mit eurem Baum?«

Er drohte meinen Eltern mit einer Strafanzeige, falls sie auf ihren Anschuldigungen beharrten. Nur die zerknickten Halme der Hirse legten Zeugnis von der Tragödie ab, aber das konnten ebensogut Rinder gewesen sein, die sie niedergetrampelt hatten. Sollten wir die Kühe anzeigen?

Der Stamm unseres Baumes war so dick gewesen, daß wir ihn nur zu dritt, wenn wir uns an den Händen faßten, umarmen konnten. Vater hatte den Baum sehr geliebt. Er hatte ihn gepflanzt und ihn wachsen gesehen, aber er hätte ihn auch mit Freude gefällt, um damit die Mitgift für den Ehemann zu bezahlen, den meine Mutter für mich gefunden hatte.

Viele Tage lang aßen wir nichts. Wir trauerten um unseren getöteten Baum; es war, als wäre ein Familienmitglied nicht mehr unter uns. Bald darauf ging die ganze Familie eines Abends zu der Stelle, wo zuvor unser Neem in den Himmel emporgeragt war, und setzte sich dort nieder. Mein Vater sagte: »Konzentriert euch, Kinder ... Schließt eure Augen, schaut, seht ... Unser Baum ist noch immer bei uns. Er ist da über unseren Köpfen. Riecht ihn, fühlt ihn.« Wir saßen – Choti, Klein Bhuri (die gerade erst laufen lernte), unser Bruder Shiv Narayan, Vater und ich – in einem Kreis unter dem weißen Mond und erinnerten uns an den Duft der Blätter. Mir war, als könnte ich an meiner Wange die rauhe Rinde fühlen.

Mutter ging wieder zurück in ihr Dorf, dieses Mal, um ihre Brüder um Hilfe bei der Bezahlung der Mitgift für meinen Ehemann zu bitten. Vater stellte Backsteine her und baute Häuser und Mauern, alles, was die Leute von ihm verlangten, und die Rupien verwahrte er sorgfältig in einer Falte seines Dhoti. Und ich hatte Alpträume. Ich träumte, daß ich Mayadin auspeitschte, bis er blutete; ich träumte, daß ich mit einer Axt seine Arme abhackte, so wie er die Äste unseres Baumes abgeschlagen hatte.

Vater, der neben mir schlief, wachte auf.

»Phoolan, was ist los?«

Ich hatte meinen Vater im Schlaf gestoßen.

»Bist du krank? Hast du Fieber?«

Es war kein Fieber, es war die Wut, die in mir brannte.

Mayadins Mutter glich einem kleinen alten Affen. Sie war winzig, kaum so groß wie die Mauer um ihren Hof, und hatte kleine runde Augen, die jeweils von einem Sternenkranz aus Falten umgeben waren. Sie spionierte alles aus, was sich im Dorf abspielte, und hatte ein besonders wachsames Auge auf mich geworfen. Ich wußte, daß sie hinter den meisten Schlägen gesteckt hatte, die ich von ihrem Mann Bihari bekommen hatte. Sie war schlimmer als ihre Diener. Zuerst rief sie immer: »Bihari! Devidins Tochter ist durch unseren Hof gerannt!« Dann, nach seinem Tod, forderte sie: »Mayadin, verprügle dieses kleine Gör!«

Nachdem Mayadin unseren Baum gefällt hatte, begann ich ihr zu drohen. Ich sagte ihr immer wieder, ich würde sie erwürgen, wenn sie auf den Gedanken käme, ihren Sohn zu Hilfe zu rufen. Ich wurde richtig wild. Ich gebe zu, daß ich sie gerne quälte – sie begann sich aufzuregen, und dann sah sie erst recht wie ein Affe aus. Extra für sie machte ich eine kleine Trommel, eine, wie sie die Dresseure von Affen benutzten. Dazu nahm ich den Hals eines zerbrochenen Tonkruges, der vom Diwali-Fest übrig war. Ich spannte ein Stück Stoff über den Rand, dann trommelte ich mit Stöcken darauf und sang, während ich an ihrem Haus vorbeiging: »Tanz, Affe, tanz!«

Das machte die alte Frau wütend. Sie stampfte mit den Füßen auf und rief nach ihrem Sohn, aber ihre Stimme war zu schwach, als daß er sie hätte hören können, und je fester sie mit ihren Füßen aufstampfte, um so lauter schlug ich die Trommel, um sie tanzen zu lassen!

Eines Tages, nachdem ich mich vergewissert hatte, daß ihr Sohn nicht da war, ging ich mit Choti in ihren Hof. Wir schleppten ihren Khat von ihrem gewohnten Aussichtsplatz neben der Tür zum Brunnen hinüber. Ich hatte einen großen Stock dabei und drohte, sie zu schlagen, wenn sie sich rühren sollte. Bihari hatte den Brunnen graben lassen, weil ihm die Vorstellung, daß seine Frauen im Dorf angestarrt würden, nicht gefiel und weil er damit auch zeigen wollte, wie reich er war. Er hatte mir oft gedroht, mich in den Brunnen zu werfen, deshalb beschloß ich, das gleiche mit seiner Witwe zu tun. Ich hielt sie an den Füßen und ließ sie über dem dunklen Abgrund baumeln.

Sie brüllte und kreischte, und als ihr endlich die Stimme versagte, drohte ich ihr: »Dein Mann war ein Dieb, und dein Sohn ist ein Dieb. Du bist die Witwe und die Mutter von Dieben! Wenn du mich verpetzt, lasse ich dich das nächste Mal bis auf den Grund des Brunnens fallen.« Von diesem Tag an hatte sie schreckliche Angst vor mir.

Manchmal brachte ich extra für sie eine lebende Schlange vom Fluß mit. Zuerst mußte ich eine Kröte fangen, die ich mit einem Haken, der am Ende einer Schnur hing, festhielt. Wenn die Schlange aus dem Wasser kam und versuchte, die Kröte zu fressen, schnappte ich sie. Manchmal gelang es mir, die Kröte noch zu befreien, indem ich sie aus dem Rachen der Schlange herausquetschte, bevor diese sie hinunterschlucken konnte. Dann versteckte ich die Schlange im

Abflußgraben beim Haus; ich band sie mit Hilfe einer Wäscheklammer an ein Stück Schnur, die an einen Baum geknotet war. Meine Freundinnen sagten mir Bescheid, sobald Mayadin das Haus verlassen hatte, und ich schlich mich dann mit der Schlange hinter meinem Rücken zu dem Khat der alten Frau und weckte sie, indem ich die Schlange vor ihrem Gesicht hin- und herschwenkte.

Wenn sie dann vor Entsetzen aufsprang, rief ich: »Wann gibst du uns das Land zurück, das du gestohlen hast, du gemeine alte Hexe?«

Es machte mir besonderen Spaß, den Kopf der Schlange direkt vor ihre weit aufgerissenen Augen zu halten, dann ließ ich die Schlange über ihre dünnen nackten Arme gleiten. »Nimm die Schlange weg!« flehte sie jedesmal. »Mayadin wird euch euer Land zurückgeben! Bestimmt! Ich verspreche es!« Jedesmal, wenn ich das tat, zitterte sie vor Angst. Ich wußte, daß die Schlange aus dem Fluß ungefährlich war, aber sie wußte nicht, woher ich sie geholt hatte.

Ich hatte den Eindruck, daß Schlangen meine Verbündeten waren. Immer wenn ich an Schlangen dachte, wußte ich, daß irgendwo eine in der Nähe war, und wenn ich ein bißchen suchte, konnte ich sie meist auch finden. Und häufig war es dieselbe Schlangenart: sehr lang, mit einem großen Kopf und leuchtend bunten Schuppen.

Der nächste Monsun kam, und ein nächster Winter, und dann erfuhr ich eines Tages von meiner Freundin Ram Dhakeli, daß die alte Affenfrau seit fast einer Woche im Sterben lag. Wir beschlossen, zu ihrem Haus zu gehen und herauszufinden, warum es sich so lange hinzog.

Als mich Mayadin fragte, was ich wollte, sagte ich, daß ich gekommen sei, um ihr einen letzten Besuch abzustatten. Er ließ mich eintreten.

Sie lag zusammengerollt auf ihrem Khat im Hof und hatte die *dhurry* bis zum Kinn hochgezogen. Ihr Affengesicht war noch runzliger, und es war so grau wie ihre Haare geworden.

Ihr Atem ging schwach. »Sie phantasiert«, sagte Mayadin. Ich beugte mich zu ihr hinunter und sprach sie leise an.

»Meine liebe Tante, deine kleine Phoolan ist da ...«

Sie riß die Augen auf, und als sie mich sah, schoß ihre Zunge heraus.

Sie war auf der Stelle tot.

Ich schauderte ... Es war, als ob sie darauf gewartet hatte, mich noch einmal zu sehen, bevor sie starb. Ich fürchtete, daß die alte Frau ein Geist werden und mich jetzt verfolgen würde. Mayadin beugte sich vor und drückte ihre weit geöffneten Augen zu. Die Pupillen waren weiß geworden.

»Sie wollte nicht sterben, bevor sie dich nicht noch einmal gesehen hatte«, sagte er ohne jeden Argwohn. »Ich hätte dich früher rufen sollen.«

Ich aber kannte die Wahrheit. Sie war vor Schreck gestorben, als sie mich sah!

Die letzte Erinnerung, die sie von diesem Leben mitnahm, war ich. Ich hatte sie über den Rand des Brunnens gehalten. Ich hatte Schlangen vor ihrer Nase baumeln lassen, und ihr Sohn glaubte, sie wollte mich segnen! Es war viel wahrscheinlicher, daß sie mich mit ihrem letzten Atemzug verfluchen wollte.

Auf Wiedersehen, scheußlicher kleiner Affe, dachte ich. Mögest du niemals wiedergeboren werden, möge dein Geist für immer auf dem Grund deines Brunnens gefangen sein!

Ein kleiner Sieg

Choti wollte mit unseren Puppen Hochzeit spielen. »Du darfst der Ehemann sein, und ich spiele die Braut«, sagte sie.
Ich hatte nicht mehr viel Zeit zum Spielen, nachdem Rukmini schließlich doch fortgegangen war, um bei ihrer neuen Familie zu leben.

Mutter sagte, ich sei jetzt elf Jahre alt, aber sie war sich nicht sicher. Ich war noch immer klein, so klein, daß es schien, daß Choti mich bald überholen würde, obwohl sie nach mir geboren war. Meine Mutter konnte nur sagen, daß ich im Monat Bhadrapad, während der Regenzeit geboren wurde, am Tag des Blumenfestes. Sie erinnerte sich auch nicht daran, wie alt Rukmini, Choti oder Klein Bhuri waren. Aber das Alter von Shiv Narayan, unserem Bruder, kannte sie genau, weil sie wußte, an welchem Tag sie ihn in der Schule anmelden mußte. Ich wußte nur, daß ich eines Tages groß sein und dann mehr Kraft zum Arbeiten haben würde. Da Rukmini fort war, mußte ich als die älteste jetzt ihre Arbeiten erledigen. Ich mußte den Weizen für die Chapatis zerstampfen und bekam dabei von dem Stein Blasen an den Händen. Ich mußte Dung aufsammeln und zum Kachwari hinüberrudern, die Tiere füttern, Lehm zum Ausbessern der Mauer holen, wenn sie vom Regen ausgewaschen wurde, ich mußte Wasser holen, Feuer machen, den Stall ausmisten und warten, bis alle anderen gegessen hatten.

Nach Rukminis Hochzeit hatte es zunächst so ausgesehen, als ob sie nie fortgehen würde, um im Dorf ihres Mannes zu leben, und wir hatten sie immer wieder gefragt, wann es endlich soweit wäre. Aber jetzt, da Rukmini fort war, vermißte ich sie. Sie hatte mir immer so viele Dinge beigebracht. Als die Zeit für die *gauna*-Zeremonie kam und sie in ihr neues Dorf aufbrach, begleiteten wir sie ein Stück des

Weges und weinten noch lange, als sie schon außer Sichtweite war. Von dieser Zeit an hatte ich oft das Bedürfnis, zu weinen oder meinem Ärger irgendwie Luft zu machen, jemanden zu schlagen und ihm weh zu tun. Es gab niemanden mehr, der mich gegen meine Mutter verteidigte, so wie Rukmini es gelegentlich getan hatte. Ich war jetzt die älteste und mußte ihr gehorchen. Wenn ich neben der Dreschmaschine vor mich hin träumte, schimpfte mich Amma aus und warf mir vor, ich sei zu nichts nütze. Offenbar besaß ich weder die Weisheit noch die Gelassenheit von Rukmini. Sogar meine kleine Schwester begann mir auf die Nerven zu gehen.

Choti lag mir unablässig wegen der Hochzeit in den Ohren. Sie saß da, mit ihrer von der Kälte geröteten Nase, kaute die harten Hirsefladen, die alles waren, was wir in diesem Winter zu essen hatten, und überhäufte mich mit Fragen. »Wann wirst du verheiratet? Werde ich nach dir dran sein? Wirst du fortgehen wie Rukmini? Wird dein Ehemann nett sein? Wie alt wirst du bei deiner Hochzeit wohl sein? Und wie alt ich?«

Ich hätte die Antworten selbst gerne gewußt. Ja, ich sollte bald verheiratet werden, aber für mich war das nicht mehr als eine Zeremonie, und ich freute mich darauf, Geschenke zu bekommen wie Rukmini. Man sagte mir, daß mein Ehemann aus einem Dorf namens Maheshpur, einen Tagesmarsch entfernt, stammte, daß er bereits verheiratet gewesen sei und Land besäße und daß er unserer Familie helfen würde. In drei oder vier Jahren, wenn ich erwachsen wäre, würde ich von hier weggehen und in sein Dorf ziehen. Ich konnte mir nicht vorstellen, was es hieß, vier Jahre zu warten. Wie viele Tage und Nächte, wie viele Monate, wie viele Ernten waren das wohl, fragte ich mich.

»Es ist eine lange Zeit«, erklärte mein Vater, »fast noch einmal die Hälfte deines jetzigen Alters. Mach dir darum keine Sorgen.«

Also hörte ich auf, mir Sorgen zu machen.

Es war bei Tagesanbruch, noch immer dunkel, und ich hatte keine Lust, in die Kälte hinauszugehen, um Wasser zu holen.

Da klopfte es an die Tür ...

»Phoolan!« Es war die Stimme meiner Freundin Sukhdei. »Ich

gehe auf unser Feld, Gras schneiden. Frag deine Mutter, ob du mitgehen darfst. Wir mähen auch welches für eure Kühe.«

Sukhdei war groß und anmutig und gekleidet wie eine Frau. Sie hatte ihren gelben Sari an und trug ihr langes Haar zu einem Zopf geflochten, der mit einem Band zusammengehalten wurde. Sie war bereits verheiratet, aber noch nicht fortgegangen, um im Haus ihres Mannes zu wohnen, und sie behandelte mich wie ihre kleine Schwester. Ich besaß noch keinen Sari, trug immer meine Baumwollshorts und mein blaues Hemd, und meine Haare hingen mir meist wirr über den Rücken.

»Wenn du mitkommen willst, mußt du dich beeilen«, sagte Sukhdei.

Mutter rief uns nach, ja vorsichtig zu sein. Es war Frühling, und die Flüsse waren bereits gesunken, aber noch immer tückisch. Amma meinte, ich sei leichtsinnig, aber ich fürchtete mich nicht vor dem Wasser.

Als wir zum Ufer des Nadi hinuntergingen, konnten wir in dem fahlen Licht das gegenüberliegende Ufer kaum sehen. Es war kalt, und ein blauer Nebel hing über dem grauen Wasser, als wir unsere Kleider auszogen. Sukhdei behielt ihren Unterrock an, obwohl uns niemand sehen konnte, als wir hinüberwateten, wobei wir unsere Kleider und unsere Sicheln über den Kopf hielten. Ich watete fröstelnd hinter Sukhdei durch das kalte, schlammige Wasser, das mir die ganze Strecke bis zum Kinn reichte. Meine Zähne klapperten. Sobald wir das andere Ufer erreicht hatten, zogen wir uns rasch an. Ich bemerkte, daß Sukhdei schon eine Frau mit runden Hüften war. Mein Körper war dagegen so formlos wie die Körper meiner Puppen.

Um zu Sukhdeis Feld zu gelangen, mußten wir an einem Horafeld vorbei. Die Pflanzen, die mir bis zur Taille reichten, standen in ordentlichen Reihen. Sie waren reif und trugen kleine grüne Hülsen. Ich verspürte plötzlich einen nagenden Hunger. Ich hatte nichts gefrühstückt, deshalb kniete ich nieder, brach eine der Hülsen auf, und die kleinen schwarzen Erbsen kullerten in meine Hand. Während ich sie aß, überkam mich das unwiderstehliche Verlangen nach mehr.

Sukhdei sah mich ängstlich an.

»Und was ist, wenn Mayadin das sieht? Es ist sein Feld!«

»Dafür ist es zu früh! Der faule Hund liegt bestimmt noch im Bett!«

»Du wirst Schläge kriegen.«

»Ist mir doch egal ...«

Tief gebeugt standen wir in dem wogenden Feld und ernteten die Pflanzen mit unseren bloßen Händen. Im Nu hatte ich ein hübsches Bündel, fast so groß wie ich, zusammen. Ich versuchte mir den Ausdruck auf Mayadins Gesicht vorzustellen, wenn ich durch irgendeine Zauberkraft alles abernten und forttragen könnte. Zur Erntezeit würde er uns ohnehin nur die Halme übriglassen, nachdem er alle Blätter und Erbsen genommen hatte, dabei waren wir diejenigen, die den Samen ausgesät und den Dung auf seinem Feld verteilt hatten. Wir verfütterten die Halme immer an unsere Kühe. Sie waren hungrig, wir waren es auch. Ich wußte, daß er jeden Tag einen Sack Hora für seine Tiere mahlen ließ, während wir nur Hirse zu essen hatten.

Als ich mich umdrehte, um ein weiteres Horabündel in den Sack zu tun, den ich über meiner Schulter trug, bemerkte ich eine Gestalt, die sich im Morgenlicht bewegte. Es war ein gutgekleideter Mann – das konnte nur Mayadin sein! Er wollte wie einer der wichtigen Männer im Dorf aussehen, aber an seiner Nase war er unschwer zu erkennen. Es war nicht die Nase eines Adlers, hatte ich inzwischen beschlossen, es war die Nase eines Geiers. Und er hatte uns beobachtet ...

Voller Angst drängte sich Sukhdei dicht an mich. »Ich habe eine seiner Frauen gesehen, als wir hinter eurem Haus vorbeigegangen sind«, flüsterte sie. »Sie muß ihm gesagt haben, daß wir zum Fluß gehen. Er wird wütend sein!«

Wir konnten uns auf dem freien Feld nirgendwo verstecken, und schon bald hatte er uns erreicht. Er packte uns an den Haaren, Sukhdei mit der einen, mich mit der anderen Hand, und zog uns mit sich wie störrische Ziegen. Sukhdei weinte, aber ich war still. Ich stolperte und fiel vor seine Füße und erwartete, daß er uns gleich schlagen würde, aber er beließ es bei Beschimpfungen:

»Ihr Diebe! Dreckige kleine Räuber! Ich werde dafür sorgen, daß ihr ins Gefängnis kommt!«

Sukhdei setzte sich verzweifelt zur Wehr, wahrscheinlich fürchtete sie, daß Mayadin sie zur Flußbiegung schleppen und ihr das antun würde, wovor meine Mutter mich immer warnte. Sie schlang ihren Sari fest um sich und warf mir vorwurfsvolle Blicke zu. Aber ich kannte Mayadin inzwischen, er war wie sein Vater. Er wollte bloß eines, mich schlagen und bestrafen.

Ich hörte, wie sein Stock an meinem Kopf vorbeipfiff, und fühlte einen heftigen Schmerz, als er auf meinen Rücken traf, aber dann schien Mayadin seine Absicht zu ändern. Er befahl uns, die Horapflanzen aufzusammeln, die wir gestohlen hatten, und zwang uns, vor ihm her zum Fluß zurückzugehen. Den ganzen Weg beschimpfte er uns und gab uns Schläge auf den Hinterkopf. Als wir den Fluß erreicht hatten, stieß er uns in voller Kleidung an der tiefsten Stelle hinein. Um das Horabündel trocken zu halten, mußte ich meine Arme so weit in die Höhe strecken, wie ich nur konnte. Mein Mund war voller Wasser, ich erstickte fast und hatte große Mühe, mich oben zu halten. Ich bekam sogar kaum etwas von den Beleidigungen mit, die er uns entgegenschleuderte, während er den Fluß auf dem Rücken eines Büffels überquerte, damit seine schönen Kleider nicht naß wurden.

Dann dachte ich an unsere Eltern. Mir wurde klar, daß Mayadin dafür sorgen würde, daß der Panchayat ihnen eine Geldstrafe auferlegte. Bihari hatte das schon einmal gemacht. Mein Vater hatte fünfhundert Rupien bezahlen müssen, weil ich ein wenig Hora von seinem Feld genommen hatte. Es war ein schlechtes Jahr gewesen, wir hatten nur Hirsefladen zu essen, und Bhuri war so hungrig, daß sie die ganze Zeit schrie. Zur Strafe hatte mir meine Mutter mehrere Tage sogar die spärlichen Mahlzeiten, mit denen wir uns begnügen mußten, vorenthalten.

Mayadin zwang uns nun, zu dem Haus zu gehen, in dem der Panchayat, der Dorfrat, zusammentrat. Als wir durch das Dorf gingen, kamen die Leute heraus und starrten uns an. Mein Hemd klebte an mir, und meine Shorts waren vollkommen von Schlamm bedeckt. Sukhdei zitterte noch immer, und sie hielt ihren Sari fest um sich geschlungen.

»Seht euch Devidins Tochter an!« rief Mayadin ihnen zu. »Seht euch die kleine Diebin an! Sie hat Hora von meinem Feld gestohlen!«

Im Haus des Rates angekommen, ordnete er an, daß wir auf der Erde zu sitzen hätten, bis die Dorfältesten versammelt waren. Kisna, der fette kleine Pradhan mit den Gockelaugen, gehörte natürlich zu ihnen. Kisna war ein Verbündeter von Mayadin – in meinen Augen waren beide Schakale. Man sandte den Dorfwächter aus, damit er mit seiner Trommel bekanntmachte, daß eine Versammlung stattfinden sollte. Einer der Dorfbewohner wurde vom Sarpanch, dem Oberhaupt des Dorfes, angewiesen, ein Feuer im Hof zu entzünden. Sukhdei und ich mußten auf dem Boden neben der Tür zu diesem Innenhof warten. Wir zitterten in unseren nassen Kleidern vor Kälte, aber niemand ließ uns neben dem Feuer sitzen, wo wir uns hätten wärmen können. Frauen und Diener, die auf dem Weg zum Brunnen waren, flüsterten miteinander und wiesen mit dem Kopf in unsere Richtung. Ich konnte hören, wie man voller Verachtung über mich sprach. »Phoolan Devi ist eine Diebin!« »Phoolan Devi hat Schande über ihre Eltern gebracht!« »Irgendwann landet sie im Gefängnis!« Aber ich hörte auch andere Stimmen ... »Dieser Mayadin sollte sich schämen!« »Was ist so schlimm daran, wenn ein Kind ein wenig Hora nimmt? Das bißchen macht den doch bestimmt nicht arm ...«

Mutter kam in Panik angerannt, als sie die Bekanntmachung des Wächters hörte. Mein Vater ging langsam hinter ihr her, den Kopf aus Schmach gesenkt. Mutter packte mich am Hals und zerrte mich auf die Füße. »Wenn du heimkommst, werde ich dir eine Lektion erteilen, die du nie wieder vergißt!« zischte sie. Mein Vater sagte nichts. Er ließ sich wortlos, ohne uns anzuschauen, unter dem großen Feigenbaum nieder, unter dem sich der Dorfrat im Sommer immer versammelte. Die Hände hatte er vor das Gesicht geschlagen, als ob er betete. Aber ich wußte, daß er weinte.

Es war fast Mittag, als endlich sämtliche Panches zusammengekommen waren. Es waren alles reiche Männer, die Land besaßen. Sie schlossen sich im Haus des Sarpanch ein, und wir konnten Mayadin schreien hören: »Warum haben diese Mädchen Hora von meinem Feld gestohlen? Doch nur, weil ihre Eltern sie dazu angestiftet haben! Devidin sollte mit einer Geldstrafe belegt werden!« Ich starrte auf die Bündel Hora, die Mayadin auf die Betonplattform unter dem großen Baum in der Mitte des Hofes gelegt hatte: eines war groß, das andere, welches Sukhdei gepflückt hatte, klein. Sukhdei hatte einen Vater, einen Ehemann, Brüder, Leute, die sie verteidigten. Sie war zwar arm wie wir, doch niemand tyrannisierte sie. Ich war die verhaßte Cousine Mayadins, nicht sie; bestimmt würde sie nicht so hart bestraft werden wie ich. Ich war die üble Diebin, die Tochter von Devidin, der unter dem Feigenbaum um Vergebung betete. Ich liebte meinen Vater, aber er verstand es nicht, mich zu verteidigen. Er war ein friedfertiger, freundlicher Mann, dessen Rücken von der Arbeit bei Wind und Wetter auf den Feldern gebeugt war. Nie hat er sich über den Hungerlohn beschwert, den er bekam.

Bis der Panchayat seinen Beschluß gefaßt hatte, war es schon spät am Nachmittag. Es schien, als habe sich das halbe Dorf dort versammelt. Der Sarpanch kam heraus und stellte sich auf die Plattform unter dem Baum. Er war groß und hatte dichtes Haar. Sein Name war Brij Bihari. Er sprach nur selten mit uns, aber ich wußte, daß er ein Verbündeter von Kisna und Mayadin war. Zuerst verkündete er, daß Sukhdeis Familie eine Strafe von hundert Rupien zu zahlen hatte. Hundert Rupien! Für ein Bündel Hora, das man in einer Hand halten konnte! Mein Urteil fiel ganz anders aus. Mit vor Überraschung weit aufgerissenen Augen hörte ich, wie das Dorfoberhaupt vor allen Dorfbewohnern erklärte, daß mein Vater ein Anrecht auf Mayadins Land habe; daß Mayadin ihm bis zu diesem Zeitpunkt sein Recht verwehrt habe; und daß Devidins Tochter, weil seine Familie kein eigenes Land besaß, um darauf selbst Getreide anzupflanzen, nirgendwo sonst hingehen konnte, um sich rechtmäßig Hora zu holen, als in Mayadins Feld!

Ich hatte gewonnen! Der Panchayat war zu dem Schluß gekommen, daß ich keine Diebin war; vielmehr hatten mein Cousin und seine Familie meinem Vater sein Erbe vorenthalten. Sie hatten meine Familie zu armen Hungerleidern gemacht.

Ich sprang auf und rannte zu meinem Vater. Er starrte noch immer auf den Boden und weinte. Ich freute mich so sehr, daß ich ihn an den Schultern schüttelte. Ich war fast hysterisch und konnte gar nicht mehr aufhören, ungläubig zu kichern.

»Vater! Siehst du! Ich habe gewonnen! Ich bin keine Diebin – wir haben ein Recht auf Mayadins Land. Das haben sie gesagt. Warum weinst du noch, Vater? Das Feld gehört jetzt uns!«

Er wischte sich die Tränen ab.

»Warum hast du das getan, Phoolan, warum nur?« Er schüttelte den Kopf.

Mir fehlten die Worte. Ich mußte mich vor nichts mehr fürchten – weder vor Mayadin noch vor den Schlägen meiner Mutter, vor gar nichts! Ich hatte gewonnen, aber seine Tränen flossen weiter ...

Mayadin kam auf uns zu, und mein Vater stand auf; den Kopf hielt er noch immer gesenkt. Er blickte verlegen zu Boden und sagte nichts. Es wurde mir weh ums Herz, als ich sah, wie zerlumpt seine Kleider im Vergleich zu denen von Mayadin waren. Und ein noch stärkeres Unbehagen empfand ich angesichts seiner gebeugten, unterwürfigen Haltung, der Haltung eines Sklaven, die er gegenüber seinem arroganten Neffen mit den fetten, faulen Händen einnahm.

Mayadin war so aufgebracht, daß er schnaubte wie ein wütender Stier. Seine Stimme erstickte fast vor Zorn über die Niederlage.

»Devidin! Das ist eine Ungeheuerlichkeit! Du hast sie angestiftet! Du hast sie zu meinem Feld geschickt, um meine Hora zu stehlen! Du hättest zu einer Geldstrafe verurteilt werden müssen. Aber die Panches haben mir nicht Gerechtigkeit widerfahren lassen. Höre, was ich dir zu sagen habe, Devidin: Ich werde dir das Leben zur Hölle machen! Hörst du? Zur Hölle!«

Ich wäre am liebsten vor Freude herumgehüpft. Ich lachte Mayadin aus und rannte davon, um die Bündel Hora von der Plattform zu holen. Eine Frau aus dem Dorf spuckte mich an und rief, damit würde man nur zum Diebstahl in den Feldern anstiften.

Die Bündel waren schwer, und obwohl ich mit ihrem Gewicht arg zu kämpfen hatte, gelang es mir, nach Hause zu laufen und sie gleich zu den Tieren zu bringen. Das war der glücklichste Augenblick meines Lebens! Ich verfütterte die Pflanzen Halm für Halm an die Tiere, einen für jede Kuh, einen für die Ziegen, einen für die

Hühner. Ich reichte ihnen die kostbaren Halme einzeln hin und ließ sie von den frischen Hülsen, die voller Erbsen waren, naschen.

»Freßt! Ihr *dürft* sie fressen. Sie kommen von *unserem* Feld!«

Klein Bhuri kam in ihren Baumwollshorts hereingewackelt und lief neugierig auf mich zu.

»Schau, Bhuri, das ist Essen, gutes Essen! Jetzt werden wir reich sein!«

Ich tanzte vor Freude zwischen den Tieren herum, während ich meine milden Gaben verteilte. Sie hatten mich nicht bestraft: Ich war die Prinzessin des Stalles, des Hauses, des ganzen Dorfes!

Die einzige, die mich noch immer ausschimpfen wollte, war meine Mutter.

»Warum hast du vor den Panches gekichert?«

»Du hast doch gehört, was sie gesagt haben. Auch Vater hat Rechte! Wir können zu Mayadins Feld gehen, wann immer wir wollen, und holen, was wir zum Füttern unserer Kühe haben möchten!«

Da begann auch sie zu lachen.

In den folgenden Tagen gingen Choti und ich voller Begeisterung Futter vom Feld der Familie holen. Einmal wurde Choti von Mayadins Frauen erwischt, und sie jagten sie mit einem Stock davon. Aber Mayadin unternahm nichts gegen mich. Er wagte es nicht, seine Hand gegen Phoolan Devi zu erheben. Ich lachte bloß, als meine kleine Schwester mir verdrossen die blauen Flecken auf ihren Armen und Beinen zeigte.

Drei Monate nach meinem Sieg machte sich in unserem Haus plötzlich Aufregung breit: Es herrschte große Geschäftigkeit, und viele Leute sowohl aus unserem Dorf als auch aus anderen Dörfern kamen und gingen. Ich war mit Choti zu sehr auf den Feldern beschäftigt, um darauf besonders achtgeben zu können. Eines späten Nachmittags, während ich Dung sammelte, kam meine Mutter mich holen. Sie sagte mir, ich sollte die Arbeit liegen- und stehenlassen, und dann führte sie mich zum Fluß hinunter, wo sie mich wusch, mein Haar kämmte und meinen Körper mit einem Öl einrieb, das mit *haldi* vermischt war, einem gelben, aus der süßlich riechenden Gelbwurz gemahlenen Pulver. Ich strahlte wie die Statue einer Göttin, und es sollte noch drei Tage dauern, bis ich wieder zum Fluß gehen und das Öl abwaschen durfte.

Ich setzte meine Arbeit fort. Auch einige andere Mädchen waren gelb angemalt wie ich, und auch sie arbeiteten weiter.

Am dritten Tag kam eine kleine Prozession die Straße entlang auf unser Dorf zu, angeführt von einem von zwei riesigen weißen Büffeln gezogenen Karren. Von weitem konnte ich sehen, daß diese Prozession nur aus Männern bestand. Als ich merkte, daß sie auf unser Haus zusteuerten, rannte ich schnell heim und versteckte mich im hinteren Schlafzimmer.

Die Männer, die auf dem Karren gesessen hatten, kamen durch die Tür und setzten sich im Hof auf Khats.

»Zeig dich, Phoolan!« rief meine Mutter. Aber sie mußte mich holen.

Ich war noch immer gelb von dem Öl, mit dem sie mich eingerieben hatte; ich trug meine Baumwollshorts und mein blaues Hemd und war ganz staubig von der Arbeit auf den Feldern. Die Frauen des Dorfes drängten sich vor unserer Tür, um mitzubekommen, was hier vor sich ging. Ich kam mir wie eine Ziege vor, die auf dem Markt verkauft wird. Der Mann, der vor mir saß, war groß und fett und hatte dunkle Haut. Neben ihm war ein noch viel älterer Mann. Der fette Mann erschien mir viel zu alt, er konnte nicht mein Ehemann sein. Er war mindestens so alt wie Mayadin, und ich nahm an, daß es sich um den Vater meines Mannes handeln mußte.

Meine Mutter sprach mit ihm.

»Sie ist zu jung, sie ist noch nicht einmal eine Frau. Ein Mann von dreißig Jahren sollte eine Braut haben, die mindestens fünfzehn ist.«

Mein Vater schüttelte besorgt den Kopf.

»Sie ist zu jung«, sagte er. »Du kannst sie erst in einigen Jahren nehmen.«

Der Mann saß da und schaute mich mit seinen sehr dunklen Augen wortlos an. Dann zog er die Augenbrauen hoch, als würde er einen Handel abwägen – aber welcher Art sollte dieser Handel sein? Was rechnet er bloß nach, fragte ich mich. Mir wurde immer unbehaglicher zumute. Ich konnte seine Blicke nicht deuten. Meine Mutter befahl mir, mich zum Vergleich neben sie zu stellen: Ich reichte ihr kaum bis zur Taille. Aber der ältere Mann meinte: »Doch, sie ist geeignet.«

Als sie gingen, tätschelte mir der alte Mann die Wange und lächelte. Noch am selben Abend verließen sie das Dorf, und bereits am nächsten Tag hatte ich sie vergessen.

Einmal fragte mich Choti: »Wirst du mit diesem Putti Lal fortgehen?«

Die Frage überraschte mich. »Nein«, erwiderte ich.

»Aber Rukmini hat uns verlassen und lebt jetzt in Ramphals Dorf!«

»Rukmini hat bis zur Gauna gewartet, bevor sie in das Dorf ihres Mannes gezogen ist. Da war sie sechzehn.«

»Wozu heiratet man, Phoolan?«

»Ich weiß es nicht, Choti ...«

Soweit ich verstand, war es ein großes Fest, das die Eltern für ihre Töchter gaben. Ich sagte ihr, daß viele Mädchen unseres Dorfes verheiratet waren und daß sie nach der Hochzeit bei ihren Eltern blieben und mit ihren Geschwistern spielten und weiterhin mit uns auf den Feldern arbeiteten.

Choti dachte nach.

»Also, dann laß uns mit den Puppen spielen«, sagte sie fröhlich. »Du darfst der Bräutigam sein, und ich spiele die Braut!«

Sie ließ unsere selbstgemachten Puppen wieder durch den Hof spazieren, sich niedersetzen und sich gegenseitig vorstellen, so wie wir es bei unseren Eltern bei Rukminis Hochzeit beobachtet hatten. Ich legte meiner Puppe eine Girlande um den Hals und machte ihr ein rotes Zeichen auf die Stirn, aber wie Choti hatte ich keine Vorstellung, was das eigentlich bedeutete. Für mich war ein Ehemann genauso ein Mann wie ein Bruder oder ein Vater. Er war jemand, der einen beschützte, nicht ein Mann wie all die anderen, vor denen man sich hüten mußte. Eines Tages, in weiter Zukunft, am Tag der Gauna, würde ich wie Rukmini weggehen, um fortan im Dorf meines Ehemannes zu leben, und meine Mutter und mein Vater würden einen Mund weniger zu stopfen haben. Deshalb, so nahm ich an, mühten sie sich so ab, um meine Mitgift bezahlen zu können. Ich vermutete, daß meine Mutter die Rupien für meine Mitgift von ihren Brüdern geliehen hatte, nachdem unser Neem-Baum auf Mayadins Karren weggeschafft worden war.

Ich wußte überhaupt nichts über diesen Putti Lal. Ich wußte nicht, wer er war, noch wie er aussah. Ich wußte nicht, daß er ein Teufel war und daß er mich entgegen den Versprechungen, die er meinen Eltern gemacht hatte, gleich am Tag nach der Hochzeitszeremonie mitnehmen wollte.

Bis zu diesem Zeitpunkt war das Leben hart gewesen. Es bestand aus Schlägen, Hunger und Tränen, aber auch aus Lachen und Hoffnung. Bis dahin war der einzige Mann, zu dem ich gehörte und dem ich gehorchen mußte, mein Vater. Von nun an würde es Putti Lal sein. Bald würde man ihm ein elfjähriges Mädchen überlassen, mit dem er tun konnte, was er wollte.

Die Hochzeit eines Kindes

Meine Hochzeit fand im Sommermonat Baisakh statt, an einem Tag, an dem die Sonne schien und eine trockene, staubige Hitze herrschte.

Es waren so viele unbekannte Gesichter da, daß in mir das Gefühl aufkam, ich hätte mit diesem Ereignis überhaupt nichts zu tun. Ich war verwirrt und fühlte mich einsam. Ich kann mich erinnern, daß ich halb verhungert, ungeduldig und müde war – aber auch neugierig. Man musizierte und sang, und die Gäste benahmen sich so, wie sich Leute normalerweise nicht benehmen, aber ich war, in meinem blauen Rock und der Bluse, der gleiche Mensch wie am Tag zuvor. Ich reichte gerade mal bis zum Bart eines Ziegenbocks, war mager wie eine Katze und nervös wie ein Eichhörnchen auf einem Baum, das eine Menschenmenge herunterjagen will.

Ich erlebte nicht einmal die Ankunft der Hochzeitsprozession, weil ich auf der anderen Seite des Flusses damit beschäftigt war, Gräben auszuheben, um die Schößlinge auf unserem Kachwari zu bewässern. Der Vormittag ging vorüber, und als Choti und ich unsere Arbeit beendet hatten, wateten wir ins warme Wasser hinein, um den Moskitos zu entkommen, die uns schon den ganzen Morgen an Armen und Beinen zu stechen versucht hatten. Der Fluß war niedrig, und es war nicht schwer zurückzuschwimmen. Das Wasser plätscherte sanft an die breiten, sandigen Ufer, und ein Vogel stürzte sich herab, um unter der Wasseroberfläche eine kleine Schlange zu fangen, woraufhin die anderen Vögel in ein neidisches Kreischen ausbrachen.

Während wir im Wasser spielten, sah ich meine Mutter vom Dorf kommen. Sie trug etwas auf dem Arm. An ihrem Gang konnte ich erkennen, daß sie verärgert war; sie hatte sich nicht einmal die

Mühe gemacht, ihren Kopf zu bedecken. Wie gewöhnlich hatten wir ihr versprochen, daß wir sofort zurückkommen würden, und wie immer hatten wir das Versprechen nicht eingehalten. Es machte viel mehr Spaß, im Wasser herumzuplanschen und zu versuchen, mit den bloßen Händen Fische zu fangen. Aber unsere Mutter war immer in Sorge, die Strömung könnte uns fortreißen oder uns könnte durch die Familie des Pradhan etwas Schreckliches widerfahren. So schnell ich konnte, raffte ich meine Kleider zusammen, um ihr auf dem Pfad entgegenzugehen.

Choti war schlauer als ich: Sie rannte am Flußufer entlang und gelangte so ins Dorf zurück, ohne gesehen zu werden. Meine Mutter hatte mich schon erspäht. Sie schien jedoch eher ungeduldig als böse zu sein, und ich sah, daß sie einen schönen gelben Sari auf dem Arm trug.

»Ich habe dir doch gesagt, du sollst nicht im Fluß spielen!« schimpfte sie. »Schau dich mal an – du bist voller Schlamm!«

Sie zog mich an den Haaren ins Dorf zurück. Entlang des Weges standen so viele Leute, daß ich einen Moment lang nicht wußte, wo ich war. Als wir unser kleines Haus erreichten, war es voller fremder Leute. Alle Frauen des Dorfes waren da und schwatzten aufgeregt, während sie die Geschenke begutachteten.

Die Baraat-Prozession hatte unser Haus erreicht – und ich stand da voller Schlamm, mit zerzausten Haaren. Ich wußte nicht, wo ich mich hinflüchten sollte. Ich kam mir unbeholfen vor zwischen all den Leuten, die ich nicht kannte. Ein *pandal* war in unserem Hof aufgebaut worden: Girlanden aus Mangoblättern hingen von einem weißen Sonnenschirm herab, und auf dem Boden waren grüne Blätter einer Bananenpalme ausgebreitet, auf die man sich setzen konnte.

»Schau«, rief ich Choti zu, »wie schön es ist!«

»Aber nicht so schön wie bei Rukmini. Sie hatte mehr Blumen und mehr Gäste, und es gab mehr Geschenke.«

Ich mußte mir selbst eingestehen, daß es stimmte, was sie sagte. Ich wußte, daß unsere Eltern sich Geld hatten leihen müssen, um die Mitgift ihrer zweiten Tochter zu bezahlen. Was würden sie für Choti tun, wenn ihre Zeit gekommen war? Mädchen sind wirklich ein Unglück, dachte ich – und das erinnerte mich daran, daß ich den ganzen Morgen noch nichts gegessen hatte.

Ich rannte ins Haus.

»Amma, kann ich eine Chapati haben? Bitte, Amma, ich habe Hunger!«

»Nein«, bestimmte meine Mutter. »Das wird dir eine Lehre sein. An deinem Hochzeitstag einfach davonzulaufen! Du kannst hinterher etwas essen. Zuerst müssen wir dich waschen!«

Ich mußte fünf verschiedene Bäder nehmen, jedes war mit anderen Duftstoffen und Ölen versetzt. Und als das vorbei war, rieb man mir die Hände und Füße mit Haldi ein. Die Frau des Dorfbarbiers klagte, es sei so schwierig, meine Haare zu einem Pferdeschwanz zu frisieren, weil sie zu kurz und zerzaust waren. Als meine Schwester geheiratet hatte, war ihr Haar schön dick und lang gewesen. Es waren viele Monsune her, daß ihr Kopf das letzte Mal wegen der Läuse geschoren worden war, so wie man es bei uns kleineren Kindern von Zeit zu Zeit machte.

Einer meiner Onkel mütterlicherseits brachte einige Armreifen, die mir meine Mutter über die Handgelenke und Knöchel streifte. Ich trug Ringe an den Zehen und eine silberne Halskette. Die Frauen zogen mir eine neue Bluse an, und dann begriff ich, daß der gelbe Sari, den meine Mutter bei sich hatte, für mich war! Ich mußte das lose Ende des Sari als Schleier benutzen und meinen Kopf damit vollständig bedecken. Danach konnte ich überhaupt nichts mehr sehen. Ich konnte nur die Hände der Frauen spüren, die mich ankleideten, an mir herumtasteten und mich schließlich mit sich zogen.

Ich wurde unter den Pandal geführt und mußte mich niedersetzen. Dann flüsterten alle gleichzeitig auf mich ein und sagten mir, was ich nicht tun dürfe: Beweg dich nicht, richte kein Unheil an, zapple während der Zeremonie nicht herum, und sag kein Wort!

»Auch nicht, wenn ich Durst habe?«

Mutter schüttelte mich an den Schultern.

»Nein! Das ist deine Hochzeit. Verstehst du, Phoolan? Du hast still zu sitzen, bis die Zeremonie vorbei ist.«

Ich mußte wie eine Götterstatue dasitzen, ohne zu wissen, was vor sich ging, ohne auch nur das geringste sehen zu können. Mutter warnte mich ein letztes Mal.

»Mach uns jetzt keine Schande!« sagte sie.

Abgesehen von dem nagenden Hunger fühlte ich mich nicht anders als sonst an diesem Morgen. Ich hatte gehofft, daß Choti sich neben mich setzen würde, aber das durfte sie nicht. Ich saß also allein unter dem Pandal, und es kam mir vor, als müßte ich ewig warten. Ich hörte in meiner Nähe Stimmen, und ich wußte, daß sie über mich sprachen, aber ich konnte nicht sehen, wer es war. Der Stoff vor meinem Gesicht klebte beim Atmen an meiner Nase, und ich dachte, ich müßte ersticken. Mein Rücken tat von dem langen Stillsitzen weh. Von Zeit zu Zeit schüttelte ich meine Armreifen, nur um zu hören, wie sie aneinanderklirrten. Ich hatte nie zuvor so viele Armreifen angehabt. Aber etwas ärgerte mich: Ich hatte nicht einmal die Gelegenheit gehabt, mir die Halskette anzusehen, bevor man sie mir umgelegt hatte.

Irgendwann reichte es mir. Ich hob meinen Schleier. Inzwischen hatte ich Durst.

»Choti! Wo ist Choti? Sie soll herkommen!«

Nayan, die Frau des Barbiers, die darauf achten sollte, daß ich ruhig sitzen blieb, sagte mir, daß das ganz unmöglich sei. Choti mußte bei den anderen bleiben. In sehr energischem Ton befahl sie mir, meinen Schleier wieder fallen zu lassen und still zu sitzen. Ich war die Hauptperson dieser Veranstaltung, aber ich wäre lieber einer der Gäste gewesen, damit ich mich selbst hätte sehen können und etwas zu essen und zu trinken bekommen hätte.

Endlich half man mir auf die Füße. Der Geruch von brennendem Sandelholz stieg mir in die Nase, als ich an der Hand genommen wurde, und obwohl ich ihn nicht sehen konnte, spürte ich, daß ein Mann an meiner Seite war. Ich mußte siebenmal um das heilige Feuer gehen, während der Priester ein Mantra sang. Dann wurde mein Schleier gehoben, und man machte ein rotes Zeichen auf meine Stirn. Mein Vater und meine Mutter nahmen meine Hand und legten sie in die Hand dieses fremden Mannes, dessen Gesicht mir irgendwie bekannt vorkam. Eine große verschwitzte Hand umfaßte meine kleinen Finger.

Ich wünschte mir nichts sehnlicher, als meinen Schleier heben und sehen zu dürfen, was um mich herum geschah. Es war, als ob sich an diesem Tag jeder amüsierte, nur ich nicht. Die Krone aus Mangoblättern, die ich trug, rutschte ständig auf dem glatten Stoff meines Sari, der auf dem Kopf zusammengerafft war, hin und her. Ich meinte sie jeden Augenblick zu verlieren, und mein Hals wurde allmählich steif, weil ich meinen Kopf so gerade halten mußte. »Keinen Unfug, Phoolan!« hatte meine Mutter mich ermahnt. Ich mußte dastehen und durfte mich für eine Zeit, die mir wie mehrere Stunden vorkam, nicht bewegen. Ich hatte Hunger und Durst. Und als es Abend wurde, mußte ich auch dringend pinkeln.

Ich murmelte unter meinem Schleier, daß ich zur Toilette müßte, aber das Geplapper und die Musik waren so laut, daß ich nicht sicher war, ob mich jemand gehört hatte. Schließlich wurde ich bei der Hand genommen, aber statt nach draußen geführt zu werden, wo ich mich hätte erleichtern können, wurde ich zum Pandal zurückgebracht, unter den ich mich wieder niedersetzen mußte. Durch den gelben Stoff meines Saris hindurch konnte ich die Umrisse eines Mannes ausmachen, der mir gegenüber saß. Dann hob jemand meinen Schleier, und ich sah in die dunklen Augen eines Mannes, der mich musterte.

Man reichte mir ein metallenes Tablett mit Reis und Blumen und forderte mich auf, ihm die Blumen und den Reis über den Kopf zu streuen. Da erinnerte ich mich, wo ich diesen Blick schon einmal gesehen hatte. Es war der Mann, der in unser Haus gekommen war und zu meinen Eltern gesagt hatte: »Dieses Mädchen ist geeignet.«

Ich wurde verheiratet mit Putti Lal.

Ich streute eine Handvoll Reis über seinen Kopf, und dabei bemerkte ich, daß seine Haare schon anfingen grau zu werden. Er trug einen weißen Dhoti, und die Knöpfe seiner Kurta, die sich über seinen dicken Bauch spannte, sahen aus, als ob sie jeden Augenblick abspringen würden.

Ich mußte es unbedingt Choti sagen!

Als ich mich umdrehte, stand sie hinter mir.

»Das ist er! Das ist der Mann, der schon einmal in unser Haus gekommen ist!«

Choti lachte hinter vorgehaltener Hand.

»Er sieht so alt aus, er könnte unser Vater sein!« kicherte sie. »Jetzt hast du zwei Väter!«

Er hatte einen dicken schwarzen Schnurrbart, und seine Haut war so dunkel wie meine. Und er kam mir riesengroß vor! Ich mußte meinen Kopf ganz zurücklegen, um ihn anzuschauen, nachdem er sich, mit Reis und Blüten bedeckt, aufgerichtet hatte. Er war nicht schön wie mein Schwager Ramphal; er roch nach Tabak, und ich konnte von unten die vielen Haare in seiner Nase sehen.

Mit aneinander gelegten Händen verbeugte er sich tief vor meinem Vater; dann verbeugte er sich vor meiner Mutter, meinen Onkeln und dem Rest der Familie. Dann ging er.

Es war vorbei. Ich war frei!

Ich zog meinen Sari aus, streifte, froh, meine Füße wieder sehen zu können, meinen alten Rock und die Bluse über und rannte zum Feld, um mich zu erleichtern. Alles war wieder wie gewohnt, abgesehen davon, daß mir außer Choti noch mehrere Frauen folgten, um achtzugeben, daß ich den Schmuck, den ich noch immer trug, nicht verlieren würde. Inzwischen gingen Putti Lal und seine Familie zum Essen in das Zelt, das außerhalb des Dorfes aufgebaut worden war.

Wieder zu Hause, bekam ich endlich etwas zu essen und zu trinken. Jemand erklärte mir, es sei Sitte, daß die Braut fastete, bis die Zeremonie vorüber war. Klein Phoolan stand jetzt, mit all dem Schmuck, den jeder bewundern und dessen Wert jeder abschätzen wollte, im Mittelpunkt des Interesses. Nie zuvor war man so nett zu mir gewesen. Die Frauen fragten mich, ob ich glücklich sei. Ich wußte es nicht. »Du wirst schon sehen«, sagte eine von ihnen. »Dein Leben wird sich jetzt, wo du verheiratet bist, ändern.« Ich hatte keine Ahnung, was sie meinte, aber es klang vielversprechend. Ich fragte mich, ob ich vielleicht die Armreifen würde behalten dürfen.

Es wurde spät, beinahe Mitternacht, und die Frauen des Dorfes schwatzten noch immer mit mir. »Choti, warum tun sie das alles?« fragte ich leise meine kleine Schwester. »Das gute Essen? All die lächelnden Gesichter? Die vielen Frauen, die mit mir reden und mich anfassen wollen?«

Mir reichte es. Ich hatte genug von dem Schmuck, der Musik,

den vielen Süßigkeiten und den vielen Leuten, die mich anstarrten; meine Haare waren noch immer straff zurückgekämmt und zogen schmerzhaft an den Schläfen, meine Hände waren voller Haldi, und allmählich machte mich das klirrende Geräusch bei jeder Bewegung meiner Hände oder Füße nervös. Ich hatte genug von diesem Spiel. Die ganze Zeremonie war ein Spiel gewesen, an dem jeder seinen Spaß gehabt hatte, nur ich nicht. Ich war müde, aber bevor alles vorbei war, wollte ich zumindest noch das Janwasa sehen, das große Zelt, das der Sarpanch für Putti Lal und seine Gäste aufgestellt hatte.

In der Dunkelheit kletterten Choti und ich barfuß auf die Terrasse unseres Hauses, auf der wir immer unsere Töpfe trocknen ließen. Wir konnten das große, mit Öllampen erleuchtete Zelt auf dem freien Feld außerhalb des Dorfes sehen. Man hatte einen Lautsprecher an einem Baum befestigt, um das ganze Dorf an der Musik aus dem Zelt teilhaben zu lassen. Es waren noch viel mehr Gäste dort als vorher in unserem Haus. Einige schliefen auf Matten, andere unterhielten sich oder spielten Karten. »Sieh nur, Choti!« rief ich erstaunt. »Da schreibt sogar jemand!«

Wir waren fasziniert. Wie kleine Nachtigallen zwitscherten wir vor Aufregung auf dem Dach. Unsere ganze Familie nahm dort an dem Fest teil, und auch Choti wollte noch mitfeiern, ich aber war inzwischen zu müde, und da sich niemand mehr für mich zu interessieren schien, kletterte ich hinunter, um mich irgendwo zum Schlafen niederzulegen.

Unter dem Pandal, wo ich während der Hochzeitszeremonie gesessen hatte, lag der Teppich aus Bananenblättern. Ich legte mich darauf und schlief schon nach wenigen Minuten ein, erschöpft von den Anstrengungen des Tages und verzaubert von der Musik und dem Lachen in der Ferne.

Im Schlaf hörte ich in weiter Ferne eine Stimme nach mir rufen …

Es war Morgen, und jemand suchte mich, aber wer es auch war, er hatte nicht daran gedacht, unter dem Pandal nachzusehen. Dann hoben zwei kleine Hände den Schirm hoch.

»Wer ist da drunter?« fragte meine Schwester.

Ich rieb mir die Augen und sah, daß meine Hände ganz gelb

waren! Das kam von dem Haldi. Ich fuhr hoch, und mit einemmal erinnerte ich mich an alles, was am Vortag geschehen war.

»Hier ist sie! Hier ist die Braut!«

Ich hatte angenommen, es wäre schon alles vorbei, aber das stimmte nicht. Wieder wurde ich gebadet und dann in einen rosa Sari gehüllt, der leuchtete wie der Sonnenuntergang. Choti grinste und tanzte wie ein Affe um mich herum. Sie sagte, sie habe alle Geschenke gezählt: da wären Saris und Armreifen und viele, viele Kochtöpfe. Sie war nicht untätig geblieben. Sie hatte herausgefunden, daß Putti Lal in einem anderen Dorf ein Haus mit zwei Stockwerken und Land besaß. Er hatte eine Mitgift von fünfhundert Rupien erhalten, dazu eine Kuh und eine Ziege. »Nicht so viele Rupien wie bei Rukmini!« betonte sie.

Putti Lal war in seinem weißen Dhoti und einer frisch gebügelten Kurta mit seinem Vater zu unserem Haus zurückgekommen. Bei Tageslicht sah ich, daß er tatsächlich so alt war, wie er mir am Abend zuvor erschienen war. An den Schläfen hatte er graue Haare. Er war fett, besaß wulstige Lippen und dichte schwarze Augenbrauen. Er schien sich jetzt weniger wohl zu fühlen als noch am Abend zuvor.

Ich spürte, daß etwas nicht stimmte. Meine Eltern saßen nebeneinander auf einem Khat vor unserem Tor und machten einen besorgten Eindruck. Sie sprachen mit Putti Lal und seinem Vater, während ich in meinem hübschen Sari und mit meinen Armreifen geschmückt im Hof wartete. Ich nahm an, daß es die Abschiedszeremonie wäre und daß der Mann danach wie Rukminis Ehemann in sein Dorf zurückkehren und dort warten würde, bis ich erwachsen war, bevor er käme, um mich zu holen. Dann würde ich wohl sechzehn Jahre alt sein, überlegte ich mir. Sie riefen mich zu sich.

Putti Lal begann mit einer Hand einen Knoten, den man heute morgen in meinen Sari gemacht hatte, zu lösen. Ich wurde von einer panischen Angst ergriffen, aber meine Mutter meinte, es sei in Ordnung, das sei so Sitte.

Während er an dem Knoten herumfingerte, sagte er: »Ich nehme sie mit ...«

Vater ließ den Kopf sinken. »Aber wir hatten uns doch geeinigt!« murmelte er. »Sie ist zu jung, sie kann noch nicht deine Frau sein!«

»Aber ich brauche sie jetzt. Mein Vater und ich leben ganz allein in unserem Haus. Wir brauchen jemanden zum Kochen und für die Hausarbeit. Ich möchte sie jetzt gleich mitnehmen.«

Meine Mutter begann zu weinen.

So schlimm erschien es mir auch wieder nicht. Dieser Mann wollte mich doch nur in sein Dorf mitnehmen, damit ich die Arbeit erledigte, die getan werden mußte. Ich war schon im Dorf meiner Großmutter und in dem Dorf, in dem Rukmini jetzt lebte, gewesen, und ich war von dort wieder zurückgekommen. Ich nahm an, daß er Kühe hatte, die gefüttert, Kleider, die gewaschen werden mußten, jene Arbeiten eben, die ich wie alle anderen Mädchen in meinem Dorf Tag für Tag machte. Warum weinte meine Mutter dann?

»Weine nicht, Amma«, sagte ich. »Ich komme zurück.«

Da begann auch Vater zu schluchzen. Er vergrub sein Gesicht in den Händen. Immer wieder sagte er, daß ich zu jung sei, um das Elternhaus zu verlassen. Das verstand ich nicht. Natürlich wäre ich lieber bei Choti und meinen Freundinnen in unserem Dorf geblieben; natürlich fürchtete ich mich ein wenig vor diesem Mann und seinem alten Vater, aber ich hatte vor ihnen weniger Angst als vor Mayadin. Er hatte an dem Hochzeitsfest nicht teilgenommen, aber ich wußte, daß er die Hochzeit billigte. Alle waren gefragt worden, und alle mußten einverstanden sein. Mayadin hatte wohl gedacht, daß ich ihm, wenn ich erst einmal verheiratet war, nicht mehr im Wege sein würde. Er sollte noch merken, daß er sich da getäuscht hatte …

»Weine nicht, Buppa! Hab keine Angst! Ich komme zurück«, sagte ich.

Mein Vater wußte, daß mein Mann, wenn er mich hier wegholte und zwang, mit ihm in seinem Haus zu leben, gegen das Gesetz verstieß. Eine Elfjährige mitzunehmen war, als ob man eine Sklavin mitnehmen würde, mit dem Unterschied, daß wir diejenigen waren, die ihm dafür Geld gegeben hatten. Aber davon wußte ich nichts. Ich wußte nicht, was ein Mann und eine Frau miteinander tun, wenn sie verheiratet sind. Niemand hatte mir gesagt, wie Kinder gemacht werden. Wenn ich sah, wie ältere Mädchen verstohlen in die Felder schlichen, um schmutzige Tücher zu vergraben, dachte ich immer, sie hätten sich verletzt, und ich wußte, daß Blut unrein war und aus dem Haus entfernt werden mußte.

Ich begann ebenfalls zu weinen, aber nicht aus Angst vor diesem Mann und dem, was er tun könnte, sondern nur, weil ich es nicht ertragen konnte, meine Mutter und meinen Vater weinen zu sehen.

Es war früh am Morgen, und vor unserem Haus wartete ein schön bemalter Karren, vor den zwei große weiße Büffel gespannt waren. Während Putti Lal noch immer mit meinen Eltern diskutierte, hob mich ein Cousin meiner Mutter hoch und setzte mich auf den Vordersitz. Über zwei Bambusstangen, die an dem Sitz befestigt waren, war ein Tuch gespannt, das Schatten spendete. Wieder verspürte ich Hunger; niemand hatte mir etwas zum Frühstück gegeben. Aber es war zu spät. Putti Lal und sein Vater kletterten auf den Vordersitz, während fünf Frauen seiner Familie hinten auf dem Karren Platz nahmen. Die Büffel zogen an, und der Karren setzte sich mit einem Quietschen der Räder in Bewegung. Plötzlich fühlte ich, wie sich mein Herz zusammenkrampfte. Wohin brachten sie mich? Ich drehte mich zu meinen Eltern um. Meine Mutter stand aufrecht da, die Hände in die Hüften gestützt, eine Haltung, die Empörung verriet, aber ich konnte ihren Gesichtsausdruck unter ihrem Schleier nicht erkennen. Mein Vater weinte noch immer, er stand neben ihr mit gebeugtem Rücken und gesenktem Kopf.

Choti und die anderen Kinder hüpften noch eine Weile um den Karren herum, dann hielten sie an und gingen zum Dorf zurück. Einen Augenblick lang stand Choti mitten auf der Straße, blinzelte in die Sonne und schwenkte ihre kleinen Arme zum Abschied hin und her. Dann drehte sie sich um und begann ebenfalls zum Dorf zurückzugehen. Ich war allein mit diesen Männern und Frauen, die ich nicht kannte.

Als wir die Hauptstraße erreichten, stieg Putti Lal mit zwei der Frauen vom Karren herunter. Sie sagten, daß sie mit dem Bus in ihr Dorf zurückfahren würden, und gingen los, um etwas zu trinken zu holen. Da wir neben einem Feld angehalten hatten, kletterte ich auch hinunter und wollte gerade davonhuschen, um mir ein paar Körner zu essen zu suchen, da merkte eine der Frauen, was ich vorhatte, und ermahnte mich: »Du bist kein Kind mehr, du bist jetzt eine *dulhan*! Du bekommst etwas zu essen, wenn wir angekommen sind!«

Ich hatte schon oft im Dorf sagen hören, dieses oder jenes Mädchen sei jetzt die Dulhan von diesem oder jenem Mann. Das bedeutete, daß sie ihm gehörte. Mayadin hatte zwei Dulhans, zwei Frauen.

Ich brach in Tränen aus ...

»Wessen Dulhan soll ich sein?« fragte ich zitternd. »Sie glauben, bloß weil meine Eltern nicht da sind, können Sie mich zur Dulhan von irgend jemand machen? Aber das stimmt nicht!«

»Du bist Putti Lals Dulhan, du kleiner Dummkopf!«

Die Frauen brachen in Gelächter aus, als ich daraufhin noch heftiger zu weinen begann.

Der alte Mann, Putti Lals Vater, tröstete mich.

»Weine nicht. Du bekommst gute Büffelmilch von mir, wenn wir zu Hause sind ...«

Die Yamuna war an der Stelle, wo wir sie durchquerten, niedrig und fast ausgetrocknet, aber die Büffel konnten den mit so vielen Leuten beladenen Karren kaum ziehen, und die Räder blieben im Sand stecken. Deshalb stiegen noch zwei weitere Frauen ab und gingen zur Straße zurück, um mit dem Bus heimzufahren. Als wir den Fluß durchquerten, hörte ich jemanden sagen, daß wir die Straße auf der anderen Seite in Richtung eines Dorfes namens Maheshpur nehmen würden. Es war inzwischen sehr heiß, und ich war, von den Stößen der unbefestigten Straße geschaukelt, halb eingeschlafen und träumte von meinem Bambuskhat zu Hause im Hof unter dem Strohdach. Choti war jetzt die älteste, und sie würde all die Arbeit tun müssen. Jetzt würde sie als letzte essen ... Den ganzen Tag rollten wir mit dem Karren dahin. Die heiße Jahreszeit hatte begonnen, und das Land war ausgedörrt. Das Getreide war trocken und gelb geworden, nur das Zuckerrohr stand hoch und grün auf den kleinen Feldern. Hin und wieder kamen uns Karren und sogar Lastwagen entgegen. Aber diese Geschichte mit der Dulhan beunruhigte mich ... Wenn jemand behaupten sollte, daß ich ihm gehörte, so würde ich ihn, das nahm ich mir fest vor, mit einem Stock schlagen! Ich war Phoolan Devi, und ich gehörte nur meinem Vater.

Ich fuhr erschreckt hoch, als der Karren plötzlich anhielt. Ich hatte mein Gesicht wegen des Staubs mit meinem Sari bedeckt und hob jetzt meinen Schleier, um zu sehen, wo wir waren, aber es war schon zu dunkel. Die Nacht war hereingebrochen, und auch in diesem Dorf gab es keine elektrischen Sterne in den Bäumen.

Eine Hand schob den Stoff wieder über mein Gesicht.

»Laß das!« sagte eine Frau. »Du mußt deinen Ghoonghat immer tragen!«

»Warum? Ich möchte sehen, wo wir sind!«

»Wir sind beim Haus deines Mannes, Dummkopf!«

Warum behandelte mich diese Frau so? Ich hatte Angst. Ich konnte nicht das geringste sehen.

»Mir gefällt es hier nicht. Ich will nach Hause!«

»So etwas darfst du nicht sagen. Das Haus gehört deinem Schwiegervater und deinem Ehemann. Und du gehörst Putti Lal. Du bist seine Dulhan! Und jetzt halt den Mund!«

»Das ist nicht wahr! Ich bin die Dulhan von keinem!«

Die Frau zog mich durch die Tür; mein Gesicht war noch immer bedeckt. Als ich drin war, durfte ich wenigstens meinen Schleier heben. Mein Mund war von der Reise ganz ausgetrocknet, und man gab mir etwas Zuckerrohrsaft, woraufhin ich mich gleich besser fühlte. Während ich trank, zündete mein Schwiegervater die Öllampen an, und ich konnte sehen, daß es ein Haus wie unseres war, nur größer. Man führte mich in einen Raum und ließ mich niedersetzen. Es war ein Zimmer mit einem Zementboden und weißen Wänden. Ich wollte wieder hinausgehen und nachsehen, ob es hier Kinder gab, mit denen ich spielen könnte, aber die Frauen ließen mich nicht. Als ich versuchte auszureißen, rannten sie mir nach und schleppten mich in das Zimmer zurück.

»Bitte ... Ich will meine Amma, ruft meine Amma!«

»Halt den Mund!«

»Kann ich eine Chapati haben?« fragte ich. »Ich habe Hunger. Bitte ...«

»Du mußt warten!«

Ich mochte diese Frauen nicht. Ich nahm an, daß sie Verwandte von Putti Lal wären, aber warum gaben sie mir nichts zu essen? Ich versuchte abzuschätzen, wie weit ich von zu Hause entfernt war.

»Komm, wir müssen jetzt in den Tempel ...«

Sie sagten mir, es wäre Brauch, daß die Neuvermählten zum Dorftempel gingen und den Göttern Opfergaben brachten. Bevor wir aufbrachen, hob Putti Lal mich hoch und setzte mich auf seine Knie. Er umschlang mich mit dem losen Ende seines Dhoti und machte einen Knoten hinein. Ich hatte das mit Choti immer gemacht, wenn wir mit unseren Puppen Hochzeit spielten; der Knoten bedeutete, daß wir verheiratet waren. Das Spiel schien doch noch weiterzugehen. Ich mußte meine Hand in weiße Farbe tauchen und meinen Abdruck an jede Tür des Hauses machen. Es dauerte ziemlich lange, und als es endlich vorbei war, wurde ich allmählich schläfrig vor Hunger. Aber ich wußte, was der heilige Abdruck an den Türen ausdrücken sollte: Meine Hand dort an den Türen bedeutete, daß ich wirklich die Dulhan war. Die Frauen hatten mir die Wahrheit gesagt. Ich gehörte diesem Mann.

Wir gingen von einem Tempel zum anderen, die ganze Nacht hindurch, führten verschiedene Rituale aus und brachten Opfergaben dar. Wenn ein Tempel geschlossen war, verrichteten wir die Zeremonie davor im Freien. Im Schein der Öllampe blickte mich Putti Lal genauso an wie Raavana, der Dämon, der von Gott Rama getötet wurde.

Es war schon wieder Morgen, als wir endlich zum Haus zurückkehrten. Ich war inzwischen so hungrig, daß ich mich vor die Frauen hinstellte und meinen Schleier herunterriß: »Ich will jetzt etwas zu essen! Gebt mir jetzt sofort eine Chapati!« forderte ich.

Alle lachten: »Sie ist noch ein Kind, ein richtiges kleines Kind«, bemerkte eine von ihnen.

Sie boten mir wieder etwas Süßes zu trinken an, aber ich lehnte ab. Mein knurrender Magen verlangte nach etwas Eßbarem, aber in diesem Haus gab es keine Mutter und auch keine Kinder. Es stellte sich heraus, daß die Frauen nur wegen der Hochzeit hier waren und in wenigen Tagen fortgehen und mich mit den beiden Männern allein lassen würden. Der alte Mann nannte mich *Beti*, was bedeutete, daß ich nun seine Tochter war. Da alle ihn mit Buppa ansprachen, nahm ich an, daß auch ich Vater zu ihm sagen sollte, aber er hatte nicht den gütigen Gesichtsausdruck meines richtigen Vaters.

Wenn er mein Vater war, dann müßte ich meinen Schleier vor ihm lüften können – aber ich wagte nicht, ihn um irgend etwas zu bitten, und da dieser Putti Lal bis dahin noch kein Wort zu mir gesprochen hatte, wandte ich mich an eine der Frauen.

»Ich möchte nach Hause gehen, bitte!«

»O nein. Du bleibst für immer hier. Verstehst du nicht?«

Sie sah die beiden Männer an, und sie lachten. Putti Lal lachte am lautesten.

»Sie versteht überhaupt nichts«, gluckste er. »Sie weiß gar nicht, wovon ihr redet!«

Ich sagte nichts mehr.

Wenigstens gaben sie mir endlich ein paar Chapatis zu essen. Danach ließ man mich allein auf einem Khat in der Ecke des Hofes schlafen, während die Frauen sangen. Mein Körper tat vor lauter Müdigkeit schon weh, und das Bett aus gewobenem Hanf war fast neu. Es hatte glatte, glänzende Bambusfüße und einen festen Rahmen. Es war nicht so wie die wackeligen, zerrissenen und durchhängenden Khats, die wir zu Hause hatten. Dieser Putti Lal hatte scheinbar Geld, aber wie war das möglich, wo er doch der gleichen Kaste angehörte wie wir? War er wie Mayadin reich geworden, weil er seine Familie bestohlen hatte? Es waren viele Männer im Haus, die aßen und tranken, und während ich dort in der Ecke des Hofes lag, konnte ich hören, wie sie über mich lachten.

Ich fiel in einen tiefen Schlaf – und plötzlich erwachte ich mit klopfendem Herzen. Es war Tag, aber ich war mir nicht sicher, welcher Tag es war …

Ich schaute mich um und stellte fest, daß es Morgen war – aber es mußte schon der Morgen des nächsten Tages sein. Alle schliefen noch. Überall lagen Kleidungsstücke und Taschen herum, die den Gästen gehören mußten. Ich stand auf. Im ganzen Haus waren leere Teller und Tassen verstreut. Ich suchte etwas zu trinken und fand ein großes Wasserfaß in der Ecke des Hofes, das fast leer war. Ein paar Leute schliefen auf Khats, andere lagen auf der Terrasse oder drinnen auf dem Zementfußboden, der mit Dhurrys aus Baumwolle bedeckt war. Ich ging die Treppen hinauf, um über die Mauer zu schauen. Ein paar Kinder spielten draußen auf der Straße. Als ich in den Hof zurückkehrte, weckte ich versehentlich einen der Schläfer.

Es war der alte Mann, mein Schwiegervater.

Ich zog ihn am Ärmel. »Buppa, ich will zu meiner Amma!«

»Das geht nicht, Beti.«

»Dann mach, daß meine kleine Schwester Choti kommt. Ich habe Angst hier ganz allein. Bitte, Buppa!«

»Hör mir mal genau zu, Phoolan«, sagte er und stützte sich auf den Ellenbogen. »Dein Vater hat gesagt, daß du für ein paar Tage hier bei uns sein darfst. Dem hat dein Vater zugestimmt. Wenn er dich holen kommt, kannst du mit ihm gehen, aber nicht früher. Verstanden?«

Ich war beruhigt. Wenn mein Vater kommen würde, hieß das, daß ich nur auf ihn warten mußte. Dieser alte Mann schien der einzige Mensch zu sein, dem ich hier trauen konnte. Die anderen lachten mich alle bloß aus. Vor allem traute ich diesem Putti Lal nicht, der behauptete, ich wäre seine Frau. Ich versuchte mich an irgendeinen Mann aus unserem Dorf zu erinnern, der allein mit seinem alten Vater ohne Frauen im Haus lebte, ohne Mutter, ohne Tanten, ohne Ehefrau – aber es gelang mir nicht. Warum hatte er keine Frau in seinem Haus und warum keine Töchter, die den Haushalt erledigten?

»Mir gefällt es hier nicht, Buppa.«

Er nahm mich sanft bei den Schultern und beugte sich zu mir.

»Das ist jetzt für diese Zeit dein Zuhause, Phoolan«, sagte er leise. »Du mußt warten, bis dein Vater kommt und dich holt.«

Er lehnte sich zurück und sah mich an.

»Warum trägst du eine Bluse?«

»Ich habe zum Schlafen meinen Sari ausgezogen. Er war zu eng, und mir war heiß.«

Er sagte nichts und führte mich ins Haus. Die Frauen, die drinnen geschlafen hatten, waren jetzt wach, und er übergab mich einer von ihnen. »Kümmer dich um dieses Kind. Sie ist nicht einmal richtig angezogen.«

Die Frauen lachten. Ich mußte sie wirklich sehr amüsiert haben. Eine von ihnen öffnete meine Bluse, sah auf meine Brust und lachte noch mehr.

»Sie hat noch nicht einmal einen Busen!«

Ich wartete, weil ich dachte, sie würden mir ein Bad bereiten, aber sie unterhielten sich bloß miteinander.

»Die Braut ist so jung und der Bräutigam so alt!« sagte eine.

Der rosa Sari, den ich tragen sollte, war der erste, den ich je besessen hatte. Ich wartete darauf, daß mir eine der Frauen beim Anziehen helfen würde, weil ich es nicht alleine konnte, aber sie kicherten bloß. Wenn Choti da wäre, dachte ich, würden wir es ihnen schon austreiben, sich über mich lustig zu machen. Ich knöpfte meine Bluse wieder zu. Mutter hatte uns gesagt, daß wir nie mit offenen Kleidern herumlaufen durften, und ich wollte nicht halbnackt dastehen und von den Frauen ausgelacht werden.

»Das ist jetzt dein Haus, du mußt lernen, allein zu baden«, sagte eine von ihnen. »Dein Schwiegervater hat das Wasser hinter dem Haus vorbereitet.«

Dort war ein Zuber voll Wasser und ein Krug und ein Loch im Boden, durch welches das Wasser ablaufen konnte. Es waren keine Männer da, also legte ich vorsichtig meinen Sari auf den Boden, zog meinen Rock und die Bluse aus und tauchte schnell ins Wasser. Dann fragte ich, ob jemand meine Haare kämmen könnte. Eine der Frauen, eine Verwandte von Putti Lal, tat es. Sie half mir auch, den Sari wieder anzuziehen. Er war mir viel zu groß, und ich hatte den Eindruck, in einen riesigen Sack gewickelt zu werden. Die einzige Möglichkeit war, das zu lange Kleid an meiner Taille zusammenzufalten und mit zwei Spangen zu befestigen.

»Wir müssen etwas Kleineres finden«, scherzte die Frau. Ich wollte lieber wieder meinen Rock und meine Bluse anziehen, aber sie sagte nein. Verheiratete Frauen müßten Saris tragen. »Und vergiß nicht, deinen Kopf heute im Haus zu bedecken. Die Gäste werden kommen und Geld bringen, und sie wollen dein Gesicht sehen. Du hebst deinen Ghoonghat, dann geben sie dir Geld.«

»Geld? Wofür? Ich habe nichts gearbeitet.«

»Wie dumm dieses Mädchen doch ist!« rief die Frau aus. »Jeder Gast muß dir ein Geschenk oder mindestens fünf Rupien geben, wenn er dein Gesicht sehen will. Wußtest du das nicht? Das ist so Sitte – das Muh-dikhai.«

Sie setzten mich auf einen Teppich im Hof, und die Gäste gingen an mir vorbei. Jedesmal, wenn einer der Gäste den Ghoonghat hob, kicherten alle Frauen. Aber sie hatten recht. Die Gäste gaben mir Geld, das ich schnell in die kleine schwarze Geldbörse steckte, die mir meine Mutter gekauft hatte. Es war eine hübsche, mit Perlen bestickte Geldbörse mit einer Seidenkordel, damit man sie um den Hals hängen konnte. Sie hatte sie mir gegeben und mir gesagt, daß ich alles Geld, das ich bekommen würde, hineintun und sie niemandem geben sollte – also mußte sie es auch gewußt haben. Als die Börse voll war, hängte ich sie mir unter meinem Sari um den Hals, so wie mir es meine Mutter gezeigt hatte. Ich erinnerte mich daran, was sie mir eingeschärft hatte: »Sei vorsichtig. Jemand könnte sie an sich reißen und damit davonrennen!« Da es nun einmal Brauch war, beschloß ich, die Rupien zu behalten. Ich wußte nicht, wann sie mir wieder Geld geben würden. Sie konnten mich auslachen, soviel sie wollten, solange die Rupien mir gehörten. Ich würde auch Choti keine davon schenken. Ich wollte sie alle meinem Vater geben, damit er den Rechtsanwalt bezahlen und seinen Prozeß gegen Mayadin gewinnen konnte.

Ich konnte nicht weiter zählen, als ich Finger an den Händen habe, aber ich schätzte, daß sich mindestens dreißig Rupien in meiner Geldbörse befanden. Ich war reich, und das, ohne etwas anderes dafür zu tun, als diesen Leuten meine kleine Mädchennase zu zeigen!

Immer wenn Putti Lal in den Hof kam, zog die Frau rasch den Ghoonghat über mein Gesicht. Mir kam es so vor, als täte sie das immer, wenn ein älterer Mann anwesend war, jedoch nicht bei dem jungen Schwager von Putti Lal …

Es war ein merkwürdiger Tag. Sie gaben mir Rupien, für die ich mir Süßigkeiten kaufen konnte, und dann machten sie sich über mich lustig.

»Es ist, als hätte man eine Gans an ein Kamel gebunden!« hörte ich jemanden kichern.

Sobald sich die Gelegenheit bot, warf ich heimlich einen Blick nach draußen, aber dort war kein Kamel. Dort war überhaupt nichts, worüber man lachen konnte.

»Komm, Phoolan, ich zeige dir ein neues Spiel ...«

Der alte Mann hatte mir die Haare gewaschen und mir zu essen gegeben. Er war freundlich zu mir. Er sagte sogar: »Ach, Phoolan, wäre meine Frau noch am Leben, würde sie das alles für dich machen, und wir würden warten, bis du erwachsen bist, aber ich bin Witwer, und in diesem Haushalt gibt es keine Frau. Eines Tages wirst du es für mich und deinen Ehemann tun.«

Das war am schwierigsten zu verstehen. Was war ein Ehemann? Alle Frauen waren nach dem Fest fortgegangen, deshalb konnte ich sie nicht danach fragen. Sie hätten mich ohnehin nur ausgelacht. Rukmini kochte und erledigte die Hausarbeit für ihren Ehemann, so wie sie es für meinen Vater getan hatte. Ich konnte mir nicht vorstellen, daß Putti Lal so wie mein Vater war. Er sprach nicht mit mir, wie es mein Vater immer tat: Er fragte mich nicht, ob ich genug Futter geholt hatte oder ob ich zum Beten im Tempel war. Ein Ehemann konnte nicht wie ein Vater sein; mein Vater hatte nie versucht, mich so anzufassen ...

»Phoolan! Wo versteckst du dich, mein Täubchen?«

Es war die Stimme von Putti Lal.

»Jetzt, da wir verheiratet sind, zeige ich dir, was verheiratete Leute tun ... Ich bringe dir ein neues Spiel bei ...«

Ein Spiel? Ich war mißtrauisch – aber auch neugierig. Wenn es ein gutes Spiel war, konnte ich es Choti beibringen. Es war ein Glitzern in seinen Augen, aber es kam mir nicht böse vor. Ich dachte nicht daran, daß er mir weh tun wollte. Niemand hatte mich jemals zuvor so angesehen ...

»Komm! Für dieses Spiel müssen wir nach drinnen gehen ... Am Anfang wirst du vielleicht ein bißchen Angst haben, aber nach einer Weile wirst du es mögen.«

Er packte mich am Nacken und schob mich ins Haus.

Ich war nicht gerne im Haus. Ich zog es vor, im Hof zu bleiben und auf dem Khat draußen zu schlafen, damit ich nicht so nahe bei den beiden Männern war. Um den Hof herum gab es neben der Küche und dem Kuhstall noch zwei Zimmer zum Schlafen und dahinter ein drittes Zimmer, aus dem nie ein Laut herausdrang. Putti Lal schloß sich dort oft ein. Ein paar Tage zuvor war eine Frau ins Haus gekommen und mit ihm dort hineingegangen. Sein Vater war böse gewesen. Sie hatten sich gestritten, und die Frau war wieder gegangen.

Er zwang mich, in dieses Zimmer zu gehen, und es gab keine Möglichkeit für mich, etwas dagegen zu tun. Ich hatte den alten Mann fortgehen sehen, deshalb wußte ich, daß wir allein waren, aber ich schrie nicht. Schließlich ist es nur ein Spiel, dachte ich. Außer der Eingangstür gab es nur noch eine weitere Tür in diesem Zimmer, die zu einem Lagerraum führte, wo die Tongefäße mit Zwiebeln, Getreide und Öl aufbewahrt wurden. Was für ein Spiel wollte er dort im Dunkeln spielen, fragte ich mich. Er schloß die Tür und befahl mir, mich auf den Boden zu setzen. Hier war der Boden nicht aus Zement, es war nackte, harte Erde, und der Raum war in Unordnung und staubig wie alle Zimmer in diesem Haus. Putti Lal knöpfte seine Kurta auf und zog sie aus, dann band er den Dhoti von seinen Hüften und ließ ihn auf die Erde fallen.

Er war nackt!

Ich überlegte, ob er vielleicht verrückt war. Er stand völlig nackt vor mir! In unserem Dorf zogen wir gewöhnlich unsere Kleider aus, wenn wir mit unseren Schwestern oder Cousinen baden oder im Wasser spielen wollten, aber niemals vor Männern.

Das einzige, was mir einfiel, war: »Ich möchte lieber draußen spielen! Warum können wir nicht draußen spielen?«

Ich wagte nicht, auf seinen Körper zu schauen. Ich hielt den Kopf gesenkt und überlegte verzweifelt, was er wohl tun würde. Er hatte keinen Stock, also hatte er nicht vor, mich zu schlagen; es gab kein Wasser in dem Zimmer, also wollte er sich nicht waschen …

Er kam näher und packte meinen Arm, dann setzte er sich nieder und sah mich an. Meine Augen hatten sich inzwischen an die

Dunkelheit gewöhnt, und ich konnte den seltsamen Ausdruck auf seinem Gesicht sehen. Sein ganzer Körper war dicht mit schwarzen Haaren bedeckt. Seine breite Brust hob und senkte sich mit seinen Atemzügen. Ich sträubte mich, als er meinen Sari aufzumachen begann, aber dann drückte er noch fester meinen Arm.

»Halt still!« schimpfte er.

Mein gelber Sari fiel zu Boden, und er stieß ihn fort. Als er dann versuchte, mir meine Bluse auszuziehen, schlang ich meine Arme ganz fest um mich. Ich wollte weg von ihm, als ich seine Hände auf mir spürte, aber er klemmte meine Beine zwischen seine Knie, und ich konnte mich nicht mehr bewegen.

Und in diesem Augenblick spürte ich, wie etwas an mich herangeglitten kam ...

Es war eine Schlange. Er hatte eine Schlange an seinem Körper befestigt! Er wollte, daß ich die Schlange anfaßte. Ich war starr vor Schreck ...

Dann begann er an meiner Haut da und dort zu knabbern und versuchte, mich zu beißen. Er wollte mich essen! Er war ein Mann, der Frauen aß!

»Faß mich nicht an!« schrie ich. »Iß mich nicht auf!«

Er legte eine Hand auf meinen Mund, um mich zum Schweigen zu bringen. Mit der anderen Hand begann er, meine Brust unter der Bluse zu kneifen, und klemmte mich dabei noch fester zwischen seine Knie – so fest, daß ich glaubte, er würde mir die Knochen brechen. Dieser Dämon war so stark, daß er mich zwischen seinen haarigen Beinen gefangenhalten konnte. Er begann jetzt zu schwitzen und roch abscheulich wie eine Hyäne. Ich dachte, die Hyäne würde versuchen, mein Fleisch zu verschlingen. Ich kämpfte verzweifelt, um freizukommen, aber es gelang mir nicht. Und dann versuchte er Dinge mit seiner ekelerregenden Schlange zu tun, Dinge, die für mich unvorstellbar waren. Der Schmerz war unerträglich. Ich bat ihn, mich zu verschonen: Ich sagte, ich würde ihm nie irgendwelche Schwierigkeiten machen oder jemals wieder etwas von seinen Lebensmitteln essen. Aber er drückte seine Hand auf meinen Mund, und ich konnte nicht mehr schreien.

Er schüttelte mich heftig an den Schultern und drehte mich

wütend um und drückte mich hinunter, mit meinem Gesicht auf die Erde.

Ich fühlte sein Gewicht, schwer wie ein Büffel, auf meinem Rücken. Er begann mich auf eine Weise zu schlagen, wie ich noch nie zuvor geschlagen worden war. Ich konnte vor Schmerzen nicht einmal schreien, als sich die Schlange gegen mein Fleisch preßte. Er schlug mich innendrin! Mir war, als würde die Schlange mich auseinanderreißen! Sie zerriß mich und begann mich zu verschlingen … Dieser Dämon stieß mich auf den Grund eines tiefen, dunklen Loches, wo ich nicht mehr schreien konnte und keine Kraft mehr hatte zu kämpfen. Die Schlange würde fressen und fressen, bis sie größer sein würde als ich, und ich würde sterben …

Dann sagte er, er könnte so mit mir nichts anfangen und er werde jetzt ein Messer holen, um meinen Bauch aufzuschneiden, damit er seine Schlange hineinstecken könnte.

Ich kratzte blindlings und zwickte ihn, so fest ich konnte, aber es war zwecklos. Als ich die Messerklinge in seiner Hand blitzen sah, erstarrte ich. Er hielt sie an meinen Bauch und spielte damit und zeigte mir die Stelle meines Körpers, die ihn so wütend machte.

»Ich werde hier ein bißchen aufschneiden, dann geht es leichter«, sagte er grinsend. »Es ist ein sehr schönes Spiel.«

Ich versuchte, nicht zu zittern, nicht zu zucken, und biß die Zähne zusammen, um nicht erneut zu schreien. Er hatte mir noch nicht genug weh getan. Er wollte mir noch etwas anderes antun. Er hatte etwas Furchtbares mit mir vor, und ich wußte immer noch nicht, was es war.

Ich hatte einmal beobachtet, wie ein Mungo am Fluß eine Schlange abgewehrt hatte, aber wie ich mich jetzt verteidigen sollte, das wußte ich nicht. Vor Angst erstarrt, rief ich leise nach meiner Mutter, ich bat darum, daß mir irgend jemand helfen möge, ich betete zu jedem Gott und jeder Göttin, aber keiner von ihnen hörte mich.

Es schien Stunden zu dauern. Ich war ihm auf Gedeih und Verderb ausgeliefert, wie eine Stoffpuppe. Ich konnte sein verzerrtes Gesicht erkennen, seine Zähne, als er mich beschimpfte. Warum? Ich wollte wissen, warum? Seine Schlange war zu einem Stock geworden, der sich in meinen Körper fraß. Warum wollte er mich strafen? Ich hatte doch nichts Böses getan. Ich hatte ihn nicht beleidigt. Ich kannte ihn nicht einmal.

Ich glaubte, ich wäre vor Angst gestorben – wie die alte Affenfrau, Mayadins Mutter – und ich würde niemals wieder lebendig werden.

Ich biß ihn in die Hand, nur um herauszufinden, ob ich noch am Leben war, und er stöhnte auf.

Da merkte ich, daß ich noch lebte.

Er drehte mich um und schlug mir heftig ins Gesicht.

In meinem Mund war der Geschmack von Blut, das aus meiner Nase lief, und der Geschmack von Erde. Ich fühlte noch weitere Schläge, aber meine schreckliche Furcht vor seiner Schlange war größer. Er versuchte sie zu benutzen, um mich zu ersticken, um mich vom Schreien abzuhalten! Dann plötzlich konnte ich den Schmerz seiner Hiebe nicht mehr spüren. Als ich sein böses dunkles Gesicht vor mir sah, die dicken, geifernden Lippen und den schwarzen Schnurrbart, fühlte ich, wie meine Kraft zurückkehrte, ich war nicht länger gefangen, mit meinem Gesicht im Staub. Ich begann zu schreien und mich zur Wehr zu setzen.

Er hielt mich noch immer am Arm fest, hob sein Messer wieder auf, drohte mir damit und zwang mich aufzustehen.

»Du kleines Luder! Ich kann mit dir machen, was ich will. Ich bin dein Mann, dein Herr! Verstehst du! Und jetzt halt den Mund!«

Er keuchte, und seine Augen blitzten auf.

Er erhob sich von den Knien und führte das Messer wieder an meinen Bauch, aber in diesem Moment hörte er draußen ein Geräusch und drehte sich um. Für eine Sekunde lockerte er seinen Griff. Ich tauchte unter seinen Beinen durch und sprang zur Tür. Ich hob den Holzriegel, der sie geschlossen hielt, und war gerade durch die Tür geschlüpft, als ich seine Hand wieder in meinem Nacken spürte. Er würgte mich mit beiden Händen und zog mich zurück.

Dieses Mal hielt er sein Messer an meine Kehle.

Er warf mich wieder auf den Boden, kniete nieder und ließ das Messer über meinen Bauch gleiten. Es war ein großes Messer mit einem Holzgriff und einer breiten Klinge, die ich kalt auf mir fühlte, genau an der Stelle, wo er mich für seine Schlange aufschneiden wollte.

Er beugte sich über mich und fuchtelte wieder drohend mit dem Messer vor meiner Nase herum.

»Ich werde dich damit aufschneiden, wenn du nicht tust, was ich will!«

In panischer Angst sprang ich auf und rannte wie eine Gazelle in den Hof hinaus, bevor er überhaupt wußte, in welche Richtung ich entkommen war. Er hatte die Tür offen gelassen, deshalb konnte er mich nicht ein zweites Mal fangen.

Ich schrie um Hilfe, aber in der Hitze des Nachmittags war das Dorf menschenleer, und niemand hörte mich.

Er war schon hinter mir und versuchte keuchend, mich wieder zu erwischen. Er verfehlte mich um ein Haar, als ich die Holzleiter, die zur Terrasse führte, hinaufkletterte und aus Leibeskräften schrie: »Er ist ein Frauenfresser! Er will mich fressen!«

Er kletterte, noch immer nackt, hinter mir her, aber es gelang mir, zur Terrasse des nächsten Hauses hinüberzuspringen, und er blieb auf der letzten Sprosse der Leiter stehen. Ohne seine Kleider konnte er nicht weiter.

Ich sprang von einem Dach zum nächsten, und wieder zum nächsten, und von einer Mauer zur nächsten, bis ich endlich in einem Hof zwei Frauen sah. Sie blickten auf, als sie mich hörten.

»Was machst du da?« fragte eine von ihnen. Ich zögerte. Ich kannte niemanden in dem Dorf, und vielleicht würden mich die Frauen gleich zu diesem Dämon zurückbringen, der sagte, daß ich ihm gehörte und daß er mit mir machen könnte, was er wollte. Aber vielleicht war er schon hinter mir her.

»Rettet mich, bitte! Putti Lal hat versucht, mich zu essen! Er hat mich mit seiner Schlange geschlagen!«

Sie starrten mich voller Entsetzen an. Mein Gesicht war blutverschmiert, mein Unterrock war zerfetzt, meine Bluse offen. Diese Frauen mußten mir helfen, sie mußten einfach Mitleid mit mir haben. Jetzt war ich ihnen ausgeliefert. Vom Dach aus blickte ich um mich, um zu sehen, ob mir das Ungeheuer folgte oder ob die Straße zu erkennen war, die zum Fluß zurückführte. Aber ich konnte nur Terrassen und Dächer sehen und die Zweige von Bäumen, die zu hoch waren, um hinaufzuklettern.

Eine der Frauen im Hof schüttelte den Kopf.

»Das muß sie gewesen sein, die wir gerade schreien gehört haben«, sagte sie. »Ihre Eltern hätten sie nie so jung verheiraten sollen. Eine Schande ist das!«

Es kamen weitere Frauen herbei, und ich kletterte mit Mühe, weil ich jetzt die Schmerzen wieder spürte, vom Dach herunter.

Ich konnte kaum gehen.

Nach wenigen Minuten war der Hof voll von Frauen, die ich alle nicht kannte. Sie versuchten, mich zu beruhigen, als ich in ihren Armen schluchzte und sie bat, mich nach Hause zu meiner Mutter zu bringen. Ich hatte das Gefühl, als würde mein ganzer Körper brennen, und meinte, mich übergeben zu müssen. Meine Beine trugen mich nicht mehr, und ich setzte mich auf die Erde. Sie gaben mir Wasser zu trinken. »Schickt mich nicht zu diesem Mann zurück«, wimmerte ich, »er will mich auffressen!«

Eine alte Frau legte ihre Hand auf meine Schulter.

»Hab keine Angst, wir schicken dich nicht zu ihm zurück«, sagte sie und lächelte mir freundlich zu.

Die anderen Frauen starrten mich an, in ihren Gesichtern, die halb hinter den Enden ihrer Saris versteckt waren, stand das Entsetzen über den Anblick, den ich mit all dem Blut auf meinem Unterrock, meinem Gesicht und meinen Beinen bot.

»Er hatte eine Schlange«, stammelte ich.

»Was für eine Schlange?«

»In seinem Dhoti ...«

Dann kam Putti Lal.

Er hatte sich angezogen und war sehr zornig.

Er kam direkt auf mich zu und begann mich zu schlagen und zu beschimpfen. Die Frauen sahen regungslos zu. In ihren Augen hatte er, weil ich ihm gehörte, das Recht, mich zu schlagen, so wie ihre Ehemänner sie schlugen. Wenigstens das konnte ich verstehen.

Nur die alte Frau trat vor, nahm ihren Ghoonghat vom Kopf und wagte ihn anzusprechen: »Das ganze Dorf weiß, daß du ein gottloser, böser Mann bist, Putti Lal. Du bist ein lasterhafter Mensch und hast eine verdorbene Seele. Ihre Eltern haben einen großen Fehler gemacht, als sie sie mit dir verheiratet haben. Wir alle haben ihre Schreie gehört. Du hast versprochen zu warten, und jetzt versuchst du, sie zu mißhandeln!«

»Geh weg, du alte Hexe! Sie ist meine Frau, ich kann mit ihr tun, wozu ich Lust habe. Und was dich angeht ...«

Er wandte sich zu mir.

»Warum bist du weggelaufen? Steh auf! Wir gehen heim. Oder ich bring dich um!«

Wieder begann er auf mich einzuschlagen.

Als ich mich mit meinen Händen über dem Kopf duckte, um mich vor seinen Schlägen zu schützen, hörte ich, wie jemand seine Stimme erhob und sich für mich einsetzte.

»Halt! Wenn du sie weiter so schlägst, stirbt sie!« Es war eine Männerstimme. »Hab Geduld. Sorge für sie, sie wird schon eines Tages eine Frau sein.«

Putti Lal zögerte, und ich versuchte, die Gelegenheit zu nutzen und mich seinem Griff wieder zu entziehen, aber er packte mich an den Haaren und rief laut: »Ich werde eine Frau aus ihr machen, und das noch heute nacht! Jetzt laßt mich durch ...«

Er zog mich vor den Augen der Dorfbewohner durch die Straßen. Sie waren alle herausgekommen, um zu sehen, was das Geschrei zu bedeuten hatte, aber keiner von ihnen versuchte, ihn aufzuhalten. Es war das gleiche wie bei Onkel Bihari und Mayadin, aber denen hatte ich immer entwischen können. Bei Putti Lal war ich gefangen. Niemand wagte es, sich einzumischen und Partei für mich zu ergreifen. Selbst die Hunde wichen vor uns zurück. Die Männer schauten einfach zu, die Feiglinge, die mitansahen, was einer von ihnen tat, aber keiner versuchte einzugreifen. Sie hatten Angst, wie mein Vater. Auch er hatte nie versucht, Bihari oder Mayadin davon abzuhalten, mich zu schlagen. Alles, was er tat, war, den Kopf hängen zu lassen und zu weinen. In jedem Haus, an dem wir vorbeikamen, lagen Leute auf ihren Khats und schauten zu, wie dieser Mann mich stieß und schlug, als ich den Weg zurück zu seinem Haus torkelte. Je mehr er mich schlug, um so heftiger weinte ich und bettelte darum, daß mir jemand helfen möge, aber keiner rührte sich. Er konnte mich schlagen und mißbrauchen, soviel er wollte. Das entsprach der Sitte und dem Gesetz.

Als wir sein Haus erreicht hatten, hielt er mich noch immer an den Haaren. Meine Kopfhaut brannte wie Feuer, jedesmal, wenn er mich stieß, riß er ganze Büschel von Haaren aus. Er schubste mich in den Hof und schloß die hölzerne Tür hinter sich. Dann stieß er mich in das Zimmer neben dem Kuhstall, in dem er nach dem Strick suchte, mit dem normalerweise die Tiere angebunden wurden, und fesselte mich mit den Armen und Beinen an einen Khat. Dann stieß er die Tür hinter sich zu und verriegelte sie.

Ich schloß die Augen.

Es war kein Leben mehr in mir, ich hatte keine Kraft mehr, zu schreien oder um Erbarmen zu flehen. Es war vorbei. Er konnte mit mir tun, was er wollte: mich auffressen oder mich mit seinem Messer in Stücke schneiden …

»Ich habe dich geheiratet«, bellte er, »du Miststück! Wer hat dir erlaubt wegzulaufen? Du hast einen Skandal verursacht! Hast du das getan, um mich lächerlich zu machen? Die anderen haben nichts damit zu schaffen, ist das klar?«

Plötzlich hörte ich die Stimme des alten Mannes.

»Mach die Tür auf! Mach sie auf, oder ich trete sie ein!«

Er hämmerte so fest gegen die Tür, daß sie aufsprang.

Als ich die Augen öffnete, konnte ich hinter ihm im Hof eine Schar von Männern und Frauen sehen. »Er bringt sie um, Buppa«, hörte ich jemanden sagen. »Du mußt ihm Einhalt gebieten.«

Der alte Mann trat auf seinen Sohn zu.

»Schämst du dich denn gar nicht?«

»Schau mich an, Buppa«, wimmerte ich. »Er hat mich festgebunden, er hat mich geschlagen, er wollte mich umbringen!«

Putti Lal ging, leise vor sich hinschimpfend, davon.

Mein Schwiegervater band mich los, gab mir etwas Wasser zu trinken und sagte mir, ich sollte mich waschen und meinen Sari wieder anziehen. Ich fürchtete mich so sehr, in den dunklen Raum zurückzugehen, in dem ich geglaubt hatte, sterben zu müssen, daß ich in meinem zerrissenen, blutverschmierten Unterrock erst an der

Tür stehenblieb. Schließlich rannte ich hinein und griff schnell nach dem gelben Stoffhaufen auf dem Boden.

In einer Ecke des Hofes standen unter dem Schutz des Strohdachs die Wassertonne und ein Krug. Da die Dorfbewohner wieder gegangen waren, fing ich an, mich langsam zu waschen. Ich sah, wie mich die Kühe auf der anderen Seite des Tores mit ihren traurigen Augen anstarrten. Aber mein Schwiegervater schloß das Tor. Und selbst wenn mir die Flucht gelingen würde, das wurde mir klar, würde ich nicht einmal wissen, wohin ich gehen mußte. Ich würde den Weg zurück zu meinem Dorf nicht finden.

Während ich mich wusch, beobachtete ich einen Vogel, der einen Wurm aus der Erde aufpickte. Das also bedeutete es, verheiratet zu sein. All die Dinge, die ich vorher nicht gewußt hatte, waren mir plötzlich klargeworden. Die Dorfbewohner waren fort, und die beiden Männer hatten sich im Haus eingeschlossen. Ich konnte sie streiten hören. In meinen Ohren summte es, und das Blut pochte an meinen Schläfen. Es war vier Uhr, und die Sonne stand noch hoch, aber ich merkte, daß ich zitterte. Der Wasserstrahl aus dem Krug ließ mich frösteln. Ich fror im heißen Sonnenschein. Ich hatte solche Schmerzen, daß ich mich an der Stelle, wo er mir weh getan hatte, nicht waschen konnte. Er hatte seine Schlange wie einen Holzstock benutzt, um mich innen zu schlagen.

All die schmutzigen, ekelhaften Dinge, die er getan hatte, das wußte ich jetzt, waren die Gefahr, vor der meine Mutter uns immer gewarnt hatte. Das also passierte mit den Mädchen an der Flußbiegung. Und sie geschahen mit dem Segen aller, wenn ein Mann wie Putti Lal sagte: »Sie ist geeignet.«

Jetzt wurde mir klar, warum mein Vater so besorgt gewesen war und warum meine Eltern wollten, daß er wartete, bis ich Rukminis Alter erreicht hatte. Sie beschwerte sich nie, daß sie von ihrem Mann geschlagen wurde. Sie sagte, er wäre sanft und freundlich und würde für sie sorgen. Woher war er gekommen, dieser Frauenfresser mit seiner Schlange? War er geschickt worden, um mich zu quälen, so wie die Dämonen, die Rama bekämpft hatte?

Ich werde nie vergessen können, was er getan hat. Meine Eltern hatten gehandelt, wie es der Sitte entsprach, weil sie dachten, sie könnten ihm vertrauen und er würde sich um ihre Tochter kümmern, bis sie alt genug war, um eine richtige Ehefrau zu sein. Sie wußten nicht, was jeder in seinem Dorf wußte, nämlich daß Putti Lal ein Trinker und Spieler war, daß er boshaft und unmoralisch war, daß er nur an sein eigenes Vergnügen dachte und daß er sogar dazu fähig war, ein Kind zu zwingen, ihn zu befriedigen.

Von diesem Tag an machte ich mir jedesmal, wenn ich ihn sah, wenn ich seine schweren Schritte auf der Straße oder im Haus hörte, vor Angst in mein Kleid, ich konnte es einfach nicht verhindern.

Ich schlief auf der Dachterrasse oder bei offener Tür im Kuhstall, damit ich aufpassen konnte, wann er kam und ging. Während des Tages wich ich keine Sekunde von Buppas Seite, und wenn der alte Mann zum Markt oder in den Tempel ging, kletterte ich wieder auf die Terrasse hinauf, selbst in der glühendsten Mittagssonne. Ich wollte niemals wieder Putti Lals Hände auf mir spüren. Ich hatte vor allem und jedem Angst, Angst, zur Toilette zu gehen oder ihm den Rücken zuzuwenden. Ich hatte Angst, er könnte mich überraschend packen, wenn es dunkel war ...

Eines Tages, als eine Hochzeit im Dorf stattfand, versuchte er wieder, mich aufzufressen. Er dachte, der Lärm der Musik und des Festes würden meine Schreie übertönen. Aber es gelang mir, ihm zu entkommen, und ich rannte durch die Straßen und schrie verzweifelt: »Er will es wieder tun!«

Dieses Mal hörte mich mein Schwiegervater und kam zurück, um mich zu trösten.

Dann wurde ich krank. Mein Körper war mit Pusteln übersät, ich hatte hohes Fieber, und meine Haare begannen mir auszufallen. Ich konnte nichts essen, und mein Magen war so empfindlich, daß ich kaum ein Schlückchen Wasser trinken konnte.

Der Dämon brachte eine dicke Frau mit nach Hause und ging mit ihr in das Zimmer. Hinterher hatte er wieder eine Auseinandersetzung mit seinem Vater, und ich hörte in meinem Fieber, wie er ihn anschrie, daß das alles seine Schuld wäre.

»Warum hast du ein Kind ausgewählt? Ich brauche eine Frau!«

»Du bist verheiratet. Es ist eine Schande, eine andere Frau in dein Haus zu bringen.«

»Du tust es, warum darf ich nicht?«

»Ich bin nicht verheiratet, ich bin Witwer!«

»Verheiratet! Mit einem solchen Kind? Sie ist zu nichts zu gebrauchen, und jetzt ist sie auch noch krank! Ich hoffe, Gott läßt sie sterben, dann kann ich mir eine andere nehmen!«

Das Leben, ein Alptraum

Ich war allein, verlassen von Gott. Ständig mußte ich mich übergeben. Selbst ein Schlückchen Wasser erregte Übelkeit, und das Fieber ließ mich frösteln. Bilder der Qualen, die ich durchlitten hatte, schwammen mir vor den Augen. Es war unmöglich, sie zu vergessen, und, schlimmer noch, unmöglich, sie zu begreifen. Ich würde eine Frau werden, ich würde diesem Mann gehören, und ich müßte in diesem Haus leben, sagten sie mir, aber ich wollte noch immer wissen, warum. Niemand hatte mir gesagt, wie eine Ehe sein würde. Ich dachte, ich würde von meinem Ehemann beschützt werden, ich dachte, er wäre ein zweiter Vater, so wie Choti es gesagt hatte, der mir Arbeiten auftragen und zu essen geben würde. Ich erwartete, nur dann gezüchtigt zu werden, wenn ich meine Pflichten vernachlässigte. Statt dessen war ich hier allein mit meinen Alpträumen.

Es war keine Frau da, die mich tröstete oder mir sagte, was ich tun sollte. Mein Kopf schmerzte, und ich hatte einen sauren Geschmack im Mund. Ich bekam Schüttelfrost – in einem Augenblick war mir kochend heiß und dann wieder eisig kalt –, aber niemand kümmerte sich um mich.

Als ich Schritte im Hof hörte, schloß ich fest die Augen, aus Angst, wieder gequält zu werden.

Die Schritte kamen näher. Ich konnte unter der Tür einen Schatten sehen.

»Phoolan? Bist du da drin, Phoolan?«

Es war eine Männerstimme, aber ich erkannte sie nicht. Ich rollte mich noch mehr auf der Strohmatte zusammen und zog die Baum wolldecke über mein Gesicht.

»Phoolan, bist du's?«

»Wer ist da?«

Ich fühlte eine Hand auf meiner Stirn, und sofort wußte ich, wessen Hand das war.

»Mein Kleines! Ich erkenne dich kaum wieder! Du bist so dünn, und dein Gesicht hat sich so verändert. Phoolan, hörst du mich? Ich bin es, dein Vater!«

Ich schlug die Augen auf. Mein Vater hatte sich über mich gebeugt, und er weinte. Er setzte sich neben mich und legte meinen Kopf vorsichtig auf seinen Schoß. Auch mir begannen die Tränen über das Gesicht zu laufen …

»Hol mich fort von hier, Papa! Gleich jetzt! Ich bitte dich …«

Ich versuchte aufzustehen, aber mir fehlte die Kraft dazu. Mein Vater sagte mir, ich sollte still liegenbleiben. Er strich mir über die Stirn und schluchzte.

»Dir sind ja die Haare ausgefallen, mein kleines Baby! Jemand ist ins Dorf gekommen und hat uns gesagt, daß du krank bist und daß ich kommen müßte. Was ist passiert? Hat dir jemand weh getan?«

»Ach, Papa. Dieser Mann hat mir weh getan. Er hat mich gequält. Er wollte Sachen in meinen Bauch stecken. Er hat gesagt, daß er ihn aufschneiden würde.«

»Pst, Phoolan.«

»Es war so schrecklich! Er hatte eine Schlange, und dann nahm er ein Messer, weil die Schlange nicht hineinpaßte, und dann machte er es wie die Hunde im Dorf. Es tut so weh, Papa, ich kann nicht einmal zur Toilette gehen …«

Ich erzählte ihm alles. Mein Vater vergrub sein Gesicht in den Händen. Das waren Dinge, die er eigentlich niemals hören sollte, aber ich konnte nicht anders, ich konnte es nicht für mich behalten.

Er legte seine Hand auf meinen Mund.

»Sag nichts mehr, Phoolan, sprich nicht weiter.«

Als er seine Hand wegnahm, fragte ich nur: »Warum hast du mich hierher geschickt, Vater? Warum bist du nicht früher gekommen, mich zu holen? Sieh nur …«

Ich zeigte auf die Eisenzangen, die man zum Schüren des Feuers und zum Umdrehen der *rotis* beim Braten verwendete.

»Er hat mir damit meinen Po verbrannt, um mich zu bestrafen!

Aber ich habe nichts Böses getan! Ich habe überhaupt nichts getan!«

»Weine nicht, Phoolan, ich bringe dich nach Hause!«

»Versprichst du es, Papa? Versprichst du's?«

»Ich verspreche es. Jetzt beruhige dich. Dein Schwiegervater kommt. Du darfst diese Sachen nicht vor ihm sagen ...«

Der alte Mann kam, um meinem Vater etwas zu trinken anzubieten. Er setzte sich meinem Vater gegenüber und rutschte verlegen hin und her.

»Du wolltest sie unbedingt mitnehmen«, sagte mein Vater. »Ich habe dir gesagt, daß sie zu jung ist und du warten solltest, aber du hast darauf bestanden, du hast gesagt, du würdest jemanden für die Hausarbeit brauchen. Du bist der Vater ihres Mannes, und als ich sie dir gab, wurdest du auch ihr Vater. Warum hast du nichts getan, um sie zu schützen?«

»Ich weiß. Ich schäme mich für meinen Sohn. Bitte nimm die Einladung zu einem Essen in meinem Haus an.«

Mein Vater zögerte. Es war nicht üblich, daß die Eltern eines Mädchens im Haus ihres Schwiegersohnes aßen.

Der alte Mann legte die Hände zusammen und verbeugte sich tief vor meinem Vater. »Ich möchte dir unsere Gastfreundschaft anbieten. Bitte nimm sie an ...«

Mein Vater wurde von einem weiteren Mann aus unserem Dorf begleitet, seinem besten Freund. Er hatte wohl Angst gehabt, allein zu kommen. Mein armer Vater, der nicht einmal wagte, seine Stimme zu erheben. Wenn er nur den Mut hätte, den Frauenfresser zu Tode zu prügeln! Ich wollte, daß er mich auf der Stelle von hier fortbrachte, ohne mit Putti Lal und seinem Vater zu sprechen. Aber mein stets unterwürfiger Vater verbeugte sich und nahm die Einladung für sich und seinen Freund an.

Die Ungeduld gab mir die Kraft, mich von der Matratze zu erheben. Ich wollte einfach nur fort, wollte die Kleider ablegen, die mich zur Frau dieses Mannes machten, meine alte Bluse und meinen Rock anziehen und gehen, ohne ihren Schmuck, ohne ihre Speisen zu essen. Ich wollte sie nur vergessen. Aber genau in diesem Augenblick kam er selbst herein, der Dämon mit seinen buschigen Augenbrauen und dem hochmütigen Gehabe. Er sah meinen Vater an, als ob er eine Ratte wäre, die Korn aus seiner Vorratskammer gestohlen hat.

»Was willst du, Devidin? Was machst du hier?«

Sein Vater mischte sich ein.

»Laß ihn in Ruhe. Du bist derjenige, der Demut gegenüber dem Vater dieses Mädchens zeigen müßte.«

Putti Lal ging auf meinen Vater zu, aber statt sich zu verbeugen und seine Füße zu berühren, schlug er ihn ins Gesicht!

»Was bildest du dir ein, deine Nase in meine Angelegenheiten zu stecken?« fuhr er ihn an.

Vater senkte demütig den Kopf.

Die Männer begannen zu streiten, sie gingen hinaus in den Hof und schrien sich gegenseitig an. Mit dem Kopf zwischen meinen Händen saß ich da und hörte ihnen zu und fürchtete, daß ich mich jeden Augenblick wieder übergeben müßte. Der Klang ihrer Stimmen dröhnte wie Donner in meinen Ohren. Bald würde es Nacht sein, und ich fürchtete, daß mein Vater ihnen nachgeben würde. Sein Freund wollte sofort aufbrechen, aber mein Vater zog es vor, die Nacht hier zu verbringen und erst am Morgen loszugehen. Er fragte meinen Schwiegervater, ob er bei mir schlafen könnte.

»Sie braucht ihren Vater nicht«, unterbrach ihn Putti Lal. »Das ist das Haus ihres Mannes. Ihr Vater kann in sein Dorf zurückgehen.«

»Meine Tochter ist krank«, entgegnete mein Vater. »Sie muß in der Nacht Wasser bekommen, damit das Fieber sie nicht noch weiter austrocknet. Ihr Gesicht ist mit Pusteln bedeckt. Vielleicht hat sie Typhus. Ich will sie nicht allein lassen. Ich kann hier auf der Erde schlafen.«

»Nein. Du wirst draußen schlafen«, bellte Putti Lal.

Welches Recht hatte Putti Lal, meinen Vater so zu behandeln? Er war wieder einer, der sich für einen Thakur, für etwas Besseres hielt. Er besaß ein Haus und etwas Land, aber er arbeitete nichts. Er verbrachte seine Zeit damit, Karten zu spielen und Frauen nachzujagen. Sein eigener Vater hatte das gesagt! Er war genau wie Mayadin; er glaubte, das Recht zu haben, andere Menschen zu behandeln, wie es ihm gefiel, nur weil er Land und Rupien besaß.

Mein Vater gab wie immer klein bei und legte sich auf einer Matte im Hof zum Schlafen nieder. Sein Freund machte es genauso. Ich war zu schwach, um sie an die Hand zu nehmen und sie zum Aufbruch zu zwingen. Das Fieber brannte in mir, und die Nacht verging in einem Nebel – wie dem, der manchmal das andere Ufer der Yamuna verschleierte. Ich träumte, daß ich mit Putti Lal kämpfte, und dann sah ich das freundliche Gesicht meines Vaters. Es erinnerte mich daran, wie durstig ich war; meine Zunge war ausgedörrt und runzlig wie eine Feige im Sand. Als die Morgendämmerung anbrach, erwachte ich mit brennenden Wangen, in kalten Schweiß gebadet. Ich konnte mich nicht einmal daran erinnern, wie viele Tage ich nichts gegessen hatte.

Weder Putti Lal noch sein Vater hatten Anstalten gemacht, irgend etwas für mich zu tun. Sie hatten sich wohl gewünscht, daß ich sterbe. Ich hatte die Matratze zur Tür gezogen, damit ich hinaussehen konnte, aber jedesmal, wenn Putti Lal vorbeikam, stieß er die Tür zu, und ich mußte mich aufrappeln, um sie wieder zu öffnen. Ich brauchte die Luft, ich mußte den Himmel sehen, um mir ins Gedächtnis zu rufen, daß ich noch am Leben war. Jede Bewegung tat weh, und mit dem Schmerz kamen die schrecklichen Erinnerungen zurück. Ich selbst hatte meine Kleider gewaschen und geweint, als ich das Blut aus meinem Rock schrubbte. Ich hatte geweint, wenn ich zur Toilette ging. Ich hatte geweint und geweint, aber ich konnte nichts anderes tun als warten, bis der Schmerz nachlassen würde.

Das Vieh begann vor Hunger unruhig zu werden, und als die Sonne über dem Hof aufging, hörte ich meinen Vater wieder mit Putti Lal streiten. Ich konnte die schüchterne Stimme meines Vaters deutlich von dem wilden Knurren des menschlichen Ungeheuers unterscheiden …

»Ich muß sie ins Krankenhaus bringen. Ich bitte dich! Ich bring sie dir später wieder!«

»Warum willst du sie dort hinbringen? Sie kann ebensogut hier gesund werden. Wenn du sie mitnimmst, werden die Leute hier Schlechtes von mir denken. Sie werden sagen, ich sei nicht in der Lage, für meine Frau zu sorgen.«

»Aber sie braucht Medizin, sie könnte sonst sterben. Du schlägst sie, und das Fieber will nicht heruntergehen. Laß sie mich ins Krankenhaus bringen! Dort kann man sich um sie kümmern; ich werde dafür sorgen, daß sie genug zu essen bekommt. Und wenn sie zurückkommt, wird sie größer und stärker sein. Dann wird sie dir gehorchen, du wirst sehen.«

Als ich meinen Vater so flehentlich bitten hörte, begann ich mich zu fragen, warum er eigentlich vor Putti Lal Angst hatte. Lag es daran, daß er ihm eine Mitgift bezahlt und jetzt Schulden hatte? Er war mein Vater, und er allein sollte über mich bestimmen, aber er flehte ihn jetzt genauso an, wie er Mayadin immer anflehte. Ich war ein Mensch – keine Kuh, über die man sich mit ihrem Besitzer streiten konnte.

Schließlich willigte Putti Lal ein, und mein Vater sagte mir, ich sollte mich beeilen und meine Habseligkeiten zusammenpacken. Ich wollte überhaupt nichts mitnehmen, aber mein Schwiegervater bestand darauf, er legte den gelben Sari auf den Boden, schichtete meine Armreifen und Fußspangen darauf und knotete ihn zu einem Bündel zusammen. Ich war so stolz auf diese hübschen Armreifen gewesen, ich hatte vor Choti damit angegeben, um sie noch neidischer zu machen. Jetzt haßte ich sie. Ich haßte alles, was mit diesem Mann zu tun hatte ...

Sein Vater bot meinem Vater und seinem Freund ein paar *parathas* zum Frühstück an. Als mir der Geruch der gebackenen, mit Gemüse gefüllten Pfannkuchen in die Nase stieg, drehte sich mir erneut der Magen um. Ich konnte weder etwas essen noch trinken, aber ich hatte immerhin die Kraft, mich anzuziehen. Als ich meinen rosafarbenen Sari anzog, gab mir der alte Mann einen Fünfrupienschein. Ich zögerte. Sollte mit ihm etwa meine Ehre wiederhergestellt werden? Ich nahm ihn trotzdem, weil ich an das Geld dachte, das mein Vater brauchte, um den Rechtsanwalt zu bezahlen, und steckte den Schein unter meinen Sari. Sein Freund nahm mein Bündel, mein Vater hob mich hoch, setzte mich auf seine Schultern, und wir gingen los.

Auf der Straße sahen die Dorfbewohner zu, wie wir vorbeigingen. Die Männer lachten hinter unseren Rücken.

»Was hast du denn geglaubt, was passieren würde, als du deine Tochter mit Putti Lal verheiratet hast?« rief einer von ihnen.

»He, bring sie bloß nicht zurück!« riet ihm ein anderer.

Die Frauen murmelten sich gegenseitig zu: »Sieh nur, wie krank sie ist, das arme Ding, und so dünn wie eine Bohnenstange.«

»Er hat schon seine erste Frau zu Tode gequält!«

Es schien, als wüßten sie alle über Putti Lal genau Bescheid. In den Dörfern gab es keine Geheimnisse. Die Tanten und Onkel meiner Mutter, die Astrologen und Brahmanen, sie alle hatten es gewußt, als sie die Hochzeit arrangierten. Und jetzt gaben sie meinem Vater Ratschläge. Warum hatten sie es ihm nicht vorher gesagt? Wie hatten sie zulassen können, daß ich halbtot vor Schmerzen und Angst in dieses Haus zurückgezerrt wurde?

Mein Vater sagte nichts. Er versuchte, so schnell zu gehen, wie er konnte, um sie nicht hören zu müssen. Ich wünschte mir bloß, er könnte noch schneller gehen, für den Fall, daß Putti Lal seine Meinung änderte und hinter uns herkam.

Als wir den Rand des Dorfes erreichten, drehte ich mich um und rief: »Ich komme nie mehr zurück. Nie mehr!«

Vater schaute bloß finster drein. »Sei still, Phoolan«, stieß er hervor. »Sag kein einziges Wort. Mach uns jetzt keine Schwierigkeiten.«

Wir hatten das Dorf hinter uns gelassen und gingen nun die unbefestigte Straße entlang. Die Sonne kletterte langsam den klaren blauen Himmel empor. Ich konnte sehen, wie meinem Vater vor Anstrengung, weil er mich auf den Schultern tragen mußte, der Schweiß über die Stirn lief, aber ich begann mich gleich besser zu fühlen. Der Rhythmus seiner Schritte beruhigte mich, und die Weite des Himmels stimmte mich friedlicher. Die Straße führte an Weizenfeldern vorbei, deren Halme sanft im warmen Wind schaukelten. Auf der Schulter meines Vaters fühlte ich mich wieder wie ein Kind, ein Kind, das aus einem tiefen, dunklen Brunnen gerettet worden war.

»Hab keine Angst«, wiederholte er unterwegs immer wieder, »hab keine Angst, Phoolan. Es ist vorbei ...«

Er sagte, er würde mich ins Krankenhaus nach Sikandara bringen, und es sei ein langer Weg dorthin. Nach einer Weile hielten wir unter dem kühlen Dach eines Mangobaumes an, und mein Vater setzte mich ab. Wir konnten das Dorf nicht mehr sehen; es waren überhaupt keine Häuser mehr zu sehen und auch keine Rinder. Die Straße war abgesehen von uns menschenleer. Ich befand mich in Sicherheit. Dann muß ich eingeschlafen sein. Als ich erwachte, sah ich als erstes Mangos über mir hängen, dick und rot wie jene im Haus des Pradhan an jenem Tag, als er mich schlug, weil ich um eine gebeten hatte. Ich konnte die köstlichen, reifen Früchte über mir fast greifen. Ich wollte eine pflücken, aber mein Vater sagte, ich sollte noch nichts essen. Er gab mir etwas Wasser aus der Kürbisflasche zu trinken, die sein Freund trug.

Vater starrte mich an, ohne etwas zu sagen. Sicher dachte er darüber nach, was Putti Lal mir angetan hatte, aber ich hatte nicht den Mut, ihm die Fragen zu stellen, die in mir bohrten. Ich wollte nicht an das denken, was ich durchgemacht hatte.

Langsam schleppte sich mein Vater die Straße entlang, und ich schlief auf seiner Schulter viele Male ein und erwachte wieder. Schließlich erreichten wir eine belebte Hauptstraße. Lastwagen, die so bunt bemalt waren wie Tempel, fuhren mit Gütern beladen an uns vorbei, ließen ihre lauten, wie wilde Büffel klingenden Hupen ertönen und wirbelten einen regelrechten Sandsturm auf. Eine Frau in einem rosafarbenen Sari überholte uns, ihr Kopf war unter dem riesigen Bündel Senfblumen, das sie auf den Schultern trug, nicht zu sehen. Sie fuchtelte mit den Armen und kreischte die Fahrer an, sie sollten gefälligst mit ihren Büffelkarren ausweichen. Es war ein überwältigender Betrieb um mich herum, und der Lärm der Motorroller und Busse machte mich taub.

An einer Straßenkreuzung hielt mein Vater bei einer Frau an, die *kakri* verkaufte. Sie hatte den Haufen kleiner Gurken auf ein Tuch gelegt, hockte da und spielte mit den Münzen und Scheinen, die sie eingenommen hatte, so wie es meine Mutter immer tat, wenn sie die Ernte von unserem Kachwari verkaufte. Es war so lange her, daß ich das letzte Mal etwas gegessen hatte, daß die Kakri zu hart für mich zum Kauen war, deshalb zerdrückte Vater sie in seiner Hand zu Brei und fütterte mich wie ein Baby. Wie gerne hätte ich Orangen oder Mangos gehabt, aber er sagte, ich könnte noch keine Früchte essen. Und er hatte recht. Als ich die Kakri hinunterschluckte, spürte ich, wie sich mein Magen zusammenzog und mir wieder übel wurde.

Es war das erste Mal, daß ich eine solch große Stadt mit so vielen Menschen sah. Es gab dort alles, was man sich vorstellen konnte: Geschäfte, die Süßigkeiten und Kuchen verkauften, und andere, die Saris in allen Farben anboten, die zusammengelegt und in Regalen gestapelt waren. Es gab ein Geschäft, das nur Goldschmuck verkaufte, und ein weiteres, das ausschließlich Gummireifen anbot. Es gab Karren, die mit Bergen von Erdnüssen und getrockneten Früchten beladen waren. Und Karren mit Unmengen roter und gelber Blumen, neben denen die Verkäufer hockten, die Girlanden für die Leute machten, die in den Tempel gingen.

Inzwischen war es früher Nachmittag und sehr heiß. Einige Frauen verkauften von einem Karren Wasser, und der Freund meines Vaters füllte seine Kürbisflasche auf. Bei einer Bushaltestelle erkundigte sich mein Vater nach dem Weg zur Ambulanz. Es war nicht weit, und inzwischen fühlte ich mich stark genug, um an der Hand meines Vaters zu gehen. Hier in der Stadt kannte uns niemand; die Kühe und Hunde schliefen mitten auf der Straße, und die Luft war voller Fliegen und grau von dem heißen Rauch der Busse und Lastwagen. Niemals zuvor hatte ich so etwas gesehen! Mir klingelte es in den Ohren, und ich wußte zuerst nicht, warum. Dann bemerkte ich, daß auf den Straßen überall Leute auf Fahrrädern waren, die alle gleichzeitig ihre Klingeln ertönen ließen. Meine Angst verflog.

Die Ambulanz war ein Betonbau mit einem Wartezimmer voller Leute, die auf Bänken, nicht auf dem Boden saßen. Andere warteten draußen unter einem Baum. Mein Vater stellte sich ans Ende der Warteschlange, und ich schlief neben ihm ein.

Als ich aufwachte, musterte mich ein Arzt. Er hörte sich an, was mein Vater erklärte: daß ich Fieber hätte und mich immer wieder übergeben müßte. Mehr sagte er nicht, nichts über meine durchlittenen Qualen. Über so etwas sprach man nicht. Der Arzt trug einen weißen Mantel und eine Brille. Dahinter konnte ich seine freundlichen Augen sehen, die so müde schienen wie jene der Menschen in unserem Dorf, die arbeiteten. Ich hatte vorher noch nie einen wichtigen Mann gesehen, der arbeitete. Er ließ mich auf einem Hocker Platz nehmen und untersuchte mich: Er sah sich mein Gesicht genau an, meinen Hals und meine Handgelenke und tastete meine Schultern ab.

»Das Mädchen ist unterernährt«, sagte er zu meinem Vater. »Sie ist zu dünn.«

Mein Vater wurde verlegen. Er erklärte, daß ich bei der Familie meines Mannes zu Besuch gewesen wäre und daß sie nicht richtig für mich gesorgt hätten. Der Arzt befahl mir, den Mund zu öffnen und die Zunge herauszustrecken. Er runzelte die Stirn und steckte einen Löffel aus Metall in meinen Mund, was bei mir wieder einen Brechreiz hervorrief. Ich fürchtete, er würde mir die Zunge abschneiden.

»Hab keine Angst, kleines Mädchen«, sagte er. »Ich gebe dir eine Spritze, dann fühlst du dich gleich besser.«

Ich sah ängstlich zu, wie er eine lange Metallnadel vorbereitete. Der Barbier unseres Dorfes hatte meine Nase mit einem Dorn durchstochen. Weil wir uns keinen Schmuck für meine Nase leisten konnten, mußte er es jedes Jahr neu machen, da das Loch nach einer gewissen Zeit wieder zuwuchs. Unruhig blickte ich zu meinem Vater hinüber ...

»Es ist gut, Beti, halt still. Es ist Medizin.«

Ich biß die Zähne zusammen. Der Arzt stach mir zuerst in den Arm, dann drehte er mich um und stach mir in die Pobacke. Da mein Vater es ihm erlaubt hatte, protestierte ich nicht. Dann gab der Arzt meinem Vater ein paar Tabletten und verlangte zwanzig Rupien von ihm.

Vater nahm einige Scheine aus seinem Geldbeutel, den er in den Falten seines Dhoti aufbewahrte, und zählte sie sorgfältig ab.

»Warum mußt du etwas bezahlen, Buppa?« fragte ich. »Er hat mir doch weh getan!«

»Du mußt noch eine Menge lernen, Phoolan«, lachte er. »Der Arzt hat dir mit der Spritze Medizin gegeben. Die muß ich ihm bezahlen.«

Draußen hatte die Mittagshitze noch nicht nachgelassen, und wir setzten uns an die Straße unter einen großen Neem-Baum, um auszuruhen. Vater war erschöpft. Er war mehr als drei Stunden mit mir auf den Schultern gelaufen. Er legte sich neben mich, schob mein Bündel unter seinen Kopf und schlief ein, und ich tat das gleiche.

Die Sonne stand tief, als wir erwachten. Ich hatte Durst, gerne hätte ich den Saft einer Orange oder Mango getrunken, aber das durfte ich nicht.

»Wann sind wir zu Hause?« fragte ich. »Müssen wir noch sehr weit gehen?«

»Wir nehmen den Bus«, verkündete mein Vater.

Der Bus war voller Leute, und der Motor machte großen Lärm. Mein Vater erklärte, daß ich krank sei, und bat die anderen Fahrgäste, für mich Platz zu machen. Ich setzte mich. Durch den Geruch der Motorabgase kam wieder ein Brechreiz bei mir auf. Ich sah meinen Vater hilfesuchend an, und der Fahrer meinte, ich sollte besser am Fenster sitzen, für den Fall, daß ich mich übergeben müßte. Ich befühlte den Sitz. Er war gepolstert und mit Plastik überzogen. Zuerst saß ich mit gekreuzten Beinen, aber das war unbequem. Ich sah mich um und bemerkte, daß die anderen Fahrgäste ihre Füße auf den Boden stellten, deshalb machte ich es auch so.

Ich hatte Busse schon auf den Straßen vorbeifahren sehen, aber es war das allererste Mal, daß ich in einem fuhr.

Durch das Fenster konnte ich über die Ebenen bis zum Horizont sehen. Die Weizenfelder lagen wie Strohmatten da, manche noch grün, andere bereits hellgelb, wo nur noch Stoppeln übrig waren. Es gab Felder mit Zuckerrohr, das so hoch wuchs wie eine Mauer. Unter Baumgruppen lagen Dörfer wie das meine, um sie herum grasten vereinzelt Rinder. Den Fluß konnte ich noch nicht sehen. Andere Busse kamen uns so schnell entgegengefahren, daß ich dachte, wir würden zusammenstoßen. Von hinten näherten sich Lastwagen und gaben ein lautes Hupen von sich, um uns wissen zu lassen, daß sie auch auf der Straße fuhren. Ich hätte am liebsten zur Antwort Schreie ausgestoßen. Ich konnte es kaum erwarten, Choti zu erzählen, daß die Welt in einem Bus schneller ist als man selbst! Ich fand es so lustig – und dann übergab ich mich wieder.

Mein Vater gab mir von Zeit zu Zeit ein paar Schlückchen Wasser, aber die Reise war lang und anstrengend. Ich fühlte mich ausgedörrt, mein Kopf tat noch immer weh, und der Wind, der durch die offenen Fenster hereinblies, hinterließ in meinem Mund einen erdigen Geschmack. Der Bus hielt, Leute stiegen aus oder ein, dann fuhr er wieder los, und es schien, als würde dies ewig so weitergehen. Die Sonne stand tief über den Feldern und färbte das trockene Gras orange, aber ich konnte unseren Fluß noch immer nicht sehen.

»Dort ist die Brücke!« sagte mein Vater. »Gleich steigen wir aus.«

Der Bus überquerte die Yamuna hoch oben in der Luft. Es war, als würden wir wie Vögel langsam über den Fluß schweben. Wir hielten in der nächsten Stadt. Bei der Bushaltestelle kaufte mir mein Vater ein *kulfi*: der süße, milchige Eislutscher war gut für meinen trockenen Hals. Zu Fuß machten wir uns auf, die fünf Meilen auf der unbefestigten Straße bis zu unserem Dorf zurückzulegen. Ich ging zwischen den beiden Männern und bemühte mich, mit ihnen Schritt zu halten, um schneller nach Hause zu kommen.

Wir kamen durch ein paar Dörfer, die ich nicht kannte.

»Das ist Shatti«, sagte mein Vater, »wo die Moslems wohnen.«

»Schnell«, stieß ich hervor, »sonst fangen sie uns und fressen uns!«

Die Männer lachten.

»Moslems sind Menschen wie wir, Phoolan. Der einzige Unterschied ist, daß sie nicht in die gleichen Tempel gehen wie wir, das ist alles.«

Als die Sonne unterging, bogen wir von der unbefestigten Straße ab und nahmen einen kleineren Weg. Wir trafen ein paar Leute aus dem Dorf Divail, die meinen Vater kannten, und sie boten uns an, in ihrem Haus zu schlafen, aber er zog es vor, obwohl es fast dunkel war, weiterzugehen.

Ich konnte bereits die Neems und die Brotfruchtbäume sehen, die reif genug waren, um geerntet zu werden, und ich wußte, daß es nicht mehr weit zu meinem Dorf war. Schon hatte ich den bekannten Geruch des Flußufers in der Nase, ich hörte die Vögel und Tiere. Ich hatte keinen Durst mehr, und meine Müdigkeit war verflogen, wie eine Krähe, die aus einem Feld davonfliegt. Vielleicht war Choti noch auf dem Kachwari, dachte ich. Ich hörte jemanden singen und rannte zum Ufer hinunter, aber ich konnte sie nicht sehen. Dann entdeckte ich einen leuchtenden Rock im Gras und merkte, daß dort jemand lag. Es war Choti, die schlief, anstatt die Wassermelonen zu bewachen, die sie geerntet und über den Fluß gebracht hatte! Als sie aufwachte und mich sah, stürzte sie herbei und schlang ihre Arme um meinen Hals, so daß sie mich fast erwürgte, als sie an mir hing und Freudentränen vergoß.

»Phoolan! Ich habe dich vermißt.«

Sie rannte und holte eine der Wassermelonen, auf die sie eigentlich hatte aufpassen sollen, und schnitt sie mit ihrem Messer auf. Der Saft, der mir über das Kinn lief, schmeckte kühl und süß. Ich nahm große Bissen von dem weichen roten Fleisch der Melone und lachte zusammen mit Choti, während wir die Kerne hoch in die Luft spuckten.

Nichts hatte sich verändert. Wir trafen Pancham, den Besitzer des Bootes, der mit einer Laterne zum Fischen ging. Er hielt sie vor mein Gesicht.

»Deine Tochter ist dürrer als ein streunender Hund, Devidin. Sie sieht nicht gesund aus.«

Choti schaute mich im Licht der Laterne entsetzt an. Sie wollte wissen, was geschehen war. Ich schüttelte nur den Kopf.

Mutter wartete in unserem Hof. Sie wischte sich mit dem Ende ihres Sari die Tränen ab und konnte nicht einmal sprechen, sie hielt mich nur fest in ihren Armen. Sie weinte noch immer, als sie mir einen Krug Wasser brachte, damit ich mir die Füße waschen konnte. Ich konnte es nicht über mich bringen, ihr alles zu erzählen, was passiert war. Mein Vater flüsterte ihr die entsetzlichen Dinge ins Ohr, die ich ihm berichtet hatte. Meine Mutter tastete meine Schultern und meinen Rücken ab, dann hielt sie mich ein Stück von sich weg, musterte mich und brach wieder in Tränen aus. Ihr Weinen weckte Klein Bhuri und Shiv Narayan, und da sie nicht wußten, wieso ihre Mutter weinte, begannen auch sie zu heulen.

Nichts hatte sich im Haus verändert. Die gleichen alten Khats, die gleichen alten Tongefäße. Ich hatte das Gefühl, daß ich sehr, sehr weit weg gewesen war. Dort, in dem anderen Dorf, hatte ich mir vorgestellt, daß es das alles nicht mehr geben würde, aber die Wäsche war so wie immer ausgebreitet, damit sie in der warmen Nacht trocknen konnte.

Mit ihrem Kopf auf meinem Schoß schlief Klein Bhuri wieder ein, und schließlich, als sie gerade Weizen zerstampfte, brach die ganze Wut meiner Mutter hervor. »Ich werde diesem Putti Lal eine ordentliche Tracht Prügel verpassen! Ich werde mir einen guten Stock auswählen und ihn damit schlagen. Besser für ihn, wenn er sich hier gar nicht mehr blicken läßt!«

Sie überhäufte ihn mit Verwünschungen, während sie für mich Chapatis zubereitete.

»Ich will nicht, daß sie zurückgeht!« sagte sie zu meinem Vater. »Dieser Scheißkerl hat sie beinahe umgebracht!«

Vater aß die Chapatis. Ich konnte nichts Festes zu mir nehmen als ein wenig warme Milch und Reis, und davon wurde ich sehr bald müde.

»Sie ist jetzt verheiratet«, hörte ich meinen Vater sagen. »Es erscheint mir ganz und gar unmöglich, sie *nicht* zurückzuschicken. Eine Frau muß im Haus ihres Mannes und ihrer Schwiegereltern wohnen. So will es der Brauch.«

Ich konnte die Flamme einer Fackel vor unserem Tor sehen. Es waren unsere Nachbarn, die neugierig waren und wissen wollten, was passiert war. Mutter schneuzte sich und brachte ihren Sari in Ordnung, dann sah sie mich bedeutungsvoll an. »Sag niemandem irgend etwas davon, hörst du? Sonst bekommst du einen schlechten Ruf. Du warst krank, man hat dir nichts zu essen gegeben, und niemand hat sich um dich gekümmert, das ist alles. Hörst du?«

Die Nachbarn kamen herein und unterhielten sich mit meinen Eltern. Einige von ihnen sagten, ich müßte zurückgehen, weil es für eine Frau unehrenhaft sei, nicht bei ihrem Ehemann zu leben. Andere meinten, ich sollte erst mal ein paar Jahre warten. Alle starrten mich an, als hätte ich mich in ihren Augen irgendwie verändert, und sie versuchten herauszubekommen, was es war. Ich überlegte mir, daß sie doch nichts von den Qualen wissen konnten, die ich durchgemacht hatte. Aber ich gehorchte meiner Mutter und sagte nichts, ohne allerdings verstehen zu können, warum ich diejenige war, die einen schlechten Ruf haben würde, und nicht der, welcher mich geschlagen und gequält hatte. Unseren Nachbarn gegenüber äußerten meine Eltern ihre Empörung, aber ich spürte dahinter die gleiche Hoffnungslosigkeit wie damals, als sie sich darüber beschwerten, daß Mayadin unseren Baum gestohlen hatte. Ihre Wut war nie stark genug, um gegen jene anzukämpfen, die in der einen Hand dicke Rupienbündel hielten und in der anderen lange Stöcke. Aber eines wußte ich sicher: Ich würde nie wieder zu dem Frauenfresser zurückkehren.

Ich ging ins Haus, um mich mit Bhuri und Shiv Narayan zur Ruhe zu begeben. Meine Mutter folgte mir und legte sich zu uns. Ich fiel sofort in den Schlaf, einen Schlaf, der tiefer war als der tiefste Brunnen.

Am nächsten Morgen war mein Fieber fast verflogen. Die zwanzig Rupien für den Doktor waren eine sinnvolle Ausgabe gewesen. Was ich jetzt noch dringend brauchte, war, zur Yamuna zu gehen und mit meinen Freundinnen zu baden. Das heilige Wasser würde meine heimliche Schande fortwaschen.

Bevor ich zum Fluß ging, ermahnte mich meine Mutter noch einmal: »Sag ihnen nichts, sprich mit niemandem über das, was Putti Lal dir angetan hat.«

Die bloße Erwähnung seines Namen ließ mich erzittern, und ich hatte Mühe, die Erinnerungen aus meinem Kopf zu verbannen. Ich wollte ihn ertränken, ihn erwürgen, ihn im Sand begraben und warten, bis der Monsun ihn fortschwemmen würde! Die Tage vergingen, und ich konnte noch immer nicht vergessen, aber der friedvolle Alltag des Dorflebens half mir, mich zu erholen. Nur nachts, in der Dunkelheit, hatte ich Angst. Dann kamen die Alpträume zurück. Aber aus den Nächten wurden Tage, und aus den Tagen Monate …

Es war im Monat Ashad. Ich war draußen auf den Feldern und hütete eine Kuh, als Choti angerannt kam.

»Er ist da, Phoolan«, keuchte sie. »Er ist da und will dich holen!«

Ich rannte wie der Blitz zum Tempel, um auf den größten Baum des Dorfes zu klettern und mich in den Zweigen zu verstecken.

Meine Mutter schrie ihn so laut an, daß es das ganze Dorf hören konnte.

Nach einer Weile kam Choti und erzählte mir, was vor sich ging: »Er ist ganz rot im Gesicht«, sagte sie. »Er faucht jeden an und beschimpft alle! Amma sagt, daß er dich gequält und beinahe umgebracht hat! Sie wollte ihn fortschicken, aber Buppa befahl ihr, ihm etwas zu essen zu geben!«

Ich versuchte, mir einen Plan zurechtzulegen. Ich kletterte bis zum höchsten Ast hinauf und versetzte damit die Affen in helle Aufregung. Sie fingen hysterisch an zu kreischen, aber es kannte ohnehin jeder mein Versteck in dem großen Baum an der Straße zum Tempel. Als ich kleiner war, hatte ich oft viele Stunden dort verbracht und versucht, junge Papageien zu fangen, wenn sie zu ihren Nestern zurückflogen. Als ich einmal meine Hand in ein Nest steckte, fühlte ich etwas Kaltes darin – eine Schlange! Ich ließ sie mit einem Schrei auf die Kinder fallen, die unter dem Baum standen.

Die Erinnerung daran jagte mir einen Schauer über den Rücken.

Choti kam zurück. »Amma hat ihn hinausgeworfen«, erklärte sie. »Er war wütend, aber er ist gegangen. Ich habe ihn auf einem neuen Fahrrad, einem schwarzen, den Weg hinunterfahren sehen. Er hat es von deiner Mitgift gekauft.«

Ich kletterte vorsichtig hinunter und ging zurück, wartete aber an der Ecke von Mayadins Haus und lauschte, ob ich ihn vielleicht doch noch hören konnte. Er war weg, wie Choti gesagt hatte.

Ich hegte den Verdacht, daß Mayadin hinter diesem Besuch steckte. Mayadin hatte angenommen, er wäre mich los, und es ärgerte ihn, daß ich wieder im Dorf war. Er machte sich Sorgen um sein Horafeld. Ich hatte gehört, wie er meinen Vater gefragt hatte: »Was macht deine Tochter hier?« Wie üblich hatte er meinen Vater mit seinem arroganten Ton eingeschüchtert. »Sie ist verheiratet. Sie sollte die Traditionen respektieren wie jedes andere Mädchen auch.«

Ein paar Tage nach Putti Lals Besuch ging meine Mutter für einige Tage in ihr Heimatdorf, und meine ältere Schwester Rukmini kam nach Hause, um auf uns aufzupassen – und natürlich kam er genau zu diesem Zeitpunkt auf seinem schwarzen Fahrrad zurück.

Es konnte nur Mayadin gewesen sein, der ihm gesagt hatte, daß meine Mutter fortgegangen war.

Ich rannte wieder davon, um auf meinen Baum zu klettern, aber diesmal kam Rukmini mich holen.

»Komm herunter, Phoolan, dein Mann will dich sehen!«

Sie sagte, daß ich im Haus meines Mannes leben müßte – aber sie wußte ja nicht, wie schrecklich es dort war. Niemand wußte es. Ich hatte ihnen nichts erzählt. Als ich sagte, daß ich nicht herunterkommen würde, ging sie zurück, um meinen Vater zu holen, und ich beschloß, mir ein neues Versteck zu suchen. Da meine Mutter nicht da war, wußte ich, daß ich gehen mußte, wenn mein Vater und Rukmini zustimmten. Ich würde nichts dagegen unternehmen können.

Ich rannte zum Flußufer hinunter und versteckte mich zwischen den großen Holzbooten, die für Reparaturarbeiten auf den Sand gezogen waren.

Aber Vater und Rukmini fanden mich und zerrten mich zum Haus zurück. Rukmini bestand darauf, daß ich meinen Sari anzog und meinen Ghoonghat trug. »Jetzt reicht's, Phoolan«, sagte sie. »Du mußt deinen Mann begrüßen.«

Sie wollten mich zwingen, in das Zimmer zu gehen, wo das Monster wartete, aber ich wehrte mich verzweifelt. Rukmini verstand nicht, warum ich Angst hatte, sie konnte es nicht verstehen. Wenn meine Mutter bloß dagewesen wäre, sie wußte alles; sie hatte genau verstanden, was ich ihr erzählt hatte. Vater, dem ich es zuerst erzählt hatte, wollte davon eigentlich nichts hören und nichts wissen, aber meine Mutter wußte, ich welcher Gefahr ich mich befand.

»Wir schicken dich nicht zu ihm zurück«, sagte Rukmini. »Aber du mußt ihn begrüßen.«

Ich gab schließlich nach und betrat das Zimmer mit gesenktem Kopf, damit ich ihn nicht ansehen mußte. Ich bemühte mich, nicht mehr zu zittern, aber dann hörte ich meinen Vater sagen: »Putti Lals Haus ist dein Haus, Phoolan. Du solltest jetzt dort wohnen.«

»Du mußt es machen wie ich«, meinte Rukmini. »Ich lebe bei der Familie meines Mannes und komme immer wieder zu euch zu Besuch. Du wirst dich daran gewöhnen, Phoolan. Bitte mach jetzt kein Theater!«

Mach keinen Ärger, mach kein Theater! Bis zum Abend hatten sie die Sache jedenfalls über meinen Kopf hinweg entschieden. Putti Lal ging voraus, um ein Boot zu suchen, und mein Vater und Rukmini brachten mich zum Fluß. Sie setzten mich ins Boot, der Fährmann ließ sich auf der einen, Putti Lal auf der anderen Seite von mir nieder. Sie haben sicher gewußt, daß ich ins Wasser gesprungen wäre, wenn sich die Gelegenheit dazu geboten hätte, um mit der Strömung davonzuschwimmen, auch wenn sie mich auf den Grund des Flusses gedrückt hätte. Ich hatte schon von Frauen gehört, die Selbstmord begangen und das eine Leben verlassen hatten, um in einem neuen wiedergeboren zu werden.

Während wir über den Fluß fuhren, wandte sich Putti Lal an mich: »Wenn du dich mir widersetzt, schlage ich dich. Du erinnerst dich doch daran, wie ich dich verprügelt habe, nicht?«

Als wir das andere Ufer erreichten, hatte ich eine solch panische Angst, daß ich aus dem Boot sprang und am Flußufer entlangrannte, ohne zu wissen, wohin ich lief. Das Monster verfolgte mich auf dem schwarzen Fahrrad, das viele hundert Rupien gekostet hatte – so viel wie eine Kuh. Ich rannte wie ein Reh, das vor einem Tiger flieht, voller Angst, gefressen zu werden, bis ich wie ein Reh nicht mehr weiterrennen konnte. Er fing mich und setzte mich auf die Stange vor sich, hielt mich zwischen seinen Armen gefangen und trat wütend in die Pedale. Ich konnte seinen Schweiß riechen und seinen Atem auf meinem Rücken spüren. Wenn ich mich zu bewegen versuchte, zwickte er mich in die Arme und beschimpfte mich. »Wenn du den Leuten weiter Lügengeschichten erzählst wie die, die du deinen Eltern aufgetischt hast«, drohte er, »dann kommst nicht du in dein Dorf zurück, sondern deine Leiche, um dort verbrannt zu werden!« Er hörte nicht auf zu treten, bis wir sein Dorf erreichten.

Als wir ankamen, war es Abend, und sein Vater döste auf einem Khat im Hof. Ich rannte zu ihm hin, berührte seine Füße und bat ihn demütig: »Laß mich hier bei dir«, bettelte ich. »Ich will nicht mit ihm hineingehen! Ich will nicht!«

»Sei ein braves Mädchen, Phoolan«, sagte er. »Das ist dein Zuhause. Und Putti Lal ist dein Ehemann. Hab keine Angst, ich schlafe in deiner Nähe.«

Aber er hielt sein Versprechen nicht. Nachdem sie gegessen hatten, ging der alte Mann in das Zimmer, in dem er immer schlief, und ließ mich mit dem Monster allein.

»Komm und leg dich hin.«

»Nein«, sagte ich. »Ich bleibe draußen! Ich will hier schlafen.«

Er schlug mich.

»Willst du eine Ehefrau sein oder nicht? Du wirst erwachsen werden, und wenn ich dich dazu zwingen muß. Du gehst nicht von hier fort, bevor du mir nicht mindestens drei oder vier Kinder geschenkt hast!«

Ich biß ihn in seine Hand, aber es war nicht schwer für ihn, mich in das Zimmer zu bringen. Er hob mich einfach hoch und trug mich dicht an seine Brust gepreßt hinein. Ich trat gegen seine Knie, aber es war zwecklos. Ich war wieder in seiner Folterkammer, zusammen mit seiner Schlange.

Ich überlegte verzweifelt, wie ich ihm ein Kind schenken könnte, damit er mich nicht mehr schlagen würde ... Ich erinnerte mich daran, wie sich der Bauch meiner Mutter gewölbt hatte und wie sie mit Baby Bhuri aus dem Zimmer gekommen war, aber ich wußte nicht, wie Kinder gemacht werden.

Er schlug mich und zwang mich, seine Schlange anzufassen. Ich hörte noch immer meinen Vater und meine große Schwester sagen, daß ich ihm gehorchen mußte, weil er mein Mann war. Ich wünschte mir, zu Stein zu werden wie die Statuen im Tempel, ich wünschte mir, keine Gedanken mehr in meinem Kopf zu haben, nichts mehr zu hören und nichts mehr zu sehen.

Am nächsten Tag bestrafte er mich, weil ich es gewagt hatte, mich bei meinem Schwiegervater darüber zu beklagen, wie weh er mir tat. Er brach einen frischen Zweig von einem Neem-Baum ab und hielt mich am Arm fest, während er mich prügelte.

»Du sollst meinem Vater solche Dinge nicht sagen. Das ist entwürdigend für mich!«

Er schlug mich, bis sich die Haut von meinem Rücken löste, und ich schwor ihm, daß ich nichts mehr sagen würde.

Für den Rest dieses Tages ließ er mich in Ruhe, und auch den nächsten, dann zerrte er mich wieder in seine Folterkammer. Als ich wieder herauskam, war mein ganzer Po voller Blut, und ich hatte einen entsetzlichen brennenden Schmerz in meinem Bauch.

Ich nutzte jede sich bietende Möglichkeit, um fortzulaufen und mich zu verstecken. Ich verbarg mich in den Feldern oder an der Rückseite des Kuhstalls oder hinter der großen Wassertonne im Hof, aber es gelang ihm immer, mich zu finden und mir wieder weh zu tun, und ich konnte nichts tun, um ihn davon abzuhalten. Aber ich schwor bei der Göttin Durga, die den Unterdrückten Kraft gibt, daß er für die Schmerzen, die er mir antat, bezahlen würde. Ich schwor, daß ich mein Leben nicht damit verbringen würde, mich im Dunkeln hinter Türen zu verstecken oder vor diesem Mann flach auf dem Bauch zu liegen. Er selbst hatte gesagt, daß ich eines Tages erwachsen sein würde. Also schwor ich, daß ich überleben und Rache nehmen würde.

Flucht aus der Folterkammer

Als sie kamen, um mich abzuholen, war ich ganz allein im Haus. Ich hatte mich hinter der Wassertonne im Hof versteckt und fürchtete mich vor dem Moment, in dem ich wieder Putti Lals Schritte hörte. Er hatte mich wochenlang gequält und mißbraucht, und niemand hatte mir geholfen. Jetzt warteten sie, bis alles still war, und kletterten dann über die Mauer: mein Onkel Tara Chand, der Bruder meiner Mutter, und sein Sohn Kallu.

Ich stieß einen Schrei der Erleichterung aus. Der Göttin sei Dank! Meine Mutter hatte sie mir geschickt, um mich zu retten.

»Pst!« flüsterte mein Onkel. »Deine Mutter und deine Tante haben gesagt, du könntest hier nicht länger bleiben. Wir nehmen dich mit zu uns nach Hause.«

Dann ließen sie mich meine Kleider und meinen Schmuck holen und halfen mir über die Mauer. Hinter dem Haus gab es eine Stelle, an der sie teilweise abgebröckelt war. Niemand hörte uns. Wir liefen über die Straßen ins freie Feld und waren bald außer Sichtweite des Dorfes. Ich lief, so schnell ich konnte, machte Freudensprünge und jauchzte. Den beiden fiel es schwer, Schritt zu halten, aber da ich Angst hatte, daß Putti Lal uns einholen könnte, weigerte ich mich, langsamer zu gehen.

»Mach dir keine Sorgen«, sagte mein Vetter Kallu. »Wenn er uns folgt, bekommt er von mir eine schöne Tracht Prügel!« Mein Vetter war älter als Putti Lal und ein kräftiger Mann. Das beruhigte mich sehr.

Wir mieden die Straße und liefen querfeldein bis nach Sikandara, wo ich mit meinem Vater beim Arzt gewesen war. Als wir dort ankamen, war es bereits Nacht. Meinem Onkel gelang es, einen Lastwagenfahrer zu finden, der uns nach Kalpi bringen sollte. Von dort aus würden wir das Dorf zu Fuß erreichen können. Normalerweise war es den Fahrern nicht erlaubt, Frauen mitzunehmen, als er mich jedoch sah, zuckte er die Achseln. »Sie ist noch jung, und wenn die Polizei mir Fragen stellt, werde ich behaupten, sie sei meine Tochter.« Der Lastwagen holperte über die Straße, und der Lärm des Motors tat meinen Ohren weh, aber das störte mich nicht. Ich stellte mir Putti Lals Gesicht vor, wenn er herausfand, daß ich verschwunden war.

Als wir am Haus meines Onkels angekommen waren, stürzte ich meiner Tante in die Arme. Tränen der Erleichterung strömten über mein Gesicht.

»Tantchen, weißt du, was er mit mir gemacht hat?«

Sie legte einen Finger auf die Lippen.

»Ich weiß, Phoolan. Ich weiß ...«

Tante Khiniya ähnelte ihrer Schwester, sie war jedoch rundlich und zufrieden, während meine Mutter hager und leicht erregbar war. Sie war älter als meine Mutter und hatte schon graue Haare. Immer wenn wir sie besucht hatten, hatte sie uns mit einem Lächeln begrüßt und uns etwas Besonderes zu essen vorgesetzt. Und sie hatte, im Gegensatz zu meiner Mutter, keinen Stock, um uns Disziplin beizubringen. Ihr Mann war etwa so alt wie mein Vater, aber auch er war ein fröhlicherer Mensch. Als er mich jetzt betrachtete, war seine Miene allerdings besorgt.

»Dein Vater hätte dich nie gehen lassen dürfen. Wenn du meine Tochter wärest«, sagte er, »hätte ich dich nie mit diesem Mann verheiratet.«

Ich fühlte mich sicher bei diesen Leuten, und als meine Angst schwand, kam auch mein Appetit wieder. Man gab mir warme Milch zu trinken und Chapatis. Das Haus war ähnlich wie unseres, in den beiden Zimmern, die zum Hof hin lagen, wohnten sie mit ihren fünf Söhnen und drei Töchtern. Die verheirateten Söhne schliefen drinnen mit ihren Frauen, und ich sollte mich draußen zu meiner Tante und meinem Onkel legen. »Schlaf!« sagte meine Tante leise. »In deinem Alter braucht man noch viel Schlaf ...« Nach Wochen war das die erste Nacht, in der ich richtig schlafen konnte, und ich schlief ganze zwei Tage lang.

Als meine Mutter dort ankam, völlig erschöpft von dem langen Fußmarsch, schlief ich immer noch. Erst als ich den verhaßten Namen hörte, wachte ich auf.

»Putti Lal ist zur Polizei gegangen und hat behauptet, seine Frau sei von unserer Familie entführt worden«, berichtete meine Mutter gerade. »Sie haben in unserem Dorf nach ihr gesucht.«

Ich wollte mich verstecken, aber meine Mutter sagte, das hätte keinen Sinn, denn die Polizei würde mich auch hier suchen, und dann bekäme mein Onkel Schwierigkeiten. So blieb mir nichts anderes übrig, als in unser Dorf zurückzukehren. Sie versprach mir, daß sie nicht zulassen würde, daß Putti Lal mich noch einmal mitnahm. Dann würde sie zur Polizei gehen.

Wir verabschiedeten uns von der Familie meiner Tante und brachen auf. Als wir zu Hause angekommen waren, ging alles wieder von vorne los. Den ganzen Tag war im Dorf über nichts anderes geredet worden. Als wir gegen Abend dort eintrafen, standen alle unsere Nachbarn vor ihren Häusern und taten ihre Meinung kund. Sie rieten meiner Mutter, die Sitten und Gebräuche zu ignorieren und mich nicht mehr zu meinem Mann zurückzuschicken. Choti, Bhuri und mein kleiner Bruder begrüßten mich und fielen mir voller Freude, mich wiederzusehen, um den Hals. Und das ganze Dorf beriet über mein Schicksal, so als würde ich ihnen allen gehören.

Meine Mutter mußte schreien, um den Lärm zu übertönen.

»Sie hätte frühestens in fünf Jahren mit ihm gehen dürfen. Und Putti Lal hat sich auch damit einverstanden erklärt, als wir alles besprochen haben. Mayadin steckt dahinter. Er hat Putti Lal überredet, meine kleine Tochter mitzunehmen. Nicht wir sind diejenigen, die die Traditionen nicht achten.«

Mein Vater versuchte vergeblich, sie daran zu hindern, allen die Wahrheit zu erzählen.

Er war verärgert, denn er hatte nichts von dem gewußt, was er als meine Entführung bezeichnete. Er machte sich nicht nur große Sorgen, sondern verurteilte auch diese Aktion – er war nie einverstanden, wenn etwas gegen die Sitten verstieß. Ich wußte, daß mein Vater mich liebte, aber ich senkte traurig meinen Kopf, als ich hörte, wie er den Dorfbewohnern erklärte, er hätte Putti Lal erlaubt, mich mitzunehmen, weil Putti Lal es nun mal so gewollt hatte ...

Wir waren gerade ins Haus gegangen, als Mayadin schon mit Putti Lal und einigen Männern aus dessen Dorf erschien.

»Schickt das Mädchen sofort wieder zu ihm zurück!« befahl Mayadin. Er, Putti Lal und seine Männer drangen, gefolgt von einer Gruppe von Dorfbewohnern, darunter auch die Panches, gewaltsam in unseren winzigen Hof ein. Draußen warteten noch mehr Dorfbewohner.

Putti Lal hatte den Panchayat einberufen und gefordert, uns aus dem Dorf auszustoßen, weil meine Familie seine Frau entführt hätte. Er sagte, die Männer, die er mitgebracht hatte, seien Polizisten, und er drohte meinen Eltern mit einer Strafanzeige.

Mayadin packte meinen Vater bei den Haaren und zwang ihn, sich niederzuknien.

»Devidin«, fuhr er ihn an, »deine Tochter hat den Namen unserer Familie vor allen Dorfbewohnern beschmutzt. Sie ist eine Verbrecherin. Schick sie sofort zu ihrem Mann zurück!«

Und Putti Lal fügte hinzu: »So ist das Gesetz. Phoolan Devi hat ihrem Mann zu gehorchen.«

Aber es war *ihr* Gesetz. Nur weil sie Rupien hatten, konnten sie Gesetze nach ihrem Gutdünken machen. Ich rannte weg und versteckte mich im dunklen Kuhstall hinter den Tieren unter dem Stroh. Es sah aus, als hätte sich das ganze Dorf in unserem Hof versammelt. Einige hatten sogar ihre Khats mitgebracht, um in aller Bequemlichkeit über das Für und Wider der Angelegenheit diskutieren zu können.

Plötzlich packte mich eine Hand im Nacken und schleppte mich hinaus in den Hof. Wie ein Bär, der mit einer Katze spielt, hielt Putti Lal mich in seiner behaarten Pranke. Draußen war es inzwischen dunkel geworden, und die flackernden Öllampen warfen drohende Schatten auf die Gesichter der Dorfbewohner, die mich schweigend ansahen ...

Und dann begannen plötzlich alle wieder zu schreien und miteinander zu streiten.

»Nimm sie mit«, sagte mein Vater zu Putti Lal. »Sperr sie ein, bis sie stirbt. Bring sie um, wenn das dein Recht ist.«

Mein Vater war vollkommen resigniert, er wußte nicht, was er sonst noch sagen sollte. Aber meine Mutter gab nicht auf.

»Es ist mein Kind«, schluchzte sie. »Ich habe sie zur Welt gebracht. Wer ihr weh tut, tut auch mir weh.«

Und dann begann meine Mutter auch noch mit meinem Vater zu streiten. »Ich wünschte, ich wäre tot. Das ist alles nur deine Schuld, Devidin!« warf sie ihm vor.

Die Männer in Putti Lals Begleitung sagten zwar, sie seien Polizisten aus seinem Dorf, aber sie trugen keine Uniformen, sondern nur Buschhemden. Sie drohten, mich und meine Schwester mitzunehmen.

Mayadin lachte und zwirbelte seinen Schnurrbart. »Jawohl, nehmt gleich die ganze Brut mit. Sie können euren Haushalt führen.« Er zwinkerte Putti Lal zu. »Und nehmt auch die Eltern mit. Ihr könnt sie für euch arbeiten lassen, damit ihr eure Kosten wieder hereinbekommt.«

Ich war jetzt fest davon überzeugt, daß meine Mutter recht gehabt hatte: Seit der Panchayat beschlossen hatte, daß wir ein Recht auf die Hora von seinem Feld hatten, wollte Mayadin mich aus dem Weg haben. Und zu wissen, daß Putti Lal mich quälte, war für ihn eine Genugtuung.

Meine Mutter riß mich von ihm weg und drückte mich an sich. Sie hielt mich so fest, daß ich glaubte, sie wollte mich ersticken.

»Sie wird nie wieder zu diesem Mann zurückkehren«, zischte sie. »Wenn du möchtest, daß sie stirbt, werde ich sie mit meinen eigenen Händen töten.«

Sie versuchte tatsächlich, mich zu ersticken! Aber was hätte sie auch sonst tun sollen? Was blieb einer Mutter in unserem Dorf anderes übrig, die ihre Tochter vor solchen Männern schützen wollte? Sie hatte mich zwar oft sehr streng bestraft, trotzdem hatte ich immer das Gefühl gehabt, daß sie mich jederzeit vor allen Gefahren beschützen könnte. Aber in diesem Augenblick erkannte ich, daß sie ganz allein war. Und sie konnte gegen diesen Mann, dessen Anblick ich noch immer nicht ertragen konnte, nichts ausrichten. Ich flehte meinen Vater an, uns zu helfen. Er war das Familienoberhaupt, eigentlich hätte er uns vor der Welt beschützen müssen, aber er weinte nur verzweifelt, während man ihn von allen Seiten bestürmte. Ich flehte die anderen Dorfbewohner an, die um uns herumstanden, aber als Putti Lal mich von meiner Mutter wegzerrte und sich rücksichtslos einen Weg durch die Menschenmenge bahnte, wichen sie zurück.

Er nahm mich wieder mit! Wie einen Mehlsack trug er mich unter dem Arm. Meine Angst vor ihm war so groß, daß ich mir ins Kleid machte.

Meine Mutter stürzte sich auf ihn, riß mich von ihm weg und spuckte ihm ins Gesicht.

»Du wirst sie nicht bekommen! Du bist überhaupt nicht mit meiner Tochter verheiratet, ich erkläre die Ehe für ungültig!«

»Dann gib mir den Schmuck zurück, den ich ihr gegeben habe!« Er glaubte, mit ein paar Silberarmbändern könne er meine Mutter umstimmen.

Sie brachte mich ins Haus, setzte mich auf den Boden, nahm ein großes Tablett, das gleiche, das ich benutzt hatte, um ihn mit Blüten zu überschütten. Sie warf den Schmuck darauf und ging wieder nach draußen in den Hof. Dort kniete sie nieder und schwenkte vor Putti Lal und den Dorfbewohnern jedes einzelne Stück.

»Schaut alle her! Ihr seid meine Zeugen. Ich gebe ihm dieses silberne Halsband zurück, dieses silberne Armband, diese Fußspange und diese Ohrringe. Ich gebe ihm alles zurück! Es sind nicht einmal fünfhundert Gramm Silber. Aber ich gebe alles zurück. Und ich möchte eine schriftliche Bestätigung haben, damit jeder weiß, daß Moola Devidin Putti Lal seinen Schmuck zurückgegeben hat. Er soll ihn einer anderen Frau schenken.«

Sie legte jedes Stück einzeln in seine schmutzigen Hände, hielt es jedoch vorher hoch, so daß alle es sehen konnten. Putti Lals Augen blitzten vor Wut.

Einige der Panches sprachen leise miteinander.

»Sie hat recht, sie hat recht«, sagten sie. »Er hätte sie nicht mitnehmen dürfen.«

Mayadin begann zu schwitzen. Aus dem Zimmer heraus konnte

ich sehen, wie sich seine Nasenlöcher vor Wut blähten. Im Licht der Laternen sah er aus wie ein bösartiger Stier.

»Du wirst nie wieder eine deiner Töchter verheiraten können«, drohte er Devidin. »Du bist eine Schande für die ganze Familie!« Dabei zwirbelte er nervös an seinem Schnurrbart, aber die Panches stimmten uns zu: Da meine Mutter Putti Lal den Schmuck zurückgegeben hatte, brauchte ich nicht wieder zu ihm zurückzukehren.

Er hatte nur noch zwei Verbündete im Rat des Dorfes – Mayadin und den Sarpanch, den Vorsitzenden des Rates. Alle anderen Dorfbewohner waren gegen ihn.

Ich legte mich auf einen Khat, drehte mich zur Wand und hielt mir die Ohren zu, um ihre Stimmen nicht mehr hören zu müssen. Ich war völlig verwirrt. Nur ein paar Tage lang hatte ich hoffen dürfen, von meinen Qualen befreit zu werden, aber jetzt wußte ich überhaupt nicht mehr, was mit mir geschehen würde. Offensichtlich konnte jeder über mein Schicksal entscheiden. Ich war erschöpft und traurig darüber, daß mein Vater sich so hatte einschüchtern lassen. Mir wurde langsam klar, daß ich nie stark genug sein würde, um mich gegen die Macht der Männer durchsetzen zu können. Und mit steigender Angst begriff ich, daß das kein Spiel mehr war, daß es sich nicht mehr darum handelte, sich an der Nase eines von Mayadins Ochsen festzuhalten oder ihm seine Linsen zu stehlen. Es war ein Kampf, der gerade erst begonnen hatte, und ich wußte instinktiv, daß er zu meinem Alltag gehören und grausam und schrecklich sein würde. Der Zorn hatte zwar meiner Mutter Kraft verliehen, und sie hatte eine Schlacht gewonnen, aber ich würde weder in unserem noch in einem anderen Dorf jemals wieder einen Mann finden. Ich war ein Mädchen ohne Mann, das jedermann mißbrauchen konnte.

Während man draußen weiterredete und herauszufinden versuchte, was das Beste für mich wäre, schlief ich ein.

Am nächsten Morgen kamen sie zurück. Ich versteckte mich in einem Schrank und konnte durch die Ritzen sehen, wie Putti Lal die Hände in die Seiten stemmte, vor Wut die Augen verdrehte und meine Eltern anschrie, daß er seine Frau zurückhaben wolle. Dieses

Mal hatte er vier uniformierte Polizisten mitgebracht, die mit Gewehren bewaffnet waren. Die Männer, die ihn am Abend zuvor begleitet hatten, waren diesmal nicht dabei. Er sagte, er sei nach Sikandara gegangen, um die Polizisten zu holen. Einer von ihnen trug sogar Sterne auf der Schulter.

Der mit den Sternen schlug meinen Vater mit dem Lathiknüppel. »Wie kannst du es wagen, deine Tochter zu entführen«, fuhr er ihn an. Ein anderer Polizist packte meine Mutter an den Haaren, zerrte sie ins Haus und befahl ihr, ihre Tochter zu holen.

Sie holte mich aus meinem Versteck und führte mich, während sie mich an den Schultern festhielt, zu den Polizisten.

»Hier ist sie«, sagte sie. »Das ist meine Tochter Phoolan Devi.«

Die Polizisten waren verwirrt. Sie sahen meine Mutter ungläubig an und wandten sich dann an Putti Lal.

»Ist das deine Frau?« fragte einer von ihnen.

Putti Lal wurde nervös. Er schwitzte – so als könne er es nicht abwarten, seine schmierigen Hände auf mich zu legen.

»Sie ist ja noch ein Kind«, sagte der Polizist mit den Sternen.

Als meine Mutter das hörte, richtete sie sich auf und ordnete ihren Sari. Dann begann sie, Putti Lal anzuklagen.

»Er hat sie gequält! Er hat uns übervorteilt, um sich an einem unschuldigen Kind zu vergreifen. Und außerdem ist sie nicht mehr mit ihm verheiratet. Er hat den Vertrag gebrochen, weil er sie vor dem Tag der Gauna genommen hat. Er soll sich eine andere Frau suchen ...«

Die Polizisten drehten sich um und gingen, nachdem sie Putti Lal gewarnt hatten.

»Du hast uns wegen eines Kindes den weiten Weg machen lassen? Schau sie dir an. Wie alt ist sie? Zehn, vielleicht elf ... Das Gesetz erlaubt nicht, daß ein Mann sich eine Frau nimmt, die jünger als achtzehn ist. Wenn du noch einmal zu uns kommst, um dich zu beschweren, wirst du selbst im Gefängnis landen!«

Als ich das hörte, atmete ich auf. Meine Qualen waren endlich vorüber.

Die Polizisten verließen zusammen mit Putti Lal unser Haus, und meine Mutter verriegelte das Tor hinter ihnen. Er kam später noch einmal zurück und rief uns zu, wir sollten herauskommen, aber meine Mutter sagte, wir sollten ihm nicht antworten. Er trommelte den ganzen Tag über mit den Fäusten gegen unser Tor. Dann ging er weg, kam zurück und schlug wieder gegen das Tor. Erst als die Sonne unterging, gab er endlich auf.

Es war ruhig draußen.

Ich schlief wieder ein. Zwei Jahre lang hatten wir Ruhe. Aber es war eine trügerische Ruhe, und ich glaubte nicht, daß sie andauern würde. Ich sollte recht behalten.

Bittere Heimkehr

Nachdem der Dämon auf seinem schwarzen Fahrrad weggefahren war und seinen Schmuck mitgenommen hatte, versuchte Mayadin uns zu terrorisieren. Eine Zeitlang konnten wir nicht einmal das Haus verlassen. Er lud ein paar Thakurs aus dem nächsten Dorf ein und legte ihnen direkt vor unserem Haus einen Khat hin. Solange diese Männer dort waren, machte meine Mutter sich Sorgen um unsere Sicherheit. Sie ließ uns Mädchen nicht einmal aufs Feld, um unsere Notdurft zu verrichten. Wir mußten einen Topf benutzen. Es waren große, furchterregende Männer, die den ganzen Tag auf ihrem Khat saßen, redeten, aßen, Tee tranken und uns beobachteten, wenn wir herauskamen, um unseren Nachttopf auszuleeren. Und sobald sie uns sahen, machten sie sich über uns lustig. Schließlich schickte mich meine Mutter eine Zeitlang zu meiner Tante und anschließend zu meiner Großmutter.

Sie war die Mutter meiner Mutter, und ich liebte sie sehr. Ihre Liebe und Freundlichkeit brachten mich so weit, daß ich wieder mit meinen kleinen Vettern und Cousinen spielen konnte und die Schrecken meines elften Lebensjahres irgendwo tief in mir vergrub. Nach einer gewissen Zeit hatte ich auch keine Angst mehr im Dunkeln, obwohl die Alpträume hin und wieder immer noch zurückkehrten. Ich träumte zum Beispiel, ich würde lebendig begraben und könnte das Tageslicht nicht mehr sehen. Oder ich lag auf dem Grund eines Brunnens und rief um Hilfe. Dann spürte ich plötzlich Großmutters Hand auf meiner Schulter, und wenn ich dann die Augen öffnete und ihren schmächtigen Körper auf dem Khat neben mir sah, war alles wieder in Ordnung.

Als ich noch klein war, hatte meine Mutter mich manchmal zu ihr gebracht, wenn unser Dorf von den starken Regenfällen überschwemmt gewesen war. Meine Großmutter hatte ein breites, freundliches Gesicht. Früher war sie mir bedeutend größer vorgekommen, sie hatte starke Arme gehabt, aber mit den Jahren war sie irgendwie welk geworden. Ich wußte jedoch nicht, wie alt sie tatsächlich war. Niemand in unserem Dorf wußte, wie alt die Frauen waren. Außer den Falten in ihren Gesichtern gab es nichts, woran man den Ablauf der Zeit messen konnte. Ihre Zähne wurden gelb, die Haut wurde trocken wie ein alter Feigenbaum, und ihre Körper wurden gebeugt und rundlich – oder sie veränderten sich und wuchsen, so wie meiner ...

Als ich mit meinen Cousinen im Haus meiner Großmutter spielte, kniff mich eine von ihnen, und das tat mir sehr weh. Als ich die Stelle rieb, um den Schmerz zu lindern, spürte ich etwas in meiner Brust. Ich lief sofort zu meiner Großmutter, weil ich wissen wollte, ob ich krank sei. Als ich ihr die Schwellung zeigte, lachte sie. »Dir fehlt nichts, du bekommst nur einen Busen. Alle Frauen bekommen irgendwann einen Busen.« Sie schärfte mir ein, ich solle mich nie ohne Bluse zeigen, und drohte, wenn sie mich dabei erwischen würde, daß ich mit älteren Jungen spielte, würde ich Schläge bekommen. Aber sonst war sie immer sehr nett zu mir, erzählte mir Geschichten, nahm mich in den Arm und wärmte mich, wenn ich plötzlich mitten am Tag fror.

Schließlich kehrte ich in mein Dorf zurück und beherzigte die Ermahnungen meiner Mutter und ging allen Problemen aus dem Weg. Ich übernahm die üblichen Pflichten: Ich holte Wasser, hütete die Tiere, sammelte Futter für sie und stampfte es. Und ich badete wieder mit Choti und meinen Freundinnen in der Yamuna, was mir schon früher so viel Spaß gemacht hatte. Der Monsun kam, ließ die Flüsse über die Ufer treten und bedeckte das Dorf mit Schlamm, dann kam ein weiterer und richtete das gleiche an. Ich muß etwa dreizehn gewesen sein, als in unserem Dorf das Gerücht umging, daß Putti Lal mit einer anderen Frau zusammenlebe.

Als das meiner Mutter zu Ohren gekommen war, beschloß sie, mir einen anderen Mann zu suchen. Sofort begann Mayadin wieder, uns zu quälen. Er paßte meine Mutter ab, wenn sie zum Brunnen ging, und sagte ihr vor allen anderen Frauen des Dorfes, daß ihre

Tochter eine Schande für die ganze Familie sei und daß jetzt ein anständiges Mädchen bei ihrem Ehemann wäre. Er protestierte bei meinem Vater: Wenn man mich einem anderen Mann verheiratete, würde das seinen guten Namen beschmutzen. Wenn es um das Land ging, gehörten wir nicht zu seiner Familie, wenn es dagegen um die Schande ging, daß eine Frau keinen Mann hatte, gehörte ich wieder zu seiner Familie. Die Männer trafen die Entscheidungen, und die Frauen konnten sich noch so sehr die Augen ausweinen, ihre Ängste und Hoffnungen wurden einfach weggewischt, so wie der Regen die Mauern fortspülte.

Ich war ungefähr zwei bis drei Zentimeter gewachsen, und meine Brüste hatten sich etwas gerundet, aber ich fühlte mich nicht wie eine Frau. Ich hätte den Anblick von Putti Lal und seiner Schlange nicht noch einmal ertragen können. Ich beobachtete die verheirateten Frauen des Dorfes, die mit dem Sari ihren Kopf verhüllten. Einige von ihnen waren still und unterwürfig, sie warteten geduldig auf den Tag, an dem sie mit ihrem Mann zusammenleben würden, aber sie wußten nicht, was sie erwartete. Andere trugen ihre nackten Säuglinge im Arm, waren stolz auf ihre Söhne, schimpften aber schon jetzt mit ihren Töchtern. An den Gesichtern der Kinder konnte man schon jetzt deutlich ablesen, wie unterschiedlich das Schicksal von Jungen und Mädchen in unserem Dorf war. Die Jungen hatten einen arroganten, fordernden Gesichtsausdruck, während die Mädchen ängstlich und mißtrauisch wirkten.

Der einzige Mann, der jemals nett zu mir gewesen war, war mein Vater. Er hatte uns alle immer freundlich behandelt. Wenn ich neben Choti und den beiden Kleinen mit dem Kopf auf seinem Schoß eingeschlafen war, hatte er mir oft die Läuse aus dem Haar gesucht. Shiv Narayan ging schon zur Dorfschule, und Klein Bhuri war noch zu jung, um schon im Haus mithelfen zu können. Wenn mein Vater nur nicht immer so schwer arbeiten müßte, dachte ich bei mir, wenn er doch bloß ein paar Bighas Land besäße, um uns ernähren zu können, dann würden wir alle glücklich und zufrieden leben …

Er betete immer zu Gott, daß er vor Gericht Recht bekommen würde, deshalb ging ich in diesem Jahr mit ihm nach Orai, um das

Gericht einmal kennenzulernen, auf das er sein ganzes Vertrauen gesetzt hatte. Als ich noch klein war, glaubte ich, in diesem Gericht lebte ein Gott und der würde entscheiden, wann wir unser Land zurückbekämen. In meiner Vorstellung war dieses Gericht eine heilige Stätte, eine Art Tempel, still und ohne Menschen. Ich wollte unbedingt mit dem Gott reden, der dort wohnte, und ich dachte, ich könne ihm genauso vertrauen, wie mein Vater es tat. Als wir jedoch nach einem ganzen Tag Fußmarsch endlich in Orai angekommen waren, sah ich ein großes Haus aus gelbem Beton, das voll war von Männern, die miteinander diskutierten. Mein Vater gab dem Rechtsanwalt ein Bündel Rupien, und wir mußten anschließend stundenlang warten, bis ein zweiter Anwalt kam, der ein weißes Hemd und eine dunkle Hose trug und eine Ledertasche bei sich hatte. Er sprach mit dem ersten Anwalt. Und dann gingen wir mit leeren Händen wieder nach Hause. Mir war inzwischen klargeworden, daß es im Gericht von Orai keinen Gott gab. Es gab dort nur Männer, deren Bedeutung in Rupien bemessen wurde. Es war schlimmer als der Panchayat in unserem Dorf, aber wenigstens wußte ich jetzt, warum unser Vater jedesmal noch ärmer vom Gericht zurückkehrte, ohne ein einziges Bigha Land, auf dem wir hätten Linsen anbauen können.

Aber ich gab trotzdem nicht auf: »Du mußt den Prozeß gegen Mayadin gewinnen«, sagte ich auf dem Heimweg vom Gericht zu ihm. »Du hast dich von ihm beleidigen lassen. Und du hast zugelassen, daß er deine Frau und deine Tochter geschlagen hat.«

Er sah mich verwundert an: »Sieh nur, Moola«, sagte er zu meiner Mutter, »es ist, als ob meine eigene Mutter zurückgekommen wäre, um für mich zu kämpfen.«

Dann verschwand das Lächeln wieder aus seinem Gesicht. Mein Vater war so freundlich, so anders als Männer wie Putti Lal. Er war ein einfacher Mann, der sich nur beklagte, weil Bihari und Mayadin ihm sein Land gestohlen hatten. Aber er war zu ängstlich, um sich gegen sie durchzusetzen. Er erklärte mir, daß er mehr Rupien brauche, um den Prozeß gewinnen zu können, und daß meine Mutter ihre Familie nicht noch einmal um Geld bitten wolle. Er arbeite so hart, wie er könne, erklärte er mir und schüttelte dabei den Kopf, und trotzdem wurden wir kaum satt. Es gab ein Mädchen im Dorf, das ihrem Vater geholfen hatte, einen ähnlichen Prozeß zu gewinnen, indem sie ihm Geld von ihren Schwiegereltern beschafft hatte. Mayadin habe Angst, sagte mein Vater, daß ich das gleiche tun würde. Deshalb hatte er auch darauf bestanden, daß ich bei Putti Lal bliebe. Und deshalb war er auch wieder über meine Mutter hergefallen, als sie erklärt hatte, sie würde mir einen anderen Mann suchen.

Mayadin gefiel es überhaupt nicht, als er erfuhr, daß ich mit meinem Vater zum Gericht gegangen war. Er ließ Putti Lal wissen, daß ich bald vierzehn wäre und daß er seine Frau zu sich holen könne ... Ich wollte jedoch nur da bleiben, wo ich war. Aber niemand kümmerte sich um die Wünsche eines Mädchens oder um die Wünsche ihrer Eltern, wenn sie arm waren und einer niederen Kaste angehörten.

Die Stimmung im Dorf hatte sich verändert. Ich hörte, wie man sich zuflüsterte: »Es ist eine Schande, daß ihr Mann sie so schnell aufgegeben hat«, sagte jemand. Die Tradition mußte gewahrt bleiben. Eine andere Möglichkeit gab es nicht. Meine Großmutter hatte mir gesagt, noch bevor ein Mädchen seine erste Periode habe, müsse es verheiratet sein und bei ihren Schwiegereltern leben, nur so könne kein Zweifel an ihrer Jungfräulichkeit aufkommen. Da ich meine erste Periode noch nicht gehabt hatte, war ich in ihren Augen noch eine Jungfrau.

Es war meine Mutter, die an einem kalten Wintermorgen zu mir sagte: »Du mußt gehen. Ich habe alles versucht, aber du bist jetzt erwachsen. Wir können dich nicht länger hierbehalten, und ich habe nicht das Recht, dich mit einem anderen Mann zu verheiraten. Wir müssen tun, was er sagt.«

Um sicherzustellen, daß ich mich nicht wieder bei meiner Tante oder Großmutter verstecken würde, bestand Mayadin darauf, daß ich bei ihm in dem großen, zweistöckigen Betonhaus wohnte, das sein Vater mit dem Erlös aus dem Verkauf des Landes meines Vaters gebaut hatte. Ich hatte Angst, daß er mich schlagen würde. In seinem Haus hätte ich mich nicht verstecken können, denn ich war noch nie dort gewesen. Es hatte acht oder zehn Zimmer – ich wußte nicht einmal genau, wieviele es tatsächlich waren –, jedes für einen anderen Zweck. Es gab einen Raum, in dem Korn, Öl und Trockenfrüchte gelagert wurden, einen anderen für die Arbeitsgeräte, einen für das Vieh, einen für die Dienstboten und noch weitere Zimmer, in denen man im Winter schlief. Mit verhülltem Kopf, so wie es sich für eine verheiratete Frau gehörte, wurde ich in das Zimmer gebracht, in dem Mayadins erste Frau schlief.

Ich war dankbar, wenigstens in ihrer Gesellschaft zu sein. Sie hatte uns früher oft geholfen, ohne ihrem Mann etwas davon zu sagen. Wenn sie mit ihrem irdenen Topf Wasser vom Nadi holte, war sie oft an unserem Haus stehengeblieben. Das Flußwasser war besser zum Kochen als das Brunnenwasser. Es war weicher, so daß Linsen und Kartoffeln schneller gar wurden. Eigentlich hätte der Topf, mit dem sie zum Fluß ging, leer sein sollen, aber manchmal versteckte sie darin ein paar Linsen oder Weizenkörner für uns. Sie brachte oft etwas mit, ohne daß Mayadin etwas davon merkte. Und wenn er es merken würde, wäre es ihr auch egal, denn er schlage sie selbst ohne einen triftigen Grund, klagte sie.

Bhabbi trug stets einen einfachen Baumwollsari, und sie schämte sich auch nicht, mit meiner Mutter zu reden. Mayadins zweite Frau war jünger und bedeutend hübscher. Sie war nicht so dünn und unterernährt wie Bhabbi, sondern rundlich und hatte eine schöne helle Haut. Sie trug Saris aus Seide und viele Armreifen. Ähnlich wie Mayadin benahm sie sich, als wäre sie eine Thakur. Wenn sie sich den Dorfbewohnern gegenüber wohltätig erwies, mußten sie ihre Füße berühren. Von mir hatte sie einmal verlangt, ich solle ihr die Läuse vom Kopf suchen, aber ich weigerte mich. Auch meine Mutter wollte nicht, daß ich so etwas tat. Deswegen wurden wir beide von Mayadin verprügelt. Danach sprach sie kein Wort mehr mit uns.

Ich wurde in dem Haus eingesperrt, mußte dort essen, schlafen und warten, was er mit mir vorhatte. Obwohl meine Mutter wußte, daß sie mich unseren Feinden auslieferte, konnte sie nichts dagegen unternehmen, und auch mein Vater war hilflos. Ich verkroch mich in einer Ecke und hatte Angst vor dem, was mich erwartete.

»Hab keine Angst«, versuchte Bhabbi mich zu trösten. »Putti Lal hat inzwischen eine andere Frau, er wird dich in Ruhe lassen.«

Sie sagte mir, daß Mayadin nur an seiner jüngeren Frau interessiert sei. Er schlug Bhabbi zwar immer noch, aber sie brauchte wenigstens nicht mehr in sein Zimmer zu kommen. »Ich bin zu alt für ihn, gerade noch gut genug, um für ihn zu kochen. Seine neue Frau hat genügend Zeit, um sich für ihn schön zu machen.«

»Aber die Leute sagen, die Frau, mit der Putti Lal zusammenlebt, sei älter als ich. Sie soll so alt sein wie er ...«

»Wenn er sich diese Frau ausgesucht hat, dann will er dich nur als Dienerin haben. Du bist doch immer noch zu jung, um mit einem Mann zusammenzusein, glaub mir.«

Wenn Bhabbi nur wüßte ...

Aber ich konnte es ihr nicht sagen. Meine Mutter hatte mir verboten, darüber zu reden. Sie wollte nicht, daß es irgend jemand erfuhr. Ich war mit meiner Angst allein.

»Wo sind denn deine Armreifen?« fragte Bhabbi.

»Meine Mutter hat sie ihm alle zurückgegeben.«

Bhabbi seufzte. »Schmuck ist nicht wichtig, Phoolan«, sagte sie. »Schau her, ich habe auch keinen ...«

Als ich noch nicht verheiratet war, hatte ich geglaubt, das Klingeln der Armreifen wäre etwas besonders Schönes. Ich hatte mich darauf gefreut, silberne Halsketten und Glöckchen an den Knöcheln tragen zu dürfen. Aber seit ich wußte, welche Bedeutung sie für den Mann haben, der sie verschenkt, hatte sich meine Meinung geändert. Eine Halskette war für mich nicht schöner als der Strick, mit dem man eine Ziege an einen Baum bindet und ihr so die Freiheit nimmt.

Ich war acht Tage dort, als ein Diener in Bhabbis Zimmer gelaufen kam.

»Putti Lal ist hier«, sagte er.

Dieses Mal dauerte es nur zwei Wochen, und Putti Lal versuchte nicht, mich mit seiner Schlange zu quälen. »Du mußt eines wissen«, sagte er zu mir, als wir uns seinem Dorf näherten, »weil du mich verlassen hast, mußte ich mir eine neue Frau suchen. Jetzt wirst du dich an sie gewöhnen müssen. Und wenn sie dich schlägt, ist das ihre Sache.« Er erklärte mir, daß ich sie mit Respekt zu behandeln habe; ich müsse ihre Füße berühren. »Und wenn du auf die Idee kommen solltest, wieder wegzulaufen«, warnte er mich, »werden deine Eltern große Schwierigkeiten bekommen. Dann werde ich mit meinen Freunden in ihr Dorf gehen und sie ordentlich verprügeln.«

Er schlug mich nicht ein einziges Mal – dafür war sie nun zuständig.

Sie hieß Vidya, und der alte Mann, mein Schwiegervater, sagte mir, nicht einmal er könne etwas gegen sie ausrichten. Sie hatte Putti Lal eine Tochter geschenkt und das Kommando über den gesamten Haushalt übernommen, klagte mein Schwiegervater. Vidya hatte ein schmales, pockennarbiges Gesicht und humpelte. Als sie mich zum erstenmal sah, schickte sie mich sofort zum Schlafen in den Kuhstall, der schon lange nicht mehr ausgefegt worden war.

Am nächsten Morgen weckte sie mich bei Sonnenaufgang und befahl mir, alles sauber zu machen. Sie hatte sich um nichts gekümmert, und die Küche sah noch schlimmer aus als der Kuhstall. Ich arbeitete von früh bis spät wie eine Sklavin, machte sauber, wusch, fütterte die Tiere und füllte die Wassertöpfe. Ich hatte das Baby im Haus gesehen, aber sie ließ mich nicht in die Nähe der Wiege. Sie versperrte mir den Weg, als wäre ich eine Leprakranke.

»Komm mir nicht in dieses Haus«, zischte sie mich an. »Das ist jetzt mein Haus, du hast hier nichts zu suchen.«

Ich mußte draußen bei den Tieren schlafen und durfte das Haus nur betreten, um zu kochen. Ich mußte die Chapatis bereiten und durfte dann zuschauen, wie sie, Putti Lal und der alte Mann sich den Bauch vollschlugen. Dann mußte ich alles abwaschen und so lange warten, bis sie mir erlaubte, auch eine Chapati zu essen. Außer gesalzenen Erbsen bekam ich kein gekochtes Gemüse. Und ich mußte allein im dunklen Kuhstall essen.

Baden durfte ich auch nicht, so daß ich das Gefühl hatte, daß mich die Insekten langsam auffraßen. Ich dachte, ich müßte verrückt werden. Ich konnte mich auf nichts mehr konzentrieren. Ich dachte immer nur noch an den Fluß oder an einen Krug Wasser. Dadurch, daß sie mir das Essen und ein Bad vorenthielt, nahm sie mir gewissermaßen das Leben. Es war, als wolle sie mich absichtlich krank werden lassen, als wünsche sie meinen Tod.

Wenn ich bei der Arbeit war, rief sie mich oft, damit ich ihr die Läuse aus den Haaren suchte oder sie massierte. Sie war bedeutend älter als ich, und ihre Haut war so trocken wie ihr Herz. Ihre Augen strahlten keinerlei mütterliche Wärme aus, nur Neid und Bitterkeit. Wenn ich vor Erschöpfung einschlief, während ich ihre Füße massierte, schrie sie mich an, befahl mir weiterzumachen und nannte mich ein faules kleines Luder. Ich schuftete wie ein Tier, und wenn sie nicht mit mir zufrieden war, verprügelte sie mich mit einem Stock. Mir wurde sehr schnell klar, daß sie nie zufrieden sein würde. Sie fand immer einen Vorwand, um mich zu schlagen, oder sie prügelte mich einfach ohne einen Grund. Und wenn ich protestierte, half Putti Lal ihr noch dabei. Er holte einen Strick und band mich wie ein Tier fest, damit sie ihre Wut an mir auslassen konnte.

Dieses Mal reagierten die Leute aus Putti Lals Dorf, als sie mein Jammern hörten. Sie stießen das Tor auf und kamen in den Hof.

»Schau sie dir an«, sagte eine Frau. »Du hast sie im Kuhstall schlafen lassen. Das ist nicht richtig. Sie ist doch deine Ehefrau oder nicht?«

»Was ist das für eine Frau, die dein Haus so führen kann?« fragte eine andere.

»Bist du verrückt geworden?« warf eine dritte ein. »Warum schlägst du sie jeden Tag? Wenn du sie umbringst, sind wir alle mitschuldig.«

Ein paar Frauen banden mich los und führten mich fort, direkt unter Putti Lals großer Nase.

»Sie ist zu nichts zu gebrauchen«, schimpfte er. »Sie macht alles kaputt. Soll ich sie da auch noch füttern und trösten?«

»Sie haben eine Peitsche«, sagte ich zu den Frauen, »sie wollten mich damit totschlagen. Und eines Nachts haben sie von mir verlangt, daß ich zu ihnen in ihr Zimmer komme.«

Die Frauen gehörten zur Kaste der Schafhirten, die sich *Gadariyas* nannten. Sie waren genauso arm wie wir Mallahs, aber sie hatten sich für mich eingesetzt. Sie sagten mir, ich bräuchte nicht zu ihm zurückzugehen. Der alte Mann, mein Schwiegervater, war zu seinem Bruder, Putti Lals Onkel, gegangen, um Hilfe zu holen. Dieser bot mir an, ich könne im Haus seiner Tochter wohnen. Ich dachte, ich sei wieder einmal gerettet worden, aber am nächsten Tag sagte der Onkel zu mir: »Sie ist nur seine Konkubine, aber du bist seine Frau. Ich gehe morgen mit dir zur Polizei, damit du dich beschweren kannst. Du hast schließlich auch deine Rechte.«

Ich erklärte ihm, daß ich gar nicht Putti Lals Frau sein wollte!

»Putti tut alles, um dich loszuwerden«, sagte er, »aber es ist eine Demütigung für eine Frau, wenn sie von ihrem Mann zurückgewiesen wird. Das würde dein Leben zerstören«, warnte er mich.

Inzwischen war der Panchayat des Dorfes zusammengekommen und hatte bestimmt, daß ich im Hause meines Mannes bleiben müsse und daß man ihn vor Gericht stellen würde, falls er mich noch einmal schlagen würde.

Am nächsten Morgen, vor Sonnenaufgang, holte Putti Lal mich aus dem Kuhstall und sagte ganz leise zu mir, ich solle meine Sachen packen, er wolle mich nach Hause bringen. Ich war mißtrauisch, denn er hatte noch nie in einem so freundlichen Ton mit mir gesprochen, aber ich folgte ihm. Er setzte mich auf die Stange seines schwarzen Fahrrads und fuhr mit mir los. Er hielt sogar einmal an, um ein paar Früchte zu pflücken, und gab mir welche ab.

Als wir an der Yamuna angekommen waren, sagte er: »Nimm deine Sachen und geh. Dein Dorf ist nicht mehr weit.«

»Nein«, protestierte ich, »ich will nicht allein gehen. Wenn ich allein ankomme, werden die Leute glauben, ich sei weggelaufen. Dann wird Mayadin mich verprügeln, und meine Mutter auch. Du mußt es ihnen sagen.«

Er schüttelte ärgerlich den Kopf, sagte, er würde einen Fährmann suchen, der mich übersetzen würde, und ließ mich mit seinem Fahrrad am Ufer der Yamuna zurück. Das Fahrrad hatte er sich von der Mitgift gekauft, die mein Vater ihm gegeben hatte. Es war mir klar, daß er das nicht zurücklassen würde. Es war mehr wert als ich. Aber die Stunden vergingen, und als es Nacht wurde, war immer noch nichts von ihm zu sehen.

Mir war kalt, ich kauerte mich in den Sand und deckte mich mit meinem rosafarbenen Sari zu. Der Himmel wurde dunkelblau und dann schwarz, und in den Hügeln begann der Wind zu heulen. Ich hörte Geräusche im Gebüsch und fürchtete, eine Hyäne oder ein Tiger würden dort lauern und mich fressen. Ich betete zu Gott, daß Putti Lal zurückkommen möge, damit ich nicht gefressen oder mißhandelt würde. Aber niemand kam. Geister spukten über dem Fluß, und ich hatte Angst, sie würden mich an den Füßen packen und ins Wasser ziehen. Ich grub mich in den Sand ein und hielt das Fahrrad ganz fest, denn ich wußte, daß Eisen die Kraft hatte, böse Geister zu vertreiben. Der Fluß war so hoch, daß ich ihn nicht allein überqueren konnte. Ich zitterte vor Kälte und achtete ängstlich auf jedes Geräusch in dieser dunklen, sternlosen Nacht. Nicht der kleinste Lichtschimmer war zu sehen.

Im Morgengrauen verschwanden die dunklen Schatten, und nur die Nebelschwaden, die über dem Fluß lagen, blieben übrig. Ich hörte Stimmen und sah eine Gestalt aus dem Nebel auf mich zukommen. Dann erblickte ich die Laternen. Es war ein Boot.

»Wer ist da?« rief eine Männerstimme.

Ich erkannte den Mann, es war der Dorffriseur.

Dann hörte ich Frauenstimmen. Eine war mir vertraut.

»Mutter! Ich bin's. Phoolan!«

Sie stieg aus dem Boot, rannte auf mich zu und nahm mich in die Arme.

»Er hat mich einfach hier sitzengelassen und ist weggegangen«, sagte ich zu ihr.

Sie weinte lauter, als ich sie je weinen gehört habe. Auch mein Vater stieg aus dem Boot. Sie waren wahrscheinlich auf dem Weg zum Kachwari. Er schlug die Hände vor das Gesicht und weinte ebenfalls.

»O Gott«, stieß er hervor, »was hast du meinem kleinen Mädchen jetzt angetan?«

»Ich weiß nicht, unter welchem Stern du geboren bist, Phoolan«, sagte meine Mutter und schüttelte den Kopf. »Ich weiß nicht, warum Gott sich so von dir abgewandt hat.«

Meine Zähne klapperten immer noch vor Angst.

»Amma, ich habe Hunger«, sagte ich zu meiner Mutter.

»Komm mit nach Hause, ich mache dir eine heiße Milch.«

»Nein, Moola«, rief eine Stimme. »Nimm sie nicht mit nach Hause, bring sie zu Mayadin. Er hat sie gezwungen zu gehen.«

In dem Holzboot befanden sich etwa ein Dutzend Dorfbewohner, und alle stimmten ihm zu. Einer von ihnen sagte, als sie mich dort haben liegen sehen, hätten sie gedacht, es wäre die Leiche einer Frau, die man erschlagen und in den Fluß geworfen hätte.

Ich sollte sehr bald feststellen, daß ich ohne Ehemann nichts anderes war als eine Leiche, die im Fluß trieb.

Die dunkle Kraft der Göttin Durga

Es dauerte nicht lange, und einige Mitglieder aus Putti Lals Familie kamen zu uns und berichteten, was es in seinem Dorf Neues gab. Putti hatte allen erzählt, er hätte mich zu einem seiner Vettern gebracht. Als sie mich dann in meinem Dorf sahen, wußten sie, daß das gelogen war, und gaben meiner Mutter den Rat, ihn bei der Polizei anzuzeigen, damit er gezwungen würde, mich wieder zurückzunehmen. Als ich das hörte, begann sich alles in meinem Kopf zu drehen. Mein ganzer Körper brannte von dem gelben Haldi, mit dem meine Mutter mich eingerieben hatte, damit meine Wunden besser heilten. Nie wieder, betete ich, nie wieder! Aber meine Mutter weigerte sich, zur Polizei zu gehen. Sie wollte Putti Lal auf gar keinen Fall zwingen, mich wieder bei sich aufzunehmen, erklärte sie den Leuten. Und wenn ich eine Schande für das ganze Dorf wäre, dann sollte es eben so sein. Sie würde mich ernähren und sich um mich kümmern.

Mayadin war außer sich vor Wut. Von diesem Tag an belästigte er meine Mutter jedesmal, wenn sie auf dem Weg zum Brunnen an seinem Haus vorbeikam. Er beschimpfte sie und drohte ihr mit allen möglichen Strafen, aber als Antwort erhielt er immer nur das Knurren einer wütenden Tigerin:

»Geh zum Teufel! Laß uns in Ruhe!«

Deshalb hielt er sich an meinen Vater, an meinen armen, unterwürfigen Vater, und stellte ihn auf dem Platz vor dem Tempel vor allen anderen Männern des Dorfes zur Rede. »Es gehört sich nicht, eine verheiratete Tochter im Haus zu behalten«, rief er ihm zu. »Schick sie zu ihrem Mann zurück. Sie ist eine Schande für dein Haus.« Mein Vater ging daraufhin noch gebückter, gab keine Antwort und machte sich wieder an seine schwere Arbeit.

Als ich wieder einigermaßen zu Kräften gekommen war und mit Choti und den anderen Mädchen auf dem Feld arbeiten konnte, hackte er auf mir herum.

»Sag deinem Vater, er soll seine Anzeige zurückziehen, sonst werde ich dir das Leben zur Hölle machen!« drohte er mir.

Eines Tages wurde ich so wütend, daß ich ihn mitten im Dorf anbrüllte: »Was dir gehört, gehört in Wirklichkeit mir. Und das kannst du nicht ertragen.«

»Ihr werdet verlieren«, rief er. »Dafür werde ich sorgen.«

»Wie können wir verlieren«, verspottete ich ihn, »wo wir doch nichts zu verlieren haben?«

Nach einigen Wochen änderte er seine Taktik, ganz so wie schon früher. Anstatt meiner Mutter zu drohen, machte er ihr nun Versprechungen und erklärte ihr, er habe einen guten Mann für mich gefunden.

Er brachte immer wieder Witwer ins Haus, die eine junge Braut heiraten wollten, oder verheiratete Männer, die eine zweite Frau suchten. Meine Mutter richtete sich nur stolz auf und sagte ihm, er solle sich schämen.

»Kannst du sie nicht endlich in Ruhe lassen«, fuhr sie ihn an. »Hast du nicht ohnehin schon ihr Leben ruiniert?«

Die Wunden heilten langsam. Ich half meinem Vater bei der Arbeit, sammelte Brennholz und schleppte es in die anderen Dörfer, wo wir es zusammen mit den Gurken und Wassermelonen von unserem Kachwari verkauften. Ich übernahm dabei immer mehr die Initiative und handelte mit den Leuten, wenn wir Weizen und Salz einkauften.

Als nach dem Monsun die Herbsternte eingebracht war und die kalte Jahreszeit begann, begleiteten Choti und ich unseren Vater und halfen ihm, wenn er losging, um Mauern und Häuser zu reparieren, die vom Regen beschädigt worden waren. Wir schleppten die Ziegelsteine und den Sand, während er die eigentlichen Maurerarbeiten machte. Er bekam dafür zwölf Rupien pro Tag, wir zweieinhalb. Wir schufteten vom Morgengrauen bis zum Sonnenuntergang, und diese Arbeit veränderte mich …

Als ich wieder zu Kräften gekommen war, wuchs auch mein

Selbstvertrauen. Ich war nicht mehr das demütige Mädchen, das alles hinnahm, was andere entschieden hatten. Wenn ich den ganzen Tag lang mit einem Sack voller Steine die Holzleiter hinauf- und hinunterstieg, hatte ich genügend Gelegenheit, über mein Schicksal nachzudenken. Es machte mir nichts mehr aus, daß ich nach der alten Tradition ein Mädchen war, das man sitzengelassen hatte. Alles was zählte war, genügend Geld zu verdienen, um satt zu werden. Aber das bedeutete, daß wir für unsere Arbeit auch wirklich bezahlt wurden. Es kam viel zu oft vor, daß die Thakurs, die uns angestellt hatten, vergaßen, uns zu bezahlen. »Kommt morgen wieder«, sagten sie nur und schickten uns mit einer Handbewegung weg. Wenn wir dann wiederkamen, behaupteten sie, sie hätten uns doch schon mit Lebensmitteln bezahlt, oder sie unterstellten uns, wir hätten an bestimmten Tagen nicht gearbeitet, und sie würden uns diese Zeit von unserem Lohn abziehen. Sie hätten darüber ganz genau Buch geführt. Ich erklärte ihnen dann für gewöhnlich, daß wir sehr wohl gearbeitet und alles getan hätten, was uns aufgetragen war, daß wir das aber nicht für Gottes Lohn getan hätten. Um ganz sicher zu gehen, ging ich dazu über, jeden Tag meinen Lohn zu fordern.

»Heute habe ich gearbeitet«, sagte ich zu ihnen, »also will ich auch heute mein Geld haben.«

Mein Vater bekam Angst, wenn ich so redete. Er zog mich dann immer am Ärmel und flüsterte mir zu, ich solle doch still sein und nicht in diesem Ton mit den Leuten reden. Aber in den meisten Fällen gaben sie klein bei und zahlten uns das, was sie uns schuldeten. Wenn sie sich weigerten, fand ich Mittel und Wege, es von ihnen zu erpressen. Choti und ich schlichen uns an ihre Kühe oder Ziegen heran, banden ein Tier los und ließen es frei auf dem Feld herumlaufen. Oder ich nahm eines der Tiere mit nach Hause und ging dann zu seinem Besitzer.

»Seid Ihr jetzt bereit zu zahlen?« fragte ich ihn. »Oder soll ich Eure Ziege behalten?«

Die Leute warfen mich hinaus und sagten, ich sei unverschämt und schlecht erzogen. Und sie beklagten sich über meine Ausdrucksweise. Ich selbst hatte jedoch nicht das Gefühl, daß ich etwas Unrechtes tat. Ich forderte nur das Geld, das man mir für meine

Arbeit schuldete. Und wenn ich mit lauter Stimme, erhobenen Hauptes und ohne Furcht das forderte, was mir zustand, hatte das nichts mit schlechter Ausdrucksweise zu tun.

Ich hatte so viel durchgemacht, so oft schreckliche Angst ausgestanden, daß diese Leute mich nicht mehr beeindrucken konnten. Ich glaube, ich hatte zu dieser Zeit nicht einmal mehr Angst vor der Angst. Ganz sicher hatte ich keine Angst vor einer Konfrontation mit diesen Leuten. Ich war schon so brutal mit dem Lederriemen geschlagen, ausgepeitscht und in anderer Weise verletzt worden, daß mir nichts Schlimmeres mehr passieren konnte. Choti hatte jedoch Angst. Wenn uns jemand drohte, lief sie sofort weg. Wahrscheinlich hat sie zu oft zusehen müssen, wie ich geschlagen wurde. Ich ließ mich jedoch durch nichts beirren und war bereit zu kämpfen. Wenn eine Frau mir den Arm umdrehte, um mich hinauszuwerfen, drehte ich ihr selbst den Arm herum. Wenn sie mich ohrfeigte, schlug ich zurück.

Als mein Vater von diesen Auseinandersetzungen erfuhr, beklagte er sich über mein Verhalten und sagte mir, ich solle mich respektvoller benehmen. Meine Mutter jedoch ergriff bei solchen Anlässen oft Partei für mich. »Phoolan hat recht«, sagte sie dann zu ihm. »Wir arbeiten im Schweiße unseres Angesichts für diese Leute, da ist es nicht mehr als recht und billig, daß sie uns bezahlen.« Und wenn jemand, der uns Geld schuldete, sich darüber beschwerte, daß wir eines seiner Tiere mitgenommen hätten, sagte sie: »Das ist die Strafe Gottes, weil du meine Töchter nicht bezahlt hast. Wenn du deine Schulden beglichen hast, bekommst du deine Ziege zurück.«

Der Frühling kam und dann die heiße Jahreszeit. Der Monsun kündigte sich bereits an. Bevor er kam, halfen wir unserem Vater beim Bau eines Hauses. Es war ein kleines Haus mit nur zwei Zimmern, denn der Auftraggeber war kein sehr reicher Mann. Unser Vater baute die Mauern Stein auf Stein, ohne fremde Hilfe. Schließlich fehlten nur noch das Stroh und die Dachziegel. Mein Vater bat um seinen Lohn, aber der Mann sagte ihm, er solle am nächsten Tag wiederkommen, wenn alles fertig wäre.

»Sie haben uns versprochen, uns nach acht Tagen zu bezahlen«, erinnerte ich ihn, »und jetzt ist Wochenende.«

»Morgen«, sagte der Mann.

Als wir gingen, flüsterte ich Choti zu: »Wir warten, bis es dunkel ist. Dann werden wir ihm eine Lektion erteilen. Keine Rupien, kein Haus.«

Es war schon acht Uhr, aber immer noch hell. Heftiger Regen hatte eingesetzt, so daß alle in ihren Häusern blieben. Das Wasser kam in Sturzbächen vom Himmel, schüttelte die Bäume durch, trommelte auf die Dächer und ließ die Abwassergräben überlaufen. Der Lärm war so groß, daß Choti und ich sicher waren, daß uns niemand hören könnte, als wir uns daranmachten, das halbfertige Haus zu zerstören.

Wir kletterten auf die Mauern, trampelten darauf herum und traten die Ziegel weg. Der Lehm zwischen den Ziegeln bröckelte, wurde zu Schlamm, und nach und nach verschwanden die Mauern. Schließlich war nur noch ein roter Schlammhaufen übrig, auf dem zwei rote Teufel im Regen herumtanzten. Ganz plötzlich erfüllte mich eine ungeheure boshafte Freude. Bei jedem Ziegel, der fiel oder zerbröselte, jubelte ich innerlich. Zum erstenmal in meinem Leben hatte ich das Gefühl, physische Macht über etwas auszuüben, eine zerstörerische Kraft zu besitzen, die dunkle Kraft der Göttin Durga. Es hatte acht Tage gedauert, diese Mauern aufzubauen, und wir hatten, unterstützt vom Monsun, der in Sturzbächen vom Himmel fiel, nur zwei Stunden gebraucht, um sie zu zerstören. Das Unwetter war direkt über uns, Blitze zuckten über den grauen Himmel, und der Donner grollte laut.

Nachdem wir unser Werk vollendet hatten, war es Zeit, nach Hause zu gehen. Um den Schlamm abzuwaschen, stellten wir uns unter die Regenrinne und ließen den Regen über unsere Gesichter strömen und schrubbten unsere Arme und Beine ab. Anschließend wuschen wir unsere Kleider, wrangen sie aus und zogen sie wieder an. Dann gingen wir, immer noch klatschnaß, ins Haus.

»Wo wart ihr?« fuhr uns unsere Mutter an. Sie hatte auf uns gewartet und war schlecht gelaunt.

Choti und ich logen, so wie wir es abgesprochen hatten. »Wir waren auf der Toilette«, sagte ich.

»Ach nein, ihr habt also zwei Stunden lang im Regen gepinkelt. Kommt her, ihr ...«

Sie packte mich an den Haaren und verdrehte meinen Kopf.

»Sag mir die Wahrheit!«

Aber von mir hätte sie niemals die Wahrheit erfahren. Wir wußten genau, daß wir nur Prügel bekommen würden. Also sagten wir ihr nichts.

Am nächsten Tag sahen wir, wie der Mann immer wieder um die Ruine seines Hauses herumlief und die Arme verzweifelt zum Himmel erhob.

»Der Regen! Mein Haus ist zerstört.«

»Ihr habt gesagt, Ihr würdet uns heute bezahlen. Gebt uns unsere Rupien.«

»Haut ab! Seht ihr denn nicht, daß mein Haus zerstört ist?«

»Das Haus ist zerstört, weil Ihr uns nicht bezahlt habt«, erklärte ich ihm. »Gott hat den Regen geschickt, um Euch zu strafen. Und Gott wird auch das Haus, in dem Ihr jetzt wohnt, über Eurem Kopf zusammenstürzen lassen, wenn Ihr uns nicht das bezahlt, was Ihr uns schuldet.«

Die Leute in unserem Dorf waren sehr abergläubisch. Omen, die vom Himmel kamen, versetzten sie in Angst und Schrecken. Der Mann zahlte, ohne etwas zu sagen. Als ich meinem Vater die Rupien gab, sah er mich mißtrauisch an.

»Wie hast du das fertiggebracht?« fragte er.

»Ich habe ihm gesagt, daß Gott ihn gestraft hat.«

»Seit wann zerstört Gott die Häuser der Leute, die nicht bezahlen? Welcher Dämon hat dir diese Idee eingegeben?«

»Das war kein Dämon. Das ist mir nur so eingefallen. Ich habe ihm erklärt, Gott habe meine Gebete erhört.«

Später gestand ich meiner Mutter, was wirklich passiert war. Sie schlug sich mit der Hand auf die Stirn, starrte mich ungläubig an und wäre fast in Ohnmacht gefallen. »Man darf keine Dinge zerstören, Phoolan. Hätte dich jemand gesehen, hätte man dich deswegen töten können«, warnte sie mich. »Das ist ein Verbrechen. Tu so etwas nie wieder.«

Aber als ich das Ganze meinen Freundinnen erzählte, fühlte ich mich durchaus gerechtfertigt. Sie lachten und sagten, sie würden es beim nächstenmal genauso machen. Auch diese Mädchen mußten den ganzen Tag lang Ziegelsteine Holzleitern hinauf- und herunterschleppen, während ihre Väter oder Männer die Mauern errichteten. Sie sagten, daß sie gern mit mir zusammenarbeiten würden, weil sie dann sicher wären, daß man sie auch bezahlte. Von dem Tag an warnten wir jeden, der uns anstellte, daß Donner und Blitz kommen würden und sein Haus über dem Kopf zusammenfallen würde, wenn er uns nicht bezahlte.

In einem schmerzvollen Prozeß entdeckte ich Stück für Stück, wie die Welt aussah, in der ich lebte: die Macht der Männer, die Macht der privilegierten Kasten und die Macht der Gewalt. Das, was ich tat, betrachtete ich nicht als Rebellion, sondern als die einzige Möglichkeit, Gerechtigkeit zu erreichen. Aber zu dieser Zeit, als ich etwa vierzehn, fünfzehn Jahre war und kämpfen mußte, um überleben zu können, begann meine Rebellion. Ich war eine Frau, die einer niederen Kaste angehörte. Konfrontiert mit jenen, die Geld und Macht hatten, setzte ich jedes Mittel ein, das mir geeignet erschien. Ich ermutigte auch die anderen Mädchen, die Ernte zu sabotieren, wenn sich jemand weigerte, uns zu bezahlen. Ich machte den Grundbesitzern klar, daß wir im Schweiße unseres Angesichts ihre Felder pflügten, düngten, säten und die Ernte einbrachten und daß sie uns für unsere Mühe und unseren Schweiß bezahlen mußten. Ich warnte alle, die uns unseren wohlverdienten Lohn vorenthalten wollten, daß im nächsten Jahr auf ihrem Boden nichts mehr wachsen würde. Mir war nicht klar, daß ich mir auf diese Weise viele Feinde machte.

Ich hatte in mir selbst eine unvermutete Kraft entdeckt, eine Kraft, die ich von meiner Mutter geerbt haben muß. Sie hatte mir immer gesagt: »Steh aufrecht, sei stolz auf dich. Wenn dich jemand schlägt, schlag zurück. Wenn jemand einen Stein nach dir wirft, wirf einen zurück. Wenn dich jemand schlägt, und du dich nicht wehrst, werde *ich* dich schlagen.« Und sie fügte immer hinzu: »Sei anständig. Stiehl nicht die Früchte oder die Ernte eines anderen. Sei immer ehrlich.«

Von meinem Vater hörte ich dagegen immer nur: »Sei demütig und vergiß nie, die Füße des Menschen zu berühren, der dir Arbeit gibt.« Und wenn ich eine Möglichkeit fand, jemanden dazu zu bringen, uns zu bezahlen, fragte er mich immer nur, welcher Dämon mir diese Idee in den Kopf gesetzt habe. Wenn jemand, auf dessen Feld ich gearbeitet hatte, sich weigerte, mich zu bezahlen, und behauptete, die Ernte sei nicht gut genug gewesen, kaufte ich bei seiner Frau Weizen und sagte ihr, ich würde später bezahlen. Wenn sie dann ihr Geld haben wollte, erwiderte ich, sie solle es sich von ihrem Mann geben lassen. Das war nicht die schlechte Idee eines Dämons, sondern eine gute Idee von Phoolan Devi, die dazu führte, daß meine Familie ausreichend zu essen und mein Vater genügend Rupien hatte, um den Anwalt und Chotis Mitgift zu bezahlen.

Der Winter ging vorüber, und der Frühling kam. Wir arbeiteten gerade auf dem Feld und pflanzten Wassermelonen, als eine Frau vorbeikam und uns freundlich zulächelte. Sie erklärte uns, sie käme aus dem Dorf, in dem Rukmini wohnte, und sei auf der Suche nach heiratsfähigen Mädchen. Dann fragte sie uns, wo wir wohnten.

Wir gingen mit ihr zu unserem Haus.

»Ich hätte gern eure Älteste für meinen Sohn«, sagte sie zu meinen Eltern, »die mit der hellen Haut.«

Chotis Haut war dunkler als meine, also meinte sie mich!

»Leider ist Phoolan schon verheiratet«, sagte mein Vater. »Sie ist von ihrem Mann verlassen worden, und dessen Familie hat sie zu uns zurückgeschickt.«

Die Frau ging, kam aber am nächsten Tag mit ihrem Mann zurück. Sie war klein und hatte eine dunkle Haut, während ihr Mann sehr groß war. Er hatte einen buschigen Schnurrbart und eine Glatze; nur an den Schläfen fanden sich noch ein paar weiße Haare, die wie Baumwollflocken aussahen. Choti und ich hatten uns draußen an der Hofmauer versteckt und kicherten wie kleine Kinder, während wir der Unterhaltung lauschten, die das Ehepaar im Haus mit unseren Eltern führte.

»Wir sind so arm wie ihr«, hörten wir die Frau sagen. »Wir haben fünf Söhne und zwei Töchter, nicht viel Land, aber wir arbeiten hart, und meine Söhne verdienen genug, um davon leben zu können. Mein Sohn sagt, er möchte Phoolan haben, aber wir meinen eigentlich, er sollte die Jüngste nehmen.«

»Die meinen dich, Choti«, sagte ich. »Das muß der Junge sein, der uns auf dem Feld beobachtet hat. Erinnerst du dich? Wir hätten ihn beinahe verprügelt.«

Er war jeden Tag wiedergekommen, und schließlich hatten wir unseren Eltern davon erzählt.

Ich war ärgerlich, als ich hörte, daß er lieber mich haben wollte, denn ich glaubte, Choti würde mir böse sein. Außerdem hatte mir die Art, wie er mich anschaute, nicht gefallen. Ich hatte später zu meinem Vater gesagt, ich würde ihm eine Ohrfeige geben, wenn er mich noch einmal so ansehen sollte.

»Das darfst du nicht tun, Phoolan«, entgegnete mein Vater und machte eine beschwichtigende Handbewegung. »Er ist doch dein zukünftiger Schwager.«

Die Hochzeitsvorbereitungen begannen, und sechs Monate später wurde Choti die Ehefrau eines hübschen Jungen, der mit seinen vierzehn Jahren kaum älter war als sie und über dessen Oberlippe nicht einmal die Spur eines Schnurrbarts zu entdecken war.

Für die Mitgift mußten wir hart arbeiten und so manches Opfer bringen. Unser Vater verkaufte den gesamten Silberschmuck, der meiner Mutter noch geblieben war. Außerdem mußten wir für die Festlichkeiten Vorräte anlegen, vor allem Weizen, der sehr teuer war. Aber ich war froh, daß dieser junge Baboo, der einen freundlichen und ehrlichen Eindruck machte, Chotis Mann werden würde. Sie waren fast gleichaltrig und er so unschuldig wie sie. Ich brauchte keine Sorgen zu haben, daß meine kleine Schwester das gleiche würde durchmachen müssen wie ich.

Und es würde nicht mehr lange dauern, und meine Mutter würde von Dorf zu Dorf gehen und die Leute fragen: »Will hier niemand meine Tochter Phoolan heiraten? Auch wenn er lahm oder blind ist?«

Aber es gab niemanden.

Der Kampf mit dem Pradhan

Sie war eine der Töchter des Pradhan. Es machte ihr Spaß, uns zu jeder Tageszeit zu belästigen, ganz gleich, womit wir gerade beschäftigt waren. Sie hatte ständig irgendwelche Aufträge für uns. Und natürlich bezahlte sie nie. Sie gab uns nicht einmal etwas zu essen.

An jenem Tag kamen wir gerade vom Fluß und wollten ins Dorf zurück. Mein Vater und meine Mutter gingen vor uns her, und wir scherzten und lachten miteinander. Es war ein Tag, an dem es uns allen gutging. Ich spürte den von der Sonne erwärmten Boden unter meinen bloßen Füßen, hörte einen Papagei über mir krächzen, schaute hoch und sah, wie er wie ein grüner Blitz von den Zweigen eines Neem-Baumes aufflog.

Plötzlich versperrte das Mädchen uns den Weg.

»He, du da«, fuhr sie mich an, »ich brauche dich.«

Sie zeigte auf eine Reihe von Dachziegeln, die vor ihrem Hof lagen und offenbar gerade im Ofen gebrannt worden waren.

»Wasch sie sorgfältig ab und leg sie zum Trocknen aufs Dach«, sagte sie.

Meine Mutter erwiderte, daß sie kein Recht habe, in diesem Ton mit uns zu sprechen, und daß wir außerdem zur Zeit genug zu tun hätten und uns später um ihren Auftrag kümmern würden.

Das Mädchen nahm einen der Dachziegel, hob ihn hoch und schleuderte ihn in Richtung meiner Mutter. Seitlich am Kopf getroffen, stürzte sie zu Boden. Sie blutete. Choti lief zu ihr, um ihr zu helfen, und ich warf mich auf das Mädchen und schlug es mit aller Kraft auf den Arm.

»Hör auf, Phoolan«, rief meine Mutter. »Tu ihr nichts. Man wird uns sonst schlagen!«

»Aber sie hat doch angefangen!« entgegnete ich.

»Schau, da kommen sie schon!«

Als ich mich umdrehte, sah ich die kleine, rundliche Gestalt des Pradhan auf uns zukommen. Ich fürchtete, daß er meine Eltern schlagen würde.

»Vater, lauf weg! Bring Amma über den Fluß. Lauf!« stieß ich hervor und blickte mich selbst nach einem Versteck um ...

In der Nähe befand sich eine kleine Hütte, in der wir Brennholz aufbewahrten. Wir liefen dorthin, aber als wir die Mauer der Hütte hochkletterten, merkte ich, daß er uns gesehen hatte. Ich hörte ihn schon von weitem schimpfen und schreien, diesmal würde er uns umbringen, er würde uns totprügeln.

Ich hatte ein Mädchen angegriffen, das einer der Familien angehörte, die über das Dorf herrschten. Damit hatte ich offenbar ein Verbrechen begangen. Der Pradhan ließ es nicht zu, daß man seine Autorität in Frage stellte. Als er näher kam, konnte ich erkennen, daß die Spitze des Lathiknüppels, den er in der Hand hatte, mit Eisen beschlagen war. Seine beiden Söhne liefen hinter ihm her, außerdem noch zwei weitere Männer, die seine Felder bewachten, und vier seiner Diener. Alle waren mit Stöcken bewaffnet ...

Choti zog mich am Arm.

»Hier lang.«

»Was soll das? Bleib, wo du bist ...«

Um uns herum standen Bäume, und ich entdeckte einen Ast, der so niedrig hing, daß ich ihn abbrechen konnte. Jetzt hatte ich auch einen Stock, der fast so lang war wie der des Pradhan.

»Tu's nicht, Phoolan«, flehte Choti mich an. »Tu's nicht! Es ist besser, wenn du nicht zurückschlägst.«

Ich stand mit dem Stock in der Hand auf der Mauer und wartete darauf, daß sie versuchen würden, mich dort herunterzuholen. Die Söhne des Pradhan waren zuerst da, dann kam ihr Vater; sie alle waren mit Lathis bewaffnet. Der Pradhan warf erst einen Blick auf seine Söhne und die anderen Männer, kletterte dann auf die Mauer und versetzte mir einen Schlag.

Ich wich aus und versuchte vergeblich, ihm die ganze Angelegenheit zu erklären.

»Ich habe Eure Tochter nur geschlagen, weil sie meine Mutter verletzt hat.«

Er schlug mich ein zweites Mal.

Ich verlor das Gleichgewicht und fiel von der Mauer. Er sprang herunter und fing an, mit seinem eisenbeschlagenen Lathi auf mich einzuschlagen. Ich versuchte, seine Kleider zu erwischen. Wenn es mir gelingen würde, sie zu zerreißen, würde er, das wußte ich, weglaufen, um seine Blöße zu verbergen. Er trug eine weiße Kurta und hatte einen Dhoti um den Leib gebunden. Ich griff danach, bekam sie aber nicht zu fassen. Seine Schläge wurden immer härter. Er stieß dabei die unflätigsten Schimpfworte aus, nannte mich eine Hure, ein Miststück und was es sonst noch für häßliche Ausdrücke gab. Endlich gelang es mir, mich an etwas festzuhalten. Ich ließ nicht wieder los, selbst als ihm einer seiner Söhne zu Hilfe kam und mich heftig auf den Rücken schlug.

In meiner Verzweiflung hatte ich ihn instinktiv an seiner Schlange gepackt! Ich hielt sie gut fest, und je lauter er schrie und je wilder er um sich schlug, um freizukommen, um so fester griff ich zu, bis er schließlich vor Schmerzen heulte.

»Hilfe! Helft mir doch! Sie bringt mich um! Das Miststück bringt mich um!«

Seine Söhne versuchten, mich wegzuziehen, aber ich ließ nicht los.

»Schlag ihn, los!« rief ich Choti zu. »Nun mach schon!«

»Nein, nein! Laß ihn los, Phoolan. Sie haben unseren Buppa!«

Ich merkte, wie sich die Augen des Pradhan mit Tränen füllten, er mußte also große Schmerzen haben. Aber dann sah ich, wie seine Wächter mit ihren Stöcken auf meine Mutter und meinen Vater einschlugen. Mein Vater war in die Knie gegangen und hielt die Arme über seinen Kopf, um sich vor den Schlägen zu schützen. Er schluchzte und flehte sie an aufzuhören.

Einige Dorfbewohner standen völlig entgeistert dabei.

»So helft uns doch«, stöhnte er. »Sie bringen uns um.«

Ich konnte es einfach nicht ertragen, meinen Vater weinen zu sehen. Ich ließ den Pradhan los, er taumelte ein paar Schritte zurück und krümmte sich vor Schmerzen. Diesen Augenblick nutzte ich aus und entriß ihm den Lathi mit der Eisenspitze.

Meiner Mutter war es gelungen, den Wächtern zu entkommen. Voller Entsetzen floh sie zu unserem Haus. Mein Vater lief hinter ihr her. Die Männer, die sie geschlagen hatten, kamen jetzt auf uns zu.

Das war das letzte, was ich sah, bevor die Söhne des Pradhan über uns herfielen und mit den Stöcken auf uns einprügelten. Sie schlugen die arme Choti so heftig, daß ich nur noch daran denken mußte, daß sie doch in zwei Wochen verheiratet werden sollte und womöglich entstellt sein würde. Aber es gelang ihr, den schlimmsten Schlägen auszuweichen und wegzulaufen. Jetzt war ich an der Reihe.

»Du kleines Miststück! Wie kannst du es wagen? Du kleine Hure! Wie kannst du es wagen, den Pradhan in eine so peinliche Situation zu bringen?«

Sie waren zu viert und standen mit drohenden Mienen um mich herum. Dann begannen sie mit einer solchen Brutalität auf mich einzuschlagen, daß ich bald vor lauter Blut, das über mein Gesicht lief, nichts mehr sehen konnte. Ich wehrte mich blind und drehte und wendete mich, um den Schlägen auszuweichen. Sie schlugen mit einer solchen Wut drauflos, daß sie mich häufig verfehlten und gar nicht mehr richtig sahen, wohin sie schlugen, und es gelang mir, zwischen ihren Beinen durchzuschlüpfen und in unser Haus zu fliehen.

Der Rest der Familie war bereits dort, ich war die letzte. Unser Vater schloß die große Holztür hinter mir, nach Luft ringend, während er den Eisenriegel vorschob. Er drehte sich um, lehnte sich mit dem Rücken gegen die Tür, und als er mich ansah, begann er wieder zu weinen. Mein Gesicht, meine Arme, mein Rücken, meine Beine – alles war blutüberströmt.

Er brachte mir eine Schale mit Wasser und half mir beim Trinken. Ich verschluckte mich, während ich schlürfte – meine Lippen waren aufgeplatzt und bluteten. Er brachte mir noch eine Schale und goß das Wasser langsam über mein Gesicht, um das Blut abzuspülen, damit ich wenigstens wieder etwas sehen konnte. Draußen hörten wir die Schreie der Dorfbewohner. Mein kleiner Bruder begann um Hilfe zu rufen. Er wußte nicht, daß es dieses Mal nicht unsere Nachbarn waren, die draußen lärmten, sondern alle reichen Leute des Dorfes, die sich über uns empörten.

Dabei hatte ich doch nur versucht, meine Mutter zu beschützen, und nur das getan, was sie mir immer gesagt hatte: Wenn ein Mann mich angreifen sollte, müßte ich ihn dort unten so fest wie möglich schlagen oder kneifen, auf diese Weise würde ich Zeit gewinnen und könnte weglaufen. Genau das hatte ich instinktiv bei dem Pradhan gemacht, und er hätte mich nicht schlimmer verprügeln können, wenn ich ihm eine Kuh gestohlen hätte. Wo blieb die Gerechtigkeit für uns? Seine Tochter hatte kein Recht, so mit uns zu reden oder meiner Mutter einen Dachziegel an den Kopf zu werfen. Seine Söhne hatten kein Recht, uns halbtotzuschlagen. Trotzdem war meine Mutter jetzt wütend auf mich. Immer würde ich solche Kämpfe vom Zaun brechen. Ich hätte das Mädchen nicht angreifen dürfen. Plötzlich war ich diejenige, die im Unrecht war.

»Sollte ich das etwa einfach so hinnehmen? Daß sie dich sogar mit einem Dachziegel beworfen hat?«

»Phoolan, wann wirst du endlich begreifen, daß du gegen die nichts ausrichten kannst?«

Ich glaubte ihr nicht. Erst war es Mayadin gewesen, gegen den wir uns nicht wehren konnten, aber zu guter Letzt war es ihm doch nicht gelungen, mich wieder zu Putti Lal zurückzuschicken. Dann waren es all die Leute, die sich weigerten, uns zu bezahlen, und ich hatte es geschafft, sie in Angst zu versetzen. Ich sah nicht ein, warum ich jetzt aufhören sollte.

»Aber niemand im Dorf wird uns dieses Mal helfen«, sagte meine Mutter. »Du hast es doch selbst gehört! Sie könnten uns alle umbringen, wenn sie es wollten«, jammerte sie. »Niemand kann etwas dagegen tun.«

Wir hörten Geräusche an der Tür ...

»Siehst du«, sagte sie, »sie sperren uns hier ein. Wir sitzen in der Falle.«

Vom Hof her hörte man ein kratzendes Geräusch, als würde ein Rudel wilder Hunde versuchen, die Holztür aufzubrechen.

»Komm raus, du Miststück!«

Mein Vater wandte sich an meine Mutter. »Das ist deine Schuld.

Hättest du nicht auf einem anderen Weg nach Hause gehen können? Schau, was du angerichtet hast!«

»Deine Tochter ist die Schuldige! Sie hat versucht, mich zu beschützen, und dann sind sie über sie hergefallen.«

»Phoolan, das hättest du nicht tun dürfen«, klagte mein Vater. »Den Pradhan anzugreifen ist ein schweres Verbrechen.«

»Er hat es verdient«, entgegnete meine Mutter. »Schau dir an, was er mit unseren Mädchen gemacht hat, er hat sie blutig geschlagen! Sie hatte recht.«

»Ihr seid beide verrückt!« schrie ich meine Eltern an. »Was sollen wir jetzt machen?«

Aber ich wußte bereits, was ich tun würde. Ich hatte meine Schmerzen vergessen, aber der unbändige Zorn in meinem Kopf war nicht gewichen. Ich kletterte auf die Terrasse, auf der wir unsere Lehmtöpfe trockneten, und warf einen nach dem anderen auf die Menge herunter, die draußen stand. Choti kam hinter mir her und half mir.

»Kommt da runter«, rief meine Mutter. »Wenn ihr sie weiter provoziert, werden sie uns noch das Haus über dem Kopf anzünden.«

Die Leute zogen sich zurück, um nicht von den Töpfen getroffen zu werden, die um sie herum zersplitterten. Einige von ihnen beschimpften uns, weil wir so respektlos gewesen wären. Andere, die gerade erst gekommen waren, um sich das Spektakel anzuschauen, lachten und machten uns Mut.

»Schaut euch diese Mädchen an! Schaut sie euch an!«

Ich hob den letzten Topf keuchend hoch und hielt ihn über meinen Kopf. Dann mußte auch ich trotz meiner Schmerzen und dem Blut, mit dem ich bedeckt war, lachen. Ich fühlte mich besser: Wir hatten Vergeltung geübt, und meine Wut war verraucht.

»Aufhören!« rief mein Vater. »Seid ihr denn völlig verrückt geworden? Aufhören!«

Ich kletterte nach unten und sank erschöpft auf den schmutzigen Boden des Hofes. Unsere Mutter holte Wasser, reinigte unsere Wunden und verband sie. Endlich wurde es Nacht, und mit der Dunkelheit wurde es im Dorf wieder ruhig. Wir lauschten jedoch noch auf jedes kleinste Geräusch und verbarrikadierten uns in unserem eigenen Haus so, als wäre es ein Gefängnis.

Als die Dorfbewohner angefangen hatten zu lachen, waren der Pradhan und seine Söhne als erste fortgegangen. Das war für mich ein kleiner Sieg.

Der Pradhan verhielt sich den armen Dorfbewohnern gegenüber wie ein Prinz, ein *rajput*, und seine Söhne waren noch schlimmer. Seit ich denken konnte, hatten sie sich ständig so benommen, als sei es ihr gutes Recht, uns auszubeuten: »Komm her, tu dies, tu das, geh aus dem Weg ...« Wir mußten einen großen Bogen um ihr Haus machen und durften nichts sagen, wenn sie schmutzige Bemerkungen über uns machten.

Vielleicht war die Tatsache, daß wir sie nicht beachteten, der Grund, warum die Söhne des Pradhan ständig auf Choti und mir herumhackten. Die Jungen waren großspurig und arrogant. Sie glaubten, weil ihr Vater das Oberhaupt aller Dörfer des Bezirks war, hätten sie das Recht, mit den Dorfmädchen zu machen, was sie wollten. Meine Mutter warnte mich immer und sagte mir, wenn es einem der Jungen gelingen sollte, mich zu fassen zu bekommen, würden die anderen Jungen das sehr schnell herauskriegen und versuchen, mich ebenfalls zu mißbrauchen. Ich wußte schon gar nicht mehr, wie oft sie versucht hatten, mich zu fangen.

Nach allem, was geschehen war, wollte meine Mutter zur Polizei gehen. Das wäre das erste Mal gewesen, daß jemand aus unserem Dorf so etwas getan hätte. Sie konnten uns schlagen, ja sogar töten, ohne daß jemals einer von uns es gewagt hatte, sie anzuzeigen. Selbst als der arme Schmied gestorben war, nachdem die Leute des Pradhan ihn zusammengeschlagen hatten, hatte niemand ein Wort gesagt. Zwei unserer Nachbarn waren über die hintere Mauer geklettert und in unser Haus gekommen. Auch sie rieten uns, zur Polizei zu gehen, aber mein Vater sagte nein. Er wollte erst den Anwalt in Kalpi, der seinen Fall vertrat, um Rat fragen. »Ich habe Angst, daß Phoolan etwas zustoßen könnte, nach allem, was sie getan hat«, sagte er. »Wenn wir zur Polizei gehen, lassen die den

Pradhan laufen und sperren statt dessen Phoolan ein. Der Anwalt ist der einzige, der uns helfen kann.«

Er beschloß, daß er mit Bhuri und meinem kleinen Bruder im Haus bleiben würde, während der Rest der Familie nach Kalpi gehen sollte. Es war inzwischen Mitternacht. Die Menge hatte sich verlaufen, und die Dunkelheit und Stille weckten meine Ängste aufs neue. Obwohl Kalpi zehn Kilometer entfernt war, machte sich meine Mutter barfuß auf den Weg, und Choti und ich folgten ihr in die düstere, stille Nacht. Unterwegs beschwor sie uns, vorsichtig zu sein: »Wenn wir mit dem Anwalt sprechen, dürft ihr ihm nicht sagen, daß es der Pradhan war. Sagt einfach, man hätte euch geschlagen.«

»Warum? Er war es doch, der uns gemeinsam mit seinen Söhnen geschlagen hat.«

»Phoolan, mach nicht alles noch schwieriger. Wir sagen, die Dorfbewohner hätten uns geschlagen, und jetzt Schluß.«

Choti humpelte, und ich trug blutgetränkte Verbände, aber wir durften nicht sagen, wer es gewesen war.

Um zwei Uhr morgens kamen wir in Kalpi an. Vor dem Haus des Anwalts sagte unsere Mutter, wir sollten uns auf den Boden setzen, und ging allein hinein, um mit ihm zu reden. Die Stadt war im Dunkeln noch furchteinflößender als bei Tag. Die Geschäfte waren geschlossen, und Hunde schnüffelten im fahlen Licht der elektrischen Straßenbeleuchtung an den Abfällen herum. Während unsere Mutter drinnen mit dem Anwalt sprach, zählten Choti und ich unsere blauen Flecken, so wie wir es immer machten, wenn wir geschlagen worden waren. Ich wickelte langsam meine Verbände ab und sah, daß meine Gelenke geschwollen waren.

Plötzlich tauchte vor uns ein kleiner Affe auf und spielte den Clown. Er setzte sich hin, wackelte mit dem Kopf, grinste und fing an, uns nachzumachen. Er tat so, als zähle auch er seine blauen Flecken. Das war so komisch, daß wir unseren Kummer vergaßen und anfingen, mit ihm zu spielen. Wenn ich weinte, weinte der Affe. Wenn Choti lachte, lachte er auch und zeigte seine weißen Zähne und das rosafarbene Zahnfleisch. Unsere Mutter war immer noch im Haus, als wir plötzlich das Geräusch eines Motors hörten. Der

Affe lief weg, und ich sah die Scheinwerfer eines Autos. Ein paar Männer stiegen aus …

»Das sind sie!« warnte ich. »Das ist der Pradhan mit seinen Söhnen!«

Choti begann zu heulen.

»Sie werden uns töten, Phoolan!«

Ich fragte mich, wer ihnen gesagt hatte, wo sie uns finden konnten.

»Wenn sie uns schlagen, können wir hier wenigstens um Hilfe rufen«, sagte Choti, und der Gedanke, daß wir in dieser Stadt nicht allein waren, gab mir wieder Mut. Ich rief unsere Mutter.

Sie kam mit dem Anwalt aus dem Haus gelaufen. Der Anwalt sagte, sein Name sei Santosh, und forderte die Männer auf, sich auszuweisen.

Der Pradhan zögerte.

»Rührt sie nicht an!« sagte Santosh. »Wenn ihr hier eine Schlägerei anfangen wollt, lasse ich euch sofort ins Gefängnis sperren, ganz gleich, für wie wichtig ihr euch haltet.«

Der Pradhan kam trotzdem langsam, mit einem Lächeln, auf uns zu.

»Das wird nicht nötig sein … Wir wollen niemandem etwas zuleide tun. Wir waren bei den Leuten zu Hause, um über die Angelegenheit zu reden, und ihr Vater hat uns gesagt, daß sie hier sind. Wir sind nur gekommen, um mit ihnen zu reden, das ist alles.«

Er verbeugte sich vor meiner Mutter und berührte ihre Füße.

»Bitte vergib uns«, sagte er. »Deine Tochter hat mich in eine peinliche Situation gebracht, und ich war ein bißchen ärgerlich, das war alles. Ich habe sie immer so behandelt, als gehöre sie zu meiner Familie, schaut euch an, was sie mir angetan hat.«

Er zeigte mit einem Grinsen auf seinen Dhoti. Dann drehte er sich zu Choti und mir, verbeugte sich und berührte auch unsere Füße! So etwas hatte er noch nie getan. Unsere Mutter war verblüfft, und ich konnte sehen, wie sie sich stolz aufrichtete, weil ihr ein Pradhan zu Füßen gelegen hatte, so als sei sie eine bedeutende Persönlichkeit.

Er redete weiter mit dem Anwalt, entschuldigte sich für das, was passiert war, und sprach über uns so, als seien wir Kinder, die er mit seinen eigenen Händen gefüttert und aufgezogen hätte. Ich wußte nicht, was ich davon halten sollte – ich konnte mir nur vorstellen, daß unsere Drohung, ihn bei der Polizei anzuzeigen, Wirkung gezeigt hatte und daß wir vielleicht damit unseren ersten Sieg errungen hatten.

Da es immer später wurde, beschlossen wir, wieder nach Hause zu gehen. Ich war jedoch nicht zufrieden und bat meine Mutter, mir wenigstens aus der Entfernung die Polizeistation zu zeigen.

»Wo ist sie?« fragte ich und zog sie am Ärmel.

»Jetzt reicht's aber, Phoolan. Der Pradhan hat doch gesagt, daß es ihm leid tut.«

Als ich ihn an seiner Schlange gepackt hatte, war er außer sich gewesen, und jetzt hatte er sich sogar noch weiter erniedrigt, indem er unsere Füße berührt hatte. Irgend etwas stimmte nicht. Als wir außer Sichtweite des Hauses des Anwalts waren, drehte sich der Pradhan zu meiner Mutter.

»Du dummes Miststück!« fuhr er sie wütend an. »Damit wirst du nicht durchkommen. Du wirst noch den Tag bereuen, an dem du geboren wurdest ...«

Als er in dieser Nacht in Kalpi den Anwalt angegrinst und die Füße meiner Mutter berührt hatte, hatte er sich genauso verhalten wie der kleine Affe. Jetzt spuckte er ihr ins Gesicht. Er war ein reicher Landbesitzer, das Oberhaupt einer Föderation von zwölf Dörfern in unserer Region, der wichtigste Mann in unserem Bezirk und ein Freund des Sarpanch und der Polizei. Phoolan Devi und ihre Familie waren nur arme Leute aus der Unterkaste der Mallahs, die kein Land besaßen. Auf seinem eigenen Territorium würden sie niemals gegen ihn ankommen können.

Er stieg wieder in sein Taxi und kehrte mit seinen Söhnen ins Dorf zurück. Wir trotteten langsam nach Hause, Choti humpelnd und ich mit meinen blutigen Verbänden. Wir gingen, die Hügel hinauf und hinunter, am Ufer der Yamuna entlang, wo die Geier im Dunkeln warteten.

Entehrt und vogelfrei

Als ich den Pradhan an seiner Schlange gepackt hielt, hatten die scheinheiligen Dorfbewohner gekichert, und sie fanden es auch komisch, als ich die Töpfe vom Dach geworfen hatte. Hinterher jedoch zeigten sie auf der Straße mit dem Finger auf mich. »Sie hat den Pradhan in eine peinliche Situation gebracht«, sagten sie. »Sie hat ihn in aller Öffentlichkeit gedemütigt. Das Mädchen hat einfach kein Schamgefühl.«

Ich muß damals ungefähr fünfzehn gewesen sein. Alle anderen Mädchen in meinem Alter waren bereits verheiratet und lebten bei der Familie ihres Ehemannes. Ich trug kein rotes Mal mehr auf der Stirn, und ich vergaß ständig, meinen Kopf mit dem Ende des Saris zu verhüllen. Auch wenn es mir selbst nicht bewußt war, hatte ich inzwischen bei den Dorfbewohnern einen schlechten Ruf. Die jungen Männer glaubten, sie könnten mich behandeln, wie es ihnen gefiel, da ich zu niemandem gehörte und keinen Mann hatte, der mich beschützte.

Choti war zur Familie ihres Mannes gezogen und kam nur hin und wieder zu Besuch. Mein Bruder Shiv Narayan war noch zu klein, um mich verteidigen zu können. So blieb nur noch Klein Bhuri übrig. Sie war ungefähr fünf und hatte ein kleines, rundliches Gesicht und große, dunkle Augen. Sie folgte mir auf Schritt und Tritt wie ein kleiner Hund. Ich sagte zu ihr: »Wenn du siehst, daß mir eine Frau etwas tun will, dann lauf schnell weg und versteck dich. Wenn es aber ein Mann ist, dann lauf so schnell du kannst, und sag es der Amma.«

Wenn die jungen Männer sich zusammenrotteten und mich mit anzüglichen Bemerkungen in die Enge treiben wollten, schenkte ich ihnen einfach keine Beachtung, vor allem, wenn ihr Anführer, der

Sohn des Sarpanch, dabei war. Er war bedeutend größer und älter als ich und belästigte mich ständig. Einmal hatte er einen Jungen mit der Nachricht zu uns geschickt, daß seine Frau mich aus irgendeinem Grund benötige. Es war früh morgens, wir waren gerade wach geworden, aber meine Mutter sagte, wenn die Schwiegertochter des Sarpanch mich brauche, müßte ich hingehen. Der Sarpanch war schließlich der Vorsitzende des Dorfrates. Ich ging also mit dem Jungen, weil ich glaubte, ich solle irgend etwas für sie erledigen, und machte mir schon Gedanken darüber, ob sie mich wohl dafür bezahlen würde. Als wir an dem Haus angekommen waren, lief der Junge jedoch weg und rief laut: »Hier ist sie! Phoolan ist hier.« Es war eine Falle. Seine Frau war natürlich gar nicht zu Hause, und bei dem Sohn des Sarpanch war etwa ein Dutzend wild blickender junger Männer, von denen ein paar nicht einmal aus unserem Dorf stammten. Als ich, so schnell ich konnte, weglief, schütteten sie sich aus vor Lachen.

Danach hörten die Behelligungen nicht mehr auf. Er und seine Freunde – zu denen die beiden Söhne des Pradhan zählten, die uns geschlagen hatten – stellten sich mir in den Weg, zogen Rupienscheine aus der Tasche und winkten damit. Wenn ich ihnen auswich, bewarfen sie mich mit Steinen. Ich konnte offenbar nichts tun, um sie von diesen üblen Spielen abzubringen.

Ich versuchte immer dafür zu sorgen, daß Bhuri an meiner Seite war, damit sie notfalls unserer Mutter Bescheid sagen konnte. Als ich jedoch eines Morgens vom Fluß zurückkam, war sie nicht bei mir, und als ich den Sohn des Sarpanch entdeckte, war es bereits zu spät.

Er packte mich und fing an, mich vor den Augen seiner Freunde am ganzen Körper anzufassen. Früher hatte er sich damit begnügt, schmutzige Bemerkungen zu machen, wenn ich vorbeiging. Aber diesmal sah ich in seinen Augen ein bösartiges Funkeln und wußte sofort, daß ich in Gefahr war. Ich geriet in Panik und schlug mit aller Kraft zu. Er ließ mich los, und als ich fortlief, warfen er und seine Freunde mit Steinen nach mir.

Ich war unverletzt, aber trotzdem außer mir vor Wut. »Warum sind sie bloß immer hinter mir her?« fragte ich meine Mutter.

Sie forderte mich auf, mich hinzusetzen …

»Wegen deiner … Situation.« Sie zögerte. »Dabei siehst du weiß Gott nicht einmal wie eine Frau aus.«

Das Kinderkriegen war immer noch ein großes Rätsel für mich, nicht anders als damals, als Bhuri aus dem Bauch meiner Mutter geplatzt war. Obwohl unser Haus so klein war und wir sehr beengt lebten, hatten wir unsere Eltern nie zusammen gesehen. Und ich habe nie mit meinen Freundinnen über dieses Thema gesprochen. Kurz vor Chotis Hochzeit hatte ich meine erste Periode, aber ich war so damit beschäftigt gewesen, den Weizen für das Fest zu mahlen, daß ich der Sache keine große Beachtung geschenkt hatte. Ich wußte nur, daß ich jetzt irgendwie zu den älteren Mädchen gehörte. Was mir mit Putti Lal und seiner Schlange passiert war, betrachtete ich als eine gemeine und ungerechte Bestrafung. Keiner hatte mehr darüber gesprochen, und ich hatte versucht, das alles einfach zu vergessen. Nur ganz entfernt verband ich das mit dem, was die Männer mit den Mädchen machten, wenn sie ihnen einmal schutzlos in die Hände fielen, mit der großen Gefahr, die ich ständig um mich herum spürte.

In den letzten beiden Jahren hatten viele Männer versucht, mich irgendwohin abseits des Weges zu locken. Ich war das schwarze Schaf des Dorfes, ich war boshaft, unehrlich und widerspenstig. Ich lebte in der ständigen Furcht, daß mich jemand fangen könnte, denn ich wußte genau, was auch immer passieren würde, man würde mir die Schuld dafür geben.

Ich bedrängte meine Mutter, sie solle sich beim Sarpanch über seinen Sohn beschweren. Ich hatte genug von Vorschriften, die verlangten, daß die Frauen immer nur stillhalten und sich dem Willen der Männer beugen, und die den Söhnen der Reichen erlaubten, alles zu tun, was sie wollten. Und ich war mit Sicherheit nicht die einzige. Wir Mädchen wußten, daß manche Frau von zwei oder drei oder sogar zehn Männern überwältigt worden war, ohne daß den Männern auch nur das geringste passiert wäre. Niemand hatte sie bestraft. Es war immer die Tochter oder die Frau, die die Schande ertragen mußte. Sie war diejenige, die bestraft wurde. Manchmal warfen ihre Eltern oder Schwiegereltern sie aus dem Haus; und wenn sie freundlich waren, bemühten sie sich wenigstens noch, sie mit irgendeinem Mann zu verheiraten, ganz gleich mit welchem. Ich fragte meine Mutter, warum das alles so sei, aber sie konnte mir darauf keine Antwort geben.

Sie erklärte sich jedoch bereit, zum Panchayat zu gehen und sich zu beschweren.

Diesmal war sie sehr höflich und vermied es, irgend jemanden zu beleidigen.

»Dieser junge Mann hat sich meiner Tochter gegenüber unanständig benommen«, sagte sie zu dem Sarpanch. »Er stellt ihr immer wieder nach. Warum laßt Ihr das zu? Wenn er sie haben möchte, braucht er sie nur zu heiraten, sonst soll er sie in Ruhe lassen.«

Sie wußte natürlich, daß er mich nicht heiraten wollte. Für ein Mädchen wie mich gab es keine Hoffnung mehr, einen passenden Mann zu bekommen. Obwohl mir nicht klar war, was ich eigentlich getan hatte, hatte meine »Situation«, wie sie es nannte, mich zu einer Frau gemacht, die niemand mehr heiraten wollte.

Der Sarpanch warf meine Mutter hinaus.

»Sieh zu, daß du das Mädchen loswirst«, brüllte er. »Sag ihr, sie soll endlich aufhören, solchen Unsinn zu erzählen. Sie ist eine Schande für das ganze Dorf.«

In derselben Nacht mußte ich erfahren, worin die große Gefahr bestand – sie kam über mich wie ein Donnerschlag, und nicht an der Flußbiegung, sondern in meinem eigenen Zuhause.

Es muß kurz nach Mitternacht gewesen sein. Meine Mutter und ich hatten den ganzen Abend darüber geredet, was mir am Morgen mit dem Sohn des Sarpanch passiert war. Mein Vater sagte, es wäre besser, wenn wir im Dorf nichts davon sagen würden. Ich sollte in Zukunft einfach besser aufpassen, meinen Kopf verhüllen und ihm aus dem Weg gehen. Er hätte mir genausogut sagen können, ich solle mir ein Loch graben und mich darin verstecken. Meine Mutter und ich gingen zum Schlafen in den Raum, in dem wir das Heu gestapelt hatten. Wir legten ein Stück Stoff darüber, so daß es wie eine weiche Matratze war, und legten uns hin. Kurz bevor ich in den Schlaf sank, durchlief mich plötzlich ein Frösteln …

Plötzlich spürte ich, daß jemand in der Dunkelheit war. Ich dachte, es wäre ein Geist. Meine Mutter bewegte sich – sie hatte es auch gehört. Sie stand auf und erstarrte.

Irgend jemand zog mir die Decke weg. Ich spürte, wie sich eine Hand auf meinen Mund legte, damit ich nicht schreien konnte.

»Warte, Moola!« sagte eine Stimme. »Bleib hier, damit du sehen kannst, was wir mit deiner Tochter machen.«

Es war eine ganze Bande: der Sohn des Sarpanch, der ein Gewehr in der Hand hielt, und noch ein Mann, den ich früher schon einmal gesehen hatte; die anderen konnte ich im Dunkeln nicht erkennen. Entsetzt schloß ich die Augen.

Man drückte mich zu Boden, einer packte meine Hände, ein anderer hielt meine Beine auseinander. Ich hörte, wie sie meine Mutter schlugen und beschimpften und sie aufforderten zuzuschauen. Und ich hörte, wie mein Vater weinte und sie anflehte ...

»Mein Herr, tut das nicht! Bitte, meine Herren, ich flehe euch an, verschont meine Tochter. Wir werden sie morgen wegbringen. Wir werden dieses Dorf verlassen und sie mitnehmen. Bitte, tut es nicht ... «

Mir schwand das Bewußtsein. Die Schreie, das Stöhnen und die Beschimpfungen schienen ganz weit weg zu sein. Zwei Körper, zwei schnelle Vergewaltigungen. Ich biß die Zähne so heftig zusammen, daß mein Zahnfleisch blutete.

»Siehst du, Moola, jetzt weißt du, was passiert, wenn du solche Dinge sagst wie heute. Wir wollen doch mal sehen, ob du noch einmal versuchst, mein Leben zu ruinieren.«

Ohne ein weiteres Wort verließen sie das Haus auf dem gleichen Weg, auf dem sie gekommen waren, über die Mauer. Ich stürzte in die Arme meiner Mutter.

»Amma, hilf mir«, flehte ich sie an. »Ich will sterben, wirf mich in den Brunnen!«

Bhuri und mein kleiner Bruder saßen schluchzend in der Ecke.

»Sie haben Phoolan weh getan«, sagte Bhuri.

Es war zu dunkel gewesen, sie hatten nicht sehen können, was passiert war, und so klein, wie sie waren, hätten sie es auch nicht verstanden. Aber meine Mutter und mein Vater hatten alles mitansehen müssen … Es war direkt unter ihren Augen, in unserem eigenen Haus passiert.

Meine Mutter sah mich an und schüttelte den Kopf. »Womit habe ich eine solche Tochter wie dich verdient, Phoolan? Warum habe ich dich nur auf die Welt gebracht? Ich schäme mich so.«

Vater schloß das Tor sorgfältig ab und sagte ihr, sie solle den Mund halten. Wir sollten alle den Mund halten, nichts sagen und kein Theater machen.

Ich konnte kaum atmen und erstickte fast vor Schmerzen und Scham. Was ich als Kind mit Putti Lal durchgemacht hatte, war schrecklich gewesen, aber es war keine öffentliche Schande gewesen, nicht einmal für mich, denn schließlich war ich mit ihm verheiratet. Ich gehörte ihm, und das hieß, er konnte mit mir machen, was er wollte. Diesmal war es anders. Jetzt war mir klar, welches die große Gefahr war, vor der meine Mutter mich immer gewarnt hatte. Mein Leben war zerstört. Uns blieb nur noch übrig, Stillschweigen zu bewahren, unsere Türen abzuschließen, unsere Köpfe zu verhüllen und niemandem etwas zu sagen. Ich wußte allerdings nicht, wie ich es schaffen sollte zu schweigen oder jemals wieder ruhig zu schlafen …

»Amma«, jammerte ich, »ich möchte sterben!«

»Halt den Mund, halt den Mund«, sagte meine Mutter. »Möchtest du, daß die ganze Welt erfährt, was mit dir passiert ist?«

Aber ich hörte nicht auf sie, sondern schluchzte weiter. In mir verspürte ich eine ohnmächtige Wut. »Warum ausgerechnet ich? Ich will, daß sie verprügelt werden, ich möchte, daß sie dafür bestraft werden. Ich würde sie am liebsten alle umbringen!«

Ich konnte die ganze Nacht keinen Schlaf finden. Ständig mußte ich an das denken, was vorgefallen war, und meine düsteren Gedanken endeten immer bei demselben schwachen Hoffnungsschimmer. Ich mußte mir jemanden suchen, der mir helfen würde, denn ich war fest entschlossen, mich zu rächen. Ich mußte jemanden finden, der das gleiche mit den Frauen dieser Männer machte, damit sie am eigenen Leibe erfahren konnten, wie es war, wenn man vor lauter Scham glaubt, ersticken zu müssen. Ich wußte, daß ich erst wieder würde schlafen können, wenn ich jemanden gefunden hatte, denn mir war klar, daß ich das nicht allein erreichen konnte. Da fiel mir mein Vetter Kailash ein …

Er war der Sohn einer Schwester meines Vaters, ein Mallah wie wir, der in einem Dorf namens Teonga am anderen Ufer der Yamuna lebte. Mein Vater mochte ihn nicht besonders. Seiner Meinung nach kam Kailash ein bißchen zu oft in unser Haus. Er war dann immer in meiner Nähe, aber ich dachte, er wolle einfach nur freundlich sein. Eines Tages hatte er zu mir gesagt: »Wenn dir jemals einer weh tun sollte, dann sag es mir, ich werde mich darum kümmern.«

Vor dem Morgengrauen, noch bevor meine Mutter merken konnte, daß ich weg war, lief ich zum Fluß hinunter. Der Fährmann schlief noch halb und fragte mich nicht einmal, wohin ich wollte. Ich überquerte die Yamuna und lief die ganze Strecke bis zu Kailashs Dorf. Ich erzählte ihm sofort, was passiert war. Er schaute mich aufgeregt an.

»Gut, wir werden zu dritt dort hingehen und das erledigen. Morgen. Jetzt setz dich zu mir.«

»Nein! Wir müssen sofort gehen.«

»Morgen, sage ich. Bleib heute hier bei mir, und morgen gehen wir …«

Er klopfte auf den Khat neben sich.

»Ach, ihr seid alle gleich!«

Ich weinte während des gesamten Heimweges und weinte auch noch, als ich in unseren Hof trat und meine Mutter mich am Schopf packte.

»Wo warst du? Ich habe dir doch verboten, das Haus zu verlassen.«

»Ich war bei Kailash. Ich wollte ihn bitten, mir zu helfen.«

»Niemand wird dir helfen! Niemand tut uns einen Gefallen. Was glaubst du denn, hätte er für dich tun können?«

»Nichts«, antwortete ich. »Du hast recht. Niemand wird irgendwas für uns tun.«

Ich ging zur Tür.

»Wo willst du denn jetzt hin?«

»Ich mähe ein bißchen Gras. Hier drinnen halte ich es nicht mehr aus.«

»Du gehst nicht allein nach draußen. Kunjan kann mit dir gehen.«

Kunjan war die Tochter eines Nachbarn. Als wir am Tag zuvor allen erzählt hatten, daß der Sohn des Sarpanch mir aufgelauert und versucht hatte, mich zu berühren, war ihre Mutter die einzige gewesen, die nicht gesagt hatte, wir sollten kein solches Theater machen und wir könnten ohnehin nichts dagegen unternehmen. Sie erwähnte sogar einen Mann, einen Thakur, der in einem Dorf namens Narihan lebte, der uns vielleicht helfen könnte. Ich verstand zwar nicht genau, wer er war, aber ich wußte, daß es sich um einen reichen Mann handelte. Und ich wußte, daß die Thakurs mehr Macht hatten als die Mallahs. Ich mußte ihn unbedingt finden!

Kunjan ging mit mir zu ihrer Mutter. Der Mann, den sie erwähnt hatten, hieß Phool Singh. Er war ein *mukhiya*, der Führer eines Dorfes, und Mitglied einer höheren Kaste, und Kunjans Mutter sagte, er läge mit dem Sarpanch unseres Dorfes wegen irgendeiner Angelegenheit im Streit.

Ohne meiner Mutter etwas zu sagen, nahm ich meine Sichel, so als wollte ich tatsächlich Gras mähen, und machte mich mit Kunjan auf den Weg zu diesem Dorf. Wir mußten etwa eine Meile dem Flußlauf folgen. Ich ging mit zusammengebissenen Zähnen, so groß war immer noch meine Wut. Ich hatte seit dem Vorfall noch keinen Bissen gegessen, nicht geschlafen, nicht gebadet und mir nicht einmal das Gesicht gewaschen. Ich war nur noch von einem Gedanken besessen – Rache. Und ich wußte, daß ich allein, ohne fremde Hilfe, nicht die Gerechtigkeit finden würde, die ich suchte.

Als wir in dem Dorf angekommen waren, sahen wir eine Gruppe von Männern, die sich neben einem großen Getreidesilo versammelt hatten. Wir sagten ihnen, wen wir suchten.

»Ich bin Phool Singh«, hörten wir eine sonore Stimme. »Wer seid ihr?«

Er war groß und hager – ein Thakur. Wir hielten uns in respektvoller Entfernung, und ich bekam plötzlich kein einziges Wort heraus. Kaum konnte ich meinen Namen nennen.

»Wo kommt ihr her?« fragte er.

»Gurha ka Purwa.«

»Und was wollt ihr? Sucht ihr Arbeit? Wenn es das ist, muß ich euch sagen, daß es hier keine Arbeit für euch gibt.«

Ich brach in Tränen aus und schüttelte den Kopf. Als er mich aufforderte näherzukommen, klang seine Stimme freundlicher. Ich bückte mich, berührte seine Füße und erzählte ihm dann, was geschehen war. Meine Stimme war zuerst sehr schwach, aber allein die Tatsache, daß ich zu jemandem darüber reden konnte, brachte mir eine gewisse Erleichterung. Ich überwand meine Scheu. Er hörte zu, sagte aber nichts. Ich erzählte ihm alles, obwohl ein geschändetes Mädchen über so etwas eigentlich nicht reden darf. Ich sagte ihm, wer der Anführer gewesen war und was er uns angedroht hatte, falls wir Anzeige erstatten würden. Der Thakur war empört.

»Geht wieder in euer Dorf zurück«, sagte er. »Ich werde mich heute nacht darum kümmern.«

»Kann ich nicht so lange hierbleiben, bitte? Meine Mutter sagt, wir wären zu arm, uns würde niemand helfen.«

»Hier kannst du nicht bleiben. Du mußt in dein Dorf zurückkehren. Ich habe dir gesagt, daß ich heute nacht kommen werde!«

Der Nachdruck, mit dem er das sagte, jagte mir einen Schrecken ein, aber ich glaubte ihm immer noch nicht. Ich war sicher, daß er nicht kommen würde. Warum sollte jemand einem armen Mallah Mädchen wie mir helfen wollen? Ich dankte ihm höflich, und dann liefen wir eilig über den Pfad am Flußufer entlang zurück und schnitten unterwegs etwas Gras. Wenn meine Mutter dahinterkommen würde, mit wem wir gesprochen hatten – ganz zu schweigen davon, was ich gesagt hatte –, würde sie mich verprügeln.

Während wir die Tiere im Stall mit dem Gras fütterten, dachte ich immer noch daran. Es war, als ob mein Verstand sich weigerte, das, was passiert war, zu akzeptieren. Ich konnte noch immer nicht schlafen, mich nicht hinsetzen, ruhig sein. Meine Mutter hatte recht, ich war anders als die anderen Mädchen. Ich konnte es einfach nicht ertragen, geschlagen und gedemütigt zu werden, ohne zu protestieren. Meine Schwester hätte sich wahrscheinlich schon längst umgebracht. Sie hätte sich an das Gesetz des Schweigens gehalten. Ich dagegen hatte nicht nur den Respekt vor einem solchen Gesetz verloren – ich konnte an überhaupt nichts mehr glauben. Ich war ganz sicher, daß der Thakur nicht kommen würde. Er sah auf Leute wie uns nur mit Verachtung herab. Was mit mir geschehen war, ging ihn schließlich überhaupt nichts an, das begriff ich jetzt. Ich mußte mir etwas anderes ausdenken.

»Phoolan, wo gehst du hin?«

»Nirgendwohin! Nur in den Hof ... «

In Windeseile lief ich zum Ufer der Yamuna und weiter zu Kailashs Haus.

»Ich tu alles, was du willst, wenn du jetzt sofort mit mir kommst«, sagte ich.

Er versuchte, mich in das Zimmer zu ziehen, in dem er schlief. Ich fing wieder an zu schluchzen, es kam einfach über mich, ohne daß ich etwas dagegen machen konnte. Ich mußte mir auf die Lippen beißen, um meine Wut zu unterdrücken. Sie hatten es vor den Augen meiner Mutter und meines Vaters getan, und ich wollte Rache. Kailash hatte getrunken und konnte kaum noch stehen. Ich gab ihm einen Stoß, so daß er zu Boden fiel, und rannte weg.

»Ihr seid allesamt Hunde!« schrie ich.

Es war schon dunkel, und der Fährmann warf mir einen erstaunten Blick zu. Es war das zweite Mal an diesem Tag, daß ich in Teonga war, und mein Anblick mußte ihn erschreckt haben. Wir hatten fast Ende Oktober, und es wurde langsam kalt. Aber ich spürte nichts, weder Hunger noch Kälte oder Müdigkeit. Nur beschmutzt fühlte ich mich, das war alles, ich fühlte mich gedemütigt. Ich hätte mich am liebsten in den Fluß gestürzt, um die schreckliche Schande ein für allemal abzuwaschen. Ich wollte meine Hände und Füße zusammenbinden und mich ertränken. Auf dem Boden des Bootes spürte ich unter meinen Füßen ein Seil und versuchte in der Dunkelheit, meine Beine damit zu fesseln. Niemand wollte mir helfen, alle wollten mir nur weh tun. Entweder wollten sie mich schlagen oder mich demütigen oder wie einen Hund aus dem Dorf jagen.

»Was machst du da mit dem Seil?«

Die Stimme des Fährmanns riß mich aus meinen düsteren Gedanken. Ich fragte mich, wie ich denn eigentlich meine Hände hätte fesseln sollen ... Und wenn ich tot wäre, überlegte ich, würde ich mich auch nicht mehr rächen können. Und ich beschloß, daß ich meinen Rachedurst stillen würde, selbst wenn ich danach sterben müßte. Es würde sich sowieso nichts ändern. Die Leute würden mich weiterhin für ein schlechtes Mädchen halten, meine Mutter würde mich weiter schlagen, und die jungen Männer würden mich immer noch beleidigen und mich im ganzen Dorf verfolgen. Aber zuerst mußte ich ihn töten. Ich wollte nach Hause gehen, meine Sichel holen und ihn damit umbringen ...

Meine Eltern warteten schon auf mich, als ich vom Flußufer her den Hügel hinaufkam. Als ich ihre Gesichter sah, glaubte ich zuerst, man hätte sie schon wieder geschlagen. Sie waren bleich vor Entsetzen.

Meine Mutter packte mich wieder bei den Haaren.

»Wo warst du?«

Ich sagte ihr, daß ich bei Kailash gewesen sei. Es war mir ganz gleich, was sie von mir dachte. Ich wollte Rache. Ich sagte ihr, daß ich jemanden gesucht hätte, der mit der Frau dieses Mannes das gleiche machen würde.

»Sprich nicht so laut!«

Mir war es egal, ob uns jemand hörte.

»Komm ins Haus!«

Irgend etwas war geschehen. Ich dachte, meine Mutter wolle mich schlagen, aber sie drängte mich in den Hof, und unser Vater verriegelte rasch das Tor.

»Wo warst du, Phoolan? Sag mir die Wahrheit: Du warst in Narihan!«

Dann gab sie mir eine Ohrfeige.

»Ich wußte es«, sagte sie. »Ein großer Mann war hier, ein Thakur. Er hatte ungefähr zwanzig Leute bei sich, sie kamen auf Pferden und waren mit Gewehren bewaffnet. Das war der, den du besucht hast, nicht wahr?«

Sie waren gekommen, und ich war nicht hier gewesen!

»Warum hast du das getan? Was ist bloß los mit dir?«

Mein Vater ging dazwischen, als sie mich weiter schlagen wollte. Diesmal nahm er mich in Schutz.

»Hör auf, mußt du sie denn immer nur schlagen? Sie hat genug durchgemacht.«

»Was ist passiert?« fragte ich. Ich war höchst gespannt, zu erfahren, was geschehen war.

»Das bringt nur noch mehr Schande über unser Haus. Das ganze Dorf spricht schon darüber. Konntest du nicht den Mund halten? Warum kannst du nicht auf mich hören, Phoolan?«

Meine Mutter war für mich oft ein Rätsel. Einmal forderte sie mich dazu auf, mich zu wehren, dann wieder sagte sie, ich solle meinen Kopf verhüllen. Die Demütigung, die man mir zugefügt hatte, traf auch sie. Sie hatte es nicht geschafft, ihre Töchter vor der Gefahr zu schützen, vor der sie uns schon immer gewarnt hatte. Ich wollte den Namen des Mannes, der für dieses Verbrechen verantwortlich war, laut herausschreien, aber sie wollte, daß ich schwieg. Aber für mich war es viel schwerer, die Schande schweigend zu ertragen.

Als einzige war Klein Bhuri bereit, mir zu berichten, was geschehen war. Ich lauschte dem, was sie mir aufgeregt in der Dunkelheit zuflüsterte.

»Irgend jemand ist in unser Dorf gekommen, deshalb war Amma so wütend. Die Leute sind zum Haus des Sarpanch gegangen, und alle Dorfbewohner sind nach draußen gekommen. Der Sarpanch und sein Sohn waren nicht zu Hause, da haben sie ihre Frauen geschlagen und einer Frau vor allen Leuten den Sari abgenommen. Und dann haben sie sie beschimpft.«

Am nächsten Morgen erfuhr ich von den anderen Mädchen, daß die Frau, der ein Thakur den Sari vom Körper gerissen hatte, die Gattin des Sarpanch gewesen war. Er hatte sie gewarnt, daß er und seine Männer zurückkommen würden, falls ihre Familie nicht aufhörte, die armen Frauen des Dorfes zu mißhandeln, und dann würden sie das gleiche mit ihnen machen.

Ich war glücklich. Noch nie im Leben hatte ich eine solche Freude empfunden. Man hatte mich gerächt, man hatte meine Schande getilgt. Ich rannte durch das ganze Dorf zum Haus des Sarpanch.

»Wirst du dich jetzt noch einmal so schlecht benehmen?« rief ich.

Der Sarpanch selbst kam heraus.

»Mach, daß du wegkommst! Wenn ich dich hier noch einmal sehe, hole ich mein Gewehr und erschieße dich.«

»Ach, du willst mich erschießen? Deinen Sohn sollte man erschießen, für das, was er getan hat.«

Meine Mutter kam in panischer Angst angelaufen und riß mich weg.

»Was machst du denn jetzt schon wieder?« schimpfte sie und zog mich ins Haus. »Wie kannst du es wagen, in einem solchen Ton mit dem Sarpanch zu reden? Sie werden es uns heimzahlen.«

Und wieder war ich diejenige, die Prügel bekam.

Dann sperrte meine Mutter mich ein. »Wasch dich, kämm dich und iß etwas. Du siehst aus wie eine Verrückte.«

Ich fing an zu weinen, aber diesmal waren es Tränen der Erleichterung. Ich hörte nicht auf, bis es dunkel wurde. Meine Stimmung schwankte von einer Sekunde zur anderen. Zuerst lachte ich vor Genugtuung über das, was der Thakur diesen Frauen angetan hatte, dann packte mich wieder die Wut, weil es mir nicht ausreichend erschien, und dann wieder war ich entsetzt, weil ich so anders war als die anderen Frauen im Dorf. Ich begriff, daß sie Angst vor mir hatten, weil ich nicht bereit war, mich mit allem abzufinden. Trotzdem hatte ich immer noch nicht den Mut, den Namen des Mannes, der mir das angetan hatte, laut herauszuschreien.

Ich hatte zwar das Schweigen gebrochen, aber als die Freude über meinen Triumph langsam nachließ, erkannte ich, daß ich etwas viel Schlimmeres getan hatte. Ich hatte ein Mitglied einer höheren Kaste um Hilfe gebeten. Dadurch hatte ich meine eigene Kaste verraten. Erst jetzt wurde mir klar, daß die Thakurs aus Narihan nur deshalb Partei für mich ergriffen hatten, weil es zu ihrem eigenen Vorteil war. Mir fiel ein, daß Kunjans Mutter uns erzählt hatte, daß Phool Singh mit unserem Sarpanch im Streit läge. Die Thakurs waren nicht meinetwegen gekommen. Ich hatte ihnen nur einen Vorwand geliefert. Aber ein Trost war mir trotzdem geblieben: Ich hatte so inbrünstig zur Göttin gebetet und sie angefleht, mir eine Gelegenheit zur Rache zu geben, und diesmal hatte sie meine Gebete erhört.

Noch am gleichen Abend war eine Versammlung im Panchayat. Ein Mann aus dem Dorf kam zu uns, um meinen Eltern zu sagen, daß sie teilnehmen sollten. Es ging dabei um mich. In der Versammlung sollte über mein Schicksal entschieden werden. Natürlich wurde ich selbst nicht eingeladen, aber ich ging trotzdem hin, um zu hören, was sie mit mir vorhatten. Ich rechnete damit, daß sie versuchen würden, mich aus dem Dorf zu jagen. Das wollten sie schon lange. Es kümmerte mich jedoch inzwischen nicht mehr.

Die Mitglieder des Panchayat hatten sich draußen vor dem Haus des Sarpanch unter dem großen Neem-Baum versammelt. Als ich mich von hinten heranschlich und mich dicht an die Mauer des Hauses drückte, konnte ich sie alle im Licht der Öllampen erkennen. Es gelang mir, mich unbemerkt unter das Podium zu schleichen, das um den Baum herum aufgebaut war. Dort versteckte ich mich und hörte zu, was sie zu sagen hatten.

Sie sprachen über einen alten Mann namens Sonelal, dessen Frau gestorben war und der dem Sarpanch noch einen Gefallen schuldete.

»Wir könnten sie mit ihm verheiraten ... «

Ich lief kochend vor Wut weg. Wer gab ihnen das Recht, über mein Leben zu entscheiden? Diese Männer würden mich nie in Ruhe lassen. Jetzt wollten sie mich mit einem alten Mann verheiraten, der mit mir weit weggehen und mich dann sicher auch schlagen würde. Als meine Eltern nach Hause kamen, stellte ich mich schlafend. In Wirklichkeit war ich hellwach und überlegte, ob ich weglaufen sollte, bevor sie mich abholen würden. Meine Mutter war verzweifelt, und auch mein Vater sah sehr niedergeschlagen aus. Ob sie wenigstens versucht hatten, sich für mich einzusetzen?

»Phoolan, sie haben beschlossen, dich mit dem Diener des Sarpanch zu verheiraten. Wir können nichts dagegen machen. Du hast es dir selbst zuzuschreiben.«

»Ich werde mich verstecken.«

»Wo denn? Niemand wird dir helfen. Wo willst du mitten in der Nacht allein hin?«

»Ich muß nachdenken ...«

Ich verließ das Zimmer und kletterte auf unsere kleine Dachterrasse. Hier, unter dem Sternenhimmel, konnte ich wenigstens sehen, wenn jemand kam, um mich zu holen. Es dauerte eine Weile, bis ich sicher war, daß sie in dieser Nacht nicht mehr kommen würden. Ich lauschte auf die Geräusche, die aus dem Dorf kamen, auf die Laute der Tiere und den Wind, der durch die Bäume fuhr. Im Dorf konnte ich mich nicht verstecken, das war zu gefährlich, weil ich niemandem dort trauen konnte. Sogar Kunjans Mutter würde man dazu bringen, daß sie mich verriet. Es wäre besser gewesen, sie hätten beschlossen, mich aus dem Dorf zu verbannen, als mich einem alten Mann zur Frau zu geben, der ein Diener des Sarpanch gewesen war. Sie hätten mich genausogut direkt an den Sarpanch, an seinen Sohn oder an seine Leute ausliefern können. Meine Rache war nur eine Illusion gewesen. Ich mußte erkennen, daß sie immer noch Macht über mein Leben hatten. Mir blieb nur noch eine Hoffnung: Ich könnte in Rukminis Dorf gehen. Das war weit weg, und dort würde mich niemand suchen – das redete ich mir jedenfalls ein. Rukminis Schwiegereltern waren wohlhabend. Sogar Onkel Bihari hatte sich vor ihnen gefürchtet. Mit etwas Glück würde ich dort in Sicherheit sein.

Aber ich würde mir von meiner Mutter fünf Rupien leihen müssen und dann allein weggehen. Mein Entschluß stand fest, denn in unserem Haus war ich nicht mehr sicher. Meine Eltern konnten mich nicht mehr beschützen. Sie hatten die schlimmste Demütigung über sich ergehen lassen müssen: Ihre Tochter war in ihrem eigenen Haus, direkt vor ihren Augen geschändet worden, und es gab niemanden, bei dem sie sich hätten beschweren können. An wen hätten sie sich auch wenden sollen? Etwa an die Polizei? Was geschehen war, kam zu häufig vor und war zu schmachvoll. Frauen, die so gedemütigt worden waren wie ich, mußten sich an das Gesetz des Schweigens halten, um ihr Leben zu schützen und die Ehre ihrer Familie zu bewahren. Es gab keine andere Möglichkeit. Die Polizei würde nie für mich Partei ergreifen. In ihren Augen besaß ich keine Rechte. Ich war nur eine Frau aus einer niederen Kaste, die nicht einmal einen Mann hatte, der sie beschützte.

Die Nacht war lang. Ich hatte die Nacht davor schon nicht geschlafen und konnte auch jetzt nicht einschlafen. Am liebsten wäre es mir gewesen, ich hätte meinen Körper loswerden können. Ich ekelte mich vor mir selbst.

Am nächsten Tag mußte ich wie üblich gegen Mittag meinen kleinen Bruder von der Schule abholen. Vorher ging ich zu meiner Mutter und bat sie, mir Geld zu geben, etwas, das ich vorher noch nie getan hatte.

»Wozu brauchst du fünf Rupien? Was willst du mit dem Geld machen?«

»Nichts. Mach dir keine Sorgen.«

Sie sah mich einen Augenblick lang mißtrauisch an, dann gab sie mir die Rupien, und ich verbarg sie sorgfältig unter meinem Sari. Sie hatte begriffen, um was es ging, sonst hätte sie mir das Geld nie gegeben. Sie wußte, daß ich keine andere Wahl hatte, daß ich fliehen mußte. Diese Entscheidung hatte sie mir nicht abnehmen können, sie konnte mich nur gehen lassen. Ich würde das Dorf von meiner Anwesenheit befreien, und mit mir würde auch der Makel verschwinden.

Ich traf Shiv Narayan an der Schule und kniete mich vor ihn hin.

»Hör mir gut zu«, sagte ich. »Du gehst heute allein nach Hause und sagst Amma, daß ich fortgehen mußte.«

Er fing an zu weinen. »Du wirst sterben, Phoolan.«

»Nein, ich werde nicht sterben. Hab keine Angst und geh einfach nur nach Hause.«

Wahrscheinlich hatte er jemanden in der Schule über Selbstmord reden hören, und er hatte Angst, ich würde mich umbringen. Aber ich hatte nicht vor, das zu tun. Ich war entschlossen weiterzuleben.

Eine falsche Anschuldigung

»Wer ist da? Was wollt ihr um diese Zeit von uns?«
Es war Rukminis Stimme.

»Ich bin es!« sagte ich. Ich war den ganzen Tag und die halbe Nacht unterwegs gewesen. Die Busfahrt hatte zwölf Rupien gekostet, und ich hatte dem Fahrer meine Armreifen gegeben. Der Bus war ausschließlich mit Männern besetzt gewesen. Immer wenn mich einer von ihnen ansah, überlief es mich eiskalt. Dann mußte ich durch den dunklen Wald gehen und stand eine Todesangst aus, daß mir jemand folgen könnte, ich fürchtete mich sogar vor den Bäumen, die mit ihren Zweigen nach mir zu greifen schienen.

Die Tür ging auf, und Rukmini hielt eine Laterne in die Höhe.

»Phoolan!« rief sie erstaunt aus. »Was tust du denn hier? Wie bist du allein hierher gekommen?«

Sie ließ mich herein und betrachtete mich von Kopf bis Fuß. Ich hatte zwei Nächte nicht geschlafen, mein Sari war zerrissen, und meine Füße waren schwarz. Rukmini rief ihren Mann.

»Schau dir an, in welchem Zustand sie ist.«

Sie wollten wissen, was geschehen sei, aber ich konnte mich keine Sekunde mehr auf den Beinen halten. Ich fiel auf das Stroh, das in ihrem Hof lag, und schluchzte vor Erleichterung. Den ganzen Tag über hatte ich schon geweint, aus Angst und vor lauter Aufregung. Am schlimmsten war der Gedanke gewesen, daß Rukmini mich nicht hereinlassen würde – weil sie vielleicht Vergeltungsmaßnahmen gegen ihre Familie befürchtete. Ich umarmte sie fest und war ihr von ganzem Herzen dankbar, daß sie mir Sicherheit, Mitgefühl und Frieden bot.

Ihr Mann goß etwas Wasser in ein Becken und brachte es mir. Ramphal war groß, hatte eine Adlernase und eine hohe Stirn.

»Arme Phoolan«, sagte er in freundlichem, mitfühlendem Ton. »Komm, wasch dir die Füße, dann wird es dir schon besser gehen.« Meine Schwester gab mir eine Chapati und ein paar Linsen zu essen.

Erst als ich mich gewaschen, gegessen und etwas Wasser getrunken hatte, war ich in der Lage, ihnen zu erzählen, was geschehen war. Während ich das tat, wurde mir bewußt, was ich durch meine Flucht angerichtet hatte. Meine Eltern machten sich wahrscheinlich Sorgen, und der Sarpanch, Mayadin und die anderen waren bestimmt vor Wut außer sich, wenn sie feststellten, daß ich ihnen wieder getrotzt und mich ihrem Zugriff entzogen hatte.

Am nächsten Morgen bat Rukmini mich um einen Gefallen. Sie hatte schon vier Kinder, drei Jungen und ein Mädchen. Das jüngste war gerade erst sechs Monate alt, und sie sagte mir, daß sie schon wieder ein Kind erwarte. Obwohl Ramphals Familie besser gestellt war als unsere, war er selbst arm. Er gehörte derselben Kaste an wie wir. Die Mauern seines Hauses waren so wie unsere mit Lehm verputzt, deshalb hatte ich es auch leicht gefunden, als ich mitten in der Nacht dort ankam. Die anderen Häuser waren alle aus Ziegelsteinen und Zement gebaut. Rukmini befürchtete, daß sie nicht genug zu essen haben würden, um ein weiteres Kind durchzufüttern. Schon jetzt hätten sie zuwenig Kleider für die Kinder, erklärte sie mir. Außerdem fehlten ihnen auch Khats zum Schlafen.

»Ich werde eine Abtreibung machen lassen. Da du jetzt hier bist, kannst du mit mir in die Klinik kommen ... Ramphal ist zwar dagegen, er möchte das Kind gern haben, aber ich weiß wirklich nicht, wie wir noch ein Kind satt bekommen sollen.«

»Bitte, behalt das Baby«, bestürmte ich sie, »ihr werdet es schon schaffen.«

»Du verstehst das nicht, Phoolan. Wenn es wieder ein Mädchen wird, wird es verhungern. Jetzt weiß ich endlich, warum Amma sich immer so beklagt hat.«

Rukminis Entschluß stand fest. Sie hatte gehört, daß es in Etawah, einer großen Stadt, eine Klinik gäbe, in der man den Eingriff kostenlos durchführen würde. Außerdem könnte sie sich gleichzeitig sterilisieren lassen, um nicht noch mehr Kinder zu bekommen. Sie bat mich, mit ihr zu gehen und mich um das Baby zu kümmern. Ramphal würde zu Hause bleiben und auf die drei anderen Kinder aufpassen. Da Rukmini glücklich war mit ihrem Mann, hatte ich mir nie Gedanken darüber gemacht, daß die Familie womöglich noch weniger besaß als wir, aber so war es. Meine Schwester hatte nichts. Selbst das Fahrgeld für den Bus nach Etawah stellte ein Problem dar. Sie zählte die Rupien immer wieder, bevor sie sie in ihren Sari einknotete.

Als wir dann endlich im Bus saßen, war Rukmini erleichtert. Wegen des Eingriffs machte sie sich keine Sorgen. Sie erzählte mir, es gebe dort eine Frau als Ärztin, und die Regierung habe in diesem Bezirk eine Kampagne gestartet, um die Frauen dazu zu bringen, weniger Kinder zu haben.

Während meine Schwester im Krankenhaus aufgenommen wurde, wartete ich draußen und kümmerte mich um den kleinen Chunna. Es war kalt, und das Baby hörte nicht auf zu weinen, aber ich hatte keinen Schal, mit dem ich uns hätte zudecken können. Ich war entsetzt, als ich merkte, wie dünn der Kleine in meinen Armen war. Im Krankenhaus gab man mir etwas Trockenmilch und Wasser, und ich verbrachte den Rest des Tages damit, einen Stoffzipfel in die Milch zu tunken und ihn daran saugen zu lassen.

Ich konnte mich noch gut daran erinnern, als Bhuri geboren wurde und unsere Mutter beschloß, sie nicht zu stillen. Rukmini war inzwischen etwa zwanzig Jahre alt und mußte schon vier Kinder ernähren. Der Junge war so klein und dünn, daß ich am liebsten genauso laut geweint hätte wie er. Schließlich legten wir uns auf den Boden des Warteraums und schliefen ein.

Ramphal kam am nächsten Morgen, um mich abzulösen. Er sagte mir, er würde mit mir und dem Baby ins Haus zurückkehren und anschließend wieder in die Klinik fahren, um in Rukminis Nähe sein zu können.

Acht Tage lang hatte ich alle Hände voll zu tun. Ich mußte waschen, putzen, den Kindern etwas zu essen machen und den Jüngsten in den Schlaf wiegen. Er schien von Tag zu Tag dünner zu werden und hörte nicht auf zu weinen. Ich war so beschäftigt, daß ich nicht eine Sekunde übrig hatte, darüber nachzudenken, was wohl in meinem Dorf geschehen würde. Und wenn ich darüber nachgedacht hätte, wäre es mir nie in den Sinn gekommen, daß ich in der Zeit, in der ich mich um die Kinder meiner Schwester kümmerte, zur Verbrecherin geworden war ...

»Bist du weg gewesen, Phoolan?« fragte Ramphal, als er mit Rukmini von der Klinik nach Hause kam. »Hast du das Dorf verlassen?«

»Nein.«

Er schien zu zweifeln. »Bist du sicher? Du bist nirgendwo hingegangen, hast niemanden getroffen?«

Wo hätte ich denn wohl hingehen sollen, fragte ich mich, mit vier Kindern, die sich ständig an meinen Sari klammerten. Ramphal wandte sich an die Kinder und fragte sie, ob ich irgendwann mit irgend jemandem weggegangen wäre, wenn auch nur für einen Augenblick. Sie sagten nein.

»Was ist los, Jeeja?« fragte ich Ramphal. »Was ist passiert?«

»Man wirft dir vor, du wärest ein Dacoit.«

»Ich? Ein Dacoit?«

Ich hatte das Wort zwar schon einmal gehört, wußte aber nicht, was es bedeutete. Unser Vater hatte uns immer davor gewarnt, in den Wald zu gehen, denn dort gäbe es Dacoits, und ich hatte mir immer vorgestellt, Dacoits wären böse Dämonen. Ramphal sagte, der Sarpanch und Mayadin seien Opfer eines Dacoits geworden. Ich dachte bei mir, daß sie nichts anderes verdient hätten.

»Sie müssen wohl große Angst gehabt haben«, sagte ich erfreut.

Ramphal hob die Arme und schüttelte verärgert den Kopf. »Phoolan, tust du nur so dumm oder weißt du wirklich nicht, was ein Dacoit ist?«

Rukmini kam mir zu Hilfe. »Laß sie in Ruhe«, sagte sie. »Woher soll sie das denn auch wissen?« Sie glaubte, es wäre der Name eines Ungeheuers, das im Dschungel lebt und vier Arme, vier Ohren, ein großes Maul und ganz lange Zähne hat!

»Ein Dacoit ist ein Bandit, ein Dieb«, sagte Ramphal. »Der Sarpanch und Mayadin beschuldigen dich, du wärest eine Verbrecherin! Sie sagen, im Dorf hätte es einen Raub gegeben, du hättest Mayadins Haus geplündert. Das ist eine sehr ernste Sache. Alle Welt spricht bereits darüber.«

Auf diese Weise also erfuhr ich an einem Wintertag, mit knapp sechzehn Jahren, was ein Dacoit ist. Die Ungeheuer, vor denen uns mein Vater immer gewarnt hatte, um uns davon abzuhalten, in die Wildnis zu gehen, waren also in Wirklichkeit Banditen. Ich hatte keine Ahnung, was ich getan haben sollte, aber diese falsche Anschuldigung sollte zum Wendepunkt meines Lebens werden ...

Seit der Thakur aus Narihan in unser Dorf gekommen war, um den Sarpanch zu bedrohen, und ich daraufhin weggelaufen war, betrachteten mich die älteren Leute des Dorfes als Dacoit. Es hatte ihnen offenbar nicht genügt, daß ich von meinem Mann verstoßen und dann in unsäglicher Weise gedemütigt worden war, sie mußten mich auch noch als Verbrecherin abstempeln. Vermutlich wäre es ihnen am liebsten gewesen, ich hätte mich in den Brunnen gestürzt, und als ich das nicht tat, versuchten sie, mich mit einem alten Mann zu verheiraten, damit ich ihnen nicht mehr entwischen konnte. Ich verstand immer noch nicht, was ich ihnen angetan hatte, daß sie mich so haßten. Ich wußte damals wenig von der Welt und ihren Gesetzen. Ich hatte mich geweigert, das Schicksal zu akzeptieren, das mir bei meiner Geburt zugewiesen worden war; ich war aus dem Dorf geflohen und hatte meine Familie und die Gemeinschaft verlassen. Das war mein Verbrechen. Aus diesem Grund wollten sie mich vernichten und für immer auslöschen.

Ein paar Tage später erfuhr ich, daß man meine Eltern verhaftet hatte. Ich kam zu dem Schluß, daß ich in mein Dorf zurückkehren müsse. Ich mußte mich den Vorwürfen stellen, denn ich wollte nicht, daß meine Eltern für ein Verbrechen zahlen mußten, das ich nicht begangen hatte.

Ramphal fuhr mit mir im Bus zurück. Als wir unterwegs anhielten, um an einer Wasserpumpe etwas zu trinken, fragte er ganz beiläufig einen Landarbeiter, ob er irgend etwas von einem Raub in dieser Gegend wüßte.

»Wir haben ein paar Schüsse gehört, und die Leute sagten, es wäre ein Dacoit gewesen, und zwar dieses Mädchen, das fortgelaufen ist. Sie haben viel Aufhebens davon gemacht, und jetzt sind sie hinter ihr her.«

Ramphal wollte umkehren: »Sie werden dich einsperren«, warnte er mich, »und ich kann dir dann kaum noch helfen.«

Aber mein Entschluß, in mein Dorf zurückzukehren, stand fest. Ein paar Leute im Nachbardorf gaben uns den Rat, nicht dem Fluß zu folgen, sondern die Straße zu nehmen, die am Fuß der Berge entlangführte, denn sie hätten gehört, daß es in der Gegend Dacoits gäbe. Der Dacoit war ich, das war mir sofort klar. Ramphal hatte Angst, daß man ihn auch verhaften würde, wenn er mich bis ins Dorf begleitete. Er konnte es nicht riskieren, Rukmini und die Kinder allein zu lassen.

Schließlich setzte er mich in ein Boot und erklärte mir, ich müsse den Rest des Weges allein zurücklegen.

Bei der Überfahrt betrachtete mich der Fährmann prüfend.

»Du bist doch das Mädchen, das den Raub begangen hat, nicht wahr? Wenn du zurückgehst, wird dich die Polizei verhaften.«

»Ich weiß«, sagte ich.

Die Yamuna glitzerte in der Winternacht. Ich fröstelte, während das Boot im eisigen Wind hin- und herschaukelte. Der Gedanke, daß Phoolan Devi, der sogenannte Dacoit, dabei war, zum Schauplatz ihrer Verbrechen zurückzukehren, erschien mir ziemlich komisch. Ein nervöses Lachen kam aus meiner Kehle.

»Ich werde überleben!«

Wer bist du?«
»Phoolan, Devidins Tochter.«
Das Boot setzte am Ufer der Yamuna in der Nähe meines Dorfes auf. Kaum hatten meine Füße den Sand berührt, da wurde ich auch schon von Männern, die dort auf mich gewartet hatten, ergriffen. Sie banden mich wie einen Ochsen an den Knöcheln fest und schickten jemanden zur Polizeistation von Kalpi.

Dann zündeten sie mit Treibholz ein Feuer an, das stark zu qualmen begann, und ließen sich nieder, um zu warten.

Sie trugen Buschhemden, aber obwohl sie mich gefesselt hatten, fürchtete ich mich nicht vor ihnen. Auf dem Weg zu Rukminis Dorf war ich von Polizisten in Uniform, die mit Gewehren bewaffnet waren, angehalten worden. Sie wollten wissen, wo ich denn so ganz allein hinwollte. Es war das erste Mal, daß Polizisten mit mir gesprochen hatten, und ich hatte Angst vor ihnen. Sie benutzten üble Worte, ähnlich wie die Männer im Dorf, die von den Reichen angeheuert wurden, um auf die Ernte aufzupassen, und die die Macht, die sie über die Armen haben, auskosteten. Diese Polizisten hier – wenn es überhaupt welche waren – rechneten offensichtlich mit einer Belohnung, weil sie mich gefangen hatten.

»Ist sie wirklich ein Dacoit?« fragte einer von ihnen.

»Kaum zu glauben, nicht wahr? Daß jemand in dem Alter schon fähig ist, Mayadins Haus auszurauben.«

»Ich war es nicht«, sagte ich zu ihnen, »ich habe nichts gestohlen. Was war es denn überhaupt, was ich geraubt haben soll?«

Sie wußten es nicht. Man hatte ihnen nur gesagt, sie sollten den Fluß beobachten, alle Passagiere, die mit der Fähre kamen, kontrollieren und Phoolan Devi, die Banditin, verhaften.

»Das ganze Dorf weiß, daß du zu der Bande gehörst, die Mayadins Haus ausgeraubt hat. Der Sarpanch sagt, du wärest dabei gewesen. Du bist ein Dacoit!«

Ich starrte ins Feuer und versuchte, die dunklen Schatten um mich herum nicht zu beachten und den Hunger, der meinen Magen knurren ließ, zu vergessen. Wie ein wildes Tier hatte man mich gefesselt und wollte mich nicht ins Dorf lassen. Ich verbrachte die ganze Nacht dort am Ufer der Yamuna und fragte mich, wo wohl meine Familie sei. Ich befürchtete, daß man sie ins Gefängnis gesperrt hatte.

Die Sonne war noch nicht aufgegangen, und es war noch dunkel und neblig, als die vier Polizisten eintrafen. Sie trugen Khakiuniformen, schwere Stiefel und waren mit Lathis und Gewehren bewaffnet. Ohne ein Wort zu sagen, prügelten sie sofort mit den Lathis auf mich ein, zwei von vorne, zwei von hinten. Die Stöcke waren aus hartem Bambusholz und an der Spitze mit Eisen beschlagen. Sie schlugen mich damit auf die Arme und Beine, und als ich versuchte aufzustehen, warfen sie mich wieder zu Boden und beschimpften mich. Dann traten und schlugen sie mich immer weiter, ohne nachzulassen.

»Ich war es nicht«, rief ich weinend und versuchte, ihre Schläge abzuwehren. »Ich war überhaupt nicht dort. Ich habe nichts getan. Ich war mit meiner Schwester im Krankenhaus ... «

Weil ich nicht mit meinem Namen unterschreiben konnte, hatte ich, als meine Schwester aufgenommen wurde, im Register des Krankenhauses meinen Daumenabdruck hinterlassen, und man hatte meinen Namen darüber geschrieben.

»Fragt Rukmini! Bitte, fragt im Krankenhaus nach!«

Es nützte alles nichts. Ich hätte genausogut dem Wind beteuern können, daß ich unschuldig war. Den Polizisten war das völlig egal. Als sie ihre morgendlichen Leibesübungen beendet hatten, ließen sie mich aufstehen und gingen mit mir zum Dorf. Sie brachten mich direkt zu Mayadins Haus. Vor seiner Tür begannen sie wieder mit ihren Stöcken auf mich einzuprügeln. Diesmal schlugen sie so hart zu, daß meine Haut aufplatzte und das Blut über meine Arme und

Beine strömte. Ich schrie vor Schmerz, aber niemand wagte es einzuschreiten. Die Dorfbewohner kamen aus ihren Häusern, drängten sich in der Kühle des Morgens dicht aneinander und beobachteten alles aus sicherer Entfernung. Für sie war es nichts Besonderes, zu sehen, wie jemand verprügelt wurde. Außerdem hatten sie schon früher zugeschaut, wenn ich geschlagen wurde.

Ein paar Meter von mir entfernt konnte ich meinen kleinen Bruder erkennen, der weinend sein Gesicht in den Händen verbarg.

»Laßt meine Schwester in Ruhe«, rief er. »Laßt sie los!«

Und dann sah ich durch einen Tränenschleier meine Mutter und meinen Vater vor einem der Polizisten knien.

»Ihr Bastarde«, bellte der Polizist, »warum habt ihr nicht besser auf sie aufgepaßt?« Und dann schlug er mit seinem Lathi auch auf die beiden ein. »Es ist eure Schuld, daß sie jetzt gemeinsame Sache mit den Dacoits macht. Sie hat Mayadins Haus ausgeraubt.«

Ich konnte kein Wort mehr herausbringen, meine Stimme versagte völlig. Ich spürte nicht einmal mehr die Schläge und Stiefeltritte. Mein Sari war zerrissen. Und ich hatte das Gefühl, als seien alle meine Knochen gebrochen.

Sie zerrten mich wieder auf die Beine und stießen mich mit den Läufen ihrer Gewehre vor sich her.

»Los, du Miststück! Geh!«

Ich taumelte weiter, mit zwei Polizisten vor mir und zweien hinter mir. Sie befahlen meinem Vater mitzukommen. Er ging neben mir, sagte aber kein Wort, er war vor Scham erstarrt. Er sah mich nicht einmal an, als wir das Dorf hinter uns ließen und den Weg nach Kalpi einschlugen.

Die Polizeistation in Kalpi war voller Leute. Alle meine Ankläger, der Sarpanch, der Pradhan und Mayadin mit seiner zweiten Frau, saßen dort in trauter Gesellschaft beisammen, schwatzten mit dem Polizeiinspektor und tranken Tee. Sie behaupteten, ich hätte Wertsachen aus Mayadins Haus gestohlen.

Mayadins Frau – jene, welche immer so hochnäsig durchs Dorf spazierte und die ich nicht entlausen wollte – sagte, sie sei ganz sicher, daß ich es getan hätte.

Die Polizisten wandten sich zu mir.

»Heraus mit der Sprache«, sagte einer von ihnen. »Wo ist der Rest der Bande? Nenn uns die Namen.«

Ich erstarrte.

»Was glaubst du eigentlich, wer du bist? Wir haben schon ganz andere als dich zum Reden gebracht.«

Und dann schlugen sie vor aller Augen wieder auf mich ein. Ich flehte sie an, mich doch reden zu lassen, aber sie hörten nicht zu. Sie wollten einfach nur Mayadin glauben. Ich konnte sagen, was ich wollte, sie glaubten mir einfach nicht.

»Seht zu, daß ihr schnell mit ihr fertig werdet, damit wir alle bald wieder nach Hause gehen können.« Es bereitete ihm offensichtlich großes Vergnügen, zu sehen, wie die Polizisten mich verprügelten, nur weil er es so wollte. Er grinste wie ein Pavian.

»Macht mit ihr, was ihr wollt, wir möchten sie nicht mehr wiedersehen. Sie ist nichts als eine schmutzige kleine Schlampe!«

Ich hatte nichts zu gestehen. Mein einziges Verbrechen bestand darin, daß ich in eine arme Familie hineingeboren worden war und daß wir uns mit Mayadin um das Land gestritten hatten, das sein Vater meinem Vater gestohlen hatte – meinem armen Vater, der allein in der Ecke saß und weinte. Er hatte mich nie vor den Männern schützen können, die mir weh tun und mich bestrafen wollten. Ich war diejenige gewesen, die ihm jetzt geholfen hatte, und Mayadin paßte es überhaupt nicht, daß ich mit meinem Vater vor Gericht gegangen war.

Als mein Vater versuchte, etwas zu sagen, wurde er ebenfalls geschlagen.

»Gesteh, du kleines Miststück! Sag uns, was du gestohlen hast!«

So ging es die ganze Nacht weiter, und anschließend wurden mein Vater und ich in eine Zelle gesperrt.

Die Wände waren aus Beton, aber der Boden bestand nur aus harter, nackter Erde, so wie der Fußboden in unserem Haus. Eng umschlungen kauerten wir uns in eine Ecke.

»Amma holt den Rechtsanwalt«, flüsterte mein Vater. »Sie wird bald kommen.«

Er schloß die Augen und fing an zu beten …

Am nächsten Morgen holte man mich allein aus der Zelle. Aber kein Rechtsanwalt war zu sehen, nur noch mehr Polizisten. Mansukh, Mayadins kleiner, kurzsichtiger Schwager, der für die Polizei arbeitete, hatte sie aus anderen Dörfern geholt. Mindestens ein Dutzend von ihnen war da. Vor allem einer, ein fetter Inspektor, machte furchtbare Vorschläge, die sich auf mich bezogen. Mansukh kniff die Augen zusammen und sah mich eine Weile an. Dann sagte er: »Sie ist nicht gefährlich. Ihr könnt mit ihr machen, was ihr wollt, die kleine Hure wird nichts sagen.«

Er sollte recht behalten.

Ich habe nie ein Sterbenswort über das verlauten lassen, was in den drei Tagen und drei Nächten in der Polizeistation geschehen ist. Ich schämte mich zu sehr und fühlte mich zu sehr erniedrigt durch das, was diese Männer mit mir gemacht hatten. Und ich hatte viel zuviel Angst. Sie drohten mir, sie würden meine ganze Familie verhaften, wenn ich irgend jemandem etwas sagen würde …

Sie brachten mich wieder in meine Zelle. Mein Vater kauerte in der Ecke und hatte die Hände vor das Gesicht geschlagen. Ich ließ mich in der gegenüberliegenden Ecke zu Boden fallen. Ich war von den Beschimpfungen und Schlägen vollkommen ermattet, aber noch wußte ich nicht, daß die Demütigungen, die ich zwei Wochen zuvor in unserem eigenen Haus über mich ergehen lassen mußte, sich hier wiederholen würden. Aber mein Vater wußte es. Auf Knien kroch er langsam zu mir hin und flüsterte mir ins Ohr:

»Laß dich nirgendwo hinbringen, Phoolan. Laß nicht zu, daß sie dich aus dieser Zelle holen.«

Sie brachten mich nirgendwo anders hin. Sie zogen mich dort in der Zelle nackt aus, sie rissen mir den Sari, meine Bluse und meinen Unterrock vom Leib. Dann ließen sie mich splitternackt vor meinem Vater stehen …

Er schloß die Augen und drehte das Gesicht zur Wand.

Sie warfen mich zu Boden und schlugen wieder auf mich ein.

»Gib zu, daß du es warst! Sag es! Verdammtes Miststück! Sag es!«

Diesmal sagte ich, was sie hören wollten.

»Ja, Sir, ja, Sir.«

»Du hast den Raub begangen?«

»Bitte, Sir, schlagt mich nicht mehr!«

»Du bist schuldig. Du bist ein Dacoit.«

»Ja, Sir.«

Mein Vater krümmte sich vor Scham und hielt die Arme über dem Kopf. Ich wurde geschlagen, er aber war es, der weinte. Ich konnte sehen, wie sich seine Schultern beim Schluchzen stoßweise hoben.

Dann zerrten mich die Polizisten nackt, wie ich war, aus der Zelle und schleppten mich durch einen Korridor in einen anderen Raum. Dort warfen sie mich zu Boden. Es war genauso eine Zelle wie die andere, mit einem kleinen, hohen Fenster, Betonwänden und einem Lehmboden. Sie war vollständig leer. Ich hörte, wie draußen ein riesiger Riegel vorgeschoben wurde. Ich war allein; ich saß auf dem Boden, hatte meine Knie angezogen und die Arme davor verschränkt, um meine Blöße zu bedecken. Ich zitterte so sehr, daß ich meine Zähne klappern hörte, aber irgend etwas hinderte mich daran zu weinen.

Dann kamen die Polizisten mit Stühlen zurück. Wieder wurde der Riegel mit einem schrecklichen quietschenden Geräusch vorgeschoben. Ich schloß die Augen.

Sie legten meine Hände unter die Beine eines Stuhles, und einer setzte sich darauf. Zwei andere stellten sich mit ihren schweren Stiefeln auf meine Waden.

Ich konnte nicht erkennen, wie viele es waren. Sie konnten mein Gesicht nicht sehen und ich nicht ihre Gesichter. Meine Augen waren fest geschlossen, als seien sie aus Stein. Ich war ein Stein.

Als ich am nächsten Tag die Augen aufschlug, lag ich immer noch allein und nackt in der Zelle. Dann hörte ich, wie sie zurückkamen …

Einer von ihnen trug eine Schüssel mit Wasser. Sie gaben mir meinen Unterrock und meinen Sari zurück, alles war zerrissen und voller Blut. Sie forderten mich auf, meine Sachen in der Schüssel zu waschen.

»Wenn du irgend etwas sagst, werden wir dein Haus anzünden! Und dann machen wir alles noch einmal. Hörst du?«

»Ja, Sir.«

Ich zitterte immer noch vor Kälte und konnte kaum aufstehen. Wenn es mir in diesem Augenblick möglich gewesen wäre zu fliehen, hätte ich mich in den nächsten Brunnen gestürzt – oder mir im nächsten Haus Petroleum beschafft und mich bei lebendigem Leibe verbrannt. Der Schrecken und die Demütigungen ließen mich nur noch an eines denken ... ich wollte sterben. Diesmal hatte ich nicht einmal mehr den Gedanken an Rache. Ich dachte an gar nichts mehr. Man ließ mich nicht einmal auf die Toilette gehen. Wie ein Hund mußte ich meine Notdurft in der Zelle verrichten. Und jetzt zwangen sie mich auch noch, die Beweise für ihre Folterungen wegzuwaschen. Ich wollte nur noch sterben. Sonst nichts.

Als ich meine Kleider ausgewrungen hatte, nahm ein Polizist die Schüssel und goß das Wasser über mir aus.

»Wickel dich damit ein.«

Er gab mir eine Decke, die ich mir umlegte, während ich darauf wartete, daß meine Kleider trocken wurden.

Meine Augen waren noch geschwollen davon, daß ich sie so fest zugedrückt hatte, und mein ganzer Körper war mit blauen Flecken und Blutergüssen bedeckt. Die Haut an meinen Waden war von den schweren Stiefeln wundgerieben worden, so daß das rohe Fleisch zu sehen war, und meine Hände konnte ich nicht mehr bewegen. Ich hielt sie vor meinen Körper wie zwei nutzlose Handschuhe. Sie waren blau und angeschwollen. Sie würden nie aufhören, mir weh zu tun, und mich immer an den Stuhl und den fetten Polizisten erinnern, der darauf gesessen hatte.

Sie brachten mich wieder zu meinem Vater in die Zelle. Als sie gegangen waren, wollte er von mir wissen, was sie mit mir gemacht hätten.

»Nichts, Buppa, nichts«, sagte ich. »Sie haben mir nur Fragen gestellt und mich weiter geschlagen.«

»Sag es mir, Phoolan. Sie haben dir weh getan. Ich kann es doch an deinen Augen erkennen.«

»Nein, Buppa, nichts.«

Sie hatten mich gewarnt, wenn ich schreien oder um Hilfe rufen sollte, würden sie mir Pfefferschoten in den Leib stecken, dann hätte ich wirklich Grund zu schreien. Daraufhin hatten sie alle laut gelacht. Aber mein Vater hörte nicht auf, mich zu fragen, was sie mir angetan hatten.

»Nichts«, sagte ich immer nur. »Nichts.«

Ich muß wie eine Wahnsinnige ausgesehen haben.

»Nichts«, wiederholte ich immer und immer wieder. Ich weinte nicht. Ich fühlte nichts mehr. Mein Körper hatte aufgehört zu existieren. Er war nicht mehr ein Teil von mir, er bedeutete mir nichts mehr, er gehörte mir nicht mehr ... Ich wußte nicht einmal, wie er sich überhaupt aufrecht halten konnte. Er bewegte sich mit mir, lief in der Zelle umher, setzte sich hin, stand wieder auf und lief dann wieder hin und her ...

»Phoolan, beruhige sich. Was ist denn passiert? Was haben sie mit dir gemacht? Sag's mir, sag's deinem Buppa ...«

Nichts ...

Aber ich konnte nicht stillsitzen. Ich schlug meinen Kopf erst gegen die eine Zellenwand, dann gegen die anderen, immer hin und her. Ich tat das, weil ich mich plötzlich wieder daran erinnern konnte, was sie mit mir gemacht hatten. Ich begann mich auch wieder daran zu erinnern, wer ich war und wie sich mein Körper anfühlte. Eine nach der anderen kehrten die Erinnerungen zurück: der Schmerz, das Keuchen der Polizisten, ihre Beschimpfungen. Ich wünschte mir, dabei zuzusehen, wie man sie bei lebendigem Leib verbrannte. Ich wollte hören, wie sie um Gnade winselten.

»Laß dich nur ja nicht wieder im Dorf blicken, du Miststück! Wage es nicht, Mayadins Haus zu betreten. Und wage es nicht, den Sarpanch noch einmal zu beleidigen!«

»Nein, Sir.«

Als meine Mutter schließlich mit dem Anwalt kam, sank ich in ihre Arme. Endlich kamen die Tränen, und ich hatte das Gefühl, ich könnte nie wieder aufhören zu weinen. Ich schrie nicht, ich jammerte nicht, ich sagte nichts, ich weinte nur und weinte, um mich von einem Leid zu befreien, für das ich keine Worte hatte.

»Warum hast du mich bloß zur Welt gebracht, Amma? Du hättest mich töten sollen. Ich werde nie wieder nach Hause kommen. Lieber gehe ich betteln, als jemals wieder nach Hause zu kommen.«

Der Anwalt versuchte, mich zu beruhigen. Auch er wollte wissen, warum ich in diesem Zustand war. Ich hatte eine panische Angst und war der Hysterie nahe. Er wollte wissen, warum ich am ganzen Körper Wunden hatte und warum meine Kleider zerfetzt waren.

Nichts. Ich sagte nichts, denn ich sah sie hinter dem Anwalt stehen. Sie hörten ganz genau zu, was ich sagte. Und in meinem Kopf vernahm ich ihre Stimmen: »Wir hängen dich auf, wir stecken dir Pfefferschoten in den Leib, wir zünden dein Haus an …« Also sagte ich nichts. Ich weinte und weinte, bis dem Anwalt klar war, daß er von mir keine Antwort bekommen würde, und meine Mutter meinen Vater anzuschreien begann.

»Man hat sie geschlagen! Du warst dabei und hast nichts dagegen unternommen. Du weinst einfach nur wie sie.«

Mein armer Vater. Ich schämte mich so sehr für das, was vor seinen Augen passiert war, ich schämte mich, weil er gezwungen worden war, es mitanzusehen. Man hatte ihm nicht einmal das kleinste Stückchen Würde gelassen, das einem Mann gebührt. Ich wollte zuerst sie alle brennen sehen, und dann würde ich mich selbst verbrennen.

Während mein Vater sich hilflos in die Ecke der Zelle geduckt hatte, war meine Mutter nicht untätig geblieben. Sie war im Krankenhaus gewesen und hatte sich eine Kopie des Registers mit meinem Daumenabdruck geben lassen. Als die Polizisten das Papier sahen, änderte sich ihr Verhalten. Mayadin behauptete sofort, es sei eine Fälschung, meine Mutter würde sie betrügen wollen. Aber die Polizisten waren ganz offensichtlich beunruhigt, und es gefiel ihnen gar nicht, daß der Anwalt sie fragte, was hier eigentlich vorgehe.

»Wer ist dieser Polizist? Was tut der hier? Und dieser dort?« fragte er. »Das ist doch gar nicht Ihr Bezirk. Wer hat Sie hierher beordert? Wo ist der Diensthabende? Mein Name ist Santosh Tivari, ich bin Anwalt am Gericht. Ich kann beweisen, daß dieses Mädchen zur Zeit des Verbrechens ganz woanders war. Also, wer sind Sie? Was haben Sie mit ihr gemacht? Dieses Mädchen ist offensichtlich mißhandelt worden.«

Der fette Inspektor – dieser widerliche, schmierige Mann – blickte erst seine Leute an und antwortete dem Anwalt dann ganz bedächtig.

»Sie können sie selbst fragen, ob wir sie mißhandelt haben«, sagte er ganz ruhig. »Niemand hat sie geschlagen. Ich habe sie nicht mit dem kleinen Finger berührt. Fragen Sie sie doch selbst, ob sie schuldig ist oder nicht. Sie hat bereits gestanden, daß sie an dem Raub beteiligt war.«

Während er sprach, hörte ich ihn immer noch sagen: »Zuerst tun wir dies, und dann tun wir das, und dann wird sie uns die Wahrheit sagen!« Jetzt versuchte er, ganz schlau zu sein. Er wandte sich sogar an Mayadin und warnte ihn: »Wenn Ihr sie fälschlich beschuldigt habt, bekommt Ihr Ärger. Es wäre besser, sie jetzt laufen zu lassen – sie weiß jetzt, was ihr geschieht, wenn sie so weitermacht ...« Aber Mayadin weigerte sich. Er sagte, er wolle mich vor Gericht bringen. Er genoß die Situation. Was er mir bereits angetan hatte, reichte ihm nicht. Er wollte, daß man mich ins Gefängnis sperrt.

Die Polizisten brachten mir eine Chapati und einen Teller *dal* und zwangen mich zu essen. Sie gaben mir einen Baumwollsari, den einer von ihnen von zu Hause geholt hatte. Dann brachten sie mich nach draußen. Als wir einen Augenblick lang außer Hörweite des Anwalts waren, flüsterte mir einer von ihnen ins Ohr: »Vergiß nicht, wenn du dem Richter irgend etwas sagst, werden wir dich kriegen ...« Sie ließen mich hinten auf einen überdachten Lastwagen steigen, und einige von ihnen folgten mir und setzten sich neben mich. Es war später Nachmittag, die Sonne ging unter und färbte den Himmel blutrot.

Als der Motor ansprang, sah ich meine Mutter vor dem Lastwagen stehen. Sie fuchtelte mit den Armen und rief etwas.

Offenbar versuchte sie, den Lastwagen an der Abfahrt zu hindern, aber die anderen schoben sie zur Seite. Während das geschah, kam mein Vater rasch zu mir und steckte mir, bevor der Lastwagen abfuhr, heimlich etwas zu. Es war ein Fünfrupienschein.

Von Polizisten umgeben, saß ich auf dem Lastwagen. Ich war

immer noch ein Kind, gerade sechzehn geworden, ein ungebildetes Bauernmädchen, das weder lesen noch schreiben konnte, das nur dazu taugte, Kühe zu hüten, Dung zu sammeln und den Nichten und Neffen das Hinterteil abzuputzen. Weshalb also diese Gewalt und der unbändige Haß auf mich? Während der Fahrt, als es Nacht zu werden begann, fragte ich mich, ob es in mir vielleicht irgendeine geheimnisvolle Kraft gab, die alle vernichten wollten, eine Kraft, die mich Rache üben ließ, eine Kraft, die mich dazu trieb, um jeden Preis überleben zu wollen. Ich versuchte, mich selbst mit dem Gedanken zu trösten, daß es besser war, sich schlagen und demütigen zu lassen, als still zu leiden wie die Frauen in den Dörfern, die ich im Licht der Laternen links und rechts der Straße erkennen konnte. Ich faßte den Entschluß, mich zu dieser Kraft zu bekennen, die ein Geschenk der Göttin Durga sein mußte. Ich war immer noch in Tränen aufgelöst und hatte Angst wie ein kleines Kind. Mein Körper tat mir weh. Ich brauchte noch immer meine Mutter, ich sehnte mich nach Zärtlichkeit und Schutz, aber es sah so aus, als würde ich immer nur noch mehr Gewalt erfahren. Aber ich war dabei zu lernen, wie man überlebt. Selbst als ich den Wunsch hatte zu sterben, wußte ich, daß ich überleben würde.

Unschuldig im Gefängnis

Als man mir die Beweise für mein Verbrechen zeigte, hätte ich beinahe gelacht: ein Stück Stoff, das wie ein altes Handtuch aussah, und ein paar Armreifen und Fußspangen. Das war angeblich meine Beute gewesen.

Die Polizisten brachten mich auf dem Lastwagen zum Gericht nach Orai. Meine Füße hatten sie mit Ketten gefesselt.

»Der Richter dort ist ein bedeutender Mann. Wenn du gestehst, wird er dich laufen lassen«, sagte einer von ihnen. »Hast du verstanden? Du brauchst ihm nur zu sagen, daß du die Sachen aus Mayadins Haus gestohlen hast. Und gnade dir Gott, wenn du etwas anderes sagst.«

Der Fahrer konnte in seinem Rückspiegel sehen, daß die Polizisten ihrer Warnung wieder mit Schlägen und Fußtritten Nachdruck verliehen.

»Warum schlagt ihr sie denn?« fragte er und drehte sich um. »Was hat sie denn getan?«

Die Polizisten befahlen ihm, anzuhalten und auszusteigen. Und dann prügelten sie am Straßenrand mit ihren Lathis auf ihn ein. Danach drehte er sich kein einziges Mal mehr um, sondern gab Gas und hupte, wenn sie ihm sagten, daß sie es eilig hätten. Es war schon dunkel, und die Polizisten befürchteten, daß das Gericht schon geschlossen sein könnte. Während der etwa zweistündigen Fahrt sagten sie mir immer wieder, ich müsse unbedingt ein Geständnis ablegen. »Du sagst, du wärest weggelaufen und ein Dacoit geworden, und dann wärest du zurückgekommen, um Mayadins Haus auszurauben, das ist alles.«

Der Lastwagen hielt vor einem großen Gebäude, auf einer breiten, von Neem-Bäumen gesäumten Straße. Ich erkannte die abgeblätterte, gelbe Fassade wieder. Hier war ich schon einmal mit meinem Vater gewesen. Als man mich aussteigen ließ, war ich ziemlich mutlos. Ich wußte, es bestand nur wenig Hoffnung, daß mir dort Gerechtigkeit widerfahren würde.

Das Gericht war noch geöffnet, und überall liefen Leute herum: Polizisten, Anwälte, Zeugen und Gefangene. Ich hatte geglaubt, dort würde man nur Fälle verhandeln wie den Streit meines Vaters mit Mayadins Familie. In den Dörfern oder zwischen den Pächtern und den Landbesitzern gab es immer Streit um das Land, und wie mein Vater mußten viele arme Leute den größten Teil ihres hart verdienten Geldes an die Anwälte zahlen, in der Hoffnung, eines Tages zu ihrem Recht zu kommen. Selbst für so ungebildete Leute wie uns war das Gericht ein vertrauter Ort. Ich hatte allerdings bis jetzt nicht gewußt, daß sich der Richter auch mit Dacoits befaßte.

Er saß auf einem hohen Podest hinter einem langen Tisch, und als der Polizist mich nach vorn zu ihm geführt hatte, mußte ich meinen Kopf heben, um mit ihm reden zu können.

Er fragte mich nach meinem Namen.

»Phoolan Devi«, sagte ich.

»Und warum bist du hier? Was hast du getan?«

»Ich weiß es nicht.«

Die anderen Richter und Anwälte, die an den Tischen um mich herum saßen, mußten ein Lachen unterdrücken. Einer der Polizisten trat mich gegen den Knöchel.

»Du hast keine Ahnung, warum du hier bist?« fragte der Richter.

»Nein.«

Da trat der Polizist mit seinen schweren Stiefeln auf meine nackten Zehen. Ich lief rot an vor Schmerz, Tränen stiegen mir in die Augen, aber ich blickte unverwandt den Richter an. Er trug eine einfache Wollweste und eine Brille. Die einfache Kleidung und seine freundlichen Augen gaben mir Hoffnung, daß er Mitleid mit mir haben würde.

»Hab keine Angst. Erzähl mir mal, was du angestellt hast.«

»Ich bin ein Dacoit.«

Diesmal versuchten die anderen erst gar nicht, ihr Lachen zu unterdrücken.

»Ein Dacoit!« rief der Richter aus. »Weißt du überhaupt, was das ist?«

Der Polizist schaltete sich ein: »Wir haben sie auf frischer Tat ertappt. Sie kannte das Haus so gut, daß sie genau wußte, wo die Wertsachen aufbewahrt wurden.«

»Mit Ihnen rede ich nicht«, sagte der Richter, »ich rede mit diesem jungen Mädchen.«

Er sah mich durch seine Brille prüfend an, so als überlege er sich, ob er mir glauben könne. Ich hörte, wie die Leute im Gericht flüsterten: Niemand schien sich vorstellen zu können, daß ich ein Dacoit sein sollte. Und dann fragte mich der Richter, weshalb ich in einem solchen Zustand wäre. Er muß geglaubt haben, ich sei dumm, denn er wartete erst gar nicht meine Antwort ab und wandte sich sofort an den Polizisten.

»Wann habt ihr sie verhaftet?«

»Gestern, Sir.«

»Ist sie mißhandelt worden?«

»Nein, Sir. Niemand hat ihr ein Haar gekrümmt.«

»Das Mädchen macht einen verstörten Eindruck. Sie muß sich erst einmal beruhigen. Sorgt dafür, daß sie sich etwas ausruhen kann, und bringt sie dann wieder zu mir.«

Danach wandte er sich an die anderen Richter und machte ein paar Bemerkungen auf englisch, die ich nicht verstehen konnte. Selbst wenn er etwas in meiner eigenen Sprache sagte, fiel es mir aufgrund seiner gehobenen Ausdrucksweise schwer, ihn zu verstehen.

Die Polizisten brachten mich in ein benachbartes Haus, wo Leute aßen und tranken. Ich war noch nie in einer Kantine gewesen. Es gab Getränke in Flaschen und alle möglichen Sachen zu essen. Ein Polizist gab mir eine kleine Büchse kondensierte Milch zu trinken. »Wirst du das tun, was wir dir gesagt haben oder nicht? Wenn du dem Richter irgendwelche Geschichten erzählst, werden wir zu dir nach Hause kommen, und dann geht alles wieder von vorn los.« Dabei sahen mich alle durchdringend an, und als ich die Milch ausgetrunken hatte, brachten sie mich wieder vor den Richter.

»Geht es dir jetzt besser? Gut. Ist dir bewußt, daß man dich hierhin gebracht hat, weil man dich eines Verbrechens bezichtigt?«

»Ja, Sir.«

»Bist du schuldig?«

»Ja.«

»Ist dir klar, was du da sagst? Wenn du dich schuldig bekennst, wird man dich sieben Jahre ins Gefängnis sperren. Erzähl mir doch einmal, was wirklich passiert ist... Hast du den Diebstahl allein begangen?«

»Ja, ich bin ein Dacoit.«

Der Richter wurde ungeduldig.

»Das Mädchen hat den Verstand verloren! Bringt sie fort ...«

Er muß Verdacht geschöpft haben ... Mein wirres Haar, mein geschwollenes Gesicht und die ungeschickte Art, wie ich meine verletzten Hände in Ehrfurcht vor ihm gefaltet hatte, all das konnte er nicht übersehen haben.

Zusammen mit anderen Gefangenen wurde ich auf einen anderen Lastwagen geladen und in das Gefängnis gebracht, das an derselben Straße lag. Als ich die mächtigen Riegel an dem Tor sah, überlief es mich eiskalt, und ich fürchtete mich vor dem, was man als nächstes mit mir machen würde. Ich wußte nicht, was eine Gefängnisstrafe von sieben Jahren bedeutete. Ich wußte nicht einmal, was ein Gefängnis war. Als ich die hohen Mauern erblickte, dachte ich zuerst, es sei eine größere und noch schrecklichere Polizeistation.

Ein Wachtposten öffnete das schwere Doppeltor und verschloß es hinter uns wieder. Wir wurden vom Lastwagen geführt und in einen Raum gebracht, in dem ein Polizist etwas zu einem anderen Mann sagte, der an einem großen Tisch saß. Obwohl sie in meiner Sprache redeten, konnte ich nur die Hälfte von dem verstehen, was sie sagten. Der Mann an dem Tisch schrieb meinen Namen und meine besonderen Kennzeichen in ein großes Buch. Danach nahm er meine Hand und drückte mir mit einem Stempel einen blauen Kreis auf mein Handgelenk. Dann kam eine Frau herein, die einen Sari trug. Sie führte mich aus dem Raum und sagte mir, ich solle mich hinsetzen und warten.

Ich hockte mich an die Wand und hörte, wie ihre Stimme in dem langen Flur widerhallte. Ich konnte viele Türen erkennen und fragte mich, was sich wohl dahinter verbarg. Aber es beruhigte mich schon zu sehen, daß es in diesem Gefängnis Frauen gab. Sie kam mit einer grauen Decke zurück und forderte mich auf, ihr zu folgen. »Hab keine Angst«, sagte sie. »In ein paar Tagen wird man dich wieder freilassen.« Ich brach in Tränen aus, denn ich glaubte ihr nicht.

»Bitte lassen Sie mich nicht mit den Polizisten allein«, flehte ich sie an. »Sie werden mir weh tun!«

»Niemand wird dir weh tun. Dies ist ein Gefängnis. Hier gibt es keine Polizei. Hier sind nur Frauen, und niemand wird dir etwas tun.«

Sie führte mich durch eine Tür in einen Hof und dann durch eine weitere, riesige Tür mit einer schweren Klinke. Als ich Toiletten sah, fragte ich, ob ich eine benützen dürfe. Es roch ekelhaft, und nirgendwo gab es Wasser.

Die Frau im Sari war offenbar die Aufseherin. Sie brachte mich hinterher in einen großen Raum, in dem sich viele Frauen befanden. Als wir eintraten, kamen alle auf mich zu und redeten gleichzeitig auf mich ein. Sie wollten wissen, wer ich war und zu welcher Bande ich gehörte. Sie drehten mich hin und her, um mich genau betrachten zu können. »Sie ist so klein«, sagte eine von ihnen. Dann schob die Frau im Sari sie beiseite, um mich durchsuchen zu können. Vor den anderen fragte sie mich, ob ich Geld bei mir hätte. Ich zeigte ihr die Fünfrupiennote, die mein Vater mir heimlich zugesteckt hatte, als man mich auf den Lastwagen verfrachtet hatte. Sie sagte, ich dürfe dort kein Geld haben, und nahm es an sich. Die anderen Frauen schienen danach das Interesse an mir verloren zu haben. Ich nahm meine Decke, suchte mir einen Platz in der Nähe von zwei Frauen, die mir am wenigsten angst machten, und setzte mich wie alle anderen auf den Boden. Eine der beiden Frauen, die schon sehr alt war, wollte wissen, wer mich geschlagen hatte. Als ich ihr erzählte, daß ich von der Polizei mißhandelt worden sei, fragte sie mich nicht wie die anderen Frauen, zu welcher Bande ich gehörte oder wen ich beraubt hätte, sondern schüttelte nur den Kopf und sagte, es gebe eben Polizisten, die so etwas immer machten, wenn sie eine Frau verhafteten, ganz gleich, ob sie etwas verbrochen hatte oder nicht.

In den ersten Tagen konnte ich weder etwas essen noch trinken.

Niemand kam zu mir. Als ich in der Nacht weinte und nach meiner Mutter rief, machten sich die andern Frauen über mich lustig. »Hab keine Angst«, sagte eine von ihnen, »deine Mutter wird dich hier herausholen. Sie wird mit Zauberkraft über die hohen Mauern fliegen und dich mitnehmen.« Nur die alte Frau sagte mir die Wahrheit. »Niemand wird dich jetzt hier herausholen. Dein Anwalt wird Einspruch einlegen, und dann mußt du auf die Entscheidung des Richters warten. Hab Geduld. Es braucht Zeit.«

Die Oberaufseherin warnte mich und sagte, ein Hungerstreik würde mir nichts nützen. Ich würde meine ganze Kraft für die Arbeit benötigen. Ich müßte die Latrinen ausleeren und die Mauern an den Stellen ausbessern, wo Lehmputz abgefallen war. Sie versuchte mir zu erklären, was ich beim nächstenmal dem Richter sagen sollte. »Diese Polizisten haben gelogen. Du mußt dir keine Gedanken über das machen, was sie gesagt haben. Sag dem Richter, daß du kein Dacoit bist, denn sonst wirst du lange hierbleiben müssen. Iß jetzt etwas! Ich möchte sehen, daß du etwas ißt!« Dann wartete sie ab, bis ich aß. Sie trug eine Khakiuniform wie die Polizisten, und ich mißtraute ihr. Ich hielt sie für irgendeine Art von Polizeiinspektor und gehorchte ohne ein Wort. Ich aß, trank, arbeitete und schwieg.

Endlich, nachdem ich schon eine Woche dort war, kam meine Mutter. Ich flehte sie an, mich aus dem Gefängnis herauszuholen. Man hatte mich zwar nicht geschlagen, aber die dicken Betonmauern, die Schlösser an den Türen und die Uniformen machten mir angst. Ich hatte kaum schlafen können, weil ich ständig fürchtete, die Mißhandlungen würden aufs neue beginnen. Als die Oberaufseherin erfahren hatte, daß meine Mutter da war, kam sie, um mit ihr zu reden.

»Mach deiner Tochter klar, daß sie nicht sagen darf, sie sei ein Dacoit. Dann wird der Richter sie zu sieben Jahren verurteilen.«

Meine Mutter nahm mich bei den Schultern und rüttelte mich.

»Phoolan, warum hast du dem Richter gesagt, du hättest es getan? Warum hast du ihn angelogen? Was ist denn bloß in dich gefahren?«

Aber neben uns stand eine Wärterin, die eine Khakiuniform wie die anderen trug und mich ansah ... *»Wir zünden euer Haus an«,* hörte ich sie sagen, *»dann geht alles wieder von vorne los ...«*

Eine Stunde später befand ich mich mit anderen Gefangenen zusammen wieder auf einem Lastwagen. Wir fuhren zum Gericht. Während die anderen Frauen miteinander redeten und Witze machten, war ich vor Angst wie gelähmt: Zwei Polizisten saßen mir direkt gegenüber. Beim Anblick ihrer Uniformen überlief es mich eiskalt. Sie starrten mich an, machten obszöne Gesten und zwinkerten mir zu. Die Frauen kicherten. »Sie hat ihre Mutter wieder verloren«, sagte eine.

Im Gericht mußten wir uns in einem großen Warteraum auf den Boden setzen. Meine Mutter versuchte hereinzukommen, aber die Wachen verlangten von ihr ein Schmiergeld. Da sie kein Geld hatte, setzten sie sie vor die Tür. »Du kannst sie sehen, wenn sie wieder im Gefängnis ist«, sagten sie. Die Zeit in diesem Raum, in dem sich nur Gefangene und Polizisten befanden, wollte nicht vorbeigehen. Es waren sowohl Männer als auch Frauen dort, und alle drückten sich auf eine sehr derbe Weise aus. Ein paar von ihnen machten mir gegenüber schmutzige Bemerkungen. Selbst die Polizisten, die mich im Gefängnis abgeholt hatten und die ich nie zuvor gesehen hatte, lachten und forderten mich auf, nach meiner Entlassung doch einmal zu ihnen zu kommen.

Draußen konnte ich meine Mutter sehen. Ganz allein ging sie zwischen den Neem-Bäumen auf und ab und weinte. In den wenigen Augenblicken, die man uns zugestanden hatte, hatte sie mir mitgeteilt, daß sie dem Anwalt in Orai fünfhundert Rupien gezahlt habe, damit er mich vertrat. Sie hatte mich beschworen, ich solle nicht sagen, ich sei ein Dacoit, und auch nicht, daß ich Mayadin beraubt habe. Aber um mich herum sah ich nur Polizisten.

Es war derselbe Richter wie beim letztenmal. Er lächelte mich über seine Brille hinweg an.

»Da bist du ja wieder. Hast du es dir überlegt?«

Ich gab keine Antwort. Meine Knie zitterten. Ich war fest davon überzeugt, daß er mich wieder ins Gefängnis zurückschicken würde. Aber er drehte sich um und sprach mit einem jungen Mann, der einen weißen Anzug trug und schwarze Schuhe anhatte. Das mußte der Anwalt sein, von dem meine Mutter gesprochen hatte. Sie sprachen englisch miteinander, und ich konnte nicht verstehen, was sie sagten. Der Richter zuckte die Achseln und wandte sich wieder an mich. Jetzt sprach er Hindi.

»Dein Anwalt bittet mich, dich auf Kaution freizulassen, damit du wieder nach Hause gehen kannst, aber *du* möchtest ja unbedingt, daß ich dich für sieben Jahre ins Gefängnis schicke, weil du angeblich ein Dacoit bist. Sag mir die Wahrheit, Phoolan. Hat man dich geschlagen? Wie lange hat man dich auf der Polizeistation festgehalten?«

Als ich wieder anfing zu weinen, sprach der Anwalt an meiner Stelle. Er erklärte, daß die ganze Sache nur durch einen Streit zwischen meinem Vater und Mayadin ausgelöst worden sei – daß ich nichts gestohlen hätte und daß er beweisen könne, daß ich zur Tatzeit bei meiner Schwester gewesen war. Dann ließ der Richter meine Mutter kommen. Sie sagte ihm, daß ich drei Tage in der Polizeistation festgehalten worden wäre und daß man mich dort geschlagen und gefoltert hätte. Sie sagte, man hätte mich gezwungen, etwas zu gestehen, was ich gar nicht getan hätte.

»Sag mir die Wahrheit«, forderte der Richter mich ein weiteres Mal auf und sah mich dabei streng an. »Hast du diesem Mayadin irgend etwas gestohlen?«

Der Polizist, der hinter mir stand, trat mich nicht und zwickte mich auch nicht. Er schaute nur geradeaus. Er war aus Orai, nicht aus Kalpi. Vielleicht war er ja nicht so böse wie die anderen, dachte ich. Und meine Mutter hatte dem Richter ja ohnehin schon alles erzählt, ich hatte also nichts mehr zu verlieren.

Ich erklärte ihm, daß ich keine Banditin sei und niemandem etwas gestohlen habe. Über den Rest, über die Folter und die Schande, bewahrte ich Stillschweigen.

Dann war es vorbei. Der Richter sagte noch ein paar Sätze, von denen ich nur verstand, daß er eine Kaution festlegen wolle, aber ich wußte nicht, was das war. Man würde mich wieder in das Gefängnis bringen, erläuterte der Rechtsanwalt, aber ich sollte bald entlassen werden. Der Richter hatte jedoch gesagt, ich sei frei, und er hatte etwas auf ein Blatt Papier geschrieben. Warum mußte ich dann trotzdem noch einmal in das Gefängnis zurück? Offenbar waren Worte, die man auf ein Stück Papier schrieb, etwas anderes als die Wirklichkeit. Nach fünf oder sechs Tagen kam endlich die Oberaufseherin und sagte zu mir: »Man hat Kaution für dich gestellt. Du wirst uns heute verlassen.«

Man nahm meine Fingerabdrücke und schrieb noch etwas in das große Buch. Als ich dann meine fünf Rupien wiederhaben wollte, sah mich die Frau, die sie mir abgenommen hatte, nur an. Sie hatte mir die fünf Rupien vor allen Gefangenen abgenommen, damit die mich in Ruhe lassen würden, das war mir hinterher klargeworden. Aber jetzt behielt sie sie einfach für sich. Die Aufseherin war in der Zwischenzeit nach draußen gegangen und fragte, ob jemand auf Phoolan Devi wartete.

Der Anwalt kam nach vorn, zusammen mit einem anderen Mann. Sie sagten, meine Mutter sei wieder in ihr Dorf zurückgegangen, und sie seien gekommen, um mich abzuholen und dorthin zu bringen.

»Kennst du diese Männer, Phoolan?« fragte mich die Frau.

»Nein.«

Der Anwalt sah mich überrascht an.

»Natürlich kennst du mich.«

»Nein. Ich habe Sie im Gericht gesehen, aber ich kenne Sie nicht. Und den anderen habe ich überhaupt noch nie gesehen.«

Die Wärterin schickte die beiden wieder weg, und ich mußte eine weitere Nacht im Gefängnis bleiben. Am nächsten Morgen rief die Wärterin die Frau, die mir mein Geld abgenommen hatte, und sagte ihr, sie solle mich in den Bus nach Kalpi setzen. Sie gab mir ein paar Rupien für die Fahrkarte, und ich fragte sie noch einmal nach meinem Geld. »Du kleine Närrin! Wenn du noch einmal davon anfängst, bekommst du eine Ohrfeige!«

Sie ließ mich an der Bushaltestelle stehen.

In Kalpi mußte ich mehrmals nach dem Weg fragen, weil ich mich nicht mehr daran erinnern konnte, in welche Richtung es zu unserem Dorf ging. Sobald die Männer merkten, daß ich allein war, versuchten sie mich beiseite zu ziehen. Einer bedrohte mich dabei sogar mit einem Messer. Ich lief, bis ich außer Atem war, und hatte an jeder Ecke Angst, ich würde gleich wieder das rotblaue Schild der Polizeistation sehen. Erst als ich ganz sicher war, daß mich keiner verfolgte, hielt ich an und wusch mein Gesicht an einem Wasserhahn, bevor ich weiterging. Ich hielt mich hinter den Karren und zwischen den Kühen, damit mich niemand sehen konnte. Immer wenn ein Mann in Uniform vorbeikam, drängte ich mich dicht an die Tiere heran, aus Angst, man würde mich wieder entführen, schlagen und foltern. Ich verstand überhaupt nicht, warum meine Mutter nicht vor dem Gefängnis auf mich gewartet hatte und statt dessen diese beiden anderen Männer dort gewesen waren.

Als ich endlich zu Hause ankam, erfuhr ich, warum man mich nicht gleich freigelassen hatte. Meine Mutter hatte den Anwalt geschickt, um mich abzuholen, und der andere Mann hatte uns das Geld für die Kaution geliehen. Sie erklärte mir, daß wir dieses Geld dem Gericht zahlen mußten, damit ich freigelassen werden konnte. Es war teuer, sich von ihm Geld zu leihen, aber meine Mutter sagte, sie hätten keine andere Wahl gehabt. Sie hatte eine Woche gebraucht, um jemanden zu finden, der bereit war, uns Geld zu leihen. Jeder im Dorf hatte Angst, daß der Sarpanch oder Mayadin ihnen etwas antun würde, wenn sie sich mit uns einließen.

All diese Leute, die Bescheid wußten und lesen und schreiben und Englisch sprechen konnten, sie hatten ein Recht gehabt, mich im Gericht auszulachen. Im Vergleich zu ihnen war ich ein erschrecktes, verängstigtes Tier, so wie all die armen Menschen aus meiner Kaste. Uns blieb nur unsere Angst und unser Mißtrauen, die uns schützten. Unwissenheit, das begriff ich, konnte genauso grausam sein wie Hunger.

Wer Gewalt sät ...

Die Tiere waren während meiner Abwesenheit nicht gefüttert worden, und mein Ochse sah ganz traurig und erschöpft aus. Als er noch jung war, hatte ich ihn immer gefüttert und ihm die beim Mahlen übriggebliebene Kleie mit Wasser unter sein Futter gemischt, damit er groß und stark würde. Als er mich wiedersah, füllten sich seine Augen mit Tränen, die über seine Schnauze rannen, als er mir die Hand leckte. Er schien zu wissen, daß ich gelitten hatte. Auch ihm war es nicht gutgegangen. Niemand hatte sich um ihn gekümmert, und jetzt sah er so schwach aus, daß ich nicht anders konnte, als mein Gesicht an das rauhe Fell seines Nackens zu legen und mit ihm zu weinen.

Bevor ich irgend etwas anderes tat, brachte ich ihm Wasser und schnitt etwas Gras für ihn. Es widerstrebte mir, anderen Menschen unter die Augen zu treten. Sie widerten mich an. Aber die Dorfbewohner, die gesehen hatten, daß ich zurückgekommen war, konnten sich nicht zurückhalten.

»Schau, wie sie sich verändert hat«, sagte einer von ihnen.

»Der Himmel weiß, was man ihr angetan hat. Sag mal, Phoolan, wie war es im Gefängnis?« fragten sie.

»Wie hältst du es denn jetzt mit den Männern, Phoolan?« fragte mich einer mit einem spöttischen Lächeln. »Mit wie vielen hast du geschlafen?«

Ich blickte unbeirrt nach vorn. Ihre Neugier stieß mich ab. In ihren Augen hatte ich meine Ehre verloren. Jeder im Dorf wußte, was ich erlitten hatte, die Schläge, das Gefängnis und alles andere. Meine Freundinnen gingen mir aus dem Weg. Sie senkten den Kopf, wenn sie mich sahen, und keine wollte mit mir reden. Aber alle tratschten gern darüber, vor allem die Frauen.

Mein Ochse stellte mir keine Fragen. Er hatte mit Tränen auf mich gewartet, ohne mich zu verurteilen.

Als ich versuchte, ihn zum Fressen zu bewegen, hörte ich, wie meine Mutter in dem anderen Zimmer schimpfte …

»Warum sollten wir dafür bezahlen? Jeder hat ein Recht auf das Wasser aus dem Brunnen. Es ist Mayadins Schuld, daß sie im Gefängnis war. Warum sollten wir für sie bezahlen?«

Sie stritt sich mit Buldi Seth, einem Ladenbesitzer, der zum Ältestenrat des Dorfes gehörte. Er erklärte ihr, daß der Sarpanch beschlossen hatte, daß meine Familie, weil ihre Tochter unrein sei, eine bestimmte Summe hinterlegen müsse, wenn sie weiterhin Wasser aus dem Brunnen holen wolle. Händeringend sagte er, es täte ihm sehr leid, aber wir müßten elfhundert Rupien zahlen. Er war gekommen, um uns den Vorschlag zu machen, daß er uns das Geld leihe. Er wußte genausogut wie der Sarpanch, daß die Zinsen, die wir zahlen müßten, uns finanziell ruinieren würden. Meine Mutter warf ihn aus dem Haus. Sie schrie so lange hinter ihm her, bis er wieder an seinem kleinen Laden angekommen war.

»Mir ist es egal, was der Sarpanch sagt, wir werden keine Rupie bezahlen.«

Sie schrie so laut, daß die Dorfbewohner in ihre Häuser liefen und sich dort versteckten.

Meine Mutter hatte Tage gebraucht, um jemanden zu finden, der ihr das Geld für meine Kaution lieh. Mayadin hatte allen Dorfbewohnern verboten, uns zu helfen. Schließlich war sie zu Phool Singh, dem Thakur aus Narihan, gegangen, der die Frau des Sarpanch bedroht hatte. Auch wenn er es nur im eigenen Interesse tat, er war der einzige, der bereit war, ihr zu helfen. Die ganze Zeit hatte sie sich weder um die Tiere noch um meine kleinen Geschwister kümmern können. Shiv Narayan und Bhuri hatten sich selbst versorgen müssen und ausschließlich von Reis und Wasser gelebt. Mein Vater war krank geworden und hörte nicht mehr auf zu jammern. Er litt unter Angstvorstellungen und murmelte in seinen Fieberphantasien, auf mir laste ein Fluch. Uns wurde sogar der Zutritt zum Brunnen verwehrt. Schon am nächsten Tag jagten mich die anderen Frauen weg, wenn ich Wasser holen wollte.

»Wage es nicht, dich unserem Brunnen zu nähern! Du warst im Gefängnis. Du bist unrein«, kreischten sie.

Ich ließ meinen Topf und den Strick fallen und rannte zurück zum Haus. Von diesem Tag an traute ich mich nicht mehr, das Tor zu öffnen, nicht einmal, um den Staub auf die Straße zu fegen. Ich war eine *Pariah* geworden, eine Ausgestoßene.

Als meine Mutter am selben Abend von der Feldarbeit zurückkam, war sie mir böse, weil ich die Arbeiten, die sie mir aufgetragen hatte, nicht erledigt hatte.

»Amma«, sagte ich zu ihr, »die Leute sagen, ich sei schmutzig ... und das ganze Dorf würde durch mich verunreinigt. Wo ich auch hingehe, machen sie hinter meinem Rücken Bemerkungen.«

Sie hatten behauptet, ich hätte im Gefängnis mit Männern geschlafen, und sagten, dadurch, daß ich wieder nach Hause gekommen wäre, hätte ich Schande über das ganze Dorf gebracht.

»Sie möchten, daß ich wieder gehe, daß ich für immer aus dem Dorf verschwinde. Schick mich weg, Amma, sonst stürze ich mich in den Brunnen.«

»Wenn du dich umbringst, werden alle sagen, du hättest das nur getan, weil du schwanger wärest. Du mußt ihnen zeigen, daß du nichts Unrechtes getan hast. Du kannst hierbleiben und bei uns essen. Du bist doch unsere Tochter, und wir lieben dich.«

Selbst mein armer Vater, der vor lauter Angst und wegen seiner Krankheit ganz schwach war, versicherte mir, daß er mich liebe. »Phoolan«, sagte er mit schwacher Stimme, »nichts und niemand kann dich uns wegnehmen – solange du nichts tust, was uns in noch größere Schwierigkeiten bringt.«

Ohne Wasser aus dem Brunnen konnten wir nicht überleben, aber die Dorfbewohner waren fest entschlossen, mich immer wieder wie einen bösen Geist zu verjagen. Am nächsten Tag kamen sie zu unserem Haus und verkündeten uns noch einmal, daß der Sarpanch entschieden habe, wenn wir Wasser aus dem Brunnen holen wollten, müßten wir dafür bezahlen. »Wir sind arm, wir können nicht soviel bezahlen«, klagte mein Vater. Er versuchte, ihnen zu erklären, daß der Anwalt schon fünfhundert Rupien gekostet habe, und bot ihnen sechshundert an, aber sie wollten mehr. Meine Mutter schrie, sie sollten uns in Ruhe lassen. »Wir werden niemals bezahlen! Niemals! Phoolan wird das Wasser aus der Yamuna holen.«

Aber einen Wasserkrug vom Fluß bis zum Haus auf den Schultern zu tragen war sehr anstrengend, und die Leute, die ich auf dem Weg traf, machten böse Bemerkungen.

»Warum setzen sie sie nicht einfach auf einen Karren und laden sie irgendwo ab, ganz weit weg von hier?« sagten sie.

»Oder fesseln sie und lassen sie am Wegrand liegen.«

Als mein Vater sich nach ein paar Wochen von seiner Krankheit erholt hatte und Arbeit suchte, war niemand bereit, ihm sein Feld zu verpachten, nicht einmal, als er anbot, dem Besitzer den größten Teil der Ernte zu überlassen. Und niemand wollte sich von ihm eine Tür oder einen Stuhl machen lassen. Er ging in den Tempel und betete zu Gott, aber seine Gebete wurden nicht erhört.

Ich hatte schreckliche Angst. Nachts versteckte ich mich und schlief zwischen den Hufen der Kühe oder auf der kleinen Dachterrasse. Tagsüber hörte ich alle immerzu flüstern: *Mach, daß du wegkommst ... Sie ist unrein ... Wie viele Männer?*

Klein Bhuri prügelte sich mit den anderen Kindern, die ihr ins Gesicht spuckten. Selbst der alte Fischer, der nebenan wohnte und so arm war, daß wir ihm oft etwas zu essen gaben, weil er keine Familie hatte, die ihn unterstützte, ging mir aus dem Weg.

»Komm mir nicht zu nahe, Phoolan«, sagte er. »Wenn du mit mir sprichst, wird man auch mich aus dem Dorf jagen wollen.«

So ging das sechs Monate lang, den ganzen Sommer, die ganze heiße Jahreszeit bis zum Monsun. Wir wurden von allen Dorfbewohnern geschnitten.

Zuletzt beschloß meine Mutter, daß ich genauso zum Brunnen gehen dürfe wie jeder andere auch und daß ich mir dieses Recht nicht nehmen lassen dürfte. »Er ist nicht Mayadins Eigentum, und er gehört auch keinem seiner Leute. Geh hin und füll die Krüge.«

Drei Polizisten bewachten den Brunnen. Ich mußte meinen ganzen Mut zusammennehmen und sagte mir immer wieder, wenn mich jemand daran hindern sollte, Wasser zu holen, würde ich mich in den Brunnen stürzen. Ich ließ den Eimer mit dem Seil hinunter und zog ihn dann langsam wieder nach oben. Die Polizisten saßen unter einem Baum und beobachteten mich. Als ich gerade mit meinem Eimer nach Hause gehen wollte, kam Mayadin mit seinen Dienern.

»Schaut euch das Mädchen an!« rief er zu den Polizisten hinüber. »Sie kennt keine Scham! Sie wagt es, hier Wasser zu holen!«

Die Polizisten standen auf und kamen auf mich zu.

»Mach, daß du wegkommst«, fuhren sie mich an und hoben ihre Lathis, als sei ich ein streunender Hund.

»Warum?« protestierte ich. »Warum sollte ich?«

»Wie kannst du es wagen, einem respektablen Mann wie Mayadin unter die Augen zu treten. Mach, daß du wegkommst, sonst kriegst du eine gehörige Tracht Prügel.«

Ich setzte meinen Eimer ab und wandte mich an meinen angeblich so respektablen Vetter.

»Hast du es nötig, die Polizei zu rufen, um mit mir fertig zu werden, schaffst du das nicht alleine? Du besitzt Land, weil dein Vater es gestohlen hat, aber du wirst nie Frieden finden, solange ich lebe. Ich warne dich, so wie du uns gewarnt hast: Ich werde dir das Leben zur Hölle machen.«

»Hört euch das an, hört euch an, in welchem Ton sie mit mir spricht.«

»Wenn deine Sipahis mich anrühren«, sagte ich, »werde ich mich in den Brunnen stürzen!«

Dann drehte ich mich um und ging kopfschüttelnd weg.

Die Reichen wollen nur eins: daß wir ihre Sklaven sind und ihnen gehorchen. Sie hatten mich provoziert und zur Rebellin gemacht, und jetzt waren ich und meine Familie deshalb Pariahs, ohne Weizen, ohne Arbeit, ja sogar ohne Wasser. Sie konnten uns zum Tode verurteilen, indem sie uns einfach einen Platz in der Dorfgemeinde verwehrten. Mein Vater hatte mir immer erklärt, es sei unser Schicksal, an dem wir nichts ändern könnten. Wir wären auf die Welt gekommen, um anderen zu dienen. »Warum soll das mein Schicksal sein?« fragte ich ihn. »Diese Leute sind auch nicht anders als wir, in ihren Adern fließt das gleiche Blut. Wir haben genausogut unseren Stolz wie sie, warum sollen wir ihre Diener sein?«

Wir schlossen uns in unser Haus ein, da wir Angst hatten, die Polizei könnte kommen. Aber als es klopfte, war es nicht die Polizei …

»Mach auf! Wo ist Phoolan? Wir möchten sie sehen!«

Ich versteckte mich im Stall, während Bhuri antwortete.

»Sie ist mit meiner Mutter weggegangen.«

»Sie sollte aber hier sein, wenn wir kommen, sie ist nur auf Kaution frei!«

Sie sagten, sie hätten eine Vorladung mit dem Datum meiner Anhörung, die sie mir persönlich übergeben müßten. Meine Mutter forderte mich auf, ich solle herauskommen, und mein Vater öffnete das Tor. Es war dunkel, und er konnte sie nicht genau erkennen.

Es waren über ein Dutzend Männer. Einige waren gut gekleidet, und ich dachte zuerst, es seien Anwälte, die mit Polizisten gekommen wären, aber dann wurde mir klar, daß es Thakurs waren …

»Wo hast du dich versteckt? Wir haben dich gerufen, aber du bist nicht gekommen«, sagte einer von ihnen.

Es war ein alter Mann, den ich wiedererkannte. Er gehörte zu einer Bande, die uns Mallah-Mädchen auf den Feldern immer belästigt hatte. Die Thakurs hielten sich selbst für Maharajas. Sie taten den ganzen Tag nichts, sondern gaben nur den Leuten, die auf ihren Feldern arbeiteten, Befehle, ohne sich je selbst um ihr Land zu kümmern. Und diejenigen, die kein Land besaßen, beschäftigten sich mit irgend etwas anderem, die schwere Arbeit auf dem Feld kam für sie nicht in Frage. Ich hatte ganze Banden von ihnen gesehen, die auf den Marktplätzen oder an den Bushaltestellen herumlungerten.

»Was bildest du dir eigentlich ein, wer du bist?« fuhr mich der alte Mann an und versuchte, mich zu packen. »Mädchen aus deiner Kaste sind nur für eines gut«, sagte er höhnisch.

Und dann geschah es wieder. Ich wurde geschlagen, überwältigt und gedemütigt – und wieder mußten meine Eltern alles mitansehen.

Ich wäre weniger wert als ein Hund, sagte einer von ihnen.

Als meine Mutter und mein Vater sie anflehten, doch aufzuhören, wurden auch sie geschlagen.

Es war bereits mitten in der Nacht, als sie mich halbnackt zu Mayadins Haus schleppten. Wahrscheinlich hatte er sie zu mir geschickt. Er war wohl davon ausgegangen, daß sie mir nur gehörig Angst einjagen würden. Als er dann jedoch aus seinem Haus kam und sah, wie sie mich zugerichtet hatten, wurde er doch ziemlich unruhig. Er sagte ihnen, daß ich seine Cousine wäre und daß es um einen Familienstreit ginge, in den sie sich nicht hätten einmischen dürfen.

»Das hat nichts mit euch Thakurs zu tun«, sagte er.

Ich konnte es nicht fassen! Es war ihm unangenehm, daß die Männer, die mich geschlagen und vergewaltigt hatten, Thakurs waren, während wir – auch Mayadin selbst – doch nur Mallahs waren. Nur weil er Land besaß, glaubte er, er könne sich wie ein Thakur benehmen. Er hatte gehofft, er könne sie benutzen, um mir und meinen Eltern Angst einzujagen. In Wirklichkeit aber hatte er selbst Angst vor ihnen! Er drehte nervös an seinen Schnurrbartspitzen und tat so, als wäre er verärgert über das, was sie mir angetan hatten. Wahrscheinlich hatte er Angst, daß man ihn mit der Sache in Verbindung bringen könnte. Aber diese Angst war unbegründet.

Ich schrie laut, ich heulte und brüllte, aber niemand kam aus seinem Haus, nicht einmal, um sich meine erneute Demütigung anzusehen, jedenfalls nicht, solange die Thakurs dort waren. Erst hinterher wagten sie sich auf die Straße. Alle hatten Angst davor gehabt, womöglich als Zeugen benannt zu werden.

Während die Thakurs, diese Schakale, meine Mutter und meinen Vater schlugen, hörte ich, wie sie sagten, wir hätten es nicht besser verdient. »Wenn ihr mehr Respekt gezeigt und das getan hättet, was man auch gesagt hat, hätten wir euch in Ruhe gelassen«, sagten sie. Wir waren nichts für sie. Sie sagten, es wäre unsere Pflicht, ihnen zu dienen. Ich hatte bereits einen schlechten Ruf, und sie wußten, daß sie mit mir tun konnten, was sie wollten, ohne daß mir auch nur ein Dorfbewohner helfen würde. Einer der Thakurs beglückwünschte sogar meine Mutter, daß sie ein so hübsches Mädchen zur Welt gebracht hätte.

»Es hat viel Spaß gemacht mit ihr«, rief er, als sie das Dorf verließen. »Und vergiß nicht, sie hin und wieder zu uns zu schicken.«

Das war die schlimmste aller Beleidigungen. Indem er das vor allen Dorfbewohnern ausgerufen hatte, die inzwischen aus ihren Häusern gekommen waren, brandmarkte er mich als eine entehrte Frau, die ihnen ausgeliefert war.

Allmählich begriff ich, daß es nicht nur die Armut war, die uns zu Opfern machte, sondern auch die Tatsache, daß wir einer niederen Kaste angehörten. Damit konnte ich mich nicht abfinden. Als sie gegangen waren, hatten sie mich draußen vor dem Haus einfach auf den Boden geworfen. Meine Mutter kam heraus, aber anstatt mich in die Arme zu nehmen, begann sie mit den Fäusten auf mich einzuschlagen und mich hysterisch anzuschreien.

»Es wäre besser gewesen, wenn du diesmal gestorben wärest!«

Aber ich würde nicht sterben. So schrecklich ich mich auch fühlte, wußte ich doch, daß ich mich diesmal nicht in den Brunnen stürzen wollte. Und ich wußte auch, daß sie sich nicht wirklich wünschte, ich sollte tot sein. Sie schlug mich, weil sie so hilflos war. Das war das einzige, was sie tun konnte. Und ich war die einzige Person, die sie schlagen und verfluchen konnte.

»Laß sie in Ruhe«, sagte mein Vater und hob den Kopf.

»Morgen gehen wir zur Polizei«, erwiderte sie.

Ich wußte nicht, was mich mehr in Panik versetzte: das, was passiert war, oder die Aussicht, noch einmal zur Polizeistation von Kalpi gehen zu müssen.

Wieso waren die Thakurs besser als ich? Warum wurde ich, immer ich geschlagen und vor allen Dorfbewohnern gedemütigt?

»Warum ausgerechnet ich?« wollte ich wissen.

»Das ist eben unser Schicksal«, sagte mein Vater und senkte wieder den Kopf. »Wir müssen den Mitgliedern der höheren Kasten gehorchen.« Er erzählte mir von einem Mädchen, das die Thakurs mitgenommen hatten und das dann von Haus zu Haus geschickt wurde und jedem mit seinem Körper dienen mußte.

War ich auch ein Mädchen, das ihnen gehörte wie ein Tier?

Diesmal würde ein Bad im Fluß nicht ausreichen, um meinen Zorn mit dem heiligen Wasser wegzuspülen. Der Schmerz war zu einem Teil von mir geworden.

Meine Mutter ließ mich allein zur Polizeistation in Kalpi gehen, um dort Anzeige zu erstatten. Niemand aus dem Dorf war bereit, als Zeuge mit mir zu kommen. Alle waren wie jeden Morgen aufgestanden, putzten sich die Zähne und wuschen sich, schüttelten den Kopf und taten so, als hätten sie nichts gesehen. Sie waren sich nicht einmal sicher, ob sie etwas gehört hatten. Sie fürchteten sich vor Repressalien. Und ich auch. Ich wußte nicht, wie ich einen guten Polizisten von einem bösen, der mich schlagen und vergewaltigen würde, unterscheiden sollte. Aber meine Mutter hatte mir versprochen, daß mir dort nichts passieren würde. Sie sagte, ich solle dort nur eine Anzeige erstatten. Das sei schließlich mein gutes Recht, fügte sie hinzu.

Der Polizist, der an der Tür des gelben Gebäudes stand, erkannte mich sofort. Er fragte mich, was ich von ihnen wolle, und ich berichtete ihm, was im Dorf vorgefallen war. Daß man mir den Zugang zum Brunnen verwehrt hatte und daß die Thakurs mitten in der Nacht gekommen waren ...

Er ging zu seinem Vorgesetzten. Ich war erleichtert, als ich sah, daß es nicht der fette Chefinspektor vom letzten Mal war, sondern ein Stellvertretender Polizeichef. Er fragte mich nach meinem Namen, und der erste Polizist tippte einen Bericht, während mir der Stellvertretende Polizeichef weitere Fragen stellte. Als ich jedoch die Thakurs beschrieb und ihm erklärte, daß ich einige von ihnen erkannt hätte, stand er auf und gab mir eine Ohrfeige.

»Und wenn sie dich vergewaltigt haben, was ist schon dabei? Schämst du dich eigentlich nicht, hierhin zu kommen und diese Leute anzuzeigen?«

Er ließ mich hinauswerfen.

»Wie kannst du es wagen, den Namen ehrbarer Bürger zu beschmutzen. Die Thakurs sorgen dafür, daß Menschen wie du nicht übermütig werden. Geh nach Hause und halt den Mund.«

Ich hatte das Gefühl, ersticken zu müssen. Mir war, als gönne man mir jetzt nicht einmal mehr die Luft zum Atmen, als existierte ich gar nicht. Die unbefestigte Straße zu unserem Dorf führte über die Hügelkette, die sich entlang der Yamuna erstreckte. Es war ein anstrengender Marsch. Als ich meine Mutter traf, die gerade aus dem Dorf kam und wissen wollte, was geschehen war, sagte ich ihr schluchzend, daß alles sinnlos sei. Ich hatte nur noch einen Wunsch: Ich wollte sterben.

»Das laß ich nicht zu. Du bist kein Pariah!«

Sie sagte, wir würden noch einmal nach Kalpi gehen und dort mit dem Anwalt Santosh Tivari sprechen, der mich verteidigt hatte, als Mayadin behauptete, ich hätte den Schmuck seiner Frau gestohlen. Aber ohne ihm etwas von dem zu erzählen, was mir zugestoßen war, fragte sie ihn gleich, ob er einen Mann für mich wüßte. Er sagte, er kenne niemanden, der eine Frau suche. Dann gingen wir wieder ins Dorf zurück. Meine Eltern fragten überall nach. Jeder Mann, ganz gleich, zu welcher Kaste er gehörte, wäre ihnen recht gewesen. Er durfte häßlich, lahm, blind oder taub, jung oder alt sein, die Hauptsache war, daß irgend jemand dafür sorgte, daß Phoolan keine weiteren Schwierigkeiten mehr machte. Aber nicht einmal der Leichenbestatter wollte mich. Seit die Thakurs überall erzählt hatten, daß Phoolan Devi dazu bestimmt war, den Männern Vergnügen zu machen, war ich entehrt.

Danach kamen oft Männer aus anderen Dörfern zu uns und fragten nach mir. Wenn meine Mutter wissen wollte, warum sie mich suchten, lachten sie erstaunt: »Sie fragt uns tatsächlich, was wir von ihrer Tochter wollen.« Als ob wir das nicht wüßten.

In der Regel waren es Thakurs aus anderen Dörfern. Sie kamen zu fünft oder zu sechst und drohten meiner Mutter und meinem Vater Prügel an, falls sie ihnen nicht sagen würden, wo ich mich versteckte. Aber meine Mutter verriet mich nie, und mein Vater sagte nur: »Sucht sie doch selbst. Sie ist weg.«

Wir hielten unser Tor stets geschlossen. Und ich mußte mich ständig verbergen. In unserem Haus konnte ich die Nacht über nicht mehr bleiben. Statt dessen schlief ich in einem Baum, versteckt ganz oben in den Zweigen bei den Affen und Vögeln. Die Angst schnürte mir die Kehle zu, und ich war immer den Tränen nahe. Es kamen so viele Thakurs, die mich suchten, daß die Dorfbewohner sich allmählich Sorgen um die Sicherheit ihrer Frauen und Töchter machten. Und die Schuld lag natürlich einzig und allein bei mir. Das ganze Dorf war hinter mir her. Mich zu verstecken wurde mir zur zweiten Natur. Ich wechselte immer wieder die Plätze, kletterte auf Bäume und schlich mich dicht an den Wänden entlang, um das höhnische Lachen der Dorfbewohner nicht hören zu müssen, um nicht zu sehen, wie sie mit dem Finger auf mich zeigten und vorwurfsvoll sagten: »Das ist sie.«

Ich versuchte, Arbeit zu finden, Kühe zu hüten oder auf dem Feld zu helfen, aber niemand wollte mich haben. Selbst wenn ich meinem Vater half, wenn er in einem anderen Dorf arbeitete, benutzten die Leute das als Vorwand, um meinen Vater nicht zu entlohnen. Sie erklärten ihm, wegen meiner Untaten habe er es nicht verdient, daß man ihn bezahle. Wir arbeiteten den ganzen Tag hart, aber wenn dann zum Schluß das Korn an die Arbeiter verteilt wurde, bekamen wir nichts, weil meine Anwesenheit angeblich Schande über das Dorf brachte. Es hörte einfach nicht auf: Jeder Tag brachte eine neue Demütigung.

Eines Tages bekam ich einen Wutanfall. Mein Vater und ich waren völlig erschöpft. Wir hatten Hirse geerntet, aber der Landbesitzer weigerte sich, uns zu bezahlen. Er sagte, Mayadin habe ihm gesagt, er solle ihm unseren Lohn geben. Da nahm ich meine Sichel und schrie ihn an.

»Du räudiger Hund, du wirst uns bezahlen. Wie kannst du es wagen, Mayadin unseren Lohn zu geben. Wir haben die Arbeit getan, nicht Mayadin. Gib uns unseren Lohn, oder ich schneide dich in Stücke.«

Und ich war tatsächlich fest entschlossen, das zu tun. Ich wußte, daß man mich dann wieder ins Gefängnis gesperrt hätte, aber dort würde ich wenigstens mit all den anderen Pariahs in Frieden leben können.

Zufällig hatte Mayadins Schwester gesehen, was passiert war. Sie stand da und starrte mich an, als wäre ich wahnsinnig geworden.

Ich fuchtelte mit der Sichel in ihre Richtung. »Und dich schneide ich auch in Stücke!« warnte ich sie.

Sie rannte schreiend weg, während mein Vater wie üblich versuchte, mich zu beruhigen.

»Tu so etwas nicht, Phoolan, sag nichts.«

Aber ich achtete nicht auf ihn. Es war das erste Mal in meinem

Leben, daß ich jemanden töten wollte, wirklich töten wollte. Ich spürte den Griff der Sichel in meiner Hand, und meine unbändige Wut verlieh mir eine ungeahnte Kraft.

Der Mann hob seine Hände. »In Ordnung, warte.« Er nahm ein großes Bündel Korn und legte es zu unseren Füßen nieder.

Wir nahmen die Hirsegarben mit nach Hause und gingen dann zusammen an den Fluß, um sie zu waschen. Ich war immer noch sehr wütend, erlebte jedoch gleichzeitig ein Gefühl des Triumphes. Ich beschloß, ein Bad im Fluß zu nehmen. Meine Mutter warnte mich vor der starken Strömung, aber ich sagte ihr, mir könne gar nichts mehr angst machen. Ich zog meinen Sari aus und sprang ins Wasser, und meine Mutter lief hinter mir her. Sie hatte offenbar Angst, ich würde mich ertränken. Aber während ich schwamm, erfüllte mich ein ungeheures Glücksgefühl. Es war der Monat des Assad, das Wasser war warm, am Himmel standen die Sterne, und der Sand war noch immer heiß.

Mir war klar geworden, daß sich im Grunde alle Menschen fürchteten, man brauchte ihnen also nur Angst einzujagen! Und da sie gewalttätig waren, mußte man selbst auch Gewalt anwenden!

Am nächsten Morgen ging ich zu Mayadins Haus und rief so lange seinen Namen, bis er herauskam.

»Ich werde mir ein Gewehr besorgen, und dann werde ich dich töten! Du kannst mich ruhig anzeigen. Geh nur! Sieh zu, daß man mich ins Gefängnis sperrt. Sag deinen Sipahis, sie sollen mich festnehmen. Aber ich komme wieder heraus, und dann werde ich dich töten.«

Er ging schnell ins Haus zurück und verriegelte die Tür hinter sich.

Dann ging ich zum Haus des Sarpanch. Einer seiner Diener war allein draußen. »Mach die Tür auf!« befahl ich ihm.

Ich wußte, daß der Sohn des Sarpanch zu Hause war. Es war derjenige, dessen Namen ich bislang vor lauter Angst nicht über die Lippen bekommen konnte. Jetzt konnte ich es.

»Suresh«, rief ich laut.

»Was soll ich tun, Herr?« fragte der Diener ängstlich. »Phoolan ist hier.«

»Ist sie allein?« fragte Suresh.

»Ja.«

»Laß sie herein. Ich freue mich, sie wiederzusehen.«

Die ganze Familie war anwesend: sein Vater, der Sarpanch, seine Mutter, seine Frau, seine Vettern und Cousinen. Alle kamen heraus auf den Hof. Ich ging zu Suresh und sah ihm direkt ins Gesicht.

»Du wirst jetzt mit mir kommen, Suresh. Für das, was du mir angetan hast, wirst du mich heiraten, und zwar gleich hier auf dem Hof. Und weißt du, was ich tun werde, wenn du dich weigerst? Ich werde ihn dir abschneiden, dann wirst du nicht einmal mehr pinkeln können.«

Als ich ihre verblüfften Gesichter sah, mußte ich lachen.

»Von jetzt an werde ich euch ständig beobachten«, fügte ich hinzu. »Ich werde euch keine Sekunde aus den Augen lassen.«

Suresh wurde blaß.

»Wovon redest du da?« protestierte er. »Wie kannst du es wagen, so etwas zu sagen und mich so zu bedrohen! ... Und außerdem bin ich bereits verheiratet.«

»Ja, du bist verheiratet. Und von jetzt an wirst du immer schön bei deiner Frau bleiben, wage es nicht noch einmal, mir zu nahe zu kommen. Ich habe ein Gewehr.«

»Beruhige dich, Phoolan.« Das war die Stimme des Sarpanch. »Er wird dir nichts tun – und du kannst auch den Brunnen wieder benützen.«

»Geh zum Teufel! Ich brauche euren Brunnen nicht. Ich kann das Wasser aus dem Fluß trinken.«

Ich stürmte aus dem Hof, nachdem ich ihnen vorher noch gesagt hatte, sie könnten ruhig zur Polizei gehen, denn auch wenn man mich ins Gefängnis sperren würde, käme ich eines Tages wieder und würde mich rächen. Und dann würde ich sie alle töten.

Von dem Tag an konnte ich wieder frei atmen. Ich ging durch das Dorf, ohne mich zu schämen. Ich badete im Fluß, sooft es mir Spaß machte. Ich hatte keine Angst mehr. Meinen Eltern erklärte ich, die Tochter, die sie gekannt hätten, sei tot. Mein Vater war sehr beunruhigt. Aber ich sagte ihm, er solle sich keine Sorgen machen, ich würde mich schon nicht ertränken.

Ein paar Polizisten kamen zu meiner Mutter und klagten mich an, ich sei »aggressiv« gewesen, ich hätte mich »schlecht benommen«. Ich hätte sogar Leute mit einem Gewehr bedroht. Sie wären gekommen, um mich zu bestrafen. Es waren fünfzehn Mann, und sie stellten das ganze Haus auf den Kopf, um mich zu finden. Sie stiegen auf die Terrasse und suchten das ganze Heu nach mir ab. Als der Inspektor mich schließlich hinter den Kühen fand, begann er sofort, mich zu beschimpfen, und hob seinen Lathi, um mich zu schlagen. Früher hätte ich vor Angst laut aufgeschrien, diesmal brüllte ich zurück.

»Versucht nur ja nicht, mich zu schlagen! Ich habe nichts verbrochen, und ihr habt kein Recht, so mit mir zu reden. Was wollt ihr eigentlich, wollt ihr mich wieder in die Polizeistation einsperren? Ich komme wieder heraus, und dann werde ich Mayadin töten. Auch wenn ihr mich einsperrt und foltert, ich werde ihn töten.«

Wie immer waren die Dorfbewohner herbeigeeilt und hatten alles mitangehört. Vor so vielen Zeugen konnten die Polizisten nichts riskieren.

»Gehen wir«, sagte der Inspektor zu seinen Leuten. »Sie ist verrückt.«

Aber ich war nicht verrückt. Ich hatte nur nichts mehr zu verlieren. Es gab keine Demütigung mehr, mit der er mich noch hätte einschüchtern können. Statt dessen konnte ich ihnen jetzt drohen.

Eines Tages kam ein alter Mann ins Dorf, ein Thakur. Er muß nach mir gefragt haben, und man hatte ihm gesagt, ich sei mit meiner Mutter auf dem Feld. Er kam zu uns und sprach mit mir, ohne zu wissen, wer ich war.

»Weißt du, wo ich Phoolan Devi finden kann?«

»Was wollt Ihr von ihr?«

»Ich muß dieses Mädchen haben! Ich habe so viel von ihr gehört, und ich möchte sie haben.«

»Und was wollt Ihr dann mit ihr machen? Wollt Ihr sie etwa heiraten? Oder wollt Ihr sie nur quälen und schmutzige Dinge mit ihr machen?«

»Man hat mir gesagt, man könne alles mit ihr machen.«

Er war alt, sein Gesicht war dunkel und faltig. In seiner weißen Kurta und mit seinem Turban sah er ziemlich aufgeblasen aus.

»Ihr müßt einen langen Weg hinter Euch haben«, sagte ich. »Ruht Euch aus. Phoolan hat viele Besucher, alle Thakurs wollen sie haben. Ich gehe und sage ihr Bescheid, daß Ihr hier seid ...«

Ich brach einen schönen, kräftigen Ast von einem Baum, streifte die Blätter ab und schlug ihn prüfend gegen meine Handfläche. Meine Mutter beobachtete mich von weitem und warf mir einen verwunderten Blick zu. Dann machte sie sich wieder an ihre Arbeit. Wahrscheinlich dachte sie, ich wollte damit ein Tier vom Feld verjagen. Ich schlich mich zu der Stelle zurück, wo der alte Mann lag, und begann mit aller Kraft auf ihn einzuschlagen.

»Du wolltest Phoolan haben«, schrie ich, »jetzt hast du sie!«

Dabei prügelte ich weiter auf ihn ein.

»Nun komm schon, nimm sie dir! Mach mit ihr, was du willst.«

Meine Mutter kam angelaufen und half dem alten Mann auf die Beine. Er rannte weg, und ich setzte mich unter einen Baum. Obwohl ich ganz erschöpft war, mußte ich doch schrecklich lachen, als ich ihn über die Felder davonlaufen sah. Das Ganze hatte ihn so überrascht, daß er nicht einmal dazu gekommen war, um Hilfe zu schreien.

Ich hatte mich verändert. Die Unverschämtheit der Thakurs, die Art, wie sie uns von oben herab behandelten, hatte meine Empörung und mein Bedürfnis nach Rache stärker werden lassen. Eine Zeitlang hatte ich Sorge, daß er Verstärkung holen könnte, um sich an mir zu rächen. Ich war deshalb immer auf der Hut und legte mir vorsorglich einen Plan zurecht. Wenn die Thakurs kämen, würde ich zunächst so tun, als wäre ich bereit, ihre Wünsche zu erfüllen, und dabei meine Familie aus dem Haus bringen. Ich würde ihnen sagen, sie sollten sich doch hinsetzen und sich wie zu Hause fühlen, sie kämen alle an die Reihe ... Und dann würde ich die Tür verriegeln und das Haus anzünden!

Ich stellte mir die Szene immer wieder vor und war beinahe enttäuscht, als ein Tag nach dem anderen verging, ohne daß jemand kam. Ich wußte, wie der alte Mann hieß und wo er wohnte. Er sollte es schon mit mindestens zweihundert armen Mallah-Mädchen getrieben haben, die wie ich dazu geboren waren, ihm zu dienen.

Mehr als vierzehn Tage, nachdem der alte Mann weggelaufen war, kamen zwei Thakurs zu uns und fragten nach mir. »Wenn Ihr wissen wollt, was meine Tochter alles tun kann, müßt Ihr sie selbst fragen«, antwortete mein Vater. Er hatte offenbar nicht mehr die Kraft, um sich noch von irgend jemandem in Verlegenheit bringen zu lassen. Er rief mich in den Hof.

Ich fragte die Männer ganz ruhig, wie sie hießen und was sie wollten.

»Habt Ihr Frauen, Schwestern oder Töchter?« wollte ich wissen. Die Frage schien sie zu verwirren. »Was würdet Ihr sagen, wenn jemand das mit ihnen tun würde, was Ihr mit mir vorhabt? Macht, daß Ihr hinauskommt! Geht zu euren Frauen zurück. Und wenn Ihr dieses Haus noch einmal betretet, werde ich Euch töten!«

Sie waren völlig verblüfft.

»Du mußt verrückt sein, daß du es wagst, so mit uns zu reden«, sagte der eine. Zu seinem Freund sagte er: »Sie muß irgend jemanden hinter sich haben.« Sie beschlossen, wieder zu gehen. Es war also nicht nötig gewesen, das Haus anzuzünden. Ich mußte solchen Menschen nur mutig entgegentreten – und ihnen mit Gewalt drohen. Als meine Mutter hörte, was passiert war, kam sie weinend herein und schimpfte mit mir. »Du drohst jedem und sprichst immer von deinem Gewehr, dabei besitzt du gar keins.« Das stimmte zwar, aber das Gerücht hatte die Runde gemacht, und alle hatten inzwischen Angst vor mir. Niemand aus dem Dorf belästigte mich, und niemand kam mehr aus anderen Dörfern zu uns und verlangte von mir, daß ich solche widerwärtigen Dinge mit ihnen tat. Wenn ich an den Leuten vorbeiging, senkten sie automatisch ihre Stimme. Vermutlich glaubten sie, meine Onkel hätten mir ein Gewehr gegeben, aber das Gewehr war nur ein Phantom. Die Dorfbewohner hatten Angst vor einem Gespenst. Wenn sie zu mir gehalten hätten, wäre nichts passiert. Aber sie hatten auch Angst vor Mayadin, denn sie glaubten, nur weil er reich sei, könne er sie alle vernichten.

Sie fürchteten sich vor mir wie vor einem wilden Hund und

gingen mir aus dem Weg. Aber auch ich sonderte mich immer mehr ab – sogar von meiner Familie. Ich sprach kaum noch mit meinem Vater, außer daß ich ihn hin und wieder fragte, warum er mich überhaupt in die Welt gesetzt hätte, wo wir doch so arm waren. Ich konnte sie beide nicht mehr ertragen, weder meinen Vater noch meine Mutter. Früher hatte ich immer Angst vor meiner Mutter gehabt, vor ihrem ungezügelten Temperament, das meinem so ähnlich war. Inzwischen drohte ich ihr, zurückzuschlagen, wenn sie mich ohrfeigen wollte. Und dann gab sie nach. Manchmal hätte ich sie am liebsten an den Haaren gepackt und mit dem Kopf gegen die Wand gestoßen. Ich tat es zwar nie, aber hätte es gern getan. Und ich ging sogar meinem kleinen Bruder und meiner kleinen Schwester aus dem Weg. Auch diese beiden gingen mir inzwischen auf die Nerven.

Manchmal, wenn ich ruhig am Feuer saß und aß oder mich auf einem Khat ausruhte, kam mir plötzlich alles wieder ins Gedächtnis, all diese schrecklichen Dinge, die man mir angetan hatte. Dann stand ich auf und lief zu Mayadins Haus. »Töte mich!« schrie ich wie die Wahnsinnige, für die sie mich hielten. »Kommt heraus! Ich bringe euch auch um, und dann ist alles vorbei.« Oder ich wachte mitten in der Nacht aus einem Alptraum auf und lief in der Dunkelheit zu seinem Haus. Das machte ihm solche angst, daß er sich nicht einmal traute, sein Gesicht am Fenster zu zeigen. Er rief seine Diener, damit sie ihn beschützten, und ging am nächsten Tag zum Sarpanch, um mit ihm zu bereden, was man mit mir machen könne. Alle glaubten, ich sei so mutig, weil ich unter dem Schutz irgendeines mächtigen Mannes stünde. Ich mußte laut lachen, wenn ich sah, wie sie sich vor mir duckten.

Auch ich hatte Angst, aber ich zeigte sie nicht. Ich hatte Angst, daß sie meinen Eltern etwas antun könnten. Nach all den schrecklichen Dingen, die mir widerfahren waren, hatte ich das Gefühl, daß mir nicht mehr viel passieren könne. Das Schlimmste lag bereits hinter mir. Ich lebte immer noch, und das war das einzige, was zählte. Man hatte mich geschlagen und vergewaltigt, aber ich war fest entschlossen, mich zu rächen …

Der Monat des Ashar ging vorüber, und der Monsun kam. Mein

Vater machte sich solche Sorgen um mich, daß er immer nur sagen konnte: »Sprich nicht so, man wird dich noch töten.«

Phool Singh, der Thakur aus Narihan, der einzige Thakur, zu dem ich ein gewisses Vertrauen hatte, kam zu meiner Mutter. »Wenn jemand aus meiner Kaste oder selbst aus meiner eigenen Familie zu euch kommt«, warnte er sie, »öffnet ihm nicht die Tür ... Ich kann euch nicht mehr helfen.«

Meine Mutter fragte ihn, warum nicht.

»Ich kann mich nicht gegen meine ganze Kaste stellen. Versteck deine Tochter, sperr sie ein! Die Männer aus meiner Kaste sind wie Hunde ...«

Er traute nicht einmal seinen eigenen Söhnen. Wir hatten gehört, daß er schon anderen armen Leuten geholfen hatte, nicht nur Mädchen wie mir, sondern auch Leuten aus anderen niederen Kasten und Muslimen. Aber in meinen Augen waren alle Männer Schakale. Alle wollten mich fressen, mich in Stücke reißen. Wie Tiger lauerten sie im Dunkeln und gierten nach meinem Fleisch.

Die Augen meines Ochsen hatten allen Glanz verloren, sein Blick war leer. Er hatte sich während des Monsuns erkältet, dann schien es ihm eine Zeitlang besser zu gehen, aber jetzt war er wieder krank. Er begann zu zittern und mußte sich übergeben. Ich holte ihm Wasser und brachte ihn ins Haus, wo es warm war. Dort streckte er sich nieder, ich legte mich dicht zu seinem Kopf und streichelte ihm den Hals und sprach sanft auf ihn ein. So blieben wir die ganze Nacht zusammen.

Am nächsten Morgen war er tot. Er war gestorben, ohne einen Laut von sich zu geben, und hatte mir zugehört, während ich ihm erzählte, was wir noch alles miteinander machen würden.

Die heftigen Monsunregen hatten noch immer nicht nachgelassen. Der Himmel war grau verhangen, und der Pfad vor dem Haus war völlig verschlammt. Niemand wollte uns helfen, den Kadaver aus dem Haus zu schaffen, aber es mußte getan werden. Schließlich waren ein paar Straßenfeger, die ärmsten Leute des Dorfes, bereit, uns zu helfen, nachdem wir sie wieder und wieder darum gebeten hatten. Gemeinsam zogen wir den toten Ochsen aus dem Haus und luden ihn auf einen Karren. Dann brachten sie ihn zur Yamuna und warfen ihn ins Wasser.

Der Regen und meine Tränen begleiteten ihn …

In den Händen der Dacoits

Ich hatte wie immer schlecht geschlafen.

Tagelang hatte es in Strömen gegossen, gegen Morgen hörte es dann endlich auf zu regnen. Die erfrischende Kühle brachte mir jedoch keinen Frieden. Die Luft war klar, durch den Regen vom Staub und der drückenden Hitze gereinigt, aber ich witterte ein drohendes Unheil ... Seit langem schon mußte ich ständig auf der Hut sein, das hatte meine Instinkte geschärft.

Während ich damit beschäftigt war, ein Feld zu düngen, sah ich von weitem einen Mann auf mich zukommen. Als er näherkam, konnte ich ihn an seinen gelben Zähnen und seiner sonderbar geformten Nase erkennen. Es war der Sarpanch eines Nachbardorfes.

Er hingegen erinnerte sich nicht an mich und stellte mir die übliche Frage: Ob ich wüßte, wo Phoolan Devi wohne.

Mir schwante nichts Gutes, deshalb zeigte ich auf Mayadins Haus.

»Wohnt sie jetzt dort?«

Ich fragte ihn, warum er das wissen wolle.

»Man wird sie heute nacht abholen«, antwortete er.

»Wer? Warum? Sie hat doch nichts getan.«

»Sie ist gefährlich. Sie hat Beziehungen zu den Dacoits.«

Als er mich nach meinem Namen fragte, sagte ich ihm, ich hieße Bhuri. Er kniff die Augen zusammen und ging. Ich lief so schnell ich konnte nach Hause.

Meine Mutter wollte mir die Geschichte nicht glauben. Ich mußte sie anflehen, mit mir zur Polizeistation nach Kalpi zu gehen, um dort um Schutz zu bitten. Schließlich erklärte sie sich bereit mitzugehen, aber nur weil sie jemanden brauchte, der ihr half, die Säcke mit dem Samen zu tragen, den sie nach dem Regen aussäen wollte. Als wir in das Gebäude mit dem rotblauen Schild traten, überließ sie mir das Reden. Aber wir waren an denselben Stellvertretenden Polizeichef geraten, der mich letztes Mal hinausgeworfen hatte. Er lachte nur und sagte, er hätte inzwischen genug von meinen ewigen Beschwerden.

»Erst erzählst du mir, man hätte dich überfallen, und jetzt behauptest du, die Thakurs würden kommen und dich entführen. Wer will eine wie dich schon entführen? Geh nach Hause. Die sollen endlich einen Mann für dich suchen, der dich heiratet.«

Uns blieb nichts anderes übrig, als den Samen zu kaufen und wieder nach Hause zu gehen. Jeder Sack wog dreißig Pfund, einen trug ich auf dem Kopf, und meine Mutter trug den anderen. Als wir den Stadtrand erreicht hatten, fing es wieder an zu regnen, und sehr bald wurde der Regen so heftig, daß wir kaum noch die Hand vor Augen sehen konnten. Ich sagte zu meiner Mutter, daß wir besser in der Stadt hätten bleiben sollen, dort hätte ich mich sicherer gefühlt. Ich war müde, und der kalte Regen ließ mich frösteln. Am liebsten hätte ich mich irgendwo in der Stadt, dort, wo mich niemand kannte, hingesetzt und wäre nie wieder aufgestanden. Aber meine Mutter wollte unbedingt wieder nach Hause.

Mit den Säcken auf dem Kopf mußten wir einen kleinen Fluß überqueren. Das Wasser war tief, und die Strömung hätte uns fast mitgerissen. Mein Sari, der von den Regengüssen durch und durch naß geworden war, klebte mir am Körper. Als wir endlich zu Hause ankamen, war es schon sehr spät. Wir waren völlig erschöpft vom Tragen der schweren Säcke, aber unser Tag war noch nicht zu Ende. Ich mußte noch die Kühe im Dunkeln zusammentreiben und ihnen Futter geben, während meine Mutter für uns alle Chapatis zubereitete. Als das Essen fertig war, war ich so erschöpft, daß ich nichts herunterbrachte.

»Mach dir keine Sorgen, Phoolan«, sagte meine Mutter. »Zieh den nassen Sari aus, damit er trocknen kann, und leg dich schlafen.«

Vor den Thakurs hatte ich noch mehr Angst als vor der Polizei. Als ich die Polizisten gebeten hatte, mich so lange in eine Zelle einzusperren, hatten sie nur gelacht und gesagt, sie würden mich nur zu gerne dortbehalten ...

Nur ein einziger Mensch hätte mich vor der Angst und den Demütigungen schützen können – der Ehemann, den ich nicht hatte. Als unverheiratete Frau war ich wie ein Kaninchen in den Pranken eines Tigers.

Ich flehte meine Mutter an, mich doch irgendwo zu verstecken.

»Wo soll ich dich denn verstecken?« fragte sie.

Warum wollten mich diese Leute entführen? Wahrscheinlich wollten sie das gleiche von mir, was alle Männer von mir wollten, sagte ich mir. Sie wollten mir weh tun und mich demütigen, vielleicht dieses Mal sogar töten ... Der Regen, der unablässig auf unser Strohdach trommelte, half mir, meine düsteren Gedanken zu vergessen – bis ich plötzlich durch ein lautes Geräusch geweckt wurde.

Die Hofmauer schwankte so stark, daß ich glaubte, sie würde einstürzen und das ganze Haus würde von den Regenfluten weggespült. So etwas passierte hin und wieder, wenn ein Haus so wie unseres am Dorfrand in der Nähe des Flußufers stand. Aber die Mauer stürzte nicht ein. Nur die Holztür wurde aus den Angeln gerissen, und ich konnte die Umrisse von uniformierten Männern erkennen. Sie drangen ins Haus ein und packten meinen Vater, der an der Stalltür schlief.

Ich konnte den Schrecken auf seinem Gesicht erkennen, als einer der Männer ihn an den Schultern rüttelte und ihn anschrie: »Wo ist die kleine Hure? Wo ist Phoolan?«

»Sie schläft. Ich weiß nicht, wo ...«

Mit ihren Khakiuniformen sahen sie wie Polizisten aus, nicht wie Thakurs. Im Schein der Fackeln konnte man sehen, wie der Regen fiel, und ich konnte auch erkennen, daß sie Gewehre bei sich hatten. Ein paar von ihnen suchten den Hof mit ihren Fackeln ab, während die anderen meinen Vater mit einem dicken Seil fesselten. Meine Mutter kam mit einer Laterne in den Hof gelaufen und trat ihnen entgegen.

»Ich mache das nicht mehr länger mit«, rief sie empört. »Wie könnt ihr es wagen, hier einfach mitten in der Nacht einzudringen?«

Aber was konnten die Protestschreie einer Frau schon ausrichten? Auch meine Mutter muß die Männer für Polizisten gehalten haben, geschickt von Mayadin oder dem Sarpanch. Ich wollte nichts riskieren. Ich schlich mich in den hinteren Teil des Hauses. Mit ein bißchen Glück könnte ich vielleicht über die Mauer in den angrenzenden Hof klettern. Als ich mich umblickte, konnte ich sehen, wie sie meine Mutter und meinen Vater schlugen.

»Wo ist sie? Sagt es uns!«

Ich wollte gerade über die Mauer klettern, da sah ich auch draußen überall Lichter. Sie hatten das ganze Haus umstellt. Auf der Rückseite befand sich mindestens ein Dutzend Leute, und vorne auf der Straße waren vermutlich noch mehr. Ich sprang wieder hinunter und schlich mich in die Küche zurück. Dort lagen die Grasbündel, die wir trockneten, um sie später als Besen für unseren Hof zu benutzen, und ich dachte einen Moment, mich vielleicht dahinter verstecken zu können – aber es war sinnlos. Ich nahm eines der Bündel in die Hand. Das war alles, was ich hatte, um mich gegen ihre Gewehre zu verteidigen. Sie hatten das Haus umstellt und waren in den Hof eingedrungen. Ich konnte hören, wie sie in der Küche die Töpfe umtraten und mit den Gewehrkolben alles zerschlugen.

Dann hörte ich, wie mein kleiner Bruder um Hilfe rief.

»Wir nehmen einfach den hier mit!« rief einer von ihnen. »Sagt ihr, sie kann ihn sich bei uns abholen, wann immer sie will.«

Wäre der Regen in dieser Nacht nicht so stark gewesen, hätte ich auf der Terrasse geschlafen, wie ich es sonst immer tat, wenn ich mich bedroht fühlte. Vielleicht hätte ich dann noch entkommen können. Aber wahrscheinlich hatte mein Vater ja recht, daß man seinem Schicksal nicht entfliehen kann. Ich ließ den Besen fallen und ging direkt auf den Schein ihrer Fackeln zu.

Mein Vater war immer noch gefesselt wie ein Tier, das man zur Schlachtbank führte, und meine Mutter kniete im strömenden Regen vor den Männern und flehte sie an, Shiv Narayan freizulassen.

»Ich bin Phoolan Devi! Tötet mich, wenn ihr wollt, aber laßt ihn gehen.«

Die Männer drehten sich zu mir um, einer von ihnen machte einen Schritt auf mich zu und fixierte mich mit seinen Augen wie eine Schlange, kurz bevor sie ihre Beute tötet.

Er versetzte mir einen brutalen Schlag ins Gesicht.

»Mach, daß du wegkommst! Glaubst du, du könntest uns weismachen, du wärest Phoolan Devi? Du bist nur ein kleiner Scheißer.«

»Aber das ist Phoolan!« rief meine Mutter. »Nehmt sie mit und laßt mir meinen Sohn.«

Der Mann, der mich geschlagen hatte, kam näher und leuchtete mir mit seiner Fackel ins Gesicht. Er hielt sie mir vor die Nase, inspizierte meine Bluse und meinen Unterrock und ließ den Lichtschein dann langsam nach unten bis auf meine nackten Füße wandern. Dann leuchtete er mir wieder ins Gesicht.

»Du bist Phoolan?«

Er muß wohl gedacht haben, ich sei bedeutend größer, denn er sah mich an, als hielte er das Ganze für ein Mißverständnis und würde mit mir nur seine Zeit verschwenden. Ich konnte sein Gesicht im Dunkeln nicht genau erkennen, aber soweit ich sehen konnte, war er hager, nicht besonders groß und hatte eine tiefe Stimme.

»Ja«, stotterte ich, »ich bin Phoolan.«

Der Mann wandte sich zu meiner Mutter.

»Soll das ein Witz sein? Sie ist viel zu jung, um schon ein Dacoit zu sein.«

Ich glaubte immer noch, sie seien Polizisten aus einem anderen Bezirk. Zwei von ihnen schienen das Kommando zu haben, der hagere Mann, der mich geschlagen hatte, und ein anderer, der größer und kräftiger gebaut war und jetzt mit dem ersten Mann sprach, wobei er ziemlich ordinäre Ausdrücke benutzte.

»Willst du sie nun nehmen, oder sollen wir sie gleich hier töten? Für so etwas haben wir nun den ganzen langen Weg gemacht, für so ein verdammtes Mädchen. Wir können sie nicht einfach hierlassen, dann nehmen uns die Leute in Zukunft nicht mehr ernst. Nun mach schon, Vickram! Worauf wartest du noch?«

»Nun dräng mich nicht. Wir tun das, was ich sage.«

»Hör zu, das Mädchen ist eine Mallah wie wir«, sagte einer der Männer, der im Dunkeln stand. Aber der Große versuchte immer noch, seinen Kumpanen anzustacheln.

»Bringen wir es hinter uns, schließlich sind wir doch dafür hergekommen. Wenn du sie nicht haben willst, nehme ich sie mir vor. Entscheide dich.«

Der Mann mit der tiefen Stimme betrachtete mich einen Augenblick lang und richtete sich dann auf.

»Wir nehmen sie mit. Laßt den Jungen frei.«

Meine Mutter hatte wohl schon erraten, daß der, den sie Vickram nannten, ein Mallah war wie wir. Sie warf sich vor ihm zu Boden und berührte seine Füße.

»Ich flehe euch an, laßt sie hier, laßt sie in Ruhe! Sie hat doch nichts Unrechtes getan.«

»Ich kann deine Tochter nicht hierlassen.«

Die anderen Männer murmelten etwas hinter seinem Rücken. Vickram trat einen Schritt zurück, um mit ihnen zu reden, aber ich konnte nicht hören, was sie sagten. Ich war vor Angst völlig erstarrt, weil ich fest davon überzeugt war, daß sie mich töten würden.

»Amma, hilf mir, Amma!« wimmerte ich.

Mein Vater begann plötzlich ganz laut zu schreien, um die Dorfbewohner aufzuwecken. Die Leute kamen mit Laternen aus den Häusern, um zu sehen, was vor sich ging. Da drehten die Männer sich um und richteten die Gewehre auf sie.

»Keinen Schritt näher«, warnte einer von ihnen. »Macht, daß ihr wegkommt!«

Der große, breitschultrige Mann schüttelte langsam den Kopf und spuckte aus.

»Ich bin Baboo Gujar Singh! Und ich schwöre euch, ich werde euch alle umbringen!«

Plötzlich geriet alles um mich herum in Aufruhr. Einer der Männer zog mich am Arm, und ein anderer schob mich von hinten. Um die Dorfbewohner zu erschrecken, schossen sie in die Luft. Barfuß, wie ich war, schleppten mich die beiden Männer mit, ohne daß ich eine Möglichkeit fand, mich loszureißen. Ein paar Minuten später hatten wir die Häuser unseres Dorfes hinter uns gelassen und eilten zum Fluß hinunter. Ich hörte immer noch die Gewehrschüsse und die Hilferufe meines Vaters.

Ich war fest davon überzeugt, daß sie mich töten würden. Es könnte nur noch ein paar Sekunden dauern, dann würde ich tot sein. Es war ein sonderbares Gefühl. Als ich von den beiden Männern halb getragen, halb geschoben den Uferhang hinunterstolperte, konnte ich die Todesangst im Halse spüren. Ich fühlte mich so hilflos wie ein Strohhalm inmitten einer durchgehenden Rinderherde. Ich betete zu Gott, daß sie mich, bevor sie mich töteten, nicht noch vergewaltigten.

Sie hatten ihre Fackeln ausgemacht, und als wir den Fluß erreicht hatten, waren die Schreie aus dem Dorf nicht mehr zu hören. Es war, als wäre ich nur noch von Phantomen umgeben. Sie machten ein Boot los.

»Warum nehmen wir sie uns nicht gleich hier vor!« sagte einer von ihnen. »Dann bräuchten wir sie gar nicht erst mitzunehmen ...«

»Niemand rührt sie an! Ihr tut, was ich sage!« entgegnete ein anderer.

Sie hoben mich hoch und warfen mich in das Boot. »Paßt auf, sie ist die Tochter eines Mallah, sie kann schwimmen.« Die Phantome waren doch ziemlich real. Im Boot nahmen sie mich in ihre Mitte, so daß ich nicht über Bord springen konnte. Ihre wuchtigen Nacken, die breiten Schultern und die Gewehre versperrten mir völlig den Blick auf den Fluß. Das einzige, was ich im Licht der Blitze sehen konnte, war der strömende Regen.

Als wir das gegenüberliegende Ufer erreicht hatten, stieß mich jemand aus dem Boot.

»Los, beeil dich!«

»Geh immer weiter in diese Richtung. Wenn du versuchst wegzulaufen, erschießen wir dich.«

Ich stolperte den Pfad entlang, der dem Flußlauf folgte, und versank mit meinen nackten Füßen immer wieder in den Schlammspuren der Karren. Die Männer waren dicht hinter mir. Ich konnte sie zwar nicht sehen, aber wenn ich wieder einmal stolperte, spürte ich die Läufe ihrer Gewehre in meinem Rücken. Um über die Pfützen springen zu können, mußte ich meinen Unterrock bis zu den Knien heben. Der Regen schmerzte mir in den Augen, ich spürte, wie meine Beine von den Dornen zerkratzt wurden, und mein Herz schlug so heftig, daß ich glaubte, es müsse zerspringen.

»Los, geh weiter. Paß auf, wo du hintrittst! Los, weiter!«

Vor Angst hatte ich einen ganz trockenen Mund, aber mir blieb nur das Regenwasser, um meinen Durst zu stillen. Ich hob den

Kopf, während ich weiterging, ließ es an meinen Wangen hinunterlaufen und leckte es von meinen Lippen.

»Vickram Mallah, ich schwöre es dir, ich muß dieses Mädchen haben.«

Hinter mir ertönte die tiefe Stimme des Mannes, den sie Vickram nannten.

»Nein«, sagte er. »Ich bekomme sie zuerst.«

Meine Kleider klebten mir am Körper; der Regen hatte dünne Lumpen aus ihnen gemacht. Es war wie in einem Alptraum: Fast nackt ging ich durch den Regen, und wenn ich laufen wollte, um schneller voranzukommen, blieben meine Füße immer wieder im Schlamm stecken.

Vor Angst war mein Mund immer noch trocken. Ich nahm all meinen Mut zusammen und drehte mich um.

»Bitte, Bruder, gib mir etwas Wasser!«

»Ich bin nicht dein Bruder, ich bin dein Mann«, sagte einer von ihnen und lachte höhnisch.

Sie schoben mich weiter.

Am wenigsten Angst hatte ich noch vor Vickram, dem Mallah. Er sagte zwar nicht viel, aber wenn er mit seinen Leuten sprach, klang seine Stimme immer ganz ruhig. Der andere, der sich Baboo nannte, schrie seine Männer dagegen immer an und beschimpfte sie.

Er roch wie ein Tier, und im fahlen Licht des Morgens konnte ich seine Gesichtszüge erkennen. Er hatte eine große Nase, spitze Zähne wie eine Wildkatze und nur ein Auge. Das andere war ganz weiß.

Mit seinen dicken Händen stieß er mich ständig vor sich her, kicherte und erzählte mir, wie sehr er es genießen würde, mich zu mißbrauchen.

Wir waren die ganze Nacht durchmarschiert, waren querfeldein und durch Schluchten gegangen und hatten die Straßen gemieden. Als der Regen endlich nachgelassen hatte, hielten die Männer an einem kleinen Fluß an der Kreuzung zweier Wege an. Sie wuschen ihre Gesichter und spülten sich den Mund aus. Ich legte mich zwischen zwei Steinbrocken auf den Boden, tauchte mein Gesicht in den Fluß und trank. Meine Haut war feucht und kalt, meine Schläfen pochten, und meine Füße waren von den scharfen Steinen an den Abhängen zerschnitten. Schon seit Stunden mußte ich dringend auf die Toilette.

»Bitte«, sagte ich, »ich muß auf die Toilette.«

»Du hältst uns wohl für blöd«, entgegnete Baboo. »Glaubst du wirklich, wir ließen dich weggehen?«

»Laß sie«, sagte Vickram.

»Bleib hier!«

»Geh ...«

Im Morgengrauen konnte ich ihre dunklen Gesichter erkennen, die wild und furchteinflößend waren. Die Männer sahen gar nicht wie Polizisten aus, obwohl sie Uniformen anhatten und quer über der Brust Patronengürtel trugen. Außerdem hatten sie Rucksäcke bei sich. Ihre schweren Stiefel besaßen dicke Gummisohlen, damit sie möglichst lautlos gehen konnten.

Ich sah mich um. Wir befanden uns in einer Schlucht hoch in den Hügeln. Um uns standen Büsche, Felsen ragten in die Höhe. Irgendwo ganz unten war die Ebene und der Fluß. Einige der Männer rollten ihre Decken aus, die anderen legten den Kopf auf ihren Rucksack und schliefen auf dem nackten Boden. Ich versuchte meine Notdurft hinter einem Busch zu verrichten, zitternd vor Angst, es könnte sich jemand hinter mir hergeschlichen haben. Als ich wieder zurückkam und meine Füße im Fluß badete, sah ich, daß die meisten von ihnen bereits eingeschlafen waren.

Ich ging zu Vickram, blieb aber in einem respektvollen Abstand vor ihm stehen.

»Bitte, Bruder, laß mich jetzt gehen. Ich flehe dich an!«

Aber nach Baboos Geschmack war ich ihm doch zu nahe gekommen.

»Du da! Komm her. Komm zu Baboo!«

Er war wütend, weil ich mich an Vickram gewandt hatte. Offenbar hatte jeder von ihnen, Baboo und Vickram, seine eigenen Leute, denn sie hatten sich in zwei getrennten Gruppen zur Ruhe gelegt. Und es sah so aus, als ob sie sich nicht einigen könnten, ob sie mich vergewaltigen oder töten sollten.

»Bitte, Bruder, laß mich wieder nach Hause gehen ... «

»Hab keine Angst«, sagte er.

Er griff in seinen Rucksack, holte einen Sari und ein Paar Plastiksandalen heraus und gab sie mir. Baboo sah ihm dabei zu ...

»Sei vorsichtig«, sagte er mit einem hinterhältigen Gesichtsausdruck, »sonst kommt sie auf dumme Gedanken ... Du kommst jetzt zu mir, du kleines Luder!«

Er zog mich an den Haaren zu seinem Lagerplatz.

»Bleib hier. Und nenn ihn nicht ständig Bruder.«

Er stieß mich zu Boden und setzte sich neben mich. Vickram sagte nichts, und ich war vor lauter Angst unfähig, mich zu rühren. Mit meinen Blicken flehte ich ihn an, mir zu helfen.

Er deutete mir an, ich solle warten.

Ich hockte mich hin, verbarg den Kopf zwischen den Knien und traute mich nicht, ihn wieder zu heben. Einige der Männer hatten ihre Rucksäcke geöffnet und aßen trockene Salzkekse. Ich mußte mich mit Wasser zufriedengeben.

Während des gesamten Marsches über die Felder und quer durch den Dschungel hatte ich immer noch geglaubt, sie seien Polizisten. Jetzt war ich jedoch fest davon überzeugt, daß ich Banditen in die Hände gefallen war. Man hatte mich beschuldigt, ein Dacoit zu sein, der in der Wildnis lebt und seinen Schlupfwinkel nur verläßt, wenn er seine Raubzüge macht. Und jetzt war ich von richtigen Dacoits entführt worden. Sie hatten zwar keine vier Arme und vier Ohren, wie Rukmini und ich immer geglaubt hatten, aber Ungeheuer waren sie trotzdem. Sie hatten finstere, schmutzige Gesichter mit derben Zügen, buschige Schnurrbärte und trugen Stirnbänder. Und sie redeten miteinander in einer Sprache, die ich kaum verstehen konnte. Warum hatten sie mich entführt? Und wenn man sie angeheuert hatte, um mich zu bestrafen, warum hatten sie es dann nicht längst schon getan? Warum hatten sie mich nicht sofort vergewaltigt und dann getötet? Im Dorf hätte ich vielleicht noch fliehen oder Widerstand leisten können, hier, mitten in der Wildnis, war ich völlig hilflos. Ich wußte nicht einmal, wo ich war.

Ich wußte nur, daß ich bis zu diesem Augenblick mein Leben dem Mann verdankte, den sie Vickram nannten und der wie ich ein Mallah war. Aber er beachtete mich kaum mehr als einen Fisch, der ans Ufer gespült worden war. Der einäugige Baboo war kein Mallah. Er war größer als Vickram und hatte sich selbst als Gujar bezeichnet. Von dieser Kaste hatte ich noch nie etwas gehört, aber er war wohl eine Art Thakur.

Die Männer aßen und machten Witze. Niemand sprach mit mir. Sie redeten über Rupien. Tausend Gedanken schwirrten mir durch den Kopf, ich überlegte krampfhaft, wie ich mich retten könnte. Ob meine Eltern wohl zur Polizei gegangen waren? Ob Mayadin, der Sarpanch oder vielleicht beide dahintersteckten? Ich hielt den Kopf immer noch zwischen den Knien; mit geschlossenen Augen begann ich zu beten. »Lieber Gott, wenn es dich gibt und wenn du mich sehen kannst, mach, daß sie mich freilassen. Mach, daß der, den sie Vickram nennen, mir hilft.« Tief in meinem Herzen wußte ich jedoch, wenn es wirklich einen Gott gäbe, dann wäre ich nicht hier bei diesen Banditen.

Wir blieben nur kurze Zeit dort, dann packten sie schon wieder ihre Rucksäcke und streiften ihre Stiefel über. Ich zog mich auch an, schlug den Sari, den Vickram mir gegeben hatte, um meinen feuchten Unterrock, und dann ging es weiter.

Baboo ließ mich direkt vor ihm gehen. Jedesmal, wenn ich stolperte, beschimpfte er mich. Ich zuckte zusammen, weil ich damit rechnete, daß er mich schlagen würde – aber die Schläge blieben aus … Statt dessen spürte ich ständig das eine Auge von ihm auf meinem Rücken. Wir liefen im Gänsemarsch über schmale Pfade, die der Regen ausgewaschen hatte, ich hatte jedoch keine Ahnung, welche Richtung wir nahmen. Die Landschaft war felsig und öde, es gab nur wenige Bäume, keine Felder, keine Tiere, keine Menschen.

Nach etwa einer Stunde erblickte ich aufsteigenden Rauch. Er kam aus einer primitiven Siedlung, die in einer der Schluchten versteckt lag. Neben den Holzhütten hatte man die Bäume gefällt und die Stämme aufeinandergeschichtet. Eine kleine Hütte, die etwas abseits der Siedlung lag, war halb in der Erde verborgen. Dort wurden wir von einem Mann begrüßt, der offenbar keine Angst vor den Dacoits hatte. Die Männer baten ihn um Kleidung für mich und um ein paar Sachen für sich selbst. Er verschwand in Richtung des Dorfes und kam mit einer schwarzen Hose, einem blauen T-Shirt und mehreren Paar Schuhen mit Gummisohlen zurück. Baboo zeigte auf die Schuhe und sagte mir, ich solle mir ein passendes Paar aussuchen. Der Mann machte eine Kopfbewegung in Richtung seiner Hütte, womit er offenbar andeuten wollte, daß ich mich dort umziehen könnte. Es schien ihn nicht zu überraschen, daß ich mit den Männern gekommen war.

In der Nähe saß ein alter Mann auf einem Schemel und beobachtete uns. Mir kam der Gedanke, ihn zu bitten, mir Hilfe aus dem Dorf zu holen, aber während ich mich umzog, hatten die Banditen die Hütte umstellt. Insgesamt mußten es mindestens dreißig gewesen sein.

Die schwarze Hose war eine Männerhose. Ich zog sie unter meinem Unterrock an. Das T-Shirt streifte ich über meine Bluse und meinen Sari faltete ich unter dem Arm. Ohne ihn hätte ich nichts gehabt, um meinen Kopf zu bedecken, und mein Haar hing lose herunter. Baboo wartete vor der Hütte, er hatte es sich auf einem alten Khat bequem gemacht, der unter seinem Gewicht ächzte. Er packte mich bei den Haaren und zog mich zu sich herunter.

Vickram stand in der Nähe, nur ein paar Meter entfernt.

»Laß die Hände von ihr!« sagte er, und seine Stimme klang kalt und drohend.

Plötzlich war er von fünf, sechs Männern, die zu Baboo gehörten, umzingelt. Sie richteten ihre Gewehre auf ihn. Er hielt seine Augen weiter auf Baboo gerichtet, der mich immer noch an den Haaren festhielt und sich wie ein fetter Ochse auf dem Khat ausstreckte. »Warum versuchst du, sie zu beschützen?« fragte der Einäugige. »Warum ausgerechnet sie? Wir haben doch schon so viele Mädchen gehabt. Was ist denn an dieser so besonders? Du bist auf ihrer Seite, nicht wahr?«

»Ich habe dir gesagt, du sollst sie nicht anfassen. Sie gehört zu meiner Gemeinschaft.«

»Ja und? Wen kümmert das? Du kennst sie ja nicht einmal. Sie ist doch kein Mitglied deiner Familie.«

»Wenn du sie anrührst, erschieße ich dich«, sagte Vickram.

»Wenn du mich erschießt, erschieße ich dich, und was dann?

Wir werden doch nicht beide wegen dieses kleinen Luders sterben, oder? Es wäre besser, *sie* zu erschießen.«

Die anderen Männer tauschten Blicke aus. Sie konnten nicht verstehen, warum ihre beiden Anführer sich stritten.

»Was zum Teufel wollen wir eigentlich mit diesem verdammten Mädchen anfangen?« fragte einer der Männer. »Wir hätten sie längst loswerden sollen, nicht wahr, Baboo?«

Vickram rührte sich nicht.

»Nicht so schnell, Baboo. Bis jetzt hast du immer nur das getan, was dir gerade in den Kopf kam, und wir haben das hingenommen. Diesmal behältst du deine Finger bei dir.«

Beschützte er mich, nur weil ich eine Mallah war? Offenbar war ich nicht die einzige, die das Ganze nicht verstehen konnte. Die Männer murmelten, daß sie Vickram so noch nie erlebt hätten. Sie fragten ihn, was denn mit ihm los sei. Ich konnte nur hoffen, daß er das alles nur tat, weil er ein Mallah war und weil er, obwohl er ein Bandit war und ich nur ein armes Bauernmädchen, Mitleid mit mir hatte. Jedenfalls war es das erste Mal, daß ein Mann versuchte, mich zu beschützen. Ich konnte es kaum glauben.

Baboo gab schließlich nach. Er verhielt sich wie ein Kind, dem ein bestimmtes Spiel, bei dem er sonst immer gewonnen hatte, nun keinen Spaß mehr machte, und schob mich von dem Khat herunter. Ich konnte deutlich spüren, daß sich zwischen diesen beiden Männern ein Kampf anbahnte, und ich wünschte mir, daß Vickram ihn gewinnen würde – nicht seinetwegen, sondern in meinem eigenen Interesse. Mein Körper würde weitere Folterungen nicht mehr aushalten können. Mein Haß auf die Männer war so groß, daß ich nur noch einen Wunsch hatte: selbst ein Mann zu sein. Ich haßte sie, wollte aber so sein wie sie, wollte ihre Kraft haben und so frei sein wie sie, nicht nur ein Stück Fleisch, mit dem sie nach Herzenslust spielen konnten.

Der Nachmittag verging nur langsam. Ich lag auf der Erde, konnte aber nicht schlafen. Als es Abend wurde, verließen wir die Hütte und machten uns wieder auf den Weg. Ich hörte, wie einer der Männer sagte, wir gingen in ein Dorf namens Raipur. Ich hatte den

Namen noch nie gehört und wußte daher immer noch nicht, wo wir waren. Für mich und meine Geschwister war der Urwald immer ein Ort gewesen, in dem schreckliche Gefahren auf uns lauerten. Man hatte uns stets eingeschärft, wir sollten nie die Ebene verlassen und keinesfalls vom Weg abweichen. Mir war klar, daß wir mittlerweile weit vom Ufer der Yamuna entfernt waren.

Wir marschierten wieder die ganze Nacht durch und legten nur hin und wieder eine kurze Rast ein. Am Morgen erreichten wir das Dorf, machten jedoch wie auch am vergangenen Tag ein gutes Stück davor Halt. Selbst aus der Entfernung konnte man erkennen, daß es ein wohlhabendes Dorf war. Die Häuser waren solide gebaut und hatten Fenster und große Holztüren.

Sie schickten einen der Männer zu einem Mann namens Raja. So, wie die anderen über ihn sprachen, mußte es ein bedeutender Mann sein, vielleicht ein Prinz aus dieser Gegend oder ein Brahmane, dachte ich. Wir warteten den ganzen Tag, und es war bereits Abend, als Raja endlich mit zwei anderen Männern auf einem Motorrad ankam. Einer fuhr, während Raja und der andere seitlich darauf saßen. Die ganze Bande verbeugte sich vor Raja, und einige gingen zu ihm und berührten seine Füße. Er war gut angezogen, ähnlich wie die Politiker, die ich schon einmal in unserem Dorf gesehen hatte. Er trug ein weißes Hemd, eine schwarze Hose und schwarze, glänzende Lederschuhe.

Er merkte, daß ich ihn anstarrte, obwohl ich mich so weit wie möglich von der Bande entfernt aufhielt und kein Wort sagte, weil ich Einauge nicht wütend machen wollte.

»Sie ist ja noch ein Kind, Baboo«, meinte einer der Männer, die mit dem Motorrad gekommen waren.

Raja ließ seinen Blick über die ganze Bande schweifen. »Daß mir niemand das Mädchen anrührt«, warnte er.

»Das habe ich ihnen auch schon gesagt«, sagte Vickram.

Aber die Bandenmitglieder protestierten: »Wenn das so ist«, sagten sie, »sollten wir sie so schnell wie möglich loswerden. Vickram will sie nicht, und sie kann nicht sehr schnell laufen. Sie hält uns nur auf.«

Meinten sie mit »loswerden«, daß sie mich töten wollten, oder wollten sie mich im Dschungel aussetzen? Wenn sie mich in der

Nähe eines Dorfes freiließen, würde ich bestimmt wieder nach Hause finden. Plötzlich sah ich doch noch einen kleinen Hoffnungsschimmer. Ich hob den Kopf, um zu sehen, ob Einauge zustimmte.

Aber Baboo schüttelte den Kopf.

Meine Anwesenheit hatte die Bande in zwei Gruppen gespalten: auf der einen Seite die Mallahs, auf der anderen die Thakurs. Und die Thakurs wollten mich nicht gehen lassen.

»Wir haben einen verdammt langen Weg zurückgelegt, um sie zu bekommen«, sagte Baboo, »und wir denken nicht daran, sie jetzt einfach wieder laufen zu lassen. Wenn wir das täten, werden sie sagen, sie hätte uns zum Narren gehalten.«

Wer war wohl mit »sie« gemeint, fragte ich mich. Die Leute, die die Bande angeheuert hatten, um mich zu entführen? Es war nicht schwer, sich vorzustellen, wer das sein könnte ...

Raja versuchte, Baboo zu überzeugen. »Sie ist doch nur ein armes Mädchen, und sie hat euch nichts getan.«

Ähnlich wie Vickram schien auch Raja Mitleid mit mir zu haben. Er drückte sich gepflegt aus und war offenbar ein bedeutender Mann. Vickram und Baboo sprachen in respektvollem Ton mit ihm, obwohl Baboo sich ganz offensichtlich über Rajas Bemerkungen ärgerte.

»Baboo, ich habe dir schon so oft gesagt, daß du nachdenken sollst, bevor du handelst. Warum bist du eigentlich immer hinter solchen Mädchen her?« fragte ihn Raja. »Du scheinst an nichts anderes denken zu können. Ich habe dir doch gesagt, daß du sie in Ruhe lassen sollst. Eines Tages wirst du deshalb noch umkommen.«

»Das ist mir scheißegal! Und wenn es das Letzte ist, was ich tue, ich werde mir dieses Mädchen nehmen! Ich denke nicht daran, sie wieder herzugeben.«

»Du wirst sie nicht anrühren!« sagte Vickram.

»Dann müssen wir entweder das Mädchen loswerden oder Vickram«, entgegnete Baboo drohend.

Ich beobachtete Vickram und flehte ihn insgeheim an, er möge mich retten. Er kam auf mich zu und beschien mit der Fackel diesmal sein eigenes Gesicht.

»Sieh mich gut an«, sagte er ...

Er hatte ein hübsches Gesicht, schmal, mit einer feinen Nase. Er trug einen dünnen Schnurrbart, und seine Haut war weiß und zart wie die eines Mädchens. Trotz der Narbe, die er über seiner linken Braue hatte, war in seinen Augen etwas, das mir Vertrauen einflößte.

»Ich bin Vickram, der Mallah. Merk dir meinen Namen und mein Gesicht.«

»Was ist in dich gefahren?« fuhr Einauge ihn an. »Was willst du damit beweisen, etwa, daß du ein Mallah bist? Oder tust du das nur, um mich zu ärgern?«

»Ich möchte nur, daß sie in der Lage ist, mich wiederzuerkennen. Und jetzt Schluß damit, in Ordnung?«

Vickram ging zu seinen Männern zurück. Raja nickte, was so viel bedeutete, daß die Sache für ihn erledigt war. Er ging zurück zu seinem Motorrad. Bevor er aufstieg, verbeugte sich jedes einzelne Bandenmitglied vor ihm, und einer nach dem anderen berührte seine Füße. Als er in einer Staubwolke verschwand, kamen andere Männer aus dem Dorf und brachten Kartoffeln und Chapatis. Die Männer vergaßen ihren Streit und ließen sich zum Essen nieder. Ich saß nach wie vor abseits von ihnen, und Baboo starrte mich immer noch mit seinem einzigen Auge an.

»Du da«, brüllte er, »wenn du versuchst wegzulaufen, erschieße ich dich.«

Unter den Männern, die das Essen aus dem Dorf gebracht hatten, war einer, zu dem Vickram bei der Begrüßung Onkel gesagt hatte. Er gesellte sich zu drei anderen Männern, die offenbar zu Vickrams Gruppe gehörten. Ich hatte ihre Namen aufgeschnappt: Madhav, Raghu Nath und Bharat. Vickrams Onkel hieß Bare Lal. Er brachte mir einen Teller mit Essen. Die anderen hielten sich immer dicht bei ihm, und alle außer Vickram aßen. Er zog nachdenklich an seiner Zigarette.

»Komm, iß was«, sagte Bharat. »Das geht schon in Ordnung, Mastana, mach dir keine Vorwürfe.«

Ich hatte vorher schon einmal gehört, wie ihn seine Leute Mastana genannt hatten. Das war ein Kosename, in dem sich Zuneigung und Bewunderung ausdrückte und der normalerweise jemandem verliehen wurde, der gut aussah und ein sorgloses Leben führte. Ich war überrascht, daß man einen Banditen so nannte. Er zog an seiner Zigarette und runzelte die Stirn. Als er sie bis auf den Filter geraucht hatte, nahm er eine neue aus der Schachtel und zündete sie an der alten an.

»Wir hätten sie nie entführen dürfen«, sagte er nach einer gewissen Zeit. »Man hat uns ausgetrickst.«

Baboo grinste, die Backen voller Essen. Mit einem Finger, von dem das Fett heruntertropfte, zeigte er auf mich.

»Wenn das Mädchen dir gehört«, sagte er, »gehört sie auch mir.«

Dann nahm er ganz plötzlich sein Gewehr und feuerte einen Schuß ab. Als ich den Knall hörte, warf ich mich zur Seite. Aber es war bloß ein Spaß. Als sie mich zitternd vor Angst im Gras liegen sahen, lachten alle. Vickram sagte nichts.

Nach dem Essen setzten wir in der Dunkelheit unseren Marsch fort. Diesmal stiegen wir durch die Schluchten zur Yamuna hinab, wo ein Fährmann mit einem Boot auf uns wartete. Wir trieben flußabwärts bis zu einem Dorf namens Bejamau. Es war bereits Morgen, als wir dort ankamen. Die Leute badeten im Fluß und wuschen ihre Wäsche. Jeder schien Vickram zu kennen. Sie umringten ihn, freuten sich offenbar, ihn wiederzusehen, und stellten viele Fragen. Und dann entdeckten sie mich.

»Du hast ein neues Mädchen?« fragten sie und schienen überrascht zu sein. »Warum hast du sie mitgebracht?«

»Damit habt ihr nichts zu tun. Ihr braucht euch um sie keine Gedanken zu machen.«

Die Bandenmitglieder stiegen aus dem Boot und ließen mich mit vier Bewachern zurück. »Rühr dich nicht vom Fleck«, sagten sie. »Wenn du nicht das tust, was wir dir sagen, töten wir dich, ist das klar? Hier hat Baboo das Kommando und nicht Vickram, und er ist gefährlich. Du solltest lieber tun, was er sagt.«

Die anderen gingen am Ufer entlang, bis sie zu ein paar Stufen kamen, die vom Flußufer zu einem Tempel hinaufführten, der auf einem Hügel stand. Ein paar Minuten später holte Vickrams Onkel mich ab. Auf einer Strohmatte vor dem Tempel saß unbeweglich und mit gekreuzten Beinen ein Asket, ein *Sadhu*. Er war sehr alt und fast nackt, und sein Körper war mit Asche bedeckt. Er war so dünn, daß er nur aus Haut und Knochen bestand. Das Haar fiel in langen Strähnen auf seine Schultern. Seine Augen waren geschlossen.

Bare Lal schob mich nach vorn. »Sein Name ist Sidh Baba. Du kannst ihn begrüßen.«

Er war ein heiliger Mann, ein *Guru*, der offenbar von Vickram und seinen Leuten verehrt wurde. Jeder kniete einzeln vor ihm nieder und berührte seine Füße, während der Sadhu weiter seine Gebete murmelte.

Vickram sprach ihn an. »Vergib uns, was wir getan haben«, sagte er. »Wir haben dieses Mädchen entführt. Vergib uns diese böse Tat und verleih uns die Kraft, sie zu beschützen.«

Baboo hörte das, sagte aber nichts. Einer der Männer stieß mich an. Ich ging nach vorn, kniete mich ebenfalls nieder und berührte die Füße des Guru. Im selben Moment spürte ich eine solche Erleichterung, daß mir die Tränen kamen.

Der Sadhu öffnete seine Augen. Sie brannten in diesem Gesicht, das mit weißer Asche bedeckt war, wie zwei glühende runde Kohlen. Er sagte etwas, das ich nicht verstehen konnte, aber einer seiner Anhänger übersetzte es für mich.

»Was machst du in deinem Alter bei diesen Banditen?«

Ich war so verblüfft, daß mir keine Antwort einfiel.

»Ich bin das jetzt leid«, sagte Baboo wütend.

Der heilige Mann sah ihn an und murmelte wieder etwas, das sein Jünger übersetzte.

»Würdest du bitte deinen Mund halten und dich ruhig hinsetzen?«

Baboo warf einen Blick auf die anderen Männer und ließ sich dann nieder. Der Jünger des heiligen Mannes beugte sich vor, um zu hören, was er als nächstes zu sagen hatte, und flüsterte daraufhin Vickram etwas zu.

Danach führten die Männer mich wieder aus dem Tempel. Ich wußte nicht, was das alles zu bedeuten hatte, und glaubte nur zu verstehen, daß der alte Streit wieder ausgebrochen sei und der seltsame, mit Asche bedeckte Mann, der dort vor seinem Tempel saß, die Macht hätte, Baboo zum Gehorsam zu zwingen.

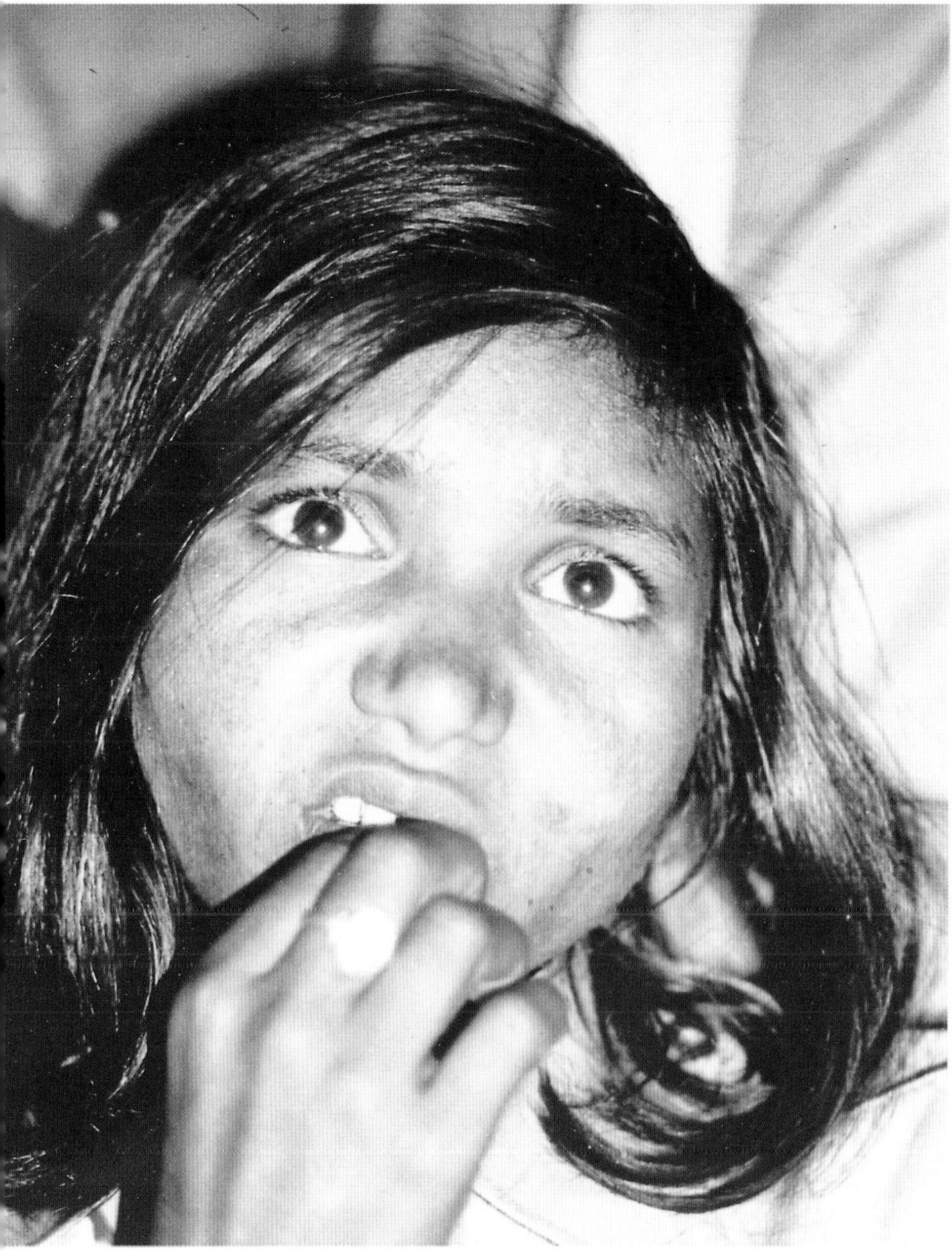

Eines der ersten Fotos von Phoolan Devi – us der Zeit ihrer Kapitulation im Februar 983. Bis dahin wußte kaum jemand, wie sie ussah, und viele hatten sich eine »Königin der Banditen« romantischer vorgestellt. Doch das harte Leben in den Schluchten hat Phoolan Devis Gesicht gezeichnet.

2

3

2–4 Der Tag der Kapitulation in Bhind, 12. Februar 1983. (2) In der Mitte Phoolan Devi, links von ihr der Gefährte Man Singh, rechts der staatliche Unterhändler Rajendra Chaturvedi, mit dem Devi die Kapitulationsbedingungen ausgehandelt hatte. (3) Für alle sichtbar, hoch auf einer Tribüne, hat Phoolan Devi in einer feierlichen Zeremonie dem Ministerpräsidenten von Madhya Pradesh, Arjun Singh, ihre Waffen übergeben. Das Porträt Mahatma Gandhis zeigt, es soll ein Tag des Friedens sein. (4) Als Phoolan Devi mit der Stirn die Füße des Ministerpräsidenten berührt, ist die Kapitulation offiziell vollzogen.

5

5–8 Eine unübersehbare Menschenmenge verfolgt die öffentliche Kapitulation der »Königin der Banditen«, die einen Schlußstrich unter Jahre der Gewalt ziehen soll. Doch als Phoolan Devi und Man Singh nach der Kapitulation in das Gefängnis von Gwalior abtransportiert werden, ist ihre Zukunft unsicher. Zu oft sind Absprachen nicht eingehalten worden, zu viele trachten ihr nach dem Leben, zu korrupt sind ihre Wächter.

6

9–12 Die Zeit im Gefängnis hat Phoolan Devi verändert. Sie wünscht sich eigene Kinder und wird doch nie Mutter werden können. Auch heute noch bleibt Phoolan Devi, die den Namen einer hinduistischen Göttin trägt, ihrer Religion treu, obwohl diese und ihr unheilvolles Kastensystem eine der Ursachen für Devis Schicksal sind.

9

10

13

13 Phoolan Devi

Bare Lal erklärte mir, daß der Sadhu nur Milch tränke, nur durch die Nase spräche, nicht durch den Mund, und daß es äußerst selten vorkomme, daß er jemanden so wie mich direkt anspreche. Der Tempel war klein und mit weißen Mosaiken geschmückt. Er war oberhalb des Flußufers über den Stufen erbaut worden, aber der Monsun hatte das Wasser bis zu den obersten Stufen, fast bis an den Eingang ansteigen lassen. Vom Boot aus hatte ich den weißen Tempel nicht sehen können. Unter dem blauen Himmel sah er so friedlich und sicher aus, daß ich einfach nicht mehr aufhören konnte zu weinen. Der heilige Mann hatte zu mir gesprochen! Sein Tempel war Shiva geweiht, dem lächelnden Gott, der auf dem heiligen Berg lebte und dessen Zorn die Dämonen vernichten konnte. Vielleicht würde Shiva mich jetzt beschützen.

Sie brachten mich zum Fluß hinunter, und als alle wieder eingestiegen waren, fuhren wir weiter. Niemand sagte mir, wohin. Niemand sagte zu mir: Du fährst jetzt wieder nach Hause, Phoolan. Als die Nacht hereinbrach, stiegen wir am jenseitigen Ufer der Yamuna aus. Wieder mußten wir marschieren, wieder ging es über Felder und Hügel, wieder kletterten wir die unwegsamen Wände der Schluchten empor. Immer wieder mußten wir den scharfen Zacken der Kalkfelsen und vertrockneten Dornenbüschen ausweichen. Und wenn ich mich auch nur einen Augenblick lang an den Ästen eines Baumes festhielt, um wieder zu Atem zu kommen, hörte ich sofort hinter mir eine Stimme, die mich aufforderte weiterzugehen.

Ich hatte meine Familie seit zwei Nächten nicht mehr gesehen.

Der Geruch des Todes

Die Banditen hatten einige große, dreistöckige Häuser, die reichen Familien gehörten, umzingelt. Dann waren sie hineingestürmt und rasch zu den Dachterrassen hinauf vorgedrungen, wo sie wie die Teufel ihre Fackeln schwenkten und ihre Gewehre in die Nacht abfeuerten. Von dort oben aus konnten sie das ganze Dorf überblicken. Baboo Gujar sprach durch das Megaphon, das einer der Männer die ganze Zeit getragen hatte.

»Ich bin es, Baboo Gujar Singh, und ihr seid nichts als Hunde!«

Am Morgen hatten sie das Dorf in »Sektoren« aufgeteilt. Vickram und seine Männer waren in den anderen Teil des Dorfes gegangen, aber Baboo hatte bestimmt, daß ich bei ihm blieb, und jetzt saß ich auf einem Karren, von zwei Männern Baboos bewacht, und nahm voller Entsetzen an meiner ersten Plünderung teil.

Ein paar von Baboos Männern liefen auf der Suche nach Mädchen ums Haus, die übrigen stürmten in die Räume und schleppten Truhen heraus, die sie gewaltsam öffneten, indem sie auf die Schlösser schossen. Sie stopften sich etliche Handvoll Gold- und Silberschmuck sowie Bündel von Rupien in die Taschen und schlugen jede Frau, die protestierend aufschrie. Niemand versuchte, ihnen Widerstand zu leisten. Die Männer, die dort wohnten, waren beim Krachen der Gewehrschüsse alle fortgelaufen, um sich zu verstekken. Ich konnte in der Dunkelheit nur fliehende Schatten sehen und die entsetzten Schreie hören.

Plötzlich rief Baboo den Männern, die mich bewachten, zu: »Zeigt ihr, was zu tun ist!«

Sie schoben mich in das Haus, in einen Raum, in dem ein paar Männer alles zertrümmerten. Sie leerten die Schränke, drehten Matratzen um und schlitzten sie auf. Zwei Frauen, die in einer Ecke kauerten, schluchzten hysterisch und bedeckten ihre Gesichter mit ihren Saris. Baboo war in einem Zustand höchster Erregung, sein einziges Auge rollte in seiner Höhle, er bleckte die Zähne. Er ging mit dem Gewehr in der Hand im Zimmer umher und deutete auf eine hölzerne Truhe mit einem schweren, eisernen Vorhängeschloß.

»Aufmachen!«

Die Frauen kreischten auf. Eine von ihnen holte einen Schlüssel aus ihrem Sari und machte sich an dem Schloß zu schaffen. Sie öffnete die Truhe.

»Los, nimm ihren Schmuck und gib ihnen eine gehörige Tracht Prügel. Mach schon! Schlag sie! Etwa so ...«

Er grinste wie ein Verrückter und trat die Frau, so daß sie zu Boden fiel.

»Seht sie euch gut an«, sagte er. »Das ist Phoolan Devi. Eine neue Dacoit ist geboren, und ich werde sie heiraten!«

»Ich kann diese Frauen nicht schlagen«, sagte ich, »sie haben mir nichts getan.«

Ich fing an zu weinen wie die Frauen, und Baboo kam zu mir, legte seinen Arm um mich und hätschelte mich.

»Was stimmt denn nicht, mein kleiner Liebling?«

Die Frauen beschworen mich, sie nicht zu schlagen. Sie nahmen ihre goldenen Armringe ab und reichten sie mir. Ich gab sie Baboo.

»Mach schon! Schlag diese Frau! Frag sie, wo das übrige Zeug ist. Du wirst schon lernen, eine Banditin zu sein.«

Ich weigerte mich. Ich wußte nicht, weshalb er wollte, daß ich mitmachte. Ich wollte keine Banditin werden, ich wollte weg von ihnen oder bei diesen armen Frauen bleiben und mit ihnen sterben, wenn es sein mußte.

Während Baboo die goldenen Armreifen in seine Tasche stopfte, bemerkte er ein junges Mädchen, das sich in einem Flur versteckte. Sie muß ungefähr in meinem Alter gewesen sein – nicht älter als sechzehn. Er machte seinen Männern ein Zeichen, und drei von ihnen zerrten die Zitternde vor ihn. Er hob ihren Kopf, um ihr Gesicht zu sehen, und nickte seinen Männern zu. Sie nahmen sie mit nach draußen. Ich hörte sie schreien und die Männer anflehen, sie mögen doch aufhören. Sie waren dabei, sie zu vergewaltigen. Ich konnte es nicht ertragen, ihre Schreie zu hören, und hielt mir die Ohren zu. Sie bettelte um Gnade; aber sie konnte nichts tun, damit die Männer aufhörten, und ich konnte ihr nicht helfen, weil ich ebenso eine Gefangene war wie sie. Baboo hatte sie mit einer Hand hochgehoben, wie ein Stück Fleisch, und sie seinen Männern übergeben. Auch ich war ein hilfloses Opfer, wie sie. Ich hielt es nicht länger aus und lief aus dem Raum, aber einer der Banditen holte mich im Hof ein.

»Das gefällt dir nicht? Die kleine Hure glaubt, sie sei zu gut für uns!« brüllte er. Er hob mich hoch und warf mich auf den Karren, der draußen stand. Ich konnte immer noch hören, wie das Mädchen in die Nacht hinaus schrie, es waren die Schreie eines Kindes ...

Weshalb hatte Vickram mich in den Händen dieser Männer gelassen? Er hatte mich den Launen eines Banditen ausgesetzt, der Mädchen vergewaltigte, als würde er sich einfach nur erleichtern. Baboo kam hinter dem Haus hervor, und während er stolz den Reißverschluß seiner Hose hochzog und den Gürtel wieder zumachte, funkelte sein einziges Auge vor Zufriedenheit. Dann setzte er sich auf den Karren, fing an, mich zu liebkosen, und sagte, er würde dieses zarte Hühnchen, das versucht hatte fortzulaufen, heiraten, als sei alles nur ein Scherz.

Die Männer hatten die Plünderung beendet und machten sich zum Aufbruch bereit. Sie feuerten ihre Gewehre in die Luft ab, während sie aus dem Dorf eilten, um sich mit Vickram zu treffen. Er und seine Männer hatten soeben zwei Bauern auf dem Feld einen Traktor mit Wagen abgenommen, den Vickram jetzt fuhr. Sie setzten mich auf den großen Ersatzreifen, und Madhav, einer von Vickrams Männern, nahm auf der einen und ein Thakur auf der anderen Seite neben mir Platz. In meinem Kopf drehte sich alles ...

»Mach dir keine Sorgen«, flüsterte Bare Lal mir zu, »wir werden dich aus seinen Klauen befreien.«

Er war Vickrams Onkel, derjenige, der mir zu essen gegeben hatte.

Aber Baboo hatte ihn gehört.

»He, du da!« fuhr er ihn an. »Was flüsterst du ihr ins Ohr?«

Bare Lal würdigte ihn keiner Antwort. Er war der einzige, der mit mir sprach. Anfangs hatte ich ihn für einen Thakur gehalten, weil er groß war und einen Schnurrbart hatte. Er besaß die gepflegte Haut eines reichen Mannes und trug einen wilden Gesichtsausdruck zur Schau. Aber ich war froh, daß er sich meiner anzunehmen schien, denn er war älter als die übrigen Männer, und ich hoffte, daß er mich schon allein deshalb beschützen würde.

Wir fuhren mit dem Traktor stundenlang durch die Nacht und hielten erst in der Morgendämmerung in einer kleinen Lichtung an. Ich vermutete, daß wir irgendwo in der Nähe der Yamuna waren, weil ich Vickram zu Baboo sagen hörte, die beiden Bauern könnten mir die Straße nach Auraiya zeigen, wenn sie mich mit ihnen gehen ließen. Ich wußte, daß Auraiya eine Stadt an der Yamuna war, auf der anderen Seite flußaufwärts von meinem Dorf.

Einige der übrigen stimmten zu. Ich hörte die Männer sagen, man solle mich gehen lassen, ich sei es nicht wert, daß man sich meinetwegen streite. Ich würde zu viele Schwierigkeiten machen. »Es ist nicht nötig, daß wir einen Vogel im Käfig mit uns herumtragen«, sagte einer von ihnen.

In meinem Herzen regte sich Hoffnung. Wenn wir in der Nähe von Auraiya waren, konnte die Yamuna nicht weit sein. Ich konnte in der Nähe die roten Mauern und die Strohdächer eines Dorfes erkennen. Ich warf mich vor Baboo mit zusammengelegten Händen nieder. Ich berührte seine Füße und bat ihn, mich freizugeben.

»Also gut. Sie kann gehen, wohin sie will.«

Ich wußte nicht, ob ich ihm glauben durfte. Ich hob den Kopf, um direkt in sein einziges, haßerfülltes Auge schauen zu können und um zu sehen, ob er seinen Spott mit mir trieb.

»Geh schon, mein Hühnchen, sieh zu, ob du von mir fort kannst!«

Ich stand auf und machte ein paar zögernde Schritte, aber ich wagte es nicht zu laufen. Ich glaubte schon fast, frei zu sein, als ich das Krachen eines Gewehrschusses hörte.

Ich erstarrte. Der Ärmel meines T-Shirts war versengt. Die Kugel hatte mich gestreift! Ich sprang zur Seite, wie eine Ziege, und blieb stehen, zitternd, wie gelähmt. Ich wagte es nicht, mich zu rühren, aus Angst, er würde noch einmal schießen. Mein Blick war starr auf den Ärmel gerichtet, der nur wenige Fingerbreit von meinem Herzen entfernt angesengt war.

»Bist du verrückt?« schrie Vickram. »Warum hast du auf sie geschossen?«

Sie begannen erneut zu streiten und einander mit ihren Gewehren zu bedrohen. Ich war immer noch wie erstarrt und wagte es nicht, mich zu bewegen.

»Ihr seid Mallahs, nicht mehr wert als ein Hunderudel. Wir werden sie nicht gehen lassen, einfach nur, weil ihr es sagt.«

Zwei Hände griffen unter meine Achseln und trugen mich zurück zu Baboo.

»Willst du immer noch fortlaufen?«

»Nein.«

Er boxte mich, ohrfeigte mich, hob mich mit einer Hand hoch und warf mich auf den Boden. Dann versuchte er, mir vor den anderen die Hose herunterzuziehen.

»Ich habe genug davon. Ich werde es gleich hier mit ihr machen. Mal sehen, ob ihr mich davon abhalten könnt ...«

»Rühr sie nicht an«, sagte Vickram.

Ich kämpfte mich auf die Füße und hielt mich an einem Baumast fest, während Baboo mein Hemd aufriß und mich entblößte. Er riß mein Hemd ein weiteres Stück ein, zerrte mich zu Boden und rollte mich umher wie einen Sack Getreide.

»Laß mich gehen, bitte«, flehte ich.

Dann hörte ich Vickrams Stimme neben mir. Er sprach ruhig, aber seine Worte erschreckten mich.

»Verzeih mir, Baboo«, sagte er. »Wir sollten uns ihretwegen nicht so aufregen.«

»So ist es richtig«, erwiderte Baboo. »Es gibt genug von ihr für uns beide.« Er zog das Schwert aus der Scheide an seinem Gürtel. »Wir teilen sie in zwei Hälften. Ha, ha!«

Vickram wich mit seinem Blick nicht aus. »Weshalb machst du es nicht gleich richtig, Baboo? Sie ist nicht verheiratet. Heirate sie zuerst.«

Baboo kicherte. »Ich wette um zehn Lakhs, daß ich sie heiraten werde«, sagte er. Er mußte die Idee, mich zu heiraten, auf irgendeine perverse Art komisch gefunden haben.

»Wenn es eine Sache des Geldes ist, so gebe ich dir zwanzig Lakhs, wenn du sie gehen läßt.«

»Ich gebe dir vierzig Lakhs, aber ich behalte sie. Ich werde ein Mädchen aus deiner Kaste nicht davonkommen lassen, Mallah. Ich behalte sie. Ich kann mit ihr anstellen, was ich will, und sie ist nur für eines gut ...«

»Laß uns zum Tempel gehen, und dann kannst du sie heiraten. Wir richten dir eine hübsche Hochzeitsfeier aus.«

Baboo lachte. »In Ordnung.« Dann ließ er mich in Ruhe.

Ich war wieder einmal davongekommen, wenn ich auch nicht begriff, wieso. Es war verwirrend. Für den Augenblick vergaß ich sogar meine Angst.

Vickram schien der klügere der beiden zu sein. Baboo war nichts als ein unwissender Unhold, der beweisen wollte, daß er nach Lust und Laune mit mir verfahren konnte. Vickrams Männer waren vorwiegend Mallahs, einige Angehörige anderer, niederer Kasten waren ebenfalls unter ihnen. Sie schienen zusammen mehr als ein Dutzend auszumachen, etwa soviel wie die Thakurs. Vickrams Männer liefen nicht auf der Suche nach Frauen, die sie vergewaltigen konnten, in den Dörfern herum wie Baboos Männer, aber die beiden Banden hatten sich anscheinend verbündet. Sie waren bei Nacht unterwegs, machten bei Dörfern Halt, um Beute zu machen, und lagerten am Tag, um sich auszuruhen. Sie hatten sich alles genau aufgeteilt. Es gab einige Dörfer, wo sie sicher waren und Nahrung fanden, und in diesen Dörfern lieferten sie einen Teil ihrer Beute ab. Und es gab andere Dörfer, wo sie die Häuser ausraubten und die Frauen vergewaltigten.

Am nächsten Tag kamen wir an einem Dorf namens Madhapur vorbei. Der Unhold erblickte ein Mädchen an der Straße und bat sie um einen Schluck Wasser. Sie sah wie die Tochter eines Brahmanen aus; sie war mager, aber hübsch, vielleicht zwölf oder dreizehn Jahre alt. Sie ging fort und kam arglos mit einem Gefäß voll Wasser zu rück, wie auch ich es einst getan haben würde. Wir zogen an diesem Dorf nur vorbei. Wir waren nicht hergekommen, um zu plündern, und das Mädchen stellte keine Bedrohung für die Männer dar. Aber das spielte keine Rolle. Baboo vergewaltigte sie auf der Stelle.

Vickram war mit seinen Männern irgendwoanders hingegangen und hatte Bare Lal bei mir gelassen. Zwei Thakurs stellten sich vor mich, so daß ich nicht sehen konnte, was Baboo tat. Hinterher warteten wir stundenlang, während Baboos Männer sich am hellichten Tag im Dorf austobten. Die meisten Dorfbewohner waren entsetzt geflohen, aber einige hatten sich versteckt. Ich saß auf einem Khat an der Mauer eines leeren Hauses, flankiert von zwei Thakurs, wartete auf die Rückkehr Baboos und seiner Männer und lauschte auf die Schreie, das Stöhnen und die gelegentlichen Gewehrschüsse. Die Geräusche versetzten auch die beiden Thakurs in Unruhe. Sie neckten mich, wagten aber aus Angst vor Baboo nicht, mich zu berühren.

Als Vickram endlich zurückkam, berichtete Bare Lal ihm, was vorgefallen war. »Baboo hat wieder ein Mädchen vergewaltigt, und die anderen haben das Dorf nach weiteren Mädchen durchgekämmt.«

Vickram schüttelte den Kopf. »Er wird dafür bezahlen. Früher oder später wird jemand dies seiner eigenen Mutter antun.«

Die beiden Wachen hörten das nicht gern. »Sprich nicht so über Baboo. Willst du, daß wir es ihm weitersagen?«

Vickram beachtete sie nicht. Ich bemerkte, daß er mit Baboo allein sprach, und diesmal schien er wütend auf ihn zu sein. Er nahm sein Megaphon und rief seine Bande zusammen. Er brüllte, die Polizei sei auf dem Weg zum Dorf. Sofort kamen die Männer aus allen Richtungen herbeigerannt; einige von ihnen hielten noch immer ihre Hosen fest.

Vickram ergriff meine Hand, und wir eilten in den nahen Wald. Der Rest der Bande folgte uns und verteilte sich zwischen den Bäumen. Auf einer Straße, in der Nähe einer Brücke über die Yamuna, trafen die Männer wieder zusammen. Es stand dort ein Wegweiser nach Auraiya, aber wir schlugen die entgegengesetzte Richtung ein. Im Laufen bemerkte ich auf einer Mauer, die den Garten eines Tempels umschloß, ein Gemälde der grimmig blickenden Kali, der Göttin der Vernichtung. Kali hatte, ebenso wie Durga, die Macht, alles zu zerstören, sogar Dämonen. Ich fiel vor der in Schwarz gemalten Göttin mit ihren acht Armen und ihrer Halskette aus Menschenschädeln auf die Knie und bat sie, mich vor diesen Dämonen, den Dacoits, zu erretten. Aber die Hände, die mich packten und hochzerrten, gehörten einem dieser Dämonen. Er sagte mir, wir könnten nicht draußen bleiben, es sei auf der Straße nicht sicher genug.

Die ganze Bande schwärmte durch das Tor auf das Grundstück und in den Tempel, um eine Zuflucht zu finden. Ich war wie gelähmt, denn ich glaubte, sie würden mich jetzt hier mit dem Unhold verheiraten. Ich konnte nicht hineingehen. Draußen vor der Mauer brach ich zusammen und hatte das Gefühl, mich übergeben zu müssen, aber es ging nicht. In meinem Magen war nichts als Furcht.

Baboo wollte mich nicht dort draußen lassen. »Ich werde dich töten, ich werde dir die Nase abschneiden, ich steche dir die Augen aus, wenn du versuchst fortzulaufen!«

Bharat sagte, ich solle keine Angst haben.

»Hilf mir, Bharat, hilf mir! Ich möchte sterben. Laß mich gehen und einen Brunnen finden, in den ich mich werfen kann. Es muß doch einen Brunnen in der Nähe geben!«

Bharat war klein und rundlich, er hatte ein dunkles Gesicht und lächelte mitfühlend, als er sah, wie mir die Tränen die Wangen hinabliefen.

»Tu das nicht, Baboo wird mich umbringen! Er wird mich dafür verantwortlich machen.«

Ich schüttelte den Kopf. »Selbst wenn ich überlebe, mein Leben ist zerstört.«

Es gab keine Hochzeit. Es war immer noch Tag, und die Banditen waren zu nervös, weil eine Straße in der Nähe war. Sie boten Kali ihre Opfergaben dar, und wir brachen in Eile auf. Wir verstreuten uns wieder im Wald und blieben bis zum Einbruch der Dämmerung ständig in Bewegung. Es war schon fast finster, als die Männer zusammenkamen und endlich in einer Lichtung anhielten, um zu rasten.

Ich konnte in der Dunkelheit nicht weit entfernt das Geräusch einer Pumpe hören – was bedeutete, daß hier irgendwo ein Brunnen sein mußte ...

Baboos Männer zogen als Regenschutz für ihren Anführer eine Plane über ein paar Holzstangen. Unter ihm breiteten sie eine weitere Plane aus, auf der er schlafen konnte, und sie gaben ihm sein Kissen. Die übrigen Männer schliefen unter den Bäumen, als Kissen hatten sie nur ihre Rucksäcke. Es war kalt, und der Boden war feucht, aber Baboo legte sich behaglich in seinem notdürftigen Zelt nieder.

Er schnippte mit den Fingern.

»Ich will nicht allein schlafen. Bringt mir das Mädchen.«

Vickram saß immer noch aufrecht da, eine seiner braunen Zigaretten in der Hand.

»Du solltest ein wenig schlafen«, sagte er zu Baboo. »Morgen wirst du sie heiraten. Du wirst deine Kraft noch brauchen.«

»Geh zur Hölle! Ich will sie jetzt!«

Vickrams Stimme kam aus der Dunkelheit. Er wies mich an, zu tun, was Baboo sagte. »Gehorche ihm. Geh hinein und leg dich zu ihm ...«

Ich fing an zu schluchzen.

Vickram nickte mir zu. Widerwillig stand ich auf und ging in das Zelt, wo ich mich, immer noch schluchzend, neben Baboo legte. Er richtete sich halb auf, stützte sich auf einem Ellbogen ab und betrachtete mich mit seinem abscheulichen Auge.

»Ahhh!« brummte er. »Was für ein hübsches kleines Flittchen sie ist!«

Er begann, mich mit seinen großen, ekelhaften Händen zu streicheln. Ich schloß die Augen und betete zu Kali, sie möge mir ins Ohr flüstern, wann der richtige Augenblick zur Flucht gekommen war.

Ich hörte Vickram vor dem Zelt.

»Wirst du sie morgen heiraten?«

»Eh? Ja, natürlich.«

»Das sagst du jetzt, aber ich wette, du wirst es nicht tun.«

»Schweig und hol mir eine Zigarette.«

Ich hörte Vickram fortgehen und spürte das Gewicht des Scheusals auf mir. Dann kamen die Schritte zurück, und plötzlich war es außerhalb des Zeltes ganz still.

Ich machte die Augen auf und sah Vickram und Bare Lal im Zelt.

Baboo lag auf mir, und er hatte sie nicht kommen sehen. »Wo ist meine Zigarette?« knurrte er.

Vickram hielt sein Gewehr in der Hand.

»Du elender Hund! Geh von ihr herunter, sonst kriegst du keine Zigarette, sondern eine Kugel in den Hinterkopf.«

Der Unhold bemühte sich verzweifelt, auf die Füße zu kommen, aber er hatte seine Beine zu fest um meine geschlungen. Vickram schoß.

Ich schrie. Ich dachte, ich sei tot. Zwei weitere Schüsse fielen, und ich fühlte etwas Warmes. Es war Blut!

»Ich bin tot«, schrie ich, »ich bin tot!«

Voller Entsetzen versuchte ich, mich von ihm zu befreien. Jemand griff nach mir, um mich hervorzuziehen. Ich hob den Körper des Unholds an, aber er fiel dumpf auf seinen Bauch zurück. Meine Beine wurden immer noch von seinen eingeklemmt, und ich schaffte es nicht, mich zu erheben. Ich hörte draußen das Krachen weiterer Schüsse. Rufe und die Geräusche laufender Menschen waren zu hören, dann herrschte wieder Stille.

Als es mir endlich gelang, das Zelt zu verlassen, sah ich überall Leichen liegen. Vier von Baboo Gujars Männern waren tot, alle seine Hauptleute, und zwei weitere, die erschossen wurden, als sie zu fliehen versuchten. Ich lief, so schnell ich konnte, in Richtung des Brunnens, und als ich ihn erreicht hatte, tauchte ich schluchzend meine Hände in den Wassereimer und wusch mir voller Entsetzen das Blut des Unholds vom Hals. In der Ferne sah ich, wie mehrere Schatten einen verrückten, ausgelassenen Tanz aufführten. Es waren Vickram und seine Männer, die mit ihren Füßen die Leiche des Unholds bearbeiteten.

Der Tod hatte mich gestreift und den widerwärtigen Geruch von Blut und verbranntem Fleisch in meine Nase steigen lassen. Seit ich mit den Banditen zusammen war, hatte ich mich daran gewöhnt, daß sie immer wieder in die Luft schossen. Es war ein Krachen wie bei den Feuerwerken beim Diwali-Fest. Aber diesmal hatten die Gewehrschüsse dicht an meinem Ohr wie Donner geklungen, und der Geruch des Pulvers war so stark gewesen, daß ich geglaubt hatte, selbst diejenige zu sein, die gestorben war. Mein Hemd war von Blut und Schweiß getränkt. Dann sah ich einen Schatten auf mich zukommen, einen großen Mann mit einem Schnurrbart.

Es war Bare Lal.

»Es ist vorbei«, sagte er. »Komm.«

Sein grimmiger Gesichtsausdruck wich einem Lächeln.

»Was ist mit den übrigen?« fragte ich.

»Sie sind fortgelaufen wie die Ratten«, erwiderte er befriedigt.

Vickram saß neben der Leiche des Unholds und schrieb beim Schein seiner Fackel etwas auf einen Zettel.

»Was macht er, Phoopha?« fragte ich Bare Lal. Ich zitterte immer noch und sprach ihn aus Respekt und Angst mit Onkel an.

»Er schreibt, daß Baboo im Namen Phoolan Devis getötet wurde. So ist es üblich.«

Vickram faltete den Zettel und schob ihn dem toten Unhold in die Hemdentasche, dann legte er Baboos Gewehr auf dessen leblose Brust und gab ihm sein Schwert so in die Hand, daß es quer über dem Gewehr zu liegen kam. Der Raub von gestern quoll aus Baboos Hosentaschen. Vickram rührte ihn nicht an.

Die übrigen Thakurs waren geflohen, aber Vickrams Männer waren vollzählig hier. Sie hatten Deckung gesucht, als die Schießerei begann, und jetzt kamen sie aus ihren Verstecken und beglückwünschten Vickram. Sie sagten, sie alle hätten von diesem Hund genug gehabt, der jeden tyrannisierte und alle Frauen vergewaltigte. Es waren etwa zwanzig Mann. Fünfzehn von ihnen waren Mallahs, dann gab es zwei Brahmanen und einige weitere, die zu einer Kaste von Lederhandwerkern gehörten, die *Chamar* genannt wurde. Für Vickrams Männer war Baboo mehr als nur eine Störung gewesen. Er hatte ihren Ruf geschädigt, und ich begriff allmählich, daß Banditen vom Wohlwollen anderer abhingen. Sie waren auf Menschen angewiesen, die sie zuverlässig informierten, und auf Dorfbewohner, die bereit waren, sie mit Nahrung zu versorgen.

Sie hatten den Überfall seit Tagen geplant und mich dazu benutzt, um den Unhold abzulenken, und auf ihren Augenblick gewartet. Ich war der Köder in ihrer Falle gewesen. Mir hatten sie es zu verdanken, daß sie ihn überraschen konnten. Einen Augenblick lang spielte es keine Rolle für mich, daß auch ich hätte sterben können ... Es war Vickram, dem Mallah, gelungen, die Beleidigungen Baboos, des Thakurs, zu rächen.

Wir verließen den Schauplatz des Massakers und eilten in einem kraftraubenden Eilmarsch durch die Nacht, bis wir an einen großen See kamen. Alle warfen sich zu Boden, um sich Gesicht und Hände zu waschen. Endlich lockerte die Angst ihren Griff um meinen Magen. Mein Herz schlug wieder normal. Ich wußte, daß diese Männer gefährlich waren. Vickram hatte Baboo bedenkenlos getötet. Bare Lal hatte einen Mann getötet, Bharat einen anderen, auch Raghu Nath und Madhav hatten jeder einen Mann getötet, und ich wußte immer noch nicht, was sie mit mir vorhatten, aber es kümmerte mich jetzt nicht. Ich wusch das Blut des Unholds aus meinen Kleidern. Die Nachtluft war kalt, aber erfrischend, wie das Wasser des Sees.

Ich wandte mich an Bare Lal.

»Phoopha«, sagte ich, »ich bin hungrig.«

»Wir werden zu essen bekommen, wenn wir das Dorf erreichen. Es ist nicht mehr weit.«

Als wir dort ankamen, war die Sonne bereits aufgegangen. Im Dorf herrschte reges Treiben, und Vickram begann sofort, Rupien zu verteilen, während er verkündete, daß Baboo tot war.

»Hurra! Lang lebe Vickram!« riefen die Dorfbewohner.

Sie waren alle Mallahs und froh, den Unhold losgeworden zu sein, der ihre Frauen und Töchter vergewaltigt hatte. Es schien, als drängte sich das gesamte Dorf um Vickram, alle von dem Wunsch beseelt, ihn voller Dankbarkeit zu berühren. Jemand schlang ein Blumengewinde um seine Schultern, als wäre er ein Gott. Ich hörte, wie er einen seiner Männer fragte, ob ich schon gegessen hätte. Sie deuteten auf mich. Ich saß ein Stück abseits und aß Dal-Linsen und Chapatis.

»Gut«, sagte er.

Ich hoffte, er würde mich endlich gehen lassen. Ich fragte seinen Onkel. Bare Lal verzog das Gesicht. »Er hat in deinem Namen getötet, Phoolan. Du schuldest ihm dein Leben und mußt ihm jetzt gehorchen. Wer weiß, was er von dir verlangen wird. Du mußt geduldig sein.«

Vickram hatte mich immer noch nicht selbst angesprochen. Aber ich spürte, daß er mich beobachtete. Nun, ich wußte nicht, was er verlangen würde, und es kümmerte mich auch nicht. Er hatte mich vor der Demütigung geschützt und vielleicht sogar mein Leben gerettet. Er war der erste Mann, der in der Lage gewesen war, mich zu verteidigen. Mein Vater hatte immer nur geweint und unterwürfig gebettelt. Auch wenn ich nur ein Köder für ihre Falle gewesen war – Vickram hatte mich gerächt. Selbst wenn ich sterben müßte, ich dankte der Göttin Kali und all den übrigen Göttern und Göttinnen für diese Güte.

Vickram war auch der erste Mann, der mich wie ein menschliches Wesen behandelt hatte, nicht wie eine Sklavin oder ein Stück Fleisch. Ich beschloß, noch eine weitere Freundlichkeit von ihm zu erbitten, falls er mich gehen lassen sollte. »Bruder«, würde ich sagen, »räche mich an Mayadin. Befreie mich von diesem Dämon. Hilf mir, daß auch die Leute in meinem Dorf mich wie ein menschliches Wesen behandeln. Sag ihnen, daß Phoolan Devi keine Pariah ist. Schenke mir den Geschmack des Sieges, wie ich ihn dir geschenkt habe ...«

»Kann man Liebe essen?«

Die Nachricht von Baboo Gujars Tod verbreitete sich rasch an den Ufern der Yamuna. In einem Dorf namens Asta kamen alle Frauen aus ihren Häusern und hängten Vickram Blumengewinde um. »Das war eine gute Sache, die du getan hast«, sagten sie. »Schade nur, daß es so lange gedauert hat.« Alle schienen ihn zu mögen. Sie sagten, er wäre mutig und gerecht. Er hatte niemals eine Frau mißhandelt, und er gab den Armen Geld ... Aber er machte mir trotzdem angst. Ich hatte ihn Baboo und seine Hauptleute kaltblütig töten sehen.

Die Erinnerung an das brutale Gemetzel ließ mich erschauern. In den Dörfern kam der Tod in Form eines Fiebers von Krankheiten oder Schlangenbissen und bei der Geburt von Kindern. Aber ich war nie zuvor Zeugin eines gewaltsamen Todes gewesen. Ich hatte niemals zuvor einen menschlichen Körper so rasch erschlaffen gesehen, niemals zuvor das versengte Fleisch einer Schußwunde gerochen. Und da ich diesen Tod zu einem Zeitpunkt erlebt hatte, als ich selbst in der Flut meiner eigenen Ängste unterzugehen drohte, würde er meinem Gedächtnis für alle Zeiten eingebrannt sein. Baboo war brünstig wie ein stöhnendes und keuchendes Tier gewesen. Er hatte nur gelebt, um zu vergewaltigen, alles, was er tat, war schänden – bis sein Kopf explodierte! Aber ich war ihm entronnen. Mich hatte er nicht vergewaltigen können. Ich war die letzte Frau, die er gesehen hatte, und die einzige, die er nicht hatte besitzen können. Und was mich noch mehr befriedigte: Ich war der Anlaß zu seinem Tod gewesen.

Ich schwelgte in einem neuen, starken Gefühl: der Befriedigung darüber, Gerechtigkeit zu verbreiten. Ich fühlte mich, als wandele ich im Sonnenschein des frühen Morgens, nachdem der Nebel über dem Fluß sich gehoben hat. Wenn ich einmal frei sein sollte, beschloß ich, wollte ich nicht in mein Dorf zurückgehen, damit meine Familie nicht länger verfolgt würde. Ich würde zu Rukmini gehen und ihr bei der Erziehung ihrer Kinder helfen.

Die Banditen hatten mich angewiesen, in dem Boot zu warten, das am Ufer der Yamuna festgemacht war. Vickram konnte ohne weiteres die Dienste bestimmter Mallah-Fährleute in Anspruch nehmen. Er nahm ihnen das Boot nicht ab und drangsalierte sie nicht; er bezahlte nur den üblichen Preis. Das große Holzboot schaukelte sacht auf dem ruhigen, schimmernden Wasser. Der Sand war hier grau, nicht so gelb wie der Sand bei meinem Dorf, und es gab keine Kachwaris. Der Fluß schlängelte sich durch ein enges Tal. Die Hänge der Hügel waren trocken, von Gebüsch bedeckt, und hier und dort standen ein paar Bäume. Das sanfte Sonnenlicht glitzerte auf dem Wasser. Ich überlegte, wie viele Tage es her sein mochte, seit die Banditen mich entführt hatten. Es könnte vor fünf oder sechs Tagen gewesen sein; ich wußte es nicht mehr genau. Die Zeit verging anders bei den Banditen. Sie lebten ebensosehr in der Nacht wie am Tag, aßen jedesmal an einem anderen Platz und schliefen, wo sich die Gelegenheit bot, in Waldlichtungen oder in Feldern. Sie waren stets in Bewegung und gingen niemals zurück. Die Banditen hatten keine Höfe, die sie auskehren mußten, keinen Weizen, den sie mahlen mußten, um Chapatis zu bereiten, keine Kühe, um die sie sich kümmern mußten, keine Saaten und keine Ernten zu erledigen. Noch vor wenigen Tagen hatte ich Angst vor ihnen gehabt, aber jetzt war ich beinahe stolz, als ich sah, wie sehr die Dorfbewohner sie achteten.

Zwei der Männer hielten gemeinsam mit mir in dem Boot Ausschau, die übrigen waren zum Tempel gegangen. Von all diesen Gefühlen und all diesen Gedanken erschöpft und vom sachten Schaukeln des Bootes auf dem Wasser gewiegt, schlummerte ich ein.

Ich erwachte mit einem Ruck. Bare Lal war mit Neuigkeiten zurückgekehrt: »Wir haben Mastana zu unserem Anführer gewählt. Alle Männer waren einverstanden. Er will dich jetzt sehen. Er hat uns gefragt, was wir mit dir tun sollen, und wir beschlossen, dich bei uns zu behalten.«

Ein Schrecken durchfuhr mich.

Bare Lal und die beiden Männer, die mich bewacht hatten, brachten mich an das Tor des Tempels und forderten mich auf, mich hinzusetzen. Vickram hatte sich auf einer Treppenstufe niedergelassen, und die übrigen Männer saßen um ihn herum. Er war jünger als die meisten von ihnen – vielleicht fünfundzwanzig Jahre alt –, aber sogar sein Onkel behandelte ihn mit großer Achtung. Er war auch der schlankste von ihnen allen. Ich hatte ihn noch nie aus so großer Nähe bei Tageslicht gesehen. Er wirkte nicht sehr stark. Er hatte eine helle Haut, und sein langes, schwarzes Haar war noch naß vom Baden. Er trug eine Polizeiuniform, der Patronengürtel war um seine Brust geschlungen, und sein Gewehr, mit dem er Baboo getötet hatte, war mit einem Riemen über seine Schulter geschnallt. Um die Stirn hatte er ein weißes Baumwolltuch gebunden.

Seine schwarzen Augen verengten sich, als er mich anschaute. Ich sah, daß er vor Müdigkeit dunkle Ringe unter ihnen hatte.

»Magst du mich?«

Niemand hatte mich jemals so etwas gefragt. Überrascht und verwirrt senkte ich den Kopf und errötete. Ich hatte keine Ahnung, was ich antworten sollte.

Die anderen um mich herum lachten. Sie neckten mich und machten Bemerkungen, die ich nicht verstand. Ich kicherte, dann begann ich zu weinen. Ich konnte einfach nicht anders. Ich war enttäuscht und aufgeregt zugleich. Ich hatte erwartet, daß er sagen würde, ich sei frei, daß er mich vielleicht sogar im Triumph zurückbringen würde, aber ich war immer noch seine Gefangene, und ich hatte keine Ahnung, was er mit seiner Frage meinte.

Er kam zu mir und strich mir sanft übers Haar.

»Weine nicht«, sagte er. »Warum weinst du? Ich werde dir nicht weh tun.«

Seine Geste war für mich ebenfalls etwas Neues. Niemand außer meiner Mutter und meinem Vater hatte mir jemals Zärtlichkeit erwiesen. Niemand hatte mich jemals auf diese Weise berührt, und gewiß kein Mann.

»Nun, Phoolan, magst du mich?«

Ich versuchte, ihn unter meinen Tränen anzulächeln.

Die Bande feuerte ihn an.

»Behalte sie, Mastana! Schenk ihr viel Liebe, damit sie all das andere vergißt! Schenk ihr viel Liebe!«

Und ich dachte mir, die Liebe müßte etwas Süßes und Köstliches sein, wenn sie sagten, sie würde mich die schlimmen Dinge, die mir widerfahren waren, vergessen lassen.

Ich verstand oft nicht die Wörter, die sie benutzten. Ich dachte zunächst, sie seien einfach wortgewandter als ich, aber in Wirklichkeit sprachen sie nur einen anderen Dialekt. Und in Städten wie Orai wurde wieder ein anderer Dialekt gesprochen, auch der Richter, der Rechtsanwalt und der Gefängnisaufseher hatten Wörter benutzt, die ich nicht kannte. In meinem Dorf wurde Bhundelkhandi gesprochen, und Vickram sprach einen Dialekt namens Chaurasi. Viele Wörter darin waren anders, und ich hatte Mühe, sie zu verstehen. Ich kannte das Wort »Liebe« in ihrem Dialekt nicht. Wegen der Art, wie sie es sagten, dachte ich, es müsse etwas zu essen sein – weil es etwas war, das man gab, etwas Süßes und Köstliches. Aber seine Gesten verstand ich …

Vickram setzte sich vor mich hin und wischte mir mit der Hand die Tränen von den Wangen.

»Ich weiß von allem, was mit dir geschehen ist. Ich weiß, was die Thakurs getan haben. Haßt du sie immer noch?«

»Ich wußte nicht einmal, wer sie waren.«

»Dann vergiß das, was war. Wenn du bei uns bist, wird dir so etwas nie wieder geschehen.«

Die anderen schwiegen jetzt. Ich muß ihnen leid getan haben.

»Armes Mädchen«, sagte Bare Lal, »schau nur, wie sie weint.«

Sein Mitleid ließ erneut meine Tränen fließen.

Ich fühlte mich seltsam – glücklich, aber immer noch voller Furcht. Ein Mann hatte mich sanft berührt, er hatte mir über die Haare gestrichen und zart die Tränen von meinen Wangen gewischt. Eine Hand hatte mich wie die Hand meines armen Vaters liebkost, aber es war eine Hand mit einer Stärke, wie mein Vater sie nie besessen hatte. Ich spürte, daß ich Vickram vertrauen konnte – etwas, was ich nie zuvor bei einem Mann oder einem Fremden empfunden hatte. Nach und nach ließ mein Schluchzen nach, und meine Tränen trockneten. Wenn ich bei Vickram blieb, würde ich vielleicht glücklich werden. Keine Schläge mehr, keine Schmerzen, keine Demütigungen.

»Sag mir, wie du mir gegenüber empfindest. Glaubst du, daß ich deiner wert bin?«

Ich lachte über seine Frage. Die Männer in meinem Dorf wollten alle, daß die Frauen sie respektierten, aber sie fragten sie nie, ob sie es auch verdienten. Die Frauen würden sicherlich mit »nein« geantwortet haben.

»Lach nicht. Sei ernst! Du mußt es vor allen sagen. Sag es! Sie wollen es aus deinem Mund hören ...«

»Mach schon«, drängte einer der Männer, »sag es! Wenn du es nicht tust, kommen wir nicht von hier fort. Magst du ihn oder nicht, ja oder nein?«

Vickrams Onkel sagte, ich solle keine Angst haben. »Wenn du ihn nicht magst, denken wir uns etwas aus, damit du bei uns bleiben kannst, aber du mußt nicht mit ihm zusammenleben. Sag es uns.«

Ich holte tief Atem ...

»Ja, ich mag ihn.«

»Lauter!«

»JA, ICH MAG IHN.«

»Noch einmal.«

»Nein. Ihr macht euch einen Scherz mit mir!«

Alle lachten. »Also gut«, sagte Vickram. »Das genügt.«

Er hatte mich von meiner Familie entführt; es gab niemanden, der mich beschützen konnte außer Mastana.

Er schickte ein paar Männer Vorräte holen, und wir übrigen kehrten zum Boot zurück.

Als die Männer zurückkamen, brachten sie Papiertüten voller Kuchen und Süßigkeiten mit. Das Fest begann. Sie schossen in die Luft und fingen an, Hochzeitslieder zu singen, aber Vickram unterbrach sie.

»Wartet! Zuerst müßt ihr alle einen Schwur ablegen. Ihr müßt schwören, daß ich euer Anführer bin und ihr mir gehorchen werdet. Ihr werdet niemals versuchen, mir Schaden zuzufügen, und ihr werdet diese Frau wie eure Mutter oder Schwester behandeln. Schwört es!«

Alle Männer beugten sich hinunter zum Fluß und schöpften eine Handvoll des heiligen Wassers.

»Ich schwöre, daß Vickram mein Anführer ist«, sagte jeder von ihnen. Dann öffneten sie wieder ihre Hände und gaben dem Fluß das Wasser zurück.

Die Männer wiederholten die Geste. »Ich schwöre, Phoolan wie meine Schwester zu behandeln, und jeder, der diesen Schwur bricht, soll sterben.«

Sie alle hatten Gewinde aus roten und weißen Blumen für diese Zeremonie sowie eine Unmenge von Essen mitgebracht, und wir brachen auf, flußabwärts, zurück in den Dschungel. Vickram wollte Musik und all die Dinge, die zu einer richtigen Hochzeit gehören, aber ich erhob Einspruch.

»Ich kann dich nicht heiraten. Ich wurde bereits verheiratet, als ich noch klein war.«

»Sprich nicht davon! Du bist nicht verheiratet. Erwähne niemals deine erste Hochzeit. Ich bin dein erster Ehemann!«

Er hängte eine Girlande aus Ringelblumen um meinen Hals, dann schlang ich eine um seinen Hals. Er machte das Teeka-Zeichen auf meine Stirn. Das Zinnobermal bedeutete, daß ich jetzt verheiratet war. Phoolan Devi hatte im Schatten eines großen Feigenbaumes, mit ihrer neuen Familie von Gesetzlosen als den einzigen Zeugen, einen Banditen geheiratet! Es gab keine Prozession, keinen Tempel, keine Musik. Nur Jubelrufe im Dschungel und Gewehrschüsse, die sämtliche Papageien von den Bäumen aufflattern und die Schakale erschreckt das Weite suchen ließen.

Die Sonne ging über dem Fluß unter. Ich hatte die Zeremonie über mich ergehen lassen, eingeschüchtert durch das einfache Ritual und ohne viel zu sagen, und ich hatte das merkwürdige Gefühl, daß alles nur ein Traum war. Obwohl er freundlich zu mir war, flößte Vickram mir am meisten Furcht von allen Männern in der Bande ein, besonders, nachdem Bare Lal meine Frage nach der Liebe mit einem Kichern beantwortet hatte.

»Ob man Liebe essen kann? Du ißt die Liebe nicht, Phoolan, du machst sie!« hatte er ausgerufen. »Ein Mann und eine Frau zusammen, ja? Das bedeutet es, Liebe zu geben. Es hat nichts mit den Süßigkeiten zu tun, die du ißt.«

Ich kam zu dem Schluß, daß Liebe kompliziert war. Wenn ich glaubte, meinen Ochsen zu lieben, war das eine Sache; wenn Vickram fragte, ob ich ihn mochte, war das etwas anderes, und wenn Onkel Bare Lal lachte und sagte, Liebe sei, was ein Mann und eine Frau gemeinsam machten, war das wiederum etwas völlig anderes! Ich hatte bisher nur Gewalt kennengelernt, und Liebe flößte mir große Angst ein …

Die Sonne war verschwunden, und es war an der Zeit, das Flußufer, an dem die wenigen Bäume keinen ausreichenden Schutz boten, zu verlassen. Wir stiegen wieder ins Boot und machten uns auf den Weg nach Raipur, wo wir das Boot festmachten. Vickram wies die Männer an, sich im Wald zu verbergen, mit Ausnahme von Madhav, der mit uns kommen und Essen und Vorräte besorgen sollte. Er kündigte mir an, daß wir seine Familie besuchen würden. Ein Onkel und ein Großvater von ihm lebten dort, sagte er.

Aber das war nur ein Vorwand gewesen. Weder ein Onkel noch ein Großvater Vickrams lebten im Dorf. Er hatte mit mir allein sein wollen. Nachdem Madhav mit den Nahrungsmitteln für die Männer aufgebrochen war, führte Vickram mich zu einem kleinen Haus am Rand des Dorfes, nahc am Wald. Es war das Haus eines Reichen, aus Steinen und Zement gebaut. Es gehörte einem Mitglied seiner Familie, aber einem Vetter, nicht seinem Onkel.

Er stellte mich vor. »Das ist Phoolan, deine Verwandte. Ich habe sie soeben geheiratet.«

Die Menschen im Haus hießen mich freundlich willkommen. Ich konnte sie im Licht der Öllampen kaum erkennen, aber ich sah, daß es drei oder vier Männer waren. Ich senkte den Blick. Ich hatte keinen Sari an, mit dem ich meinen Kopf hätte bedecken können.

»Das ist gut, Vickram.«

»Sie muß schlafen. Sie ist sehr müde.«

Er führte mich in den ersten Stock hinauf, wo es ein klcincs Zimmer mit einem hölzernen Bett, einer Decke und einen Stuhl in der Ecke gab. Ich war nervös, weil ich nicht wußte, was als nächstes geschehen würde. Aber wenigstens sind wir in einem Dorf, dachte ich, und unten sind Leute. Ich war erleichtert, als Vickram wieder nach unten ging, um sich mit ihnen zu unterhalten.

Ich konnte von unten seine tiefe Stimme hören, während ich einschlummerte. Ich schlief so fest, daß ich mich nicht einmal mehr daran erinnern konnte, wo ich war, als er mich weckte. Ich setzte mich ruckartig auf.

Dann kam die Erinnerung zurück. »Ist dein Großvater gekommen?« fragte ich.

»Nein.«

»Wo ist er? Wird er noch kommen?«

»Laß uns einfach sagen, ich bin der Großvater. Wir sind jetzt verheiratet, und wir werden zusammenleben. Schau mal, die anderen werden nicht immer bei uns sein.«

Ich war wieder hellwach. Ja, ich war verheiratet, fiel mir wieder ein, aber was bedeutete diese Heirat? War es eine Art Scharade, oder war ich wirklich verheiratet? Wie würde seine Familie mich aufnehmen? Ich hörte unten keinen Laut. Die anderen mußten fortgegangen sein. Ich war allein mit Vickram, und jetzt hatte ich Angst.

»Du solltest dir etwas anderes anziehen.«

Er reichte mir einen *lunghi*, den ich mir umwickeln sollte.

»Nein ... ich kann es nicht vor dir.«

»Gut, ich gehe nach unten.«

Ein Lunghi ist ein Bekleidungsstück für Männer, und ich fand nicht heraus, wie man ihn richtig anzog. Ich begnügte mich damit, ihn um mich zu wickeln, setzte mich aufs Bett und wartete in der Dunkelheit. Es gab keine Fenster in diesem Zimmer. Falls es eine richtige Heirat war, mußte ich Vickram gehorchen – aber was war, wenn es keine richtige Heirat war? Ich fragte mich, was ich so ganz allein mit diesem Mann anstellen sollte.

Er kam zurück, setzte sich neben mich aufs Bett und ergriff meine Hand.

»Hab keine Angst, ich werde dich nicht verletzen. Hast du Angst?«

»Ja«, antwortete ich. Ich gestand ihm, daß ich mich vor allen Männern in seiner Bande fürchtete.

»Warum? Wir sind jetzt verheiratet. Sie waren diejenigen, die es vorgeschlagen haben, und sie waren unsere Trauzeugen.«

»Meine Eltern werden mich deswegen schlagen.«

»Wir werden deine Eltern besuchen und sie um ihren Segen bitten. Begreifst du denn nicht, daß wir jetzt verheiratet sind? Ich habe dich für mein ganzes Leben geheiratet, und du kannst von Glück sagen, daß du verheiratet bist. Baboo hat vielen anderen Mädchen schreckliche Dinge angetan, und sie werden niemals Ehemänner finden ...«

»Weshalb benehmen Männer sich so schlimm?« fragte ich. »Weshalb hast du mich entführt?«

»Was geschehen ist, ist geschehen. Vergiß, was früher war. Erzähl mir von deinen Schwiegereltern. Wer waren sie? Aus welchem Dorf kamen sie?«

Ich wagte es nicht. Die Erinnerungen waren tief vergraben; es war vor langer Zeit gewesen und sehr weit weg.

»Ich werde Rache nehmen an all den Menschen, die dich verletzt oder mißhandelt haben. Keine Angst, erzähl mir, was geschehen ist.«

Ich erzählte es ihm. Ich sagte, ich sei noch ein Kind und er alt und böse gewesen. Ich sagte ihm, daß der Name des Dorfs Maheshpur war. Ich erzählte ihm, was dort geschehen war. Ich erzählte ihm alles.

»Und du schwörst, daß es wahr ist?«

Ich schwor.

»In Ordnung. Vergiß es jetzt. Vergiß die Vergangenheit ... Magst du mich?«

»Ja, ich mag dich.«

»Darf ich mich neben dich legen?«

»Oh, nein! Die Leute hier werden mich bestrafen!«

»Aber ich habe dich hergebracht, damit sie dich sehen konnten! Ich wollte sie wissen lassen, daß du meine Frau bist. Weshalb sollten sie dich bestrafen wollen?«

Ich erzählte ihm von Mayadin, vom Sohn des Sarpanch, von der Polizei, von den Thakurs, die ständig in mein Dorf kamen und nach mir suchten.

»Ist es wahr, daß du vergewaltigt worden bist?«

Ich konnte nur den Kopf senken. Ich konnte nicht reden. Ich wollte mein Gesicht verstecken, vor seinen Blicken flüchten. Ich fing an zu weinen.

»Ich weiß schon ... Sprich nicht mehr. Erzähl es niemals einem anderen. Du hast genug Schmerzen erlitten. Es ist gut, daß du es mir erzählt hast, und du mußt mir jetzt zuhören. Du mußt immer tun, was ich dir sage – ich, und niemand sonst. Wenn ich etwas sage und du mir zuhörst und es tust, ist alles in Ordnung. Und du darfst niemandem von dem erzählen, was wir tun, und von den Plätzen, wo wir uns verstecken, sonst werde ich dich schlagen. Aber jetzt hör mir zu. Ich werde dich nicht zwingen. Ich bin nicht ärgerlich, ich will dir nicht weh tun. Wenn du mich magst, wenn du mich willst, wirst du es mir eines Tages freiwillig, aus eigenem Antrieb sagen. Bleib hier auf dem Bett, ich werde auf dem Boden neben dir schlafen. Hab keine Angst, Phoolan ...«

»Ich habe keine Angst. Du kannst auf dem Bett schlafen, ich habe keine Angst«, sagte ich. »Bleib hier neben mir, aber nicht zu nahe.«

Wir hatten stundenlang geredet, mein Kopf war schwer, und meine Augen brannten vor Müdigkeit. Ich hatte nie zuvor mit jemandem auf diese Art gesprochen. Ich hatte überhaupt noch nie mit jemandem gesprochen. Ich kannte nur Befehle: Komm her, tu dies, tu jenes, halt den Mund. Oder Beleidigungen. Es war neu für mich, zu reden, die Dinge auszusprechen, die ich im Kopf oder im Herzen hatte, zu sagen, was mir die Luft nahm, den Schmerz auszudrücken, der mir das Herz zerriß.

Es war angenehm und schmerzlich zugleich, ohne Scham oder Furcht zu diesem Mann zu sprechen, den ich kaum kannte, den meine Familie nicht kannte, der mich von ihnen entführt hatte. Er wurde von so vielen Menschen geachtet und sah so gut aus, daß es mir schwerfiel, zu glauben, daß er zu meiner Kaste gehörte. Und daß ich jetzt zu ihm gehörte.

Er küßte mich, und es war das erste Mal, daß ein Mann so etwas mit mir tat. Es war auch das erste Mal, daß ein Mann gefragt hatte, ob ich mich fürchtete, ob ich glücklich sei.

Ich wußte nicht, ob man diesen Augenblick des Friedens und der

Sicherheit Liebe nannte. Aber viele Jahre später, als ich darüber nachsann, fragte ich mich, weshalb dieser Mann – wenn er mich liebte, wie er sagte – mich nicht einfach gehen ließ. Dann wäre ich kein Bandit geworden, wie er einer war. Ich hätte eine Familie, Kinder, Vieh im Stall und ein Feuer im Kamin haben können.

Oder ich hätte sterben können, ohne daß es irgend jemanden gekümmert hätte.

Endlich Rache!

Wollte ich nach Hause? Nein.
Glaubte ich wieder an Gott? Ja.
Hatte ich wieder Hoffnung im Leben? Ja.

Aber einem Mann zu sagen, daß ich ihn liebe ...

Nein, das konnte ich nicht. Ich konnte mich nicht zu dem Glauben durchringen, daß ich zu ihm gehörte, daß er mich beschützen würde.

Ich hatte zu ihm gesagt, ich sei müde, aber ich konnte nicht schlafen. Ich lag wach und starrte mit weit offenen Augen in die Dunkelheit. Er hatte versprochen, daß er mir nicht weh tun würde, aber er war stärker als ich, und er war ein Mann, und ein Mann bedeutete für mich Vergewaltigung. Als ich mit ihm sprach, hatte ich es vergessen können, aber immer, wenn er sich mir näherte, zog ich mich unwillkürlich zurück. Ich konnte nichts dagegen tun. Es würde mehr als eine Nacht brauchen, um mein Vertrauen wieder aufzubauen. Und ich war immer noch seine Gefangene.

Während ich dort lag, bemühte ich mich zu begreifen, weshalb dieser Mann zärtlich zu mir war, während all die anderen nur versucht hatten, mich zu demütigen. Ich war nur ein armes Bauernmädchen, naiv und ungebildet, und er konnte lesen und schreiben und war imstande, im Dschungel zu überleben. Ich wußte sehr gut, daß mein Schicksal in seiner Hand lag, auch wenn er gesagt hatte, wir könnten, wenn ich nicht im Dschungel leben wollte, auch in der Stadt wohnen. Es war zuviel, um daran glauben, zuviel, um darauf hoffen zu können.

Die Welt war für mich immer noch voller Bedrohungen. Ich war meinen Weg gegangen, so gut ich konnte, und jeder neue Schritt hatte mich mit Schrecken erfüllt. Ich war sechzehn Jahre alt und erst seit dem letzten Monsun eine Frau, aber ich hatte schon zweimal geheiratet und mehr Schmerzen überlebt als irgendeine andere Frau in meiner Familie. Meine Mutter hatte nie unter meinem Vater leiden müssen. Er hat sie niemals geschlagen, und sie war diejenige, die alle Entscheidungen für ihn traf. Rukmini fürchtete sich nicht vor Männern, Choti lachte über sie, und Bhuri war noch zu jung, um etwas über sie zu wissen. Ich dachte an all die Beschimpfungen, mit denen ich überschüttet worden war: Ich sei ein schlechtes Mädchen, eine ehrlose Frau, ein Miststück und eine Hure. Ich war im Gefängnis gewesen und hatte Schande über meine Familie und mein Dorf gebracht. Aber nie durch eigenes Verschulden. Putti Lal hatte mich verstoßen. Ich hatte nichts weiter getan, als von Mayadin zu fordern, was uns gehörte.

Endlich schlief ich, so tief und so lange, daß die Sonne bereits hoch am Himmel stand, als ich erwachte. Vickram hatte bereits gebadet. Er war angekleidet und saß mit einem Buch in der Hand auf dem Stuhl. Das Geräusch von Stimmen hatte mich geweckt, Bare Lal und Madhav waren gekommen. Sie waren guter Dinge.

»Du schläfst noch?« fragte Bare Lal mich. »Zeit, aufzustehen!«

»Hast du gut geschlafen in diesem Bett?« erkundigte Madhav sich scherzend.

Die beiden lachten. Und dann bemerkten sie meinen Schmuck – eine Uhr und eine Halskette, die mir Vickram gestern abend geschenkt hatte. Es war eine goldene Halskette. »Ich habe sie nicht gestohlen«, hatte er feierlich gelobt. »Ich habe mir das Geld von meinem Vater geborgt und sie in der Stadt für dich gekauft.« Ich wußte nicht einmal, wie man von einer Uhr die Zeit ablas. Und was die Halskette betraf, so hatte ich noch nie zuvor Gold getragen. Der Ring in meiner Nase war aus Silber, und meine Armreifen waren aus Plastik.

Bare Lal schaute sich meinen ganzen Putz an und lachte noch lauter.

»Bist du die große Banditin, die all das gestohlen hat?«

»Sprich nicht so zu ihr«, wies Vickram seinen Onkel zurecht.

Bare Lal runzelte die Stirn. »In Ordnung. Tut mir leid. Wir müssen jetzt gehen, bevor die Polizei kommt. Wir sind schon seit vierundzwanzig Stunden hier. Das ist zu lange.«

»Noch nicht«, erwiderte Vickram. »Ich muß zuerst noch einen Besuch machen …«

Wir vier fuhren ohne den Rest der Bande im Boot zu einem Ort namens Bejamau, einem großen Dorf mit vielen kleinen Lehmhütten und ein paar größeren, gemauerten Häusern. Es war so wie mein Dorf. Menschen vieler verschiedener Kasten lebten dort; die meisten von ihnen waren Jatavs. Vickram nahm mich bei der Hand und führte mich den Hauptweg entlang durch das Dorf, am Brunnen vorbei, an dem viele Frauen mit Töpfen auf dem Kopf standen. Vor einem kleinen Haus hielten wir an.

»Amma«, sagte er mit einem Kichern, als er die hölzerne Tür aufstieß, »ich möchte dir Phoolan vorstellen, deine neue Tochter.«

Fünf Frauen saßen dort vor mir im Hof, und ich wußte nicht, welche von ihnen seine Mutter war. Ich versuchte, Vickram meine Hand zu entziehen – es war unhöflich, daß wir uns vor seiner Familie bei den Händen hielten –, aber er lachte nur und ergriff meine Hand aufs neue.

»Buppa, das ist Phoolan, deine neue Tochter.«

Sein Vater musterte mich schweigend. Er war noch jung, viel jünger als mein Vater. Dann verbeugte sich eine sehr alte Frau vor Vickram und berührte seine Füße.

»Phoolan, das ist meine Schwiegermutter.«

Ich begriff nicht gleich, was er sagte. Ich war noch zu verlegen, weil er mich vor all diesen Fremden bei der Hand hielt, und es war mir peinlich, daß ich nicht passend gekleidet war. Ich stand in Hose und einem Männerhemd vor all diesen Frauen in Saris; ich konnte nicht einmal meinen Kopf bedecken. Dann begriff ich endlich. Seine Schwiegermutter! Das bedeutete, daß er bereits verheiratet war …

Eine der Frauen ließ ein Kind auf ihren Knien hopsen. Die Frau war jung und sehr hübsch, und das Kind mußte zwei oder drei Jahre alt sein. Es war ein so süßes kleines Mädchen, daß es mir schwerfiel, den Blick von ihm abzuwenden. Es hatte die gleichen feinen Gesichtszüge und die gleiche helle Hautfarbe wie Vickram.

»Ist das deine kleine Schwester«, fragte ich ihn, »oder deine Tochter?«

»Ich habe keine Ahnung. Wer weiß?«

Er machte Witze darüber! Die Mutter des kleinen Mädchens lächelte mich an. Sie machte einen glücklichen Eindruck und war – im Gegensatz zu mir – überhaupt nicht verlegen. Vickram stellte mich vor.

»Rajeshwari, weißt du, wer das ist?«

»Nein.«

»Das ist Phoolan. Sie ist meine Frau.«

Ich war sicher, daß er die junge Frau entführt hatte, so wie mich, und daß er sich einen Scherz mit ihr erlaubte.

Ich gab vor, mich dringend erleichtern zu müssen, und versuchte wegzurennen, sobald ich außerhalb des Hauses war. Aber Onkel Bare Lal stand dort und unterhielt sich mit ein paar Leuten. Er war überrascht, mich zu sehen, und es gelang ihm, mich zu ergreifen.

»Wohin gehst du, Phoolan? Was ist los?«

»Laß mich los. Sprich nicht mit mir!«

Wie viele Frauen hatte Vickram auf diese Weise entführt? Rajeshwari war älter als ich, vielleicht zwanzig, und hübscher: ein Püppchen mit einer reizvollen, hellen Haut. Bedeutete das etwa, daß Vickram in jedem Dorf eine Frau hatte? Hatte er überall Kinder, wohin er auch ging? Wie viele Frauen mochte er haben?

Sein Onkel wollte mich nicht loslassen.

»Du darfst nirgendwo allein hingehen.«

»Ich möchte auf die Toilette.«

»Es gibt einen Raum im Haus. Benutz den Topf.«

»Laß mich los! Wer bist du, daß du mir sagen willst, wohin ich gehen soll? Ich kann gehen, wohin es mir beliebt!«

Ich saß im Boot, die Arme trotzig verschränkt. Madhav fand mich als erster. Ich sah sein dunkles Gesicht, das mich verwundert über die Bootswand hinweg anschaute. Auf seinem groben Banditengesicht lag ein kindisches Grinsen. Vickram tauchte hinter ihm auf, noch immer gut gelaunt. Er schien die Situation ebenfalls komisch zu finden.

»Komm, ich werde dich vorstellen, wie es sich gehört ...«

»Nein! Du bist ein böser Mann. Wie viele Frauen hast du entführt und damit ihr Leben ruiniert? Und warum lachst du über mich?«

Er packte mich mit beiden Händen um die Taille und hob mich aus dem Boot.

»Laß mich los! Laß mich in Ruhe!«

Einige Leute schauten uns erstaunt zu. Aber Madhav hatte begriffen, wovon ich sprach, und versuchte mir alles zu erklären.

»Das hast du mißverstanden. Sie ist seine erste Frau. Er wurde mit ihr verheiratet, als er noch sehr jung war. Du mußt sie nicht hassen. Du mußt ihm nicht böse sein. Komm!«

»Nein. Laß mich in Ruhe! Ich bleibe hier.«

Vickram mußte gehen und seine Frau holen, damit sie es mir erklärte. Das arme Mädchen hatte Tränen in den Augen. »Du bist jetzt meine Schwester. Weshalb bist du böse auf mich? Ich habe nichts gegen dich. Ich bin sehr glücklich. Von heute an überlasse ich dir meinen Mann. Hör auf, dich so zu benehmen. Denk auch an mich! Wenn du mich nicht magst, wird Vickram böse auf mich werden.«

Ich genierte mich, und je mehr sie mir zuredete, desto verlegener wurde ich. Die Dorfbewohner hatten sich versammelt und saßen nun unter einem Feigenbaum und schauten uns zu. Meine Laune schien sie nur zu amüsieren. »Sie ist Vickrams neue Frau?« fragten sie. »Wo hat er sie gefunden?« Ja, ich, Phoolan, war Vickrams neue Frau, und ich kam mir so dumm vor. Außer meiner Familie und meinem Dorf kannte ich nichts. Ich verlor die Beherrschung und wurde wütend über Dinge, die ich nicht verstand. Rajeshwari schien gutmütig zu sein, und es war nicht unüblich, daß ein Mann zwei Frauen hatte; besonders, wenn er die erste Frau jung geheiratet hatte und wenn er sie beide versorgen konnte. Ich war nicht eben glücklich bei dieser Vorstellung, aber so war es nun einmal. Vickram hatte nichts falsch gemacht.

»Ich wollte alle wissen lassen, daß wir verheiratet sind«, sagte er. »Ich wollte es nicht vor meiner Familie geheimhalten...«

Endlich sagte ich, daß ich ihn verstünde. Es fiel mir nicht leicht, mich unversehens in einer anderen Gemeinschaft wiederzufinden, wo das Leben anders war. Vickrams Familie waren Mallahs, aber sie waren nicht so arm wie meine Familie. Ihr Haus war aus Ziegeln und Zement gebaut, und sie hatten einen großen Hof und genügend Räume für sich selbst und für ihr Vieh. Sie hatten genug zu essen und eine Menge Vorräte im Haus. Ich war an so etwas nicht gewöhnt. Verglichen mit meiner Familie lebten diese Mallahs wie Thakurs. Vickram war auf der Schule gewesen. Es gab keinen Mayadin, der sie schlug oder erniedrigte, und kein Thakur ließ sie wie Sklaven ohne Lohn schuften. Sie mußten nicht in Angst leben; sie konnten lachen und scherzen und offen über alles diskutieren. In meinem Haus waren wir geschlagen worden, bevor wir etwas erklären konnten, wir hatten geweint, bevor wir sprechen konnten, und der einzige Gedanke, den wir am Morgen beim Aufwachen hatten, war, ob wir an diesem Tag genug zu essen bekommen würden.

Nach einer Mahlzeit mit der ganzen Familie – es war ein reichliches Mahl, mit Stapeln von Chapatis und haufenweise Dal – bereiteten wir uns auf den Aufbruch vor. Vickrams Schwiegermutter schenkte mir zweihundert Rupien, und von den übrigen gab mir jeder Scheine im Wert von fünf oder zwanzig Rupien. Sie legten die Hände zusammen und beteten für unser Glück, dann bückten sie sich, um meine Füße zu berühren. Die Frauen strichen mir sogar bewundernd übers Haar.

Kurz bevor wir fortgingen, hob Vickram seine kleine Tochter zu sich hoch und sagte: »Schau, das ist deine neue Amma! Sag ihr auf Wiedersehen!«

Das kleine Mädchen hatte die gleiche gerade Nase, die gleichen warmen, großen Augen und die gleiche helle Haut. Sie besaß wundervolle, dicke schwarze Haare. Sie lief hinter mir her und versuchte, an meiner Hose emporzuklettern, und nannte mich ihre Amma. Ich dachte, daß es schön wäre, wenn auch ich eines Tages Kinder hätte wie alle anderen. Ich fragte mich, was die Mutter des kleinen Mädchens wirklich über mich dachte. Ich hoffte, daß sie mich wenigstens hübsch und als Vickrams würdig befunden hatte. Und was mochten die übrigen denken? Sie hatten mir keine Fragen über meine Familie oder mein Dorf gestellt. Vickram hatte einfach nur gesagt: »Ich bin mit ihr verheiratet.« Es war, als sei ich aus dem Nirgendwo gekommen. Obwohl es erst Tage her war, seit ich sie zuletzt gesehen hatte – meine Eltern, meine Schwester und meinen Bruder, Mayadins Hora-Feld, der Nadi, die Kühe –, schien mir das alles sehr weit weg zu sein.

Wir kehrten noch einmal zu dem Tempel bei dem nahegelegenen Ort Ghatapara zurück, um dem mit Asche bedeckten heiligen Mann einen Besuch abzustatten. Vickram warf sich vor dem Sadhu zu Boden und berichtete ihm die Umstände von Baboo Gujars Tod.

»Du hast gut daran getan«, ließ der Sadhu durch seinen Jünger sagen. »Du hättest den Dämon schon vor langer Zeit töten sollen!«

Dann öffnete er seine Augen, die wie glühende Kohlen in diesem weißen Gesicht brannten, und sprach mich an.

»Du hast den Dämon besiegt, du bist die Inkarnation von Kali, der Göttin selbst!«

Die Worte des Sadhu waren ein Segen der Götter, von denen ich geglaubt hatte, daß sie mich verlassen hätten, als ich ins Gefängnis geschickt wurde. Davor hatte ich überall nach Gott gesucht. Ich war oft mit Buppa in den Tempel gegangen, um zu beten und den Segen zu erbitten. Aber in dieser Zelle in der Polizeistation hatte ich mich von allen Göttern verlassen geglaubt. Ich hatte über mein Schicksal geweint und die Götter verflucht, weil sie zuließen, daß ich grundlos gequält und bestraft wurde. Es waren andere, die hätten bestraft werden sollen, aber ihnen widerfuhr nie etwas …

Ich ging ans Flußufer, um zu baden und mich zu reinigen, bevor ich zum Beten in den Tempel zurückkehrte. Gott hatte mich nicht verlassen! Ich war nicht allein in der Welt. Er sorgte für mich. Ich betete lange. Ich dankte Gott dafür, daß er mich von dem Dämon befreit hatte, daß er mir die Kraft zum Überleben geschenkt hatte und daß er mir jemanden geschickt hatte, der mich beschützte.

Ich würde an Vickrams Seite durch den Dschungel gehen, an seiner Seite essen und friedvoll schlafen, und ich würde vergessen, wenn ich konnte.

Wir vereinigten uns wieder mit den Männern, die wir im Schutz des Waldes zurückgelassen hatten, und überquerten ein freies Feld, auf dem viele Bauern in Zelten lagerten. Nicht weit von hier wurde ein Damm gebaut, und die Menschen verwendeten die von den riesigen Maschinen aufgeworfene Erde, um Ziegel herzustellen.

»Wer seid ihr?« rief einer der Bauern. »Verschwindet!«

Madhav packte ihn am Hals. »Wir sind Vickrams Bande. Nun, wie lautet der Name des Dorfes dort drüben?«

»Maheshpur.«

Ich erinnerte mich an diesen Namen. »Das ist das Dorf der Familie meines ersten Mannes«, sagte ich. »Dort hat er mich eingesperrt und geschlagen!«

Aber ich konnte mich nicht an das Haus erinnern. Ich hatte mir solche Mühe gegeben, es zu vergessen. Alles, woran ich mich erinnern konnte, war ein Brennholzstapel vor dem Haus. Auf dem Weg ins Dorf fragte Vickram Leute, die uns entgegen kamen, ob sie jemanden namens Putti Lal kannten.

Schon einer der ersten Männer, die er fragte, sagte, daß er ihn kenne. »Zeig uns, wo er wohnt«, verlangte Vickram. »Und dann verschwinde.«

Hier war ich zum ersten Mal gequält worden. Der Mann, der mir noch immer Alpträume bescherte, lebte in diesem Dorf. Aber als Vickram sagte, jetzt könnte ich mit ihm anstellen, was ich wollte – ihn sogar mit bloßen Händen erwürgen, falls ich es wünsche –, begann ich, vor Angst zu zittern. Ich hatte mit allen Fasern meines Seins Rache ersehnt, aber diese plötzliche Chance, von ihr zu kosten, kam zu unvermittelt. Darauf war ich nicht vorbereitet. Der Gedanke, daß Vickrams Männer sein Haus ausrauben würden, ließ mich frohlocken, aber ich schreckte vor der Vorstellung zurück, selbst Rache zu üben.

Vickram packte mich am Arm und schüttelte mich.

»Es heißt, jetzt oder nie. An diesem Abend wirst du eine richtige Dacoit!« Er trat die Tür ein und stürzte in den Hof. »Wo ist Putti Lal?« wollte er wissen.

Ein älterer Mann kam aus dem Haus und erwiderte hastig: »Ich bin es. Ich bin Putti Lal.«

Er war es. Er sah älter aus als in meiner Erinnerung. Er trug einen zerknitterten Pyjama und Pantoffeln, und er schien noch halb zu schlafen. Die Männer schauten ihn zweifelnd an. »Ist er das?« fragten sie mich. Sie hatten den Eindruck, daß eher jemandes Vater oder Großvater vor ihnen stand.

»Hast du Phoolan Devi geheiratet?« fragte Vickram.

»Ja.«

»Laß uns hören, ob du sie wirklich kennst. Wie war sie?«

»Oh, sie war sehr schlecht, eine richtige kleine Hure!«

Ich stand hinter Vickram und hörte jedes Wort. Das Blut begann mir im Kopf zu hämmern. Der elende Hund ahnte nicht, was ihm bevorstand. Er schaute Vickram mit einem zufriedenen Lächeln an. Er mußte gedacht haben, Vickrams Männer gehörten zur Polizei.

»Also bist du der verfluchte Hund! Du hast ein elfjähriges Mädchen geheiratet und wagst es zu sagen, daß sie eine Hure war? Du warst fünfunddreißig Jahre alt, ein Witwer!«

Er trat beiseite und beleuchtete mein Gesicht mit seiner Fackel.

»Hier ist sie, Phoolan Devi! Erkennst du sie?«

Bevor er antworten konnte, waren Vickrams Männer über ihm. Sie schleppten ihn auf die Straße hinaus und schlugen ihn mit ihren Lathis.

»Was ist Phoolan für eine?« fragten sie ihn immer wieder. »Was ist sie?«

Sie schlugen ihn erbarmungslos, so wie er mich geschlagen hatte. Ich hörte seine Knochen brechen und sah ihn seine abgebrochenen Zähne ausspeien, und er flehte sie an aufzuhören. Ich machte mich inzwischen auf die Suche nach der Frau, die mich wegen nichts bestraft hatte und halb verhungern ließ. Mit ihr wollte ich mich persönlich befassen! Aber ich konnte sie nirgendwo finden. Ich fand einige der Dinge, die meine Mutter Putti Lal gegeben hatte – einige Töpfe und Geräte –, und ich fand die Kuh, die ein Teil meiner Mitgift war. Ich führte die Kuh aus dem Haus, aber Vickram hielt mich zurück.

»Wir können das Tier nicht mit uns nehmen. Es ist besser, diesem Bastard einfach eine verdammt gute Tracht Prügel zu verpassen, damit er lernt, dich nicht als kleine Hure zu bezeichnen.«

Vickram ging zu einem Neem-Baum, der vor dem Haus an der Straße stand, und schnitt einen dicken Zweig ab, den er mir reichte.

»Du bist an der Reihe. Mach schon.«

Die Männer hatten Putti Lal die Hände hinter dem Rücken zusammengebunden, so wie er es einst mit mir gemacht hatte. Die kleine Hure erinnerte sich jetzt an alles genau, was er getan hatte: Was er mit seinem Messer anzustellen versuchte, wie er mich quälte und vergewaltigte, wie er seine Schlange in meine Hand und in meinen Mund steckte. Und wie er mich schlug, als ich vor Angst schrie, und wie er sich mit seinem fetten Körper auf mich legte, als ich versuchte, von ihm fortzukommen …

Jetzt machte ich dasselbe mit ihm. Zum ersten Mal schlug ich jemanden auf die gleiche Art, wie er mich geschlagen hatte. Ich hatte die Kraft dazu. Alle Männer standen hinter mir und feuerten mich an. Ich schlug Putti Lal fester und fester. Die Gelegenheit zu haben, endlich meinen Rachedurst zu löschen, das machte mich schier verrückt.

Der Stock von dem Neem-Baum war nicht so wirksam wie ein Lathi, aber er zerriß seinen Pyjama und hinterließ lange, rote Striemen auf seiner Haut. Ich drosch auf die Schlange ein, die mir solche Angst eingejagt hatte. Ich schlug auf sie, bis sie starb.

»Wirst du das noch einmal machen?« schrie ich ihn an.

Ich zermalmte seine Schlange. Ich stieß mit dem Stock in seine Hoden, wie er versucht hatte, in mich hineinzustoßen, und ich sprang auf seine Schlange und zertrat sie.

Vickram warf den Kopf in den Nacken und lachte über meine Verrücktheit.

»Erzähl mir noch mal einer, wie man prügelt! Habt ihr gesehen, was sie gerade getan hat?«

Putti Lal stöhnte und bat um Gnade, er flehte, ich möge ihm vergeben. Die Männer feuerten mich immer noch an: »Töte ihn! Töte den Bastard! Los!«

Putti Lal bedeckte seinen Kopf mit den Armen und rollte vor meine Füße, um sie zu berühren. Er krächzte, versuchte, um Hilfe zu rufen, aber seine Stimme versagte. »Kommt nicht näher!« riefen die Männer den Dorfbewohnern zu. »Laßt sie es hinter sich bringen. Das hier ist Phoolan Devi, die ihren Bastard von Ehemann bestraft.«

Es zeigten sich ohnehin nicht viele der Dörfler, bis auf ein paar, die etwas gegen Putti Lal zu haben schienen, denn sie stimmten in die Anfeuerungsrufe der Bande ein.

Vickram packte Putti Lal beim Genick. Er winselte immer noch um Mitleid, so wie ich damals gewinselt hatte. Blut strömte ihm übers Gesicht. Zwei der Männer hielten ihn aufrecht, während Vickram darauf wartete, daß er die Augen aufschlug.

»Ich bin der Ehemann von Phoolan Devi! Hörst du mich? Wenn du jemals wieder sagst, daß du es bist, töte ich dich! Bist du der Ehemann von Phoolan Devi?«

»Nein, nein.«

»Hast du sie gequält?«

»Ja.«

»Hast du sie verstoßen?«

»Ja, ich brachte sie zurück.«

»Wie ist sie?«

»Sie ist eine Göttin, eine gute Frau. Ich bin der Schuldige. Es war alles meine Schuld!«

Er war jetzt fast nackt, sein Pyjama hing ihm in Fetzen vom Leib, und seine Genitalien waren über und über mit Blut bedeckt. Die Männer ließen ihn los, und er stürzte zu Boden. Aber die Raserei in mir wollte nicht nachlassen. Ich wollte ihn in Stücke schneiden, ihm die Eingeweide herausreißen. Vickram hielt mich zurück.

»Das reicht. Wenn du weitermachen willst, gebe ich dir ein Gewehr. Willst du ihn töten?«

»... Nein.«

Ihn zu töten, das wäre zu gut für ihn! Es wäre zu mildtätig für ihn, nach dem, was er mir angetan hatte. Es war noch nicht genug. Es war die Schlange in ihm, die ich vernichten wollte.

Die Männer stellten ihn wieder auf die Füße, und wir fuhren ihn nackt und blutig, die Hände auf den Rücken gefesselt, durch das Dorf. Wir schlugen ihn auf dem ganzen Weg bis zur Hauptstraße.

Einer der Dorfbewohner hatte uns ein Bettuch gegeben, das wir jetzt über seinen Kopf banden, bevor wir ihn wie tot am Straßenrand liegenließen. Es war Nacht, und ich hoffte, in der Dunkelheit würde ihn ein Karren oder ein Lastwagen überfahren und ihm den Rest geben.

Vickram ließ einen Zettel bei ihm zurück:

Warnung! Dies geschieht mit alten Männern, die junge Mädchen heiraten!

Später erfuhr ich, daß die Polizei ihn am nächsten Tag an derselben Stelle gefunden hatte. Er war noch am Leben, anscheinend aber nicht fähig gewesen, zurück zu seinem Haus zu kriechen.

Ich fühlte mich gut. Ich war erleichtert. Nie zuvor hatte ich eine solche Erleichterung verspürt. Bislang hatte ich alles hingenommen. Ich hatte all die Schläge ertragen und meinen Zorn hinuntergeschluckt. An diesem Abend hatte ich zum ersten Mal in meinem Leben erfahren, wie Rache schmeckt. Ich selbst hatte sie voll ausgekostet!

Als wir Maheshpur verließen, schwor ich mir, mit allen Bastarden, die so waren wie er, genauso zu verfahren. Ich würde sie vernichten! Eine andere Gerechtigkeit für Mädchen wie mich gab es nicht. Das einzige, was man mit Männern wie ihm anstellen konnte, war, ihre Schlangen zu zermalmen, so daß sie sie nie wieder gebrauchen konnten. Das sollte meine Gerechtigkeit sein!

Der Dschungel sollte mein Zuhause sein, mein Dorf, und die Männer, mit denen ich marschierte, sollten meine Familie sein.

Nach der Befriedigung, die mir dieser Abend verschafft hatte, sagte Vickram zu mir: »Denk nie an morgen, Phoolan, sag dir nur, daß du heute lebst und morgen schon tot sein kannst. Es ist kein einfaches Leben, aber hoffe nicht auf ein anderes. Glaubst du, daß du es tun kannst?«

»Ja«, antwortete ich.

Es gibt kein Zurück mehr

Wir hielten uns die meiste Zeit an den Ufern der Yamuna auf und blieben in der Nähe der Dörfer, aber manchmal mußten wir Wälder und Dschungel durchqueren. Wir liefen und liefen und liefen, Meile um Meile, meistens bei Nacht. Meine Haare verfingen sich in den niedrigen Zweigen, das dornige Gebüsch zerriß meine Kleider. Aber Vickram hielt mich bei der Hand, damit ich nicht zurückblieb, und wenn ich außer Atem war, rief er: »Komm schon, du schaffst es!« Wir marschierten in einem gnadenlosen Tempo. Nachts legten wir viele Meilen zurück; über die reißenden kleinen Flüsse setzten wir, indem wir sprangen. Vickram sprang zuerst hinüber, dann rief er: »Spring, oder ich komme zurück und gebe dir einen Tritt!« Er gönnte mir keine Ruhe, bis wir am Morgen unser Ziel erreichten.

An einigen Stellen verlief der Fluß durch dichten Wald, anderswo wand er sich durch steile Felsschluchten. Die kahlen Hänge emporzusteigen war das schwierigste. Nichts bot den Füßen oder den Händen einen Halt. Der sandige Boden rutschte fort, wenn man versuchte, hochzuklettern, und zog einen mit sich hinab, und man konnte nichts weiter tun, als ganz von vorn anzufangen. Aber ich war stolz auf mich. Nach einer Weile rutschte ich nicht mehr ab, wenn wir in den Schluchten die Hänge erklommen, und ich schaffte es, gleichzeitig mit Vickram oben anzukommen.

Es war immer Nacht, wenn wir marschierten, und von Zeit zu Zeit folgten uns Tiger. Ich hörte sie in der Dunkelheit knurren. Ich lebte in der Wildnis, umgeben von den Schreien unsichtbarer Tiere: dem Kreischen der Vögel, dem Grunzen der Wildschweine und dem Rascheln der Schlangen. Der Dschungel war gefahrvoll, aber schön, und je mehr Zeit ich dort zubrachte, desto mehr lernte ich.

Wenn man Durst hatte, mußte man nur die Hand ausstrecken und eine köstliche wilde Feige pflücken. Gelegentlich hörten wir Gewehrschüsse von Jägern, die ein Reh oder einen Hasen stellten, und die Männer brieten ein ganzes Tier über dem Feuer und aßen es. Ich hatte nie zuvor Fleisch gegessen. Ich war Vegetarier, wie mein Vater, der glaubte, daß es nicht richtig sei, ein Tier nur zu töten, um es zu essen. In den Dörfern hatten wir ohnehin kaum jemals Fleisch gehabt. Auch die Reiseverpflegung der Bande stammte vorwiegend aus Dörfern: Kartoffeln oder Kichererbsen oder Dal und der Weizen, um Chapatis zu machen. Schäfer versorgten uns mit Milch, und Bauern gaben uns Eier. Und wir hatten Mangos, so viele wir nur essen konnten. Wir pflückten sie einfach von den Bäumen.

Informanten in den Dörfern sagten uns, welches Haus wir ausrauben konnten und wer bestraft werden mußte. Vickram, der Mallah, verfügte über ein ganzes Netz von Spionen: Leute, die zu seiner Familie oder seiner Gemeinschaft gehörten, oder Dörfler, die er gerächt hatte, wenn ein Sarpanch sie grausam behandelt oder ein Thakur sie verfolgt hatte. Manchmal, wenn ich an meine Eltern dachte, mußte ich weinen. Ich fragte mich, ob Mayadin oder die anderen sie immer noch drangsalierten. Ich wäre gern in mein Dorf gegangen, um meine Mutter und meinen Vater zu sehen, aber Vickram erklärte mir, daß die Thakurs mich ergreifen würden, wenn ich jetzt zurückkehrte. Sie wollten mich tot sehen. Ich würde warten müssen.

Ich wurde eine Dacoit, eine Banditin, mir selbst zum Trotz. Ich trug die Uniform eines Polizeiinspektors mit zwei Sternen, während Vickrams Uniform drei Sterne aufwies. Aber eines gab es noch, was ich lernen mußte …

Am Anfang fanden die Männer es lustig, wenn ich döste, dicht neben mir »peng!« zu rufen – als würden sie mit einem Gewehr schießen – und mich dann erschreckt aufspringen zu sehen. Vickram ermahnte mich, nicht zu viel mit ihnen zu reden. Ich sollte nur mit seinem Onkel Bare Lal sprechen und ihn um Essen und Trinken bitten, und niemals in Gegenwart der Männer Vickram direkt anreden. Die Männer schienen mich zu mögen, aber sie machten mich nervös. »Komm ihnen niemals zu nahe«, hatte Vickram mich gewarnt. »Sie sind gefährlich, sie haben keine Moral. Wenn du mit ihnen reden mußt, sei bestimmt und sprich mit Autorität. Die einzige Person, auf die du zählen kannst, bist du selbst.« Sie gehorchten ihm, weil er ihr Anführer war, und im Prinzip würden sie auch mir gehorchen, aber er sagte, er wolle nicht, daß ich wehrlos sei. Ich beschloß, mit dem Gewehr umgehen zu lernen, damit sie aufhörten, mich mit ihrem »peng, peng« zu belästigen.

Vickram gab mir seine 306, ein leichtes, aber gutes Gewehr, wie er erklärte. Es war fast so groß wie ich, und es kostete mich Mühe, es hochzuheben.

Er hängte ein Ziel an einen Baum.

»Mach schon, drück auf den Auslöser.«

Der Knall an meinem Ohr betäubte mich so, daß ich das Gewehr fallen ließ.

Die Männer hielten das für die komischste Sache, die sie jemals gesehen hatten. Aber ich hob das Gewehr auf und feuerte noch einmal. Anfangs schloß ich bei jedem Schuß die Augen, sorgte aber für einen festen Stand und versteifte meine Schulter gegen den Rückstoß. Als die Männer sich über die Munitionsverschwendung beklagten, drehte Vickram sich zu ihnen.

»Mir ist es gleichgültig, ob sie zehn oder fünfzig Kartons verbraucht«, erklärte er, »ich will, daß sie richtig zielen lernt.«

Ich haßte den Knall der Schüsse direkt neben meinem Ohr, aber nach ein paar Wochen konnte ich wenigstens das Gewehr halten und schießen. Es dauerte allerdings zwei oder drei Monate, bis ich das Gewehr auf ein Ziel richten konnte und auch eine Chance hatte, es zu treffen.

Eines Morgens – die Sonne war noch nicht über die Bäume gestiegen – pfiff einer der Männer im Ausguck. Wir waren gerade damit beschäftigt, unsere Kleider zum Trocknen am Flußufer auszubreiten. Es war die Polizei!

Um so besser, dachte ich einen Moment bei mir, sie werden uns festnehmen und ins Gefängnis stecken, und mich werden sie eines Tages freilassen, weil ich nichts Böses getan habe. Aber ich eilte zusammen mit den übrigen ins Boot, und die Polizisten begannen zu schießen, sobald wir das Boot vom Ufer abstießen. Wir wurden von der Strömung erfaßt und boten ein leichtes Ziel – und sie wußten es. Ich konnte sie oben auf dem Hügel sehen. Wir waren in einen Hinterhalt geraten, und sie hatten nicht die Absicht, uns lebend zu ergreifen.

»Geh in Deckung!« schrie Vickram, und ich kauerte mich mit den Männern ins Boot, während er in das aufgewühlte Wasser sprang. Einen Augenblick lang verschwand sein Kopf unter der Gischt, und ich warf ihm einen Rettungsring zu. Alles, was ich von ihm sehen konnte, waren seine Arme und das Gewehr, das er hochhielt. Jedesmal, wenn er mit dem Kopf aus dem Wasser auftauchte, feuerte er.

»Schieß, Phoolan«, brüllte er. »Schieß!«

Ich feuerte zweimal blindlings auf die Hügelflanke.

Die Polizisten versuchten, uns zu töten. Der Fluß war so wild, daß wir völlig durchnäßt wurden und die Männer kaum gegen die Strömung anrudern konnten. Vickram klammerte sich an den Rettungsring. Wir durften auf keinen Fall zulassen, flußabwärts in Richtung Kalpi getrieben zu werden; dort würde uns die Polizei sicherlich erwarten. Sie schossen unablässig auf uns, während wir gegen die Strömung ankämpften, bis wir endlich außer Sicht waren. Schließlich erreichten wir eine Flußkrümmung mit Hügeln und Wäldern auf beiden Seiten. Wir hielten an einer Stelle an, wo die Strömung nicht so stark war, und es gelang den Männern, Vickram wieder ins Boot zu ziehen. Niemand war verletzt worden, aber wir mußten das Boot aufgeben und stundenlang laufen, bis wir sicher waren, daß die Polizei unsere Spur verloren hatte.

Danach versteckten wir uns drei Tage lang, ohne etwas zu essen oder zu trinken zu haben. Vickram fragte mich immer wieder, wie es mir ging und ob ich es aushalten würde. Ich bejahte. Ich wollte nicht schwächer erscheinen als die Männer. Sie spielten Musik und sangen und tanzten oder spielten Karten, als würden ihre leeren Mägen sie nicht im geringsten stören. Ich begriff allmählich, wie hart ihr Leben war.

Für die meisten von ihnen war es nicht das Leben, für das sie sich freiwillig entschieden hatten. Sie waren in Landstreitigkeiten oder Familienfehden geraten, wie ich in meinen Kampf mit Mayadin, und sie hatten die Gerechtigkeit, die sie von der Polizei nicht bekommen konnten, in die eigenen Hände genommen. Von der Polizei bekamen sie nichts als Prügel, während die reichen Männer, die sie angeklagt hatten, sich ins Fäustchen lachten. Es schien, als seien die Reichen niemals zufrieden und als wollten sie immer mehr. Selbst diejenigen, die Banditen geworden waren, weil sie reich werden wollten, waren niemals glücklich. Wenn sie Geld hatten, mußten sie feststellen, daß sie es nicht ausgeben konnten, denn sie durften nicht in ihre Dörfer zurückkehren. Sie mußten unentwegt weiter durch die Nacht laufen und sich am Tag verbergen.

Vielleicht war es der Hunger, den ich fürchtete, aber ich wollte nicht länger zu meinen Eltern zurück, obwohl ich nicht wußte, was mich in der Wildnis mit diesen Männern noch alles erwartete. Es schien, als wären wir für immer und ewig unterwegs – vom Fluß in den Dschungel und wieder zum Fluß zurück. Es war keine einzige Frau dort, mit der ich hätte reden können, nur Männer, vor denen ich mich trotz ihrer Schwüre und trotz der Gegenwart Vickrams in acht nehmen mußte. Ich mußte allein essen und mich stets ein wenig abseits halten. Ich war eine einsame Frau; eine Frau, der ein Mann das Essen kochte, aber trotzdem eine Frau mit den Problemen einer Frau, die unter diesen Männern leben mußte, so gut sie konnte. Ich mußte an uneinsehbaren Stellen baden und ständig auf wilde Tiere und auf die Männer achten.

Sie waren Banditen. Für sie galten keine Gesetze oder Beschränkungen, und doch versuchten sie niemals, mich beiseite zu locken oder zu belästigen. Keiner von ihnen sagte jemals ein schmutziges Wort zu mir. Sie verhielten sich respektvoll. In den Dörfern gab es alle möglichen Sitten und Pflichten, aber die Männer dort benahmen sich manchmal wie Hunde. Ich lernte den Dschungel und die Berge zu lieben. Zum ersten Mal wurde ich mit Achtung behandelt. Ich gewöhnte mich an den Kampf mit den Moskitos und an das Warten; warten auf den Anbruch der Nacht, um packen und weiterziehen zu können; warten auf den Kundschafter, der mit Lebensmitteln und Nachrichten über mögliche Raubzüge aus dem nächsten Dorf zurückkehrte.

Zwei Informanten hatten Vickram gebeten, etwas in bezug auf einen reichen Mann in ihrem Dorf zu unternehmen, der die Menschen, die für ihn arbeiteten, nicht bezahlte. Sein Haus wurde ausgekundschaftet, und es wurde beschlossen, es auszurauben. Ich lauschte aufmerksam auf die Befehle unseres Hauptmanns: »Bleibt zu zweit, geht niemals allein; laßt während der Aktion niemanden in eure Nähe kommen; wenn ihr selbst oder euer Partner in Gefahr seid, pfeift; wenn ihr ein Pfeifen hört, macht sofort Schluß mit dem, was ihr gerade tut, und sammelt euch wieder ...«

Am selben Abend spähte Vickram über die Mauer einer Dachterrasse. Ich war an seiner Seite. »Der Hauptmann muß irgendwo hoch oben bleiben, damit er das Dorf überblicken und seine Bande im Auge behalten kann, während sie die Häuser ausplündern.« Er wies mich an, seine Pflichten zu übernehmen. »Schieß in die Luft, um das Signal zu geben. Auf diese Weise warnen wir die Dorfbewohner.«

Ich feuerte in die Luft, während er in sein Megaphon rief: »Die Reichen sind die wahren Feinde der Armen! Ihr habt diesen armen Menschen ein elendes Leben beschert, und jetzt lassen wir euch dafür bezahlen!«

Er verkündete unsere Namen: »Ich bin Vickram, der Mallah, und hier bei mir ist Phoolan Devi!« Er wandte sich zu mir und lächelte.

Das Raubopfer mußte immer erfahren, wer ihn bestrafte, und das ganze Dorf mußte es ebenfalls hören. Das verlangte der Kodex der Dacoits.

Ich weiß nicht, ob in dieser Nacht jemandem aufgefallen ist, daß ich eine Frau war. Die Dorfbewohner hatten alle viel mehr Angst als ich. Trotz der Schüsse und des Durcheinanders fürchtete ich mich nicht. Die Dörfler flohen aus ihren Häusern und liefen in alle Richtungen davon. Für uns bestand kein großes Risiko. Etwa fünfzehn der Männer waren in das Dorf eingedrungen, während die übrigen sich auf den umliegenden Feldern verteilt hatten und aufpaßten.

Es genügte nicht, die Häuser der Reichen auszurauben; sie mußten eine Lektion erhalten. Ich nahm diesmal nicht daran teil. Die

Männer nahmen sich mit ihren Lathis des reichen Mannes an, von dem die Dörfler gesagt hatten, daß er sie ausbeutete. Als sie fertig waren, verließen sie das Haus mit dem Gold, dem Silber und den Rupien und schossen in die Luft.

Ich hatte mein Gesellenstück als Banditin abgelegt.

Manchmal tat sich eine Bande mit einer anderen zusammen. Die erste, mit der wir gemeinsame Sache machten, wurde von Baba Ghanshyam angeführt, einem großen, kräftigen Mann mit einem langen Bart und langen Haaren, die er um seinen Kopf wand und unter einem weißen Turban versteckte. Er sah zum Fürchten aus, aber seine Augen verrieten seine Intelligenz, und er sprach voller Mitgefühl zu mir, als ich ihm erzählte, daß ich entführt worden war. Er sagte zu Vickram, ich gehöre nicht in eine Räuberbande und sie sollten mich gehen lassen. Vickram erwiderte, ich hätte Feinde, und wenn ich mich der Polizei stellte, müßte er eine Kaution zahlen, damit ich nicht ins Gefängnis käme. Sie beschlossen, ihren Bund mit zwei Überfällen in meinem Namen zu feiern, um das Geld für meine Kaution zusammenzubekommen. Um die Polizei zu verspotten, wollten sie ihre Raubzüge im Distrikt von Kalpi ausführen.

Im ersten Dorf verlief alles wie gewohnt, aber im zweiten sahen wir uns plötzlich von Polizei umzingelt.

Vickram wollte, daß ich das Megaphon nahm und sie beschimpfte. »Sag ihnen, was du von ihnen hältst, mach schon! Sie waren diejenigen, die dich mißhandelt haben, denk daran ...«

Ich hatte erst Angst, das Megaphon zu benutzen. Ich war mir zunächst sicher, daß sie meine schwache Stimme gar nicht hören würden. Aber es war eine verführerische Vorstellung, für jedermann hörbar in die Nacht zu rufen.

»Hunde! Elende Hunde!« schrie ich.

Vickram nahm das Megaphon an sich, und seine Stimme hallte wie Donner.

»Ihr habt das Leben von Phoolan Devi zerstört! Ihr habt sie gequält, und jetzt werdet ihr dafür bezahlen!«

Die Polizisten wichen vor den Gewehrschüssen zurück, die aus jeder Ecke des Dorfes zu kommen schienen, und währenddessen floh ich mit der übrigen Bande. Aber am Dorfrand verfing ich mich in Stacheldraht. Meine Haare hatten sich um die Stacheln gewickelt, und ich konnte mich nicht selbst befreien. Die anderen verschwanden in der Dunkelheit.

Plötzlich erblickte ich zwei Schatten neben mir. Ich erkannte Uniformen. Ich wußte nicht, ob es sich um Polizisten oder um Banditen handelte. Mir stockte der Atem.

»Du«, rief einer der beiden, »hast du jemanden hier vorbeikommen sehen?«

Es waren Polizisten.

»Nein«, murmelte ich. Zum Glück schien in dieser Nacht kein Mond, der mich verraten hätte. Auch die beiden verfingen sich im Stacheldraht und wurden auf diese Weise abgelenkt. Aber sie befreiten sich bald, und ich sah den Schein ihrer Fackeln in der Ferne verblassen.

Ich kämpfte weiter, um meine Haare freizubekommen. Meine Uniform war eingerissen, und ich war im Stacheldraht gefangen, aber ich wagte es nicht, um Hilfe zu rufen. Nach meiner Schätzung befand ich mich schon seit etwa einer Stunde in diesem Zustand und wurde allmählich von einer stillen Verzweiflung erfaßt, als ich endlich Vickrams Stimme hörte.

»Phoolan, wo bist du? Phoolan!«

»Hier«, erwiderte ich. »Ich bin hier.«

Er schnitt mein Haar mit seinem Rasiermesser ab und befreite mich.

»Zwei Sipahi! Weshalb hast du sie nicht erschossen?«

»Ich war allein. Ich hätte sie nicht beide erwischt.«

Er und Madhav hatten die übrigen zurückgelassen, um nach mir zu schauen. Er hatte geglaubt, die Polizei hätte mich gefaßt, und ich sah in seinen Augen den Ärger darüber, daß sie das Risiko hatten auf sich nehmen müssen, mich zu suchen. Ich glaubte auch, Furcht zu erkennen – nicht um sich selbst, sondern um meine Sicherheit. Während wir über die Felder liefen, spürte ich wieder seine Hand in meiner. Der Polizeitrupp von der Wache in Kalpi war nicht weit entfernt. Hinter uns in der Dunkelheit hörten wir das Geräusch von Lastwagen. Sie mußten Verstärkung angefordert haben. Ich war so erschöpft, daß ich bei jedem Schritt stolperte, und schließlich hob Vickram mich auf seine Schultern und trug mich. Wir erreichten die Yamuna und sprangen in das Boot, aber während der Überfahrt sahen wir, daß am gegenüberliegenden Ufer Polizei auf uns wartete.

»Wer da?« riefen sie in die Nacht.

»Ich bin der Stellvertretende Polizeichef von Kanpur«, rief Vickram zurück. »Ich führe hier das Kommando«, fügte er hinzu.

Sie glaubten ihm, weil sie sich nicht vorstellen konnten, daß ein Bandit so gewählt zu sprechen verstand. Vickram konnte sogar Englisch.

Wir lenkten das Boot stromabwärts, bis die Dunkelheit uns wieder eingehüllt hatte, und kletterten an Land. Wieder begann das Laufen, aber wir sahen in dieser Nacht keine weiteren Polizisten. Sie hatten unsere Spur verloren. Als der Tag dämmerte, waren wir tief im Dschungel, und während wir den Wert der Beute berechneten, sangen und tanzten wir wie die Kinder.

Eine Zeitlang gab es keine weitere Beute. Meine Füße bekamen eine dicke Hornhaut vom vielen Laufen, und auch ich selbst wurde zäher. Bei den nächsten beiden Operationen handelte es sich um Entführungen – beide Male waren es Thakurs. Den ersten von ihnen hatte der Vater eines Mädchens denunziert, das vergewaltigt worden war, und der zweite war ein Polizeispitzel. Ich sah sie mir nicht einmal an. Ich wollte nichts von ihnen wissen, sie flößten mir nur Abscheu ein. Die Männer züchtigten sie mit ihren Lathis, und dann sammelten sie die Lösegelder ein.

Danach trennten sich die beiden Banden wieder, und Vickram und Baba Ghanshyam teilten das Gebiet in zwei Bereiche auf. Ghanshyams Männer hatten mir nach Vickrams Empfinden zuviel Aufmerksamkeit gezollt.

Seit über drei Monaten lief ich nun bereits mit Vickram durch den Dschungel. Ich muß damals etwa achtzehn Jahre alt gewesen sein, aber der Barbier hatte mir die Haare kurz geschnitten, und es war schon lange her, daß ich einen Sari getragen hatte. Ich lebte wie die Männer, kleidete mich wie sie und aß, was sie aßen. Ich schlief, wo sie schliefen, unter den Sternen, oder mit Vickram, meinem Ehemann, unter einer Plastikplane. Er hatte mir viele Dinge beigebracht. Das wichtigste war, daß ich lernte, keine Angst vor ihm zu haben. Ich gewann allmählich Vertrauen zu diesem Mann.

Madhav, der Vickrams Vetter war, konnte schreiben und zählte das Geld der Bande. Er steckte die Rupienbündel in Umschläge und schrieb die Beträge in ein Buch. Vickram zählte – vor den Augen aller – die Bündel nach und steckte die Umschläge in seinen Rucksack. Wenn es an der Zeit war, gab Vickram die Anteile aus. Er verteilte auch die Gewehre, und wenn ein Mann die Bande verlassen wollte, mußte er sein Gewehr zurückgeben oder es kaufen.

Ich schaute und hörte zu …

Obwohl ich nicht mit den Mitgliedern der Bande sprechen sollte, schloß ich nach und nach Freundschaft mit denen, die Vickram am nächsten standen: mit dem großen Madhav, der nie viel redete und gern Bücher las; mit Bharat, einem weiteren, entfernten Vetter Vickrams; und mit Raghu Nath. Bharat und Raghu Nath sangen ständig und tanzten miteinander wie zwei kleine Affen.

Bharat begann, mich seine Tochter zu nennen, um mich zu nekken, und obwohl er klein und rundlich war, bestand er darauf, mich auf seinen Schultern über die Bäche zu tragen, wenn sie Hochwasser führten. Er hatte ein dunkles Gesicht und besaß ein lautes, dröhnendes Lachen. Er machte ständig Witze, selbst das Stehlen war für ihn ein Spaß. Er erzählte mir, wie er früher in seinem Dorf den Leuten im Schlaf die Decken gestohlen und sie statt dessen mit einem Dornbusch zugedeckt hatte. Er war ein berüchtigter Fahrraddieb gewesen. Seine Methode bestand darin, sich auf einem Fahrrad mitnehmen zu lassen und den Besitzer dann zu bitten, er möge anhalten, damit er, Bharat, sich erleichtern könne. Gewöhnlich verspürte bei solchen Gelegenheiten auch der Besitzer des Rades das Bedürfnis, sich zu erleichtern, und dann lief Bharat zurück und sprang auf das Fahrrad. Er sagte, er habe mehr als hundert Fahrräder gestohlen, bis die Polizei ihn festnahm und ihm eine verdammt gute Tracht Prügel verabreichte.

Alle lachten, wenn Bharat diese Geschichten zum besten gab, aber ich merkte, daß die Männer keine lustigen Anekdoten über ihre Räubertaten erzählten, wenn sie fröhlich waren. Sie erzählten diese Geschichten, wenn sie traurig waren, wenn sie hörten, daß jemand von der Polizei gefangen oder getötet worden war.

Tagsüber pflegte Vickram zu lesen. Er las in einem heiligen Buch – ähnlich dem, aus welchem ich die Geschichte von Rama kannte, die der Brahmane in unserem Dorf oft vorlas. Er verbarg das Buch in den Zweigen eines Baumes, damit es nicht schmutzig wurde. Er erklärte, daß es niemals den Boden berühren dürfe, weil es rein war und der Schmutz von den Füßen der Leute es verunreinigen würde. Eines Tages legte er das Buch aufgeschlagen in seinen Schoß und sagte, ich müsse mir eine Schutzgottheit auswählen. Ich entschied mich für die Göttin Durga. Wie sie wurde ich vom Durst nach Gerechtigkeit, nach Rache, getrieben. Daraus zog ich meine Kraft. Wie ich es sah, bestand die Aufgabe eines Banditen darin, reiche Leute, die böse Dinge taten, dafür bezahlen zu lassen.

Meine Sprache hatte sich verändert, ebenso wie meine Gewohnheiten. Ich hatte vergessen, wie man Chapatis zubereitete und Wasser aus dem Brunnen holte. Aber ich hatte gelernt, ein Gewehr zu reinigen und zu laden …

Im Dschungel bereitete immer einer der Männer das Essen, und ich wurde ebenso bedient wie die übrigen. Das Wasser gehörte jedermann, ob es nun aus einem Fluß oder aus einer Quelle kam, und es waren stets Früchte in Reichweite. Ich war frei wie ein Vogel, aber ich vermißte meine Familie. Ich sagte zu Vickram, daß ich sie sehen wollte. Ich hatte seit dem Monat Shravan, seit jener Nacht zur Zeit des Monsuns, in der ich entführt worden war, nichts mehr von ihnen gehört, und der Monat Margsheersh, der kälteste Monat des Winters, der stets auf die Regenfälle folgte, war beinahe schon vorbei. Ich wollte zurück in mein Dorf.

Vickram sagte, ich dürfe nicht allein gehen. Er wollte nicht, daß ich ergriffen würde oder mich der Polizei stellen müßte. Eine Zeitlang hatte er davon gesprochen, daß wir Geld für meine Kaution beiseite legen sollten, aber davon war nun nicht mehr die Rede. Er erklärte sich einverstanden, mich zu meinem Dorf zu bringen, aber er sagte, es bestünde kein Zweifel daran, daß ich dann bleiben müßte. Ich würde festgenommen werden, und ich könne nicht länger auf unschuldig plädieren und sagen, ich sei das Opfer einer

Entführung. Phoolan Devi war eine Banditin geworden. Ich konnte nicht mehr wie früher Wasser aus dem Brunnen holen und mich ums Vieh kümmern; ich war die Frau von Vickram, dem Mallah, dem Dacoit und Verkünder von Gerechtigkeit und Rache!

Als wir uns von Baba Ghansyhams Bande trennten, hatten sich beide Gruppen darauf verständigt, in verschiedenen Gebieten von Uttar Pradesh zu operieren. Zu unserem Gebiet gehörte mein Dorf, und eines Tages waren wir ganz in seiner Nähe. Ich wollte sofort dort hingehen, aber Vickram schickte jemanden vor, der erkunden sollte, ob es gefahrlos möglich war. Der Späher kehrte mit traurigen Nachrichten zurück. Meine Mutter hatte ihm berichtet, daß die Familie kein Geld und nichts zu essen hatte und daß Buppa krank war. Die Polizei hatte ihnen alle Vorräte fortgenommen und würde sie fast täglich belästigen. Sie hatte ihm gesagt, meine ganze Familie sei untröstlich vor Kummer und Scham. Aber der Kundschafter sagte auch, daß es im Augenblick im Dorf still sei. In einem Nachbardorf fand ein Jahrmarkt statt, zu dem alle hingegangen waren.

Vickram beschloß, in dieser Nacht ins Dorf zu gehen. Bare Lal, Madhav und Bharat würden uns begleiten, die übrigen sollten in den Feldern vor dem Dorf warten. Bare Lal ließ Vickram niemals allein in ein Dorf gehen.

Ich führte sie im Dunkeln zu meinem Haus. Ich hielt mich dabei ganz dicht an die Lehmwände, wie ich es so oft getan hatte, aber diesmal war Vickram gleich hinter mir. Im Dorf war es still. Weiter weg hörte ich Hunde bellen, und der vertraute Geruch nach Viehfutter und Kuhdung trieb mir die Tränen in die Augen. Als Vickram das letzte Mal hier gewesen war, hatte er die Tür eingetreten. Diesmal folgte er mir in den Hof. Wir warteten, daß meine Mutter herauskommen würde.

Sie wäre beinahe fortgelaufen, als sie Vickrams Uniform sah, weil sie glaubte, die Polizei wäre wieder gekommen.

»Amma! Amma! Ich bin es, Phoolan!«

Sie war sehr mager. Tiefe Linien hatten sich in ihr Gesicht eingegraben. Die Miene meines Vaters war ausdruckslos. Es war, als hätte er so viel geweint, daß er zu keiner Gefühlsregung mehr fähig war. Er umarmte mich fest. Meine Eltern sahen beide erschöpfter und zerquälter aus als je zuvor, und mein Vater war in einem beklagenswerten Zustand. Er ließ mich los und sank wie eine Lumpenpuppe auf den Boden, bedeckte sein Gesicht mit den Händen und murmelte ein Gebet.

Ich gab meiner Mutter zweihundert Rupien.

»Nimm es, Amma. Mehr habe ich im Augenblick nicht.«

»Ich will dein Geld nicht. Ich will, daß du wieder nach Hause kommst. Wir haben nichts zu essen. Die Polizei hat deinen Vater und mich geschlagen und unser ganzes Getreide fortgenommen, alles, was wir hatten. Wegen dir haben wir nichts mehr. Niemand hilft uns!«

Mein Vater schaute auf und wimmerte. »Warum hat das Schicksal dich uns fortgenommen, Phoolan? Warum hat das Schicksal uns das angetan?«

Meine Mutter setzte sich auf den Khat und fing ebenfalls zu weinen an. Ich hockte mich vor sie hin und legte meinen Kopf in ihren Schoß.

»Weine nicht, Amma«, sagte ich. »Es ist nun einmal so. Mein Leben ist ein Kampf, und auch eures ist es jetzt wegen mir. Ich werde es Mayadin heimzahlen!«

Unser Reden hatte Bhuri und Shiv Narayan geweckt. Bhuri war gewachsen. Sie mußte jetzt ungefähr neun Jahre alt sein, aber sie war dünner geworden, seit ich sie zuletzt gesehen hatte.

»Phoolan! Ich dachte, die bösen Menschen hätten dich geraubt«, rief sie. »Bist du jetzt auch ein böser Mensch geworden?«

Vickram hatte uns schweigend zugeschaut, und mein Vater blickte mit seinen leblosen Augen zu ihm auf.

»Du hast das Leben meiner Tochter zerstört«, sagte er. »Gott wird dir niemals vergeben!«

»Nein, alter Mann. Wir sind diejenigen, die sie gerettet haben. Schau sie an, sie lebt noch, oder? Wir haben Baboo Gujar ihretwegen getötet, und ich habe sie geheiratet. Ich beschütze sie. Wenn ich sie hier bei euch lasse, werden die Thakurs kommen und sie töten. Wenn sie sich freiwillig der Polizei stellt, werden die Schakale mit ihr das gleiche machen, was sie beim letztenmal getan haben.«

»Du hast ihr Leben ruiniert, Vickram Mallah!«

»Wie viele Männer müssen wir erschießen, damit sie in Frieden hier leben kann, Buppa, wie viele? Alle hier mißhandeln sie. Aber wenn du es wirklich willst, werde ich dafür sorgen, daß sie sich stellt.«

Mein Vater erwiderte nichts mehr …

Der junge Mann in Uniform mit dem Gewehr auf der Schulter schaute meinen alten Vater voller Mitleid an. Er hatte seine Tochter entführt, aber sie ihrem demütigen, unglücklichen Vater wiederzugeben, das hieße, sie dem Tod auszuliefern. Es gab nichts mehr zu sagen. Amma legte die Hände zu einem Gebet zusammen, verneigte sich vor uns und gab uns ihren Segen.

»Bitte, paß gut auf sie auf«, sagte mein Vater.

Vickram kniete nieder und berührte seine Füße.

»Buppa, ich bitte dich, vergib mir …«

Es war Zeit aufzubrechen. Es wäre zu gefährlich gewesen, hier zu übernachten, und die Männer wollten den Jahrmarkt sehen. Es würden Musikanten und eine Tanzgruppe dort sein, aber es gab nur eines, was mich interessierte: Vielleicht war Mayadin ebenfalls dort …

Die Beleidigungen, die Schläge und der Hunger, die meine Familie erdulden mußte – das alles war seine Schuld. Er war ein Mallah wie mein Vater, aber er zog es vor, sich auf die Seite der Reichen zu stellen, und ließ seinen eigenen Onkel Hungers sterben. *Er* war es, der mein Leben zerstört hatte, nicht Vickram.

Wir konnten schon von fern die Musik hören und die Lichter sehen. Es gab eine Bühne, vor der Hunderte von Menschen saßen, aber weder meine Mutter noch mein Vater waren zu dem Jahrmarkt gekommen. Die Musik und die Blumen waren nicht für sie. Das Fest war nicht für sie.

»Ich will Mayadin«, sagte ich.

Die Bande näherte sich, wie üblich, mit Gewehrschüssen, die sie in die Luft feuerten. Niemand in der Menge rührte sich, alle waren vor Furcht wie gelähmt. Wir umstellten die Bühne, und ich nahm das Megaphon zur Hand. Die Menschen, die auf dem Gras lagerten, starrten mich verwundert an. Sie konnten nicht glauben, daß es

Phoolan war, die Tochter Devidins, die vor ihnen stand, wie eine Banditin gekleidet, mit einem Gewehr in der Hand.

»Das Fest ist vorbei, ihr Hunde. Wo ist Mayadin?«

Es herrschte tödliches Schweigen. Ich war mir sicher, daß er hier war und sich irgendwo versteckte ...

»Weiß es niemand? Auch gut. Wißt ihr denn, was ich mit euch allen machen werde?«

Es war so still, daß ich hören konnte, wie sie vor Angst auf die Teppiche urinierten, die sie über das Gras gebreitet hatten. Dann kamen sie mit ihren kümmerlichen Ausreden: »Wir waren es nicht, wir haben dir nie etwas getan, laß uns gehen.« Sie sahen nie etwas, sie taten nie etwas, sie krümmten nie einen Finger, um zu helfen.

»Geht mir aus den Augen, ihr alle, verschwindet!«

Ich hätte sie einzeln kontrollieren sollen. Er war hier gewesen, ich hatte recht gehabt, aber ich erfuhr es erst am folgenden Tag. Er hatte hinter jemandem auf dem Boden gelegen, so daß ich ihn nicht sehen konnte, und es war ihm gelungen, auf dem Bauch fortzukriechen. Er war zusammen mit den übrigen geflohen, aus Angst vor Phoolan Devi, der Pariah des Dorfes Gurha Ka Purwa.

In dieser Nacht spürte ich wieder, wie die aus dem Zorn geborene Kraft mich durchströmte und überwältigte. Nur ein paar hundert Meter von hier entfernt hatte ich meine Eltern hungrig, weinend und sich vor Furcht krümmend gesehen, und dann all die Dörfler, die lachten und sich an der Aufführung ergötzten ... Es war wie eine Explosion in meinem Kopf. Hätte ich Mayadin dort erblickt, ich hätte ihn sicherlich gleich dort getötet. Und wären Polizisten in der Menge gewesen, hätten meine Kugeln sie zum Tanzen gebracht. Aber Vickram gab den Befehl zum Rückzug.

Er versuchte, mich zu beruhigen.

»Hör zu. Wir schicken eine Botschaft an seinen Schwager. Wie heißt er doch gleich? Mansukh. Wir teilen ihm mit, daß die Polizei ihn sprechen will. Immerhin war er der Urheber des Ganzen. Er hat dich zwar nicht vergewaltigt, aber er hat die anderen ermutigt. Du kannst niemanden aus deiner eigenen Familie, deiner eigenen Gemeinschaft töten. Du wirst für alle Zeiten verflucht sein, und dein Ruf ist zerstört. Und deine Eltern werden nur noch mehr zu leiden haben. Wir bringen ihn zu dir. Dann kannst du mit ihm anstellen, was du willst!«

Ich war nicht zufrieden, aber ich würde mich einstweilen mit diesem Mansukh begnügen müssen. Männer, die glaubten, sie könnten die Ehre Phoolan Devis, eines armen, wehrlosen Mallah-Mädchens, mit Füßen treten und ihr Leben zerstören, verdienten es zu sterben! Sie am Leben zu lassen, würde ihnen nur ermöglichen, das Leben weiterer Mädchen zu ruinieren. Ich grübelte die ganze Nacht lang im Dschungel darüber nach. Ich dachte an das abgezehrte Gesicht meiner Mutter, an die toten Augen meines Vaters und an Mayadin. Er war mir unter den Augen entschlüpft, wie eine feige Schlange.

Am folgenden Tag brachte man mir den Ersatzmann für meine Rache.

Mansukh war hager und kurzsichtig. Ich erkannte sein häßliches Gesicht wieder und auch die Art, wie er ständig die Augen zusammenkniff. Er war einer meiner Dämonen. Da er gute Beziehungen zur Polizei hatte, war es leicht gewesen, ihn aus seinem Schlupfwinkel zu locken. Ein Dorfbewohner hatte ihm gesagt, ein Polizist wünsche ihn zu sprechen, und er glaubte, es sei keine Gefahr für ihn, aus seinem Haus zu kommen. Er trug immer noch seine feinen Kleider vom Vorabend, einen sauberen Dhoti und eine Kurta, wie ein Politiker, und hatte eine Decke um die Schultern gelegt. Furcht hatte er in seinem Leben nie gespürt – bis er mich erblickte.

Er war Vickram und seinen Männern in den Wald gefolgt, in dem Glauben, sie seien Polizisten, aber als er mich mit meinem Gewehr sah, warf er sich mir zu Füßen. Seine Stimme zitterte vor Angst, als er mich um Vergebung bat.

Er gab alles zu. Er war derjenige gewesen, der mich wegen Diebstahls angezeigt hatte. Er war derjenige, der zur Polizei gesagt hatte: »Sie ist ein Flittchen, ihr könnt mit ihr machen, was ihr wollt!« Und jetzt weinte und bettelte er mich an, ihn gehen zu lassen.

»Schau ihn dir an, Vickram«, sagte ich. »So, wie er jetzt ist, war ich im Polizeigefängnis. Ich weinte wie er und bat sie, mich zu verschonen. Ich schrie um Hilfe, und ihn scherte es keinen Deut.«

»Ich war es nicht, Phoolan«, sagte Mansukh jetzt. »Mayadin wies mich an, es zu tun. Es waren die anderen. Ich habe nur getan, was sie mir sagten.«

»Du hast mich vor den Augen meines Vaters diesen Polizisten ausgeliefert. ›Nehmt sie, nehmt das Flittchen mit und bestraft sie‹, hast du gesagt. Ich habe damals geweint, und ich weine noch immer. Sieh mich an ...«

Vickram hatte den Mann beobachtet, der zitternd zu meinen Füßen lag, und sein Geständnis gehört.

»Nehmt ihn mit auf die Straße«, sagte er zu seinen Männern. »Sie wird es tun.«

Sie schleppten Mansukh aus dem Wald auf die Straße und fesselten ihn. Vickram reichte mir das Gewehr.

»Los, mach es hier«, sagte er. »Töte ihn.«

Aber nun war ich es plötzlich, die Angst hatte. Mansukh lag gefesselt auf den Knien und stöhnte. Wie hatte ich mich danach gesehnt, ihn zu schlagen, ihn vor Angst zittern zu sehen ...

»Ich kann es nicht tun.«

»Doch, du kannst. Du mußt es tun. Wenn du ihn nicht tötest, kann ich es nicht für dich tun. Denk an das, was er dir angetan hat. Du bist es, die gelitten hat, nicht ich.«

Ich machte die Augen zu und schoß.

Drei der Männer feuerten zugleich mit mir. Als ich die Augen wieder öffnete, lag Mansukh auf der Straße, regungslos. Er war tot. Blut sickerte über seine feinen weißen Kleider.

Ich hatte mich von der Furcht befreit, auf einen Mann zu schießen, hatte mich von Bedenken befreit. Ich hatte mich mit mehr als Worten oder Schreien oder Tränen gerächt. Die Mittel zur Gerechtigkeit waren in meiner Hand, und ich mußte dazu nur die Füße fest auf den Boden stellen, die Augen schließen und den Auslöser betätigen, um mich von einem Dämon zu befreien. Er würde nie wieder jemandem Leid zufügen können, so wie er mir Leid zugefügt hatte. Es war einfach, und es war schrecklich.

Ich ging zu der Leiche und gab ihr einen Tritt.

»Wenn du es nicht getan hättest, wärest du nicht auf diese Weise gestorben.«

Vickram heftete eine Botschaft an den Leichnam, nachdem er sie mir vorgelesen hatte.

Polizeihunde, dies steht auch euch bevor. Phoolan Devi.

Jetzt gab es kein Zurück mehr.

Schon am nächsten Tag setzte die Polizei eine Belohnung auf meinen Kopf aus. Mich zu stellen kam jetzt nicht mehr in Frage. Sie würden mich einfach erschießen, sobald sie mich erblickten. Ich war eine Verbrecherin geworden, so wie die übrigen.

Aber was sie ein Verbrechen nannten, nannte ich Gerechtigkeit.

»Lang lebe Phoolan Devi!«

Es fing gerade an zu dämmern, als der Ausguck pfiff, um uns zu warnen, daß Leute kamen. Wir lagerten in einem Feld nahe meinem Dorf, auf dem das Hora so hoch stand, daß es uns verbarg. Ich konnte im fahlen Licht mehrere Gestalten ausmachen, die langsam auf uns zukamen – bald würden sie nahe genug sein, um auf uns schießen zu können. Die Männer zogen rasch im Liegen ihre Schuhe an und ergriffen ihre Gewehre.

Es mußten mindestens hundert Leute sein, die sich näherten. Sie waren aus meinem Dorf, und ich erkannte die Person, die sie anführte.

»Halt! Es ist meine Mutter.«

Was wollte sie mit all diesen Leuten? Wir hatten ihr eine Nachricht geschickt, daß ich noch einmal kommen würde, um sie zu treffen, bevor wir diese Gegend verließen, aber sie hatte es niemandem sonst sagen sollen.

Vickram war nervös. »Vielleicht hat sie die Polizei geholt ...«

Der Pradhan ging neben ihr an der Spitze der großen Schar. Abgesehen von meiner Mutter waren es nur Männer, alle reichen Männer des Dorfes. Sie schritten so langsam voran wie Pilger, und sie trugen Blumengewinde, als seien sie zu einem Tempel unterwegs. Ich konnte keine Uniformen, keine Gewehre sehen.

Vickram wartete, bis sie nahe genug waren, um uns zu hören. »Was wollt ihr?«

»Wir wollen dir unsere guten Wünsche überbringen«, antwortete der Pradhan. »Wir sind mit ihrer Mutter gekommen, die auch unsere Mutter ist. Und ihre Tochter Phoolan ist eine Göttin. Wir sind gekommen, um Phoolan zu bitten, daß sie unsere Häuser segnet und sie durch ihre Gegenwart rein macht.«

Sie führten Blumengewinde und Tabletts mit Süßigkeiten und Rupien als Geschenke mit sich. Sie verneigten sich demütig und legten die Hände aneinander, um zu mir zu beten. Einige von ihnen fielen auf die Knie und berührten den Boden mit der Stirn.

»Namasteh ... Namasteh ...«

Sie priesen mich, als sei ich eine Göttin!

Ich schaute sie mir alle an, den Pradhan und die ganzen Männer mit ihren widerwärtigen Herrenmienen, ihren fetten Wangen, die vor Selbstzufriedenheit glänzten, und ihren Schnauzbärten. Sie alle waren gekommen, um niederzuknien und den Segen Phoolan Devis zu erbitten.

»Geht zur Hölle! Ihr alle!« brüllte ich sie an.

Und meine Mutter war mit ihnen hier!

»Du«, rief ich ihr zu. »Wie kannst du es wagen, mit denen herzukommen? Du weißt, was sie mir angetan haben, und jetzt stehst du auf ihrer Seite! Wo waren sie, als ich aus dem Gefängnis kam? Wo waren sie, als du sie angebettelt hast, dir Geld für meine Kaution zu leihen? Wo waren all diese Männer, als man uns verboten hat, Wasser aus dem Brunnen zu schöpfen?«

»Du mußt ihnen vergeben, Phoolan. Wenn du auch noch eine Spur Mitleid hast, mußt du ihnen vergeben.«

Sie fürchteten sich. Sie waren krank vor Angst, seit ich Mansukh hingerichtet hatte. Der Sarpanch war mitten unter ihnen. Ich spannte mein Gewehr und legte auf ihn an, aber Vickram hielt mich zurück.

»Laß uns zuerst hören, was er zu sagen hat ...«

»Du«, schrie ich den Sarpanch an, »tritt vor, du Bastard, von den anderen weg ... Jetzt sprich!«

Wieder kamen die Lügen und Ausreden. Es war nicht sein Fehler gewesen, nicht seine Idee, er war es nicht gewesen. Man hatte entsetzliche Grausamkeiten an mir verübt, aber er hatte mit all diesen Ungerechtigkeiten nichts zu tun gehabt. Es wäre ihnen allen sehr willkommen gewesen, wenn ich einfach aufgehört hätte zu existieren; wenn Phoolan Devi, das kleine Mallah-Mädchen, das gequält, gedemütigt und aus seinem Dorf vertrieben worden war, stumm und beschämt verschwunden wäre. Aber hier war ich, eine Göttin!

»Wer hat meine Entführung angeordnet?«

»Ich war es nicht, der Vickram bat, es zu tun. Ich nicht!«

Ich drehte mich zu Vickram um. Er war weiß vor Wut. Er fixierte den Sarpanch mit seinem Blick und trat auf ihn zu.

»Hast du vergessen, wer ich bin? Sieh mich an, ich bin Vickram, der Mallah, und es war deine Familie, die mich bat, es zu tun. Du wolltest sie nicht länger im Dorf haben. Nennst du mich einen Lügner?«

Vickram versetzte ihm mit dem Gewehrkolben einen Schlag.

»Fesselt ihn!« befahl er.

Die Dorfbewohner fingen wieder mit ihren jämmerlichen Bitten und Entschuldigungen an, während die Männer den Sarpanch wie ein Hühnchen verschnürten. Als sie mit ihm fertig waren, wand und rollte er sich über den Boden, um meine Füße zu erreichen und meine Schuhe mit der Stirn zu berühren.

»Verzeih mir«, wimmerte er. »Bitte, befreie mich, o Göttin! Du bist wahrlich eine Göttin! Du bist Durga!«

»Und was bist du? Bastard! Als ich wie ein gewöhnlicher Mensch in deinem Dorf lebte, hast du gesagt, ich sei böse. Und jetzt sagst du, ich sei eine Göttin!«

Ich nahm meinen Lathi und gab dem Sarpanch einen harten Schlag auf den Rücken. Ich schlug ihn nur einmal und ließ ihn dann dort liegen, gedemütigt und vernichtet, das Gesicht auf die feuchte Erde gepreßt.

Einige der Dorfbewohner traten vor und hängten unseren Männern Blumengewinde um. Einer von ihnen näherte sich mir mit einem Tablett voller Süßigkeiten und Rupien.

»Ich will eure Geschenke nicht! Ich will euer Geld nicht. Ich werde es vor euren Augen verbrennen!«

Die Schar der Dörfler brach in Hochrufe aus. »Lang lebe Phoolan Devi! Lang lebe Phoolan Devi!«

Ich hatte ihr klägliches, vor mir am Boden liegendes Dorfoberhaupt verschont, und nun sangen sie mein Lob! Ich nahm das Bündel Rupien von dem Tablett. Es müssen zwanzigtausend Rupien gewesen sein. Ich zündete sie an. Ich war angewidert, aber zugleich hatte mich eine Erregung gepackt. Es war ein köstliches

Gefühl, sie von meinem Mitleid abhängig zu wissen – es war, als ob man einen leeren Magen hätte und mehr als genug zu essen. Sie alle beschworen mich, in ihre Häuser zu kommen, mit ihnen das Essen zu teilen und ihnen Segen und Schutz zu gewähren. Ich beschloß, mit ihnen zu gehen, aber ich würde im Haus meines Vaters essen. Ich würde seine Nahrung und seine Armut teilen.

Mein Vater erstarrte vor Ehrfurcht und Schrecken, als er all die bedeutenden Männer des Dorfes auf sein Haus zukommen sah und sie singen hörte, Devidins Tochter sei eine Göttin. Er kannte nur Furcht, und er fürchtete um meine Sicherheit, wie immer.

»Sei vorsichtig, Phoolan«, sagte er. »Du warst es, die Mansukh getötet hat, nicht wahr? Ich wußte es, ich war überzeugt davon. Die Polizei ist hergekommen, und ich war sicher, daß du es warst. Du hättest es nicht tun sollen, Phoolan. Es war böse. Du hast etwas Böses getan!«

»Zu spät. Ich habe es getan, und es ist zu spät. Wäre es auch dir lieber, wenn ich vergessen würde? Erinnere dich an die Zelle in der Polizeistation, in die sie mich gesperrt haben. Er stand genau vor dir und forderte die Polizisten auf, mich zu foltern. Hast du vergessen? Du hast geschrien: ›Laßt sie, tut ihr nicht weh‹, du hast sie immer wieder angefleht! Das war Mansukh. Nun, ich habe es nicht vergessen. Ich habe ihn getötet, und heute werde ich auch Mayadin erschießen!«

Mein Vater fiel auf die Knie.

»Bete, Vater, bete für deine Tochter Phoolan!«

Draußen hörte ich immer noch die Hochrufe der Dörfler.

»Lang lebe Phoolan Devi! Sie hat Erbarmen mit uns! Lang lebe Durga! Sie hat den Sarpanch verschont!«

»Hör ihnen zu, Vater, hör nur ...« Es waren Hunderte von Menschen vor dem Haus. Ich öffnete das Tor, um sie ihm zu zeigen. Sie lagen auf den Knien, wie er, als sei sein Haus ein Tempel geworden.

Allmählich hellte sich die Miene meines Vaters auf. Es zeigte einen Ausdruck, wie ich ihn nie zuvor auf seinem Gesicht gesehen hatte. In seine leblosen Augen kehrte ein Glanz zurück. Die Stärke, die er niemals gehabt hatte – ich hatte sie ihm gegeben, mit Hilfe der

Angst, die ich durch meine Gegenwart und durch mein Gewehr hervorrief. Er erhob sich, einmal in seinem Leben stolz darauf, der Vater Phoolan Devis zu sein, der Göttin, die vom gesamten Dorf verehrt wurde. Zum ersten Mal in seinem Leben, dem Leben eines armen Mallahs, brachte das ganze Dorf ihm Achtung entgegen. »Nun respektieren sie dich«, sagte ich. »Sie haben es vorher nie getan.« Ich sah, daß er stolz war, so stolz, daß er scheu den Blick abwandte.

Die Menschenmenge teilte sich, und ich sah einen Mann näher kommen. Er trug alte, zerrissene Kleider wie ein Armer, und alle paar Schritte blieb er stehen, kniete nieder und berührte mit der Stirn den Boden, als beträte er einen Tempel, um Verzeihung zu erbitten. Es war Mayadin, der dort kniete und mit seiner Nase eine Furche in den Boden zog, als wäre ich eine Göttin. Statt in seine üblichen feinen Kleider war er in Lumpen gehüllt, und er trug ein mit Rupien beladenes Silbertablett vor sich her. Es waren bündelweise Rupien, die dort lagen. Er dachte, er könne sich sein Leben erkaufen!

»Buppa, schau nur, wer da ist! Er wagt es wirklich, in dein Haus zu kommen! Ich werde ihn jetzt sofort töten!«

Aber Vickram packte den Lauf meines Gewehrs, und Madhav riß es mir aus der Hand.

»Tu das nicht! Wenn du ihn tötest, sind wir erledigt. Unser Ruf ist dann vernichtet.«

»Ich soll ihn wegen deines Rufes leben lassen? Ist es das, was du von mir verlangst?«

»Nein«, erwiderte Vickram. »Ich verlange es wegen deines Vaters. Dieser Mann ist sein Neffe, er gehört zu seiner Familie, zu deiner Gemeinschaft. Du mußt ihn verschonen, um deines Vaters willen. Höre, was dein Vater sagt.«

Mein Vater ließ sich erneut auf die Knie fallen, um mich anzuflehen. »Nicht ihn! Nicht deine eigene Familie. Phoolan, ich bitte dich ...«

Mayadin kam mit seinen Rupien näher. Sein Gesicht war dunkel vor Furcht, und das Tablett zitterte in seinen Händen. Er kniete nieder, stellte es vor meine Füße und verharrte mit der Stirn auf dem Boden. Er war meiner Gnade ausgeliefert.

»Ich will deine ekelhaften Rupien nicht.«

Ich hätte ihm allzugern mit einem Schwert den Kopf abgeschlagen. Ich war begierig darauf, ihn zu töten. Aber es war, als hätte sich alles gegen mich verschworen. Man hielt mich davon ab, ihn umzubringen, und trieb mich vor Enttäuschung fast in den Wahnsinn. Madhav wollte mir mein Gewehr nicht wiedergeben, und der Schakal Mayadin bemühte sich, mir seine Verehrung zu bezeugen.

»Vergib mir, Phoolan. Ich will alles tun, was du verlangst. Ich werde deinem Vater Land geben. Ich werde ihm helfen. Ich werde ihm all das geben, was mein Vater ihm hätte geben sollen.«

Mein Vater lag immer noch auf den Knien, er weinte und flehte mich an, Mayadin zu verschonen.

»Laß ihn leben, Phoolan«, sagte Vickram. »Er bittet dich um Verzeihung. Vergib ihm, um deines Vaters willen.«

Ich wußte nicht, was ich noch hätte sagen können.

»Verschwinde mit deinen abscheulichen Rupien! Ich werde dir dein elendes Leben umsonst geben, weil es genau soviel wert ist – nichts!«

Die Dörfler jubelten mir zu und fingen wieder zu singen an. »Lang lebe Phoolan Devi!«

Sie jubelten, weil ich, gegen meinen Willen, eine von ihren Hyänen verschonte.

Vickram nahm das Geld an sich, und Mayadin dankte ihm überschwenglich, daß er sein Angebot nicht verschmähte. Er legte Vickram ein Blumengewinde um den Hals und malte ihm mit dem Finger ein rotes Zeichen der Ergebenheit auf die Stirn.

Vickram nahm das Geld an, das ich abgelehnt hatte. Dieser Verräter! Jetzt sofort wollte ich wissen, wieso … Vickram nahm mich beiseite.

»Hör mir zu, Phoolan. Du mußt den Wunsch deines Vaters achten und seine Familie verschonen.« Ich starrte ihn nur wütend an, und er sagte dasselbe noch einmal, aber er würde mir niemals einreden können, daß wir richtig gehandelt hatten. Wenn ich nachgegeben und Mayadin verschont hatte, war es, weil mein Vater weinte und ich es noch nie hatte ertragen können, meinen Vater weinen zu sehen.

Und wegen des Landes, des gestohlenen Landes, das der Anlaß von allem gewesen war. Mayadin wollte meinem Vater das Land zurückgeben, er brauchte nur noch zuzugreifen, aber mein Vater weigerte sich, es zu nehmen.

»Ich will nur fünf Bighas Land, Phoolan. Das ist mehr als genug.«

»Warum nicht achtzig Bighas? Soviel hat er dir gestohlen. Es gehört alles dir. Es hat deinem Vater gehört.«

»Es ist genug, Phoolan. Ich brauche nicht mehr.«

»Buppa, solange ich ein Megaphon habe, mit dem ich sie anbrüllen, und ein Gewehr, mit dem ich sie einschüchtern kann, werden sie mein Loblied singen, weil sie mir nichts antun können. Jetzt sind sie diejenigen, die um ihr Leben bangen, nur deshalb sind sie freundlich zu mir, und nur deshalb bietet Mayadin dir das Land an, das er gestohlen hat. Aber was würde geschehen, wenn ich eines Tages kein Gewehr mehr hätte und sie mich nicht länger fürchteten?«

»Fünf Bighas. Mehr will ich nicht haben.«

Sie unterzeichneten ein Papier, auf dem meinem Bruder Shiv Narayan fünf Bighas Land überschrieben wurden. Danach wollte der Dieb sich erneut vor mir erniedrigen, mir für meine Großmut danken, aber ich konnte es nicht einmal mehr ertragen, ihn anzuschauen.

»Geh zur Hölle! Komm mir nicht näher. Wenn ich dir noch einmal irgendwo begegne, töte ich dich.«

Vickram steckte die fünfzigtausend Rupien ein, die Mayadin gebracht hatte.

Ich wußte, daß ich es bereuen würde, meinem Vater nachgegeben zu haben. Jedesmal, wenn ich nach diesem Tag an Mayadin dachte, krampfte sich mein Herz vor Zorn zusammen. Er war in meiner Gewalt gewesen, aber statt ihm auch den letzten Rest Leben aus dem Leib zu quetschen, hatte ich ihn verschont.

Daß er mit seinem elenden Leben davongekommen war, bedeutete nichts anderes, als daß ich die ganze Zeit über recht gehabt hatte. Es gab keine Gerechtigkeit.

Ich überließ die Menge vor dem Haus ihrem Jubel und ging im Hof auf und ab. Bhuri und Shiv Narayan folgten mir.

»Laßt mich allein!« schrie ich sie an.

Ich war gezwungen gewesen, Mayadin zu verschonen, und ich hatte gesehen, daß Vickram die Rupien annahm. In meinem Kopf drehte sich alles. Wie hatte Vickram sich meinem Feind gegenüber derart verhalten können? Wo war seine Ehre geblieben? Konnte ich ihm vertrauen, oder hatte auch er zwei Gesichter, wie alle übrigen?

»Wie konntest du mir das antun, Mastana?« fragte ich ihn. »Wie konntest du sein Geld nehmen, nach allem, was er mir angetan hat? Wer bist du wirklich?«

»Du mußt begreifen, daß ich nur deinen Ruf geschützt habe. Er hat dir nie direkt weh getan. Und er war nicht derjenige, der mich bat, dich zu entführen.«

»Er war es, der mich wegen Diebstahl angezeigt hat! Hat es nicht gereicht, daß ich eingesperrt wurde? Er kam, um die Klage zu unterschreiben. Wenn er nicht gelogen und mich bei der Polizei angeschwärzt, wenn er mich als Mitglied seiner eigenen Familie beschützt hätte, wäre ich von all diesen Demütigungen verschont geblieben!«

Ich war völlig erschöpft. Ich wollte keine Einwände mehr hören. Ich konnte nicht stillsitzen, ich konnte nicht trinken, ich konnte mich nicht beruhigen. Ich konnte nur schreien: »Haltet den Mund, ihr alle, haltet den Mund! Versucht nicht noch einmal, mir etwas zu erklären. Ich habe genug gehört!« Ich konnte nur unablässig in unserem Hof herumwandern, so wie ich damals in der Zelle im Polizeigefängnis auf- und abgegangen war. »Wenn das so ist«, schrie ich, »gehe ich fort!«

Es war mein Vater, der mich an den Haaren packte, als sei ich noch ein Kind.

»Sei nicht zornig, Phoolan. Beruhige dich. Immerhin bin ich dein Vater, und ich weiß einiges, was du nicht weißt. Wir müssen verzeihen. Ich weiß, daß du hörst, was ich sage. Versprich mir, daß du verzeihst, Phoolan. Bitte die Götter um Hilfe. Die Götter wissen, wie man verzeiht. Wenn du die Reinkarnation Durgas bist, mußt du vergeben.« Er verstummte und begann erneut zu weinen. »Du bist immer noch mein kleines Mädchen, und ich weiß, daß du ihn nicht töten wirst. Versprich es mir.«

»Und weshalb weinst du immer noch, Buppa?«

»Bitte, Phoolan, ich bitte dich, ihn nicht zu töten.«

»Hör auf zu weinen! Ist gut, ist gut, ich werde ihn nicht töten.«

Dort standen sie alle, mein Bruder und meine Schwester, meine Mutter und mein Vater, mit ausgestreckten Händen. Hinter ihnen, auf der Straße, drängten sich die Dorfbewohner und beobachteten mich. Ich lief fort, so rasch ich nur konnte.

Vickram und die Bande folgten mir in Richtung des Flusses. Mir standen jetzt die Tränen in den Augen, aber ich drehte mich nicht um. Ich rief über die Schulter zurück, daß ich sie in sechs Monaten wiedersehen würde, vielleicht ... Ich meinte meine Familie, nicht das Dorf. Und während ich lief, erkannte ich, was vor mir lag. Ich würde dafür sorgen müssen, daß mein Herz hart wurde. Nicht alle Siege ließen sich mit Gewehrschüssen erringen. Das hatte meine Rückkehr in mein Dorf als Banditin mich gelehrt. Ich hatte schon immer geahnt, daß diese Menschen feige und ohne Rückgrat waren, und jetzt hatte ich die Bestätigung. Sie hatten geweint, als ich fortging – aber nicht, weil ich sie verließ. Mein Vater war der einzige gewesen, der deswegen weinte. Die übrigen hatten vor Erleichterung geweint. Durga hatte ihr Dorf mit ihrer Rache verschont. Es war mein Gewehr, dem sie Lebewohl sagten. Sie fürchteten sich vor der Macht, vor jeder Art von Macht. Das war das einzige, was sie wirklich anbeteten. Und ich hatte gelernt, daß man bei der Gerechtigkeit Kompromisse machen mußte: Du kannst diesen hier töten, Phoolan, aber den anderen muß du verschonen ... Und ich hatte gelernt, nicht auf Frieden zu hoffen. Nichts auf dieser Welt würde mir Frieden geben.

Wir überquerten den Fluß noch vor Sonnenuntergang, sahen zu, daß wir in den Wald kamen, und marschierten die Nacht durch.

Ich schwieg während des ganzen Weges. Vickram versuchte immer noch, mir seine Handlungsweise zu erklären, aber ich weigerte mich, mit ihm zu sprechen.

»Deine Eltern waren so unglücklich. Du mußtest diesem Burschen vergeben, ihnen zuliebe. Du wirst deine Chance noch bekommen, später. Was macht es für einen Unterschied?«

Ich sprach nicht mit ihm, ich antwortete nicht auf seine Fragen, ich weigerte mich sogar zu essen. Selbst seine Männer waren wütend auf ihn. Sie wollten, ebenso wie ich, wissen, wieso Mayadins Tribut in seiner Tasche gelandet war. Aber er war ihr Anführer, und es handelte sich nicht um Beute, also mußten sie es hinnehmen.

Nach einem Marsch von vielen Stunden erreichten wir ein Dorf tief im Dschungel mit Namen Simra. Ich setzte mich so weit wie möglich von Vickram entfernt an ein Flußufer, kühlte meine bloßen Füße im Wasser und sann über den Wald nach, der mich umgab. Von nun an war er mein Heim, mein Leben.

Während ich auf die Bäume starrte, zerbrach etwas in mir. Ich wußte nicht länger, was ich tun sollte. Ich wollte nicht mehr nachdenken.

Ich beobachtete einen kleinen Vogel mit blauen Flügeln, der vom Ufer fortflatterte. Er mußte niemandem außer Gott für die Insekten danken, von denen er sich ernährte; er konnte über die höchsten Baumwipfel hinaus fliegen, ins Licht empor; er konnte am Himmel singen, in Häuser fliegen und im Vorratslager Getreide aufpicken und Wasser trinken, wo immer er wollte. Er mußte die Gesetze der Menschen nicht befolgen. Ich aber mußte es noch immer. Verglichen mit diesem Vogel war ich machtlos.

Wir blieben acht Tage lang in dem Dorf. Die Enttäuschung nagte an mir – und genauso der Ärger darüber, daß ich gezwungen gewesen war, mich dem Willen anderer zu beugen, den Tränen anderer nachzugeben. Es war berauschend gewesen, die Menge »Lang lebe Phoolan Devi!« rufen zu hören. Aber es war demütigend zu wissen, daß sie mir nur deshalb zugejubelt hatten, weil sie Feiglinge waren. Es war herabwürdigend zu erkennen, daß sie, wäre Vickram nicht gewesen, mich niemals eine Göttin genannt und sich vor mir zu Boden geworfen hätten. Ohne ihn hätten sie mich schon längst zum Schweigen gebracht.

Der Verrat des Thakurs

Shri Ram war Vickrams Guru gewesen, der Bandit, der ihm alles beigebracht hatte. Sie hatten gemeinsam im Gefängnis gesessen, aber Vickram war freigelassen worden, während Shri Ram immer noch im Gefängnis in Kanpur auf seinen Prozeß wegen Raubes und anderer Vergehen wartete. Ich wußte, daß Vickram den älteren Dacoit bewunderte, aber da ich seit dem Besuch in meinem Dorf nicht mehr mit ihm gesprochen hatte, erfuhr ich erst durch seinen Onkel, daß Shri Ram und sein Bruder Lala Ram aus dem Gefängnis entlassen worden waren. Vickram hatte eine Kaution von achtzigtausend Rupien für sie bezahlt. Das erklärte immerhin, weshalb er nicht auf Mayadins Geld gespuckt hatte ...

Vickram brach am folgenden Morgen auf, um in einem Dorf einen Traktor auszuleihen. Er teilte allen mit, er wolle im Tempel Opfer bringen und in den Dörfern Süßigkeiten und Rupien verteilen, um die Rückkehr Shri Rams zu feiern.

»Ich möchte, daß ihr alle ihn als euren Anführer willkommen heißt«, sagte Vickram zum Abschied, aber ich hatte das Gefühl, daß Shri Rams Ankunft nichts Gutes bedeutete. Auch die Männer fühlten sich nicht ganz wohl dabei. Es war die übliche Geschichte: Mallahs und Thakurs kamen niemals miteinander aus.

Als die Nacht anbrach, war Vickram noch nicht wieder zurück. Nach einem Mahl, das ich ohne viel Appetit gemeinsam mit den Männern, die ihrem Unmut mit einigen Bemerkungen Luft machten, zu mir genommen hatte, legte ich mich hin und versuchte zu schlafen.

»Die Ram-Brüder sind gefährlich«, hatte Onkel Bare Lal mich gewarnt, während wir aßen. »Wenn sie herkommen, halte dich auf Abstand. Sie sind Thakurs, und Shri Ram hat dieselben üblen Neigungen wie Baboo Gujar. Hüte dich, in seine Nähe zu kommen.«

Früh am nächsten Morgen weckte der Ausguck uns. Er hatte einen Traktor gehört, der sich näherte.

»Wir sind es!« rief Vickram. Außer ihm saßen etwa zehn oder fünfzehn Mann auf dem Gefährt, und einer von ihnen war Shri Ram.

Vickram kam gleich zu meinem Schlafplatz. »Komm und begrüße ihn ... Komm, Phoolan. Du mußt ihm deine Aufwartung machen.« Er hatte eine Matratze unter einen Baum gelegt und Shri Ram aufgefordert, sich dort niederzulassen. Dann legte er ihm ein Blumengewinde um den Hals und verkündete: »Du bist jetzt der Anführer ...«

Shri Ram trug eine schmutzige Hose und ein T-Shirt. Er hatte rote Haare und rote Augen, mit denen er mich eingehend von Kopf bis Fuß musterte.

»Das also ist Phoolan!«

Er betrachtete mich noch einmal von oben bis unten, in der Art, wie Thakurs eben eine Mallah-Frau begutachten, und zwirbelte seinen roten Schnurrbart. Ich empfand sofort eine instinktive Abneigung gegen ihn. Wäre ich wirklich eine Göttin gewesen, wie die Menschen in meinem Dorf es gesagt hatten, hätte ich die Blumengirlande um seinen Hals auf der Stelle in einen Strick oder eine Schlange verwandelt.

»Das also ist Phoolan«, wiederholte er, »und sie schläft mit allen! Sie ist die Hure der Bande!«

Vickram wurde wütend. »Sprich nicht so über sie«, sagte er. »Wir sind verheiratet. Sie ist meine Frau.« Bare Lal war sofort näher zu seinem Neffen gerückt, und Bharat und Madhav hatten die Hände an ihre Gewehre gelegt. Shri Ram hatte mit seiner Bemerkung auch sie beleidigt.

»Phoolan ist unsere Schwester. Hast du keinen Respekt?« sagte Bare Lal.

Vickram wandte sich zu ihnen und gab ihnen durch Gesten zu verstehen, daß sie schweigen sollten, aber Bare Lal warf einen Blick in die Runde der übrigen Männer und forderte Vickram auf: »Sieh zu, daß du ihn wieder loswirst. Er mag dein Anführer sein, aber er ist nicht der unsere.«

Da erhob Shri Ram seine Stimme, um die Männer zum Schweigen zu bringen.

»Es ist mir ganz gleich, ob es euch gefällt oder nicht, Vickram hat mich zum Anführer gemacht«, bellte er, und ohne die Männer eines weiteren Blickes zu würdigen, nahm er Vickram beiseite, um sich mit ihm zu besprechen.

Die Männer murmelten unzufrieden, und ich ging zum Rand der Lichtung, wo ich mich unter einen Baum setzte. Mein Instinkt sagte mir, daß Shri Ram nicht zu trauen war. Nach dem, was er gesagt hatte, wollte ich lieber sterben, als seine Füße zu berühren.

Ein paar Minuten später kam Vickram zu mir und flüsterte mir ins Ohr: »Du mußt ihm verzeihen, Phoolan. Er weiß, daß er einen Fehler gemacht hat, als er das sagte. Es wird nicht wieder vorkommen, das hat er mir versprochen.«

Ich sah, wie Shri Ram mit seinem Schnurrbart spielte und grinste, während er uns beobachtete. Ich wußte nicht, ob er Vickram das Versprechen gegeben hatte oder nicht; aber was ich sah, war seine Falschheit und seine kaum zu zähmende Lüsternheit.

»Laß nicht zu, daß er hierbleibt, Vickram. Er hat mich mit den Blicken ausgezogen!«

»Ich habe dir bereits gesagt, daß es ihm leid tut. Ich schulde ihm alles, Phoolan. Bitte, komm und setz dich zu uns. Bring mich nicht vor ihm in Verlegenheit.«

Ich stand auf und setzte mich zu ihnen, allerdings ein gutes Stück von Shri Ram entfernt, und Vickram erzählte ihm von mir. Er berichtete ihm, wie Baboo Gujar mich behandelt hatte. Ohne es in Worte gefaßt zu haben, ließ er Shri Ram damit wissen, daß er jeden töten würde, der mich anrührte.

Shri Ram nickte beim Zuhören. Dann stand er auf und verbeugte sich vor aller Augen mit zusammengelegten Händen vor mir.

»Bitte, verzeih mir, das habe ich nicht gewußt.«

Er log. Ich wußte, daß er log, auch wenn Vickram es nicht bemerkte. Ich konnte die Gier in seinen roten Augen sehen ...

Nicht lange danach saß ich ein Stück von den Männern entfernt still unter einem Baum, als Shri Ram zu mir kam und sich neben mich setzte. Der Monsun war zurückgekehrt, und es regnete leicht. Unter dem Feigenbaum, wo ich saß, war es trocken.

»Was treibst du hier, Bahanji?« fragte er.

»Nichts«, erwiderte ich. »Du siehst es doch. Ich schütze mich vor dem Regen.«

Es gefiel mir nicht, daß er mich seine Schwägerin nannte. Er schaute sich um, und ich wußte, er vergewisserte sich, daß die Luft rein war. Ich stand auf und rückte so weit wie möglich von ihm ab.

»Was glaubst du eigentlich, wer du bist, du kleine Hure? Du kleines Stück Scheiße! Denkst du, du seist zu gut für mich? Wie können solche wie du – Menschen der niedrigsten Kaste – glauben, sie seien besser als wir? Eines Tages werde ich dich lehren, mir zu gehorchen!«

Ich lief in Tränen aufgelöst zu Vickram, während Shri Ram hinter mir her brüllte.

»Sie lügt! Warum behältst du sie in der Bande? Sie ist ein Flittchen. Ständig reizt sie mich. Sieh zu, daß du sie los wirst!«

Wieder richteten Vickrams Männer ihre Gewehre auf ihn und warnten ihn davor, so über mich zu sprechen. Vickram mußte sie beruhigen. Er nahm sie beiseite und versuchte herunterzuspielen, was sie alle im Innersten wußten: daß Shri Ram ein Thakur war und sie alle verachtete. Sie wollten ihn nicht zum Anführer haben. Sie teilten nicht Vickrams Respekt vor ihm. Shri Ram mochte ihm das Handwerk eines Banditen beigebracht haben, und das Gefängnis mochte die beiden einander nahegebracht haben, aber die anderen Männer hatten nichts mit ihm gemein. Einer nach dem anderen verließen sie die Bande.

Die älteren Banditen gingen als erste. Die Spannung nahm zu, und sie wußten aus Erfahrung, daß es Schwierigkeiten geben würde. Raghu Nath und Bharat tanzten und sangen nicht mehr gemeinsam, wie sie es früher getan hatten. Ein paar der älteren Männer versuchten, Bare Lal zu überreden, mit ihnen fortzugehen, aber obwohl er sich gegen Shri Ram ausgesprochen hatte, blieb er.

»Ich weiß, daß ich langsam zu alt für solche Dinge werde, aber ich muß mich um meinen Neffen kümmern«, sagte er.

Inzwischen war etwa ein Dutzend Thakurs bei uns, Männer, die

Shri Ram selbst ausgesucht hatte. Sie aßen für sich allein und sprachen nur untereinander. Auch sein Bruder Lala Ram hatte sich ihm angeschlossen. Unsere Männer sagten, er sei nicht so gefährlich wie Shri Ram. Die beiden ähnelten einander kaum. Lala Ram besaß eine dunkle Haut und schwarze Haare. Er war klein und stämmig. Er war der jüngere von beiden, aber das hielt ihn nicht davon ab, seinen Bruder zu tadeln und ihn vor versammelter Mannschaft wegen seines schlechten Benehmens zu schelten.

Wenn wir auf einem Beutezug waren, nahm sich Shri Ram immer Angehörige unserer Kaste besonders vor. Er schlug sie, ließ sie vor sich kriechen und beleidigte sie. »Sag es, Mallah«, schnauzte er. »Sag, daß du nichts als ein Hund bist!« Ich bin sicher, hätte man ihn gelassen, hätte er auch Mallah-Frauen vergewaltigt, aber alle Männer hatten ein Auge auf ihn – sogar sein eigener Bruder.

Zur selben Zeit begannen die Männer, die Vickram aufgrund seiner Ergebenheit gegenüber Shri Ram nicht länger trauten, sich um mich zu scharen. Sie bewachten mich Tag und Nacht und nahmen nur Befehle von mir entgegen, nicht von ihrem sogenannten Anführer. Es machte Shri Ram wütend, das zu sehen. Er hörte nicht auf, mich hinter Vickrams Rücken zu beleidigen, er nannte mich eine billige Mallah-Hure. Ich warnte ihn, er solle seine Zunge im Zaum halten. »Du unverschämtes Stück Scheiße«, sagte er. »Wie kannst du es wagen, mir freche Antworten zu geben! Wie kannst du es wagen, die Anführerin zu spielen!«

Die Situation spitzte sich zu. Die Männer hörten nicht auf zu streiten. Traf ein Thakur eine Entscheidung, waren die Mallahs dagegen. Wollten Shri Rams Männer das eine, waren Vickrams Männer für das andere. Trotzdem schafften sie es, genügend Beute zu machen, so daß weder die Vorräte noch das Geld knapp wurden, aber die Männer wurden immer mehr zu Feinden. Ich beschwor Vickram immer wieder, er solle sich in acht nehmen. Shri Ram war schlecht. Ich versuchte Vickram davon zu überzeugen, daß es besser war, ihn und seine Thakur-Bande zu verlassen, aber er sagte, ich würde Shri Ram falsch beurteilen. »Er ist ein sehr gerechter Mann«, sagte er mit allem Nachdruck. Ich war davon überzeugt, daß der rote Teufel uns töten wollte, aber Vickram war blind dafür, weil er ihn anbetete, und er konnte nicht sehen, daß die Falle nur darauf wartete zuzuschnappen.

Aber er konnte seine Augen nicht davor verschließen, daß Shri Ram sich stets die Mallahs herauspickte und die Thakurs verschonte. Und als er immer wieder hörte, daß Shri Ram uns als minderwertig beschimpfte – wir wären eine Kaste von Bauern, die nur dazu taugten, ihm die Füße zu waschen, und die Frauen seien nur zu einem gut –, begann Vickram allmählich einzusehen, daß er einen Fehler gemacht hatte.

Er hörte auch die Gerüchte, denen er jedoch anfangs keinen Glauben schenken wollte: daß Shri Ram nur so lange bei uns Mallahs bleiben würde, wie es ihm Vorteil brachte, und daß er vorhatte, uns zu töten und unser Geld zu nehmen, sobald sich eine Gelegenheit dazu ergab. Darüber hinaus ließ Shri Ram keinen Zweifel daran, daß die Tatsache, daß Vickram und ich bei den unteren Kasten beliebt waren, weil wir ihnen gegen die Thakurs halfen, sein Mißfallen erregte. Als ihn einmal während eines Raubüberfalls ein Mallah aus unserer Bande ein wildes Tier nannte, weil er einen Bauern mißhandelte, war er äußerst wütend geworden.

Vickram und ich gaben vor, von einem Informanten erfahren zu haben, daß die Polizei einen Hinterhalt plante, und gewöhnten uns an, ein Stück weit entfernt von den übrigen zu schlafen, die Gewehre stets bei der Hand. Die anderen Mallahs stellten Wachen auf und schliefen verteilt an verschiedenen Plätzen. Auf diese Weise würde es für Shri Rams Männer schwieriger sein, uns zu überrumpeln.

Die Raubzüge waren fast eine Erholung. Wir führten einen Überfall nach dem anderen aus und marschierten ohne Pause durch den Dschungel, von einem Wald in den anderen.

Manchmal schliefen wir mehrere Tage nicht. Ich war die einzige Frau, und ich hatte niemanden, mit dem ich über meine Probleme hätte sprechen können. Oft lagerten wir fern von jedem Fluß, ohne einen Tropfen Wasser zum Waschen zu haben. Ich mußte tagelang marschieren und verfluchte Gott, daß er mich als Frau erschaffen hatte. Irgend jemand mußte meine Flüche schließlich gehört haben: Unsere Männer begannen, mich mit dem Spitznamen Phool Singh anzureden, der männlichen Form meines Namens. Es war eine Form, mir Respekt wegen meiner Tapferkeit zu zollen, aber wenn Phool Singh Schmerzen im Bauch hatte, hätte sie zehntausend Rupien dafür gegeben, in der Abendkühle ein Bad in der Yamuna nehmen zu können.

Die Männer in unserer Bande behandelten mich wie einen Mann und sprachen mich wie einen Mann an, aber Shri Ram änderte sein Verhalten nicht. Er warf mir lüsterne Blicke zu, zupfte an seinem Schnurrbart, und seine wulstigen Lippen murmelten irgendwelche Obszönitäten.

Ich starrte zurück und machte eine Geste, als schnitte ich seinen Schnurrbart ab.

»Seht sie an! Seht nur!« rief er. »Jetzt bedroht sie mich!«

Endlich schlug Vickram vor, daß wir abrechnen und uns in zwei Banden aufteilen sollten.

»Du hast jetzt Geld und Männer. Du kannst deine eigenen Operationen ausführen. Wir sollten diese Probleme mit den Kasten vermeiden. Du bist ein Thakur, also bilde eine Bande von Thakurs, und wir haben unsere eigene Bande.«

Aber Shri Ram hatte andere Pläne. »Hier«, sagte er, »nimm mein Gewehr, wenn du willst, und töte mich, oder ich töte mich selbst, aber ich will bei dir bleiben, Vickram. Du bist für mich wie ein Sohn. Weshalb hast du mich aus dem Gefängnis geholt, wenn du nicht mit mir zusammen sein willst?«

Dann schaute er mich an.

»Sie ist dein Problem«, sagte er. »Du hörst zuviel auf sie. Sie hat dir den Kopf verdreht. Wegen ihr hast du keinen Respekt mehr vor mir, also mach schon – töte mich, wenn du willst!«

Er fing sogar an zu schluchzen und fiel vor Vickram auf die Knie.

»Schon gut, schon gut! Vergiß, was ich gesagt habe. Bleib ...«

Shri Ram erhob sich von den Knien und gab Vickram einen Klaps auf den Rücken. In Wahrheit beglückwünschte er sich selbst.

Es war seine Idee, den Männern eine Ablenkung zu bieten und ein Spiel zu machen, das »Kabbadi« hieß. Er sagte, es würde uns auf andere Gedanken bringen. Er zog eine Linie durch die Mitte der großen Lichtung, auf der unser Lagerplatz war. Dann kündigte Shri Ram groß an, daß die Mannschaften nach dem Zufallsprinzip ausgewählt werden sollten.

»Vickram und ich sind die Spielleiter, aber die Mannschaften werden nicht nach der Kaste ausgesucht. Wir lassen das Los entscheiden!« Er hielt einen Stein in der einen und ein Blatt in der anderen Hand und machte abwechselnd nach links und rechts nickende Bewegungen mit dem Kinn, wie ein großer, roter Papagei.

Die Männer wurden in zwei Mannschaften aufgeteilt; ein Mann von der einen Partei mußte zur anderen Seite rennen, »Kabbadi!« rufen und versuchen, seinen Gegner zu berühren, während die Männer der anderen Partei versuchten, ihn zu ergreifen. Ich kannte das Spiel – wir hatten es, als ich klein war, in unserem Dorf gespielt –, aber diese Männer spielten es viel rauher. Ich hatte nicht die Absicht, daran teilzunehmen. Zuzulassen, daß ein Mann mich berührte, kam nicht in Frage, und ich hatte auch noch andere Gründe ...

Die Männer hatten ihre Gewehre fortgelegt, um spielen zu können. Ich beobachtete sie aus der Ferne von einer Stelle aus, die es mir erlaubte, die ganze Lichtung zu überschauen. Als er mich still bei meinem Rucksack kauern sah, murrte Shri Ram. »Vickram, sag ihr, daß sie ihr Gewehr hinlegen und mitmachen soll. Sie ist eine gute Läuferin!«

Aber Vickram hatte mich angewiesen, mich nicht von der Stelle zu rühren. Er hatte mir eingeschärft, die Augen nicht von Shri Ram zu lassen und mein Gewehr von dem Moment an, in dem er – Vickram – sich von seiner Waffe getrennt hatte, nicht aus der Hand zu legen.

Das Leben wurde allmählich unerträglich. Ich war ständig auf der Hut und achtete auf jede Bewegung in meiner Nähe.

Aus dem einen Spiel wurde ein langer Wettbewerb, und jedesmal, wenn sie spielten, mußte ich die Männer beobachten, von der Angst erfüllt, daß, wenn schon Shri Ram sich nicht gegen uns wandte, uns jeden Augenblick die Polizei inmitten eines Spiels ohne Waffen überraschen könnte.

Etwa eine Woche später saß ich eines Abends, während die

Männer sich zu einem Spiel bereitmachten, am Fluß, als ich eine Kugel an meinem Kopf vorbeipfeifen hörte. Sie hatte mich nur knapp verfehlt. Beim Knall des Schusses waren alle Männer in Deckung gegangen – alle bis auf Shri Ram, der dort stand und hinterhältig grinste.

»Tut mir leid! Ich habe auf einen Vogel gezielt!«

Er hatte absichtlich auf mich geschossen. Ich hatte gesehen, wie er das Gewehr hob, vorgab, in den Himmel zu zielen, und dann den Lauf senkte. Nun war ich an der Reihe, ihn tanzen zu lassen ... Ich hob mein Gewehr, schwenkte den Lauf nach links und rechts und zielte auf seinen Kopf.

Er drehte sich um und lief schreiend fort.

»Das habe ich nicht gewollt!« rief ich hinter ihm her. »Ich konnte nur den Lauf nicht ruhig halten!«

Ich senkte das Gewehr, und die Männer lachten. Für einen Augenblick begegneten sich unsere Blicke. In seinem sah ich den ganzen Haß und die Enttäuschung eines Thakurs, der mich weder vernichten noch einschüchtern konnte. Ich hoffte, daß er in meinen Augen Stolz und Befriedigung fand. Ich hoffte, er hatte die Botschaft verstanden, daß ich ihn getötet hätte, wenn Vickram nicht dabei gewesen wäre.

Die Männer warteten auf eine weitere Kraftprobe, aber Vickram lachte nur und versuchte, die Situation herunterzuspielen.

»Du wolltest einen Vogel treffen? Nun, Phoolan hat dasselbe versucht. Warum läufst du fort?«

Vickram bedeutete mir durch Zeichen, daß ich mich beruhigen sollte. Er fürchtete sich vor einer Auseinandersetzung zwischen den beiden Banden, die zu einem Massaker führen würde. Ich wußte nicht einmal, wie lange er noch bereit sein würde, diese Situation hinzunehmen. Wir waren nicht mehr zusammen, wir sprachen kaum noch miteinander, um nicht die Eifersucht Shri Rams zu erregen.

Eines Tages lud ein Dörfler uns zur Hochzeit seiner Tochter ein. Wir gingen häufig zu Dorffesten, und wenn die Eltern einer Braut arm waren, spendeten Vickram und ich Geld, um dem Brautvater bei der Zahlung der Mitgift zu helfen. Manchmal übernahm ich anstelle der Brautmutter die Kanya-daan-Zeremonie und überreichte dem Bräutigam Geschenke. Die Dörfler beschützten uns, weil wir das Geld der Reichen dazu verwandten, um den Armen zu helfen, und ich hatte nicht vergessen, wie sehr meine Familie hatte kämpfen und hungern müssen, um unsere Mitgift zu bezahlen.

Als wir zu der Hochzeit aufbrachen, entschied Shri Ram sich plötzlich, uns zu begleiten. Er wollte seinen Bruder Lala und einige seiner Männer mitnehmen. Lala Ram bemühte sich schon seit einigen Tagen, seinen Bruder zu beschwichtigen, und die Spannungen zwischen uns hatten abgenommen. Wir beschlossen, sie mitgehen zu lassen. Der Mond stand hoch am Himmel, und über die Ebene blies ein Wind, als wir uns auf den Weg machten. Die meisten der Männer Vickrams waren schon voraus zum Dorf gegangen, um sich zu vergewissern, daß die Luft rein war, nur Onkel Bare Lal war bei uns – und Shri Ram und seine Männer.

Wir gingen über die Felder, bis wir an die Straße zum Dorf kamen, wo wir einen Mann trafen, der neben einem Stapel Wassermelonen wartete. Der Mann erkannte mich: »Schau her, Phool Singh«, sagte er. »Ich habe schöne Melonen für dich!« Wir waren schon eine Zeitlang gegangen und ziemlich weit von unserem Lager entfernt. Ich hatte Durst. Lala Ram nahm ein Stück Melone entgegen und forderte mich auf, ebenfalls ein Stück zu nehmen. »Iß! Sie sind gut!«

Lala Ram stand neben mir, und Bare Lal war jetzt bei den übrigen Männern, die sich über die Felder verstreut hatten und ihre Fackeln schwenken sollten, falls es sich um einen Hinterhalt handelte. Ich bemerkte nicht, daß Shri Ram zurückgeblieben war.

Vickram nahm ein Stück Melone und begann zu essen. Er sprach mit dem Mann, der seine Melonen am Straßenrand gestapelt hatte. Plötzlich fiel ein Schuß – und noch einer –, und Vickram brach zusammen.

Ich schoß sofort in die Luft, um die übrigen zu warnen, weil ich dachte, die Polizei hätte uns eine Falle gestellt. In meinem Kopf drehte sich alles. Ich konnte im Mondlicht nur Schatten ausmachen, aber plötzlich sah ich Lala Ram auf mich zukommen. Blitzartig begriff ich, daß Shri Ram die Schüsse abgegeben hatte. Ich richtete mein Gewehr auf Lala Ram.

»Zurück, du Bastard!«

Ich schoß über seinen Kopf hinweg, um ihm zu zeigen, daß es mir ernst war.

Von Shri Ram war nichts zu sehen. »Ich weiß, daß du auf Vickram geschossen hast!« rief ich laut in die Nacht, damit er mich hörte. »Wenn du schießt, töte ich deinen Bruder!«

Ich hörte hinter mir jemanden laufen, und dann tauchte Shri Ram auf.

»Wovon sprichst du?« fragte er. »Ich bin doch hier. Ich habe nicht auf ihn geschossen. Es war dieser Kerl, der dir die Wassermelone gab. Er muß mit dieser Sache zu tun haben. Ich war dort bei den Bäumen, um zu pinkeln.«

»Rühr dich nicht!« sagte ich. Ich zielte immer noch auf seinen Bruder. Auch der Mann mit den Melonen stand noch da, vor Angst wie versteinert. Wäre er der Köder gewesen, hätte er nach dem ersten Schuß sofort Deckung gesucht.

Ich war allein, umringt, aber ich hörte die Rufe unserer Männer, die aus der Richtung des Dorfes zurückgelaufen kamen. Shri Rams Männer wagten nicht, sich zu rühren. Sie warteten auf ein Zeichen ihres Anführers. Ich hatte seinen Bruder im Visier und rechnete meine Chancen aus, Shri Ram erschießen zu können, bevor er mich erschoß ... Ich hielt Vickram für tot, und es kümmerte mich nicht, ob ich weiterlebte oder starb.

»Phoolan ... hier ...«

Vickrams Stimme!

Er kämpfte sich auf die Füße, das Gewehr in der Hand. Als ich ihn hörte, liefen mir Tränen der Erleichterung übers Gesicht, aber ich ließ die beiden Brüder nicht aus den Augen. Ihre Gewehre zielten immer noch auf uns.

Ich trat näher zu Vickram, während wir darauf warteten, daß unsere Männer bei uns eintrafen. »Beweg dich nicht, sonst erschießt er uns beide«, flüsterte Vickram. »Ich habe mitbekommen, wie er schoß. Aber beschuldige niemanden, was auch immer du tust, sag nichts!« Er rief mit seiner tiefen Stimme den beiden Brüdern zu: »Keiner rührt sich. Ich bin nicht tot.«

Der Mond schien hell genug, daß ich die Blutflecken an seiner Uniform erkennen konnte. Man hatte ihn in den Rücken geschossen! Das konnte nur ein Feigling wie Shri Ram gewesen sein. Er war als einziger hinter uns gewesen. Die übrigen waren vor mir gegangen, aber er war zurückgefallen. Und niemand sonst würde Vickram in den Rücken schießen!

Die Schüsse waren aus einem Gewehr Kaliber 12 abgegeben worden. Aus Vickrams Rücken quoll Blut, seine Kleidung war angesengt, und es stank nach Schwefel. Aber Vickrams Stimme war fest gewesen. Er wollte sie nicht wissen lassen, daß er ernsthaft verletzt war. Er bat den Melonenverkäufer, ihm ein Tuch zu geben. »Irgendein Tuch«, sagte er. Der Mann zog sein Hemd aus und reichte es Vickram, der es sich so um die Taille band, daß es seine Wunden bedeckte. Dann flüsterte er mir zu: »Mach dir keine Sorgen, Phoolan. Es ist nichts Ernstes. Ich kann noch stehen. Bleib ruhig und warte, bis die übrigen hier sind.«

Er war oberhalb der Taille getroffen worden; ich konnte die Stellen genau erkennen. Er verlor viel Blut, es lief seine Hose hinab und über die Schuhe, aber er kümmerte sich nicht darum. Sein Gesicht war starr.

Endlich kamen unsere Männer bei uns an. »Was ist passiert?« erkundigte sich Bare Lal. »Bist du schwer verletzt? Wer hat auf dich geschossen?«

»Wir wissen es nicht«, sagte Shri Ram. »Dieser Bauer hier hat irgendwas damit zu tun.«

Die Männer drehten sich zu dem Melonenverkäufer, der zu erschrocken war, um sich rühren zu können.

Rasch sagte Vickram: »Laßt ihn in Ruhe. Er hat nichts damit zu tun. Sagt ihm, er soll uns einen Wagen holen – rasch.«

Vickram stand immer noch aufrecht, mit dem Gewehr in der Hand, und zehn seiner Männer waren jetzt um ihn geschart. Ich zählte die Mitglieder von Shri Rams Bande. Sie waren zu elft.

Vickram sprach langsam. »Kommt uns nicht zu nahe, sonst schieße ich. Und ich weiß nicht, wen ich treffen werde …«

Sie regten sich nicht.

»Jemand hat mich in den Rücken geschossen, und ich weiß, wer es war. Ich will euch nicht mehr sehen. Ihr seid eine Bande von Feiglingen, ihr seid nicht einmal einen Haufen Scheiße wert. Verschwindet! Los!«

Unsere Männer erkannten sofort, daß Vickram ein Blutbad vermeiden wollte, und auch Shri Rams Männer begriffen das. Würde einer von uns das Feuer eröffnen, würden wir möglicherweise zum Schluß alle hier tot auf dem Feld liegen. Der Haß war so greifbar, daß ich jeden Augenblick erwartete, daß die Gewehre losgingen. Die Stille war so gespannt, daß ich das Gras im Wind rascheln hören konnte.

Shri Ram war der erste, der sich rührte. Er wandte sich um und bedeutete seinen Männern mit einer vorsichtigen Armbewegung, ihm zu folgen.

Sie zogen sich langsam zurück, ohne uns aus den Augen zu lassen. Und dann hörten wir in der Stille der Nacht das Getrappel ihrer Füße. Sie flohen wie die Ratten.

Erst als wieder Stille eingekehrt war, brach Vickram zusammen und sackte gegen einen Stein am Wegesrand. Ich hob seinen Kopf an und schob meinen Rucksack darunter. Bare Lal begutachtete Vickrams Wunden im Schein seiner Fackel.

»Er hat Glück gehabt«, sagte er. »Zwei Kugeln, zu beiden Seiten der Wirbelsäule. Ein kleines Stück näher ran, und er wäre gelähmt gewesen.«

Vickram war bleich. Er schwitzte stark und zitterte.

»Es ist gut. Er wird nicht sterben. Er kommt wieder in Ordnung«, sagte Bare Lal.

»Es tut höllisch weh, Phoolan, es verbrennt mich! Gieß Wasser darauf!«

Ich rannte zum Fluß, und während ich meine Feldflasche füllte, begann ich zu schluchzen. Wenn er stirbt, dachte ich, was wird dann aus mir? Als ich zu ihm zurücklief, spürte ich, wie meine nassen Wangen kalt wurden.

Das Hemd, das er sich um die Taille gebunden hatte, war bereits von hellrotem Blut getränkt. In den unteren Teil seiner Kurta, knapp oberhalb seiner Hüfte, waren zwei Löcher gebrannt. Die

Kugeln mußten ihn glatt durchschlagen haben. Ich goß langsam das Wasser über seine Wunden. Es nützte nichts. Das Blut sprudelte weiter aus ihm heraus …

Ich hörte die Männer flüstern, er würde es nicht schaffen, er würde sterben. Ich wandte mich an Gott. »Verdammt sollst du sein«, fluchte ich. »Gib mir nicht einen Mann, der mich beschützt, um ihn mir dann wieder zu nehmen! Fluch über dich!«

Ich verfluchte alle Götter und schüttelte in ohnmächtiger Wut und Verzweiflung meinen Kopf, als ich neben dem einzigen Mann niederkniete, der mir je Liebe geschenkt hatte.

Eine halbe Stunde später kam der Melonenbauer mit einem anderen Mann aus dem Dorf zurück, der einen vor einen Karren gespannten Ochsen am Zügel führte. Wir legten Vickram auf den Karren. Ich bettete seinen Kopf in meinen Schoß, als wir langsam Fahrt aufnahmen. Er mußte meine Tränen gespürt haben, die auf sein Gesicht fielen. Er öffnete die Augen.

»Weine nicht, Phoolan, weine nicht. Mir geht es gut. Es tut nicht mehr weh. Der Schmerz hat aufgehört.«

»Ich habe Angst! Ich will nicht, daß du stirbst!«

»Hab keine Angst. Ich liebe dich. Du bist meine Frau. Ich werde dich nicht verlassen.«

Der Karren brachte uns ins Dorf, wo wir rasch unsere Kleider wechselten, bevor wir nach Orai aufbrachen. Der Mann mit dem Ochsenkarren sagte, Vickram blute zu heftig, um den Bus nehmen zu können, und er bot an, uns mit seinem Karren zu fahren. Er setzte hinzu, wir könnten dem Arzt sagen, Vickram habe einen Unfall gehabt, und er, der Melonenbauer, habe ihn gefunden.

Ich nahm mein Gewehr und den Patronengürtel ab und gab beides einem der Männer. Dann holte ich einen Sari aus dem Rucksack und zog ihn über meine Uniform. Phoolan Devi mußte wie die Frau eines Dörflers aussehen, der verletzt am Weg gefunden worden war. Ich nahm die Uhr, die Vickram mir geschenkt hatte, und seinen Schmuck ab und gab sie dem Mann mit dem Ochsenkarren. Ich wollte ihm auch schon meine Armreifen geben, als Vickram mir Einhalt gebot.

»Behalte sie.«

»Wozu? Er ist ein armer Mann, und er nimmt ein großes Risiko auf sich.«

»Du bist meine Frau. Ich will, daß du den Schmuck behältst, den ich dir geschenkt habe.« Er versuchte zu lächeln. »Es ist lange her, seit ich dich zuletzt in einem Sari gesehen habe ...«

Er stemmte sich hoch. »Schau nur, ich kann mich bewegen. Es wird alles wieder gut.«

Unsere Männer kehrten widerstrebend in den Wald zurück. Man konnte sich nur in einer Stadt um Vickram kümmern, und es würde zu viel Polizei dort geben. Bare Lal sagte, er wolle mit uns kommen. Er legte seine Uniform ab und zog sich einen Dhoti und eine Kurta an, und zu dritt brachen wir auf. Wir mußten dem Bauern mit dem Karren vertrauen. Er schien jedenfalls nicht dumm zu sein. Er riet uns anzugeben, Vickram sei von zwei Metallstangen auf einem zurücksetzenden Lastwagen durchbohrt worden.

Es war noch Nacht, als wir in Orai ankamen. Wir bemühten uns, im Schatten zu bleiben, außerhalb des Lichtscheins der Straßenlampen, um nicht gesehen zu werden. Wenn wir von der Polizei aufgehalten wurden, bestand die Gefahr, daß sie Vickram erkannten. Er war bewußtlos, und die Matratze, die wir ihm untergelegt hatten, war blutdurchtränkt.

Bare Lal und der Karrenlenker ließen uns unter einem Neem-Baum zurück und machten sich auf die Suche nach einem Arzt, aber sie kehrten schon bald zurück und sagten, alle Ärzte, die sie hatten finden können, hätten sich entweder geweigert oder gesagt, wir müßten erst der Polizei Bericht erstatten. Erst gegen Morgen machten sie einen jungen Arzt ausfindig, der bereit war, für hundert Rupien mitzukommen. Er warf einen kurzen Blick auf Vickram und sagte: »Er wird es nicht schaffen, er hat zuviel Blut verloren.« Dann schaute er uns an und fragte: »Wie ist sein Name? Woher kommt er?« Er wollte Vickrams Verletzungen sehen, aber Bare Lal hinderte ihn daran. »Wenn Sie ihn operieren wollen, in Ordnung, wenn nicht, gehen Sie wieder.« Der Arzt wurde unwillig. Er fühlte Vickram den Puls. »Wenn nicht rasch etwas geschieht, wird dieser Mann sterben.« Er öffnete seine Tasche. Die lange Nadel ließ bei mir schlimme Erinnerungen hochkommen. Ich hatte keine Ahnung von Medizin, und die einzige Injektion, die ich jemals bekommen hatte, lag lange zurück, es war in meiner Kindheit, als mein Vater mich aus der Gewalt von Putti Lal befreit hatte.

Bare Lal zahlte dem Arzt seine hundert Rupien und schickte ihn fort. Der Karrenbesitzer ging, um einen anderen Arzt zu suchen. Inzwischen war es heller Morgen, und Menschen drängten sich um uns herum, die wissen wollten, was geschehen war. Es waren Jatavs und Leute aus anderen niederen Kasten. Einige von ihnen brachten warme Milch für Vickram, er konnte sie jedoch nicht trinken. Die Injektion hatte ihn wieder zu sich gebracht, aber sein Gesicht war aschfahl, und seine Lippen waren blau angelaufen. Bare Lal und ich lenkten den Karren in den Schatten und warteten. Die Zeit verstrich langsam. Ich wiegte Vickrams Kopf hilflos in meinen Armen. Bald war Mittag, und immer noch war nichts von dem Karrenbesitzer oder einem Arzt zu sehen.

Ich konnte Vickram, der sonst mit einer so kräftigen Stimme sprach, kaum flüstern hören. Er sagte, wir sollten ein Taxi nach Jhansi nehmen, um seinen Bruder Rampal aufzusuchen. »Er ist Lehrer an einer Schule ...«

Ich war noch nie so weit fort gewesen. Jhansi war eine große Stadt. Ich fragte mich, wie viele Hunderte von Schulen es dort wohl geben mochte. Aber Bare Lal sagte, er kenne jemanden, der uns vielleicht sagen könnte, wo wir Vickrams Bruder fänden. Wir würden stundenlang auf der Straße sein, und es wäre sicher schon spät, wenn wir ankämen, aber wir hatten keine andere Wahl. Der Karrenbesitzer kam zurück und sagte, niemand wolle uns helfen. Vickram war wieder bewußtlos. Wir setzten ihn in eine Decke gehüllt in ein Taxi und fuhren los.

Wir fuhren auf einer schwarzen Teerstraße, auf der viel Verkehr war, in südliche Richtung und ließen die Yamuna weit hinter uns. Ich war noch nie auf einer Straße so weit weg gewesen, und ich war noch nie in einem Auto gefahren, aber ich war zu aufgeregt, um weiter darauf zu achten. Ich fragte Bare Lal nach dem Mann, den er in Jhansi kannte. »Kannst du ihm vertrauen?« fragte ich. »Weiß er über Vickram Bescheid?« Bare Lal erwiderte, ich solle mir keine Sorgen machen. »Der Mann ist ein Pandit, ein Gelehrter und wichtiger Mann, der viele Weizenfelder besitzt. Rampal arbeitet für ihn, und er wird uns sagen, wo wir ihn finden können.« Ich betete stumm, daß er recht haben möge. Von Zeit zu Zeit erschauerte Vickram und bat um Wasser, dann verstummte er wieder. Der Fahrer des weißen Taxis bemerkte es, aber er sagte nichts.

Jhansi war schon fast an der Grenze zu Madya Pradesh, dem nächsten Bundesstaat. Ein rotes Fort, in dem einst ein Maharajah gelebt hatte, stand auf einem Hügel, von wo man die Stadt überblikken konnte. Sie war viel größer als Orai, es gab hohe Gebäude mit vielen Stockwerken, und ich hatte noch nie so viele Menschen gesehen wie hier. Es war Abend, als wir dort ankamen, und die Stände und Verkaufsläden waren erleuchtet. Aber ich hatte nur Gedanken für Vickram. Sein Atem war so schwach geworden, daß ich ihn kaum mehr hören konnte.

Der Pandit war ein reicher Mann, der in einem großen gemauerten Haus wohnte. Bare Lal ging hinein und kam bald darauf mit ihm wieder heraus.

»Wer sind Sie?« fragte der Pandit, als er mich am Taxi stehen sah. Er hatte graue Haare und war gut gekleidet.

»Es tut nichts zur Sache«, erwiderte ich. »Wo ist Rampal?«

»Er ist um diese Zeit nicht hier. Sie müssen später wiederkommen. Sind Sie Vickrams Frau?«

»Ja.«

Er mußte mich für Vickrams erste Frau gehalten haben, und ich beließ es dabei. Ich befürchtete, daß er bereits von Phoolan Devi gehört hatte. Er sagte, wir könnten hereinkommen und warten, und ich beschloß, das Risiko auf mich zu nehmen und es ihm zu sagen.

»Vickram ist bei mir«, sagte ich. »Er ist verletzt und braucht Hilfe.«

Der Pandit rief seine Frau, die noch im Haus war, und sie warfen einen Blick in das Taxi. Dort hatte sich schon eine große Anzahl von Menschen versammelt, die den blassen, schwitzenden Mann anstarrten, der, in eine Decke gehüllt, auf dem Rücksitz saß. Der Pandit scheuchte sie fort und wies den Taxifahrer an, rückwärts an das Tor zu fahren. Er selbst holte Vickram aus dem Wagen und trug ihn ins Haus. Bare Lal bezahlte den Taxifahrer und schaute ihm sorgenvoll nach, als er davonfuhr. Er hatte das Blut gesehen ...

Wir betraten einen großen Raum mit gut gefüllten Regalen an den Wänden. In der Mitte stand ein großes Bett, auf das der Pandit Vickram legte. Er schaute auf die blutüberströmten Hände, die blutgetränkte Decke und auf Vickrams bleiches Gesicht.

»Was ist passiert?«

»Bitte ... wir brauchen Hilfe.«

Ich war erschöpft und verzweifelt. Ich wußte nicht, was ich ihm noch sagen sollte.

»Was erwarten Sie von mir, was soll ich für Sie tun? Er wurde angeschossen, stimmt's?«

Ich erzählte ihm, was geschehen war. Es hatte keinen Sinn, ihm Lügen aufzutischen. Er mußte ohnehin wissen, daß Vickram ein Bandit war, denn er kannte seine Familie.

»Es war ein Hinterhalt. Er wird sterben. Bitte, helfen Sie uns! Es spielt keine Rolle, wieviel es kostet, wir werden Ihnen das Geld besorgen, aber Sie müssen jemanden finden, der uns helfen kann!«

»Wartet hier, ich werde anrufen.«

Ich konnte Pandit im Zimmer nebenan sprechen hören, aber ich wußte natürlich nicht, mit wem er sprach. »Ich weiß es nicht«, sagte er, »sie haben mir nur gesagt, daß er im Rücken von einer Eisenstange verletzt wurde ...« Einen Augenblick lang dachte ich, es müsse jemand im Raum bei ihm sein. Dann begriff ich, daß der Pandit wirklich reich war. Er hatte Elektrizität im Haus und ein Telefon. Ich hatte noch nie in ein Telefon gesprochen. Ich wußte, daß es sie gab, aber sie waren für mich ein ebensolches Geheimnis wie das Gewirr von Drähten, das draußen an den Elektromasten hing.

Vickram lag reglos auf dem Bett, und Bare Lal und ich warteten neben ihm. Er hatte endlich zu bluten aufgehört. Ich fürchtete, daß bereits alles Blut aus ihm herausgelaufen war. Aber ich sah, wie seine dünnen Lippen sich bewegten, und als ich mein Ohr seinem Mund näherte, hörte ich, daß er mich bat, seine Hände zu halten.

Sie waren kalt. Ich rieb sie langsam, um sie zu wärmen. Im

elektrischen Licht sah sein Gesicht geisterhaft aus, so als wäre er schon tot.

Der Pandit hatte Mühe gehabt, den Arzt zu überreden, daß er kam. Schließlich hatte er ihm eine Geschichte von einem Kampf zwischen drei Brüdern erzählt. Er sagte, der dritte von ihnen habe versucht, die beiden anderen zu trennen, und dabei sei ein Gewehr losgegangen. Der Arzt hatte gesagt, er müsse der Polizei davon berichten, was immer es auch für eine Geschichte sei, und er wollte zweihundertfünfzigtausend Rupien haben. Der Pandit fragte, ob wir einverstanden wären. Bare Lal wollte selbst mit dem Arzt sprechen und ging ans Telefon. Er einigte sich mit ihm auf hunderttausend Rupien in bar und weitere dreißigtausend nach der Operation. Ich versprach dem Pandit, daß ich das Geld auftreiben würde.

Rampal, Vickrams Bruder, erschien kurze Zeit später. Ich kannte ihn nicht. Er war kleiner und schwerer als sein Bruder, hatte breite Schultern und schmale Hüften und eine hohe, fast weibliche Stimme. Er brach in Tränen aus, als er Vickram sah, und begrüßte mich höflich als seine älteste Schwägerin. Aber er war keine große Hilfe für uns. Er fiel neben dem Bett seines Bruders auf die Knie und hörte nicht auf, darüber zu jammern, daß Vickram sterben würde.

Ich forderte ihn auf, sich zusammenzureißen. Der Handel am Telefon hatte mich bereits an den Rand der Verzweiflung gebracht. Wir würden Vickram aus dem Haus in eine Mühle auf dem Land schaffen müssen, die dem Pandit gehörte. Dort würde der Arzt ihn operieren. Wir konnten nicht in der Stadt bleiben. Der Fahrer des Taxis, mit dem wir hergekommen waren, hatte das Blut gesehen und vielleicht schon die Polizei verständigt.

Es war Mitternacht, als wir ein anderes Taxi riefen. Wir wickelten Vickram in eine neue Decke, und Bare Lal stützte ihn von einer Seite und Rampal von der anderen. Er sah krank aus oder vielleicht sogar betrunken, und der Taxifahrer stellte keine Fragen. Bare Lal war groß und wirkte mit seinem Schnauzbart wie ein Thakur. Schon sein grimmiger Gesichtsausdruck ließ den Taxifahrer verstummen. Der Pandit kam nicht mit uns. Er verabschiedete sich auf der Treppe vor dem Haus von uns, als hätten wir gerade einen Familienbesuch gemacht, und ich setzte mich auf den Vordersitz des Taxis, den Sari über meinen Kopf gezogen.

Eine Stunde später erreichten wir eine große Getreidemühle. Drei Männer erwarteten uns hinter dem Tor. Sobald das Taxi fortgefahren war, machten sie sich an die Arbeit.

Sie trugen Vickram in einen leeren Raum und bedeuteten uns, draußen zu warten. Ich konnte Vickram leise sprechen hören.

»Wasser, Phoolan. Etwas zu trinken, Phoolan ...«

Einer der Ärzte kam heraus und fragte, wer Phoolan sei.

»Sie hier, sie ist seine Frau«, erwiderte Rampal unbedacht. Ich hoffte, sie würden jetzt keine Verbindung zu Phoolan Devi und Vickram, den Mallah, herstellen. Unsere Namen waren bekannt, und auf unsere Köpfe war ein Preis ausgesetzt. Ich folgte dem Arzt mit dem Sari über dem Kopf in den Raum. Sie hatten Vickrams Uniform mit Scheren aufgeschnitten und ihn nackt, mit dem Bauch nach unten, auf den Tisch gelegt. Einer der Ärzte wusch mit einem Schwamm das Blut aus seinen Wunden. Vickram rief jetzt nicht mehr nach mir. Ich konnte nur sein Profil sehen. Er sah blaß, aber ruhig aus, als würde er nur schlafen.

Ich blieb einige Minuten lang dort stehen und schaute zu, was sie taten. Sie holten metallene Instrumente aus ihren Taschen und legten sie in Reihen auf kleine, weiße Tabletts. »Sie müssen jetzt gehen«, sagte einer der Ärzte zu mir. »Wir warten darauf, daß das Anästhetikum wirkt, dann werden wir operieren.«

Aber ich wollte nicht gehen. Ich traute ihnen nicht. Zwei der Ärzte hatten angefangen, die Haut auf seinem Rücken mit einem langen, dünnen Silbermesser aufzuschneiden. Die Ränder der Wunde klafften auseinander. Die beiden Ärzte gaben dem dritten ein Zeichen, er solle mich zum Gehen auffordern.

Während wir auf dem Flur warteten, fragte ich Onkel Bare Lal: »Was ist ein Anästhetikum?«

»Es läßt dich einschlafen, so daß du nichts von der Operation spürst«, erwiderte er. »Mach dir keine Sorgen.«

Neben mir schluchzte Rampal und rang die Hände. Ich hockte mich neben den beiden auf den Boden der leeren Diele. Durch ein Fenster sah ich die dunkle Nacht und den kalten Mond – denselben

Mond, der am Abend zuvor geleuchtet hatte, als Shri Ram auf Vickram schoß.

»Bare Lal, wir werden uns den verdammten rothaarigen Bastard schnappen.«

»Vickram wird ihn sich schnappen.«

Trotz aller Strapazen war ich nicht müde. Ich sah wieder das Feld vor mir, hörte noch einmal den zweifachen Donner der fast gleichzeitig abgegebenen Schüsse und sah Vickram stürzen. In jenem Augenblick hatte ich geglaubt, er wäre tot. Hätte der rote Teufel besser gezielt, wäre es wohl zu einem Massaker gekommen. Wir hätten schon alle tot sein können, wenn Vickram nicht einen kühlen Kopf bewahrt hätte.

Vickram war klug und loyal. Es war seine Loyalität, die es diesen Verrätern ermöglicht hatte, ihn zu überrumpeln. Er hatte mich so vieles gelehrt – daß die Flüsse weit weg in den Bergen entsprangen, wo die Götter wohnten, und daß unser Land so groß war, daß ich niemals sein Ende sehen würde. Er konnte Zeitungen und Bücher lesen, er konnte sich gut ausdrücken, er war gerecht und aufrichtig, und er hatte mir gesagt, daß er mich liebte. Ich liebte ihn ebenfalls, wie einen Bruder, einen Vater, einen Anführer. Er war ein Teil von mir, ein Teil meiner Seele und ein Teil meines Seins. Er konnte nicht sterben, denn wenn er starb, würde auch ich sterben.

»Weine nicht, Phoolan. Es wird alles wieder gut.«

»Ich weiß, Bare Lal.«

Durga würde ihn retten.

Es war beinahe schon Mittag des nächsten Tages, als ich ihn rufen hörte.

»Phoolan, komm, wo bist du?«

Ich eilte in den Raum.

»Ich fühle mich besser. Viel besser!«

Er lächelte mich an, und ich konnte mich nicht mehr im Zaum halten. Beim Klang seiner Stimme brach ich in ein glückliches Lachen aus.

Momente des Glücks

Ich hockte in einer Ecke des Raumes, meinen Sari über den Kopf gezogen, und hörte dem Arzt genau zu. Er hatte ein paar Fäden aus der Wunde gezogen, und jetzt legte er einen neuen Verband an. Er war mit seiner Arbeit fast fertig.

Vickram war zusammengezuckt, als der Arzt die Fäden zog, aber er hatte kein einziges Mal geschrien. »Was sind Sie nur für ein Mensch?« hatte der Arzt gefragt.

»Ich habe gehört, daß zwei Banditen hier in der Gegend sind«, fügte er beiläufig hinzu. »Vickram Mallah und Phoolan Devi. Und der Mann, Vickram, wurde angeschossen.«

»Ich hoffe, Sie halten uns nicht für Banditen«, erwiderte Vickram.

»Nein, nein, aber man sagte mir, daß sie sich irgendwo hier verstecken. Die ganze Stadt ist voller Polizei, und sie durchsuchen alle Krankenhäuser ...«

Es war nicht auszuschließen, daß der Arzt uns bereits verraten hatte, aber Vickram blieb ruhig.

»Noch eine Woche lang Bettruhe, dann sind Sie wieder obenauf«, sagte der Arzt. »Es ist noch ein Stück Metall in der Wunde, an das nicht heranzukommen ist. Sie müssen von nun an vorsichtig sein. Sie sagten, daß Sie Lastwagenfahrer sind ...«

»Das stimmt.«

»Nun, dann müssen Sie es ab jetzt leichter angehen lassen.«

Er hatte uns von Anfang an mißtraut. Deshalb hatte er so viel Geld haben wollen. Vickram konnte zwar noch nicht wieder richtig gehen, aber es war zweifellos an der Zeit zu verschwinden.

Der Arzt sagte, er würde am nächsten Tag wie üblich wiederkommen, um nach Vickram zu sehen. Er war seit der Operation jeden Tag hiergewesen, aber immer allein. Die beiden anderen Ärzte hatte ich nicht mehr gesehen. Am Tor der Mühle drehte er sich um und verabschiedete sich von mir, und ich sah, daß er versuchte, einen Blick von meinem Gesicht unter dem Sari zu erhaschen.

»Namasteh«, sagte er.

»Namasteh, sahib.«

Ich ging wieder hinein.

»Hat er dich etwas gefragt, Phoolan?« wollte Vickram wissen.

»Nein, aber er schaut Bare Lal und mich ständig an.«

»Du mußt mich hierlassen. Wenn die Polizei kommt, spielt es keine Rolle, was mit mir passiert, aber ich will nicht, daß du getötet wirst.«

Ich wußte, ich würde aus lauter Sorge weder essen noch schlafen können, wenn wir ihn hier zurückließen. »Ich kann dich nicht allein lassen«, sagte ich.

»Wir haben keine andere Wahl. Ich kann nicht gehen, und ich will nicht, daß wir alle drei gefangen werden. Ich möchte, daß du sofort mit Bare Lal fortgehst.«

Aber ich war schon immer eigensinnig gewesen, schon als Kind. Mir kam eine Idee. In einem anderen Teil der Mühle fuhren jeden Tag Lastwagen zum Beladen vor, und ich sprach mit einigen der Fahrer. Ich sagte zu ihnen, mein Mann sei krank, und fragte, ob sie ihn und seinen Bruder nach Kanpur bringen könnten. Einer der Fahrer wollte die Fahrt machen, und wir einigten uns auf einen Preis.

Der Arzt hatte Vickram ermahnt, unbedingt stillzuliegen. Als er probierte zu gehen, sagte er, es fühle sich an, als sei sein Körper in der Hälfte durchgeschnitten. Er bleckte die Zähne, und Rampal stützte ihn.

Es war nicht einmal eine Stunde her, daß der Arzt gegangen war, und Vickram und Rampal saßen schon in dem Lastwagen und waren auf dem Weg nach Kanpur. Sie würden nicht bis in die Stadt mitfahren, sondern auf der Strecke aussteigen und in ein kleines Dorf gehen, wo sie sich im Haus eines Ladenbesitzers, den sie kannten, verstecken konnten. Bare Lal und ich würden mit dem Zug zurück nach Orai fahren und von dort aus nach Gauhani gehen, das Dorf, in dem Vickrams Familie lebte. Wir würden Geld abholen, das er bei seinen Verwandten hinterlegt hatte, und später zu ihm stoßen. Wir brauchten das Geld, um weiterhin versteckt bleiben zu können. In meinem Dorf hätten die Rupien, die der Arzt eingesteckt hatte, dafür ausgereicht, ein Haus und Vieh zu kaufen und eine Familie eineinhalb Jahre lang zu ernähren. Ich wußte nicht, wie man zählt, aber ich konnte den Wert eines Bündels Rupien abschätzen, und wir hatten nicht mehr viele Bündel übrig. Wir benötigten dringend mehr Geld, und ein Raubzug, um es zu beschaffen, kam vorläufig nicht in Frage.

Wir erreichten Gauhani bei Anbruch der Nacht und stellten fest, daß es unter polizeilicher Beobachtung stand. Neben dem Dorfbrunnen war ein Zelt aufgeschlagen worden, vor dem Polizisten saßen. Ich wußte nicht, was für eine Vorstellung sie sich von uns gemacht hatten, aber als der wachhabende Sipahi eine kleine Frau in Begleitung eines gutgekleideten Thakurs sah, deren Kopf von einem Sari bedeckt war und die sich schüchtern an den Lehmmauern vorbeidrückte, dachte er sich offenbar nichts dabei.

Vickrams Onkel glaubte mir nicht. »Er ist tot. Die Polizei sagt es. Wer bist du, daß du sein Geld verlangst?« fragte er. Selbst wenn er mir glauben würde, fuhr er fort, könne er mir nichts geben, er habe kein Geld. »Und wenn ihr nicht sofort geht, rufe ich die Polizei!«

Vickram hatte mir gesagt, daß er fünfzigtausend Rupien bei seinem Onkel hinterlegt habe, aber es sah fast so aus, als würde sein Onkel es vorziehen zu glauben, daß Vickram tot war. Wir verließen sein Haus und gingen, unter den Augen des Polizisten, der sich halb schlafend auf sein Gewehr stützte, zu dem ein paar Straßen entfernten Haus von Vickrams Vater. Aber auch sein Vater wollte uns nicht glauben. »Das ist eine Lüge! Die Polizei sagte uns, daß er tot ist. Sie haben uns die Fotos gezeigt.« Ich fragte ihn, wem er mehr glaube, mir oder der Polizei. Er kannte mich noch von damals, als Vickram mich nach unserer Hochzeit einmal hierhergebracht hatte. Er weinte, als ich ihm erzählte, was mit seinem Sohn geschehen war, aber er sagte, Vickram habe sein ganzes Geld bei seinem Onkel gelassen, und er selbst habe nichts, nur eine große Familie, die ernährt werden wolle. Da waren drei ältere Schwestern, die schon verheiratet waren, Vickram als viertes Kind und Rampal als fünftes, und außerdem gab es noch zwei weitere Jungen und drei Töchter. Er sagte, er könne uns nur zwanzigtausend Rupien geben. Es hatte keinen Sinn, mit ihm einen Streit anzufangen. Der Tag würde noch genug Anstrengung kosten. Wir nahmen die zwanzigtausend Rupien und gingen, um eine Tante Vickrams in einem Nachbardorf zu besuchen.

Sie brach in Tränen aus, als sie hörte, daß ihr Neffe zwar angeschossen worden war, aber noch lebte. Auch sie war sicher gewesen, daß er tot war, und auch sie sagte schluchzend, sie habe kein Geld. Ich verlor allmählich die Geduld ...

»Vickram hat fünfhunderttausend Rupien bei dir gelassen! Das hat er gesagt! Deshalb hat er uns hierhin geschickt. Im Augenblick wollen wir lediglich fünfzigtausend.«

Sie wiederholte, daß sie nichts habe. Ich fragte mich, wie viele Leute ich noch um Vickrams Geld würde anbetteln müssen.

»Warte, bis er zurückkommt! Warte nur!«

Die Tante fing an, ihre Armreifen und Ohrringe abzunehmen. »Hier ... verkauft das, und auch mein Halsband. Das ist alles, was ich habe!«

Ich lehnte ab, aber Bare Lal wies mich an, den Schmuck zu nehmen. »Wir brauchen Geld.«

Er hatte recht. Ich erkannte, daß wir ohne unsere Uniformen und ohne Männer machtlos waren. Die Mißerfolge machten mich allmählich nervös. Wir versuchten schon viel zu lange, Hilfe von einer Familie zu bekommen, die sich nur um Vickram gesorgt zu haben schien, solange er noch lebendig war und die Taschen voller Rupien hatte. Wir nahmen ein zu großes Risiko auf uns, wenn wir noch länger in Vickrams Dorf blieben. Ich hatte einen anderen Plan. Ich sagte zu Bare Lal, wir könnten in mein Dorf gehen. Meine Eltern besaßen nichts, Mayadin aber dafür um so mehr ...

Wir verließen das Dorf zu Fuß, der Thakur und die kleine Frau in ihrem Sari, und niemand versuchte uns aufzuhalten. Wir marschierten zur Yamuna und nahmen ein Boot. Bei dem nur wenige Kilometer von meinem Dorf entfernten Ort Gorha gingen wir an Land, und von dort schickten wir jemanden in mein Dorf, der den Sarpanch warnen sollte, daß Phoolan Devi zurück war.

Bare Lal war nicht wohl bei der Sache, und auch ich wußte, daß wir ein großes Risiko eingingen. Sie würden vielleicht sofort zur Polizei gehen. Die Göttin mit ihrem Gewehr und ihrer Uniform war jetzt nur eine kleine Frau in einem Sari, und ihre Bande hatte sich längst irgendwo im Dschungel verstreut. Ich hatte Angst, aber ich wußte, daß Angst auch meine Waffe sein konnte. Und ich hatte recht. Sie waren zu sehr eingeschüchtert, um die Polizei zu informieren. Die Abordnung aus meinem Dorf kam, wie angewiesen, mit dem Sarpanch an der Spitze zu den Feldern, wo wir sie trafen. Ich ließ sie in dem Glauben, daß die anderen Banditen mit ihren Gewehren in den Bäumen saßen und uns Deckung gaben, und ich teilte ihnen mit, Vickram sei keineswegs tot, wie sie alle hofften, und im Begriff, sich zu erholen. Er habe uns gesandt, um Genesungswünsche in Form von Rupien einzusammeln. Er wolle zehntausend Rupien von jedem von ihnen.

Als ich sah, wie Mayadin, der Heuchler, sich mir wieder vor die Füße warf und für Vickrams Gesundung betete, drehte sich mir der Magen um. Er wagte es sogar zu fragen, ob er mit uns kommen und Vickram persönlich seine Aufwartung machen könne. Ich erwiderte, er habe mir genug Leid zugefügt, und ich erinnerte sie alle daran, daß Vickram ihr Dorf beschützte ... Mit anderen Worten, wenn sie nicht bezahlten, würden vielleicht Thakurs kommen und sie ausrauben, und Vickram oder ich würden nichts dagegen tun.

Das Geld war noch am Nachmittag desselben Tages da.

»Oh, was für ein guter Einfall!« sagte Bare Lal lachend, als er es erblickte. »Du hast es geschafft, dieses ganze Geld zu erhalten, ohne einen einzigen Schuß abzugeben! Sie sind gekommen und haben es uns mit einem Lächeln überreicht!«

Als sie hörten, daß Vickram verletzt war, boten uns auch die Menschen von Gorha Geld an. »Wir geben es gerne, und wir wollen es nicht zurückhaben«, sagte ihr Sarpanch. Die armen Leute von Gorha brachten uns Beträge von hundert oder zweihundert Rupien pro Person, ohne Fragen zu stellen. Eine der Frauen sagte, Vickram sei ihr Retter. »Früher kamen immer Thakurs und brachen uns die Beine und vergewaltigten unsere Mädchen.« Sie sagte, sie seien glücklich, Vickram ihre Hochachtung bezeugen zu können.

Ich wußte nicht, wie man Geld zählt, aber Bare Lal sagte, wir hätten jetzt, was wir brauchten. Als nächstes ging es darum, die Männer zu finden. Wir wußten, daß sie sich irgendwo in der Nähe eines Dorfes namens Asta versteckt hielten, und um dorthin zu kommen, mußten wir zurück über die Brücke bei Kalpi gehen und dann den Bus nach Orai nehmen.

Als wir das Dorf erreichten, schien niemand irgend etwas von Banditen gehört zu haben. Wir fanden keine Spur von ihnen, bis wir auf einem Feld einen Mann erblickten, der einen schweren Sack trug. Ich ging zu ihm und fragte ihn, ob er etwas über Vickrams Bande wisse. Er schüttelte den Kopf, also sagte ich ihm, wer ich war.

»Du bist nicht Phoolan«, spottete er. »Sie hat eine Uniform an und reitet auf einem Pferd. Sie geht nicht wie eine Bäuerin zu Fuß, und sie trägt keinen Sari.«

»Schau mich an, du Narr! Schau mich genau an ...«

»Oh, Bahanji! Verzeih mir, Phoolan. Ich habe dich nicht erkannt. Diese Sachen sind für Vickrams Männer. Raghu Nath befahl mir, sie ihnen zu bringen.«

Der kleine Raghu Nath!

»Geh und sag ihnen, daß ich hier bin.«

Ich konnte es nicht erwarten, wieder unter den Männern zu sein, endlich meinen Sari loszuwerden und wieder mein Gewehr zu tragen. Dann würden wir zurückgehen und Vickram holen können.

Auch die Männer hatten alle geglaubt, Vickram sei tot. Die Zeitungen berichteten, die Polizei hätte ihn in den Hügeln verbrannt und sie würde seine Familie vor Shri Ram und Lala Ram beschützen. Sie hatten seine Eltern eine offizielle Bestätigung unterzeichnen lassen, daß er tot war. Raghu Nath zeigte mir die Zeitung und las es mir vor. Die Polizei hatte freilich nur deshalb gesagt, sie hätten ihn verbrannt, weil sie seiner Familie nicht die Leiche zeigen konnten.

Raghu Nath brachte mir meine Uniform. »Bitte, zieh sie wieder an, Phool Singh. Du bist jetzt die Anführerin. Wir wollen alle, daß du die Führung übernimmst.«

Ich sagte ihnen, daß Vickram nicht tot war. »Die Polizei lügt! Wem glaubt ihr, mir oder dieser Zeitung?«

Ich berichtete, daß die Operation viel Geld gekostet hatte, daß er sich jetzt erholte und immer noch ihr Anführer war. »Sobald er wieder gehen kann, wird er zurückkommen«, versprach ich ihnen.

Aber der Augenblick, da ich meine Uniform wieder anziehen konnte, war noch nicht gekommen. Bare Lal und ich mußten allein zu Vickram zurückkehren. Die Männer wollten mitkommen, aber ich sagte, es sei zu gefährlich, mit der ganzen Bande zu reisen, und versprach, daß wir in zwei Wochen oder sogar eher wiederkommen würden. Das einzige, was ich mitnahm, war mein Gewehr. Bare Lal meinte, wir würden zu sehr auffallen, wenn wir Waffen trügen, aber ich wollte nicht mit all dem Geld unterwegs sein, ohne die Möglichkeit zu haben, uns zu verteidigen.

»Hast du etwa Angst vor Banditen?« scherzte Raghu Nath.

Wir verließen das Lager eine halbe Stunde später und machten uns auf den Rückweg zu der Hauptstraße nach Kanpur, die wir zunächst ein Stück nehmen mußten, um dann zu dem Dorf zu gelangen, in dem Vickram sich mit seinem Bruder Rampal verbarg. In der Nähe der Straße machten wir in einigen Mallah-Dörfern Halt, um ein Versteck für unsere Gewehre zu finden. In einem der Dörfer erfuhren wir, daß die Polizei Sukpal, einen weiteren Bruder Vickrams, festgenommen hatte. Sie hatten ihn geschlagen, damit er sprach, und die Polizei brüstete sich, sie stünde kurz davor, mich zusammen mit einem Banditen in meiner Begleitung zu ergreifen. Auf meinen Kopf waren zehntausend und auf Bare Lals Kopf fünftausend Rupien ausgesetzt. Es war zwar viel weniger Geld, als wir bei uns trugen, aber ein Denunziant konnte lange Zeit davon leben. Wir würden vorsichtig sein müssen. Und man sagte uns, daß es unmöglich war, die Straße zu erreichen. Die Polizei war überall.

Bare Lal und ich blieben in den Feldern, und wir hielten beim Gehen die Köpfe gesenkt. Die Warnungen waren wohl begründet. Es müssen fünf oder sechs Stellvertreter des Polizeichefs und ganze Lastwagenladungen von uniformierten Männern in der Gegend gewesen sein.

Es war zu spät, um umzukehren und die Bande zu warnen, und Bare Lal befürchtete, daß einer der Männer bereits ergriffen worden war und der Polizei unsere Pläne verraten hatte. Wie hätten sie sonst erfahren können, daß ich in Begleitung eines anderen Banditen war? Um sicherzugehen, beschlossen wir, uns zu trennen. Wir versteckten unsere Gewehre in einer tiefen Grube, in der die Senfkornernte aufbewahrt wurde. Bare Lal wollte sich im freien Land verbergen, während ich versuchen würde, mit dem Pradhan eines in der Nähe gelegenen Dorfes namens Kothi-Shala Verbindung aufzunehmen. Er war ein Mann, dem wir vertrauen konnten, und vielleicht hatte er weitere Informationen für uns.

Es war noch dunkel, kurz vor der Morgendämmerung, als ich sein Haus ausfindig machte und leise an das Holztor klopfte.

»Wer ist da?«

»Phoolan.«

Er wirkte nervös, als er mich eintreten ließ.

»War die Polizei hier?«

»Ja. Sie haben überall gesucht. Sie wissen, daß du in der Gegend bist. Sie wissen sogar, daß du einen blauen Sari trägst. Du kannst nicht hierbleiben. Sie sind tagsüber im ganzen Dorf.«

Er gab mir einen Lunghi, und ich zog meinen Sari aus und wickelte das lange, weiße Tuch um mich. Dann setzte ich mir einen Wasserkrug auf die Schulter und wanderte ruhig über die Dorfstraße aus dem Dorf hinaus.

»Wohin gehst du?«

Zwei Polizisten stellten sich mir in den Weg.

»Zu den Feldern, um mich zu erleichtern.«

Es war ein Vorteil, fast achtzehn Jahre alt zu sein, aber wie fünfzehn zu wirken. In Rock und Lunghi sah ich wie jedes andere Dorfmädchen aus, das sich waschen ging. Sie verschwendeten keinen zweiten Blick auf mich. Phoolan Devi besaß einen Ruf als gefährliche Banditin. Ebenso wie die Dörfler auf den Feldern stellten auch die Polizisten sie sich doppelt so groß vor, wie ich wirklich war. Und natürlich bewaffnet bis an die Zähne und auf einem weißen Pferd über die Felder galoppierend.

Außerhalb des Dorfes war eine Pflanzung mit Mangobäumen. Ich kletterte auf einen hohen Baum und verbarg mich in dem dichten Laub. Es war ein heißer Tag, und bald plagte mich der Durst, aber es war zu gefährlich, zu einem Brunnen zu gehen. Ich stillte meinen Durst mit einer saftigen Mango. Die süße Frucht erfrischte mich, aber ich wußte nicht, wohin ich mich als nächstes wenden sollte. Hinter mir war ein Dorf voller Polizisten, und vor mir war es nicht anders. Ich kletterte höher in den Baum hinauf, in der Hoffnung, niemand würde mich im dichten Laub erblicken, während ich hier auf den Anbruch der Nacht wartete.

Sobald es dunkel genug war, kletterte ich hinunter, ging zurück zum Haus des Pradhan und klopfte erneut leise ans Tor.

Diesmal war er sogar noch nervöser.

»Die Polizei ist immer noch hier«, flüsterte er im Dunkeln.

Angeblich hatte man mich den ganzen Tag über an allen möglichen Orten gesehen. In der ganzen Gegend hofften wohl sämtliche Dorfbewohner auf die Belohnung. Es gab schlechte Neuigkeiten. Einer unserer Männer mit Namen Ramkesh war verhaftet worden. Sie hatten ihn auf der Brücke bei Kalpi aufgegriffen. Er war derjenige gewesen, der ihnen gesagt hatte, daß Vickram mit seinem Bruder zusammen war. Deshalb hatten sie Sukpal festgenommen und ihn geschlagen. Sie hatten allerdings den falschen Bruder erwischt.

»Du kannst hier nicht bleiben«, sagte der Pradhan. »Sie können jede Minute wiederkommen. Sie sagen, daß Vickram tot ist und du allein bist und sie dich mühelos aufspüren werden. Sie suchen dich überall, aber sie haben nur eine sehr vage Vorstellung von deinem Aussehen.«

»Ich muß Bare Lal finden. Er versteckt sich im Dschungel. Wir hatten vereinbart, uns heute nacht bei der Senfkorngrube zu treffen, um unsere Gewehre zu holen.«

Der Pradhan war bereit, nach Bare Lal zu suchen. Er gab mir etwas zu essen, bevor er ging, und während ich meinen Hunger stillte, versuchte ich darüber nachzudenken, was ich tun sollte, wenn auch Bare Lal verhaftet worden wäre. Er hatte das Geld bei sich, und wenn sie ihn fänden, würden sie ihn wahrscheinlich niederschießen.

Fast eine Stunde verging, bevor der Pradhan wiederkam. Er war außer Atem. Die Polizei hatte ihn angehalten und ihm Fragen gestellt. Sie hatten gesagt, es gefiele ihnen gar nicht, daß er bei Nacht im Dorf umherspazierte. Aber er hatte Bare Lal gefunden – er stand mit den Gewehren draußen und hielt Wache. Der Pradhan gab mir ein paar Kleidungsstücke, in denen ich besser laufen konnte – eine Männerhose, ein rotes T-Shirt und Schuhe –, und wir brachen auf. Wir krochen im Dunkeln auf Händen und Knien durch die Gräben entlang den Lehmmauern, bis wir die offenen Felder erreichten. Wir wollten versuchen, noch vor der Morgendämmerung ein Dorf namens Bhabroli zu erreichen. Es war zu gefährlich, im Tageslicht unterwegs zu sein. Eine von den Schwestern Vickrams lebte in Bhabroli. Sie konnte uns vielleicht verstecken, zumindest für eine Weile.

Eine bleierne Müdigkeit kam über mich. Die Beine wurden mir schwer, während wir liefen. Ich hatte den größten Teil des Tages im Geäst eines Baumes verbracht, und mein letzter Schlaf lag schon so lange zurück, daß ich mich kaum noch daran erinnern konnte, wie man sich fühlte, wenn man einschlief. Ich dachte, wir würden es niemals bis nach Bhabroli schaffen, bevor die Sonne aufging, aber Bare Lal kannte den Weg und spornte mich zur Eile an. Er sagte, mit ein bißchen Glück könnten wir unser Ziel bei Tagesanbruch erreichen.

Im Dorf war es ruhig. Als wir die ersten Häuser erreichten, warf ich einen Blick in eine Gasse, um mich zu vergewissern, daß dort keine Polizei war. Plötzlich sprang hinter mir eine Gestalt auf.

»Oh, mein Gott, eine Frau! Sie ist auf mich getreten. Sie ist auf meinen Körper getreten!«

Es war ein alter Mann, der auf einer Matte auf dem Boden vor seinem Haus geschlafen hatte. Ich war über ihn gestolpert. Ich trug eine Männerhose und hatte ein Gewehr bei mir, es war noch dunkel, aber der alte Mann rief, daß eine Frau auf ihn getreten sei! Ich blieb stehen, aber dann hörten wir jemanden vom Haus her kommen, und Bare Lal zog mich mit sich fort. Er lief weiter, aber ich konnte nicht mit ihm Schritt halten. Ich begann zu lachen. Es war ein verrücktes Lachen, und ich konnte nicht damit aufhören. Ich lachte und lief und weinte, alles zur gleichen Zeit.

»Woher hat er gewußt, daß ich eine Frau bin, Bare Lal?«

»Ich weiß nicht. Vielleicht dein Gewicht. Du warst zu leicht.«

»Aber ich bin genau auf ihn getreten!«

Ich glaube nicht, daß ich jemals zuvor in meinem Leben so gelacht habe. Ich kicherte immer noch wie eine Verrückte, als wir das Haus von Vickrams Schwester fanden. Wir wurden gejagt, wir befanden uns in tödlicher Gefahr, meine Nerven waren aufs äußerste angespannt, und ich war erschöpft, aber ich lachte … Ich konnte nicht einmal damit aufhören, als Vickrams Schwester das Tor öffnete und in Tränen ausbrach.

»Er ist tot. Mein Bruder ist tot!« rief sie klagend.

Wir mußten ihr die ganze Geschichte erzählen, bevor sie sich beruhigte, aber ich wußte wenigstens, daß sie ihren Bruder liebte und wir eine Zeitlang bei ihr sicher sein würden – so lange, bis wir einen Platz gefunden hatten, an dem wir unsere Gewehre verstecken konnten, bevor wir wieder aufbrachen. Aber es war nicht leicht, ein gutes Versteck für ein Gewehr zu finden. Verbarg man es in einem Abfallhaufen oder vergrub man es einfach im Boden, rostete es und man hatte später Ladehemmungen. Wir suchten immer noch nach einem geeigneten Versteck, als es schon anfing zu dämmern, und dann war es zu spät, um das Haus zu verlassen. Wir hatten keine andere Wahl, wir mußten den Tag über dort bleiben.

Vickrams Schwager bot sich an, nach Orai zu gehen und eine Zeitung zu holen. Sie wollten erfahren, was mit dem jungen Sukpal geschehen war, und wir wollten wissen, was die Polizei im Schilde führte. Der Schwager Vickrams kam drei Stunden später zurück und las uns aus der Zeitung vor.

Bharat und Madhav, die beiden Männer, die Vickram am nächsten gestanden hatten, waren getötet worden. Sie waren auf der Straße nach Delhi in einen Hinterhalt geraten.

Ich fing an zu zittern, und es überkam mich eine furchtbare Traurigkeit. Bharat war mir sehr zugetan gewesen und hatte mich immer seine Tochter genannt. Aber für Vickram mußte es noch schlimmer sein. Bharat und Madhav hatte er am meisten vertraut. Madhav war Vickrams Vetter gewesen, der Sohn der Schwester seines Vaters; ein großer, schwerer Mann mit pockennarbigem Gesicht. Er hatte nie viel gesprochen und stets gelesen oder geschrieben. Er war gebildet gewesen und hatte für die Bande die Abrechnungen gemacht.

Wie Vickram mir einmal erzählt hatte, war er wegen Madhav Bandit geworden. Madhav hatte sich in ein Mädchen namens Kusuma verliebt. Sie gehörte zu einer anderen Kaste, und Kusumas Eltern waren empört, als sie ihnen von Madhav erzählte. Sie hatten bereits ihre Hochzeit mit einem anderen Mann arrangiert. Aber Kusuma wollte Madhav nicht aufgeben. Schließlich brannten die beiden durch. Die Familie des Mädchens klagte Madhav an, sie entführt zu haben, und sie rächten sich, indem sie ihrerseits einen der Onkel Madhavs entführen ließen. Der Onkel wurde nie wieder gesehen, und Madhav bat Vickram, ihm bei der Vergeltung zu helfen. Sie waren beide nicht einmal sechzehn Jahre alt gewesen, und indem sie einen Racheakt nach dem anderen ausführten, wurden sie zu Banditen.

Diese Frau hatte Madhav stets Unglück gebracht. Bevor ich mich der Bande anschloß, hatte er sie für eine Zeit mit in den Dschungel genommen. Aber sie wurde schwanger und konnte nicht mehr dort bleiben. Wie Vickram mir einmal erzählte, hatte er Madhav dazu überreden müssen, mit ihr fortzugehen und anderswo zu leben. Auf diese Weise kam Kusuma nach Delhi, in der Stadt konnte sie anonym leben. Aber die Polizei mußte irgendwie in Erfahrung gebracht haben, wo sie wohnte. Madhav und Bharat waren auf dem Weg zu Kusuma getötet worden. Madhav war bis zu seinem vierzehnten Lebensjahr zur Schule gegangen, und er hätte seine Ausbildung fortgesetzt, wenn er ihr nicht begegnet wäre. Der Gedanke überfiel mich, daß er wohl noch am Leben wäre, wenn er sich nicht in sie verliebt hätte.

Jetzt, da Madhav und Bharat nicht mehr lebten, war Vickram allein. Die Zeitungsmeldung besagte noch, daß die Belohnung von fünf- und zehntausend Rupien pro Kopf an einen Spitzel gezahlt worden war. Wir mußten vorsichtig sein. Unsere Leben waren nicht mehr viel wert.

Wir warteten mit unserem Aufbruch, bis es Nacht wurde. Ich trug einen Sari von Vickrams Schwester, und Bare Lal hatte ein paar alte Sachen von Vickrams Schwager erhalten. Wir gingen zu Fuß nach Orai und fuhren mit dem Bus in Richtung Kalpi. Nach einer Weile stiegen wir wieder aus und nahmen einen Feldweg zu dem

Dorf, in dem Vickram sich im Haus eines Ladenbesitzers verbarg. Rampal war immer noch bei ihm.

Mein verrücktes Lachen war wieder verschwunden. Wir hatten das Geld, die Gewehre waren gut in einer anderen Senfkorngrube in der Nähe des Dorfes seiner Schwester versteckt, aber ich hatte Vickram schlechte Nachrichten zu überbringen.

Doch bevor ich den Mund aufmachen konnte, nahm er mich in die Arme und schwenkte mich vor Erleichterung hin und her.

»Ich hatte Angst, du wärst tot. Es sind jetzt drei Tage her.«

Auch ich war froh, ihn zu sehen, aber ich wußte nicht, wie ich ihm beibringen sollte, daß zwei seiner besten Freunde tot waren, einer seiner Brüder im Gefängnis saß und seine Bande sich aufgelöst hatte.

Ich zeigte ihm die Zeitung ...

Er begann zu weinen, als er den Artikel las. Es tat mir weh, ihn weinen zu sehen, den Mann, den ich liebte. Um ihn auf andere Gedanken zu bringen, erzählte ich ihm, wie sehr ich mich über seine Familie geärgert hatte.

»Ich will nichts über sie hören«, sagte er. »Es ist alles ihre Schuld. In meinem Dorf hat es immer Zank mit den Thakurs gegeben. Mein Vater und meine Onkel haben schon mit ihnen gestritten, bevor ich geboren wurde. Und in Madhavs Familie war es nicht anders ...«

Es hörte sich an wie mein eigenes Leben.

»Kusumas Familie sagte, Madhav tauge nicht für sie, er gehöre nicht zu ihrer Kaste ...« Vickram schüttelte bedächtig den Kopf. »Wenn wir alle die gleichen Rechte hätten, Phoolan, wären Madhav und ich nie Banditen geworden.«

Ich wußte, daß ich ihn in jedem Augenblick meines Lebens in meiner Nähe haben mußte, und ich konnte mir nicht vorstellen, was ich getan hätte, wenn er wie Bharat und Madhav getötet worden wäre. Er war immer noch schwach, aber sein Zustand schien sich gebessert zu haben. Seine Wangen hatten wieder ein wenig Farbe bekommen; er sah nicht mehr so gelb im Gesicht aus. Der Geschoßsplitter steckte immer noch in seinem Rücken, aber die Gefahr einer Infektion schien gebannt. Er konnte inzwischen ein paar Schritte gehen, aber es war sehr schmerzhaft für ihn, und ich bemerkte, daß er sich nicht ganz strecken konnte. Er gab sich Mühe, es nicht zu zeigen, aber er litt sehr. Bald mußte er sich wieder hinlegen.

Als ich seinen Kopf in meinen Schoß bettete, sagte er leise: »Du kannst mich heilen. Deine weichen, warmen Hände bewirken, daß ich mich besser fühle.«

Ich lachte leise. Der Arzt hatte mir damals wegen der Infektionsgefahr verboten, seine Wunden zu berühren.

Ich massierte ihn behutsam und sanft.

»Deine Hände, Phoolan … Ich liebe die Berührung deiner Hände. Immer wenn du mich berührst, vergeht der Schmerz. Es ist wahr. Du *bist* eine Göttin. Ich habe es dir zu verdanken, daß ich noch lebe. Bleib bei mir …«

Er sagte Dinge zu mir, die er nie zuvor gesagt hatte. Er bat mich um Vergebung. »Ich habe dein Leben zerstört«, sagte er.

Ich erwiderte, das sei nicht wahr, er habe es gerettet.

Wir blieben noch mehrere Tage im Haus des Ladenbesitzers, bis Vickram ein wenig kräftiger geworden war und die Polizei ihre Suche aufgegeben hatte.

Ich wußte, daß zwei Jungen aus meinem Dorf in Lucknow, einer großen Stadt, Recht studierten. Ich dachte mir, daß wir außerhalb unseres Distrikts sicherer sein würden und daß eine stark bevölkerte Stadt ein guter Ort wäre, um sich zu verbergen. Es gelang mir, mich mit den beiden in Verbindung zu setzen, und wir fuhren mit dem Taxi nach Lucknow. Die Brücke bei Kalpi überquerten wir mit gesenkten Köpfen, immer noch auf der Hut vor den Sipahi.

Ich machte die Jungen ausfindig, und sie stellten uns einem Anwalt vor. Ich hoffte, wir könnten ein Abkommen mit der Polizei treffen, und Vickram schien mit dieser Idee einverstanden zu sein. Der Anwalt schlug vor, daß wir nach Nepal gingen, während er versuchte, mit der Polizei zu verhandeln. Er sagte, in Nepal seien wir sicher, und er kenne dort einen Arzt, der Vickram vielleicht noch einmal operieren könne.

Also brachen wir nach Norden, zum Himalaja, auf.

Wir fuhren alle im Wagen des Anwalts: ich selbst, mein kranker Mann, mein Onkel Bare Lal, die beiden Jungen und der Anwalt.

Inzwischen war ich daran gewöhnt zu reisen. Ich hatte die Städte und die Eisenbahnen gesehen und die Menschenmengen, in denen es von Leuten, die mit ihrem Gepäck und ihren Essensbehältern umherliefen, nur so wimmelte. Ich war an die flachen Horizonte unseres Landes gewöhnt, das, wie Vickram sagte, so groß war, daß es kein Ende hatte, und ich kannte die unbewohnten, kargen Schluchten. Aber als wir die Grenze nach Nepal überquert hatten und die Straße sich in die Berge hinaufzuwinden begann, war ich voller Erstaunen, und zugleich kehrte Ruhe in mich ein.

In den Geschichten, die der Brahmane unseres Dorfes uns vorzulesen pflegte, waren die Berge die Wohnsitze der Götter. Ich begriff jetzt, weshalb sie sich dafür entschieden hatten, dort zu leben, umgeben von den reinen, weißen Gipfeln. Die Luft war leicht und frisch. Die üppig grünen, von der Sonne beschienenen Täler vermittelten das Gefühl von Frieden und Schönheit. Und das Beste war, wir konnten uns endlich frei bewegen, ohne befürchten zu müssen, daß wir erkannt wurden.

Es war das erste Mal in meinem Leben, daß ich mich vor niemandem fürchtete, weder vor den Thakurs noch vor der Polizei. Es war das erste Mal, daß wir wirklich zusammen waren, Vickram und ich, wie eine ganz normale Frau mit ihrem Mann. Ich sagte ihm, wie sehr ich ihn brauchte. Ich hatte keine Angst mehr. Ich entzog mich nicht länger seiner Berührung. Ich hieß seine Umarmungen willkommen. Ich vertraute ihm. Auch Vickram mußte es gespürt haben. Eines Abends, als wir durch die Straßen gingen, wandte er sich mir zu und sagte: »Ich schulde dir mein Leben, Phoolan …«

Vickram ging allein zum Arzt. Hinterher berichtete er mir, der Arzt habe mit Hilfe einer Maschine in seinen Körper hineingeschaut. Er hatte gesagt, es sei unmöglich, ihn zu operieren. Der Geschoßsplitter stecke in seinem Rückgrat und würde ihm immer Schmerzen bereiten. Sie könnten nichts tun, der Versuch, den Splitter zu entfernen, sei zu riskant, und Vickram würde stets vorsichtig sein müssen. Ein Fall oder eine unvorsichtige Bewegung könne eine Lähmung zur Folge haben.

Vickram schien sich keine Sorgen deswegen zu machen.

»In Ordnung«, sagte er. »Laß uns gehen. Ich habe etwas zu erledigen.«

Die Aussicht, zurück in den Dschungel gehen zu müssen, erschreckte mich. Wir waren glücklich in den Bergen.

»Nur noch eine kleine Weile«, bat ich. »Laß uns noch bleiben und uns ein wenig ausruhen.«

Bare Lal pflichtete mir bei. »Wir haben für den Augenblick genug Geld«, sagte er. »Wir sollten hierbleiben. Hier können wir tun und lassen, was uns gefällt.«

Ich versuchte, immer neue Gründe zu finden, um zu bleiben, um weiter die ganze Nacht über ohne Alpträume schlafen zu können, um noch eine Zeitlang das Glück genießen zu können, wie alle übrigen zu leben. Der Anwalt sagte, er sei dabei, die Möglichkeit zu prüfen, daß wir uns stellten. Er sagte, er würde sehen, was er tun könne. Wir würden natürlich bezahlen müssen. Ich fühlte mich an den Prozeß meines Vaters gegen Mayadin erinnert ... Ich hatte nicht viel Hoffnung.

Während unseres Aufenthaltes in Lucknow bat ich Vickram, mit mir ins Kino zu gehen. Ich war noch nie zuvor in einem Kino gewesen. Ich hatte keine Ahnung, was es war, ich hatte nur die Plakate in den Städten gesehen.

Als ich aus dem großen, dunklen Saal kam, konnte ich mich nicht an die Geschichte erinnern, nur an Menschen, die hin- und hergelaufen waren und gesungen hatten. Anfangs hatte ich gedacht, sie seien lebendig, und als eine Frau mit einem Revolver auf einen Mann schoß, glaubte ich, sie habe ihn wirklich getötet. Aber dann wurden ihre Gesichter so groß, daß ich mich erstaunt fragte, wie das sein könne.

Bare Lal erklärte mir, eine Maschine habe sie eingefangen und in laufende Bilder verwandelt. Ich wollte sofort wieder in das Kino gehen, aber Vickram hatte andere Pläne.

»Ich will meine Rache«, sagte er.

Aus dem Himmel zurückgekehrt

Bare Lal schloß sich meiner Meinung an. Es sei zu gefährlich, in die Wildnis an den Ufern der Yamuna zurückzukehren. »Du hast genug Geld«, sagte er. »Du kannst in der Stadt bleiben und dein altes Leben aufgeben. Was willst du im Dschungel schon tun – hinter Shri Ram und Lala Ram herjagen und sie töten?« Der Onkel schüttelte mißbilligend den Kopf. »All das ist jetzt vorbei.«

Vickram war vierundzwanzig und ich beinahe achtzehn. Wir hätten unsere Identitäten ändern können, Vickram könnte sich eine Arbeit suchen, und wir könnten ein normales Leben beginnen. Vickram war findig, ich war sicher, daß er in der Stadt zurechtkommen und überleben konnte, und er würde es auch mir beibringen.

»Wenn du wirklich in den Dschungel zurückgehen willst«, sagte ich entschlossen, »laß mich hier zurück. Ich will dieses Leben nicht mehr führen.«

»Nein«, erwiderte Vickram. »Du mußt mit mir kommen. Jetzt, wo Madhav und Bharat tot sind, brauche ich dich. Bedeute ich dir denn gar nichts?«

Eine Ehefrau muß ihrem Mann treu sein, bis sie stirbt. Ich war mit einem Ungeheuer verheiratet worden, als ich noch ein Kind war, und jetzt war ich die Frau eines Banditen. Aber obwohl ich den Schmuck trug, den Vickram mir geschenkt hatte, war es keine richtige Hochzeit gewesen. Meine Mutter und meine Schwestern waren nicht gekommen, um mich mit Ölen zu salben. Ich war keine Frau, die sich um das Feuer im Herd kümmerte und Chapatis zubereitete. Ich war Phoolan Devi, die Banditin, die Frau von Vickram Mallah, dem Banditen. Ich wollte nicht länger durch die Nacht laufen und ständig vor der Polizei oder anderen Banditen fliehen, aber ich hätte auch nicht ohne Vickram in der Stadt leben können. Dazu war ich nicht klug genug, und ich kannte mich hier nicht aus. In der Stadt mußte man lesen und schreiben können, sonst betrogen einen die Leute. Ich konnte nur in Gesichtern lesen und verstehen, was die Leute sagten. Ich konnte den Unterschied zwischen einem ehrlichen und einem falschen Gesicht erkennen; zwischen einer Zusage, die gehalten, und einer, die gebrochen werden würde. Aber das war nicht genug. Eine Frau konnte nicht allein in der Stadt leben, sie wäre eine leichte Beute. Ohne einen Ehemann würde man sie meiden, und ohne eine Familie würde man sie für eine Prostituierte halten. Da sie niemanden hätte, der sie verteidigen würde, könnte jeder Mann sie nehmen.

Wieder einmal war der Monat Shravan gekommen – die Monsunzeit. Das bedeutete, daß es ein ganzes Jahr her war, seit ich entführt wurde. Als Frau geboren zu werden hieß, wie ich wußte, ohne Macht geboren zu sein, nicht allein leben zu können. Ich würde in den Dschungel mitgehen müssen …

Bevor wir zurückkehrten, gingen wir in den Tempel bei Ghatapara, wo der alte, mit Asche bedeckte Sadhu lebte, um den Göttern zu opfern. Der Tempel stand in der Nähe des Dorfes, aus dem Vickrams erste Frau stammte. Banditen gaben immer ein Drittel ihrer Beute den Göttern. Es machte keinen Unterschied, ob sich in dem Revier, in dem wir arbeiteten, ein Tempel oder eine Moschee befand: wir waren verpflichtet, den Göttern ihren Anteil zu geben. Vickram befolgte stets die Rituale.

Er betete im Tempel, während ich draußen betete, oben auf der Treppe zum Fluß, und währenddessen ein Auge auf die Pilger hatte, die gekommen waren, um aus dem Brunnen zu trinken und sich mit seinem Wasser zu reinigen. Wir waren wieder in einem Gebiet, wo man uns erkennen konnte.

Danach brachen wir auf und marschierten stundenlang, die Füße von den Sturzbächen des Monsun nahezu aufgeweicht. Ich hatte fast vergessen, wie es war in der freien Natur, aber jetzt war eine Umkehr nicht mehr möglich. Wir gingen in Richtung Gauhani, Vickrams Dorf. Vickram war entschlossen, seine Rechnungen zu begleichen. Er hatte sich verändert, er war bitter und haßerfüllt geworden, besonders gegenüber den Thakurs. Er sagte immer wieder, er wäre kein Bandit geworden, wenn sein Vater ihn nicht in einen endlosen Krieg gegen die Thakurs getrieben hätte. Sein Vater habe sein Leben zerstört, er sei immer schon ein zänkischer Mann gewesen, der stets mit den Thakurs in seinem Dorf gestritten habe. Nachdem Vickram Madhav geholfen hatte, dessen verschwundenen Onkel zu rächen, waren einige Thakurs zu ihrem Haus gekommen und hatten Vickrams Schwestern vergewaltigt. Er und seine Vettern Madhav und Bharat waren ihnen mit einem Gewehr gefolgt. Dann hatte es eine Schießerei gegeben, und drei Menschen waren getötet worden. Für die Jungen gab es kein Zurück mehr.

Als wir sein Dorf erreichten, begab sich Vickram geradewegs zum Haus seines Vaters. »Nenn mich nicht länger deinen Sohn!« sagte er zu ihm. Als sein Onkel auftauchte, verlor Vickram die Beherrschung und drohte, ihn zu töten, weil er sein Geld ausgegeben hatte. »Warum sollte ich dich leben lassen?« fragte er. »Du hast Phoolan praktisch beschuldigt, das Geld für sich selbst nehmen zu wollen!« Ich erinnerte ihn an das, was er zu mir gesagt hatte, als ich Mayadin töten wollte: Man darf kein Mitglied seiner eigenen Familie töten. Vickram schnaubte vor Wut. »Das wirst du mir immer wieder vorhalten, nicht wahr?« rief er und schüttelte unwillig den Kopf. Er warf seinen Onkel auf die Straße, und wir verschwanden rasch wieder. Vickram war niedergeschlagen. Er sagte, seine Familie sorge sich nur um sein Geld, aber nicht um ihn.

Wir fanden Raghu Nath, in einem sicheren Haus versteckt, in einem Nachbardorf. Ich hatte ihn immer gemocht. Er war klein und dünn, aber schnell und schlau wie ein Affe. Es war ihm gelungen, der Polizei zu entgehen, und er hatte sich bis zu unserer Rückkehr versteckt. In der Zwischenzeit hatte er eine neue, fünf Mann starke Bande gebildet. Onkel Bare Lal war immer noch bei uns, und außerdem hatten wir einen neuen Rekruten namens Misra, einen kräftigen jungen Mann, den Vickrams Bruder Sukpal geschickt hatte und der Madhav als Vickrams Leibwächter ersetzen sollte. Wir waren also jetzt insgesamt neun. Sobald wir unsere Gewehre zurückhatten, war mit Vickrams Bande wieder zu rechnen.

Kaum hatten wir uns zusammengeschlossen, verübten wir zwei

Raubüberfälle auf benachbarte Dörfer. Vickram wollte jedermann wissen lassen, daß er noch am Leben war. Er war empört gewesen, als er erfuhr, daß die Polizei einen armen Hirten in den Bergen getötet hatte, um Vickrams Tod vorzutäuschen. Sie hatten die Leiche des Hirten in eine Uniform gesteckt, wie Vickram sie trug, und ihm ein Gewehr über die Brust gelegt. Bevor sie seine Leiche verbrannten, machten sie eine Fotografie, um alle Welt glauben zu lassen, es handele sich um Vickram. Vickrams Familie hatte sogar am dreizehnten Tag nach seinem angeblichen Tod alle vorgeschriebenen Rituale durchgeführt. Wir fanden heraus, daß es der Stellvertretende Polizeichef gewesen war, der sich diesen Plan ausgedacht hatte, um Vickrams Namen auszulöschen. Er wollte damit verhindern, daß ein anderer ihn benutzen konnte oder die Dorfbewohner jemanden unterstützten, der mit ihm in Verbindung stand.

Um zu beweisen, daß er noch lebte, ließ Vickram einen Gummistempel anfertigen, so daß er unsere Beutezüge mit blauer Tinte signieren konnte. Auf dem Stempel stand in Großbuchstaben:

PHOOLAN UND VICKRAM SIND AUS DEM HIMMEL ZURÜCKGEKEHRT.

»Ich will nicht, daß sie glauben, du würdest das alles allein fertigbringen«, sagte er lachend.

Er setzte seinen Stempel auf alle Türen der Häuser von Reichen, wie einen Fluch.

Nach den beiden Raubzügen zogen wir uns diesmal in die Schluchten nördlich der Yamuna zurück, und Vickram schrieb der Polizei einen Brief, in dem er ihr mitteilte, wo wir uns versteckten, und sie aufforderte, zu kommen und uns zu holen. Es dauerte nicht lange, und sie erschienen.

»Hier bin ich!« rief Vickram durch sein Megaphon. »Ich, Vickram Mallah. Ihr habt doch nicht wirklich geglaubt, ich sei tot, oder? Schaut mich an, Sipahis! Ich lebe, und meine Tage als Dacoit sind noch nicht vorbei!«

Wir hatten uns auf einer Hochebene weit verteilt, unsere Männer lagen auf den Bäuchen, schußbereit. Nur Vickram stand an der Felskante. Er schien es zu genießen, sich der Gefahr auszusetzen. Er forderte sie auf, sie sollten nur kommen und versuchen, ihn zu ergreifen, und als sie sich zurückzogen, weil sie eine Falle befürchteten, beschimpfte er sie.

»Lauft doch nicht weg, ihr Feiglinge! Kommt zurück und kämpft!«

Er jagte ihnen nach, sprang wie ein Luchs zwischen den Felsbrocken und Büschen umher und feuerte im Laufen auf sie. Die Schüsse der Polizisten pfiffen an seinen Ohren vorbei, aber das schien ihn nicht zu kümmern, er suchte keine Deckung. Es gelang ihm sogar, einige der Sipahis in die Enge zu treiben. »Hände hoch!« brüllte er. »Sagt es! Lang lebe Vickram Mallah! Sagt es!« Er hatte sie im Visier. Sie ließen ihre Gewehre fallen, und er schoß auf ihre Füße, damit sie tanzten.

Ich lag über ihm auf dem Felssims, gab ihm Feuerschutz und beobachtete den Rückzug der Polizei. Er war wirklich ein guter Anführer. Er konnte besser schießen als die Polizisten, er vermochte vorherzusagen, wie sie reagieren würden, und er kannte das Land genau. Er wußte, daß sie es nicht wagen würden, uns in die Schluchten zu folgen. Und trotz seiner Verletzung war er schneller als eine Gazelle, ihren Visieren stets einen Schritt voraus. Es war, als wollte er das Schicksal verhöhnen und den Tod auffordern, doch noch einmal zu versuchen, ihn zu holen.

Die Polizisten kehrten zu ihren Lastwagen und Jeeps zurück. Wir hätten viele von ihnen erschießen können, aber wir taten es nicht. Wir wollten nicht ohne Grund töten. Rache zu nehmen an einem Feind war eine Sache, sich während einer Plünderung zu verteidigen eine andere – aber selbst bei einem Hinterhalt verhielt sich Vickram ehrenhaft. Er hatte erreicht, was er wollte: Die Polizei hatte sich mit eigenen Augen davon überzeugt, daß er noch lebte. Vickram und Phoolan waren aus dem Himmel zurückgekehrt.

Von jetzt an besprach Vickram alles mit mir. Wir arbeiteten gemeinsam unsere Pläne aus, dann besprachen wir uns mit den Männern. Es war das gleiche Banditenleben wie zuvor, aber ich hatte Zeit, meine Eltern zu besuchen. Die restlichen Männer verbargen sich im nächsten Dorf, nur Vickram kam mit mir. Meine Mutter war glücklich, mich wiederzusehen, aber sie fragte, weshalb wir beide uns nicht einfach stellten, bevor wir getötet würden. Vickram versicherte ihr, genau das habe er vor, sobald er erledigt habe, was mit Hilfe seiner Durga zu erledigen er sich vorgenommen habe. Vater bat mich, niemanden mehr zu töten. »Einen Menschen zu töten ist das Schlimmste. Du wirst in alle Ewigkeit verdammt sein«, warnte er mich. Ich versprach es ihm. Und was die freiwillige Kapitulation betraf, so redeten alle Banditen davon, daß sie es eines Tages tun würden. Es bedeutete, Bedingungen mit der Polizei auszuhandeln und Geld für die Kaution zu haben, um dann – vielleicht – letzten Endes den Dschungel in Frieden verlassen zu können. Aber ich glaubte nicht wirklich, daß es jemals geschehen würde.

Ich schaute mir mein Dorf mit seinen Häusern aus Stroh und Lehm an, und ich war nicht sicher, was ich dabei empfand, ob es Bedauern oder Erleichterung war. Die Hütten, das Vieh, die Felder und der Brunnen, die armseligen Arbeitsgeräte meiner Gemeinschaft – all das bedeutete mir nichts mehr. Ich besaß die Freiheit des Dschungels. Ich begriff, daß ich in den kargen Schluchten leichter atmen konnte als in dieser Wüste der Armut.

Bevor wir mein Dorf verließen, trat eine Frau vor mich hin und warf sich mir zu Füßen.

Es war Kusuma, das Mädchen, zu dem Madhav in Delhi unterwegs war, als er getötet wurde. Sie hatte sich zu meinem Dorf durchgeschlagen und darauf gewartet, daß ich kommen würde. Sie bat mich, sie mit mir zu nehmen. Sie wollte ebenfalls eine Banditin werden und bei uns bleiben. Sie weinte und klimperte mit ihren Armreifen, die sie mir für meinen Schutz anbot, vor meinem Gesicht herum.

»Sie wollten mich als Komplizin ins Gefängnis stecken! Ich habe kein Geld, ich habe Angst, und jetzt, da Madhav tot ist, habe ich niemanden, der mir helfen würde. Bitte!«

Sie warf sich erneut vor meine Füße und wollte nicht aufhören zu weinen.

Ich empfand Mitleid mit ihr, aber als ich zu Vickram und den übrigen zurückkehrte, war er ganz und gar nicht glücklich, sie zu sehen. Zuerst dachte ich, es läge einfach daran, daß er keine Frau mit in den Dschungel nehmen wollte. Er nahm mich dann aber beiseite und erklärte mir, daß sie das letzte Mal, als sie bei ihnen war, erhebliche Schwierigkeiten verursacht hatte, weil sie den Männern schöne Augen machte. Aber sie tat mir immer noch leid. Sie hatte niemanden, der sie beschützte, und ich wußte, was das für ein Gefühl war. Ich überredete Vickram, ihr eine Chance zu geben.

Die Probleme fingen sofort an. Sie flirtete mit allen Männern, einschließlich Vickram. Sie war eine echte Frau, hübsch, aber eitel, und ständig entweder in Tränen aufgelöst, um Mitleid zu heischen, oder mit dem Versuch befaßt, jemanden zu verführen. Es war, als könne sie einfach nicht anders.

Bare Lal beklagte sich als erster. »Sie läuft mir die ganze Zeit nach und produziert sich vor mir. Vor einem alten Mann wie mir! Tu etwas, Vickram. Schick sie fort, oder ich werde das schamlose kleine Flittchen eigenhändig verdreschen!«

Ich nahm sie beiseite und warnte sie eindringlich, damit aufzuhören. Ich sagte, sie solle den alten Mann in Ruhe lassen. Aber ich konnte in ihren Augen lesen, daß sie meine Mahnung in den Wind schlug. »Es liegt daran, daß er Vickrams Onkel ist, stimmt's? Deshalb machst du ihm schöne Augen, weil Vickram der Anführer ist!«

Sie schüttelte heftig den Kopf.

»Von jetzt an«, sagte ich, »bleibst du bei mir. Du gehst nicht mehr in die Nähe der Männer!«

Aber genausogut hätte ich ein Leopardenweibchen bitten können, die Flecken auf ihrem Fell anders zu verteilen. Sie war eine wahrhaftige Inkarnation Sitas, der Göttin der Lust. Aber sie verstand es auch, sich nützlich zu machen. Sie kochte und holte Wasser aus dem Fluß. Aber selbst während sie auf dem Eisenblech Chapatis buk, konnte sie es nicht lassen, mit den Männern zu reden und sie durch kleine Gesten zu reizen.

Als nächster war Raghu Nath an der Reihe, der kleine Raghu Nath, der so schlau wie ein Affe war, aber doch nicht klug genug. Sie schlich sich mit ihm fort und schlief mit ihm.

Ihre Schamlosigkeit stieß mich ab.

»Du läufst immer hinter den Männern her. Erst hinter dem einen, dann hinter dem anderen. Siehst du mich vielleicht umhergehen und auf diese Weise mit den Bandenmitgliedern sprechen? Was für eine Frau bist du eigentlich?«

»Oh, Bahanji«, sagte sie und legte den Kopf auf die Seite. Sie nannte mich ihre größere Schwester, um meine Sympathie zu gewinnen. »Du bist anders. Ich kann ohne einen Mann nicht leben. So bin ich nun mal.«

Sie sagte, sie wolle ohnehin nicht bei Raghu Nath bleiben, er sei doch nur ein kleiner Fisch. »Ich möchte mit Vickram zusammensein.«

Ich errötete und versetzte ihr einen wütenden Schlag. Dann ging ich zu Vickram, um ihn zu fragen, was sie zu ihm gesagt habe.

Er zuckte nur mit den Schultern. »Sie ist verrückt! Sie wollte, daß ich sie an deiner Stelle zur Frau nehme.«

»Du mußt sie irgendwie dazu ermutigt haben. Weshalb hast du mir nichts davon gesagt?«

»Nein. Sie hat dumme, böse Sachen gesagt. Sie meinte, sie sei schöner als du und sie würde mich mehr lieben als du. Also fragte ich sie, was mit dir geschehen solle, und sie antwortete: ›Die werden wir schon los.‹ Ich habe ihr einen Tritt gegeben. Ich will sie nicht, Phoolan, das weißt du. Sie gehört jedem.«

»Weshalb hast du mir nichts davon erzählt?«

»Ich wollte dich nicht aufregen. Wir müssen sie nur auf der Hauptstraße absetzen. Sie kann sich wieder nach Delhi durchschlagen.«

Seine Treue zu mir, seine Offenheit und die Aufrichtigkeit, die zwischen uns herrschte, bestärkte mein Vertrauen zu ihm. Ich zweifelte keinen Augenblick daran, daß er mich wirklich liebte, und aus der Sicherheit dieses Wissens heraus empfand ich wieder Mitleid mit ihr.

»Wir sind die einzige Familie, die sie hat«, sagte ich. »Wir können sie nicht einfach auf der Straße absetzen. Du weißt nicht, was die Polizei mit ihr anstellen wird. Warte, bis ihr Fall verhandelt wurde. Dann kann sie zurückgehen.«

Vickram war einverstanden. »Wie du willst, Phool Singh.«

Es war Nacht, alle schliefen, als das, was ich schon seit so langer Zeit befürchtete, schließlich geschah.

Der Ausguck sah sie kommen, und im nächsten Augenblick waren wir mit unseren Gewehren auf den Beinen. Es war eine Abordnung vom Dorf, ungefähr ein Dutzend Männer, die wir kannten und für vertrauenswürdig hielten. Sie trugen keine Waffen und sagten, sie wollten mit Vickram über seinen Streit mit Shri Ram sprechen.

Ich fühlte den Boden unter mir schwanken. Diesmal ist es das Ende, dachte ich. Wir hatten unter einem Neem-Baum eine behelfsmäßige Hütte aus Ästen und Zweigen errichtet und forderten einen der Dörfler, einen reichen Landbesitzer, auf, vorzutreten und uns zu sagen, was sie mitzuteilen hatten.

»Wir sind gekommen, um den Streit zwischen dir und Shri Ram zu beenden. Er schwört, daß er nicht versucht hat, dich zu töten, aber es gibt andere, die sagen, daß sie es gern tun würden. Hier lungern böse Männer herum. Du mußt mit ihm verhandeln, Mastana, zum Wohle aller.«

Vickram ballte die Fäuste.

»Ich werde ihn erschießen, sobald er mir unter die Augen kommt.«

Ich hatte das Gefühl, daß man uns eine Falle stellte, aber ich konnte sie noch nicht erkennen. Diese Männer wußten, daß Vickram einst zu Shri Ram aufgeschaut hatte, und sie verließen sich auf seine Loyalität. Aber das Herz eines Weibes war nicht so leichtgläubig ...

»Shri Ram hat ihn beim erstenmal verfehlt«, sagte ich zu dem Abgesandten, »und jetzt will er einen zweiten Versuch bekommen. Deshalb hat er euch geschickt, ist es nicht so?«

»Du solltest nicht auf diese Frau hören, Vickram. Sie sollte sich in solche Dinge nicht einmischen dürfen. Du mußt diese Angelegenheit klären. Er sagte, er habe nicht auf dich geschossen. Er ist ein Thakur, und er war der Anführer deiner Bande. Du solltest dir anhören, was er zu sagen hat, bevor du ihn anklagst.«

Vickram besann sich einen Augenblick lang, dann sagte er: »In Ordnung, bringt ihn her.«

Die Dörfler zogen ab, und ich bat Vickram inständig, nicht auf sie zu hören. »Laß dich nicht wieder mit ihm ein. Wir brauchen ihn nicht.«

»Wir können uns anhören, was er zu sagen hat. Was macht das schon aus?«

Shri Ram war Vickrams Guru gewesen, der Mann, der ihn alles gelehrt hatte – auch den Betrug. Und Vickram wußte das. Vorher hatte er ihn töten wollen, und jetzt war er bereit, sich mit ihm zu treffen. Ich konnte es nicht begreifen. Shri Ram war ein Thakur, wie die Dörfler gesagt hatten, er war einmal Vickrams Anführer gewesen, und ich war nichts. Wenn ich ihn nicht überzeugen konnte, sollte Vickram eben das tun, was er für richtig hielt. Er war der Herr seines Schicksals. Aber wenn Vickram Shri Ram nicht tötete, würde ich es tun!

Ich hatte Angst, daß Shri Ram es schaffen würde, Vickram wieder auf seine Seite zu ziehen und ihn davon zu überzeugen, daß er nicht versucht hatte, ihn zu töten, denn dann würde er sich als nächstes mit mir befassen. Er haßte mich. Ich war nur eine kleine Mallah-Hure für ihn, und nach allem, was ich wußte, vielleicht der einzige Mensch, den er wirklich töten wollte.

Es war immer noch Nacht, als die Dorfbewohner mit Shri Ram und seiner Bande zurückkamen. Unsere Männer waren gereizt. Sie alle waren gegen die Rückkehr dieses Thakur. Sie wünschten sich ebensowenig eine Versöhnung wie ich. Ich hielt mich möglichst fern von ihrem Gespräch und hockte mich mit dem Gewehr in der Hand ins Gras, auf alles vorbereitet. Ich sah von meinem Platz aus, wie Shri Ram Vickram zu seiner Genesung gratulierte und sich niedersetzte, um mit ihm zu sprechen. Nur Lala Ram kam zu mir herüber und verneigte sich vor mir, dann ging er zu seinen und seines Bruders Männern zurück. Ich beobachtete sie, während sie redeten, und es kam mir wie eine Ewigkeit vor. Der Tag brach allmählich an, und sanftes Licht breitete sich über die Felder aus. Vickram stand von Zeit zu Zeit auf und ging ein wenig umher, bevor er sich wieder hinsetzte. Es mußte ihn große Mühe kosten, seinen Zorn zu bändigen.

Shri Rams Männer hatten sich auf einer Seite des Neem-Baumes niedergelassen, unsere Männer saßen auf der anderen Seite. Zwischen ihnen wurde kein einziges Wort gewechselt. Es war so ruhig, daß ich verstehen konnte, was Shri Ram sagte: »Schlag dir das aus dem Kopf, ich habe nicht auf dich geschossen. Es war der Bauer. Er wollte, daß du glaubst, ich wäre es gewesen. Ich habe darum gebetet, daß du noch am Leben wärst, und hier bist du nun, mein Bruder, sicher und gesund!«

Und dann sagte er ganz laut, damit ich es hören konnte: »Ruf sie. Sie sieht so aus, als wäre sie immer noch wütend auf mich!«

Ich rührte mich nicht von der Stelle. Ich hatte den Verdacht, daß Vickram nur vorgab, ihm zu glauben, aber ich wußte nicht, was er plante. Wenn er etwas vortäuschte, würde ich es ebenfalls tun müssen. Aber ich ging trotzdem nicht zu ihnen.

Als die Sonne aufging, verabschiedeten sich die Dörfler, die als Vermittler gedient hatten, und beide Banden brachen das Lager ab, um in den Dschungel zu gehen, der bessere Verstecke bot. Shri Rams Bande war acht Mann stark, und wir waren neun, ohne Kusuma.

Ich hatte sie ganz vergessen. Aber sobald wir die Pflöcke aus dem Boden zogen, um die Zelte abzubrechen, lief sie zu Shri Ram und warf sich ihm zu Füßen. Sie hatte für sich entschieden, daß er, ein Thakur, der eigentliche Anführer war, und sie begann mit ihrem Verführungstanz. Er war häßlich und sah zum Fürchten aus, aber Kusuma war eine von den Frauen, die nur hinter Männern mit Macht her sind. Sie folgte ihm mit der Anmut und Anhänglichkeit einer kleinen, herrenlosen Katze. Da Shri Ram, der Thakur, seinen Platz als Anführer wieder einzunehmen gedachte, interessierte sie sich nicht eine Sekunde länger für Vickram, den Mallah.

Während wir über die Felder und in die Hügel hinauf wanderten, versuchte ich, Vickram vor ihren Absichten zu warnen, aber er nahm sie nicht ernst. »Sie ist nur eine unbedeutende Frau. Laß sie tun, was sie will«, sagte er. Auch Shri Ram gab nicht weiter auf sie acht, nicht einmal dann, als sein empfindsamerer Bruder Lala ihn vor ihr warnte. Er zuckte nur mit den Schultern. »Wenn sie mir nachlaufen will«, sagte er, »soll sie es tun.« Er stolzierte mit seinen Männern, die alle Safari-Anzüge trugen, vor ihr her. Wir Mallah hatten nur unsere einfachen Sipahi-Uniformen, die wir Polizisten, die in Geldnöten waren, abgekauft hatten. Shri Ram wollte wissen, wie Vickram es angestellt hatte, daß seine Wunden versorgt worden waren, wohin er gegangen war und wer sich um ihn gekümmert hatte. Aber Vickram vermied es, ihm Auskunft zu geben. Er sagte, seine Wunden seien von selbst geheilt, einfach so.

Shri Ram ließ sich endlos über das aus, was er den Vorfall nannte, betonte immer wieder, daß er die Schüsse nicht abgegeben habe, und versuchte herauszubekommen, wer uns geholfen hatte.

»Niemand. Ich habe ein gutes Versteck gefunden und abgewartet« war alles, was Vickram zu entlocken war.

In dieser Nacht schliefen die Banden getrennt voneinander – mit Ausnahme Kusumas, die sich schamlos zu Shri Ram legte.

Aber Vickram und ich schliefen nicht. Wir blieben die ganze Nacht über wach und stritten uns über Shri Ram. Vickram wies mich an, ihn nicht herauszufordern und ein paar Tage lang ruhig zu bleiben. »Er schuldet mir noch eine Menge Geld für seine Kaution. Wir wollen unsere Rechnung mit ihm begleichen und reich werden, danach gehen wir getrennte Wege.«

Zwei Tage vergingen. Shri Ram und seine Männer waren immer noch bei uns, und er versuchte immer noch, mich zu provozieren.

»Nun, Phool Singh, hast du mir verziehen? Ich bin dein Bruder, und du bist meine Schwester«, sagte er. »Warum kommst du nicht an meine Seite, Bahanji?«

Ich hatte kein Verlangen nach seiner Nähe. Ich glaubte ihm keine Sekunde lang, weder seinen Augen noch seinen Worten. Ich konnte in seinem Gesicht sehen, daß er log.

Es regnete, und wir waren bereits eine halbe Nacht lang durch den Dschungel gewandert. Wir näherten uns Vickrams Gebiet, Bejamau, das Heimatdorf von Vickrams erster Frau, lag nicht weit entfernt. Der Boden war vom Wasser vollgesogen und machte das Gehen schwer. Als wir endlich anhielten, um unser Lager aufzuschlagen, wollten die Zeltpflöcke in der aufgeweichten Erde nicht halten. Ich war erschöpft, aber ich konnte nicht schlafen und lauschte im Liegen auf den Regen. Endlich hörte er auf, und am Morgen kam die Sonne hervor, und alle gingen, um sich zu erleichtern und zu waschen, bevor das Lager wieder abgebrochen wurde.

Ich wäre beinahe mit Kusuma zusammengestoßen, die in ihrem schwarzen Büstenhalter und ihren Höschen vor den Männern stand. Ich war von ihrem Anblick so schockiert, daß ich sofort Shri Ram ansprach.

»Was macht ihr beiden da? Sag ihr, daß sie sich bedecken soll!«

»Nicht alle Frauen sind wie du, Phool Singh. Sie mag mich, und es macht ihr nichts aus, es mir zu zeigen.«

Eine Frau hätte es in unserer Gemeinschaft niemals gewagt, sich so zu benehmen. Wie konnte sie ihre Unzüchtigkeit derart zur Schau stellen? Ich sagte Vickram, daß er etwas unternehmen müsse. Er war ebenfalls wütend. Er packte die Frau an den Haaren und brach einen Zweig von einem Baum ab.

»Ich habe dir gesagt, daß du keine Schwierigkeiten machen sollst«, sagte er. »Sind Prügel das einzige, was du verstehst?«

»Ich kann tun, was mir gefällt«, kreischte sie.

Ihre unverschämte Antwort machte ihn noch wütender. Er warf sie auf den Boden und begann, auf sie einzuschlagen. Die Männer schauten zu, einige mit verächtlicher Miene, andere mit einem Grinsen. Niemand sagte ein Wort. Kusuma schrie um Hilfe, aber ihr rothaariger Erretter rührte sich nicht. Fast nackt, wie sie war, mit entblößtem Busen und den schlaffen, zitternden Schenkeln, flößte sie mir Abscheu ein. Sie war feurig rot von Vickrams Schlägen und beteuerte immer noch unter Tränen ihre Liebe zu Shri Ram. Aber er hatte von ihr bekommen, was er wollte, und würde für eine elende Frau aus einer niedrigeren Kaste – sie war eine *Nayan* – nicht einen Finger rühren. Sollten die Mallahs sich um sie kümmern!

Ich schämte mich in diesem Augenblick vermutlich mehr als sie. Sie schien nicht zu begreifen, daß ein Thakur stets auf die unteren Kasten herabblicken würde. Besonders dann, wenn er gerade mit einer ihrer Frauen geschlafen hatte.

Ich konnte ihre Schande nicht mehr mitansehen.

»Schick sie fort, Vickram!« schrie ich. »Laß sie gehen!«

Ich wandte mich zu ihr.

»Du benimmst dich wie eine Prostituierte, Kusuma. Erst war es Raghu Nath, dann hast du versucht, Vickram zu verführen, aber er wollte dich nicht, und jetzt bist du bei Shri Ram. Entscheide dich ein für allemale. Hör endlich auf, mit jedem zu schlafen. Wenn Shri Ram dir gefällt, sag es, bleib bei ihm und heirate ihn!«

»Heirate ihn doch selbst, dann heirate ich Vickram!«

Bevor ich irgend etwas denken konnte, hatte ich ihr schon eine heftige Ohrfeige gegeben.

Sie wirbelte herum und fiel auf den Boden.

»Sag das nicht noch einmal«, warnte ich sie.

Vickram hatte recht gehabt, sie würde nie etwas anderes als Schläge verstehen. Hätte ich damals gewußt, was für ein Dämon diese Frau war, würde ich sie zermalmt haben wie eine Ratte, als sie dort auf dem Boden lag.

Ich konnte sie ahnen, die Gefahr, die dort im hellen Morgenlicht nahte, den Schatten, der über uns kreiste wie ein Geier. Ich wußte inzwischen, daß der Tod einen Geruch hat, und ich konnte ihn riechen ...

Vickram mußte ebenfalls etwas geahnt haben. Er beschloß an jenem Morgen, daß die beiden Banden sich trennen sollten. Wir würden auf verschiedenen Wegen zum Tempel Shivas gehen, wo wir immer unsere Opfer darbrachten. Shri Ram erklärte sich einverstanden. Es schien ihm nichts auszumachen, daß Vickram Befehle gab. Etwas war nicht in Ordnung.

Am Nachmittag erreichten wir den kleinen weißen Tempel bei Ghatapara am Fluß, wo der heilige Mann Sidh Baba saß. Vickram hatte beschlossen, sein Geld von Shri Ram zu fordern und die Trennung endgültig zu machen. Er zeigte ihm das Rechnungsbuch, das Madhav geführt hatte, damit Shri Ram die Schuld bestätigte.

»Gut, gut«, sagte Shri Ram. »Laß mir nur zwei Tage.«

Die Sonne schickte sich an unterzugehen, als Vickram sich neben mich an die Yamuna setzte. Das durch den Monsun gestiegene Wasser war bis zu den obersten zum Tempel führenden Stufen emporgeklettert, wie damals, als ich zum ersten Mal hergebracht worden war. Die lehmbraunen Fluten strömten vorbei, und es nieselte leicht. Der Wind blies einen feinen, erfrischenden Nebel in unsere Gesichter.

Ich ließ meine Füße im Wasser hängen und wischte mit einem Zweig von einem Neem-Baum die Insekten fort, die versuchten, mich in die Waden zu beißen.

Vickram strich mir lächelnd über den Kopf.

»Du spielst wie ein Kind. Kann ich mitspielen?«

»Ja, komm.«

Wir waren zwei uniformierte Kinder mit Gewehren über den Schultern. Er schlug mit dem Zweig aufs Wasser, dann wandte er sich plötzlich zu mir.

»Phoolan«, sagte er ernst, »ich habe dein Leben zerstört. Ich habe etwas Böses getan.«

Diesmal erwiderte ich nichts.

»Und wenn ich sterbe – was wird dann aus dir?«

Eine solche Frage hatte ich nicht erwartet.

»Dir wird nichts zustoßen. Wenn wir uns von ihnen trennen, ist alles in Ordnung.«

»Ich habe ein merkwürdiges Gefühl heute«, sagte er.

»Wenn das so ist, laß uns heute noch fortgehen. Jetzt gleich ...«

Ich merkte, wie sich seine Augen mit Tränen füllten. Er sah mit einemmal so jung aus, so verängstigt.

»Nichts wird geschehen, Mastana«, beeilte ich mich zu sagen. »Du bist dem Tod schon einmal entronnen. Nichts wird geschehen.«

Ich wollte ihm meine Entschlossenheit und meinen Mut zeigen, aber als ich ihn weinen sah, krampfte sich mir das Herz zusammen. Über seine Schulter hinweg, auf der obersten Stufe der Treppe hinter uns, erblickte ich Shri Ram und Lala Ram. Ich sah seine rote Mähne, die Mähne eines Teufels. Er hätte sicher zu gerne gewußt, worüber wir sprachen, während wir dort wie Kinder am Fluß saßen.

Vickram schöpfte mit seinen Händen Wasser und hob sie an sein Gesicht, um sich die Tränen fortzuwaschen. Wassertropfen fielen aus seinem dünnen Schnurrbart, und ich sah, daß seine Lippen zitterten. Ich werde niemals vergessen, wie er an jenem Abend aussah, als die Sonne unterging, rot wie Blut.

»Laß uns gehen«, sagte er. »In ein paar Tagen ist alles vorbei, und ich kann meine Familie besuchen. Ich möchte meinen Vater wiedersehen und ihm sagen, daß ich das, was ich letztesmal zu ihm sagte, nicht so gemeint habe.«

Wir stiegen in zwei Boote und glitten gemächlich im Regen den Fluß entlang, auf die Einmündung eines Nebenflusses in der Nähe von Bejamau zu, dem Dorf, aus dem die erste Frau Vickrams stammte. Die Männer waren müde. Wir hatten seit mehreren Nächten nicht richtig geschlafen. Bare Lal band unser Boot unter einer Gruppe von Neem-Bäumen fest, und wir legten uns hin, um zu schlafen. Shri Ram schnarchte bald in seinem Boot, den Arm um Kusuma gelegt, die auf dem Bauch neben ihm lag. Auch Lala Ram und die übrigen Thakurs fielen bald in einen festen Schlaf. Aber ich mußte an Vickram und seine Tränen denken. Er hatte die Gefahr ebenfalls gewittert. Er mußte sie tief in sich gefühlt haben, um so zu weinen.

Ich mußte etwas unternehmen. Ich stand leise auf und weckte Misra, Vickrams Leibwächter.

»Hör zu«, flüsterte ich, »Vickram hat heute viel geweint. Laß uns diese beiden töten. Du tötest den einen und ich den anderen ...«

»Nein. Du mußt erst mit Vickram darüber sprechen. Wir können es nicht allein tun.«

»Sie schnarchen. Wir könnten ihre Gewehre in den Fluß werfen, ohne daß sie es bemerken.«

»Nein. Wenn du es jetzt tun willst, weck ihn und sag es ihm.«

Ich weckte Vickram vorsichtig.

»Wir können die Dinge nicht auf diese Art bereinigen«, erwiderte er, als ich ihm sagte, was ich vorhatte.

»Ich will sie jetzt töten.«

»Phoolan, sie schlafen. Ich werde niemanden im Schlaf töten. Und es ist meine Sache, nicht deine.«

Er lächelte über meine enttäuschte Miene.

»Mach dir nicht die Hände schmutzig. Es ist meine Aufgabe, diesen Dämon zu töten.«

Es war ohnehin zu spät. Jemand murmelte, wir würden sie stören. Der Dämon war aufgewacht. Wir hörten die rauhe Stimme Shri Rams vom Boden seines Bootes: »Diese verdammten Mallahs schnattern Tag und Nacht.«

Ich hätte ihn in jener Nacht töten sollen. Ich hätte es allein tun sollen, ohne Hilfe. Ich hätte wie eine Schlange in ihr Boot gleiten und ihre Gewehre in die Yamuna werfen und dann direkt auf Shri Ram feuern sollen. Seine Männer wären geflohen. Und Vickram hätte nicht am nächsten Tag sterben müssen.

Aber wer war ich, daß ich das Schicksal hätte aufhalten können?

Durch die Feuer der Hölle

Bejamau lag versteckt in einer hundert Meter vom Ufer der Yamuna entfernten Schlucht. Man erreichte es über einen kleinen Weg, der sich die Bergflanke emporschlängelte. Vickram bat seinen Onkel Bare Lal, uns bei einem Besuch seiner Familie, die dort wohnte, zu begleiten. Er hatte seine erste Frau und seine Kinder seit seiner Verwundung nicht mehr gesehen. Er lud auch Lala Ram ein, mit uns zu kommen, damit Shri Ram keinen Grund zu der Annahme hatte, wir wollten allein gehen, um etwas auszuhecken.

Ich hatte den Morgen schweigend verbracht; ich war angespannt und meine Nerven überreizt. Shri Ram hatte angekündigt, daß er Kusuma heiraten wolle. Gut für die beiden, dachte ich. Aber sein Bruder war nicht einverstanden. Lala Ram sagte, ein Thakur könne keine Nayan heiraten. Die Nayan waren – ebenso wie die Mallahs und die Jatavs – eine Unterkaste der *Shudra*, deren Aufgabe es war, den anderen Kasten zu dienen. Sie sei unrein, gab er zu bedenken. Shri Ram schien das nicht zu stören. »Du kannst sagen, was du willst«, erwiderte er, »ich behalte sie.« Er sagte, er wolle sie zu ihrer aller Dienerin machen; sie könne sie massieren, ihnen die Füße waschen und das Ungeziefer von den Köpfen suchen. Er wies seine Männer an, am Fluß zu warten, und nahm Kusuma mit ins Dorf.

Onkel Bare Lal ging mit den übrigen voran, und während ich ihnen den steilen Pfad hinauf folgte, wog ich unsere Chancen ab: Vickram und ich, plus acht Mann, gegen Shri Ram und Lala Ram, plus sieben Thakurs ... Raghu Nath hatte unsere Bande vor zwei Tagen verlassen, als Vickram Kusuma geschlagen und Shri Ram wegen des Geldes angesprochen hatte. Raghu Nath hatte die Spannung genauso wie ich gespürt. Er war schlau, und er fürchtete, daß es zu einer Konfrontation zwischen den beiden Männern kommen würde.

Ich haßte diesen Tag, noch bevor er begonnen hatte ...

Der Nachmittag verging langsam. Vickram war mit seinem kleinen Sohn beschäftigt, der Fieber hatte. Ich hatte es damals nicht gewußt, aber seine Frau war schwanger gewesen, als Vickram mich zum ersten Mal mit dorthin genommen hatte. Jetzt lernte ich das Baby kennen. Vickram war im Dschungel gewesen, als er hörte, daß er einen Sohn hatte, und die Nachricht hatte ihn traurig gemacht. Der Anblick des Babys versetzte ihn in eine seltsame Stimmung. Auch ich fühlte mich unbehaglich. Der Kleine war krank, und kaum saß er auf meinem Schoß, übergab er sich. Ich fürchtete, sie würden denken, ich hätte das Baby verflucht, weil Vickram mich geheiratet hatte, aber die Mutter war froh, mich zu sehen. »Schwester, vergiß mich nicht«, sagte sie, als wir uns verabschiedeten.

Ich gab ihr ohne Vickrams Wissen Geld für das Baby.

Der kleine Junge ähnelte Vickram nicht. Er glich eher seiner Mutter. Vickrams Tochter war ebenfalls dort. Sie sah immer noch aus wie er, obwohl sie größer und schwerer geworden war. Ich weckte sie aus ihrem Schlummer, und es machte mich glücklich zu sehen, daß sie sich an mich erinnerte.

Als wir zu den Booten zurückkehrten, lamentierte Lala Ram immer noch über die Heirat seines Bruders. Und Kusuma fuhr fort, mich zu provozieren.

»Morgen heirate ich, Bahanji«, zwitscherte sie. »Wie findest du das?«

Ich sagte, daß ich mich für sie freue.

Sogar Vickram gratulierte Shri Ram. »Wir werden ein schönes Fest feiern«, sagte er.

Aber ich wollte wissen, was Shri Ram plante. Ich hatte seit zwei Nächten nicht richtig geschlafen. Die Ahnung einer bevorstehenden Gefahr lastete auf mir. Als Vickram bei seinem Sohn gewesen war, hatte ich Shri Ram mit dem Rechnungsbuch in der Hand gesehen.

Ich konnte hören, wie er zu seinem Bruder murmelte: »Dieser Mallah-Hund denkt, er könne mir sagen, was ich zu tun habe. Er wagt es, von mir Geld zu fordern.«

Ich wußte, die Dinge würden nicht so verlaufen, wie Vickram sie plante ...

Ich war erleichtert, als endlich die Nacht kam. Ich war froh, daß der Tag zu Ende war. Man hatte Vickram ein Lager unter einer Plane gemacht, die über ein paar Zweige gebreitet war und den Regen abhalten würde. Er legte sich erschöpft hin. Ich fragte Bare Lal mit meinem Kissen unter dem Arm, wo ich schlafen sollte. Vickram berührte meine Hand.

»Komm zu mir«, sagte er zärtlich.

»Nein, du bist müde.«

»Doch, leg dich nah zu mir.«

Seit seiner Verwundung ließ ich ihn gewöhnlich allein schlafen. Die Ärzte hatten gesagt, er müsse seine Kräfte zurückgewinnen. Obwohl er niemals darüber klagte, merkte ich, daß der Geschoßsplitter in seinem Rücken ihm immer noch Schmerzen bereitete. Außerdem nahmen wir im Dschungel Rücksicht auf die anderen, und nicht zuletzt schliefen wir auch aus Gründen der Sicherheit getrennt voneinander. Aber ich hatte schon so lange nicht bei ihm liegen können. Ich war nicht mehr daran gewöhnt. Ich sagte zu ihm, daß es gefährlich sei, und ich hatte eine gewisse Scheu, aber er bestand darauf.

Ich legte mich neben ihn. Er nahm mir mein Gewehr ab und legte es in Reichweite neben das seine.

Ich hörte Bare Lal im Dunkeln flüstern.

»Phoolan, wir haben ein Lager für dich gefunden.«

»Schon gut«, sagte Vickram. »Sie ist hier bei mir.«

Wir waren ausgepumpt, erschöpft. Der Regen fiel sanft auf das Segeltuch, und der Wind rauschte in den Bäumen, und ich muß zu müde gewesen sein, um die bedeutungsvolle Stille zu beachten. Warum nur überließ ich mich dem Schlaf, warum in dieser Nacht, nach so vielen schlaflosen Nächten der Wachsamkeit, in einer Nacht, in der ich wußte, daß etwas nicht stimmte, etwas Entsetzliches lauerte? Die Beruhigung, ihn neben mir zu wissen, ließ alle Furcht vergehen, und ich fiel zugleich mit ihm in tiefen Schlaf.

Es sollte unsere letzte gemeinsame Nacht sein, die einzige Nacht, in der wir jemals die Sicherheitsregeln des Dschungels mißachteten und zusammen schliefen, wie ein Mann mit seiner Ehefrau.

Ich wußte nicht, wo ich war, als ich die Schüsse hörte. Es gab einen betäubenden Knall, dann krachte es noch mehrmals. Meine Ohren summten grell von den lauten Schüssen, und in meinem Kopf drehte es sich, als hätte ich Drogen genommen. Vickram lag noch neben mir, aber seine Stimme war schwach, weit entfernt, wie in einem Nebel.

»Phoolan. Er war es. Der Bastard hat auf mich geschossen ...«

Ich tastete im Dunkeln nach unseren Gewehren, aber sie waren nicht dort. Vickram richtete sich auf und wollte ebenfalls nach seinem Gewehr greifen, da feuerte Shri Ram eine weitere Kugel auf ihn ab.

»Gib mir mein Gewehr, dann zeige ich dir, wie tapfer du bist, du Bastard!«

Shri Ram trat ihn gegen die Brust.

»Phoolan«, sagte er, »ich sterbe!«

»Nein, nein«, erwiderte ich. »Es ist nichts. Ich kann nichts sehen ...«

Ich konnte nicht glauben, was ich hörte. Ich dachte, ich würde träumen. Vickram saß immer noch aufrecht und sprach, als sei alles in Ordnung. Die schattenhafte Gestalt vor uns war, das erkannte ich jetzt, Shri Ram. Er hatte zwei- oder dreimal auf Vickram geschossen, aber ich war nicht getroffen worden.

»Du dreckiger Hund!« stieß Shri Ram hervor. »Du hast geglaubt, der Anführer dieser Bande zu sein, du dachtest, du könntest den Männern sagen, was sie tun sollten!«

Ich konnte nicht verstehen, was er sagte. Ich konnte nicht aufstehen. Mir war schwindelig, und in meiner Nase war ein Geruch, der Übelkeit in mir erregte. Ich kannte den Geruch. Es war das Chloroform, das wir bei Entführungen benutzten. Ich spürte es auf meinem ganzen Gesicht, im Mund und in den Augen. Ich wußte nicht, wo ich war, aber ich hörte irgendwo Shri Ram uns verfluchen. Dann sah ich, wie er Vickram den Gewehrlauf gegen die Schläfe stieß.

»Hör auf«, stöhnte ich. »Töte ihn nicht. Töte mich dafür!«

Er schlug mich mit dem Gewehrkolben, und ich fiel zu Boden.

Wo sind nur die übrigen, fragte ich mich. Ich kroch wieder auf den Khat und sah Vickram auf dem Boden liegen.

»Ich sterbe, Phoolan, ich sterbe ...«, stammelte er.

Shri Ram packte meine Haare, jemand nahm mich bei den Füßen, und ein anderer hielt meine Arme. Ich konnte mich selbst in einem ungeheuer großen Wald, der vom Echo meiner Stimme widerhallte, klagen hören.

»Töte mich! Töte mich!«

Ich konnte Vickram nicht sehen. Ich wußte nicht, ob er noch lebte. Aber ich war noch am Leben, irgendwo in der Dunkelheit.

Dann sah ich die Körper von vieren unserer Männer auf dem Boden liegen. Onkel Bare Lal war tot. Neben seinem Kopf lag ein Lappen, der mit Chloroform getränkt gewesen sein mußte, und unter ihm breitete sich eine Blutlache aus. Die übrigen vier waren gefesselt, und ich konnte nicht erkennen, wer noch lebte und wer tot war.

Der Regen auf meinem Gesicht weckte mich aus dem schweren, von Übelkeit erfüllten Schlaf. Ich vermutete, sie hatten die Männer betäubt und ihnen die Gewehre fortgenommen. Das war es, was sie seit zwei Tagen geplant hatten, das war der Grund dafür, daß sie in der Nacht vorher so fest geschlafen hatten. Aber ich war noch am Leben – und dann durchfuhr mich die entsetzliche Gewißheit, daß sie mich nicht sofort töten würden ...

Kusuma fiel über mich her und zerrte an meinem Schmuck. Sie streifte mir meine Armreifen ab und griff sich die goldene Halskette, die Geschenke Vickrams. Die räuberische Hyäne raffte mit einem Lachen alles an sich, was sie kriegen konnte. Sie nahm meine Uhr und meinen Ring mit dem Kopf der Durga. Dann zog sie mir die Kleider aus, und als ich nackt war, fesselten die Männer mir Hände und Füße.

Sie warfen mich in ein Dornengestrüpp und traten mir vor die Brust, um mich tiefer hineinzustoßen. Sie wußten, was sie taten. Ich konnte jeden Dorn des Babool-Strauches wie ein Messer in meine Haut eindringen fühlen. Dann trugen sie mich zum Fluß und ließen mich ins Boot fallen.

Ich hörte, wie sie das Tau losmachten und wie das Boot ablegte.

In der Klarheit der Nacht begriff ich allmählich, welche Schrecken mich erwarteten: sie würden mich quälen ... Als ich gebunden auf dem Boden des Bootes lag, schaute ich auf und erblickte den rothaarigen Dämon. Er grinste.

»Nun?« fragte er höhnisch. »Was wirst du jetzt tun?«

»Warum hast du mich nicht ebenfalls getötet?«

»Oh, du kannst uns noch sehr nützlich sein!«

Ich war noch immer bei klarem Bewußtsein. Ich hörte die Rudergeräusche und das Wasser an die Bootswand plätschern. Ich konnte den Himmel und die Sterne sehen und spürte den Regen auf mich fallen – und ich betete. Ich versuchte, mir einzureden, daß Vickram nicht tot war, daß er mich retten würde. Dann spürte ich, wie das Boot wieder anlegte, und sie legten mir eine Binde über die Augen.

Ich war in einem Dorf. Ich wußte nicht, in welchem. Ich hörte, wie Shri Ram die Dörfler mit einem Ruf weckte.

»Sie hat Vickram, den Mallah, getötet! Die kleine Hure, sie hat ihn getötet! Aber ich habe sie erwischt! Kommt und seht!«

Ich hörte Menschen, als ich auf den Boden geworfen wurde. Dann begann es ... Shri Ram war der erste, dann kamen die anderen, die Thakurs, alle, die in der Nähe waren.

Ich hörte, wie Shri Ram sie ermunterte, sie aufforderte, mich zu benutzen, sich meiner zu bedienen, solange ich gefesselt war.

Ein Mann reichte mich an den nächsten weiter.

»Sag es!« brüllte Shri Ram. »Sag ihnen, was mit Vickram geschehen ist. Gib es zu, verdammte Hure! Gib zu, daß du ihn getötet hast!«

In der ersten Stunde hatte ich noch die Kraft zu betteln. Ich beschwor Kusuma, mir beizustehen. Ich konnte sie nicht sehen, aber ich hörte ihre Stimme, so herzlos wie die einer Krähe. »Ruf doch deinen Mann, daß er dich rettet«, gackerte sie. »Du warst so stolz, du dachtest, du wärst so klug. Jetzt kriegst du, was du verdienst!«

Ich wußte nicht, in welchem Dorf wir waren. Ich wußte nicht, wie viele Stunden es dauerte, wie viele Tage und Nächte. Wir kamen in wenigstens vier oder fünf weitere Dörfer, und jedesmal wurde ich nackt vorgeführt. Jedesmal nannte Shri Ram mich eine Mallah-Hure. Er sagte, ich sei diejenige gewesen, die Vickram getötet hatte, dann warf er mich auf den Boden und forderte die Männer des Dorfes auf, mich nach Belieben zu benutzen.

Ich hörte die Stimmen der Männer, aber ich spürte nichts. Ich existierte nicht länger. Ich dachte, ich sei gestorben, wie Vickram.

»Töte sie«, hörte ich Lala Ram zu seinem Bruder sagen, »aber zieh nicht auf diese Art mit ihr von Dorf zu Dorf.«

Ich selbst bettelte sie an, mich zu töten.

Sie fielen über mich her wie Wölfe. Sie zerrten mich hoch und hoben mich auf, und ich fiel, und sie zogen mich wieder an den Haaren empor. Ich sah Dinge, die ich nie werde vergessen können. Ich sah eine Unzahl von Gesichtern, und ich war nackt vor ihnen. Dämonen kamen in endloser Folge aus den Feuern der Hölle und vergewaltigten mich. Ich betete zu allen Göttern und Göttinnen, mir zu helfen, mich leben zu lassen, durch die taufeuchten Felder laufen und in die Schluchten klettern zu lassen, mich Rache nehmen und den rothaarigen Dämon erschlagen zu lassen. Dann kehrte die Dunkelheit zurück, und ein weiterer Mann legte sich keuchend auf mich, ein alter Mann, ein Gespenst, das den Geruch des nahen Todes ausschwitzte.

Und dann hörte es auf.

Ich lag auf einem Khat. Ich fühlte hinter meinen Augenlidern die Sonne, und dann spürte ich die Hitze auf meinem ganzen Körper, die Hitze, die in meinen Wunden brannte. Ich war irgendwo außerhalb eines Dorfes, noch immer nackt, aber meine Augen waren nicht länger verbunden.

Ich hörte Männer rufen.

»Nein, nein, sie ist tot, ich rühre sie nicht an!«

»Sie wird sterben, wenn du ihr nicht bald Wasser gibst.«

Die Stimme einer Frau.

Sie gab mir einen Schluck Wasser. Mit blinzelnden Augen folgte ich dem Seil, mit dem ich noch immer gefesselt war, bis ich eine Hand sah, die ein Seilende mit festem Griff hielt, wie eine Hundeleine.

Mein Körper war blutbeschmiert und mit blauen Flecken übersät. Ich wußte nicht, wie viele Tage und Nächte es gedauert hatte.

»Ich bitte dich, Schwester, bedecke mich. Bitte, bedecke mich. Ich bin eine Frau, wie du ...«

Aber die Frau verschwand, und Shri Ram stand an ihrer Stelle.

»Du Stück Scheiße! Mallah-Hure! Du dachtest, du könntest uns herumkommandieren und uns Befehle geben. Begreifst du jetzt, wohin du gehörst? Erinnerst du dich daran, weshalb du geboren wurdest?«

Die Frau kam zurück und legte eine Decke über mich. Ich rollte mich darunter zusammen und schloß vor Schmerz und Entsetzen die Augen.

Shri Ram zog mich hoch und warf mich von dem Khat hinunter. Er fing wieder an, mich mit einem Lathi zu schlagen, und die Decke rutschte weg. Dann zerrte er mich an den Haaren hoch und sah mir ins Gesicht.

»Jetzt bist du endlich auf deiner Stufe angelangt – nichts als Dreck.«

Ich hörte, wie sie sich berieten. Einer von ihnen war dafür, mich sofort zu töten. »Sonst stirbt sie, und dann kannst du sie nicht mehr erschießen.«

Ein anderer sagte, sie sollten mich lebend der Polizei ausliefern, dann hätten sie Anspruch auf die Belohnung. Wenn man mich noch mehr schlagen würde, könnte die Polizei meine Leiche nicht mehr der Zeitung zeigen, weil die Leute sonst denken würden, die Polizisten hätten mich so zugerichtet.

Shri Ram sagte, wenn es nach ihm ginge, würde er mich von allen Thakurs der Welt benutzen lassen.

Ein anderer meinte, es fände sich doch niemand mehr, der mich noch vergewaltigen wolle.

Ich versuchte, mich wieder unter die Decke zu stehlen, die auf dem Boden lag. Aber einer der Männer hob mich an den Schultern hoch, ein anderer packte mich bei den Füßen, sie ließen die Decke von mir fallen, so daß ich wieder nackt war, und dann trugen sie mich hinunter zum Fluß und ließen mich in das Boot fallen.

Die vier Männer unserer Bande waren immer noch dort, gefesselt. Ich fing an zu weinen, als ich sie sah. Ihre Handgelenke waren gebrochen, ihre Lippen blau, und ihre Gesichter mit Blut bedeckt.

»Was ist mit Vickram – ist er tot?«

»Schscht, sag nichts. Ja.«

Ich hörte Shri Rams Männer über Vorräte sprechen, und das Boot setzte sich in Richtung Simra in Bewegung, in Richtung jenes Dorfes, in das die Thakurs mit ihrer heuchlerischen Bitte um Versöhnung gekommen waren.

Dort ließen sie uns aussteigen. Wir mußten uns gefesselt unter den Neem-Bäumen in einer Reihe hinlegen. Lala Ram und einer der anderen Männer sagten, daß sie die Polizei holen würden. Die Polizei könnte vorgeben, sie hätte uns einen Hinterhalt gelegt und getötet. So hatten sie es von Anfang an geplant, und die Dörfler, die gekommen waren, um Frieden zwischen Vickram und Shri Ram zu stiften, waren darüber informiert gewesen. Ich hörte Shri Ram sie nach seinem Geld fragen. Sie hatten Rupien gesammelt, um Shri Ram dafür zu bezahlen, daß er sie von uns befreite, weil wir zu einer niederen Kaste gehörten, aber uns von den Thakurs keine Vorschriften machen ließen. Wir seien niederes Volk, und jetzt hätte man uns unseren Platz gezeigt, sagten sie. Indem sie Vickram töteten, hatten sie uns daran erinnert, wer die Befehle gab. Sie wollten angeben, daß ich Vickram umgebracht hatte, um zu beweisen, daß ich treulos war, eine Hure eben, und vor allem hofften sie auf eine Belohnung; dafür wollten sie die Polizei am Ruhm teilhaben lassen.

Mein Körper war tot, aber mein Verstand arbeitete wieder. Ich bekam alles mit. Aber ich hörte auch einige Dörfler sagen, es sei würdelos, eine Frau in diesem Zustand in den Dörfern zu zeigen. Sie waren arme Bauern, keine Thakurs, und sie verlangten von den Thakurs, daß sie mir etwas zum Anziehen gaben. Sie wußten nicht, was Shri Ram plante. Sie verstanden nicht, weshalb er die Polizei benachrichtigen wollte. Shri Ram beschimpfte sie, aber sie wollten nicht, daß er uns dort zurückließ. Sie beschlossen, den Brahmanen zu fragen, was zu tun war.

Einer der Männer des Dorfes kam mit einer Hose und einem Buschhemd zurück.

»Steh auf und wasch dich«, sagte er.

Der Dorfbewohner, der mir die Kleidung gebracht hatte, nötigte mich, meine geschwollenen Füße in Schuhe zu zwängen, aber da ich immer noch gefesselt war, konnte ich mich nicht selbst anziehen. Er band meine Hände los. »Laßt sie sich selbst ankleiden«, sagte er, »und ich werde gehen und meinen Vater holen.« Unter Schmerzen zog ich mir die Hose und das Hemd über. Dann kauerte ich mich ans Flußufer, tauchte meine Hände ins Wasser und führte sie an mein Gesicht. Shri Ram redete immer noch, als der Dörfler mit einem alten Mann wiederkam, der eine lange, weiße Kurta trug.

Ich erkannte ihn! Er war ein Brahmane. Er kannte mich! Er würde mich retten!

»Shri Ram Thakur«, sagte der alte Brahmane. »Du hast gut daran getan, diesen Vickram zu töten. Er war ein verfluchter Bandit. Und du solltest mit dieser Dämonin ebenso verfahren!«

Es war sein Sohn gewesen, der mir Kleider gebracht hatte, und nun wollte der Brahmane, daß sie mich töteten! Shri Ram war zufrieden, einen mächtigen Verbündeten gefunden zu haben. War denn niemand da, der mir helfen würde?

»Bringt sie in mein Haus«, sagte der Brahmane. »Wir werden dort den Göttern für den Tod Vickrams danken.«

Ich konnte mich kaum erheben, aber sie zwangen mich, vor ihnen herzugehen. Meine Füße glitten aus, und meine Beine knickten ein, die Bäume drehten sich um mich, aber der alte Mann stieß mich weiter vorwärts.

»Geh, du elendes Miststück. Beweg dich!«

Seine Stimme war böse und mitleidlos.

Das Dorf lag nicht weit vom Fluß entfernt, aber der Weg kam mir so lang vor, daß ich glaubte, sterben zu müssen, bevor wir ankamen. Zwei schweigende Wachen hielten mich aufrecht. Kali war ein Mitglied von Shri Rams Bande, aber er gehörte zu einer niedrigen Kaste, ebenso wie der andere Wächter. Shri Ram sagte, ein Thakur würde unrein werden, wenn er mich berührte, also mußten die beiden mich begleiten. Benommen vom Sonnenlicht, stolperte ich voran. Anhand des Schattens, den ich warf, sah ich, daß es Mittag sein mußte, und das Dorf schien verlassen zu sein. Es war, als wollte sich diesmal niemand an dem Schauspiel meiner Demütigung ergötzen. Ein paar alte Männer schauten zu mir herüber, als wir auf das Haus des Brahmanen zugingen. Es war ein großes Haus mit Zementböden, aber der alte Brahmane ließ mich zu einer Hütte aus Lehm und Stroh neben dem Haus bringen. Die beiden Männer Shri Rams mußten bei mir bleiben, um mich zu bewachen. Einer von ihnen wartete draußen, und der andere, Kali, kam mit mir hinein.

Er setzte sich auf den Boden und schaute mich an.

»Es ist nicht richtig, was sie getan haben«, sagte er. »Es ist abscheulich.«

»Hilf mir, Kali! Töte sie! Töte Shri Ram! Ich werde tun, was immer du willst, für den Rest meines Lebens, aber töte sie für mich!«

»Es sind zu viele.«

»Dann gib mir dein Gewehr und laß mich gehen. Du mußt mir helfen. Du bist kein Thakur, du bist keiner von ihnen. Hab Mitleid mit mir.«

»Ich kann dir nicht helfen. Sie würden mich ebenfalls töten.«

Ich hörte Shri Ram und Kusuma im Haus lachen. Wahrscheinlich feierten sie ihre Hochzeit – und Vickrams Tod. Ich wußte nicht einmal mehr, weshalb ich noch lebte. Sie töteten die Männer und vergewaltigten und quälten die Frauen, um ihre Macht, die sie über uns hatten, zu demonstrieren. Mit der Erinnerung an das, was sie mir angetan hatten, kehrte auch, so wie immer, der Schmerz zurück. Ich spürte einen Dorn des Babool-Busches so tief in mir stecken, daß mein Rücken angeschwollen war. Jede Bewegung tat mir weh, ich hatte das Gefühl, als sei mein ganzer Körper zerbrochen. Nicht die geringste Kraft war mir geblieben, es gelang mir nicht einmal mehr, die Bilder aus meinem Kopf zu vertreiben: Ich stand nackt und gedemütigt vor Tausenden von Menschen. Ich würde niemals vergessen können, wie sie mich angeschaut hatten ...

Als die Sonne unterging, erschien der Brahmane mit Shri Ram in der Tür der Hütte. Jetzt werden sie mich töten, dachte ich.

»Laß sie zuerst zu mir bringen«, sagte der Brahmane.

»Gut. Vergnüge dich ruhig ein wenig.«

Der alte Mann, von dem ich geglaubt hatte, ich könnte ihn achten, den ich das letzte Mal, als ich ihn sah, mit »Vater« angesprochen hatte, würde mich ebenfalls vergewaltigen!

Die beiden Wachen brachten mich, nachdem man mir die Hände wieder gefesselt hatte, hinaus. Sie führten mich ins Haus, und wir gingen durch einen Raum in einen großen Hinterhof. Als wir dort waren, schickte der Brahmane die beiden Wachen fort.

»Bleibt im Haus, ihr beiden. Ich brauche euch nicht.«

Der Hof war groß, und die rote Erde war heiß von der Nachmittagssonne.

Der Brahmane deutete auf eine Tonne voll Wasser, die in einer Ecke stand.

»Trink.«

Ich fiel ihm schluchzend zu Füßen.

»Buppa, bitte, tu es nicht. Vergewaltige mich nicht. Nicht auch du.«

»Ich würde so etwas nie tun. Jetzt beruhige dich, Kind. Trink und sammle deine Kraft. Aber wenn sie mich hinterher töten, laß sie nicht davonkommen. Tu mit ihnen, was sie mit dir gemacht haben, Phoolan Devi. Durga wird dir die Stärke geben, dich zu rächen!«

Ich brauchte eine Weile, um zur Besinnung zu kommen. Der alte Brahmane hatte Tränen in den Augen. Er wollte mir helfen, er würde mich retten!

Er brachte mir einen Becher Wasser und ein altes, zwölfkalibriges Gewehr. Er hatte drei Patronen in der Hand. Das Gewehr war von primitiver Machart. Hoffentlich erwartet er nicht, daß ich versuche, Shri Ram damit zu erschießen, dachte ich.

»Trink, und nimm das. Du wirst es brauchen.«

Ich hatte kaum genügend Kraft, um zu schlucken.

»Möchtest du etwas essen?«

»Nein, nichts, nur Wasser.«

Allmählich wich die Verkrampfung in meiner Brust, und ich begann wieder zu atmen. Es dauerte noch einige Minuten länger, bis meine Beine aufhörten zu zittern. Da klopften die Wachen an die Tür zum Hof, und ich hörte Shri Ram von der anderen Seite rufen.

»He, Brahmane, willst du, daß ich dir ein paar Mann zur Verstärkung schicke? Ha, ha!«

Der alte Mann hatte immer noch Tränen in den Augen, aber er erwiderte mit lauter Stimme: »Ich kann selbst zu Ende bringen, was ich tue.«

Der Brahmane deutete auf die Lehmmauer des Hofes. Normalerweise hätte ich sie leicht übersteigen können, aber jetzt hatte ich nicht die Kraft, mich an ihr hochzuziehen. Er zeigte mir eine Öffnung an der Mauerbasis, die ich mit den Händen erweiterte. Er half mir hindurchzukommen, indem er meine Schultern nachschob, als ich mich mit den Füßen zuerst durch das Loch zwängte. Auf der anderen Seite der Mauer waren Felder. Der Brahmane reichte mir das Gewehr durch die Öffnung, dann schlüpfte er hinter mir hindurch und stützte mich beim Gehen. Hinter seinem Haus lag ein Maisfeld, durch das wir uns hindurchkämpften, bis wir einen Neem-Baum in seiner Mitte erreichten.

»Hier kannst du dich verstecken. Ich muß ins Haus zurückgehen.«

»Bleib bei mir. Sie werden dich töten, Buppa.«

»Oh, ich glaube nicht. Ich bin sehr alt, und sie haben zumindest ein bißchen Respekt vor mir. Ich werde die beiden Wachen herschicken und sagen, es sei dir gelungen, mit ihnen zu entkommen. Ihr Platz ist nicht bei diesen Thakurs, und sie werden tun, was ich ihnen sage.«

»Shri Ram hat vor niemandem Respekt, Buppa. Er wird dich töten, und deine Familie dazu.«

»Meine Familie hat das Dorf bereits verlassen. Ich habe sie schon früher fortgeschickt. Hab keine Angst wegen mir. Gott beschützt mich.«

Ich schaute ihm nach, als er zum Dorf zurückging, bis sein weißer Turban hinter den Maispflanzen verschwand. Ein Thakur würde einem Brahmanen Achtung erweisen, solange es ihm nützlich erschien, aber dieser alte Mann gehörte nicht zu Shri Rams Kaste, und ich war sicher, daß er dafür, daß er mich befreit hatte, mit seinem Leben würde bezahlen müssen. Er war alt und kraftlos und hatte weiße Haare, aber er besaß mehr Mut als jeder von Shri Rams Bande.

Dort lag ich ausgestreckt unter dem Baum, im hohen Gras verborgen, und drückte das Gewehr fest an meine Brust. Ich hatte nicht die Kraft, mich auch nur um einen Fingerbreit weiterzubewegen, nicht einmal, um mein Leben zu retten. Ich schloß die Augen und spürte, wie ich in den Schlaf hinüberglitt ...

Nein! Ich durfte nicht schlafen!

Als ich das letzte Mal eingeschlafen war, hatten sie Vickram getötet. Ich wußte, wenn ich jetzt einschlief, wäre ich an der Reihe zu sterben.

Ich hörte Rufe vom Haus des Brahmanen her und sah zwei Gestalten in meine Richtung laufen. Es waren Kali und der andere Wächter. War es dem Brahmanen gelungen, sie zu überreden, daß sie sich mir anschlossen – oder versuchten sie, mich wieder einzufangen? Ich richtete meinen schmerzenden Körper auf und begann, durch das Feld zu stolpern.

»He, wo bist du, Phoolan? Warte auf uns!«

Es war ganz gleich. Ich konnte nicht laufen. Ich winkte ihnen und ließ mich auf den Boden fallen.

»Steh auf, rasch!«

Sie hoben mich hoch und schleppten mich durch das Feld. Wir kamen nicht schnell voran, aber die Nacht brach herein, und die Dunkelheit würde uns Schutz bieten.

Nach einer Weile gelangten wir an einen Fluß, zu dessen Seiten steile, mit dichtem Strauchwerk bewachsene Hügel aufragten. Hinter uns hörten wir Schüsse und Rufe. Wir kletterten auf einen Hügel. Von dort oben aus konnten wir in der Ferne das Dorf sehen. Es war beinahe Nacht, aber ich wußte sehr gut, was der rote Dämon und seine Thakurs taten. Sie schlugen und quälten und töteten.

Kali und der andere Wächter lagen ein paar Meter entfernt von mir. »Sie werden sie alle töten und dann nach uns suchen«, flüsterte einer von ihnen.

Wir sahen Flammen und Rauch in den Nachthimmel emporsteigen. Es hatte den Anschein, als zünde Shri Ram das ganze Dorf an. Ich erfuhr später, daß er nicht nur die übrigen Männer Vickrams getötet, sondern auch den Brahmanen von seinen Männern hatte fesseln und schlagen lassen, bevor er ihn mit Petroleum übergoß und bei lebendigem Leib verbrannte.

Von unserem Hügel aus beobachteten wir die Flammen und die unheilvollen Rauchwolken, und dann senkte sich die Nacht wie ein schwarzer Vorhang.

Wir lagen versteckt im Gebüsch, still wie die Mäuse.

Durch ein Wunder war ich dem Blutdurst Shri Rams entgangen, und ich schwor, falls ich überleben sollte, würde ich Vickrams Rache auch zu der meinen machen.

Eine Schlange weist den Weg

Keiner von uns war imstande gewesen zu schlafen, und seit über zwei Tagen hatte ich nichts gegessen. Am Morgen des dritten Tages sahen wir vom Felsrand aus, wie eine Polizeieinheit das Dorf umstellte.

Der Hunger war das eine, aber noch schwerer war der Durst zu ertragen. Wir verdursteten buchstäblich. Der ausgedörrte Hügel hatte sich als Falle erwiesen: um uns herum nur offene Felder, die wir unmöglich überqueren konnten, bevor wir nicht sicher waren, daß es ungefährlich war. Wir hatten keine andere Wahl, als uns hinzulegen und, wie die Geier, die über uns kreisten, zu beobachten und zu warten; wir hielten den Atem an, lauschten auf die geringste Bewegung – eine Ratte, die durch das Gebüsch huschte, oder eine Hyäne, die in die Nacht heulte. In der Stille konnte ich mein Herz pochen hören. Ich spürte seine heftigen, erdrückenden Schläge. Ich mußte unbedingt etwas trinken.

Der Durst war so groß, daß ich schon bereit war, wieder in das verbrannte Dorf hinunterzugehen und mich der Polizei zu stellen. Sie würden mich erschießen, aber was machte das schon? Ohne Wasser wäre ich ohnehin bald tot. Was hatte es also für einen Sinn, sich zu verstecken? Selbst wenn wir es schafften, von hier wegzukommen, würden wir immer noch auf der einen Seite der Polizei und auf der anderen Shri Ram mit seiner Thakur-Bande aus dem Weg gehen müssen.

Er hatte den Leuten weismachen wollen, ich hätte Vickram umgebracht. Er hatte mich nackt durch die Dörfer geschleppt wie eine Verrückte, wie einen Dämon, und jetzt saßen wir in der Falle. Ich war noch am Leben, aber nur knapp, und wie lange noch? Die schwache Hoffnung, daß Vickram vielleicht nicht tot, sondern nur verletzt war und sich irgendwo im Urwald versteckte, schwand mit jeder Stunde. Der Thakur-Schuft hatte sich gut überlegt, wen von uns er zuerst erschoß. Ich konnte es nicht mehr aushalten. Ich entschloß mich, von diesem Felsvorsprung hinunterzuklettern, die Felder zu überqueren und für einen Schluck Wasser zu sterben.

Ich stand auf und hörte dabei im Gebüsch zu meinen Füßen ein leises Rascheln.

Eine große Schlange mit schwarzen und gelben Schuppen ringelte vor mir langsam ihren schlanken Körper auseinander und hob den Kopf ...

Ich schauderte.

So langsam, wie ich nur konnte, ging ich in die Hocke, bereit, jeden Augenblick zu springen. Mit ihren goldenen Augen, die in dem schwarzen Gesicht leuchteten, sah sie mich an, als ob sie mir etwas sagen wollte. Ich blickte sie ebenfalls an, und plötzlich, ohne daß ich es hätte verhindern können, fing ich an zu weinen. Ich weinte große, traurige, einsame Tränen der Hilflosigkeit, die Tränen eines verängstigten Kindes.

»Wer bist du? Du willst mich beißen? Hat Gott dich geschickt, damit du mich beißt?«

Sie hörte zu, ohne sich zu bewegen. Die beiden Jungen wichen voller Angst zurück.

»Sie wird dich beißen, Tante! Bring sie um!«

»Wer bist du? Wenn Gott dich geschickt hat, damit du mich tötest, tu es. Wenn er dich geschickt hat, damit du mich beschützt, dann hilf mir ...«

Sie reckte sich nach vorn und bewegte den zarten Kopf hin und her. Schlangen hatten mich seit den Kindertagen verfolgt – aber ich hatte sonst nicht die Gewohnheit, so mit ihnen zu sprechen. Meine Mutter hatte mich während der Monsunzeit manchmal zu meiner Großmutter geschickt, wenn das Dorf überschwemmt wurde und voller Schlangen war. Jedes Jahr starben ein oder zwei Dorfbewohner, nachdem sie gebissen worden waren, und meine Mutter hatte Angst um mich. Vor manchen Schlangen fürchtete ich mich, vor anderen nicht. Aber nie zuvor hatte ich mit ihnen gesprochen. Diese Sorte hier kannte ich nicht, und deshalb wußte ich auch nicht, ob sie gefährlich war, aber sie sah groß und stark aus, und obwohl ihr Biß wahrscheinlich giftig war, schien es fast so, als sei sie nur gekommen, um mit mir zu reden.

Also redete ich. Ich erzählte ihr alles über meine Leiden; über Shri Ram und den Alptraum, den ich gerade durchlebt hatte. Sie wiegte den Kopf von einer Seite zur anderen und musterte mich, während sie zuhörte.

Die beiden Jungen waren wie versteinert.

»Vielleicht ist es jemand, den du kennst«, flüsterte Kali. »Jemand aus deiner Bande. Sieh mal, wie er dir zuhört.«

Sie blähte den Hals auf, den Blick unverwandt auf mich gerichtet, und gab ein Zischen von sich. Sie hörte mir tatsächlich zu, da war ich ganz sicher. Gerade hatte ich noch eine trockene Kehle gehabt, aber jetzt war der Durst verschwunden.

Plötzlich drehte sie sich um und glitt auf einen Felsen zu. Sie schlängelte sich auf seine höchste Stelle, blickte in die Ferne und wandte sich dann wieder zu mir. Noch zweimal machte sie die gleiche Geste mit dem Kopf, sie blickte immer in die gleiche Richtung und dann wieder zu mir.

»In diese Richtung soll ich gehen?« fragte ich.

Sie bewegte den Kopf von einer Seite zur anderen und zischte wieder.

Dann drehte sie den Kopf und deutete damit nach vorn. Auch Kali verstand.

»Sie sagt, du sollst ihr folgen, Tante. Sie zeigt dir den Weg!«

»Stimmt das? Du zeigst ihn mir?«

Ich verbeugte mich erleichtert vor ihr, die Hände ehrfurchtsvoll aneinandergelegt.

»Wer du auch bist«, sagte ich, »laß mich jetzt nicht im Stich. Paß auf mich auf und gib mir die Kraft zum Überleben.«

Majestätisch glitt die Schlange davon.

Zu dritt folgten wir ihr um einen Felsen auf der anderen Seite des Hügels, außer Sichtweite des Dorfes. Wir überquerten den mit Büschen bestandenen Abhang in der prallen Sonne und gelangten schließlich zu ein paar Bäumen. Nachdem wir eine Viertelstunde in der Nachmittagshitze durch das unwegsame Gelände gegangen waren, bemerkte ich einen Wasserlauf. Er entsprang als kleine Quelle in den Felsen! Wir waren gerettet!

Ich trank lange, indem ich das Wasser aus den hohlen Händen in den Mund fließen ließ. Dann goß ich es mir ins Gesicht und ließ es aus den Händen über den Kopf laufen. Ich spülte meine Wunden. Das sanfte, kühle Wasser, das über meine geschwollenen Glieder strömte, gab mir Hoffnung; meine Kraft kehrte zurück und mit ihr der Wille zum Überleben.

Ich schloß die Augen und betete zu der Schlange: Wer du auch bist, bleib bei mir, sei mein goldenes Auge, zeig mir den Weg, und ich werde dir gehorchen ...

Als ich die Augen öffnete, war sie verschwunden.

Kali und der andere Junge, der Charan hieß, gingen vor mir über ein riesiges Weizenfeld.

Beim geringsten Geräusch kauerten wir uns nieder und machten uns unsichtbar wie die Schlange im Gras. Wieder brannte der Durst in unseren Kehlen, und wir redeten kaum. Ich hatte mich entschlossen, den Weg zurück über Simra zur Yamuna einzuschlagen und dann dem Flußlauf zu folgen; ich wollte das Haus meiner Tanten mütterlicherseits in der Nähe eines Dorfes namens Delkhan erreichen.

Vielleicht führte die Schlange uns wirklich, denn wir kamen in das Dorf, ohne daß uns jemand sah. Vorsichtig pirschten wir uns durch die Außenbezirke. Die Mallahs wohnten in einer Häusergruppe am oberen Ende des Dorfes in der Nähe der Hügel. Das Dorfzentrum lag weiter unten, fast am Fluß. Wir warteten, bis es Nacht wurde, und durchquerten es dann, um zu dem Haus meiner Tante zu gelangen.

Ich sagte Kali und Charan, sie sollten sich im Abwassergraben verstecken, während ich mich drinnen umsah. Meine Tante war im Hof und buk Chapatis über dem Feuer. Sie war allein, und ich signalisierte den Jungen mit einem Pfeifen, daß sie nachkommen konnten. Meine Tante war erstaunt, mich mit zwei uniformierten Männern zu sehen. Sie umarmte mich und fragte, was geschehen sei. Ich erzählte ihr nichts. Wir befanden uns in einem Gebiet, das von den

Thakurs kontrolliert wurde, und Shri Ram hatte sicher überall seine Informanten. Schweigen war der beste Schutz. Im übrigen war ich zu zerschlagen und zu müde, um alles zu wiederholen, was ich auf der Felskante der Schlange erzählt hatte.

Plötzlich hörte ich hinter mir Stimmen. Woher sie kamen, konnte ich zunächst nicht feststellen, aber als ich mich umdrehte, erkannte ich mehrere Gestalten. Es waren Dorfbewohner, und sie hatten mich erkannt. »Haltet sie fest«, rief einer von ihnen, »wir übergeben sie der Polizei.« Ohne nachzudenken, sprang ich hinter den Kühen auf dem Hof in Deckung und stieß einen Warnschrei aus.

»Bastarde! Schurken! Ich bring euch um!«

Ich nahm das Schrotgewehr von der Schulter und feuerte einen einzelnen Schuß in die Luft. Die Dorfbewohner flüchteten in panischer Angst aus dem Hof, und ich lief hinter dem Haus herum, gefolgt von Kali und Charan; ich hatte vor, das Dorf auf dem gleichen Weg wieder zu verlassen. Aber jemand trat mir entgegen. Es war Ram Sevak, einer meiner Vettern.

»Nicht da entlang, da sind sie hergekommen. Es sind noch mehr von ihnen da, und sie warten auf dich.«

Damit blieben nur die Schluchten, der Schutz des Urwaldes und die Nacht. Aber der Urwald war dort zu dicht und gebirgig. Darin ohne schwere Stiefel und Messer voranzukommen war schwierig. Ein Stück vom Dorf entfernt kehrten wir in einem Bogen zum Fluß zurück und entschlossen uns, das Risiko einzugehen und die Hauptstraße zu nehmen. Sie durchquerte ein anderes kleines Dorf; die Leute sahen uns vorbeigehen und tuschelten. Es war mitten in der Nacht, aber die Bewohner schliefen noch nicht.

»Es ist Phoolan Devi. Sie ist es. Wir müssen es ihr sagen.«

Sie berichteten, sie hätten gehört, man habe mich zusammen mit Vickram getötet. Dann folgten sie uns bis zu dem Tempel am Rand des Dorfes, begierig darauf, Einzelheiten zu hören und zu erfahren, warum ich allein war und wer die beiden Jungen in meiner Begleitung waren. Ich hatte gerade noch Zeit, die Fragen zu beantworten, als ich eine Gruppe Männer auf der Straße näherkommen sah. Sie hatten Uniformen an und Gewehre bei sich.

Auf den ersten Blick hielt ich sie für Dacoits.

»Wer seid ihr?« rief ich.

»Du«, kam die Antwort, »weise dich aus!«

»Ich bin's, Phoolan«, sagte ich, im Glauben, es sei die Bande von Baba Ganshyam. Ein paar von ihnen duckten sich in den Straßengraben und schossen, während die anderen in Deckung gingen. Ich rief Kali zu, er solle ebenfalls Schutz suchen, denn jetzt war mir klar, daß ich einen verhängnisvollen Fehler begangen hatte. Sie waren von der Polizei. Ich schoß auch, aber nur einmal, um meinen Rückzug zu decken. Jetzt hatte ich nur noch eine Patrone übrig.

Ich flüchtete in die Nacht und verlor dabei meine beiden Begleiter aus den Augen. Einer der Jungen hatte den Weg in den Urwald eingeschlagen, der andere war über die Felder verschwunden. Ich hatte die Straße ebenfalls verlassen und gelangte bald wieder in hügeliges Gelände, wo ich kletterte, in Wassergräben fiel und weiterkletterte, wie Vickram es mir beigebracht hatte. Während ich verzweifelt versuchte, den Bergkamm zu erreichen, hörte ich plötzlich im Dunkeln neben mir Gewehrschüsse. Schließlich gelangte ich in eine Schlucht, in deren Grund ein Wildbach floß. Über dem schäumenden Wasser hing ein Baum. Ich kletterte auf einen Ast, der über das Wasser ragte; es war der längste, den ich erkennen konnte. Dann sprang ich.

Bei der Landung auf der anderen Seite knickte ich mit dem Fuß um, und immer noch konnte ich hinter mir die Schüsse hören. Aber ich kletterte weiter aufwärts. Ich mußte den oberen Rand der Schlucht erreichen. Wieder bestieg ich einen kleinen Baum. Er war nicht besonders stabil, aber ich hatte keine andere Wahl. Ich kletterte bis zum Ende eines Astes. Er knackte bedrohlich unter meinem Gewicht. Ich wagte nicht mehr, mich zu rühren.

Ich konnte mich nicht bewegen. Die Beine gaben unter mir nach. Ich war außer Atem, und mein Herz schlug so heftig, daß ich dachte, es müsse platzen. Ich wußte nicht, wohin. Die Gewohnheit hatte mich aus der Schlucht heraus nach oben getrieben, aber vielleicht hatten sie das ganze Tal umstellt. Ich war mir nicht einmal sicher, ob es wirklich die Polizei war. Es hätten auch Thakurs sein können oder auch Shri Ram und seine Leute, die immer noch hinter mir her waren.

Etwa eine Stunde später sah ich von meinem luftigen Sitz aus die Lichter von Autos, die unten im Dorf ankamen. Ich hörte, wie Kommandos in den Bergen widerhallten. Jetzt war ich fast erleichtert. Die Polizei hatte Verstärkung erhalten, und jetzt würden sie ein Haus nach dem anderen durchsuchen.

Langsam kletterte ich von dem Baum herunter, wobei ich jeden Ast vorsichtig prüfte, bevor ich ihm mein Gewicht anvertraute. Wenn einer davon abbrach, würde ich mehrere Meter tief fallen. Als ich endlich unten war, legte ich mich flach auf den Boden, um wieder zu Atem zu kommen. Ich hatte überall Schnittwunden und Schrammen, und immer noch konnte ich in der Entfernung das Schießen hören. Offenbar suchten sie mich auf den Feldern und schossen auf Schatten oder auf Kali und Charan, die beiden Jungen. Aber ich war im Augenblick außerhalb ihrer Reichweite. Ich wußte, daß sie im Dunkeln aus Angst vor einem Hinterhalt nicht hier herauf kommen würden, und erst jetzt wurde mir klar, daß sie offenbar glaubten, ich hätte eine Bande bei mir. Als ich meinen Namen gerufen hatte, konnten sie sich nicht eine Sekunde vorstellen, daß ich allein war. Es war verrückt von mir gewesen, mich derart preiszugeben. Und als ich Kali zugerufen hatte, er solle in Deckung gehen, waren auch die Polizisten im Straßengraben verschwunden. Sie mußten geglaubt haben, sie hätten Phoolan Devis Bande unmittelbar vor sich!

Meine zweite Patrone hatte mir eine zweite Chance verschafft, aber wenn sie mich jetzt fanden, würde die dritte für mich sein. Ich war entschlossen, mich lieber selbst umzubringen, als ihnen das Vergnügen zu gönnen.

Am Fuß des Hügels sah ich die Polizisten. Dutzende von ihnen durchkämmten die Felder, und die anderen trieben die Dorfbewohner zusammen, weil sie gleich die Häuser und Ställe durchsuchen wollten. Ich konnte die Laternen sehen und hören, wie sie nervös Befehle bellten. Sie hatten Angst, denn sie glaubten, sie hätten es mit einer Bande von Dacoits zu tun.

Aber es gab keine Bande mehr. Vickram war tot, und ich war allein. Körperlich war ich am Ende. Ich war achtzehn Jahre alt und trug überall die Narben von Qualen, die Männer mir zugefügt hatten, Männer, die keine Menschen waren, sondern Ungeheuer und Schurken. In der Zelle des Polizeigefängnisses hatte man mir die Handgelenke gebrochen, und sie waren nie wieder richtig geheilt. Ich konnte die Schrotflinte kaum ruhig genug halten, um zu zielen. Ich mußte sie mit beiden Händen fassen, und ich hatte nur noch eine Patrone ... aber für die Sipahis war ich Phoolan Devi, die Unantastbare, die Königin der Dacoits!

In dieser Nacht gelobte ich der Schlange, die jetzt meine Verbündete war, daß ich nicht mehr länger eine Frau sein würde. Alles, was ich von jetzt an tat, würde ich wie ein Mann tun. Das Böse hatte mir seinen Stempel aufgedrückt. Ich hatte das Böse der Männer überlebt, und ich hatte nichts mehr zu verlieren. Ich war stärker als je zuvor.

Phoolan Devi, Königin der Banditen

Jenseits des Hügels lag ein Fluß, der durch den Monsunregen zu einem reißenden Strom angeschwollen war. Ich war nicht kräftig genug, um hinüberzuschwimmen; also folgte ich dem Fluß ein Stück weit. Ich ging am Ufer entlang, wobei meine Füße im Schlamm versanken, dann setzte ich barfuß den Weg durch den Urwald fort. Große Eulen, weiß wie Gespenster im Mondlicht, beobachteten mich von den Ästen. Ich ging und ging, mein Geist war leer. Es gab nur einen Gedanken: weiter, weiter.

Als der Morgen dämmerte, war ich in ein anderes Tal gelangt, und jetzt ging ich in Richtung Kalpi. Außerhalb eines Dorfes kletterte ich auf einen Neem-Baum; dort blieb ich mehrere Stunden lang, halb schlafend und dennoch wachsam. Ich reinigte die Schrotflinte und schob einen Zweig hinein, um die Gewehrkammer zu säubern. Als ich sie laden wollte, glitt mir die letzte Patrone aus den Fingern und fiel unter dem Baum auf die Erde.

Es war die einzige, die ich noch besaß. Ich wollte gerade hinunterklettern und sie aufheben, als etwa ein Dutzend Polizisten den Weg entlangkamen und direkt unter mir im Schatten des Baumes stehenblieben. Ihre Stiefel waren von Schlamm bedeckt. Sie zogen sie aus und klopften sie am Baumstamm ab. Ich konnte jedes Wort verstehen. Sie sprachen über mich.

»Ich hab genug. Sie muß jetzt schon weit weg von hier sein.«

»Wer weiß, wo sie sich versteckt!«

Still wie eine Schlange zwischen den Ästen starrte ich auf die Patrone, die zu ihren Füßen lag …

Aber sie wußten nicht, wie man sieht. Ihre Augen waren wie Knöpfe, die man ganz eng angenäht hat. Nicht ein einziges Mal blickten sie nach oben. Ich kletterte sogar von meinem Sitzplatz zu einem höheren Ast, ohne daß sie mich bemerkten. Sie wußten auch nicht, wie man hört.

Überleben kann man nicht lernen. Jeder hat seine Bestimmung zu erfüllen, und ich war allmählich davon überzeugt, daß es meine Bestimmung war zu überleben. Überleben, um mich zu rächen – das war die Kraft, die mich antrieb. Nie würde ich vergessen, welches Leid der rote Teufel mir zugefügt hatte. Ihn einfach zu töten wäre zu freundlich gewesen. Ich würde ihn in Stücke schneiden, ein Stück heute und morgen ein anderes, so daß er zusehen konnte, wie ich ihn ganz langsam, Glied für Glied, den Hunden vorwarf. Selbst nach dem Tod, in meinen zukünftigen Leben, würde ich es nicht vergessen. Mein Durst nach Rache war so stark, daß ich nachts davon aufwachte. Gewöhnlich versuchte ich einzuschlafen, indem ich mir Vickrams Gesicht vorstellte und noch einmal die süßen Worte hörte, die er vor seinem Ende zu mir gesagt hatte, aber es gelang mir nicht. Die Bilder von meiner Demütigung kehrten immer wieder, schoben sich davor, ich konnte sein Gesicht nicht mehr sehen, und dann schrie ich vor Entsetzen. Mein ganzer Körper war eine einzige große Wunde, ich war schon tot, und doch durfte ich nicht stehenbleiben; ich ging und ging, versuchte vorwärtszukommen, nach Hause zu gelangen.

Die Frau eines Hirten fand mich und pflegte mich in ihrer Hütte. Meine Hände waren gebrochen, sie rührte eine Paste aus Schlamm an, um den Schmerz zu lindern. Während ich darauf wartete, daß sie heilten, gelang es mir, eine Nachricht an den Bruder eines unserer toten Männer zu schicken.

Ein paar Mallahs aus unserer Gemeinschaft kamen mit dem Boot, um mich abzuholen. Ich sah meine Mutter wieder.

Als sie mich erblickte, schlug sie sich wie eine Märtyrerin an die Brust; wieder weinte sie um Vergebung dafür, daß sie mich in die Welt gesetzt hatte, und wegen des neuerlichen Schreckens, den ich hatte erleiden müssen. Sie wußten schon über alles Bescheid, was ich durchgemacht hatte. Es hatte sich in den Dörfern herumgesprochen. Sie umsorgte mich, badete mich und legte Verbände an, und nach zwei weiteren Tagen konnte ich endlich schlafen.

Zum ersten Mal in meinem Leben waren die Bewohner des Dorfes auf meiner Seite, sogar der Sarpanch. Suresh, sein Sohn, schenkte mir ein Gewehr – als ob er etwas wiedergutmachen wollte. Ich wußte, daß er es nur deshalb tat, weil sie sich jetzt vor den Thakurs mehr fürchteten als vor mir, aber ich nahm das Geschenk an.

Mit dem Gewehr ging ich wieder zurück in den Urwald. Mein erstes Ziel bestand darin, eine eigene Bande zu gründen.

Ich setzte mich mit einem Dacoit namens Balwan in Verbindung, einem Hirten aus der Kaste der *Gadariya*, und er ließ mich ein paar Tage lang bei seiner Bande mitmachen; die Zeit reichte aus, um zwei reiche Kaufleute aus der Kaste der *Vaishya* zu entführen und für jeden von ihnen fünfzigtausend Rupien Lösegeld zu erpressen. Mein Anteil betrug fünfundzwanzigtausend Rupien.

Balwan hatte ungefähr ein Dutzend Leute. Er bot mir an, bei ihnen zu bleiben, und meinte, wir könnten die Bande gemeinsam führen. Aber ich wollte nicht noch einmal in eine solche Lage geraten. Diesmal brauchte ich von niemandem Schutz, und ich wollte von niemandem Befehle annehmen. Ich würde selbst die Anführerin sein, ich war diejenige, der man von jetzt an gehorchte. Zwei Gruppen in einer Bande – das konnte zu Rivalität zwischen den Kasten und internen Auseinandersetzungen führen, das wußte ich. Und ich wußte auch, daß Balwan ein Hitzkopf war, der ohne Zögern seine eigenen Leute umbrachte, wenn er sie des Verrats verdächtigte. Er hatte ein paar Jatavs in seiner Gruppe beiseite geschafft, weil er glaubte, sie hätten seinen Bruder getötet, und ich wollte nicht zusehen, wie Dacoits wieder die Gewehre aufeinander richteten.

Da ich nicht bei Balwan bleiben wollte, bot er mir an, mir Geld für Waffen und Verpflegung zu leihen. Aber ich wollte auch niemandem etwas schulden. Ich wußte, daß man nur dann seinen Willen durchsetzen kann, wenn man unabhängig ist.

Nachdem ich ein paar Stunden mit ihm gesprochen hatte, war ich entschieden.

»Es ist ganz einfach, Balwan«, erklärte ich. »Ich betrachte mich nicht mehr als Frau. Ich will von niemandem beschützt werden, und ich will von niemandem Hilfe. Wenn ich von dir ein Gewehr bekomme, bezahle ich es.«

Ich war Balwan gegenüber argwöhnisch. Er gehörte zu denen, die nur wegen des Geldes zu Banditen werden. Angefangen hatte er als kleiner Dieb, der Schafe und Ziegen stahl. Er war sehr leicht reizbar, und ich spürte, daß man ihm nicht trauen konnte. Für ihn ging es immer nur ums Geld, und ich wollte Leute mit anderen Beweggründen.

»Wenn es hier Männer gibt, die mit mir kommen wollen, sollen sie es sagen«, erklärte ich ihm. »Aber ich entscheide, ob ich sie nehme oder nicht.«

Der erste, der sich mir anschließen wollte, war Lakhan, ein hochgewachsener Bursche Mitte Dreißig mit dichtem Bart und langen Haaren, die hinten zu einem Knoten gebunden waren; er sollte mein Freund und Bruder werden. Bevor er zu der Bande gestoßen war, hatte er bei einer Bank gearbeitet. Er war klug und schien ehrlich zu sein, und deshalb entschloß ich mich, ihn zu meinem Kassenwart zu machen.

Während ich bei Balwan war, nahm sein früherer Chef, der gefürchtete Anführer einer berüchtigten Bande von Moslems, Kontakt mit uns auf. Baba Mustakim hatte bei den Dacoits einen guten Ruf. Er war bekannt für seine Ehrenhaftigkeit, und deshalb stimmte ich einem Treffen zu. Zu meiner Überraschung sah er überhaupt nicht wie ein Bandit aus. Er war gut gekleidet und höflich. Er sagte, er habe gehört, was geschehen sei, und wolle mir ebenfalls helfen. Ich kaufte ihm ein automatisches Gewehr ab, eine teure Waffe. Ich gab ihm die fünfundzwanzigtausend Rupien, die ich besaß, und er sagte, ich könne den Rest später bezahlen.

Die ganze Nacht unterhielt ich mich mit Baba Mustakim. Die Moslems waren in der Regel arm und hatten von den Thakurs ebensoviel zu befürchten wie meine Gemeinschaft. Baba Mustakim war entschlossen, sich mit mir zusammenzutun, und erst in den frühen Morgenstunden akzeptierte er meine Gründe, seine Hilfe abzulehnen.

»Wenn du meine Unterstützung nicht willst, nimm zehn Mann aus meiner Bande«, sagte er. »Such sie dir selbst aus.«

Ich wollte Leute haben, die miteinander zurechtkamen, vor allem aber sollten es Männer sein, die von Rachedurst getrieben wurden. Wer nur Raub und Rupien suchte, war ein schlechter Dacoit, aber wer einen Groll auf meine Feinde hegte, würde ein guter Dacoit werden. So dachte ich jedenfalls. Es war eine Überzeugung, die ich noch bereuen sollte.

Ich nahm einen nach dem anderen beiseite und stellte jedesmal die entscheidende Frage: »Willst du mich als Anführerin?« Wenn das bejaht wurde, fragte ich noch etwas.

»Bin ich für dich ein Mann oder eine Frau?«

Ich war in Eile. Ich wollte unbedingt den roten Dämon finden, und so entstand meine eigene Bande. Da war Man Singh, der mein Adjutant und Bruder werden sollte. Die anderen waren Baladin, Ramdas, Jhallar, Laltu, Jageshwar, Muniram und Kharag, der den Spitznamen Vishnu trug, weil er immer verrückte Dinge tat und zum Beispiel Tee machte, indem er Rupienmünzen kochte. Meinen hochgewachsenen Kassenwart Lakhan hatte ich bereits. Sie stammten alle aus Schäfer- oder Gerberkasten, Kasten, die sich mit meiner eigenen vertrugen.

Man Singh war groß und bärtig, das lange, wellige Haar fiel ihm bis auf die Schultern. Sein Aussehen machte mir zuerst angst. Quer über seine Stirn liefen tiefe Furchen, er hatte einen durchdringenden Blick und eine Adlernase, aber Baba Mustakim erklärte mir, er sei eines der ältesten Bandenmitglieder und werde mir eine große Hilfe sein. Man Singh, so erzählte er, sei aus den gleichen Gründen zum Dacoit geworden wie ich. Seine beiden Onkel hatten sich geweigert, das Land zu teilen, das sie zusammen mit ihrer Schwester, Man Singhs Mutter, geerbt hatten. Sie denunzierten Man Singh bei der Polizei, weil er Baba Mustakim unterstützte, seinen Jugendfreund aus einem nahegelegenen Dorf. Als die Polizisten kamen, um ihn zu holen, töteten sie seinen Bruder. Man Singh entkam und schloß sich den Dacoits an.

Baba Mustakim rief seine restlichen Leute zusammen und befahl ihnen, Haltung anzunehmen.

»Schwört im Namen Allahs, daß ihr Phoolan Devi nie als Frau ansehen werdet. Schwört, sie als euren Bruder zu betrachten. Ich selbst werde jeden töten, der diesen Eid bricht. Sie ist mein Bruder, und sie ist auch euer Bruder. Allah sei gepriesen!«

»Lang lebe Phool Singh!«

Er band mir ein rotes Tuch um den Kopf, das Symbol der Rachegöttin Durga.

Bevor Baba Mustakim mit seinen Leuten zu ihrem Lager in den nahegelegenen Bergen aufbrach, überreichte er mir ein Geschenk: Es war ein Stempel wie der, mit dem Vickram allen mitgeteilt hatte, daß er noch am Leben war. Dieser hier trug meinen Namen. Die Inschrift lautete:

PHOOLAN DEVI, KÖNIGIN DER BANDITEN

Zwei Tage später stempelte ich zum ersten Mal meinen Namen auf Türen, so wie Vickram es bei einer Plünderung getan hatte. Balwan und Baba Mustakim bestanden darauf, uns mit ihren Leuten beizustehen, als wir unsere erste Operation durchführten, einen Überfall am hellichten Tag mitten in einer belebten Stadt. Es war auch nicht irgendeine Stadt, sondern Kalpi, wo ich etwa drei Jahre zuvor als verschrecktes Mädchen in einer Polizeizelle gewesen war.

Wieder war es Sommer, die Sonne brannte und füllte die Straßen mit erstickender Hitze. Der Angriff begann auf dem Höhepunkt der Schwüle um drei Uhr nachmittags. Wir hatten vor, ein wohlhabendes Kaufmannspaar aus dem Basar der Silberschmiede zu entführen. Die Fenster der Läden zersplitterten unter unseren Gewehrkolben, und die Inhaber liefen vor uns davon, ohne sich um ihre wertvollen Halsketten und Armreifen zu kümmern. Von Baba und mir ermutigt, stürzten sich die Armen auf die Schätze. »Greift zu! Bedient euch!« rief Baba Mustakim lachend. Zusammen mit mir einen Überfall zu unternehmen schien ihm großen Spaß zu machen, und ich freute mich zu sehen, wie an den mageren Händen der Armen der glitzernde Schmuck prangte; aber wir hatten unsere Geiseln, und es wurde Zeit, daß wir uns davonmachten.

Wir hatten vorgehabt, quer über die Eisenbahnschienen in die Sicherheit des Waldes zu flüchten, aber die Polizei wartete schon auf uns, versteckt hinter Sandsäcken entlang der Bahnlinie. Sie warteten noch mit der Eröffnung des Feuers, weil sie uns alle haben wollten, aber da ich voranlief und den Weg wies, befand ich mich plötzlich mitten in einem Hagel von Gewehrkugeln.

»Lauf, Phoolan, lauf!« rief Baba.

Um mich herum pfiffen die Kugeln, während ich Deckung suchte, in der Luft hing der Geruch von Schießpulver. Die Polizisten waren auf der einen Seite der Gleise, unsere Leute zogen sich auf die andere zurück und erwiderten das Feuer. Ich saß in der Mitte fest.

Um mich herum sprangen zwischen den Eisenbahnschwellen die Steine in die Höhe. Die Polizei setzte auch Handgranaten ein. Als ich auf dem Bauch zu meinen Leuten zurückrobbte, war ich überzeugt, ich würde hier nicht lebend herauskommen, aber irgendwie, indem wir uns hinter dem Steinwall unter den Schienen hielten, gelang es uns schließlich, die Eisenbahnbrücke über der Yamuna zu erreichen. Dort teilten wir uns in kleine Gruppen auf und entkamen der Polizei.

Bei Einbruch der Nacht waren unsere beiden Geiseln noch am Leben – allerdings nur so gerade eben. Sie waren nicht nur verängstigt, sondern auch erschöpft und ausgedörrt von dem langen, ununterbrochenen Laufen in der sengenden Hitze. Die Männer hatten verabredet, sich in Guloli zu treffen, Baba Mustakims Dorf. Wir kamen dort gegen zehn Uhr an, und bis Mitternacht waren alle da. Sobald wir versammelt waren, fiel wieder die Polizei mit Gewehrfeuer über uns her. Diesmal mußten wir ohne die Geiseln fliehen. Sie wären uns unter den Händen gestorben.

Wir begnügten uns damit, sie mit einer Drohung freizulassen: »Ihr wißt, was geschieht, wenn ihr uns kein Geld schickt. Wir kommen wieder. Ihr werdet zahlen, sagt es!«

»Wir zahlen! Wir zahlen!« jammerten sie.

Der Zusammenstoß an der Eisenbahn hatte mehrere Stunden gedauert, aber es war niemand getötet worden, und auch ich war ohne einen Kratzer davongekommen. Es war schon aufregend gewesen, einen Überfall mitten in einer Stadt durchzuziehen! Ich hatte bewiesen, daß ich eine Bande ebensogut leiten konnte wie jeder Mann; ich hatte meine Leute in den Kampf geführt und war unversehrt wieder herausgekommen. Jetzt war ich sicher, daß mich jemand beschützte, ein Geist, der ebenso nach Rache dürstete wie ich selbst.

Wenn ich mir einen Plan zurechtgelegt hatte, kam manchmal ein kleines Mädchen in meinem Kopf zu mir und flüsterte: »So nicht, Phoolan, die Polizei wartet dort auf dich ...«

Das kleine Mädchen war Durga, die Göttin, die mich beschützte. Auch die Männer glaubten daran. Meine Überzeugung gab ihnen Mut.

»Dir haben wir es zu verdanken, daß wir da lebend rausgekommen sind«, sagten sie alle.

Baba Mustakim meinte, ich würde ihnen Glück bringen. Der gleichen Auffassung war auch Balwan.

Ich ließ mich erweichen und nahm ihre Gesellschaft ebenso an wie die Hilfe ihrer Banden.

Sechs Monate lang waren wir Verbündete.

In dieser Zeit machten wir am Diwali-Tag, dem Fest des Lichtes, einen Überfall. An diesem Tage putzt und schrubbt jeder sein Haus zu Ehren der Göttin Lakshmi, der Gattin Vishnus, die Armut und Schmutz nicht ertragen kann. Im Dorf versahen wir die Wände gewöhnlich mit einer frischen Schicht Kuhdung. Wir malten Zeichen auf den Boden und auf die Wände, und am Abend zündeten wir Laternen an und stellten überall Kerzen und Öllampen auf. In den Städten hängte man Ketten mit farbigen Glühbirnen in die Straßen.

Ein Dorf hatten wir schon eine ganze Weile im Auge. Dort lebte ein reicher Grundbesitzer, der ein großes Vermögen hatte. Jedesmal wenn ein armer Bauer verschuldet war oder sein Land verpfändete, zog dieser gierige Geier Nutzen daraus. Nie erweiterte er die Kreditbedingungen, nie verlängerte er die Rückzahlungsfrist, und wegen ein paar hundert Rupien nahm er armen Familien alles, was sie besaßen. Im Namen der Armen und zu Ehren der Göttin Lakshmi entschieden wir, daß dieser Mann bezahlen mußte ...

Wir hatten gehört, er habe in seinem Haus eine große Geldsumme versteckt, und fingen ganz einfach an, indem wir ihn zunächst bedrohten. Am Morgen des Diwali-Tages brachte ein Bote ihm eine Nachricht von uns.

»Gib den Armen das Land zurück, das du genommen hast ...«

Sofort schickte er die Antwort.

»Ich habe von Dacoits schon alle möglichen Drohungen bekommen!«

Am nächsten Tag statteten wir ihm einen kleinen Besuch ab.

Er wohnte in einer großen Villa inmitten eines wunderschönen Gartens, der von Schutzmauern umgeben war. Wir hatten gehört, er habe vier oder fünf bewaffnete Leute, aber seine Diener und Leibwächter flohen beim Anblick unserer Bande sofort. Wir müssen an diesem Tag fast fünfzig Leute gewesen sein – die ganzen enteigneten Bauern hatten sich uns angeschlossen. Der Grundbesitzer war alt, und ihn zu überwältigen bereitete keine besonderen Schwierigkeiten.

Ich gab ihm eine Ohrfeige.

»Na gut, Alter. Du hältst dich für einen Maharajah, aber dir gehört nichts. Du beutest diese armen Leute aus! Du drangsalierst sie, und dann nimmst du ihnen ihr Land weg und alles, was sie haben. Was hast du zu deiner Verteidigung vorzubringen?«

»Nein, nein, Bahanji, ich habe nichts Schlimmes getan. Ich habe niemanden geschädigt. Es ist mein Recht!«

»Nenn mich nicht Schwester! Wo ist die Beute?«

Er war so verängstigt, daß er uns ohne Gegenwehr zeigte, wo er alles aufbewahrte. Wir brauchten nur in seinem schönen Garten zu graben, und da war es. Ich habe nie so viel Gold und Silber gesehen, so viel Schmuck. Es war, als wüßte er, daß die Darlehen nie zurückgezahlt wurden ... Er hatte einfach alles, was er als Pfand bekommen hatte, unter dem Rasen in Tongefäßen vergraben. Es gab einen Topf voller Gold und einen mit Silber, und in einem dritten waren die Urkunden über die Eigentumsübertragungen, die man ihm ebenfalls als Pfand gegeben hatte.

»Du wirst jedem einzelnen das zurückgeben, was du ihm gestohlen hast!«

Von der Dachterrasse seiner Villa aus rief ich über unser Megaphon alle Dorfbewohner zusammen, all jene, die den Schmuck ihrer Frauen, ihre Felder und sogar ihre Häuser verpfändet hatten. Ich sagte, sie sollten kommen und sich ihr Eigentum wiederholen!

Sie kamen angerannt, um ihre Sachen in Empfang zu nehmen,

und dann liefen sie fort, fassungslos und außer sich vor Freude, um es denen zu sagen, die weiter entfernt wohnten.

»Bist du immer noch ein Grundbesitzer, Alter?«

»Nein, nein. Ich schwöre es.«

Wir nahmen selbst soviel Geld, wie wir konnten – ein Vermögen, fast zwei Millionen Rupien, sagte mein Kassenwart Lakhan –, aber die übrigen Reichtümer, den nicht abgeholten Schmuck, mußten wir zurücklassen. Er war zu schwer zum Tragen.

Bei einer anderen Gelegenheit verteilten wir in einer Stadt einen Teil der Geldvorräte, die wir einem Stoffhändler im Basar abgenommen hatten. An jenem Tag müssen wir hunderttausend Rupien weggegeben haben. Die Leute drängten sich um uns und riefen auch alle anderen herbei.

»Phoolan Devi und Baba Mustakim verteilen Geld!«

Aber ich sehnte mich nach einer anderen Befriedigung ...

Meine Enttäuschung war furchtbar, als ich Shri Ram und Lala Ram einmal um wenige Minuten verpaßte. Ein Informant hatte uns gesagt, in welchem Dorf sie sich versteckt hielten, und unsere Männer umstellten den Ort. Wir wußten, in welchem Haus sie waren, aber als wir hinkamen, stand es leer. Wir griffen uns ein paar Dorfbewohner, und ich schlug sie mit meinen nackten Fäusten. »Wo sind sie?« kreischte ich. »Wohin sind sie gegangen?« Einer der Dorfbewohner sagte, sie hätten sich als Frauen verkleidet davongemacht, und mir fiel ein, daß ich tatsächlich etwa eine Viertelstunde zuvor zwei Frauen gesehen hatte. Ich hatte noch zu Baba bemerkt, sie hätten einen seltsamen Gang, und plötzlich wurde mir klar, warum sie Holz in Richtung des Waldes getragen hatten. Ich hatte recht gehabt: Sie waren nicht, was sie zu sein vorgaben, aber Baba Mustakim hatte mich gewarnt, wir sollten uns nicht mit Frauen anlegen, denn das würde unseren Ruf schädigen.

Ich war außer mir vor Enttäuschung. Ich beschimpfte die Dorfbewohner, weil sie den roten Hund versteckt hatten. Ich riß ihnen die Kleider vom Leib und schlug sie. Ich schoß auf den Boden, um sie tanzen zu lassen, und dann ließ ich sie nackt durch das Dorf marschieren und mein Loblied singen.

»Lang lebe Phoolan Devi! Lang lebe Phoolan!«

Durch das Megaphon rief ich: »Komm raus, Shri Ram, wo du auch bist. Komm raus, wenn du den Mumm hast!«

An jenem Nachmittag ließ ich meine Wut an den Leuten aus, die sie beschützt hatten. Es waren dieselben, die mich nackt und schutzlos zurückgelassen hatten, die zugesehen hatten, wie ich gefoltert wurde, und die dabei keinen Finger gerührt hatten ... Ich kochte vor Zorn. Ich mußte sie so leiden sehen, wie ich selbst gelitten hatte. Mit meinem Gewehrkolben schlug ich ihnen zwischen die Beine. Ich wollte die Schlange zerstören, die ihre Macht über mich verkörperte ...

Ich zerquetschte, verbrannte und durchbohrte!

Und dann lachte ich, als sie wie kastrierte Pferde herumsprangen und vor mir auf die Knie fielen, wie Frauen weinten und um Gnade bettelten – so wie ich es getan hatte.

Die Leute meiner Kaste hatten alles erfahren. Wenn eine Mutter ihre Tochter oder ein Mann seine Frau und seine Schwester schützen wollte, wußten sie, was sie dem Vergewaltiger sagen mußten: Phoolan Devi würde ihn bestrafen.

Und das tat ich auch.

Ich half den Armen, indem ich ihnen Geld gab, und die Bösen bestrafte ich mit den gleichen Qualen, die sie anderen zufügten, denn ich wußte, daß die Polizei nie den Beschwerden der Armen Gehör schenkte. Ich wußte, daß man Hunderte von Mädchen zu gefährlichen Abtreibungen gezwungen hatte, um die Schande zu vermeiden; andere warfen sich in den Fluß oder ertränkten sich in einem Brunnen, weil man sie wie Dirnen behandelte und weil sie Angst hatten. Sie hatten alle Angst.

Wenn ich während eines Überfalls im Haus eines Thakurs eine junge Dienerin sah, fragte ich, worin ihre Aufgaben bestanden.

»Ach, das ist nur eine Dienerin«, sagten die Thakurs immer.

Nahm ich aber das junge Mädchen beiseite, erhielt ich meist eine andere Antwort: »Sie trinken die ganze Nacht, und dann quälen mich die Männer, der Vater und der Sohn und die Onkel, und sie machen mit mir, was sie wollen ...«

Ich hatte es oft genug gehört.

Jedesmal, wenn ich das vernahm, zertrat ich die Schlange, mit der sie die Frauen quälten. Ich verstümmelte sie. Es war meine Rache und die Rache aller Frauen.

In den Dörfern meiner Gegend, wo es keine Gerechtigkeit außer jener der Lathi gab, wo die Mallahs die Sklaven der Thakurs waren, übte ich Gerechtigkeit. »Wer hat dir etwas gestohlen? Wer hat dich geschlagen? Wer hat dir dein Essen weggenommen? Wer hat gesagt, du darfst den Brunnen nicht benutzen? Wer hat deine Kühe geraubt? Wer hat deine Tochter, deine Schwester, deine Frau vergewaltigt?« Der Schuldige wurde vor mein Gericht gebracht. Er wurde gezwungen, so zu leiden, wie er andere hatte leiden lassen. Wir zogen ihn aus und gaben ihm mit unseren Lathis vor allen Dorfbewohnern eine ordentliche Tracht Prügel. Anschließend ließ ich sie tanzen, und dabei mußten sie immer wieder ein Lied mit den Worten singen:

Was sollen wir nur mit ihm machen?
Laßt ihn tanzen, laßt ihn tanzen!
Was sollen wir nur mit ihm machen?
Soll er sterben oder tanzen?

Manchmal sangen und tanzten sie nackt vor den Dorfbewohnern.

»Phoolan Devi ist gut und freundlich!« sagten sie.

»Lang lebe Phoolan Devi!« riefen die Dorfbewohner.

Manchmal tanzten sie nicht ...

Da gab es diesen alten Mann, ein mieses altes Schwein, der alle Mädchen in den Dörfern der ganzen Gegend vergewaltigte. Wir nahmen ihn mit in den Urwald und hielten ihn acht Tage lang fest. »Erzähl es mir, erzähl mir alles«, sagte ich. »Ich will es nur ganz genau wissen, dann lasse ich dich frei.«

Er sagte mir alles, alle Namen, erzählte mir von den ganzen Mädchen und Frauen, die er gequält und erniedrigt hatte. Er gab sogar zu, daß er auch kleine Jungen benutzt hatte und auch alles andere, das weiblich war: Schafe, Hunde und Ziegen. Sogar seiner eigenen Tochter und seiner Schwiegertochter hatte er Gewalt angetan.

Dieser Thakur war ein Perverser und ein Sadist. Nichts konnte seinen gierigen Trieb befriedigen. Den Männern in meiner Bande wurde schlecht.

Erst seine Schlange, dann die Hände, dann die Füße …

Ich schnitt sie ab.

Ich tat es im Angesicht von Durga, um ihr Frieden zu verschaffen.

Am letzten Tag gab einer meiner Leute ihm mit einer Kugel den Rest.

»Die Sonne stirbt nicht …«

»Wie schön dein Haar ist …«
Es war Vickrams Stimme, tief und beruhigend.
Ich hörte sie oft, und mit ihr kamen auch die Erinnerungen wieder …

Ich saß an einem Fluß und dachte an jenen Abend, als ich mich badete, kurz nachdem er Baboo Gujar getötet hatte. Ich war noch immer verängstigt. Der Geruch des Todes hing an mir, und es gelang mir nicht, ihn abzuwaschen. Wir waren tagelang durch den Urwald gewandert, hatten Berge bestiegen und Flüsse durchquert, bis wir schließlich an jenen Platz am Fluß in der Nähe von Asta kamen. Wir waren tief im Urwald an einer Stelle, wo fünf Flüsse zusammentrafen. Der Monsun hatte das Gebiet in einen riesigen See verwandelt. Überall war Wasser, so weit das Auge reichte.

Meine Haare waren so lang und so sehr mit Schweiß und Schmutz verklebt, daß sie sich mit Wasser allein nicht entwirren ließen. Vickram hatte mir eine Flasche Öl gegeben.

»Nimm das.«

Ich hatte nie zuvor Öl in einer Flasche gesehen, und es roch so gut, daß ich annahm, es müsse sehr teuer gewesen sein. »Nimm soviel du brauchst, und gib sie dann weiter.«

Als ich die kostbare Flasche an Onkel Bare Lal weiterreichte, glitt sie ihm aus den nassen Händen und zerbrach auf den Kieseln. Ich schrie auf und versuchte, mit meinen Händen noch etwas von dem Öl zu retten, bevor es versickerte. Was ich aufgefangen hatte, goß ich auf ein Stück des zerbrochenen Glases. Ich hätte es so gern meiner Mutter und meinen Schwestern gezeigt.

»Laß«, sagte Onkel Bare Lal. »Das macht nichts. Da, wo es herkommt, gibt es noch viel mehr.«

Etwas so Schönes, dachte ich, muß auf der Welt einzigartig sein. Die Welt war für mich damals nicht besonders groß: ein paar Dörfer, der Fluß, ein Wald und einige kleine Bauernstädtchen wie Kalpi und Orai. Wo konnte man noch einmal eine solche Flasche finden? fragte ich mich. Das Öl war zarter als die zarteste Seife.

Vickram hatte mir einen Kamm gegeben, aber es war mir peinlich, vor seinen Augen zu baden; ich fürchtete, er würde mir im Wasser zu nahe kommen. Er hatte meine Schüchternheit gespürt und war, um selbst zu baden, ein Stück weiter am Ufer entlanggegangen. Ich kämpfte eine ganze Weile mit dem Kamm und den Knoten in meinen Haaren, und so saß ich noch am Ufer, als er kam und sich neben mir niederließ. Die warme Sonne des Spätnachmittags trocknete meine Haare, und die Feuchtigkeit machte sie wellig.

»Wie schön dein Haar ist«, sagte er.

An dem klaren, wolkenlosen Himmel versank langsam die Sonne, ein riesiger Ball aus orangefarbenem Feuer. Als ich sie in den See tauchen sah, wurde ich traurig.

»Was denkst du?«

»Die Sonne stirbt im Wasser«, sagte ich.

»Warum denkst du das?«

»Da ist kein Land mehr, weiter reicht die Welt nicht, und deshalb muß die Sonne ertrinken.«

Es war das erste Mal, daß ich die Sonne über einer so gewaltigen Wasserfläche sah, bei der man das andere Ufer nicht erkennen konnte. Aber sie konnten nicht verstehen, daß meine Welt eine Grenze hatte, daß sie da endete, wo ich sie nicht mehr sehen konnte. Sie lachten beide, und Onkel Bare Lal sagte: »Du glaubst, das ist das Ende der Welt? Was ist dann unter uns, wächst da eine andere Welt?«

Ich gab mir Mühe, die Worte dieser Männer zu begreifen. Ich hatte immer nur die Ebene und den Fluß gekannt. Seit ich ein Kind war, hatte ich die Sonne auf der anderen Seite der Yamuna sterben sehen, und am nächsten Morgen wurde eine neue Sonne geboren. Meine Welt war sehr klein, und ich hatte vor den beiden Männern soviel Angst, daß ich mir wünschte, ich hätte meine Trauer und meinen Schmerz für mich behalten.

Es war dumm von mir zu glauben, die Sonne werde im Wasser sterben. Sie war so schön, so tief und rot über dem glitzernden Wasser – sie konnte nicht einfach so sterben.

Etwa einen Monat später, als wir verheiratet waren, kamen wir wieder an dieselbe Stelle, und jetzt war alles anders. Das Wasser war zurückgegangen, der Nebel war lichter, und ich war nicht mehr so verängstigt. Vickram nahm sich Zeit, um mir die Dinge zu erklären.

»Siehst du, es ist nicht das Ende der Welt. Die Sonne stirbt nicht. Jeden Morgen geht sie wieder für dich auf. Und heute abend fällt sie nicht ins Wasser. Sie legt sich in einem Teil des Landes schlafen und steht in einem anderen auf.«

Ich wußte nicht, was ein Land ist. Ich hatte das Wort nie gehört.

»Ein Land ist zum Beispiel so etwas wie Indien. Das ist unser Land. Es ist sehr groß, und die Welt ist noch viel größer. Es gibt viele Länder.«

Als ich mit Vickram durch den Urwald gelaufen war, wir Ebenen überquert hatten und durch Flüsse gewatet waren, hatte ich zum ersten Mal eine Ahnung davon bekommen, wie groß mein Land war, und ich dachte, ich würde nie wissen, wo es endete.

»Indien geht bis zum Meer«, hatte Vickram gesagt.

Ich hatte das Meer nie gesehen. Es gab viele Länder auf der Welt. Auf der anderen Seite der Berge lag China, und auf der anderen Seite des Meeres war Amerika. Aber wie war es möglich, daß Amerika nicht einfach wegschwamm? Ich überlegte, ob es vielleicht mit einem Seil festgebunden war.

»Die Welt ist rund, Phoolan. Die Länder der Welt und die Meere liegen auf einer riesigen Kugel!«

Die Welt war so groß, daß die Sonne nie starb. Sie lief immer weiter, immer weiter im Kreis.

Ich versuchte zu lernen, aber da war soviel, das man wissen sollte.

Als ich zum ersten Mal sah, wie Vickram den Armen in den Dörfern Geld gab, fragte ich mich, warum er das tat. Ich hätte gern gewußt, warum er es nicht lieber mir gab. Mit einem einzigen solchen Schein wäre ich bis in mein Dorf zurückgekommen. Aber er gab sie alle weg, und bald war kein einziger mehr für mich übrig.

Dann, eines Tages, gab er mir einen Geldschein. Er sei hundert Rupien wert, sagte er mir. Ich wußte nicht, was hundert Rupien waren. Für mich waren fünf oder zehn Rupien eine Menge Geld. Ich konnte nicht zählen, aber als wir zusammen in den Dörfern das Geld weggaben, brachte Vickram es mir bei.

»Gib dem da fünfhundert und diesem hundert«, sagte er.

Ich lernte, die Hundert-Rupien-Scheine zu erkennen. Ich hörte ihm genau zu und tat, was er mir sagte. Ich hatte ihn mir nicht ausgesucht, aber er war ein Mallah, und er achtete mich. Vorher hatte es nur meinen Vater gegeben, und der hatte mir nur eines beigebracht: mich dem Willen der Reichen und der Thakurs zu unterwerfen. »Sieh dir die anderen Mädchen an«, pflegte mein Vater zu sagen, »sie sagen nichts und geben Höherstehenden keine Widerworte.« Ich konnte mich genau an seine Worte erinnern. Wenn es nach meinem Vater ging, sollte man die Schuhe ausziehen – falls man welche besaß – und barfuß an einem Thakur vorbeigehen, weil er einen sonst wegen der Anmaßung schlagen durfte. Wenn es nach ihm ging, sollte man das Wasser aus dem Fluß trinken und nicht aus dem Brunnen, wenn der Sarpanch es verboten hatte.

Aber nach Vickrams Meinung konnte man die Schuhe vor jedem anderen anbehalten und das Wasser aus dem Brunnen trinken wie jeder andere auch. Vor Gott hatten wir alle die gleiche Würde.

Ich vergaß, daß Vickram tot war und ich noch lebte. Ich hörte seine Stimme und sah ihn wieder unter einem Baum im Urwald sitzen, und ich saß da, sah ihn an, hörte ihm zu und lernte von ihm. Ich mochte es, wenn er mir die Zeitung vorlas. Alles hatte er mir beigebracht. Ich war seine stille, aufmerksame Schülerin, und allmählich nahmen meine eigenen Ideen Gestalt an, Vorstellungen über Reiche und Arme, über Geld und über Männer.

Meist sah ich ihn gern zusammen mit den Männern. Er war ein guter Anführer, freundlich und gerecht. Nur eines verstand ich nie: seine Treue zu dem roten Dämon, sein hartnäckiges Vertrauen bis zum Schluß – bis zu seinem Tod. Am Abend zuvor, als Vickram am Flußufer weinte und von düsteren Vorahnungen niedergedrückt war, hätten wir fliehen können. Und als ich in derselben Nacht Shri Ram töten wollte, hatte er mich davon abgehalten.

»Du kannst einen Schlafenden nicht umbringen ...«

Und doch war genau das der Streich, den das Schicksal ihm gespielt hatte.

Als er neben mir starb, brachte er mir als letztes bei, nie, nie wieder jemandem zu trauen.

Aber das Schlimmste stand mir noch bevor ...

Vielleicht beschützte mich Durga, aber ich hatte nicht den Segen von Sarasvati erhalten, der Göttin der Weisheit.

Bandenkriege

Von einem Informanten erfuhren wir, daß sich Shri Ram und seine Bande in einem Dorf namens Behmai versteckt hielten. Es war eine Gegend mit hohen, kahlen Bergen und tief eingeschnittenen Schluchten. Bäume, die Deckung boten, gab es kaum. Behmai war in einer der Schluchten verborgen, weit über dem Ufer der Yamuna. Als wir gehört hatten, daß die Brüder dort waren, kamen die Männer sofort überein, ihnen zu folgen. Drei Boote brachten uns auf dem Fluß so nahe wie möglich an die Stelle, und dann gingen wir zu Fuß über die sandigen Abhänge in Richtung des Dorfes.

Während wir durch die Nacht marschierten, besprachen wir – Baba Mustakim, Balwan, Man Singh und ich – unsere Taktik: Shri Rams Bande war groß und gut bewaffnet, das wußten wir. Sie waren ausnahmslos Thakurs und bekamen in den Dörfern dieser Gegend alles, was sie brauchten, sei es Lebensmittel, Gewehre oder Frauen. Wir befanden uns in ihrem Revier, aber Baba Mustakims Leute brannten auf die Auseinandersetzung, genau wie ich. Kurz darauf kamen wir zu einem Schäferdorf namens Ingwi mit strohgedeckten Lehmhütten. Noch während es dunkel war, schlugen wir in der Nähe unser Lager auf. Ich konnte nicht schlafen, denn ich wußte, daß meine Rache zum Greifen nahe war.

Am Morgen ging Man Singh nach Ingwi, um sich zu erkundigen, ob jemand Shri Ram gesehen hatte. »Das hier war der Ort, an den sie dich gebracht haben«, sagte er, als er zurückkam. Die Dorfbewohner hatten ihm erklärt, wie man nach Behmai kam. Sie hatten berichtet, Shri Ram sei dort. Und das war noch nicht alles. »Dort war es, wo sie dich öffentlich gedemütigt haben«, sagte er.

Um die Mittagszeit machten wir oberhalb einer Schlucht Rast, um etwas zu essen. Der Monat Magh war vorüber, und der Phalgun hatte begonnen. In ein paar Wochen würde der Frühling kommen. Der Himmel war klar, ein blasses, sanftes Blau über den sandgelben Hügeln, und die Sonne stand hoch. Durch die Stille kreischte eine Stimme aus einem starken Megaphon.

Es war die verstärkte Stimme von Shri Ram, die in den Schluchten widerhallte. Er besaß ein von einer schweren Batterie gespeistes Megaphon, das wußte ich. Vermutlich brüllte er vom Dach eines Hauses in Behmai. Zunächst beleidigte er Baba Mustakim.

»Du glaubst, du kannst mich kriegen, Mustakim? Mich, Shri Ram, den Thakur, du und deine Moslemschweine?«

Auch Balwan beleidigte er.

»Und du, Balwan, ein Hirte, eine Kaste aus Scheiße! Wir haben dir schon eine Lektion erteilt, und jetzt willst du noch eine!«

Er hatte einen Hinweis bekommen. Die Chance, ihn zu überraschen, war vertan.

In wenigen Minuten hatten die Männer wieder die Stiefel an und die Waffen einsatzbereit. Wir verteilten uns und gingen weiter in Richtung der Stimme von Shri Ram. Der Boden war hart und trocken, und es gab keine Bäume, die Deckung geboten hätten. Dennoch konnten wir das Dorf erst sehen, als wir den gewundenen Weg in der Schlucht weitergingen. Die ganze Zeit hörten wir, wie Shri Ram uns verspottete.

Schließlich entschlossen wir uns, drei Gruppen zu bilden. Baba Mustakim führte seine Leute auf der einen Seite um das Dorf herum, und ich ging mit meinen Männern auf die andere. Die dritte Gruppe sollte unter Führung von Balwan und Ram Avtar den Hauptweg in das Dorf nehmen. Shri Ram würde nichts anderes übrigbleiben, als sich zurückzuziehen, und dann hatten wir ihn in der Falle. Wir rechneten damit, daß Balwans Gruppe ihn herauslokken und in unser Kreuzfeuer treiben würde.

Als ich auf meiner Seite war, hörte ich Balwans Geschrei aus dem Dorf und Gewehrfeuer, das wie Donner grollte. Ich folgte einem ausgetrockneten Bachbett durch ein Gelände, in dem einige Büsche Deckung boten, und fragte mich, was in dem Dorf vorging. Shri Ram hatte sie so schwer beleidigt und so viele Schimpfworte über Balwans Hirtenkaste und über die Moslems ausgeschüttet, daß sie verrückt vor Zorn waren, als sie ins Dorf gingen. Die Männer feuerten immer noch, und die Dorfbewohner schrien. Unsere Leute müssen auf der Suche nach Shri Ram und seiner Bande wie die Wahnsinnigen gewütet haben. Plötzlich sah ich vor mir ein paar Männer von der Rückseite des Dorfes fliehen, und mir wurde klar, daß es sich um Shri Ram und seine Bande handeln mußte.

Als ich in seine Richtung schoß, hörte ich Baba Mustakim rufen, Balwan und seine Leute sollten zu uns kommen. Ich rief das gleiche.

»Hier rüber! Sie hauen ab!«

Aber Balwan und seine Männer waren offenbar zu sehr mit dem Plündern beschäftigt. In der Hitze des Gefechts hatte ich nicht bemerkt, daß auch zwei meiner Leute, nämlich Man Singh und Baladin, zu ihnen gestoßen waren.

Baba Mustakim und ich trafen uns hinter dem Dorf, und gemeinsam jagten wir Shri Ram und seine Bande. Ich hatte fünf oder sechs Männer aus Häusern am hinteren Ende des Dorfes flüchten sehen, und jetzt hatten sie ein gutes Stück Vorsprung. Wir waren so weit hinter ihnen, daß wir nicht sehen konnten, wer sie waren, aber ich war sicher, daß Shri Ram sich irgendwo vor mir befand, in einer Felsspalte versteckt oder hinter einen Busch gekauert. Ich konnte mehrere Gestalten erkennen, die von Felsen zu Felsen huschten, Staubwolken aufwirbelten und in unsere Richtung schossen, bevor sie wieder verschwanden.

Sie waren vor Balwan und seinen Leuten geflohen, und es war im Augenblick nicht möglich, näher heranzukommen. Die Feiglinge hatten nicht den Mut, uns gegenüberzutreten.

Wir setzten den Schußwechsel noch eine Zeitlang fort und trieben sie weiter in die Schlucht hinein, aber etwa tausend Meter vom Dorf entfernt schossen sie auf einmal nicht mehr zurück. Offenbar hatten sie sich umgedreht und waren weggerannt. Sie kannten das Gelände, wir aber nicht. Wenn wir jetzt weitergingen, gerieten wir vielleicht in einen Hinterhalt. Wir entschlossen uns, ins Dorf zurückzukehren, für den Fall, daß sie umkehrten und uns von hinten in die Falle locken wollten. Baba Mustakim war wütend, und auch ich war außer mir vor Ärger. Shri Ram war uns um die Breite eines Haares aus seinem roten Schnauzbart entkommen.

Als wir den Weg ins Dorf zurückgingen, hörte ich das Wimmern von Frauen und das Geschrei von Balwan und seinen Leuten, die in die Luft schossen.

»Lang lebe Phoolan Devi! Sieg für Phoolan!« riefen sie.

Über zwanzig Männer wurden an diesem Tag getötet, zwanzig Thakurs.

Es herrschte Panik. Frauen liefen durcheinander, schrien und flehten im Getöse der Schüsse um Gnade.

Balwan und seine Männer wollten das Dorf niederbrennen.

»Idioten!« fuhr Baba Mustakim sie an. »Das kommt nicht in Frage. Hier wohnen Familien. Ihr seid verrückt!«

Statt dessen gab Baba Mustakim den Befehl zum Rückzug.

»Es ist eine Katastrophe für uns«, sagte er. »Es wird in allen Zeitungen stehen! Die Polizei von ganz Indien wird uns jagen! Wenn wir jetzt zusammenbleiben, haben wir keine Chance. Wir müssen uns trennen.«

Balwan verließ die Bande, und wir hörten nie wieder etwas von ihm. Baba Mustakim nahm drei oder vier von seinen Leuten, unter anderem Ram Avtar, und zu mir kamen sieben, darunter Man Singh.

Die Jagd, die Baba Mustakim vorausgesagt hatte, begann. Sie sollte lange dauern …

In den folgenden Tagen berichtete der Rundfunk ununterbrochen über Behmai, das kleine Dorf im trockenen Kernland von Uttar Pradesh, und über Phoolan Devi, die Dacoit, die dorthin gegangen war, um ihren Durst auf Thakurblut zu stillen:

Die Banditenkönigin kam mit ihrer ganzen Bande, um uns umzubringen, sagten die Dorfbewohner, weil Shri Ram Vickram ermordet und sie vergewaltigt hatte. Shri Ram war ein Thakur, und die Männer, die sie umgebracht hat, waren auch Thakurs. Phoolan hat es getan, sagten die Dorfbewohner. Man hatte sie gesehen, wie man der Polizeieinheit meldete, die in das verwüstete Dorf kam, in dem jetzt nur noch Ziegen, Kinder und Witwen wohnen.

Alle Zeitungen, die Man Singh auftreiben konnte, bezeichneten mich als blutrünstige Verrückte, als Banditenkönigin von Chambal, der trostlosen Gegend entlang der Yamuna. Es gab einen so großen Aufruhr, daß der Ministerpräsident meinetwegen zurücktrat. Die Geschichte blähte sich auf wie der Hals einer Schlange. Man beschrieb mich als Monstrum. Manche Zeugen behaupteten, ich sei zwei Meter groß, anderen Berichten zufolge war ich häßlich wie ein Affe oder schön wie eine Göttin, und eines Tages erschien in einer Zeitschrift sogar ein Foto von mir. Aber das war ich nicht. Niemand hatte jemals ein Foto von mir gemacht. Wie ich aussah, wußten nur die Dörfler aus meiner Gegend. Die Zeitungen bezeichneten das Ereignis als ein Massaker, das die Banditen aus niederen Kasten an den über ihnen stehenden Thakurs verübt hatten. Man nannte mich die Banditenkönigin, ein armes Mallah-Mädchen, dessen Liebhaber von den Thakurs getötet worden war und das jetzt das zweischneidige Schwert Durgas schwang, der Schutzheiligen der Dacoits.

Dann hörten wir im Radio, der neue Ministerpräsident in Kanpur habe Verstärkung angefordert. Der ganze Staat befand sich im Alarmzustand. Man hatte die Armee zu Hilfe gerufen, und sie hatte den Befehl, uns auf der Stelle zu erschießen, wenn wir in Sichtweite waren. Am schlimmsten war dabei, daß Shri Ram, mein einziger wirklicher Feind, noch am Leben war, während man mich durch den Urwald hetzte wie eine blutrünstige Tigerin, die unschuldige Lämmer gerissen hat.

Aber nichts würde mich daran hindern, ihn zu finden.

Wenn ich hörte, jemand habe ihm Unterschlupf gewährt – und meist war das jemand, der irgendeine Verbindung zur Polizei hatte –, würde ich mich darum kümmern. Ich tötete nicht wahllos, sondern ich bestrafte.

Die ganze Zeit gab es nur einen, den ich finden und bestrafen, in Stücke schneiden und den Hunden vorwerfen wollte: Shri Ram. Ich wollte zusehen, wie die Hunde ihn verschlangen, sein Fleisch zerrissen und seine Knochen abnagten. Ich war verrückt nach seinem Blut.

Man berichtete mir, ein Pradhan, ein korrupter Mann, der für seine Geschäfte mit der Polizei berüchtigt war, habe Shri Ram eine Zeitlang in seinem Dorf beherbergt. Wie Shri Ram, so war auch dieser Pradhan immer auf der Suche nach einem hilflosen Mädchen, um seine Lüsternheit zu befriedigen.

Wir kamen nachts bei seinem Haus an und gaben uns als Sipahis aus. Ich hatte meine Uniform an, trug mein Gewehr und hatte einen weißen Turban über mein rotes Stirnband geschlungen. Auch Man Singh und die anderen trugen ihre Uniformen. Der Pradhan ließ uns ein, ohne auch nur einen Augenblick lang auf die Idee zu kommen, daß er Phoolan Devi unter seinem Dach hatte. Er gab uns Geld, denn er hielt mich für einen jungen Polizisten und Man Singh für meinen Vorgesetzten. Er war es gewohnt, die Polizei zu schmieren, und Whisky bot er uns auch an. Im Urwald trank man nie Alkohol. Wir baten um Wasser und verwickelten ihn in eine Unterhaltung.

Nach einiger Zeit sagte ich, mein Vorgesetzter würde sich gern ein wenig entspannen. »Sie haben nicht zufällig eine Frau in der Nähe, oder? Wir haben gehört, Sie hätten immer eine!«

»Aber ja, ich habe viele, viele! Ich muß jeden Tag eine haben. Sie können sich im Dorf eine aussuchen, es gibt genug von den kleinen Dingern. Ich habe sie alle schon mal ausprobiert!«

»Wieviel zahlen Sie ihnen?«

»Zahlen? Sie wollen, daß ich die kleinen Huren bezahle? Ein guter Tritt ist genug Bezahlung für solche Luder aus niederen Kasten!«

Ohne ein Wort zu sagen, hörten die Männer zu, wie er uns von seinen Heldentaten berichtete. Dann wollte er uns zwei Frauen holen.

»Nur zwei«, witzelte ich. »Was sollen wir mit zweien. Jeder von uns braucht eine!«

Er lachte nervös, rief seinen Diener und schickte ihn ins Dorf mit dem Befehl, die Tochter von Soundso und die Frau von irgendeinem anderen zu holen. Er nannte eine ganze Liste von Namen.

Während wir warteten, brachte ich das Gespräch auf Shri Ram. »Warum haben Sie ihn aufgenommen?«

»Oh, Shri Ram kann sehr gut Mädchen auftreiben. Er findet sie in jedem Dorf, überall, wo er hingeht. Er weiß genau, wie man sie kriegt.«

»Was für Frauen?«

»Mallahs, Jatavs, was Sie wollen.«

»Es ist nämlich so, mein Vorgesetzter hätte gern für eine Nacht Ihre Frau ...«

»O nein, die kann er nicht haben. Sie ist eine Kshatriya! Wir sind hier alle Kshatriyas, und wir tun so etwas nicht. Sagen Sie ihm, er soll sich gedulden, wir werden schon ein hübsches Mädchen für ihn finden, ein sehr hübsches!«

Zwei junge Mädchen kamen herein, arme Mädchen mit dunkler Haut und in Lumpen gekleidet. Sie waren wohl fünfzehn oder sechzehn, vielleicht auch noch jünger. Der Pradhan sagte ihnen, was sie für uns tun sollten, und während er sprach, sabberte er vor Gier. Ich mußte daran denken, wie ich selbst in diesem Alter gewesen war und Angst vor Männern wie ihm hatte, wie ich mich in Bäumen und Kuhställen versteckt gehalten und vor Demütigung gewimmert hatte.

»He, Pradhan, ich habe gehört, im nächsten Dorf gäbe es ein sehr hübsches Mädchen ...«

»Ja, die Tochter eines Brahmanen. Sie ist sehr schön.«

»Da gehen wir nachher hin. Wir haben gehört, daß Phoolan Devi und ihre Bande in der Nähe sind, vielleicht weiß sie, wo die sich verstecken.«

»Ich möchte mitkommen! Sie ist viel schöner als die Mädchen hier. Sie sind alle dunkelhäutig und abstoßend. Meine Söhne haben auch lieber Mädchen mit heller Haut, und die Tochter des Brahmanen ist so hell und hübsch!«

»Wir können Sie nicht mitnehmen. Wenn unsere Vorgesetzten das hören, fliegen wir raus.«

»Schade. Na ja, egal, wir haben ja die beiden hier. Macht ruhig weiter ... Ich hole mir noch etwas zu trinken.«

Er war angeheitert, während wir nur Wasser getrunken hatten. Er schwankte, als er sich das Hemd auszog und einem der Mädchen befahl, sich hinzulegen. Sie gehorchte ohne ein Wort des Widerspruchs. Dann schloß sie die Augen und wartete, verängstigt und unterdrückt von dem Wissen, daß ihre Kaste nicht das Recht hatte, sich diesem Schwein zu widersetzen, einem Angehörigen der sogenannten Kriegerkaste der Kshatriyas.

Ich nahm den Turban ab, schüttelte meine Haare, so daß sie bis auf die Schultern fielen, und hielt ihm meinen Gewehrlauf unter die Nase.

»Du verdammter Hund! Weißt du, wer ich bin?«

»Nein. Was ist denn jetzt los?«

»Du wolltest eine Frau?«

Ich stieß ihm den Gewehrkolben zwischen die Beine, so daß er auf alle viere fiel und den Hintern in die Luft streckte. Ich schlug ihn auf Arme und Beine. Die beiden Mädchen drängten sich in einer Ecke zusammen und zitterten wie Lämmer. Ich gab beiden eine Ohrfeige.

»Ihr kommt, wenn ihr gerufen werdet, stimmt's? Er pfeift, und ihr legt euch hin ...«

»Er schlägt uns. Er gibt uns nichts zu essen.«

»Dann geht weg von hier, bleibt nicht in seinem miesen Dorf. Haut ab und wohnt woanders.«

Er sah lächerlich aus, wie er nackt auf allen vieren lag und um Vergebung flehte. Wir banden ihm einen Strick um den Hals und schleppten ihn wie ein Schwein durch das Dorf, nachdem wir alle zusammengerufen hatten, alle Mädchen und Frauen, die er vergewaltigt hatte.

»Als er sich an dir vergangen hat, hast du ihn da so nackt gesehen wie jetzt? Sieh genau hin«, rief ich. »Er soll sich umdrehen und für dich tanzen!«

Seine Frau kam heraus und bettelte mich an, gnädig mit ihm zu sein. Sie sagte, sie habe Kinder zu ernähren und sei hilflos, wenn er nicht für sie sorgte. Waren sie denn alle Feiglinge, jede einzelne? War ich die einzige, die aufbegehrte?

»Heute bittet er um Vergebung, aber morgen, wenn ich weg bin, ist es genauso wie vorher!«

Es war erbärmlich.

»Keine Sorge, ich bringe ihn nicht um. Er wird leben, aber er wird nie mehr der alte sein.«

Ich rief einen meiner Leute.

»Schneid ihm das Ding ab!«

»He? Warum bringen wir ihn nicht einfach um?«

»Schneid, sonst mache ich es selbst!«

»Wenn du das kannst, Bahanji, dann kann ich es auch.«

Er holte das lange Messer heraus, mit dem er sich sonst rasierte, und säbelte dem Pradhan die Schlange ab.

Aber meine Männer entschieden, das sei nicht genug. Sie sagten, wir sollten ihm auch die Nase abschneiden. Er war ein Informant, der mit der Polizei zusammensteckte, und Polizeispitzeln mußte man die Nase abschneiden! Dann konnte in Zukunft jeder sehen, auf welcher Seite er stand.

Ich gab seiner Frau so viele Rupien, daß sie ihn ins Krankenhaus bringen konnte, mit der Schlange an den Hals gebunden.

Ein paar Wochen später traf ich ihn in seinem Dorf wieder. Ich fragte, was weiter geschehen sei, und er erwiderte, immer noch zitternd vor Angst, er müsse jetzt durch ein Plastikrohr pinkeln.

»Bist du diesmal gekommen, um mich zu töten?« fragte er jammernd.

»Warum sollte ich mir die Mühe machen? Du kannst jetzt keinen Schaden mehr anrichten. Wem solltest du mit dem Plastikrohr weh tun? Wen solltest du verraten mit einem Loch anstelle der Nase?«

So bestrafte ich manche von ihnen. Beim ersten Mal, kurz nach Vickrams Tod, hatte ich es in einem Aufbrausen der Wut getan. Dann sagte ich mir, es sei die reine, schlichte Gerechtigkeit. Ohne die Schlange konnten sie keine Frauen mehr drangsalieren.

Aber ich tötete nie ohne Grund.

Im Palast des Rajah

In der Zeitung hieß es, der Ministerpräsident habe eine Belohnung von hunderttausend Rupien für Hinweise ausgesetzt, die zu meiner Ergreifung führten, und fünftausend für Man Singh. Er hatte geschworen, mich innerhalb von sechs Monaten zu fassen, tot oder lebendig; er würde Phoolan Devi das Handwerk legen und sie davon abhalten, weiter die ganze Region zu terrorisieren. In der Luft sah ich eiserne Vögel, die Feuer spien. Über den Baumwipfeln kreisten Hubschrauber, und auf den Straßen fuhren Lastwagen und Jeeps. In den Schluchten setzte man ganze Armeen ab.

»Traue niemandem«, hatte Vickram gesagt, »nicht einmal deinen eigenen Leuten. Vor allem nicht deinen eigenen Leuten.« Die Belohnung von hunderttausend Rupien hätte Man Singh oder Baladin in Versuchung führen können, ja sogar Lakhan, den Jatav, meinen treuen Kassenwart. Mein einziger Freund, das einzige Geschöpf, dem ich wirklich vertrauen konnte, war mein Sten-Automatikgewehr. Es war ein Verbündeter, der hundertachtzigtausend Rupien wert war, mehr als mein eigener Kopf, auch wenn ich einem Hirten im Chambal-Tal nur fünfzigtausend dafür bezahlt hatte.

Er war allein mit seiner Herde in den Bergen, als wir ihm über den Weg liefen. Wir hatten uns in der Einöde zwischen dem Chambal-Fluß und der Yamuna versteckt, wo es tiefe, unwirtliche Schluchten gibt. Ich bat den Hirten um Wasser, und weil er so fasziniert auf mein Gewehr starrte, fragte ich ihn, ob er schon einmal so etwas gesehen hätte.

»Ja. Ich habe eines in meinem Haus.«

»Tatsächlich? Und woher hast du es?«

»Ich habe es gefunden, als ich die Herde durch den Wald trieb.«

»Na gut, erzähl es nur keinem. Ich würde es mir gern ansehen.«

Ich rechnete damit, daß er irgendeine alte Armeeflinte anbringen würde, aber er kam zusammen mit seiner Frau, seinem Vater und ein paar anderen Hirten zurück, und sie legten mir ein Bündel Hirse vor die Füße. Das Gewehr war darin versteckt. Es war eine erstklassige Waffe, ein Sten-Automatikgewehr mit drei Geschwindigkeiten. Ich probierte es aus. Die Hirten sahen mir ehrfürchtig zu, als sei ich eine Art Gott, imstande, ein Gewehr zu laden, auf ein Ziel zu richten und abzufeuern.

»Du hast es der Polizei gestohlen?«

»Nein, Lalloo, um Gottes willen! Ich habe es in den Bergen gefunden.«

Er hatte mich »junger Mann« genannt. Offensichtlich dachte er, ich sei ein Junge, weil ich eine Mütze trug und mit dem Gewehr umgehen konnte.

»Wieviel willst du dafür?«

»Ich will kein Geld. Was soll ich hier mit Geld anfangen? Wenn du es haben willst, nimm es mit. Ich weiß nicht, wie man es benutzt. Wir haben es hier versteckt, denn wir haben Angst, daß ein Thakur kommt und uns schlägt und es nimmt.«

Ich gab ihm fünfzigtausend Rupien, eine gewaltige Summe für einen Hirten.

Sein Vater hatte in seinem ganzen Leben noch nicht soviel Geld gesehen.

»Du bist reich, mein Sohn!« sagte er. »Damit können wir Land kaufen.«

»Kennst du Phoolan Devi?« fragte ich.

»Ja, ich habe von ihr gehört.«

»Weißt du, wie sie aussieht?«

»Sie ist sehr groß und stark. Manchmal kommt sie und stiehlt meine Ziegen.«

»Was? Sie stiehlt deine Ziegen – und bezahlt dir nichts?«

»Nein, sie bezahlt nie.«

»Dann ist es nicht Phoolan Devi, die deine Ziegen stiehlt.« Ich nahm die Mütze ab und schüttelte meine Haare. »Sieh mich an. Ich bin Phoolan Devi. Sehe ich aus wie sie?«

Er starrte mich mit weit aufgerissenen Augen an.

»Die Frau im Tal ist sehr groß, und bei ihr ist ein Mann mit einem Gewehr und ein anderer mit einem Knüppel, und sie stehlen immer meine Tiere.«

»Diese Frau führt dich an der Nase herum! Wenn du sie das nächste Mal siehst, sag ihr, daß sie lügt und daß du die echte Phoolan Devi gesehen hast.«

»Sie wird mir nicht glauben! Und sie haben ein Gewehr! Und der Mann wird uns mit dem Knüppel schlagen.«

Wir blieben dort und warteten zwei Tage. Man Singh und die anderen wurden ungeduldig. Sie glaubten, der Mann sei ein Lügner, und selbst wenn es stimmte, was er sagte, lohnte es sich nach ihrer Ansicht nicht, sich in die Sache einzumischen; ich aber vermutete, daß es nicht lange dauern würde, bis ich meine Doppelgängerin zu Gesicht bekam. Der Hirte sagte, sie käme einmal in der Woche, um seine Tiere zu stehlen. Am Nachmittag des zweiten Tages näherten sich eine Frau und zwei Männer.

Wir standen hinter den Bäumen und beobachteten sie. Der junge Hirte kam zu uns und sagte, sie wären es. »Sie haben uns bedroht und gesagt, wir dürften unsere Tiere hier nicht weiden lassen, wenn wir ihnen nicht eines geben.« Als sie wieder weggingen, folgten wir ihnen und holten sie rasch ein. Die Frau trug eine zerlumpte alte Uniform. Sie war viel größer als ich, aber auch sie trug ein rotes Band um den Kopf.

»Du bist also Phoolan, und das ist deine Bande. Ihr seid nur zu dritt?«

»Stimmt. Ich bin Phoolan Devi.«

»Na gut. Ich bin Polizist. Wir suchen Phoolan Devi. Ich werde dich jetzt verprügeln und dann ins Gefängnis stecken.«

Sie bekam einen solchen Schreck, daß sie sich in die Hose machte.

»Nein, nein, das stimmt nicht! Ich bin es nicht, das schwöre ich. Wir sind aus dem Dorf da unten. Das hier ist mein Mann und mein Schwager.«

Ich gab jedem von ihnen eine Ohrfeige, und die Frau gelobte, es nicht wieder zu tun und den Armen keine Ziegen mehr zu stehlen. Sie gab zu, daß sie es schon seit sechs Monaten so mache. Beim ersten Mal hatte es so gut geklappt, daß sie nicht widerstehen konnte und immer wiederkam. Sie sagte, sie habe die Ziegen auf dem Markt verkauft, woraufhin ich erklärte, daß sie das Geld den Hirten geben müsse.

»Ich habe es nicht mehr. Wir sind auch arm. Wir haben weder Land noch Tiere. Es hat gerade zum Essen gereicht, ich schwöre es!«

Zuerst war ich verärgert, aber dann tat sie mir leid mit ihrer alten Hose, dem zerrissenen T-Shirt und dem ulkigen Turban um dem Kopf. Die beiden anderen sahen genauso jämmerlich aus wie sie.

»Nehmt das.« Ich gab jedem von ihnen fünfhundert Rupien. »Kauft euch ein Stückchen Land und kommt nie wieder auf die Idee, eure Familien mit gestohlenen Ziegen zu ernähren.«

Die Hirten waren empört. Sie wollten, daß ich die drei tötete. Diese Frau hatte ihre Tiere gestohlen, und sie hatten keine Aussicht, dafür eine Entschädigung zu bekommen.

Damit sie ruhig waren, reichte ich auch jedem von ihnen ein Bündel Rupien.

Den Armen Geld zu geben verschaffte mir Befriedigung. Ich liebte sie, diese Macht. Als Vickram mir zum ersten Mal einen Hundert-Rupien-Schein gab, hätte ich nichts lieber getan, als nach Hause zu laufen und ihn meiner Mutter zu geben, aber ich war damals noch eine Gefangene im Urwald. Ich konnte mir ihr Glück ausmalen, als sie mit den Rupienbündeln in ihre Häuser zurückkehrten – es bedeutete zwar keinen Wohlstand, aber es reichte zum Überleben. Was sie da in den Händen hielten, waren keine Reichtümer, aber es war eine Entlastung für sie, es war die Gewißheit, etwas in den Magen zu bekommen, Getreide für den Winter und Holz für das Feuer kaufen zu können. Am liebsten hätte ich unzählige Rupienbündel gehabt, um sie all denen zu geben, die nichts hatten, so wie auch ich einmal nichts gehabt hatte.

Am allerliebsten gab ich den Frauen Geld. Nur sehr selten beschenkte ich Männer. Sie konnten auf dem Feld arbeiten, von Dorf zu Dorf ziehen und irgendwie an Geld kommen, aber nicht die Frauen. Ihnen half niemand, nicht einmal ihre Ehemänner. Sie gaben den Frauen nicht eine Rupie. Ohne Geld mußten Frauen Hunger und Demütigungen ertragen und sogar ihren Körper verkaufen wie einen Sack Mehl, während die Männer das Geld vertranken und verspielten.

Als ich die Rupien verteilte, sahen die Hirten mich an, als sei ich Lakshmi selbst, die Göttin des Überflusses. Aber ich wußte schon damals, daß das, was ich ihnen gab, so gut wie nichts war.

Wirklich reiche Leute habe ich bei allen unseren Plünderungen nur einmal gesehen ...

Nachdem ich mich in Behmai von Baba Mustakim getrennt hatte, waren nur noch sieben Männer bei mir, darunter Man Singh, mein Adjutant, und mein Kassenwart Lakhan. Wir zogen rastlos durch das Chambal, von einem Versteck zum anderen. Schließlich stieß eine Bande zu uns, die von Ram Avtar, einem von Mustakims Leuten, angeführt wurde, so daß wir nun fünfundzwanzig Mann stark waren; die meisten davon waren Moslems.

Wir entschlossen uns, den Palast in Jagamanpur zu überfallen, einer abgelegenen Kleinstadt unterhalb der Berge am Rand der Jalaun-Ebene. Der riesige Palast lag hoch über der Yamuna, um ihn herum waren Hunderte von Menschen mit den verschiedensten Arbeiten beschäftigt; als wir auftauchten, flohen sie in panischer Angst. Ich stieg über die Marmortreppe vom Vorhof auf eine Terrasse und von dort über eine weitere Treppe auf das Dach.

»Mein Name ist Phoolan Devi«, rief ich durch mein Megaphon. »Ich bin hier, um diesen Palast zu plündern. Wo bist du, Rajah? Zeig dich!«

Der Palast leerte sich, die Diener liefen in alle Richtungen davon. Die Frauen flohen voller Entsetzen über die Schüsse, die wir in die Luft feuerten, und verhedderten sich dabei in ihren Saris. Ich hatte gehört, die Frau des Maharajah sei eine besonders hübsche Beute. Angeblich war sie von oben bis unten in Gold gehüllt. Ich stieg vom Dach und hoffte, wir könnten sie gefangennehmen.

»Keine Angst«, beruhigte ich die Frauen, »wir wollen nur stehlen!«

Es beruhigte sie keineswegs. Ganz und gar nicht. Sie flüchteten in alle Richtungen, und mit ihren leuchtendbunten Saris sahen sie dabei aus wie flatternde Papageien. Auch Männer, in Brokat und Seide gekleidet, waren unter den Fliehenden; ich griff mir einen von ihnen und stieß ihm mein Gewehr in den Bauch.

»Bist du der Rajah?«

»Nein, nein, das ist der da, der gerade wegläuft.«

Ihn hätte ich nicht für einen Rajah gehalten, er sah aus wie irgendein Mann aus dem Dorf. Das Ende seines Dhoti schleifte hinter ihm her. Er hatte ihn in der Eile nicht richtig knoten können, und jetzt versuchte er, ihn zusammenzuhalten, während er halbnackt vor uns davonlief.

»He, wohin so eilig?« rief ich ihm durch mein Megaphon zu. »Zieh dich erst mal richtig an. Wir sind hier, um dich zu besuchen. Wir haben gehört, daß du nie einen Dacoit in dein Haus läßt. Du schießt sie alle nieder ...«

Ich lachte. Noch nie hatte ich einen Mann so schnell laufen sehen. Sein Dhoti flatterte wie ein weißes Segel im Wind.

Der Besitzer ließ uns seinen verödeten Palast nach Belieben erkunden. Ungehindert konnten wir die Marmortreppenhäuser bestaunen, die silbernen Spiegel, die Schwerter und Gewehre, die an den Wänden hingen. Ich nahm einen silbernen Säbel herunter. Der Griff war mit Perlen und Edelsteinen besetzt. Sogar die Scheide war aus Silber. Er sah sehr alt aus, und es war etwas darauf eingraviert. Ich zeigte die Schriftzeichen einem meiner Leute, und er sagte, es seien die Namen des Vaters und Großvaters des Maharajah.

Ich schwang das Schwert wie ein Krieger.

»Seht mich an«, rief ich den anderen zu, »ich bin Durga!«

Dann rannte ich hinaus auf den Balkon und schwenkte es in Richtung der Sipahis, die von der Stadt aus auf uns feuerten.

»Hört auf zu schießen! Nehmt eure Schwerter, ihr Feiglinge, und kämpft mit Durga!«

Die Schlafzimmer waren noch schöner. Ich stieß auf ein paar meiner Leute, die staunend vor einem riesigen Bett mit dunkelrotem Überwurf und langen roten Vorhängen standen. Es war ganz mit Samt bedeckt: ein See aus weichem Samt, auf dem samtene Kissen schwammen. Ich warf mich darauf und wälzte mich auf dem purpurfarbenen Stoff hin und her, während die Männer nach Geld und Schmuck suchten. Aber es war nichts da, alles hing an den Wänden: Gold und Silber, Samt und Seide. Auf dem Fußboden lagen Teppiche, und die Möbel waren mit Edelsteinen besetzt. Wir durchwühlten sämtliche Schubladen. Alle Gegenstände in dem Palast waren aus kostbaren Materialien, aber wir fanden keine einzige Rupie. In großen Vasen standen die verschiedensten Blumen, die einen Duft verbreiteten wie ein Wald im Frühling. Aber es gab keine Rupien.

All dieser Luxus, die Schönheit, der Duft und die Blumen – allmählich geriet ich in Zorn. Dieser Hund von einem Rajah schlief in einem samtbezogenen Bett, und ich mußte auf der harten Erde liegen.

Ich zerschlug eine nach der anderen die großartigen Vasen und stieß dabei laute Verwünschungen aus. Dieser prahlerische Rajah! Das Haus meiner Familie war kaum größer als sein Bett! Und in seinen Hof paßten zwei ganze Dörfer meiner Gemeinschaft!

Draußen konnte ich immer noch Gewehrfeuer hören. Die örtliche Polizei schoß aus ziemlich großer Entfernung auf uns. Der Palast war so riesig und die ihn umgebenden Gärten mit den vielen Blumen so weitläufig, daß sie einfach schossen, ohne uns sehen zu können. Sie hatten nicht genügend Leute, um uns anzugreifen, und bis Verstärkung eintraf, würde noch einige Zeit vergehen.

Einer unserer Leute hatte sich als Rajah verkleidet: Er trug eine Brokatjacke und bewunderte sich in einem Spiegel aus poliertem Silber. Es gab so viele schöne Gegenstände dort, aber sie waren zu schwer zum Tragen und würden kaum zu verkaufen sein. Ich sah eine riesige Wasserpfeife, so groß wie ich und ganz und gar aus Silber; ich wollte sie mitnehmen, aber die Männer lachten mich aus.

»Kannst du dir vorstellen, wie wir mit dem Ding da durch den Dschungel laufen?«

Nach einer Stunde hatten wir kaum etwas gefunden, das die Mühe gelohnt hätte, aber die Männer wollten noch nicht gehen. Sie probierten alle Betten aus, saßen an den Tischen und tanzten auf den Teppichen, spielten die Prinzen, verbeugten sich voreinander und lachten wie kleine Kinder. Ich mußte sie packen und schütteln, um sie zum Aufbruch zu bewegen.

Ich hatte dem Rajah zeigen wollen, daß wir in seinen schönen Palast eindringen konnten, wann immer es uns beliebte, und das war mir gelungen. Aber wir mußten uns mit leeren Taschen davonmachen.

Eine halbe Stunde später waren wir mitten in der kleinen Stadt, auf dem Markt. Dort, unter den Menschen, die Gurken und Melonen von ihren Kachwaris verkauften, wie meine Mutter es immer getan hatte, fühlte ich mich wie die Frau eines Maharajas, wie eine Maharani.

Die Leute warfen sich auf die Erde, um meine Füße zu berühren. »Lang lebe Phoolan Devi!« jubelten sie. »Gib uns Geld!«

Ich verteilte so viele Rupien, daß ich mir von den Männern noch welche leihen mußte. Ich verschenkte einen Ring, den Baba Mustakim mir gegeben hatte, und alles andere, was ich besaß. Das Schwert aus dem Palast des Rajah behielt ich noch eine Zeitlang, aber es war zu schwer zum Tragen, und schließlich schenkte ich es einem Hirten.

Es war keine Plünderung gewesen an diesem Tag; wir wollten nur beweisen, daß wir stärker waren als der Rajah, der über die Stadt herrschte. Ich hatte gelacht, als ich sah, wie er flüchtete und dabei seinen Dhoti festhielt. Damit war ich zufrieden. Ich, ein Mädchen aus einer niederen Kaste, hatte den Rajah lächerlich gemacht!

Ich lachte nicht oft, und ich wußte, daß die Männer mich mittlerweile für verbittert, immerzu verärgert und aggressiv hielten. Manchmal hatten sie sogar Angst, mich anzusprechen. Es gab Momente, wo ich sie alle haßte, und dann liebte ich sie wieder wie meine Brüder. Vertrauen brachte ich seit Vickrams Tod niemandem mehr entgegen. In meinem Inneren war ich immer noch leer.

Eines Abends ruhte ich mich im Urwald in der Nähe von Etawah unter einem Baum aus; im Zwielicht der Dämmerung döste ich ein. Auf einmal erwachte ich in dem ekelerregenden Gefühl, einer meiner Männer wolle mich belästigen. Aber es war niemand in meiner Nähe. Ich sah mich um und entdeckte eine Schlange, schwarz, mit geblähtem Hals. Schnell rief ich nach dem Wächter. Ihr langer Körper hatte mich bereits umschlungen, und ich spürte, wie ihre Muskeln sich an mir rieben; die kalten Wellen ihrer Kraft erfaßten meinen Körper.

»Schnell, hier ist eine Schlange auf mir. Mach, daß sie weggeht!«

Der Wächter war ein Moslem, einer aus der Bande von Baba Mustakim. »Nicht bewegen«, sagte er.

Die Männer wußten, daß ich von einer Schlange verfolgt wurde. Sie kamen und stellten sich um mich herum.

»Tötet sie nicht«, sagte ich. »Ich verbiete euch, sie zu töten.«

Sie verließ mich von selbst, vielleicht weil sie durch den Lärm der Männer gestört worden war. Langsam ließ sie mich frei und glitt davon; bevor sie im Wald verschwand, wandte sie noch einmal den Kopf um und sah mich an.

Die Schlange war meine Freundin. Ich war überzeugt, daß sie der Geist eines toten Menschen war, der mich besuchte. Wenn sie nach ein paar Tagen oder Wochen wiederkam, sagte ich jedesmal zu ihr: »Ach, da bist du ja wieder!«

Oder vielleicht war sie auch das kleine Mädchen ...

Oft hörte ich in meinem Kopf die Stimme des kleinen Mädchens, das mir sagte: »Trink dieses Wasser nicht, geh nicht dort entlang, bleib nicht länger in diesem Dorf ...«

Zur Legende geworden

Als ich im Radio hörte, daß Baba Mustakim tot sei, fragte ich mich als erstes, wer ihn wohl denunziert haben könnte. Aber allmählich regten sich in mir Zweifel, ob es wirklich stimmte. Ich hatte die Monate nicht mehr gezählt, die ich mit meinen Leuten durch den Urwald und von einem Tal zum nächsten gelaufen war. Der Monsun hatte wieder eingesetzt, und wir entschlossen uns, nach Guloli zu gehen, in das Dorf, wo Baba Mustakims Familie wohnte. Je länger ich darüber nachdachte, desto sicherer wurde ich mir, daß er noch lebte. Die Polizei konnte die Geschichte einfach erfunden haben, um uns Angst einzujagen, wie sie es bei Vickram gemacht hatten, als er zum ersten Mal angeschossen wurde.

Baba ließ normalerweise die Hälfte seines Geldes bei einem Pandit in Suroli; im Namen dieses Mannes, der Suttan hieß, hatte er auch Lastwagen gekauft. Dort, in der Nähe seiner Familie und im Herzen der Moslemgemeinschaft, hatte er seinen finanziellen Rückhalt. Der Pandit war der einzige Hindu in Baba Mustakims Umkreis. Ich mochte ihn nie besonders. In seinem Blick war etwas, das mich beunruhigte. Er war mit Baba Mustakims Hilfe reich geworden, und ich hatte das sichere Gefühl, daß man dem Pandit nicht mehr trauen konnte, wenn Baba Mustakim wirklich tot war.

Wir erreichten das Dorf mitten in der Nacht und fanden auch sein Haus, ein hübsches Haus aus Beton mit zwei Stockwerken. Pandit Suttan hieß uns herzlich willkommen und bestätigte unter Tränen, ja, die Nachricht sei leider wahr: Baba Mustakim war tot. »Er war nach Dastampur unterwegs, um seine Schwester zu besuchen. Als sie ihn schnappten, war er unbewaffnet. Jemand hatte ihn verpfiffen. Mit ihm starben drei andere Männer, die noch nicht einmal Banditen waren. Die Polizei behauptete, es habe eine Schießerei gegeben, aber sie waren überhaupt nicht bewaffnet. Wie entsetzlich traurig!«

Für uns war es, als hätten wir durch den Tod von Baba Mustakim einen Vater verloren, für den Pandit hingegen war damit die beste Einnahmequelle versiegt. Er bat uns um Schutz und sagte, wir seien jetzt die einzigen, die ihm helfen könnten. Ich antwortete nicht. Wir waren die letzten Monate von allem abgeschnitten gewesen und brauchten Geld. An einen Überfall, mit dem wir unsere Finanzen hätten aufbessern können, war nicht zu denken; wir mußten uns auf kleinere Plünderungen zum Überleben und zum Kauf von Munition beschränken. Der Angriff auf den Palast in Jagamanpur hatte nichts gebracht. Und im Augenblick schien es auch unmöglich, Shri Ram zu finden, um meinen Rachedurst zu befriedigen. Er war verschwunden wie ein Geist.

Mittlerweile hörten wir jeden Tag im Radio, dieser habe sich ergeben und jener sei erschossen worden, denunziert und dann von der Polizei abgeschlachtet ... Es war, als sei im Dschungel außer Phoolan Devis Bande keiner mehr übrig.

Der Pandit bot uns etwas zu essen an und fragte, wo wir uns verstecken wollten. Ich sagte ihm, wir würden zu Mustakims Vetter in Guloli gehen. »Ich werde mich mit seiner Familie treffen und Man Singh und Baladin mitnehmen. Ich lasse drei Männer hier und komme morgen wieder.« Ich mißtraute ihm zwar, aber ich wollte nicht, daß er an uns zweifelte. Daß ich drei Männer bei ihm ließ, war ein Vertrauensbeweis.

Es war fünf Uhr morgens und Zeit, in ein Versteck zu kommen. Seit Monaten wagten wir nicht mehr, uns tagsüber zu bewegen. Wir wollten den Tag bei Munna bleiben, einem jüngeren Vetter von Mustakim, den ich gut kannte. Ich war dort schon mehrmals gewesen. Als wir zu ihm kamen, sprachen Munna, sein Großvater und ich eine Zeitlang über Baba und erinnerten uns an die Zeit, als wir zusammengewesen waren ...

Gegen elf Uhr vormittags hörte ich in einiger Entfernung eine Reihe von Explosionen.

»Was ist da los, Munna?«

»Ach, vermutlich ein Feuerwerk.«

»Geh hin und sieh nach.«

Er kam in panischer Angst zurück. Die Polizei war ins Dorf eingedrungen. Die Schüsse, die wir gehört hatte, waren aus Suroli gekommen, dem anderen Weiler. Mit einem Schal um den Kopf, so daß man meine Uniform nicht bemerkte, kletterte ich auf die Dachterrasse seines Hauses. Die Polizei war überall: in den engen Gassen, in den Höfen der Häuser und auf den Dächern. Ich hatte noch nie so viele Polizisten in einem Dorf gesehen. Unter meinem Schal versuchte ich mit dem Fernglas auszumachen, wie es außerhalb des Dorfes aussah.

Es war unmöglich, hier herauszukommen. Überall waren ganze Lastwagenladungen von Sipahis. Wir befanden uns im Belagerungszustand. Irgend jemand hatte uns denunziert, vermutlich der Pandit. Ich war mir sicher, daß seine Tränen unecht waren und daß sein hinterlistiger Blick die Wahrheit gesagt hatte. Kein anderer hätte auch nur daran gedacht, uns zu verraten. In Guloli waren fast alle Moslems, und Mustakim war für sie ein Held.

Schnell stieg ich wieder von der Terrasse herunter. Wir saßen zu dritt in der Falle: Man Singh, Baladin und ich. Über einen Lautsprecher gab die Polizei bekannt, die gesamte Gegend sei umstellt, und man werde die Dorfbewohner evakuieren. »Phoolan Devis Bande versteckt sich in eurem Dorf! Jeder Dorfbewohner muß sich bei der Polizei ausweisen. Bitte helft mit!« Sie wollten das Dorf erst räumen und es dann nach uns durchkämmen! Wenn wir ohne Papiere versuchten, uns als Dorfbewohner auszugeben, würden sie uns festnehmen. Ich konnte schon einen Hubschrauber über uns knattern hören, und ein zweiter war im Anflug.

Als die Dorfbewohner voller Bestürzung ihre Häuser verließen, versuchten Man Singh und Baladin, einen Weg aus dem Dorf heraus zu finden, aber die Straßen waren voller Uniformierter.

»Drei Männer wurden bereits getötet«, sagte der Lautsprecher, »drei Banditen aus Phoolan Devis Bande.«

Es müssen die drei gewesen sein, die ich im Haus des Pandit gelassen hatte: Laltu, Ram Shankar und Subaran. Jetzt waren nur noch wir drei sowie Jageshwar und Kallu übrig, also insgesamt fünf, und wo die beiden waren, wußte ich nicht. Wir besaßen drei Automatikgewehre: Ich hatte meine Sten, Man Singh seine 306 und Baladin eine 303. Unser einziger Trost war, daß wir über reichlich Munition verfügten.

Gegen Mittag war das Dorf geräumt. Eine Stunde darauf begann die Schlacht.

Wir konnten nur eines tun: uns von Haus zu Haus fortbewegen, durch Straßen und Höfe, über Dächer und Mauern, und zurückschießen, wenn wir beschossen wurden. Selbst wenn wir nur im Kreis gingen, wir mußten in Bewegung bleiben. Sie ließen Granaten aus den Hubschraubern fallen und verwüsteten hinter uns die Häuser, während wir uns weiterkämpften. Das Dorf glich schon bald einem Schlachtfeld. Sie bombardierten jede Stelle, von der ein Schuß abgegeben wurde, und in ihrer Panik bombardierten sie nicht nur uns, sondern auch ihre eigenen Leute.

Wir bahnten uns den Weg durch die Gassen, gingen hinter Torbögen und Türen in Deckung und versteckten uns in Hinterhöfen. Ihnen von Mann zu Mann gegenüberzutreten war unmöglich. Sie patrouillierten in Zwölfergruppen und waren mit Maschinengewehren bewaffnet.

Als die Nacht hereinbrach, fanden wir in einem der verlassenen Häuser ein Versteck.

»Fünf von Phoolan Devis Leuten sind bereits tot!« verkündeten sie über den Lautsprecher. Also hatten sie wohl auch Jageshwar und Kallu geschnappt. Sie sammelten Punkte. Wir waren nur noch zu dritt.

Plötzlich war das ganze Dorf in taghelles Licht getaucht. Sie hatten starke Scheinwerfer aufgestellt, um die Straßen zu beleuchten. Ich konnte die Schatten an den Mauern entlanghuschen sehen, während sie von Haus zu Haus gingen und sich mit Hilfe von Walkie-Talkies verständigten. Sie hatten eine Art Losung, mit der sie sich voreinander auswiesen. Wenn wir nur dieses Wort gekannt hätten! Sie waren so viele, daß wir mit unseren Uniformen zwischen ihnen hätten untertauchen können. Ich versuchte zu lauschen, aber es hatte keinen Zweck, denn ich verstand ihre Sprache nicht. Wir hatten keine andere Wahl, als uns weiterhin von Haus zu Haus zu bewegen. Wenn sie ein Haus durchsucht hatten und weiterzogen, schlichen Man Singh, Baladin und ich uns in ihren Rücken. Wenn sie ein Haus umstellten, glitten wir über die Mauer in das nächste.

Einmal ließen wir uns von einer Mauer auf die andere Seite fallen und stellten fest, daß das Haus schon von einem Dutzend Polizisten besetzt war. Wir waren im Hof gelandet. Sie saßen beim Tor und rauchten im Dunkeln.

Man Singh griff nach seinem Gewehr und sah mich an.

Ich schüttelte den Kopf. Es waren zu viele. Ich forderte meine beiden Begleiter auf, sich in die Ecke des Hofes zu setzen und so zu tun, als ob sie dösten. Ich selbst tat das gleiche.

»Wegen diesem verdammten Weib kann man nicht mal in Ruhe rauchen«, hörten wir einen der Polizisten sagen.

»Keiner weiß, was eigentlich los ist. Nachher bringen wir uns noch gegenseitig um. Ein paar Leute hat's schon erwischt.«

Sie standen auf und gingen hinaus; wir folgten ihnen, als ob wir zu ihrer Gruppe gehörten. Als sie das nächste Haus durchsuchten, schlichen wir zurück in den Hof.

Sie waren in jedem Haus, hinter jeder Mauer. Es gab keinen Ausweg. Das Wichtigste war, daß wir zusammenblieben, falls es zum letzten Gefecht kam. Den ganzen Nachmittag von einem Haus zum nächsten zu schleichen und wieder und wieder beschossen zu werden hatte uns müde gemacht. Ein paarmal waren sie uns so nahe gewesen, daß ich überzeugt war, sie hätten uns gesehen, aber sie schossen weiter auf Schatten und blamierten sich.

Die Nacht verbrachten wir ohne Schlaf, ja sogar ohne miteinander zu reden, versteckt in den Ruinen eines Hauses, das sie während des Tages bombardiert hatten.

Als der Tag anbrach, begann die Jagd aufs neue.

»Phoolan Devi trägt eine Uniform und einen Turban«, verkündeten sie durch den Lautsprecher. »Die anderen haben Polizeiuniformen an.«

Wir mußten uns umziehen. Wir suchten nach einer Terrasse, wo jemand Wäsche zum Trocknen aufgehängt hatte, schlichen uns hin und schnappten sie uns. Die Polizei ließ hinter uns Granaten aus dem Hubschrauber fallen und zerstörte die Terrasse. Über die

Steinbrocken stolpernd, die um uns herum niedergingen, machten wir uns davon.

Wir hatten für Man Singh und Baladin Lunghis und für mich einen Sari ergattert. Nachdem wir in ein anderes Haus geschlichen waren, zogen wir uns eilig um und versteckten die Uniformen. Ich hatte gerade noch Zeit, den Sari zu befestigen und Gewehr und Patronengürtel darunter zu verbergen, als die Tür zu dem Hof mit einem Knall aufflog; draußen auf der Straße sah ich eine Gruppe Sipahis. Ich stand auf dem Hof, aber Man Singh und Baladin waren glücklicherweise im Inneren des Hauses.

»Was tust du hier?« schrie mich einer der Sipahis an. »Man hat euch gesagt, ihr sollt das Dorf räumen. Sonst werdet ihr noch umgebracht!«

Offenbar hielt er mich für eine junge Moslemfrau. Ich antwortete in einem weinerlichen, schrillen Ton.

»Ich hatte solche Angst, ich wußte nicht, wohin man laufen muß …«

»Da hast du aber Glück gehabt bei der ganzen Schießerei.«

Ein zweiter Polizist nickte. »Diese verdammte Phoolan macht jetzt bestimmt das gleiche. Sie muß irgendwo versteckt sein.«

Sie ließen mich stehen und gingen weiter. Mein Glück war, daß sie nicht wußten, wie ich aussah. Und sie hatten auch anderes zu tun. Ich bemerkte, daß sie Benzinkanister herumtrugen. Sie durchsuchten die Häuser nicht nur, sie plünderten auch wie Banditen. Und hinterher wollten sie das Dorf anzünden, um ihre Taten zu vertuschen. Ich konnte das Feuer schon riechen. Die Granaten hatte überall kleine Brände ausgelöst.

»Phoolan, gib auf!« sagte die Stimme aus dem Lautsprecher. »Komm raus, Bahanji. Wir wollen dich nicht bestrafen. Wir bringen dich nicht um.«

Man Singh und Baladin wollten sich ergeben. Sie glaubten nicht daran, daß wir jemals das Dorf lebend verlassen würden. Für mich kam das nicht in Frage. »So haben sie Mustakim und die anderen geschnappt. Sie haben gesagt, es werde ihnen nichts geschehen, und dann haben sie geschossen. Wenn du in die Nähe der Polizei gehst, Man Singh, werde ich selbst dich erschießen!«

Meine Kehle brannte vor Durst, aber Wasser war nirgendwo zu finden. Die Polizisten hatten alle Wassergefäße zerbrochen, die sie in den Häusern aufgespürt hatten.

Vierundzwanzig Stunden waren bereits vergangen, es war am späten Vormittag des zweiten Tages, und die Schlacht begann aufs neue.

Sie schossen, und wir schossen zurück, kletterten über eine Mauer oder schlichen eine Gasse entlang, und wieder feuerten sie. Die Stunden verstrichen, und sie waren immer noch in großer Zahl im Dorf, durchsuchten Häuser, die sie schon durchsucht hatten, schossen durch Türen, ließen Handgranaten aus den Hubschraubern fallen. Die Nacht brach an; wir mußten hier irgendwie herauskommen, aber es gab keinen Ausweg. Auf den Feldern in der Umgebung warteten die Dorfbewohner darauf, daß der Kampf endlich aufhörte.

Allmählich ließ das Schießen nach, und Stille kehrte ein. Es war fast dunkel. Über den Lautsprecher gaben sie den Befehl, das Feuer einzustellen. Offenbar hatten sie sich in ihren hektischen Bemühungen, uns zu finden und zu töten, gegenseitig umgebracht. Wir konnten wegen des Rauches von den Bränden kaum atmen, und immer noch hatten wir nichts zu trinken gefunden. Wir würden die zweite Nacht in einem Haus versteckt zubringen, ohne jede Hoffnung.

Das Dach des Hauses war eingestürzt, zerstört von einer Granate. Bald würde von dem Dorf nichts mehr übrig sein. Über den Lautsprecher gaben sie bekannt, sie würden alle Häuser anzünden. Wenn sie das taten, waren wir erledigt.

Langsam drehte ich durch. »Ich habe genug!« sagte ich zu Man Singh. »Ich werde mich erschießen.«

»Denk daran, was du gesagt hast: Wenn wir schon sterben müssen, wollen wir wenigstens ein paar von ihnen mitnehmen.«

Ohne daran zu denken, daß wir wie die Ratten in der Falle saßen, schlief ich vor Erschöpfung ein. Es war ein tiefer Schlaf, und im Traum hörte ich die Stimme eines kleinen Mädchens:

»Zieh die Schuhe aus und geh um die Ecke hinter die Moschee. Dort ist die Ruine eines Hauses. Versteck dich dort!«

Ich schreckte hoch. Das Haus, in dem wir uns befanden, war in der Nähe einer Moschee. Ich hatte sie tagsüber gesehen, aber die Straße, die zu ihr führte, war voller Geröllhaufen von den Explosionen. Um dorthin zu gelangen, mußten wir über die Trümmer der bombardierten Häuser kriechen.

Ich weckte die anderen.

»Baladin, Man Singh, wir gehen! Laßt eure Stiefel hier!«

»Was ist los mit dir? Die Polizei ist überall. Hör doch, man kann sie auf den Terrassen reden hören.«

»Wir gehen«, sagte ich. »Wir verstecken uns da drüben hinter der Moschee.«

Wir waren gerade aufgestanden und hatten den Raum verlassen, da mußten wir uns im Hof auf den Bauch werfen.

»He, ihr da drüben! Wollt ihr umgebracht werden?«

Wir konnten Schatten und die Kegel der Taschenlampen auf den Wänden erkennen. Und wir hörten noch mehr Stimmen.

»Nicht schießen. Ihr kennt den Befehl.«

Sie hatten uns für Polizisten gehalten und warteten, daß wir die Losung sagten. Wir rührten uns nicht. Die Stille dauerte mehrere Minuten.

»Das waren nur Hunde«, sagte schließlich einer von ihnen. »Da drin ist niemand.«

Sie lachten erleichtert auf, und wir sahen, wie die Taschenlampen sich entfernten.

Leise wie Schlangen krochen wir über das Geröll. Die Strahlen ihrer Taschenlampen spielten um uns herum an den Wänden, aber im Dunkeln wollten die Polizisten nicht in die Häuserruinen eindringen. Sie hatten Angst, sich gegenseitig zu verletzen oder von uns in einen Hinterhalt gelockt zu werden. Es schien fast so, als schreckten sie davor zurück, uns von Angesicht zu Angesicht gegenüberzustehen. Offenbar hatten sie den Befehl, in Gruppen zusammenzubleiben. Langsam, um ja kein Geräusch zu machen, schoben wir uns Stück für Stück auf dem Bauch zur Moschee.

Wir schlichen um sie herum zu ihrer Rückseite. Dort stand tatsächlich ein kleines Haus, eigentlich nur eine Hütte. Das Dach war eingestürzt, aber wir räumten ein paar Steine am Eingang beiseite und krochen ins Innere. Man Singh vergrub sich unter einem Haufen heruntergefallener Steine, ich versteckte mich unter anderen Brocken, und Baladin bedeckte sich mit Stroh vom Dach.

Wir versuchten, die Lücken um uns herum mit Steinen zu verschließen, damit man uns nicht sehen konnte. Es war, als würden wir unser eigenes Grab über uns errichten. Wenn ich sterben sollte, dachte ich, dann war dieser Ort ebensogut wie jeder andere. Ich war so erschöpft, daß es mir nichts mehr ausmachte.

Wir sagten nichts und rührten uns bis zum Morgen nicht mehr.

Irgendwann in der Nacht hörte ich Polizisten vorbeigehen.

»Sie ist weg. Die Leute hier müssen ihr geholfen haben.«

Anfangs hatten die Dorfbewohner uns tatsächlich geholfen. Als wir von Haus zu Haus liefen und ein Versteck suchten, hatte uns niemand verraten. Sie waren immer noch dabei gewesen, das Dorf zu evakuieren, und ich hatte den Bewohnern alles Geld gegeben, das ich noch besaß, fast fünfzigtausend Rupien. Ich hatte geglaubt, mein letztes Stündlein sei gekommen, und die Frauen weinten und riefen: »Allah sei mit dir!« Die Moslems waren arm, ebenso arm wie die Mallahs. In einer Hindugemeinde, wo jeder die Thakurs fürchtete und respektierte, hätte man mich wahrscheinlich nicht beschützt.

Am nächsten Morgen bestätigte die Stimme aus dem Lautsprecher, was der Polizist gesagt hatte: »Ihr könnt in eure Häuser zurückkehren. Phoolan Devi ist nicht mehr in der Gegend.«

Wir hörten Schritte und das Wehklagen der Leute, die über die Verwüstungen jammerten. Aber erst gegen Mittag wagte ich, meine Nase unter den Steinen hervorzustrecken. Die schlimmste Qual war der Durst. Ich hatte keinen Speichel mehr, den ich schlucken konnte, und von dem Gestank der Hubschrauber hatte ich Kopfschmerzen bekommen. Plötzlich hörte ich ein sonderbares Geräusch. Ich hob den Kopf und schüttelte Staub und Sand aus den Haaren. Vor mir kreischte eine Frau auf. Sie hatte sich gerade niedergekauert und den Unterrock gehoben, um zu pinkeln, als sie mich sah. Zuerst dachte sie wohl, ich sei ein Teufel, der gerade aus der Hölle emporkam, aber sie hatte Verstand genug, um zu erkennen, wer wir waren.

»Ihr seid die Banditen! Ihr müßt von hier fort! Sie haben schon viele Leute im Dorf umgebracht und alle Häuser zerstört. Bitte, verschwindet sofort von hier. Ihr habt Unheil über uns gebracht!«

Wir schlichen uns zum Rand des Dorfes. Die Polizeilastwagen standen noch dort, aber man hatte die Suche offenbar aufgegeben. Die Hubschrauber waren weg. Geduckt liefen wir über die Felder zur Yamuna. Wir fingen an zu schlürfen wie durstige Hunde und bemerkten nicht, daß ein Stück flußaufwärts drei Polizeiboote vertäut waren, zwei am gegenüberliegenden Ufer und eines auf unserer Seite. Als ich den Kopf vom Wasser hob, sah ich Polizeitruppen auf der Straße, aber sie schenkten uns keine Beachtung. Wir hatten gewöhnliche Kleidung an, zerlumpt und staubig. Wir waren nur Bauern. Sie suchten nicht mehr nach Phoolan und ihrer Bande. Ich war der Polizeifalle offiziell entgangen. Es müssen tausend Mann gewesen sein, die mich zu fangen versucht hatten. Indira Ghandi selbst, die Premierministerin, sagte, sie wolle die Dacoits, die für das Massaker von Behmai verantwortlich waren, vor Gericht stellen. Nun ja, Laltu, Subaran, Jageshwar, Kallu und Ram Shankar waren schon tot.

Ich trank, tauchte den Kopf ins Wasser und überlegte, was wir als nächstes tun sollten. Ich wollte zum Haus des Pandit zurückkehren, um herauszubekommen, ob er uns verraten hatte, und wenn er es war, wollte ich ihm die Nase abschneiden. Wenn er es nicht gewesen war, dann war er der einzige, der uns helfen konnte. Wir hatten kein Geld, und die Polizei suchte immer noch im ganzen Distrikt nach uns. Wir entfernten uns im ganz normalen Gang, die Gewehre unter der Kleidung versteckt. Zwei Tage und zwei Nächte lang hatten sie versucht, uns in die Enge zu treiben, aber es war, als hätte Durga ihnen allen die Augen verbunden!

Wir folgten einem Kanal, der zu den beiden Dörfern zurückführte. Er war ausgetrocknet, und auf beiden Seiten verliefen baumbestandene Wälle. Solange wir in dem trockenen Kanalbett gingen, konnte man uns nicht sehen. Wir waren schon fast beim Haus des Pandit, als wir in dem Kanal auf einen Mann trafen, der sich gerade erleichterte. »Geht nicht weiter, das Haus des Pandit Suttan ist voller Sipahis.«

Dann war er es also doch gewesen! Der Mann erzählte uns, man habe den Pradhan auf einem Motorrad aus dem Dorf fahren sehen, um die Polizei aus Kalpi zu holen. Jetzt konnten wir dort keinesfalls hingehen. Fürs erste würde er seine Nase behalten. Wir kletterten aus dem Kanal und gingen quer über die Felder wieder zurück in den Urwald.

Wie ich später erfuhr, war es einer meiner Leute gewesen, dem wir die Chance verdankten, doch noch zu entkommen. Von einer Granate am Bein verletzt und von der Polizei gefangengenommen, hatte Kallu ihnen kurz vor seinem Tod erzählt, er habe mir geholfen, den Urwald zu erreichen. Und man verdächtigte sogar einen Polizisten, er habe sich bestechen lassen und mich mit dem Hubschrauber herausgeholt.

In Tunna, dem nächsten Dorf, machten wir eine Pause und dankten den Göttern. Ich hatte kein Geld mehr, aber Man Singh und Baladin besaßen noch etwas. Als die Dorfbewohner uns vor dem Tempel ankommen sahen, flüchteten sie voller Schrecken. Der Brahmane hatte die Augen im Gebet geschlossen, und ich hob mein Gewehr hoch, um ihm zu zeigen, daß wir ihm nichts tun wollten.

»Keine Angst. Wir sind nur hier, um ein Opfer zu bringen und den Göttern zu danken, daß wir noch leben!«

Man Singh gab mir tausend Rupien, und ich überreichte die Geldscheine dem Brahmanen; dann fragte ich ihn, worum er gebetet habe.

»Ich habe für deinen Tod gedankt. Für deinen und den von Man Singh!«

»He?«

»Alle sagen, du seist tot. Sie haben deinen Leichnam in euer Dorf gebracht, um ihn deinen Eltern zu zeigen.«

»Du wagst es, meinen Tod zu feiern! Wo ich euch Jatavs so viel geholfen habe!«

»Es ist wegen Man Singh. Er hat hier in Tunna sieben Männer umgebracht.«

Das stimmte. Drei Monate vor dem Massaker in Behmai war Man Singh mit einem Racheauftrag hierhergekommen. Der Brahmane hatte ihn neben mir nicht erkannt, weil er völlig mit Staub bedeckt war.

Aber ich war nicht wütend. Tot oder lebendig – ich begriff, daß wir für sie zu einer Legende geworden waren. Radio und Zeitungen berichteten ununterbrochen über mich.

Hätten sie nur vorher soviel Notiz von mir genommen, dachte ich, als ich mißhandelt wurde und nach Gerechtigkeit schrie. Aber man redet immer nur über das Böse, das die Armen tun, und nicht über das Böse, das ihnen angetan wird.

Verlaß dich auf nichts und niemanden …

»Wenn einer von euch mich verraten sollte, bringe ich ihn um!« hatte ich die Männer immer gewarnt.

Eine Bande zu führen hieß, allem und jedem zu mißtrauen. Ich konnte beispielsweise nie zwei Männer zusammen in ein Dorf gehen lassen. Sie hätten gemeinsam etwas aushecken können, während einer allein nicht viel Ärger machen konnte.

Meine Autorität stellte nie jemand in Frage, aber nicht weil sie sich fürchteten, sondern weil sie mir vertrauten. Ich respektierte dieses Vertrauen und kümmerte mich um meine Leute. Ich sorgte dafür, daß sie etwas zu essen bekamen und daß ihnen nichts geschah, und wenn die Polizei uns verfolgte, lief ich immer als letzte weg. Ich wartete, bis sie in Sicherheit waren, genauso wie Vickram es immer getan hatte.

Aber jetzt hatte ich keine Bande mehr.

Nach der Schlacht von Guloli waren wir nur noch zu dritt. Die Polizei wollte mich tot oder lebendig, aber das machte mir keine angst. Ich fürchtete mich vor Verrat. Auf meinen Kopf war eine hohe Belohnung ausgesetzt, die auch den loyalsten Mann in Versuchung führen konnte.

Dann verschwand Baladin. Er ging in ein Dorf am Rand des Urwaldes, angeblich, um etwas zu essen zu besorgen, und kam nie mehr wieder. Nahrung war ein tägliches Problem für uns. Wir waren zu wenige, um in die Dörfer zu gehen. Manchmal gab es nur einen Weg, um an etwas Eßbares zu kommen: Wir mußten jemanden fangen, der Lebensmittel bei sich hatte, und sie ihm abnehmen.

Als Baladin weg war und wir zu zweit darauf angewiesen waren, Lebensmittel zu stehlen, verließ Man Singh der Mut. Er hatte die

Nase voll davon, immer auf der Flucht zu sein, sich in den Schluchten zu verstecken und nie auf einer Straße gehen oder in einem Fluß baden zu können, ohne die Sipahis zu sehen. Er schlug vor, wir sollten in sein Dorf Baharai im Distrikt Almanipur gehen. Sein Bruder, so meinte er, könne uns eine Zeitlang verstecken. Wir marschierten mehrere Tage lang durch die Schluchten, aber als wir dort ankamen, versuchte Man Singhs Bruder, ihn zum Aufgeben zu bewegen. »Ihr müßt euch stellen«, sagte er. »Wir wollen hier keine Banditen mehr haben!« Die ganze Nacht wurde Man Singh von seinen Angehörigen mit Bitten bedrängt. Schließlich entschloß er sich zu bleiben, und ich ging, Bande hin, Bande her, allein zurück in den Urwald.

Ich hatte zu niemandem Kontakt. Regelmäßiges Essen, Trinken oder Schlafen war unmöglich. Ich mußte die Nacht durch marschieren, wie wir es immer getan hatten, und tagsüber schlafen, und das jetzt allein. Manchmal kaufte ich von jemandem auf dem Feld ein paar Lebensmittel und wanderte dann die ganze Nacht, bis ich mich irgendwo hinsetzen und ohne Gefahr essen konnte. Als Gesellschaft hatte ich Affen, Bären und Wildkatzen. Der Urwald war nie still, außer wenn Gefahr drohte. Immer sangen die Vögel, und mit ihren Lauten und ihrem Zetern teilten sie mir etwas mit. Sie sagten mir, wann ein wildes Tier oder ein Mensch in der Nähe war. Die Namen der Vögel kannte ich nicht, aber ich lernte, sie an ihrer Stimme und ihrer Färbung zu erkennen. Ich wußte, welche von ihnen an der Rinde der Bäume hackten und welche mit dem langen Schnabel Fische aus dem Fluß angelten. Die Anwesenheit der Tiere tröstete mich. Ich zweifelte nie daran, daß sie auf meiner Seite standen. Das Lachen eines Affen erinnerte mich daran, daß ich nicht ganz allein war. Der Bär gab ein seltsames, fast beruhigendes Brummen von sich. Und die Pfauen blieben immer in meiner Nähe und redeten den ganzen Tag mit mir.

Ich aß wilde Früchte und Beeren oder nagte an einem Salzbrokken. Ich badete in den klaren Flüssen und schlief auf Lichtungen, denn unter den Bäumen kam man nachts nicht zur Ruhe. Man konnte dort keinen Atemzug tun, ohne sich zu fragen, was wohl als nächstes herunterfällt. Tagsüber war mir der Schatten eines Feigenbaumes sehr willkommen, aber nachts lag man besser auf einer freien Stelle im Wald.

Fast drei Monate lang sprach ich mit niemandem außer mit den Tieren. Ich saß da und dachte in der Einsamkeit nach.

Der Monsun lag lange hinter mir, und auf den Feldern standen Gerste und Hirse in vollem Korn. Wasser wurde knapp, aber tagsüber gab es die Möglichkeit, in die Nähe eines Brunnens zu gelangen. Wenn ich Hirten sah, fragte ich hin und wieder, ob sie eine Quelle kannten. Ein Problem allerdings gab es dabei: Man wußte nicht, ob sie vergiftet war. Man hörte Gerüchte, die Polizei habe Gift ausgelegt. Meist beobachtete ich die kleinen Fische im Wasser, bevor ich trank. Wenn einer mit dem Bauch nach oben schwamm, verzichtete ich auf das Wasser, aber wenn sie in silbrigen Schwärmen herumflitzten, wußte ich, daß keine Gefahr bestand.

Wenn mich jemand sah, mußte ich sofort weiterziehen. Ich konnte niemandem trauen. Ich war immer auf der Wanderschaft, kletterte auf Bäume, um nach der Polizei Ausschau zu halten, und marschierte weiter. Die Böschungen der Schluchten, die während des Monsuns schlammig und glitschig gewesen waren, hatten sich nun in der heißen Jahreszeit in trockene, harte Flächen verwandelt. Ich mußte sie in der prallen Sonne auf allen vieren überwinden, immer auf der Flucht.

Einmal kam ich in die Nähe meines Dorfes. Ich hatte nicht gemerkt, daß es auf meinem Weg lag, und war mir nicht sicher, ob ich hineingehen sollte. Ich war so ausgezehrt, daß die erste Person, die mir begegnete, mich nicht einmal erkannte. Ich machte mich wieder davon …

Schließlich gelang es Muniram und Kharag, zwei Männern aus meiner alten Bande, mich aufzustöbern. Muniram gehörte zu einer Töpferkaste. Ich sagte Onkel zu ihm, denn er war viel älter als ich. Kharag wurde von uns Vishnu genannt, der Verrückte. Er kochte »Tee« auf eine sehr seltsame Art, indem er geröstete Rupienmünzen aufgoß. Ich hatte nie Rupientee getrunken, aber ich freute mich, als er ihn wieder vor meinen Augen zubereitete.

Sie sagten mir, sie hätten gehört, daß Man Singh letztlich

doch nicht aufgegeben hatte, und wir entschlossen uns, ihn zu suchen.

In Man Singhs Dorf war von seiner Familie nur noch ein alter Onkel übrig, der in einem halbverfallenen Haus wohnte. Einer seiner Brüder war in einem Gefecht mit der Polizei ums Leben gekommen, und die übrigen Angehörigen waren aus dem Dorf geflohen, um sich irgendwo in Orai niederzulassen. Der alte Onkel erzählte uns, Man Singh habe letztlich doch zuviel Angst gehabt und sich deshalb nicht gestellt. Er hatte befürchtet, die örtliche Polizei würde ihn erschießen, bevor irgend jemand ihre Vorgesetzten benachrichtigen konnte. Er sagte, sein Neffe sei zu einer Tante gegangen, die drei Stunden Fußmarsch entfernt wohnte. Man Singhs Onkel begleitete uns durch den Urwald, und als wir zu dem Dorf kamen, forderte er uns auf zu warten, während er hineinging. Wir blieben neben einem Kanal unter einem Baum in der Dunkelheit zurück. Gegen Mitternacht hörten wir Schritte ...

»Gebt mir etwas zu essen, und dann laßt uns von hier verschwinden!«

Ich erkannte seine Stimme, aber ich wollte ihn selbst direkt vor mir sehen, um mich zu vergewissern, daß er allein war. Ich traute niemandem, nicht einmal dem ältesten Mitglied meiner Bande. Ob er wirklich Angst gehabt hatte oder ob er mit der Polizei einen Handel eingegangen war, ließ sich nicht feststellen ...

Aber er hatte nur sein Gewehr mitgebracht. Wir machten uns schnell aus dem Staub. Wir hatten gehört, man habe Balwan in dieser Gegend in einen Hinterhalt gelockt und getötet. Die Ebene verwandelte sich in der heißen Jahreszeit in eine Wüste, und man konnte nur allzu leicht gesehen werden. Der Urwald war nicht weit entfernt, dort war es weniger gefährlich. Wir fanden eine Lichtung und schliefen dort bis zum Mittag; dann hielten wir alle vier eine Beratung ab.

Man Singh sagte, er habe zu seiner Familie kein Vertrauen mehr. Sein Onkel hatte ihn aufgefordert, er solle uns töten, auf diese Weise könne er selbst davonkommen und sich stellen.

»Na los«, sagte ich, »dann bring uns um!«

»Phoolan, ich war von Anfang an in deiner Bande dabei.«

Er sah müde und traurig aus. Ich bemerkte, daß er dünner geworden war. Seine Stirn hatte tiefe Furchen, und die langen Haare, die in Locken bis auf die Schultern fielen, waren verfilzt und schmutzig. Er sah mich an und schüttelte den Kopf.

»Wie hast du es so ganz allein ausgehalten?«

»Ich bin eben irgendwie durchgekommen ...«

Ich versuchte, mein Mißtrauen nicht zu erkennen zu geben. Ich glaubte nicht, daß Man Singh es verdiente, aber es war mir seit Vickrams Tod in Fleisch und Blut übergegangen.

Wir entschlossen uns, die anderen zu suchen. Muslim, einer von Baba Mustakims Vettern, war mit fünf Leuten aus Mustakims alter Bande irgendwo in der Region von Etawah unterwegs. Auch auf seine Familie hatte die Polizei Druck ausgeübt, damit sie ihn zum Aufgeben überredete. Alle sprachen vom Aufgeben, aber ich wollte mich nicht unterwerfen.

Wir fanden Muslim fast durch einen Zufall. Wir hatten ein Dorf in der Nähe von Etawah geplündert; die Beute war nicht groß, aber es war seit langer Zeit unsere erste Aktion. Seit wir zum letztenmal ein Dorf überfallen hatten, waren fast sechs Monate vergangen, und obwohl wir nur zu fünft waren, wollte ich die Polizei wissen lassen, daß ich noch lebte. Wie immer machten alle möglichen Gerüchte die Runde. Das neueste besagte, ich hätte Selbstmord begangen. Jemand erzählte uns von einem Mann, der ihm sein Land gestohlen hatte und Rache verdiente; er sagte uns, wo wir plündern konnten, und wir erbeuteten ein wenig Silber, Gold und Rupien. Als wir anschließend im Wald in der Nähe einer Quelle badeten, sahen wir jemanden näher kommen, der einen Sack trug. Als er uns erblickte, kehrte er rasch um. Man Singh lief hinterher und hielt ihn fest. Der Mann sagte, er bringe Vorräte für Muslim.

»Geh und sag ihm, daß Phoolan Devi und Man Singh ihn suchen.«

Auch Muslim meinte, ich hätte während der monatelangen Einsamkeit im Urwald abgenommen. Ich sagte ihm, er sehe ebenfalls recht klapprig aus. Alle waren dünn und hager geworden. Wir hatten meist nur Früchte gegessen und träumten von Chapatis, Dal, Reis und Ghee.

Muslim berichtete uns, was in Dastampur geschehen war. Es hatte noch einmal ein Blutbad gegeben, und die Zeitungen behaupteten, Muslim und ich steckten dahinter. Angeblich hatten wir es getan, um den Tod von Baba Mustakim zu rächen. In Wahrheit war Muslim nicht einmal in dieser Gegend gewesen, und ich war, nachdem ich den Granaten von Guloli entgangen war, allein auf der Flucht. Muslim sagte, seine Gemeinschaft in Guloli habe es ganz allein verübt, um sich für den Tod seines Bruders zu rächen. »Sie kamen nach Dastampur und gaben sich als Sipahis aus; sie sagten, sie wollten denjenigen belohnen, der sie über den Aufenthaltsort von Baba Mustakim informiert habe. So fanden sie heraus, wer es war, und dann erschossen sie gleich im Dorf ein ganzes Dutzend von ihnen. Ich hatte damit nichts zu tun, obwohl Baba Mustakim mein Bruder war, aber die Polizei sagt, ich sei dabeigewesen und du auch. Das macht es einfacher für sie.«

Nach den Ereignissen von Behmai und jetzt von Dastampur wurde der Bundesstaat Uttar Pradesh für uns zu gefährlich. Wir entschlossen uns, über die Grenze nach Madhya Pradesh zu gehen.

Dort konnten wir mit einigen Überfällen ein wenig Kapital ansammeln. Wir begannen mit einer Entführung, dann hielten wir ein paar Busse an und raubten einige reiche Kaufleute aus. Kurz darauf forderte die Regierung von Madhya Pradesh uns ebenfalls auf, uns zu ergeben.

Die zweite Neuigkeit, die aus dem Transistorradio kam, war schmerzlicher. Man hatte meine Mutter und meinen Vater verhaftet und ins Gefängnis gesteckt. Man Singh vermutete, daß man mich damit zum Aufgeben zwingen wollte. Zuerst hatte man ihnen gesagt, ich sei tot und sie müßten die Leiche identifizieren. Als meine Großmutter das hörte, hatte sie einen Selbstmordversuch unternommen. Sie warf sich in den Fluß, aber die Fischer holten sie noch rechtzeitig heraus.

Shri Ram war mittlerweile völlig von der Bildfläche verschwunden. Niemand hatte auch nur gerüchteweise gehört, wo er sich versteckte oder ob er überhaupt noch am Leben war. Ich versuchte, nicht an ihn zu denken. Wenn die Rachegedanken wiederkamen, kehrte auch das ganze Entsetzen zurück. So gedemütigt zu werden war das Schlimmste, was einer Frau widerfahren kann, und der Haß auf die Männer brannte in mir immer noch so heftig, daß ich manchmal wegen nichts in Wut geriet und ohne Grund meine Männer anfuhr.

»Haut ab!« schnaubte ich dann. »Laßt eure Gewehre hier und geht. Ich will euch nicht mehr sehen.«

Ich wußte, daß sie mich achteten – sie vertrauten mir mehr als ich ihnen –, aber ich konnte nicht anders: Haß und Widerwille in mir waren zu stark. Glücklicherweise kannten sie mich gut. »Wartet, bis sie sich wieder beruhigt«, sagten sie zueinander.

Sie brachten mir Wasser, um mich abzukühlen, oder ein wenig Betel zum Kauen. Ich ging in solchen Augenblicken auf und ab, unfähig, mich hinzusetzen. Der kräftige Geschmack der Betelnuß besänftigte mich nicht. Ich war von einem Zorn erfüllt, der aus meinem tiefsten Inneren und aus längst vergangenen Zeiten kam. Er war immer da und brodelte. Ich vergaß, daß sie meine Leute waren.

Um mich aufzuheitern, knieten die großen Kerle vor mir nieder. »Dann mußt du nicht hochspringen, Bahanji, wenn du uns eine Ohrfeige gibst!«

Aber nichts hätte mich in solchen Augenblicken zum Lachen bringen können – außer wenn ich Shri Ram dort gehabt hätte, um ihn den Hunden zum Fraß vorzuwerfen.

Es war, als hätte ich etwas Vergiftetes geschluckt, und ich konnte es nicht herauswürgen …

Bis zu dem Tag, als ich von Lala Ram, seinem Bruder, eine Nachricht erhielt:

»Dein Feind ist tot.«

Die beiden hatten sich wegen einer Frau gestritten, und schließlich hatte Lala Ram seinen eigenen Bruder umgebracht. Er ist also wegen einer Frau gestorben, sagte ich mir. Das war mein einziger Trost. Aber wenigstens war der rote Teufel aus dieser Welt verschwunden. Ich hätte ihn lieber mit meinen eigenen Händen getötet, aber es war dennoch eine Erleichterung. Als ich darüber nachdachte, erkannte ich, daß es mir jetzt nichts mehr ausmachen würde, zu sterben, denn er war tot, mein Feind war tot.

Aber ich hatte noch andere Feinde. Von diesem Augenblick an stieg mein alter Haß auf Mayadin wieder in mir hoch und begann mich zu quälen. »Laß ihn leben«, hatte Vickram gesagt, »denn er gehört zu deiner Familie.« Aber jetzt wollte ich endlich die alte Rechnung begleichen.

Es war schwierig, überhaupt in die Nähe meines Dorfes zu gelangen. Die Polizei hatte auf der einen Seite eines Wäldchens Posten bezogen, und wir schlugen unser Lager außerhalb ihrer Sichtweite auf der anderen Seite auf. Als die Nacht hereinbrach, eilte ich ins Dorf. Eine halbe Stunde lang ging ich von Haus zu Haus und suchte ihn, aber ich fand nur ein paar von den Dorfältesten. Und dann schlug die Polizei zu. Als sie zu schießen begannen, war mein erster Impuls, zu meinem Elternhaus zu laufen. Ich war schon fast dort, als mir einfiel, daß ich damit meine Familie in Gefahr brachte. Ich zog mich daher aus dem Dorf zurück und kehrte, verfolgt von der Polizei, wieder zu meinen Leuten zurück. Als wir in den Wald liefen, versuchten sie, uns den Weg abzuschneiden; also wandten wir uns zum Fluß. Auch dort versuchten sie uns abzufangen. Uns blieb nichts anderes übrig, als ins Wasser zu springen, unterzutauchen und zu schwimmen, bis wir am anderen Ufer in der Dunkelheit verschwinden konnten.

Ich war wütend, aber auch erleichtert. Ich würde jetzt nicht sterben, nicht bevor ich Mayadin bestraft hatte. Ich wollte nicht, daß er über mich kicherte und sagte: »Dieses Miststück dachte, sie könnte mir eine Lektion erteilen, und jetzt ist sie tot.« O nein! Er würde der letzte sein! Ihm stand seine Lektion noch bevor ...

Mittlerweile war ich froh, daß es mir vergönnt gewesen war, auch andere Lektionen zu erteilen. Ich hatte den Reichen Geld weggenommen und es den Armen gegeben, ich hatte jungen Mädchen die Mitgift bezahlt, so daß sie heiraten konnten, ich hatte Vergewaltiger, Landräuber und Spitzel bestraft.

Ich war diejenige, die mit erhobenem Haupt gehen konnte, nicht er. Ich war diejenige, die kämpfte, während er immer nur auf der Flucht war.

Man Singh machte immer wieder den Vorschlag, wir sollten einen Handel abschließen und uns stellen, aber ich hatte nicht die Absicht, das zu tun. Ganz im Gegenteil! Ich beschimpfte die Polizei: Ich ließ ihren Vertretern Mitteilungen zukommen, in denen ich ankündigte, ich würde ihr Leben vernichten und sie bis in ihre Träume verfolgen; und wie die Göttin Durga würde ich überall dort, wo ich hinkam, Schrecken und Zerstörung hinterlassen.

Und so war es. Wenn ich in ein Dorf kam, flüchteten die Menschen in alle Richtungen, und die Straßen leerten sich. Ich brauchte nicht einmal mein Gewehr zu erheben. Wenn ich mir jemanden schnappte, fiel er auf die Knie und bettelte um Gnade; sie sagten, sie seien nur arme Menschen, Chamars oder Jatavs oder sonst irgend etwas, aber keine Thakurs. Aber ich wußte, woran man einen Thakur erkennt. Sie waren immer gut gekleidet und wohlgenährt. Ihre Gesichter waren nicht von Traurigkeit und Erschöpfung gezeichnet. Ein armer Mensch brauchte mir nicht zu sagen, daß er arm war.

Die Zeitungen schrieben, ich hätte diesem oder jenem in diesem oder jenem Dorf die Nase abgeschnitten. Es war, als hätte ich jedesmal, wenn ich jemandem die Nase abschnitt, einen Punkt gemacht, und wenn ich es nicht tat, hatte ich einen Punkt verloren, aber in Wirklichkeit waren diese Taten oft nicht unser Werk. Sie wurden von anderen Banden begangen, die sich unseres Namens bedienten. Ich war nie so feige gewesen, mich für jemand anderes auszugeben. Ich hatte den Leuten stets mein Gesicht gezeigt und ihnen gesagt, sie sollten meinen Namen, Phoolan Devi, nicht vergessen, und von anderen erwartete ich, daß sie ebenfalls ehrenvoll handelten. Wenn ein Informant uns sagte, wir sollten in irgendeinem Dorf jemanden bestrafen, und wir dort auf die schon wartende Polizei trafen, schlugen wir den Informanten so lange, bis er uns sagte, wer ihn geschickt hatte, und dann schnitten wir dem Anstifter die Nase ab. Lief der Überfall aber reibungslos ab, bekam der Informant seinen Anteil.

Ich konnte mich auf nichts und niemanden verlassen.

Muslim hatte gesagt, er wolle ein wenig Geld zurückholen, das er im Distrikt von Bhind beiseite gelegt hatte. Er schwor, das Geld sei bei jemandem, dem er vertrauen könne und der nie versucht habe, ihn zu hintergehen oder zu verraten. Dennoch war mir bei der Sache nicht wohl. Der Mann war ein Thakur. Ich hatte nichts gegen ihn, aber ich wußte bereits, daß Geld nur allzu oft der Grund für Verrat ist.

Wir schlugen am Rand des Dorfes unser Lager auf, und Muslim ging allein hinein. Er schickte jemanden mit Lebensmitteln zu uns, einen Mann, den ich lange nicht gesehen hatte. Raghu Nath war ganz am Anfang einer von Vickrams Leuten gewesen. Er war schlau wie ein Affe und hatte das richtige Gespür für das eigene Überleben. Zwei Tage bevor Vickram von Shri Ram umgebracht wurde, war er so klug gewesen, uns zu verlassen. Später war er wieder eine Zeitlang bei mir gewesen, aber nach den Morden von Behmai hatte er sich versteckt.

Er kam mit einer Schüssel Linsen und einem Khat für mich.

»Leg dich hin, Bahanji«, sagte er, »iß ein bißchen Dal, ruh dich aus.«

Es war schön, ihn wiederzusehen, aber ich fühlte mich an diesem Tag nicht gut und war schlecht gelaunt. Ich konnte das Dal nicht essen und bat ihn, mir aus dem Dorf ein paar Eier zu holen.

Muslim kam zurück und machte sich über mich lustig.

»Du magst das Dal nicht, das ich dir geschickt habe? Stimmt etwas nicht? Magst du mich nicht mehr?«

»Nein, das ist es nicht. Schließlich bin ich mitgekommen, weil ich dir helfen wollte, dein Geld zu holen, sonst wäre ich nicht hier.«

Raghu Nath drängte mich immer noch, ich sollte mich auf dem Khat ausstrecken, den er mitgebracht hatte, aber ich mußte mich plötzlich erleichtern. Ich ließ mein Gewehr liegen, nahm einen Topf mit Wasser und ging an einem kleinen Bach entlang, bis ich außer Sichtweite des Lagers war.

Zwei Sipahis stolperten fast über mich. Glücklicherweise hatte ich das Gewehr zurückgelassen, und ich hatte Hose und Hemd an.

»Hau ab, du dummer Junge! Wir suchen die Bande von Phoolan Devi. Mach, daß du wegkommst, sonst erschießen wir dich!«

Ich rannte, so schnell ich konnte, um die anderen zu warnen. In der einen Hand hatte ich den Topf, mit der anderen hielt ich meine

Hose fest. Ich hatte schreckliche Bauchschmerzen und gleichzeitig große Angst, weil ich das Gewehr nicht bei mir hatte. Die Wache sah mich kommen, und ich konnte gerade noch rufen, die Polizei sei da; dann fielen auch schon die ersten Schüsse.

Sie feuerten auf den Khat, auf dem ich mich nach Raghu Naths Absicht hätte niederlassen und die Linsen essen sollen, von denen er wußte, daß ich sie mochte. Aber jetzt war er weg. Muslim schoß zurück und rückte mit sieben seiner Leute gegen die Polizei vor.

Ich griff ebenfalls nach meinem Gewehr und gab ihnen Feuerschutz. Man Singh sah mich besorgt an, und wir riefen ihnen zu, sie sollten sich zurückziehen. Es waren zu viele, als daß wir sie hätten angreifen können. Wir schossen zurück, solange wir sie noch aufhalten konnten, aber dann mußten wir fliehen.

Als ich mich umdrehte, um wegzulaufen, sah ich einen der Polizisten, die im Gebüsch über mich gestolpert waren. Er erkannte mich wieder.

»Ich bin Phoolan Devi!« schrie ich.

Wir waren schon ein paar Meilen entfernt, als wir die Verstärkung ankommen sahen, ganze Lastwagen voller Polizisten. Hätten wir es auf eine Schießerei mit ihnen ankommen lassen, wären wir alle getötet worden. Ich hoffte, daß Muslim und seine Leute entkommen waren.

Ich hatte dort auf dem Khat meine Schuhe und mein ganzes Geld zurückgelassen. Und ich hatte ein weiteres Stück meiner Naivität verloren. Raghu Nath hatte uns denunziert. Er hatte ihnen gesagt, wo wir waren. Und er hatte mir das Dal gebracht.

Ein paar Monate später hörten wir, daß Muslim bei der Schießerei nicht ums Leben gekommen war. Er versteckte sich in einem Dorf in den Nähe von Bhind in Madhya Pradesh. Auch er hatte die Staatsgrenze überschritten. Ein Informant aus dem Dorf sagte uns, er sei dort gewesen und habe Kontakt mit jemandem bei der örtlichen Polizei aufgenommen. Muslim wollte sich ergeben.

Es sah so aus, als wollten alle kapitulieren. Die Leute, die bei mir waren, wollten Muslim finden und sich ebenfalls stellen, sogar Man Singh.

»Laß uns wenigstens Muslim finden, dann können wir sehen, wie die Bedingungen sind.«

»Wir wären seinetwegen beinahe erschossen worden. Er ist abgehauen, ohne mit uns Verbindung aufzunehmen, und jetzt höre ich, daß er sich mit der Polizei zusammentut!«

Verlaß dich auf nichts und niemanden ...

»Muslim kann kein Verräter sein. Ein Angehöriger von Baba Mustakim würde uns nicht hintergehen.«

Wir hatten ihn seit langer Zeit nicht mehr gesehen. Es war mittlerweile der Monat Phagun. Drei Monate war es her, daß wir uns im Urwald wiederbegegneten, nicht weit vom Ufer des Flusses Sind.

Er sprach leise, als habe er vor irgend etwas Angst. Ich war böse auf ihn und schimpfte ihn aus, weil er uns verlassen hatte.

»Du bist ein Verräter! Das letzte Mal hast du uns sitzenlassen, und was hast du jetzt vor? Du willst uns an die Polizei verkaufen, stimmt's?«

»Nein, nein, Phoolan. Ich bin kein Verräter. Dieser Mann, dieser Polizist, kam zu mir und sagte: ›Gib auf, und tu dein möglichstes, um Phoolan zu überreden‹.«

»Wenn du dich ergeben willst, dann nur los, wenn du meinst, du wirst im Gefängnis glücklich. Ohne mich!«

»Aber Phoolan, ohne dich kann ich es nicht. Sie wollen nicht mit uns verhandeln, wenn du nicht dabei bist. Sie sagen, zuerst Phoolan, dann nehmen sie in Madhya Pradesh auch alle anderen auf. Hör mir zu, Phoolan. In Uttar Pradesh erschießen sie dich sofort, wenn sie dich sehen. Dorthin können wir nie wieder einen Fuß setzen.«

Er schwieg einen Augenblick.

»Wie viele sind wir noch?« fragte er.

Aatma-Samarpan.

Kapitulation. Schon das Wort machte mich wütend. Ich hatte es von den Dacoits um mich herum von Beginn an gehört, und jetzt kam es aus dem Radio und stand in den Zeitungen. Meine eigenen Leute sagten es.

Ich hatte keine Ahnung von der politischen Kampagne, die zu

dieser Zeit in den Städten um meine Person im Gange war. Aber auch wenn ich davon gewußt hätte und in der Lage gewesen wäre, sie zu verstehen, wäre meine Reaktion auf das, was Muslim an jenem Tag sagte, nicht anders ausgefallen. Ich wußte nicht, wie ich woanders als im Dschungel leben sollte.

Instinktiv lehnte ich ab.

Andere hatten aufgegeben, aber das waren ausnahmslos Männer gewesen. Bei mir, Phoolan Devi, einer Frau, würde es anders sein. Was sollte ich tun? Mich wieder der Demütigung ausliefern? Sie hatten Neera getötet, die Frau von Baba Mustakim, und ihren nackten Körper auf einem Ochsenkarren durch die Dörfer gefahren. Ich wußte nur allzu gut, was sie mit mir machen würden, um zu beweisen, daß sie die einzigen waren, die Macht besaßen.

Aatma-Samarpan?

Niemals!

Eine schwere Entscheidung

Ich hatte Baba Ganshyam seit drei Jahren nicht gesehen, und als ich ihn traf, wurden die ganzen alten Erinnerungen wieder wach: Vickram, Onkel Bare Lal, Bharat und die anderen ... Ich hatte soviel Angst vor ihnen gehabt, als sie mich in jener Nacht während des Monsuns aus dem Haus meiner Familie entführten.

Baba Ganshyams Haut war so dunkel, daß er mit seinen hervorquellenden schwarzen Augen wie ein Büffel aussah. Er wirkte jetzt viel älter auf mich als früher. Damals muß er etwa fünfundvierzig Jahre alt gewesen sein. Ich hatte immer noch nicht richtig zählen gelernt, sondern ich schätzte den Wert eines Bündels Rupien nach seiner Dicke und das Alter eines Menschen nach den Furchen im Gesicht.

Er kam unbewaffnet. Es war merkwürdig für mich, in seinen rundlichen Händen, die er zusammenlegte, um mich zu begrüßen, kein Gewehr zu sehen. Er hatte immer noch die gleiche lange Mähne, die wie ein Turban um seinen Kopf gewunden war. Als er mich sah, begann er zu weinen. Ich war von unserem Wiedersehen nicht so stark bewegt. Er hatte seinen Bruder Gharam mitgebracht.

»Du solltest allein kommen.«

»Immer noch die alte Phoolan, dasselbe aggressive Mädchen. Du wußtest noch nicht einmal, wie man sich die Nase putzt, du warst so verängstigt, daß du kein einziges Wort mit uns gesprochen hast. Wenn einer von uns in deine Nähe kam, hast du nur gesagt: ›Du Bastard, du hast mein Leben zerstört, dafür wirst du büßen, Bastard!‹«

Er lachte.

»Bist du gekommen, um mich zum Aufgeben zu überreden, wie Muslim und die anderen? Sie erzählen mir dauernd, wenn ich mich ergebe, würden sie es auch tun. Was soll dieses ganze Gerede von der Kapitulation? Was hat es mit mir zu tun, wenn ihr euch alle ergeben wollt?«

»Phool Singh, hör mal zu. Wenn du dich zusammen mit uns ergibst, erhalten wir annehmbare Bedingungen.«

»Sag meinen Leuten, was ihr essen wollt«, sagte ich. »Ich lasse es aus Tehengur bringen.«

Nachdem wir uns allein unterhalten hatten, konnten sich nun die beiden Banden gemeinsam ans Essen machen.

Der Sarpanch von Tehengur brachte die Mahlzeit selbst auf einem großen, mit einem Tuch bedeckten Tablett und kostete es vor. Es war eine notwendige Vorsichtsmaßnahme. Ich aß gern eine Schüssel mit süßer Dickmilch, und die Polizei konnte sie leicht vergiften, ohne daß ich es am Geschmack merken würde. Auch mit Betel mußte ich aufpassen: Der würzige Geschmack der Nuß würde das Gift überdecken. Alle süßen oder salzigen Lebensmittel, die den Giftgeschmack verbergen konnten, mußte zuerst derjenige probieren, der sie mitgebracht hatte.

Nachdem das erledigt war, aßen und sangen alle, und dann kamen wir zu den ernsthafteren Gesprächen. Auch wenn die Polizei uns unbarmherzig verfolgte und wenn ihr die Armee dabei half, waren wir in meinen Augen doch nicht nur ein Rudel verängstigter Feiglinge.

»Laßt sie ruhig kommen! Wir haben genügend Waffen und Munition, um uns zur Wehr zu setzen«, sagte ich. »Ich habe keine Angst vor dem Tod!«

Baba Ganshyam sah mich enttäuscht an und flüsterte seinem Bruder etwas zu.

»Was? Sieh mich nicht so an!«

Aber ich hatte es genau gehört. Er hatte gefragt, wie es möglich war, daß ein dickköpfiges Kind eine Bande mit einem solchen Ruf führte. Sie mochten es nicht glauben. Immer noch hatten sie die Bilder im Kopf, wie ich ihre Gefangene war, verschreckt und wehrlos. Und jetzt mußten sie mit mir verhandeln, weil ich als Bandenführerin auf einer Stufe mit ihnen stand. Oder sogar höher. Die meisten von Ganshyams Leuten hatten zerlumpte alte Uniformen an. Es war kalt, und manche von ihnen besaßen nicht einmal einen

Pullover. Meine Männer dagegen, Man Singh, Jay Bir Singh, Muslim und die anderen, waren gut gekleidet und wohlgenährt. Wir sahen nicht wie eine Bande von Bettlern aus. Ich sorgte gut für meine Leute.

»Deine Leute haben keine Wollsachen, Ganshyam«, sagte ich zu ihm. »Du kümmerst dich nicht um sie. Wie viele sind es? Achtzehn? Wieviel bezahlst du ihnen?«

Allmählich wurde Ganshyam ärgerlich.

»Stell mir nicht solche Fragen, Bahanji! Du kannst sie haben, wenn du willst. Vielleicht wäre ihnen das ganz recht.«

»Erst einmal kann ich euch ein paar Pullover geben. Wir haben genug davon.«

»Tu das nicht. Sei nicht zu freundlich zu ihnen. Oder willst du sie mir abspenstig machen?«

»Ich versuche nur, euch zu helfen. Sei nicht böse. Ich habe Zeltbahnen und Decken, Pullover und Armbanduhren. Sie sehen aus, als könnten sie so etwas gebrauchen.«

Ganshyam nahm das Angebot an.

Er tat mir fast leid. Zu seiner Bande gehörte auch eine Frau. Sie sagte mir, sie heiße Munni und habe vier Kinder. Ich hatte ihr früher einmal zweitausend Rupien gegeben. »Wozu hast du sie in deiner Bande?« fragte ich Ganshyam. »Zum Kochen und Waschen? Es ist gefährlich, du wirst schon sehen. Eines Tages macht sie für euch Männer nicht nur die Hausarbeit!«

Inzwischen ging die Sonne unter. Es wurde Zeit, daß wir jeder wieder unserer Wege gingen.

»Namasteh ...«

»Was meinst du? Nein, warte. Wir sind noch zu keiner Entscheidung gekommen. Wenn du dich ergibst, stellen wir uns auch. Laß uns vernünftig darüber reden.«

»Hör zu, Baba Ganshyam. Du hast mit einem Polizisten gesprochen, und ich weiß nicht, was er dir gesagt hat, aber wenn ihr euch ergeben wollt, ist das eure Sache!«

»Geh doch mal zu Paras Ram. Er wird es dir erklären. Du weißt, daß du ihm trauen kannst.«

Paras Ram war ein Bauer, der Sarpanch des Dorfes Bhadoriya.

Er war ein Thakur, ein pensionierter Armeeoffizier, und obwohl ich sonst mit Männern, vor allem mit reichen Männern und Thakurs wie ihm, keine guten Beziehungen hatte, war er in seinen Abmachungen mit mir immer völlig ehrlich gewesen. Ich wußte, daß ich ihn nachts besuchen und um Auskunft bitten konnte, ohne daß ich eine Falle befürchten mußte. Ich willigte ein, mich mit ihm zu treffen. Zu Ganshyam sagte ich, er werde von mir erfahren, was geschehen sei.

Als wir dort ankamen, war es fast Mitternacht; Paras Ram schlug vor, wir sollten unser Lager in einem verlassenen Dorf in der Nachbarschaft aufschlagen. In der Zwischenzeit würde man uns etwas zu essen machen. Er brachte es selbst, ein Tablett voller Samosas, die mit Tomaten und Erbsen gefüllt und in Ghee gebacken waren. Ich setzte mich vor ihm auf eine Decke, und wir unterhielten uns, während meine Leute schlafen gingen. Paras Ram sprach immer wie ein Vater mit mir. Er war weise und freundlich.

»Die Kapitulation wäre eine gute Lösung für dich, Phoolan. Du bist jung, und deine Familie leidet sehr unter der Situation.«

»Wem soll ich mich ergeben? Ich traue der Polizei nicht.«

»Ich möchte, daß du dich mit einem Mann triffst, den ich kenne. Er ist ein Verwandter von mir, ein Offizier in der Armee in Jammu, oben in Kashmir.«

»Er ist wirklich mit dir verwandt?«

»Ja. Du kannst mir vertrauen. Willst du ihn kennenlernen?«

»Wann?«

»Morgen früh.«

Ich zögerte einen Moment. »Na gut.«

Am nächsten Morgen war schlechtes Wetter.

Als es hell wurde, herrschte dichter Nebel, und man konnte nur ein paar Meter weit sehen. In den Ruinen des Dorfes hatte seit Jahrzehnten niemand gewohnt, und um uns herum war eine unheimliche Stille. Es war kein befestigter Ort, aber er lag gut geschützt in einer Schlucht. Ich hatte damals sechsundzwanzig Männer bei mir und ließ sie auf dem Boden zwischen den Felsen ihre Positionen einnehmen. Vielleicht wartete dort draußen eine ganze Armeedivision.

Gegen zehn Uhr meldete die Wache, Paras Ram nähere sich und hinter ihm komme noch jemand. Er war im Nebel nur schlecht zu sehen, ich erkannte nicht mehr als eine undeutliche Silhouette. Ich ließ sie näher herankommen, bis ich den zweiten Mann besser ausmachen konnte. Er trug eine Wollmütze und hatte gegen die Kälte eine Decke um die Schultern gelegt. In dem feuchten Dunst konnte ich seinen Atem sehen.

Ohne den Neuankömmling aus den Augen zu lassen, forderte ich sie beide auf, sich auf die Zeltbahn zu setzen. Er war wohlgenährt, etwa fünfundvierzig Jahre alt und hatte einen durchdringenden Blick.

»Woher kommst du?«

Er antwortete mit einem Lächeln.

»Kashmir.«

»Steh auf, bitte.«

Paras Ram mischte sich ein. »Phoolan, wir sind mit guten Absichten gekommen. Du brauchst nicht mißtrauisch zu sein.«

Ich durchsuchte ihn. Er hatte in der einen Tasche einen Revolver, in der anderen einen Kassettenrecorder und außerdem eine Kamera. Ich legte alles neben mich.

»Jetzt kannst du dich wieder hinsetzen. Versuch nicht, mich reinzulegen. Ich weiß, wer du bist.«

»Na gut. Ich bin ein Journalist aus Delhi. Ich schreibe für die Zeitung.«

»Erst kommst du aus Kashmir, und jetzt kommst du aus Delhi. Du lügst. Ich weiß, woher du kommst. Soll ich es dir sagen?«

»Ja, nur zu!«

»Du bist von der Polizei. Du kommst von der Station in Bhind.«

»Woher weißt du das?«

»Dein Gesicht. Ich sehe es dir am Gesicht an.«

Paras Ram wurde langsam nervös. Aber der Besucher lächelte immer noch.

»Also gut, ich bin kein Journalist. Aber ich könnte dein Vater sein, und du könntest meine Tochter sein. Ich habe nichts gegen dich. Du hast recht. Ich bin Polizist. Mein Name ist Rajendra Chaturvedi.«

»Zu welcher Gemeinschaft gehörst du?«

»Brahmane.«

»Möchtest du etwas zu essen?«

»Nein, danke.«

Offenbar hatte er Angst, ich wollte ihn vergiften. Ich konnte sehen, daß er wegen des Revolvers unruhig war. Er war ein Staatsbediensteter, und ich war eine Dacoit. Wenn ich ihm seine Feuerwaffe nicht zurückgab, konnte er Ärger mit seinen Vorgesetzten bekommen.

Aber er lächelte nach wie vor und machte sogar Witze.

»Du hast meinen Revolver, also bleibt mir nichts anderes übrig, als Dacoit zu werden und mich dir anzuschließen!«

»Wie du willst. Ich würde mich freuen, wenn du bliebest. Einer mehr in der Bande.«

Ich leerte das Magazin, nahm die automatische Ladeeinrichtung heraus und steckte sie in die Tasche. Dann gab ich ihm den Revolver zurück.

»Hier, nimm ihn. Das hat dir Sorgen gemacht, stimmt's?«

Er war sichtlich erleichtert und lächelte wieder.

»Man sagt, du seist eine schreckliche Banditin, aber in Wirklichkeit scheinst du ein ehrliches Mädchen zu sein.«

»Dann iß jetzt, wenn du beweisen willst, daß du keine Angst vor mir hast.«

»Du willst mich nicht umbringen? Schwörst du, daß du mir nichts tun wirst?«

»Ich schwöre es auf deinen Revolver. Durga schwört es. Wenn mein Feind kommt, um vertraulich mit mir zu reden, würde ich ihm auch dann nichts tun, wenn er der abscheulichste Mann der Welt wäre. Du kannst das Essen ohne Furcht mit mir teilen.«

Er weigerte sich dennoch, etwas davon zu nehmen.

Während ich aß, fragte er: »Kann ich die Kamera wiederhaben?«

»Was willst du damit?«

»Kann ich ein Foto machen, nur ein Foto, als Andenken?«

»Nein.«

Ich hatte noch nie eine Kamera aus der Nähe gesehen und wußte nicht, wie sie funktioniert. Ich wußte nicht, wie die Fotos aus ihr herauskommen, aber allein das Wort ließ bei mir die Alarmglocken schrillen. Die Männer hatten mich immer gewarnt, ich solle nie jemandem gestatten, ein Foto von meinem Gesicht zu machen. Es würde in den Zeitungen und auf Plakaten in den Bahnhöfen zu sehen sein, und von da an könnte mich jeder erkennen.

Ich gab die Kamera nicht dem Polizisten, sondern Paras Ram.

»Du traust mir immer noch nicht, obwohl ich unbewaffnet bin. Ich weiß, daß andere Banden in der Gegend sind, nicht weit von hier. Sie könnten mich umbringen, aber ich bin gekommen, um mich mit dir zu treffen, Phoolan, und wenn ich erschossen werde, wird man dir die Schuld geben.«

»Niemand wird dich umbringen. Also, was willst du?«

»Ich möchte dir einen Vorschlag machen. Wenn du dich den Behörden von Madhya Pradesh stellen willst, ließe sich das ermöglichen.«

»Meine Familie ist drüben in Uttar Pradesh. Was wird aus ihnen? Wer beschützt sie?«

»Ich möchte nur mit dir darüber reden, und zwar ohne Gefahr für dich oder für mich. Du kannst mir vertrauen. Ich bin sicher, daß wir uns einigen können.«

Es war schon Abend, als er uns unter dem Schutz meiner Leute verließ. Er mußte lange durch die nebelfeuchte Nacht gehen, um zu seinem Wagen zu gelangen, der weit unten im Tal an der Straße stand.

Ein paar Tage später zeigte man mir eine Zeitung mit meinem Foto auf der Titelseite; auf dem Bild aß ich mit diesem Mann. Ein weiteres Foto zeigte die ganze Bande. Man Singh las mir vor, was darunter stand.

»Phoolan Devi ist eine gute Frau. Ich werde alles tun, um sie zu überreden, daß sie sich ergibt.«

Er hatte mich betrogen!

Ich wußte nicht, wie sie die Fotos aus dieser Schachtel geholt hatten, aber wenn ich gewußt hätte, daß er es tun würde, hätte ich die Kamera in Stücke geschlagen. Er hatte gesagt, er wolle sich nur mit mir treffen, und jetzt schrieb er in der Zeitung, er hätte mich gesehen und ich würde mich ergeben wollen. Warum tat er das? Ich hatte bislang nichts entschieden.

Nie zuvor hatte jemand mein Gesicht auf einem Foto gesehen. Er hatte mich in große Gefahr gebracht.

Sofort brachen wir das Lager ab und kehrten nach Uttar Pradesh zurück. Fast zwei Wochen lang zogen wir pausenlos umher und schlugen dabei einen großen Bogen bis in den Norden, fast bis an die Grenze nach Rajastan, um nicht gesehen zu werden. Dieser Rajendra Chaturvedi glaubte vielleicht, ich würde mich in seinem Revier stellen, in Madhya Pradesh, aber das würde ich ganz allein entscheiden.

Muslim wollte sich ergeben. Ganshyam und Man Singh wollten sich ergeben. Sie warteten alle auf mich. Ich wußte nicht, warum sie mich noch dazu brauchten, um sich zu ergeben, wenn sie das wirklich wollten. Und ich war jetzt noch argwöhnischer. Mich mit Polizisten zu treffen, war riskant. Es war schon gefährlich genug, wenn sie Gewehre und Verstärkung hatten, aber mit ihnen zu reden war noch schlimmer.

Ich mußte jetzt vorsichtig sein. Die Polizei von Uttar Pradesh wollte seit dem Massaker von Behmai meinen Kopf. Ich war die Anführerin der Bande, die es verübt hatte, und deshalb wollten sie mich töten.

Ein paar Wochen später lagerten wir mit Muslim und seinen Leuten in der Nähe eines Dorfes namens Ambapur in Uttar Pradesh. Diesmal kam eine ganze Gruppe, um sich mit mir zu treffen. Der Wächter hatte die Männer kommen sehen und lief zu mir, um mich zu warnen.

»Es ist ungefähr ein Dutzend. Ich habe unten auf der Straße einen Jeep gesehen. Einer von ihnen kommt allein hier herauf. Er hat kein Gewehr dabei.«

»Wer ist es?«

»Er sagt, sein Name sei Mir Sahib und er komme aus Amraudha. Eine Frau ist bei ihm.«

»Halte sie auf. Sag ihnen, sie sollen warten.«

Den Namen dieses Mannes hatte noch niemand gehört, weder in meiner noch in Muslims Bande. Die Wache ging weg, um sie zu verhören, und kam dann eilig zurück.

»Er sagt, er habe deine Mutter mitgebracht, Bahanji. Sie sitzt mit deinem Bruder Shiv Narayan im Jeep.«

Ich hatte meine Mutter seit fast zwei Jahren nicht gesehen, aber meine erste Reaktion war Wut. Ich wollte wissen, wer diese Leute waren und was meine Mutter mit ihnen zu tun hatte. Ich befahl dem Wächter, sie durchzulassen, und sah mit meinem Fernglas zu, wie sie den Berg hochstieg.

Sie ging langsam, gestützt von meinem Bruder, hinter den Männern her. Sie war dünn geworden, und ihr Rücken war gebeugt.

»Phoolan, mein Kind!«

Anstatt ihr in die Arme zu fallen, schrie ich sie an.

»Was machst du hier? Wer sind diese Leute, und was hast du mit ihnen zu schaffen? Woher wußtest du, wo du mich finden würdest?«

»Ich weiß gar nichts. Dieser Mann, Mir Sahib, hat uns hierhergebracht. Er wollte mit dir sprechen. Phoolan, hör mir zu. Sie haben uns lange ins Gefängnis gesteckt, deinen Vater und mich. Sie haben gesagt, du seist tot, und dann warst du doch nicht tot. Ich wußte nicht mehr, was ich glauben soll!«

»Du weißt gar nichts! Du weißt nicht einmal, wer dich hergebracht hat! Du hättest mich umbringen können! Ach so, sie haben dich dafür bezahlt. Du brauchst Geld, na klar!«

»Phoolan, meine Kleine, ich bitte dich. Hör ihnen zu. Sie sagen, du kannst dich ergeben, wo du willst, in Etawah oder Kanpur, und sie werden dir nichts tun.«

Shiv Narayan kam zu mir und umarmte mich. Als ich ihn zum letztenmal gesehen hatte, war er noch ein kleiner Junge gewesen, und jetzt war er ein junger Mann. Er hatte einen aufgeweckten, klugen Blick und war so groß geworden, daß er ohne weiteres an mein Ohr heranreichte und mir etwas zuflüstern konnte.

»Hör nicht auf sie, Phoolan. Wir wissen nicht einmal, wer sie sind oder woher sie kommen. Mama hat sich überreden lassen, mit ihnen mitzukommen, aber du mußt vorsichtig sein.«

Meine Mutter flehte mich mit ihren Blicken an und legte auch ihre Hände bittend aneinander. »Hör ihnen zu, Phoolan, hör dir nur an, was sie zu sagen haben«, bettelte sie.

Die Männer in ihrer Begleitung waren mit Sicherheit Polizisten.

Ich vermutete, daß sie meine Mutter geschlagen oder ihr wieder mit dem Gefängnis gedroht hatten. Wie sie mir erzählte, hatte die Polizei meine Familie monatelang schikaniert. Sie wurden rund um die Uhr beobachtet, hatten nichts mehr zu essen, und mein Vater hatte keine Arbeit. Wenn ich ablehnte, würden sie noch mehr Ärger bekommen. Um ihretwillen erklärte ich mich bereit, diesem Mir Sahib zuzuhören. Ich sagte den Männern, sie sollten ihn zu mir bringen.

»Wer bist du?«

»Ich bin Journalist. Diese Männer sind auch Journalisten. Wir möchten mit dir sprechen und ein Foto machen.«

»Keine Fotos. Ich will mein Bild nicht in der Zeitung sehen. Also rede ...«

»Wir haben uns mit dem Ministerpräsidenten von Uttar Pradesh zusammengesetzt. Für den Fall, daß Phoolan Devi aufgibt, hat er deiner Mutter hundert Bighas Land und Arbeitsplätze für die ganze Familie versprochen, und Waffenscheine können sie auch bekommen. Und er hat versprochen, daß du nach acht Jahren aus dem Gefängnis entlassen wirst. Gleichgültig, wie das Urteil lautet, sagte er, du wärst nach acht Jahren frei.«

Shiv Narayan nahm mich beiseite.

»Tu es nicht, geh nicht dorthin zurück. Wenn du es tust, bringen sie dich um, wie sie Chavi Ram, den anderen Dacoit, umgebracht haben. Er hat die Hände gehoben und gesagt, daß er sich ergibt, und sie haben ihn erschossen. Das weiß jeder im Dorf.«

Ich sagte ihm, er solle sich keine Sorgen machen, es sei nichts entschieden.

»Wenn du aufgeben mußt, tu es nicht in Uttar Pradesh. Dort sagt jeder, daß die Polizei dich nur tot haben will. Die Leute im Dorf reden die ganze Zeit darüber. Du mußt mir glauben! Ich will nicht, daß sie dich umbringen, Phoolan!«

Ich sah meinen kleinen Bruder voller Bewunderung an. Er war intelligent und redegewandt. Er hatte lesen und schreiben gelernt. Er war kein Wilder wie ich. Und er liebte mich.

»Du willst, daß ich mich ergebe?«

»Wenn du meinst, daß es richtig ist. Aber nicht bei denen hier. Ich will nicht, daß du stirbst.«

»Ich werde darüber nachdenken. Halt du dich inzwischen von diesen Leuten fern. Wenn sie kommen und sagen, sie seien Polizisten oder Journalisten, triff dich nicht mit ihnen, und glaub ihnen nichts, was sie dir erzählen.«

Ich gab meiner weinenden Mutter dreitausend Rupien und meinem Bruder den gleichen Betrag. Dann wandte ich mich der Journalistenbande zu. Sie waren für mich nicht anders als die Polizei: Sie zeigten Fotos und schrieben Geschichten, ohne die Wahrheit zu kennen.

»Ihr wollt, daß ich mich in Uttar Pradesh ergebe.«

»Stimmt. Die Polizei hat dir acht Jahre versprochen.«

»Und was geschieht, wenn ich mich in Madhya Pradesh ergebe?«

»Warum solltest du? Das ist nicht deine Heimat. Du mußt dich hier ergeben. Uttar Pradesh ist dein Bundesstaat.«

»Ich werde darüber nachdenken ...«

Daß ich darüber nachdenken würde, sagte ich wegen meiner Mutter, denn dann würden sie meine Familie nicht mehr drangsalieren. Ich war vielleicht eine Wilde und wußte nicht, wie ihre Kameras funktionierten, aber Drohungen und Zwang spürte ich instinktiv. Ich konnte ihre Fallen riechen, in ihren Gesichtern lesen und ihre Worte deuten. Mein Instinkt hatte mir geholfen, im Urwald zu überleben. Ich war dem Tod oft so nahe gewesen, daß ich sofort wußte, was hinter ihren Verlockungen steckte. Sie hatten meine Angehörigen mitgebracht, um mich zu erweichen, und gaben vor, sich um sie zu kümmern. Aber wenn ich mich weigerte, würden sie ihre Taktik ändern, das wußte ich genau: Sie würden meinen Vater und meine Mutter wieder ins Gefängnis stecken, um mich unter Druck zu setzen.

Und ich wußte, daß mein kleiner Bruder recht hatte. Sie wollten, daß ich mich in Uttar Pradesh ergab, damit sie mich genauso erschießen konnten wie die anderen. Ich sah mich schon mit erhobenen Händen hinter einem Gebüsch aufstehen, und im nächsten Augenblick würde ich in einem Kugelhagel sterben.

Ich traf meine Entscheidung.

Wenn ich schon den Urwald verlassen mußte, damit meine Familie in Frieden leben konnte, warum sollte ich dann nicht auch versuchen, dem Tod zu entgehen? Wir brachen das Lager ab und kehrten nach Madhya Pradesh in den Distrikt von Bhind zurück.

Zwei Wochen nach der Begegnung mit meiner Mutter ließ ich Paras Ram wissen, daß ich noch einmal mit Chaturvedi sprechen wollte.

Man Singh war damit nicht einverstanden. Er wollte sich lieber in Uttar Pradesh ergeben und sagte mir, er habe über seine Brüder bereits versucht, Verhandlungen aufzunehmen. Er hatte etwas gegen den Polizisten aus Madhya Pradesh. Ich fragte mich, ob man ihm wohl Geld für den Fall angeboten hatte, daß ich mich mit ihm zusammen stellte.

Paras Ram hatte gesagt, wir sollten uns in der Nähe seines Dorfes treffen, auf einem Grundstück, das ihm gehörte. Von dort würden wir sie dann mit in die Schluchten nehmen. Wir kamen als erste, und bevor Chaturvedi eintraf, ließ ich mir von meinen Leuten sämtliche Waffen und Munition aushändigen. Ich wollte nicht, daß irgend jemand bewaffnet war. Man Singh war wütend.

»Bist du völlig verrückt geworden?«

»Wenn es dir nicht recht ist, kannst du gehen. Oder möchtest du ihn lieber erschießen? Du wärest der einzige, der davon profitieren würde.«

»Großer Gott! Warum beschuldigst du mich immer?«

»Weil ich weiß, was du denkst. Du sagst immer, dein Bruder wolle, daß du dich mit mir zusammen ergibst. Wieviel Geld haben sie deinem Bruder für mich geboten? Wieviel?«

Man Singh antwortete nicht.

Verlaß dich auf nichts und niemanden ...

Rajendra Chaturvedi sah uns an, ohne ein Wort zu sagen. Woher sollte ich wissen, ob ich ihm vertrauen konnte? Er hatte mich wegen der Kamera schon angelogen, aber immerhin war er ein offizieller Vertreter der Regierung von Madhya Pradesh, ein hochrangiger Polizeioffizier und kein Sipahi der Polizeitruppe von Kalpi ohne Streifen. Ich mußte die Chance nutzen.

Wir marschierten zwei Stunden lang, die Männer vor mir und Chaturvedi hinter mir. Ich war nervös. Wenn einer der Männer ihn erschießen sollte, wäre das für mich eine Katastrophe. Man würde mir vorwerfen, ich hätte ihm eine Falle gestellt, nachdem er mir sein Vertrauen geschenkt hatte. Er hatte sein Motorrad bei den beiden Polizisten aus Paras Rams Dorf zurückgelassen. Meine Ehre stand auf dem Spiel – und mein einziger Ausweg. Wenn er starb, würde auch die Polizei von Madhya Pradesh nach meinem Blut schreien.

Wir begaben uns wieder in die Ruinen des verlassenen Dorfes, von wo aus man die Schluchten gut überblicken konnte. Chaturvedi war es nicht gewohnt, so zu marschieren wie wir, und geriet außer Atem, aber er blieb ruhig und lächelte.

»Meine Regierung ist bereit, deine Kapitulation zu akzeptieren. Ich bin hier im Auftrag des Ministerpräsidenten Arjun Singh, und er hat seine Anweisungen von der Premierministerin Indira Ghandi selbst!«

Ich hatte von Mrs. Ghandi gehört und bewunderte sie. Immerhin war sie wie ich eine Frau in einer Männerwelt. Über ihr Leben wußte ich nichts, aber wie ich mußte sie viele Feinde überwunden haben. Ich hätte sie gern kennengelernt.

»Wenn du dich mit dem Ministerpräsidenten des Staates treffen willst, das läßt sich machen.«

Ich wußte gar nicht genau, was ein Ministerpräsident ist. Ich stellte mir darunter einen sehr alten Regierungsbeamten vor.

»Nein, er ist Politiker. Er leitet den ganzen Staat mit allen Dörfern und Städten, und wenn du dich ihm ergibst, wird er dich respektieren. Er hat von der Premierministerin die Anweisung, für deine Sicherheit zu garantieren.«

»Und meine Familie?«

»Du kannst sie herbringen.«

»Wie viele Jahre Gefängnis? Ich will acht Jahre.«

»Warum gerade acht?«

»Acht Jahre, habe ich gesagt.«

»Na gut, wenn du acht Jahre willst, werden es acht Jahre sein.«

»Ich werde darüber nachdenken.«

Ich dachte lange darüber nach – mehr als einen Monat. Ich hatte ihm gesagt, ich wolle acht Jahre, weil die Journalisten aus Uttar Pradesh von acht Jahren gesprochen hatten. Hätten sie fünf gesagt, hätte auch ich fünf gesagt. Die Spielregeln für Kapitulationsverhandlungen gehörten auch zu den Dingen, von denen ich nichts verstand.

Im einen Augenblick vertraute ich Chaturvedi, im nächsten schreckte ich vor ihm zurück wie eine erschreckte Katze. Er schien eine Menge darüber zu wissen, was hier vor sich ging, und ich wußte nichts. Aber die meisten Sorgen machte ich mir um meine Familie. Für sie wollte ich wirksame Sicherheitsgarantien. Die Thakurs würden nie aufhören, sie zu bedrohen und zu schikanieren, das war mir klar. Ich wollte, daß sie nach Madhya Pradesh zogen und daß sie Land und Arbeit bekamen, die beiden Dinge, die man mir seit meiner Geburt vorenthalten hatte. Aber ich hatte keine Ahnung, welche Garantien man mir außer Worten geben konnte, und Worten war nicht zu trauen, das wußte ich.

Eines Tages geschah etwas, das mir recht gab.

Muslim wollte sich schon seit einiger Zeit stellen. Wir hatten uns getrennt, damit er sich als Bandenführer ergeben und bessere Bedingungen aushandeln konnte. Er hatte ein Dutzend Männer bei sich; ich hatte vierzehn. Als die Kapitulation stattfinden sollte, nahm ihn die Polizei ins Kreuzfeuer. Drei seiner Leute kamen ums Leben, und er wurde verwundet.

Ich zog mich in den Urwald zurück, denn ich war mir sicher, daß Chaturvedi sein Wort gebrochen hatte und für den Vorfall verantwortlich war.

Er folgte uns von Dorf zu Dorf. Eine Zeitlang dachte er, wir wären nach Uttar Pradesh zurückgekehrt, aber er blieb so hartnäkkig, daß er den Kontakt nicht verlor. Mich beeindruckte das nicht. Ich dachte, das gehörte einfach zu seinem Beruf. Schließlich willigte ich ein, mich ein drittes Mal mit ihm zu treffen. Ich wollte wissen, was mit Muslim geschehen war. Ein Informant hatte uns mitgeteilt, er sei noch am Leben und liege unter Bewachung im Krankenhaus.

Ich war an diesem Tag besonders wütend. Man Singh versuchte, mich zu beruhigen, und Chaturvedi tat das gleiche. Alle diese Männer warfen mir vor, ungeduldig und aggressiv zu sein. Chatur vedi wunderte sich, daß ich nicht wußte, was mit Muslim passiert war; es habe doch in allen Zeitungen gestanden. Er tat es als Mißverständnis zwischen verschiedenen Polizeibehörden ab. In Uttar Pradesh gab es einen leitenden Polizeioffizier, der mit Chaturvedis Methode nicht einverstanden war. Er wollte alle Dacoits töten, während Chaturvedi den Befehl hatte, uns lebend zu fangen. Die Regierung von Uttar Pradesh war beleidigt, weil ein Polizist aus einem anderen Staat sich in ihre Angelegenheiten einmischte.

Ihnen erschien das leicht verständlich, so war nun einmal die Politik, aber ich mußte mich auf meinen Instinkt verlassen, um die Wahrheit herauszufinden. Mein Kampf ums Überleben hatte mich gelehrt, mißtrauisch zu sein. Von Politik, Regierungen und Staaten hatte ich keine Ahnung. Ich wußte nur, was ich in meinen Knochen spürte.

Ich beruhigte mich allmählich und erklärte mich wieder zu Gesprächen bereit.

Dieses Mal brachte Chaturvedi seine Frau mit. Sie war hübsch und hatte freundliche, sanfte Augen. Sie hatte mir Kleidung und Geschenke mitgebracht, außerdem Essen, das sie extra für mich zubereitet hatte. Daß jemand mir eine solche Zuneigung entgegenbrachte, war so lange her, daß ich nicht wußte, was ich sagen sollte. Ihr Mann sicherte mir zu, meine Familie nach Madhya Pradesh zu bringen. Er wollte meine Mutter aufsuchen und die ganze Familie mit ihren Kühen hierherholen.

Schließlich kam noch ein anderer Mann hinzu, Rama Shankar Singh, ein Abgesandter des Ministerpräsidenten. Er bat mich, eine Nachricht für den Ministerpräsidenten von Madhya Pradesh auf seinen Kassettenrecorder zu sprechen. Ich zählte meine Forderungen auf:

- Nicht gehängt zu werden.
- Der Prozeß sollte in Madhya Pradesh und nirgendwo sonst stattfinden.
- Die Strafe sollte acht Jahre Gefängnis sein.
- Die Haft konnte ich zusammen mit meinen Leuten verbüßen.
- Unsere Familien sollten Waffenscheine zu ihrer Sicherheit erhalten.

- Die Familien sollten Land und Arbeit bekommen, damit sie leben können.
- Alle meine Forderungen müssen in einem offiziellen Dokument festgehalten werden.

Und dann verlangte ich in einer weiteren Botschaft, daß die gleichen Bedingungen für die Kapitulation von Muslim gelten sollten – auch wenn er schon, von Polizeikugeln verletzt, im Krankenhaus lag – und ebenso für die von Baba Ganshyam.

Das Warten dauerte fünfzig Tage, wie sie es angekündigt hatten.

Es war immer noch kalt, und der Frühling wollte nicht kommen. Ich war nervös und reizbar, und ich hatte Angst vor der Zukunft. Meine Entscheidung hatte ich getroffen, aber jedesmal, wenn ich die Vögel singen hörte und nach oben in die Bäume sah, fragte ich mich, ob ich im Gefängnis würde überleben können.

Ich hielt mich gerade in Paras Rams Haus auf, als Rajendra Chaturvedi und Rama Shankar Singh mit einem offiziellen Brief kamen. Oben auf dem Bogen stand:

»Die Indische Regierung.«

Darunter war alles aufgeschrieben, was ich gesagt hatte, und ganz unten standen die Unterschriften. Paras Ram las es mir und den Männern vor.

»Jetzt mußt du unterschreiben«, sagte Chaturvedi.

Da ich nicht schreiben konnte, bat ich Munim, den Kassenwart der Bande, für mich mit »Phoolan Devi« zu unterzeichnen. Dann wandte ich mich an die anderen Männer meiner Bande.

»Ihr könnt jetzt wählen. Kommt mit mir oder geht.«

Man Singh rannte aus dem Haus, sprang von der Terrasse auf die Straße und verschwand im Urwald ...

Die anderen wollten bei mir bleiben.

»Du mußt dich jetzt auf ein Datum festlegen«, sagte Chaturvedi. »Wann soll es stattfinden?«

»In sechs Tagen.«

Sie blickten auf den Kalender an der Wand.

»Barah farvari unnes sau tirasi.«

Der zwölfte Februar 1983.

Die Kapitulation

Sechs Tage und fünf Nächte.

An sechs Tagen einer stürmischen Freiheit sah ich die Sonne auf- und wieder untergehen, und dazwischen lagen fünf Nächte der Angst.

Allmählich wurde mir klar, was es bedeutet, sich zu ergeben. Ich würde mein Gewehr und meinen Patronengürtel abgeben müssen. Man würde mich mit leeren Händen und wehrlos in das Gefängnis von Gwalior bringen. Wenigstens wußte ich, wie es im Gefängnis aussah. Mit fünfzehn Jahren war ich, bebend vor Entsetzen, schon einmal dort gewesen, aber meine Zukunft war jetzt keineswegs sicherer als damals. Ich versuchte mir einzureden, daß alles gutgehen würde – sie würden ihr Versprechen halten und mich nicht umbringen –, und doch nagten Zorn und Unsicherheit an mir.

Solange ich noch frei war, konnte ich von Dorf zu Dorf gehen und mit den Leuten reden. Die Polizei blieb mir dicht auf den Fersen. Chaturvedi hatte gesagt, ich solle lieber bleiben, wo ich war, mich auf einen Khat legen und auf den Tag warten, an dem ich ins Gefängnis gehen mußte. Er machte sich Sorgen, ich würde noch einen letzten Überfall begehen. Wenn ich das täte, sagte er, würde er eine Menge zu erklären haben.

Aber ich brauchte keinen Überfall, um meine Nerven zu beruhigen, sondern ich wollte Dorfbewohner sehen, Frauen und Kinder, arme Menschen wie mich. Ich wollte noch eine kurze Zeitlang Phoolan Devi sein, die Dacoit, und ich wollte sie fragen: »Was geht hier vor? Wer schlägt dich? Wer hat dich vergewaltigt? Ist der Sarpanch des Dorfes ein anständiger Mensch? Kann ich diesem reichen Mann trauen, der mir Tribut zahlen will? Hast du Angst, etwas zu sagen? Nimm mein Geld und rede …«

Ich brauchte sie. Ich hatte auch für ihr Überleben gekämpft. Bandit zu sein bedeutete für mich, den Reichen zu nehmen und den Armen zu geben, den Verräter oder den grausamen Grundbesitzer zu schikanieren und den Vergewaltiger zu bestrafen, damit sie verstehen, daß auch Frauen und Arme ihre Menschenwürde haben. Ich wollte den Anblick der Erleichterung auf ihren Gesichtern sehen, wenn ich die eng zusammengerollten, mit Gummibändern umwickelten Rupienbündel aus der Tasche meiner Uniform nahm und ihren Wert mit den Händen abwog: fünftausend, zehntausend, zwanzigtausend! Ich wollte die Möglichkeit haben, die Bündel in ihre ausgestreckten Hände zu legen und diejenigen zu bestrafen, die ihnen den Lebensunterhalt weggenommen hatten. Im Gefängnis würde ich das nicht mehr tun können. Ich wußte nicht einmal genau, ob ich es bis ins Gefängnis schaffen würde, vom Überleben dort ganz zu schweigen.

Chaturvedi sagte, ich solle ruhig bleiben und nicht von Dorf zu Dorf gehen, aber ich konnte es nicht lassen. Sie wollten mich sehen; alle, von den Hirten bis zu den Reichen, wollten mich sehen. Sie wollten, daß ich ihre Häuser segnete, sie durch meine Anwesenheit reinigte wie eine Göttin. Die Reichen wollten mir ihre Opfer darbringen, und die Armen wollten mich anbeten.

Sechs Tage lang ging ich von Dorf zu Dorf, schlief in diesem oder jenem Haus und versuchte den Lastwagen mit den Polizisten zu vergessen, der mir folgte, versuchte zu vergessen, was mir bevorstand.

Wäre Vickram noch am Leben gewesen, hätten wir uns zusammen ergeben können. Bevor er starb, hatte er zu mir gesagt: »Wenn wir Shri Ram erst getötet haben, stellen wir uns Hand in Hand, Phool Singh!« Hinterher hätten wir in Frieden leben können. Wir hätten unsere Geldstrafe bezahlt und ein paar Monate im Gefängnis verbracht. Aber statt dessen mußte er sterben, und ich wurde zu einem Geist, der sich nach Rache sehnte und nichts zu verlieren hatte, weil ich schon tot war.

Es war vorüber. Die letzte Nacht brach an.

Rund um ein großes Holzhaus, das dem Ministerium für Wasserwirtschaft gehörte, hatte die Polizei ein ganzes Zeltdorf errichtet. Sie hatten Scheinwerfer aufgebaut und das Gebäude umstellt. Man führte mich durch eine Menschenmenge, Journalisten, die Chaturvedi gefolgt waren, in das Haus. Gegen Mitternacht fuhr ein Polizeilastwagen mit Ganshyam und seinen Leuten vor. Man Singh war auch dabei. Er hatte es sich anders überlegt. Er würde mit uns kommen.

Die Journalisten wollten alle mit mir sprechen und mich fotografieren. Gegen die Fotos erhob ich Einspruch, aber ich sagte, ich würde ihre Fragen beantworten. Man ließ sie herein.

Einer von ihnen meinte, die Polizei würde uns sicher umbringen. »Meinst du, nachdem sie euch jetzt haben, werden sie eure Kapitulation akzeptieren?«

Sie fingen an, darüber zu diskutieren, und plapperten um mich herum wie die Pfauen im Urwald.

Furcht war in mir aufgekeimt. In meinem Kopf explodierte etwas. »Mach dich fertig«, flüsterte ich Man Singh zu. »Lad dein Gewehr. Sie greifen uns an. Wir kommen hier nicht lebend raus!«

Ich weigerte mich, mit irgend jemand anderem zu sprechen. Um die Journalisten kümmerte ich mich nicht weiter – ich verstand nicht einmal, was sie sagten, und noch viel weniger wußte ich, was sie von mir wollten. Ich sprach Bundelkhandi, und ihre Sprache verstand ich nicht.

Ich fing an, mit allem, was mir in die Finger kam, nach ihnen zu werfen. »Laßt mich in Ruhe! Haut ab!«

Chaturvedis Frau dachte, ich würde durchdrehen.

»Phoolan, was ist los?«

»Sie sagen, die Polizei wird mich umbringen. Stimmt das?«

Sie versuchte, mich zu beruhigen, während ich mich verzweifelt nach einem Fluchtweg umsah. Aber draußen vor dem Raum, in den man die Journalisten eingelassen hatte, stand ein halbes Dutzend Polizisten; sie hatten sich an meine Fersen geheftet und mich streng bewacht, was mich noch mehr verrückt machte.

»Wenn das so weitergeht, bringe ich mich um.«

Aber wie sollte ich das anstellen? Ich hatte nicht einmal mehr mein Gewehr. Sie hatten mich gebeten, ihnen mein Gewehr zu zeigen, und dann hatten sie gefragt, ob sie es ausprobieren könnten, aber sie hatten es mir nicht zurückgegeben. Einen Revolver hatte ich auch nicht. Ich bekam immer mehr Angst. Sie hatten mich entwaffnet, um mich zu töten, da war ich ganz sicher.

Sie hatten meine Familie geholt und in den Nebenraum gebracht. Die Männer waren alle zusammen in einem großen Korridor. Es gab keine Khats zum Schlafen, und das Essen, das sie uns gaben, brachte ich nicht hinunter. Ich ging aus meinem Zimmer in den Raum, wo meine Familie wartete.

»Amma, geht hier weg. Sie werden mich umbringen!«

Meine Mutter bedeckte das Gesicht mit den Händen und schluchzte.

»Man Singh, sie werden uns töten!«

»Keine Angst, Phoolan. Wir sind ja auch noch da. Wenn sie dich umbringen, töten wir sie.«

Die Journalisten schwirrten mit ihren Kameras und Kassettenrecordern immer noch um mich herum wie die Fliegen. Ich zog sie an den Haaren, stieß sie aus dem Zimmer und schrie wie eine Verrückte.

»Warum wollt ihr mein Foto? Wenn ihr mein Foto wollt, wartet, bis ich tot bin.«

Ich hatte nichts gegessen, ich hatte nicht einmal einen Schluck Wasser getrunken, und ich schlief die ganze Nacht nicht. Morgens kam ein Arzt und untersuchte mich. Die Männer meiner Bande waren aufgeregt, weil sie dachten, man habe mich vergiftet.

»Was ist los mit Phoolan?« fragte Man Singh den Arzt.

»Nichts. Es ist die Anspannung. Ihre Nerven halten das nicht aus. Deshalb ist sie krank.«

Um sechs Uhr morgens ließen sie die Männer in einen Bus steigen, und ich setzte mich mit Chaturvedi in ein Auto. Überall waren Menschen und Fahrzeuge. Die Journalisten umlagerten uns immer noch. Jedesmal, wenn ich sah, wie einer ein Foto machte, wollte ich ihn erschießen, aber ich hatte kein Gewehr. Die Männer hatten ihre Flinten noch, aber mir standen als Waffen nur Steine und Holzstücke zur Verfügung. Ich warf damit nach den Journalisten.

»Gib mir mein Gewehr wieder!« verlangte ich von Chaturvedi.

»Nein, Phoolan, beruhige dich. Ärgere die Journalisten nicht, sonst schreiben sie schlecht über dich.«

Der Motor sprang an, und wir fuhren ab. Die Fenster waren verhängt, so daß ich nicht hinausblicken konnte.

»Wohin fahren wir? Wohin bringt ihr mich?«

»Zuerst zum Tempel.«

Vor dem Tempel schoß die Polizei in die Luft, um die Menschenmenge zu vertreiben, die sich sofort um uns herum ansammelte. Es war fast wie bei einem Volksfest. Ich bat die Wächter, mir ein Gewehr zu geben. Wäre einer von ihnen darauf eingegangen, hätte ich mich an Ort und Stelle umgebracht, und das wußten sie. Hätte ich mir auf dem Weg in die Gefangenschaft das Leben genommen, wären Chaturvedi und die anderen Männer von der Polizei und der Armee dafür zur Rechenschaft gezogen worden. Außerdem hatten sie wohl Angst, ich würde nicht nur in die Luft, sondern auch in die Menge feuern. Ich war wütend auf Chaturvedi. Er hatte meine Sten auf der Schulter; ich stürzte mich auf ihn, riß an seiner Kleidung und versuchte, ihm die Waffe zu entwinden.

Genau in diesem Augenblick machte einer der Journalisten ein Foto. Ein Polizist lief auf ihn zu, griff nach der Kamera und zog den Film heraus, als würde er ihr die Eingeweide herausreißen. Chaturvedi stieß mich weg und forderte mich auf, ich solle mich außerhalb des Tempels auf die Erde setzen.

»Jetzt reicht's! Beruhige dich endlich ...«

Eine halbe Stunde später kamen wir in Bhind an, und der Wagen drosselte die Geschwindigkeit vor dem Tor eines großen Gebäudes. Es war eine Schule, aber man hatte die Schüler weggeschickt, und dafür waren überall Polizisten. Der Wagen wurde von Angehörigen der Bürgerwehr umstellt. Sie trugen keine Gewehre; ihre einzigen Waffen waren die langen Lathis. Ich hatte verlangt, daß sie für meine Sicherheit sorgten, und ich war erleichtert, daß ich um mich herum keine Gewehre mehr sah. Die Wächter eskortierten uns und drängten sich dabei so dicht um uns, daß ich kaum sehen konnte, was eigentlich los war. Der Wagen hielt, aber wegen der Mauer aus Leibern hätten wir nicht einmal die Türen öffnen können.

Langsam schob das Auto sich ein paar Zentimeter weiter, und die Wächter drängten die Menge zurück. Wir stiegen aus, und man führte uns durch den Eingang in eine große, leere Halle. Die Leute aus meiner Bande waren bereits dort. Chaturvedi sagte, wir sollten uns fertigmachen. »Der Ministerpräsident wird gleich eintreffen. Es gibt hier Toiletten und Waschräume, und wir haben euch Kleidung besorgt. Wenn ihr dem Ministerpräsidenten vorgeführt werdet, braucht ihr ihm nur eure Waffen zu geben und ihm euren Respekt zu erweisen.«

Das war alles? Ihm meine Waffen geben und mich mit aneinandergelegten Handflächen verbeugen? Das also war die Kapitulation. Ich hatte mir vorgestellt, ein Brahmane würde ein Mantra aufsagen oder es werde etwas zu essen geben oder ich würde etwas sagen müssen. Hinter dem Raum war ein Spielplatz, und dort warteten bereits Ganshyams Leute in frischer Kleidung. Sie sahen sauber und zufrieden aus, als ob man ihnen gleich einen Preis verleihen würde.

Ich zog mich im Waschraum um. Die Uniform, die ich getragen hatte, das Hemd und die Stiefel, die nach Urwald rochen, nach Schweiß und Freiheit, aber auch nach der Angst der letzten Tage, fielen auf den Betonfußboden.

Ich kämmte mir die Haare, zog das rote Stirnband fest und wusch mir das Gesicht. Das Wasser war eiskalt. Meine Hände zitterten. Es war viel zu lange her, seit ich das letzte Mal geschlafen hatte.

Als ich aus dem Waschraum kam, gaben sie mir das Gewehr und den Patronengürtel wieder. Man hatte die Flinte entladen, aber der Gürtel war noch gefüllt. Ich hätte im Handumdrehen laden können.

Draußen gab es offensichtlich ein großes Spektakel. Durch das Fenster sahen wir eine Bühne mit einem Mikrophon. Dort stand ein Mann und hielt der Menge eine Rede. Was er sagte, konnte ich nicht verstehen, aber plötzlich sah ich, wie zwei Polizisten ihn schlugen!

Man Singh lachte. »Er hat die Namen aller Dacoits vorgelesen, die sich heute ergeben, aber als er zu deinem Namen kam, hat dieser

Dummkopf etwas durcheinandergebracht. Er hat verkündet, der Ministerpräsident der Staatsregierung werde sich Phoolan Devi ergeben! Deshalb haben sie ihn verprügelt.«

Ich lief zur Tür und schrie: »Schlagt ihn nicht! Es stimmt!«

Dann lehnte ich mich zurück und lachte zusammen mit Man Singh. Der unfähige Redner wurde vom Podium geschoben, nachdem er sich vor den Tausenden von Menschen korrigiert hatte, die das Ganze ohne das leiseste Gemurmel verfolgten. Für kurze Zeit vergaß ich den Ernst der Situation. Dann kam Chaturvedi herein und gab bekannt, der MP sei eingetroffen.

Ich wich zurück und weigerte mich, hinauszugehen. Wer war dieser MP? »Ich will mich dem Ministerpräsidenten ergeben, nicht dem MP!«

Geduldig erklärte mir Chaturvedi, es sei dieselbe Person. M und P waren die Anfangsbuchstaben seines Titels ...

Der MP stand auf dem Podium und wartete. Ich mußte als erste hinaufgehen. Die Polizisten um mich herum fragten mich höflich, ob sie mein Gewehr überprüfen dürften, um sicherzustellen, daß es nicht geladen war. Sie gaben es mir zurück, und ich hängte es wieder über die Schulter; dann ließen sie mich hinaus, und wir stiegen die Treppe zum Podium hinauf.

Es war sehr hoch. Unter mir dehnte sich ein Meer aus Gesichtern. Ich hatte noch nie so viele Menschen auf einmal gesehen. Die Mittagssonne brannte, der Himmel war blau, und diese Masse, Tausende von Menschen, fast nur Männer mit Dhotis oder Kurtas oder Uniformen wie bei einer Kundgebung, machten nicht mehr Lärm als ein Bach, der durch eine Schlucht rauscht.

Auf der einen Seite des Podiums standen drei große Porträts. Das erste zeigte Vinoda Bhave, einen berühmten Mann, der das Programm für die Kapitulation der Dacoits ausgearbeitet hatte. Daneben stand ein Bild von Mahatma Ghandi, und das dritte war eine Darstellung der Göttin Durga. Auf der anderen Seite saßen in mehreren Reihen Staatsbeamte.

»Phoolan Devi wird jetzt die Waffen niederlegen«, gab ein Mann über das Mikrophon bekannt. »Die Regierung hat ihre Entscheidung, sich aus freiem Willen zu ergeben, berücksichtigt. Wir haben ihre Bedingungen angenommen ... äh ... nein, sie hat unsere Bedingungen angenommen.«

Es war derselbe Mann, der schon zuvor den Fehler gemacht hatte. Ich konnte mir ein Grinsen nicht verkneifen.

Die Journalisten machten Hunderte von Fotos, und ein Polizist gab mir einen leichten Stoß. »Jetzt gib dem MP dein Gewehr.«

Ich ging quer über das Podium zu einem Mann in Soldatenuniform mit Pausbacken und Glatze. Er sprach in das Mikrophon.

Als ich bei ihm war, blieb ich stehen. »Seid Ihr es? Ihr seid derjenige?« fragte ich ihn.

Er schien mich nicht zu verstehen, also nahm ich mein Gewehr von der Schulter und gab es ihm, und dann legte ich den Patronengürtel ab und hängte ihn über seinen Unterarm. Ein Polizist sagte mir, ich solle die Hände erheben, wie man es mir erklärt habe, um meinen Respekt zu zeigen.

Ich legte die Hände aneinander und hob sie wie im Gebet an die Stirn, wandte mich in Ehrerbietung zu dem MP und dann zur Menge. Immer noch konnte ich sie murmeln hören.

Ein Polizist gab mir eine Blumengirlande, und ich wollte sie dem Ministerpräsidenten um den Hals legen. Der Polizeibeamte griff nach meinem Arm. »Das darfst du nicht. Gib sie ihm in die Hand.«

»Warum?«

Der Ministerpräsident lächelte mich an.

»Laß sie nur.«

Dann nahm ich noch eine Girlande und legte sie um das Porträt von Durga.

Sie war es, der ich mich in meinem Inneren ergeben hatte.

Nach mir war Man Singh an der Reihe, dann Ganshyam und dann alle anderen: jedesmal die gleichen Gesten, die gleichen Girlanden und das gleiche Rumoren unter den Zuschauern. Sie redeten alle auf einmal, Tausende. Hätte man mir gestattet, ins Mikrophon zu sprechen, hätte ich sie wegen ihrer Respektlosigkeit beschimpft.

Warum sollte ich ihnen auf diese Weise meine Ehrerbietung zeigen? Wer waren sie, daß ich Hochachtung vor ihnen haben sollte? Ich war es gewohnt, daß andere mich respektierten.

Und dann brach das Chaos aus. Auf dem Dach des Autos

stehend, gefolgt von einer Karawane aus Polizeijeeps und Lastwagen, mußte ich eine Rundfahrt durch Bhind machen. Schon bald blieben wir im Gedränge stecken und kamen kaum noch voran. Die Wachen mußten die Menschen zurückdrängen, die sich nach vorn schoben, um einen Blick von mir zu erhaschen. Was soll das alles, fragte ich mich, warum stellen sie mich vor all diesen Leute wie einen Affen zur Schau, ohne daß ich ein Wort sagen darf? Der Lärm der Autos, Busse und Motorräder sowie das sinnlose Geschrei der Menge ermüdeten mich.

Schließlich brachte man mich in ein kleines Haus im Wald von Ingwi, wo schon wieder eine Horde von Journalisten wartete. Man sagte mir, es sollte eine Pressekonferenz geben, aber ich wußte nicht, was das ist. Ich müßte ihre Fragen beantworten, erklärten mir die Wächter.

Aber sie sprachen alle gleichzeitig, ohne auf mich Rücksicht zu nehmen.

»Wie fühlen Sie sich jetzt?«

»Was ist das für ein Gefühl, kein Gewehr mehr zu haben?«

»Warum vertrauen Sie der Polizei in Madhya Pradesh?«

Ich hatte in diesem Augenblick nur einen Wunsch: weg von hier. Ohne Gewehr fühlte ich mich unsicher. Und über die Polizei von Madhya Pradesh konnte ich nur eines sagen: Sie hatten mir Versprechungen gemacht ...

Aber ich konnte nicht allen antworten. Zu viele von ihnen schrien durcheinander, bis meine Ohren schmerzten.

Also fragte ich sie etwas.

»Was denkt ihr?«

»Ich persönlich bin sehr glücklich, daß Sie die Waffen niedergelegt haben.«

»Gut. Wenn du glücklich bist, bin ich auch glücklich. Und jetzt laßt mich in Ruhe.«

Ich war ein wildes Tier: krank, gereizt und aggressiv. Das war es, was sie später sagten. Sie hatten mich voller Verwunderung angestarrt.

»Sie sieht gar nicht aus wie eine Banditin ...«

»Sie ist nicht so hübsch, wie immer behauptet wurde ...«

»Deine Verbrechen werden nicht ungesühnt bleiben«, hörte ich jemanden sagen. »Sie werden dich hängen.«

Ich fühlte mich wie vor einem Gericht. Ich mußte mich verteidigen. Sie hatten einen Tisch und einen Stuhl aufgestellt, und alle wollten, daß ich mich hinter den Tisch setzte, aber das war mir unangenehm. Ich war es nicht gewohnt. Es verursachte mir Übelkeit. Ich kaute an den Fingernägeln, bis es blutete, und einen Nagel biß ich vor Nervosität völlig ab.

Einer der Journalisten hatte eine große Maschine auf der Schulter und zielte damit auf mich wie mit einem Gewehr. Munna aus meiner Bande beugte sich herüber und warnte mich: »Das ist ein elektrischer Apparat, der schickt Strom, der dich tötet!« Ich glaubte ihm. Keiner von uns wußte, daß es nur eine Fernsehkamera war und daß ich gefilmt wurde.

»Raus hier! Laß mich in Ruhe!« sagte ich zu dem Mann, der seine Maschine auf mich gerichtet hatte.

Ich beantwortete keine Fragen mehr. Aber sie hörten nicht auf, welche zu stellen. Eine Stunde lang ging es so weiter. Später schrieben die Journalisten, ich sei eine Wildkatze, ich sei unhöflich und ich könne nichts anderes, als Leute zu beleidigen. Sie sagten, ich sei überhaupt keine Banditenkönigin, sondern dumm und häßlich, aber wenn mein Gewehr in der Nähe gewesen wäre, hätte ich ihnen gezeigt, was für eine Königin ich war! Hätte ich ihre Fragen verstanden und gewußt, was eine Fernsehkamera und eine Pressekonferenz ist, hätte ich zu erklären versucht, was in meinem Kopf vorging, aber ich war mir nicht einmal sicher, ob es das war, was sie wollten.

Sie hatten mir etwas zu essen gebracht, aber dort, auf einem Stuhl an einem Tisch, brachte ich nichts hinunter. Ich wollte auf der Erde sitzen, wie ich es sonst immer getan hatte.

Nachdem diese Prozedur vorüber war, ließ die Polizei uns in Jeeps steigen und brachte uns nach Gwalior. Auf dem Weg zum Gefängnis kamen wir durch den Basar. Die Leute dort sahen mich mit ganz anderen Augen an. Im Basar herrschte großes Gedränge, so daß die Jeeps kaum durchkamen. Als wir die Fahrt verlangsamten, erkannten sie mich. Obwohl die Polizei sie nicht nahe an mich heranließ, konnte ich in ihren Blicken Bewunderung erkennen.

Dann begannen sie zu rufen: »Lang lebe Phoolan Devi!«

Zum erstenmal an diesem Tag hatte ich das Gefühl, menschlichen Wesen zu begegnen, aber die Polizisten drängten sie zurück. Sie durften mich nicht berühren.

Unser Konvoi bestand aus drei Fahrzeugen. In dem ersten saß ich mit dem Polizeichef von Gwalior, dahinter fuhr der Wagen mit Ganshyam, und dann folgte noch ein dritter. Plötzlich hielten wir an; ein Polizist sprang aus dem dritten Auto und kam zu uns.

»Da möchte jemand mit dir reden. Komm mit.«

Ich stieg aus dem Jeep, und ein paar Sekunden später blickte in den Lauf eines Sten-Gewehres. Ich verstand nicht, was vorging. Plötzlich war ich von Polizisten umringt, die ihre Gewehre auf den Uniformierten mit der Sten richteten. Man stieß mich wieder in den Jeep, und wir rasten davon. Das Ganze hatte noch nicht einmal eine Minute gedauert. Im Polizeifunk sagte eine Stimme, Phoolan Devi sei gerade einem Mordanschlag entgangen. Der angebliche Polizist war ein Betrüger gewesen, der sich für den Polizeichef von Etawah ausgegeben hatte. Er fuhr in dem dritten Fahrzeug, und die Polizei von Madhya Pradesh hatte ihn gerade noch rechtzeitig eingeholt.

Der Polizeichef von Gwalior war äußerst ungehalten. »Warum bist du ausgestiegen?« fragte er mich. »Du mußt aufpassen, Phoolan ... Wir versuchen, dich zu schützen, aber sie hätten dich fast erwischt und alles kaputtgemacht.«

Jetzt fuhren wir mit hohem Tempo zum Gefängnis. Ich dachte an nichts anderes mehr als an das Gefängnis. Die Bäume an den Straßenrändern schienen von mir abzurücken, wie der Urwald und wie meine Freiheit.

Vor langer Zeit, im Dschungel, hatte es einmal heftig geregnet, so daß ich vor lauter Wasser nichts mehr sehen konnte. Das Wasser vom Himmel hatte den Wald überflutet, und die Yamuna war über die Ufer getreten.

Ich hatte einen heiligen Mann beobachtet, der im Fluß schwamm. Er hatte zwei Palmblätter in der Hand, um beim Überqueren des Flusses besser gegen die Strömung ankommen zu können. Wir kannten ihn alle, aber keiner wagte, seinen Tempel aufzusuchen, weil er uns Dacoits immer verfluchte. Wir lagerten auf einem Hügel, und ich sah zu, wie er mit dem Wasser kämpfte; gleichzeitig versuchte ich, nicht gesehen zu werden, damit er mich nicht beleidigte.

Er brauchte lange, aber schließlich erreichte er nicht weit von unserem Lagerplatz das Ufer. Es war das erste Mal, daß er überhaupt in unsere Nähe kam. Ich ging zu ihm, um seine Füße zu berühren.

»Warum bist du nie zu meinem Tempel gekommen?« fragte er.

»Baba, du beschimpfst immer die Dacoits. Ich habe Angst, daß du mich verfluchst.«

»Ich freue mich, daß ich dich mal aus der Nähe gesehen habe. Komm jetzt mit in meinen Tempel.«

Wir gingen hin und beteten, und ich brachte den Statuen der Götter ein Geldopfer dar. Plötzlich blickte der heilige Mann mich an und sagte: »Mein liebes Mädchen, in sechs Monaten wirst du im Gefängnis sein.«

»Sag nicht so etwas!« schrie ich. »Ich würde lieber sterben, als ins Gefängnis zu gehen.«

An jenem Tag hatte ich mir geschworen, nie mit einem Polizisten zu sprechen und mich nie zu einer Kapitulation überreden zu lassen.

Während der Jeep weiterpolterte, erkannte ich, daß ich die Prophezeiung des heiligen Mannes vergessen hatte.

So wie ich meine Bestimmung vergessen hatte.

Die Mauern der Seele

Die riesigen Eisentore verschluckten den Jeep, und man ließ uns in einem Hof aussteigen. Um uns herum waren hohe Mauern, so daß ich nichts sehen konnte. Vor uns öffnete sich eine große Stahltür, die hinter uns wieder verschlossen wurde.

»Gib mir dein Messer«, sagte ein Gefängniswärter.

Ich hatte mich bei der Zeremonie vor dem MP geweigert, das Messer abzugeben, und ich wollte es mir auch im Gefängnis nicht wegnehmen lassen.

»Was ist, wenn ich draußen spazierengehe? Wenn jemand mich angreift, habe ich nur das Messer, um mich zu wehren. Ich behalte es unter dem Gürtel.«

Ich hatte noch nicht begriffen, daß ich nicht mehr draußen spazierengehen würde. Man hatte mir innerhalb des Gefängnisses Bewegungsfreiheit zugesichert. Ich glaubte, das würde bedeuten, ich könnte auf den Markt gehen und etwas zu essen kaufen, mit den Leuten auf der Straße reden und zum Schlafen zurückkommen.

Um mich herum standen mindestens zwanzig Wächter, die einen respektvollen Abstand wahrten. Ich war eingekreist, und in mir keimten Zweifel und Hoffnungslosigkeit auf. Ich bereute es, das Papier der indischen Regierung unterschrieben zu haben. Hätten sie nicht meine Familie zu mir geschleppt, um mich zu erpressen, wäre ich nicht hier. Die Wächter rührten sich nicht von der Stelle, und es dauerte eine Weile, bis die Frage nach dem Messer geklärt war. Ein paar Wächter wollten mit dem Gefängnisdirektor sprechen und boten mir einen Stuhl an, während wir warteten. Ich wollte auch nicht auf einem Stuhl sitzen. Ich kauerte mich auf die Fersen, so wie ich immer gesessen hatte. Die Wächter schüttelten verwundert den Kopf.

Schließlich kam der Gefängnisdirektor und überredete mich, ihm das Messer auszuhändigen. Er sagte mir, hier drinnen habe niemand eine Waffe, es sei gegen die Regeln, und draußen, fügte er mit einem Glucksen hinzu, würde ich es nicht brauchen. Er versprach, es für mich an einem sicheren Ort aufzubewahren. Ich fügte mich. Ich war zu müde zum Streiten.

»Ich weiß, was ihr wollt«, fauchte ich. »Ihr wollt mich umbringen!«

Sie erwiderten, sie wollten mir nichts tun. Sie wollten mich nur in die Frauenabteilung bringen.

Jetzt verlor ich die Geduld. Ich hockte mich hin und rührte mich nicht mehr von der Stelle. Sie hatten mir eine eigene Unterkunft versprochen. Eine Bedingung der Kapitulation war, daß ich bei meinen Männern bleiben konnte. Ich stand wieder auf, stolzierte zu dem Eisentor und schrie, ich würde nicht hierbleiben. Diesmal wurden die Wächter nervös und baten über Funk um Anweisungen.

Schließlich brachten sie mich in einen anderen Teil des Gefängnisses.

Hinter mir schloß sich ein weiteres dickes Metallgitter; ich befand mich jetzt in dem Saal, in dem Malkan Singh, ein Bandit, der sich vor uns ergeben hatte, mit seinen Leuten untergebracht war. Sie führten mich hindurch und in einen anderen Saal. Dort waren Ganshyam und seine Bande. Für mich war ein dritter Raum vorgesehen.

Er hatte Fenster mit Eisenstangen, die zum Hof gingen, und sobald ich allein war, kamen Dacoits mit Blumengirlanden an die Gitterstäbe.

»Lang lebe Phoolan Devi! Lang lebe Phoolan Devi!«

Ich sah Lakhan, meinen Kassenwart, sowie Muniram, Kharag und Jhallar, und dann waren da auch noch einige aus Baba Ganshyams Bande.

Das alles war aber nicht so, wie ich mir ein Gefängnis vorgestellt hatte. Ich fühlte mich unbehaglich in diesem großen Raum; er war für zwei- oder dreihundert Häftlinge ausgelegt, die man jetzt in den Hof getrieben hatte, damit ich hier einziehen konnte. Es gab einen Betonfußboden, ein eisernes Bettgestell, eine Matratze und ein Laken. Ich hatte Magenschmerzen und war müde, aber hinlegen konnte ich mich nicht. Ich ging in dem Saal auf und ab und lauschte dabei dem Geräusch meiner Schritte, das in der Leere widerhallte. Schließlich holten sie den Gefängnisarzt; er gab mir eine Tablette und sagte, damit würden die Schmerzen aufhören. Aber als er mich fragte, wo es denn weh tue, konnte ich es ihm nicht sagen. Der Schmerz war überall.

Den Blick auf die hohe, verputzte Decke und die Steinmauern gerichtet, schlief ich endlich ein.

In dieser ersten Nacht schreckte ich dreimal hoch und schrie den Männern meiner Bande Befehle zu.

»Weg hier! Wir hauen ab!«

Die beiden Wächterinnen, die außerhalb der Gittertüren saßen, wachten ebenfalls auf. »Was glaubst du denn, wo du hingehst?« fragten sie.

Ich dachte, wir seien noch im Urwald, hätten verschlafen und müßten das Lager abbrechen. Die ängstlichen Blicke der Wächterinnen und die Mauern brachten mich in die Wirklichkeit zurück. Um vier Uhr morgens war ich, wie immer, wenn ich im Urwald war, hellwach.

Ich erkundete den neuen Dschungel, in dem ich mich jetzt befand. Draußen vor dem Saal, in dem von rotem Staub bedeckten Hof, standen drei große Bäume. Einer davon war ein Feigenbaum. Auf einem Erdhügel in der Mitte hatte man einen kleinen, Shiva geweihten Tempel errichtet. Der Hof war eine riesige Fläche aus nackter Erde, und um ihn gruppierten sich Gebäude wie das, in dem ich mich aufhielt. Dort schliefen die Dacoits in verschiedenen Gruppen. An einem Ende war die Kantine. Man ließ mich hinaus, damit ich mich bewegen konnte, und in dem blassen Morgenlicht besichtigte ich meine neue Welt. An einem Wasserhahn in der Ecke des Hofes wuschen sich ein paar Gefangene das Gesicht.

Ich ging bis zu dem großen Eisentor, durch das wir hereingekommen waren.

»Mach die Tür auf, ich will nach draußen.«

»Bitte, Bahanji, verlange das nicht von mir.«

»Warum nicht?«

»Die schmeißen mich raus.«

»Wovon redest du? Ich kann kommen und gehen, wie ich will.«

Ein paar Dacoits kamen zu mir und sagten, ich würde auf dem Hof spazierengehen müssen wie die anderen auch.

»Aber da draußen ist eine Wiese. Ich will doch nur einen kleinen Rundgang machen.«

»Das ist nicht erlaubt. Du wirst es genauso machen müssen wie wir.«

Man hatte mich also betrogen.

Ich fragte, wo die Latrinen waren, und sie zeigten auf das Gebäude, das sie alle benutzten.

Der Gestank war entsetzlich. Ich watete durch Schlamm und Exkremente, verließ den Ort fluchtartig, um nicht in Ohnmacht zu fallen, und verfluchte alle Götter. Ich fluchte so laut, daß die Wächter zwei Häftlingen befahlen, die Latrine zu säubern. Sie schaufelten aber nur ein wenig von dem Kot in einen Eimer und schütteten es draußen in den Abfluß, so daß sich der Hof mit ekelerregendem Gestank füllte.

Als nächstes wollte ich versuchen zu baden. Sie hatten für mich einen Verschlag aus Bambus mit einem Strohdach gebaut, um mich vor den Blicken der Männer zu schützen. Das war schon eine Verbesserung.

Aber das Essen ließ meinen ganzen Ekel wieder hochsteigen. Die Chapatis waren schwarz und schmeckten, als hätte man Sand unter das Mehl gemischt. Das Dal war ebenfalls schwarz. Es gab kein Ghee, sondern nur faulig riechendes Pflanzenöl. Der Tee, den sie uns brachten, sah aus wie das Wasser der Yamuna, wenn sie angeschwollen und schlammig war. Ich trank ohnehin keinen Tee, sondern nur Wasser. Im Urwald trank niemand Tee. An diesem ersten Morgen im Gefängnis fand ich mich damit ab, nichts zu essen.

Mittlerweile hatte sich am äußeren Tor eine Menschenmenge versammelt. Ein paar Leute kletterten an den Gitterstäben hoch, riefen meinen Namen und bettelten die Wachen an, mich zu ihnen zu bringen. Ich stürmte zum Tor.

»Was wollt ihr mit mir, ihr verdammtes Pack? Geht nach Hause zu eurer Mutter!«

Der Gefängnisdirektor kam. Er war verwundert über meine Wut. »Diese Leute wollen dich sehen, Phoolan. Das ist ganz normal. Als du noch im Urwald warst, habe ich mich auch gefragt, wie du wohl aussiehst. Sie haben nichts gegen dich. Du bist hier nicht mehr im Dschungel, und niemand wird dir ein Gewehr unter die Nase halten.«

Er ließ ein paar von ihnen ins Gefängnis ...

So ging es mehrere Tage lang weiter. Sie saßen auf einer Bank unter einem Baum und riefen nach mir. Wenn ich mich weigerte, herauszukommen, kamen sie herein, während ich schlief.

Am schlimmsten waren die Journalisten. Sie wollten dauernd lächerliche Fotos von mir machen. Da ich mich nie auf Stühle setzte, meinten sie, es sei interessant, mich auf dem Boden hockend aufzunehmen. Interessant! Ich wußte nicht, wie man sonst sitzen sollte. Auf einem Stuhl konnte ich mich nicht hinkauern. Wenn ich mir den Kopf kratzte, machten sie ein Foto. Wenn ich sie beschimpfte, machten sie ein Foto. Ich wurde handgreiflich und entriß ihnen die Kameras. Ich haßte es, fotografiert zu werden. Jedesmal, wenn ich eine Kamera klicken hörte, wurde ich zum Raubtier.

Am dritten Tag kam ein Mann, der sich als Ashok Roy vorstellte. Er sagte, er habe einen Film mit dem Titel »Kahani Phoolan Ki« gedreht, und bevor er den Streifen fertigstellte, habe er noch abgewartet, ob man mich töten oder ins Gefängnis stecken würde. Dann zeigte er mir Fotos. Ich stürzte mich auf ihn und packte ihn am Kragen seines Hemdes.

»Wie kannst du es wagen? Was soll das alles mit dem Film? Was willst du eigentlich?«

Als ich ihn schüttelte, riß der Kragen unter meinen Händen ab. Er nahm seine Fotos und lief entsetzt weg.

Ich wollte wissen, wie er es wagen konnte, ohne meine Erlaubnis einen Film über mein Leben zu drehen. Ich hatte in Nepal einmal einen Film gesehen, aber ich wußte noch immer nicht, was das eigentlich war. Bevor der Mann kam, hatten einige Gefangene gesagt, es sei etwas Schlechtes, und ein Film würde mir große Probleme bereiten. Er würde voller Lügen sein, erklärten sie mir, aber die Leute würden alles glauben.

»Ein Film ist eine große Katastrophe«, sagte einer der Galgenvögel. »Er wird wie ein Wirbelsturm über dein Haupt kommen.«

Mehrere Stunden lang fragte ich mich, was ein Film denn nun eigentlich ist, daß er einem über das Haupt kommen kann. War er etwas Ähnliches wie ein Götterbild, das man irgendwo aufhängt? Einen Film über mein Leben könnten sie vielleicht bei meinem Prozeß zeigen ... Ich hatte gehört, daß man Aufnahmen *schießen* kann, und fragte mich, ob man den Film vielleicht in eine Kanone steckt, um damit wie mit einem Gewehr jemanden zu erschießen. Ich hätte den Mann gern danach gefragt, aber er war davongelaufen wie ein aufgescheuchtes Kaninchen.

Ich war erleichtert, daß er so schnell wieder verschwunden war, aber ich war auch gewarnt: Es war erst der Anfang. »Glaube nur nicht, du hättest den Ärger hinter dir. Was auch geschieht, du wirst es nicht ändern können. Der Film wird gemacht, und er wollte eigentlich nur mal einen Blick auf dich werfen. Und jetzt, wo ihm das gelungen ist, wird er keine Nachsicht mehr üben.«

Warum wollten alle mich sehen? Ich kannte die Antwort: Weil ich eine böse Frau war. Warum wollten sie, daß ich mich auf einen Stuhl setzte, warum ließen sie mich Dreck essen, warum kamen sie, um zu erfahren, wie ich aussah? Weil ich eine böse Frau war.

Ich war wie ein Raubtier im Käfig. Ich gab keinen Zentimeter nach. Ich zog meine Uniform nicht aus, als sie mir sagten, ich könne sie nicht mehr tragen. Ich fauchte die Wärter an, weil ich ihre englischen Worte fälschlicherweise für Beleidigungen hielt. Sie fanden das nur lustig, und ich verstand erst nach ein paar Tagen, warum. Es war für sie eine gute Einnahmequelle. Die Leute kamen zu Hunderten, um mich zu sehen, und ich konnte so schlecht gelaunt und bösartig sein, wie ich wollte. Die Gefängnisangestellten ließen sie dafür bezahlen, daß sie mich besichtigen konnten.

Sie nahmen zehn Rupien pro Person. Den Direktor störte das nicht. Er schlug vor, ich solle einen Anteil bekommen, aber ich lehnte ab und beschwerte mich, ich sei schließlich nicht zur Unterhaltung der Bevölkerung hier. Aber das hielt sie nicht ab. Manchmal nahmen sie bis zu fünfzig Rupien. Dann gab es sogar Gruppentarife, denn oft kamen zehn, zwanzig oder noch mehr. Wenn ich mich in eine Ecke des Saales zurückzog, bettelten die Wächter mich an, ich solle mich zeigen. Schließlich wurde ich über diesen lächerlichen Zirkus so wütend, daß ich hervorkam und sie alle beschimpfte. Aber das störte sie nicht.

Deshalb nahm ich die Wärter auch nicht zur Kenntnis, als sie nach einer Woche kamen und sagten, ich hätte Besuch. Ich wollte keine Besucher mehr, erwiderte ich wütend.

»Nein, diesmal ist es nicht die Öffentlichkeit. Deine Familie.«

Die Regierung von Madhya Pradesh hatte sie in einem Pilgerhospiz in der Nähe von Gwalior untergebracht. Die ganze Familie war gekommen, und ich beobachtete, wie man sie über den Hof führte: meine Mutter, meinen Vater, meine Schwestern und meinen Bruder. Aufgebracht wie immer, führte ich sie in meine riesige leere Zelle.

Mein Vater hatte sich ebenfalls nicht verändert. Er war so resigniert und erschöpft wie immer.

»Warum bist du gekommen, Papa?« fragte ich. »Ich bin nur euretwegen hier! Aber ich werde nicht hierbleiben. Ich bringe mich um.«

Als ich klein war, weigerte sich mein Vater einfach zu glauben, daß ich ein Mädchen war. Er sagte, ich würde mit meinen Reden noch Ärger bekommen. Immer wieder erklärte er, ein Mädchen müsse still und nicht halsstarrig sein. Die Mädchen in meinem Dorf benahmen sich nicht so wie ich. Sie durften in der Öffentlichkeit nicht kichern, nicht allein herumlaufen und keine Widerworte geben, wenn jemand eine schmutzige Bemerkung zu ihnen machte. Ich hatte mich dagegen aufgelehnt, und das hatte mein Vater nie ertragen können. Er war Auseinandersetzungen immer aus dem Weg gegangen und war nie fähig gewesen, sich zu verteidigen. Er war ein frommer, einfacher Mann, der bereit war, so zu sterben, wie er geboren worden war: als Sklave. Ich war über seine Unterwürfigkeit entsetzt. Und als Mayadin vor meinem Gewehr stand, hatte er nur fünf Bighas Land gefordert.

Zum erstenmal zweifelte ich an ihm, als ich mit fünfzehn Jahren aus dem Gefängnis kam und er sich vor Mayadin verbeugte. Man hatte mich wegen dieses Schurken halb zu Tode gefoltert, aber mein Vater schmeichelte ihm und erwies ihm seinen Respekt. Ich konnte es nicht ertragen, das zu sehen. In jenem Augenblick war mir klar geworden, daß es niemanden gab, der mich beschützen würde, und als die Polizisten im Gefängnis von Kalpi mich eine Hure nannten, hatte er sein Gesicht verhüllt …

An jenem Tag im Gefängnis von Gwalior, in diesem finsteren, korrupten Gefängnis, wo man mich zur Schau stellte wie eine besonders bösartige Ratte, überschüttete ich ihn mit Verwünschungen. Er aber zuckte nicht einmal mit der Wimper, sondern legte mir die Hand auf die Stirn, wie er es getan hatte, als ich ein kleines Mädchen war.

»Hab keine Angst, mein Kind. Suche nach Frieden, dann wirst du ihn finden. Dein Leben hier im Gefängnis ist leichter als das im Urwald. Du wirst dich daran gewöhnen. Du darfst nicht immer nur mit anderen kämpfen. Sei gut und freundlich. Dann wirst du Frieden finden.«

»Du und deine Moralpredigten! Ich bleibe nicht hier. Hier stinkt's! Sieh dich doch um, alles ist krank und dreckig. Sieh dir dieses Essen an. Ich muß Geschäfte machen, um es von draußen kommen zu lassen, sonst müßte man Schmutz fressen! Du wolltest immer, daß ich mich unterwerfe, und jetzt soll ich mich auch hier noch unterwerfen!«

Mein einziges Glück an diesem Tag bestand darin, daß ich meine Schwestern Rukmini, Choti und Bhuri sehen konnte und meinen Bruder, den ich bewunderte. Aber auf meinen Vater war ich böse, und ich konnte mich auch nicht zurückhalten, es ihm zu zeigen. Ich bereute es hinterher zutiefst.

Es war das letzte Mal, daß ich ihn sah. Er starb, bevor ich ihn um Vergebung bitten konnte.

Nach acht Tagen wußte ich, was ein Gefängnis ist. Ich wußte, daß ich nicht hinausgehen durfte.

Sie bauten ein kleines Haus für mich. Das Dach war noch nicht fertig, als ich schon einzog. Es hatte zwei Zimmer, eines mit einer Toilette und einem Waschbecken und ein kleineres zum Schlafen.

Das Haus war von einer hohen Mauer mit einer Eisentür umgeben. Zwischen der Mauer und meinem Haus war ein wenig Gras, und hinter dem Haus, zwischen seiner Wand und der Umfriedung, lag ein Garten. Ich baute Pfeffer und Tomaten, Auberginen und Kartoffeln an. Karan, ein früherer Dacoit, wurde mein Koch.

»Du bist kein Tier«, sagte der Gefängnisdirektor, »sieh zu, daß du ein richtiger Mensch wirst. Grüße die Leute ordentlich und höflich, und nimm dir ein wenig Zeit für Gebete.«

Mir wurde klar, daß ich hier in Gwalior viel Zeit haben würde. Der Dschungel lag weit hinter mir. Freiheit und Abenteuer des Banditenlebens, in dem man von Dorf zu Dorf zieht und die Gesetze bestimmt, all das war vorüber. Ich mußte lernen, im Gefängnis zurechtzukommen. Im Gegensatz zu den anderen Bandenführern hatte ich kein Geld. Ich war nicht wegen des Geldes zur Dacoit geworden. Das Schönste für mich war gewesen, wenn ich es weggeben konnte. Aber um sich Essen von draußen bringen zu lassen, brauchte man Geld. Das entsetzliche Zeug, das sie uns hier vorsetzten, erbrach ich wieder. Als ich im Gefängnis ankam, besaß ich nur neuntausend Rupien. Andere Banditen hatten die Taschen voller Geld. Eines Tages bekamen ein paar Journalisten mit, daß ich bezahlen mußte, wenn ich ordentliches Essen haben wollte; sie gaben mir Geld und boten an, mir Früchte mitzubringen. Sie verwendeten das englische Wort *fruit*, ich aber dachte, sie meinten *phoot*, auf Hindi der Name einer Wildfrucht, die ich nicht vertrug. Ich lehnte ab. Als ich das den Wärtern erzählte, bogen sie sich vor Lachen.

Ein anderer Journalist fragte mich, ob ich Heiratspläne hätte, ob ich eines Tages ein Heim und einen Mann haben und eine *mistress* werden wollte.

Ich geriet in Wut. Die Frage, ob ich eine *mistress*, eine »Mätresse« werden wollte, war für mich eine Beleidigung. Dabei hatte er nur »Hausherrin« gemeint. Er wollte wissen, ob ich vorhatte zu heiraten.

Ich sagte, ich hätte keinerlei Pläne.

Wie der Direktor mir erzählte, hatte Man Singh sich als mein Ehemann ausgegeben, aber als ich Man Singh darauf ansprach, stritt er es ab. Er hatte immer etwas Feiges an sich gehabt. Er sagte, er habe von seinem Gewehr gesprochen, aber seit unserer Kapitulation hatte ich mehrmals gehört, wie er mit allem möglichen geprahlt hatte. Ich glaube, er war meinetwegen eifersüchtig.

Um alledem ein Ende zu machen, erklärte ich vor allen, niemand sei mein Ehemann und ich würde auch nie einen haben. An Angeboten gab es aber zu meiner Verblüffung keinen Mangel. Mehrere Männer machten mir Anträge. Als erster kam ein junger Mann aus einer Familie in Delhi, die der Religion des Jainismus anhing. Er war zwanzig Jahre alt, und ich wies ihn freundlich ab. Dann kam einer aus dem Punjab und dann ein Sikh. Der Sikh war stämmig, trug einen gewaltigen Turban und hatte nur ein Bein. Er sagte, er sei sehr reich, denn er habe ein Speditionsunternehmen mit vielen Lastwagen, und er werde im Gefängnis hunderttausend Rupien für mich hinterlegen. Er hatte schon eine Frau und Kinder, aber heiraten wollte er mich trotzdem.

»Ich will der Welt beweisen, daß es Männer gibt, die Mumm genug haben, um mit einer Frau fertig zu werden, die sich als schlecht erwiesen hat. Ich möchte die Befriedigung spüren, einer Frau wie dir in der Stunde der Not zu helfen!«

Und dann gab es sogar einen Franzosen, der behauptete, er besitze Fabriken. Angeblich war er reich und wollte nach Indien ziehen, um mich zu heiraten. Er erkundigte sich, wieviel er bezahlen müßte, um mich zu befreien. Zwei Stunden lang fragte mich der Dolmetscher, ob ich diesen Franzosen heiraten wollte.

Ich fand es gar nicht witzig, daß sie Leute ins Gefängnis ließen, die mich anstarrten und fotografierten, Fragen stellten und mir jetzt sogar Heiratsanträge machten.

Ehe war für mich etwas Verbotenes. Seit Putti Lal mich verstoßen hatte und die Leute aus dem Dorf mich daraufhin mieden, als ob ich eine ansteckende Krankheit hätte, kam eine Heirat für mich nicht mehr in Frage. Tief in meinem Gedächtnis trug ich die Narben jener Tage, als niemand in meiner Gemeinde mir half, den toten Büffel aus dem Haus zu schaffen, als man mir verbot, Wasser vom Brunnen zu holen, als ich aus dem Gefängnis von Orai entlassen wurde und sie mich Hure nannten und mich fragten, mit wie vielen Männern ich zusammengewesen sei. Vickram hatte mir geholfen, diese Dinge eine Zeitlang zu vergessen, aber Vickram war nicht mehr da.

Männer waren für mich nach wie vor Dämonen. Sie würden immer Dämonen sein. Wenn Journalisten mich nach den Qualen fragten, die Shri Ram mir bereitet hatte, konnte ich nicht antworten. Ich schickte sie weg. Was ich gelitten hatte, wußte nur ich allein. Ich allein wußte, wie es sich anfühlt, zu leben und doch tot zu sein. In dem Alter, in dem junge Frauen geduldig auf ihre Männer warten, schwatzend am Feuer sitzen und Chapatis backen, war ich ein Stein im Urwald, ein Stein ohne Gefühle und ohne Reue. Ich war keine Frau mehr. Ein Stein kann keinen Mann heiraten, wenn der Mann es war, der den Stein gemacht hat.

Ein neuer Kampf beginnt

Ich sollte 1991 aus dem Gefängnis von Gwalior entlassen werden. Als ich mich ergab, hatten sie mir versprochen, mich vor Gericht zu stellen, aber der Prozeß fand nie statt.

Dafür bekam ich etwas, das ich auf der Liste meiner Forderungen nicht aufgeführt hatte: Ich lernte, in ihrer Welt zu überleben.

Gwalior war das Schlimmste. Es war eine Welt der Geschäfte und Kompromisse, in der Geld das einzige war, das zählte. Ich erfuhr, daß man alles kaufen oder verkaufen kann. Die großen Dacoits früherer Zeiten kämpften verbissen darum, die Oberhand zu gewinnen. Sie beuteten die anderen aus und bestahlen sie. Sie machten das Gefängnis zum Dschungel.

So erfuhr ich, daß manche von ihnen nur wegen des Geldes zu Dacoits geworden waren. Ständig prahlten sie damit, wie sie den Hirten die Schafe weggenommen hatten oder wie sie Büffel oder Pferde oder Kamele gestohlen hatten, die sie über die Staatsgrenze nach Uttar Pradesh und bis hinauf in die Berge nach Himalchal Pradesh brachten. Ich lernte einen Bandenführer kennen, der sich Dasyu Samrat, König der Dacoits nannte. Er wagte es sogar, mit seinem Frauenhandel zu prahlen! Er hatte sie entführt und an *Gujars* verkauft, die keine Braut finden konnten. Eine Frau kostete bei ihm zehntausend Rupien, zuweilen auch fünfzehntausend. Alle wollten sie Prinz oder König der Dacoits sein, alle hatten sie im Gefängnis Geld, aber sie verschwendeten nie einen Gedanken an die armen Menschen, die sie ausgebeutet und deren Frauen sie gequält hatten.

Eine Zeitlang gab es in Gwalior einen Gefängnisdirektor, der genauso schlimm war, korrupt bis auf die Knochen. Er ließ die geistesgestörten Frauen zu den normalen Gefangenen, wo sie starben wie die Fliegen. Ihre mageren Körper wurden von den Ratten gefressen – ich sah die angenagten Leichen. In der gesamten Zeit, als ich dort war, hörte ich nicht auf zu rebellieren und zu kämpfen. Jeden Tag protestierte ich gegen den Schmutz, gegen die Faulheit und gegen die Korruption. Zweimal trat ich in den Hungerstreik, bis ich beinahe gestorben wäre, um für uns etwas anständigere Bedingungen zu erreichen.

An dem Tag, als Indira Ghandi ermordet wurde, weinte ich voll tiefen Kummers. Ich hatte sie zwar nie kennengelernt, aber sie hatte viel für mich und meine Familie getan, und ich wußte genau, daß sich von jetzt an niemand mehr an die Abmachungen zwischen ihrer Regierung und mir halten würde. Ich war jetzt auf mich allein gestellt. Mit ihr war nicht nur die Mutter Indiens gestorben, sondern auch meine »Mutter«. Die anderen Dacoits lachten und sagten, jetzt sei es mit der Sonderbehandlung für mich vorbei.

»Es ist vorüber, Phoolan. Indiras Ferienlager hat geschlossen!«

Anfangs kümmerte sich noch der Ministerpräsident Arjun Singh um mich. Er forderte mich auf, lesen zu lernen, andere respektvoll zu grüßen und höflich zu reden. Meine Mutter konnte ihn um Dinge bitten, die unsere Familie brauchte. Aber er blieb nach meiner Kapitulation nur noch elf Monate im Amt. Dann ernannte man ihn zum Gouverneur des Punjab. Die Dacoits lachten noch lauter.

»Jetzt ruf deinen MP, damit er kommt und dir hilft!«

Später lernte ich einige politische Häftlinge kennen, und sie versprachen mir, nach ihrer Entlassung für mich einzutreten, aber ich verstand nicht, was sie mit Politik meinten. Das einzige, was ich außerhalb des Gefängnisses kannte, war die Welt der Dörfer und des Dschungels.

Mehr erfuhr ich, als ich einen Fernseher bekam.

Die Tochter eines Industriellen schenkte ihn mir. Ich hatte zuvor noch nie ein Fernsehgerät gesehen. Als sie es einschalteten, war ich wie vor den Kopf gestoßen. Ich verstand nicht, wie ein so großes Bild durch ein so dünnes Kabel wandern konnte.

Es war wie an dem Tag, als ich zum erstenmal in ein Telefon sprach. Ich wußte, was ein Telefon ist, und hatte anderen beim Telefonieren zugesehen, aber ich hatte selbst nie eines benutzt. Man gab mir den Hörer, und ich wußte nicht, was ich damit anfangen sollte. Ich hielt ihn am ausgestreckten Arm und legte ihn dann erschrocken wieder auf. Jedesmal, wenn es klingelte, nahm ich ihn ab und ließ ihn wieder fallen. Schließlich hörte ich, daß ein Geräusch herauskam, und hielt ihn ans Ohr, um es besser zu verstehen.

»Hallo, Phoolan?«

Es war der Gefängnisaufseher, der mich im Krankenhaus anrief. Daß ich dort hineinsprechen mußte, verwirrte mich so sehr, daß ich sofort wieder auflegte, als sei Gott selbst am anderen Ende der Leitung gewesen.

Ins Krankenhaus hatte man mich geschickt, weil ich krank geworden war. Die Folter, der Urwald, der zweimalige Hungerstreik hatten mich geschwächt, und eines Tages sagten sie, sie müßten mich an einem Tumor operieren. Sie schafften mich ins Gefängniskrankenhaus, und unmittelbar vor der Operation kam ein Besucher, der mir etwas zu essen brachte. Ich kannte den Mann nicht. Es war ein Wärter oder Polizist, und er bestand darauf, daß ich die mitgebrachte Nahrung aß, damit meine Kräfte erhalten blieben. Aber die Krankenschwestern hatten mir gesagt, ich dürfe vor der Narkose nichts essen. Man hatte mich im Gefängnis bereits an einer Zyste operiert, und ich war nicht mehr so ganz das gleiche unwissende Urwaldtier wie am Anfang.

Ich lief aus dem Zimmer, rief um Hilfe und lehnte es strikt ab, mich am Bett festbinden zu lassen. Die Operation des Tumors konnte warten.

Am nächsten Tag erschien in einer Zeitung ein Artikel über mich; darin stand, Phoolan Devi sei verrückt geworden und aus dem Krankenhaus weggelaufen, nachdem sie eine Ärztin geschlagen habe. Kurz danach kam ein Journalist zu mir und riet mir, ich solle alles tun, um aus diesem Gefängnis wegzukommen, denn mein Leben sei in Gefahr. Jemand hatte fünfhunderttausend Rupien für meinen Tod geboten.

Immer noch hatten sie mich nicht vor Gericht gestellt. Es war, als hätte man mich vergessen. Alle anderen Dacoits waren nach fünf oder sechs Jahren freigekommen, aber mich wollte man offenbar aus dem Weg räumen. Selbst im Gefängnis, so schien es, hatte eine Frau zu schweigen und zu warten. Der Oberste Gerichtshof hatte nichts unternommen, außer mir die Genehmigung für eine Behandlung im Gefängniskrankenhaus von Delhi zu erteilen.

An dem Abend, als ich abfuhr, weinten alle geistesgestörten Frauen von Gwalior und die Kinder ebenfalls. Vor dem kleinen Backsteinaltar, den ich gebaut und Durga geweiht hatte, betete ich für meine Sicherheit. Um Mitternacht holten sie mich aus der Frauenabteilung ab, und dann mußte ich noch einmal drei Stunden vor dem großen Eisentor warten. Schließlich ließen sie mich, begleitet von Beamten der Staatspolizei von Madhya Pradesh, in einen gepanzerten Kleinbus steigen. Als wir am Bahnhof waren und auf den Zug warteten, zählte ich die Beamten. Es waren achtzehn, darunter vier Frauen.

Es war lange her, seit ich zuletzt eine Uniform getragen hatte. Ich hatte gelernt, auf einem Stuhl zu sitzen und die Füße auf den Boden zu stellen, statt mich auf die Fersen zu hocken, wie ich es zu Hause auf dem Boden immer getan hatte. Im Zug war ich einfach eine Frau im roten Sari. Niemand erkannte mich, aber sie müssen sich gefragt haben, warum ich weinte …

Ich schluchzte so, weil die Häftlinge in Gwalior vor meiner Abreise gesagt hatten, Tihar sei ein Gefängnis, aus dem niemand wieder herauskäme, und man werde mich dort einsperren, vergewaltigen und foltern. Das war vielleicht übertrieben, aber immerhin sollte ich dort operiert werden.

Der Zug trug mich fort von Gwalior und meiner Familie, meiner Mutter und meinen Schwestern. Wie viele Monate oder Jahre es dauern würde, bis ich sie wiedersah, wußte ich nicht. Meine Mutter hatte ich schon lange nicht mehr gesehen, und beim letztenmal war sie traurig und müde gewesen, als ob sie nie mehr aufhören würde, um meinen Vater zu trauern.

Plötzlich hörte ich einen Bettler singen.

»Durga maiya karengi beda paar …«

Er sang, die Göttin Durga werde mir beim Überqueren des Flusses helfen.

Mein Herz wurde leichter. Ich gab ihm fünfzig Rupien, damit er weitersang, und bis der Zug Delhi erreichte, kam er noch dreimal, um für mich zu singen.

Das Gefängnis von Tihar war eine andere Welt.

Man brachte mich in die Zelle Nummer 10. Ich hatte einen Raum für mich allein, mit einem Betonpodest und einer Matratze darauf als Bett. Die Wärterinnen waren junge Frauen. Sie halfen mir, aus ein paar kleinen Holzstühlen einen neuen Altar zu bauen; ich stellte einige Statuen darauf und umgab sie mit Räucherstäbchen und Blumen.

Als ich am nächsten Morgen meine Gebete sprach, hörte ich, wie draußen jemand nach mir rief.

»Phoolan, was machst du?«

Eine Frau kam herein.

»Oh, du betest. Entschuldige bitte, mach weiter.«

Als ich fertig war, wandte ich mich der Frau zu. Sie trug eine weiße Kurta und eine lange graue Jacke. Die Haare waren braun und kurz wie bei einem Jungen, und das Gesicht hatte einen lebhaften und ehrlichen Ausdruck.

»Namasteh«, sagte ich. Meine Manieren waren besser geworden. »Darf ich deinen Namen erfahren?«

»Ich bin die Direktorin dieses Gefängnisses. Vielleicht hast du von mir gehört. Ich heiße Kiran Bedi.«

Ich hatte von ihr gehört und sie auch im Fernsehen gesehen, aber ich hatte sie nicht erkannt. Kiran Bedi war die Oberaufseherin der Gefängnisse, eine Frau, die von den Wärtern und der Polizei geachtet wurde. Sie war so, wie man sich eine Frau erträumt, gebildet und einflußreich. Ich sollte am eigenen Leibe erfahren, daß sie Autorität besaß, die sie aber gerecht einsetzte. Wenn es um Korruption ging, war sie unnachsichtig.

»Ich freue mich, dich beten zu sehen, Phoolan. Das ist eine schöne Gewohnheit. Es wird dir hier gutgehen, und mach dir keine Sorgen, du wirst bald frei sein. Es verstößt in Indien gegen das Gesetz, dich so lange ohne Gerichtsverfahren festzuhalten. Ich werde dafür sorgen, daß in deinem Sinne bei Gericht Beschwerde eingelegt wird.«

Das war mehr, als ich zu hoffen gewagt hatte. Eine lächelnde, freundliche Frau sprach mit mir über Freiheit, gab Anweisungen, damit ich etwas Richtiges zu essen bekam, und befahl, mich in Ruhe zu lassen und gut für mich zu sorgen.

Als sie mich in das »Indian Institute of Medical Science« brachten, war das Krankenhaus gut bewacht. Auf den Korridoren standen Polizisten.

In Gwalior hatte man mich wie ein Tier behandelt. Vor meiner ersten Operation dort hatte ich das Gefühl, man werde mich aufschneiden wie eine Maus und mich dann in den Mülleimer werfen. Hier war alles sauber, und als sie mich untersuchten, fragten sie, ob es mir weh tue.

Dann steckten sie mir einen dünnen Schlauch in den Mund und schoben ihn bis in den Magen. Auf dem Fernsehschirm sah ich einen großen dunklen Fleck, der einem Bluterguß ähnelte. Die Ärzte waren höflich und rücksichtsvoll. Vor der Operation erklärten sie mir in einfachen Worten, was sie vorhatten. In Gwalior hatten sie nur behauptet, in meinem Körper sei Gift, als ob mich eine Schlange gebissen hätte. Als sie mir sagten, ich solle Rhesusblut bekommen, geriet ich in Panik. Ich dachte, sie meinten das Blut eines Rhesusaffen, und flehte sie an, mich nicht in einen Affen zu verwandeln! In Gwalior hatte sich niemand Mühe gegeben, meinen Dialekt zu verstehen oder sich mit mir zu verständigen. In ihren Augen war ich unkultiviert und dumm, und das sollte ich auch bleiben.

In Delhi operierten sie mein Magengeschwür. Die Schmerzen hatte ich schon seit langem, und sie waren nicht mehr verschwunden. Nach der Operation konnte ich kaum glauben, daß es schon vorüber war. Alles war so ruhig und glatt verlaufen. Immer wieder mußte ich den Verband berühren, um mich selbst davon zu überzeugen. Jetzt nagte kein Geschwür mehr an mir. Als ich wieder in meiner Zelle war, lösten sich Wut und Sorgen langsam auf. Das wirkliche Gift, das Mißtrauen und die Angst, verließ jedoch nur ganz allmählich meinen Organismus.

Eines Tages hörte ich im Radio, die Regierung von Uttar Pradesh habe das Verfahren gegen mich eingestellt.

Ich war so glücklich und gleichzeitig so verblüfft, daß ich mich in die Wange kniff, um festzustellen, ob ich wachte oder träumte. Ich untersuchte das Radio, um zu sehen, ob es richtig funktionierte. Die Mädchen in den Nachbarzellen hüpften vor Freude herum und schlugen mit ihren metallenen Eßtellern gegen die Gitterstäbe. Ich wurde vor Glück fast verrückt. Der Gefängnisdirektor in Gwalior hatte immer gesagt, ich würde eines Tages verrückt werden. Als er mich in die Frauenabteilung verlegt hatte, war ich eine Zeitlang zusammen mit geistesgestörten Frauen eingesperrt. Jetzt fielen mir seine Worte wieder ein, und ich dachte fast, er habe recht gehabt. Es kann nicht stimmen, dachte ich. Ich war tatsächlich verrückt, denn ich hörte schon Dinge, die es nicht gab!

Aber ich war nicht verrückt. Es wurde in den Nachrichten an diesem Tag mehrmals wiederholt.

Am nächsten Morgen kam Mrs. Kiran Bedi, um es mir offiziell mitzuteilen. »Aber bis du endgültig entlassen wirst, kann es noch ein halbes Jahr dauern. Es sind viele Formalitäten zu erledigen. Die Staatsregierung von Uttar Pradesh hat die Anklage fallengelassen, aber endgültig muß darüber der Oberste Gerichtshof in Delhi entscheiden. Wahrscheinlich müssen wir noch eine Weile warten.«

»Das macht nichts. Der Oberste Gerichtshof soll sich Zeit lassen. Ich hätte nichts dagegen, noch ein ganzes Jahr hierzubleiben!«

Bei meiner Ankunft hatte ich keine Hoffnung gehabt, jemals herauszukommen. Ich dachte, man würde mich wieder nach Gwalior bringen, und ich würde dort dereinst in völliger Vergessenheit meine Tage beschließen. Ich hatte sie sogar gefragt, warum sie sich die Mühe machten, mich zu versorgen. Ich hielt es für besser, schnell zu sterben.

Die Zeit schreckte mich nicht im mindesten …

In den folgenden Monaten bekam ich aus ganz Indien Briefe und Telegramme, in denen man mir gratulierte.

Im Februar 1994, elf Jahre nachdem ich mich ergeben hatte, öffneten sich die Tore des Tihar-Gefängnisses in Delhi. Ich war auf Ehrenwort entlassen, mußte an meinem Wohnort bleiben und wurde von der Polizei beschützt. Sie sagten, es sei eine vorläufige Freilassung, und wir müßten das Urteil des Obersten Gerichtshofes abwarten.

Ich war ein anderer Mensch geworden.

Ich war nicht mehr das unwissende Kind, dessen Welt am Rand der Felder endete und das glaubte, die Sonne ertrinke jeden Abend im Fluß. Ich war nicht mehr das wilde Tier, das mit der Grausamkeit Durgas kämpfte, um im Urwald zu überleben. In meinem Herzen gab es kein Verlangen nach Rache mehr.

Lesen und schreiben konnte ich immer noch nicht, aber ich hatte gelernt, die Menschen und Dinge dieser Welt besser zu verstehen, mehr von ihnen zu sehen und zu hören.

In meinem Dorf sagt man: Wenn der Dämon Kans bei der Geburt eines Mädchens einen Blitz niedersausen läßt und sie tötet, fährt sie auf in den Himmel und wird selbst zu einem Blitz.

Der Dämon hatte mich mit einem Blitz niedergestreckt, und ich war zum Blitz für andere geworden.

Viele Menschen hatten für mich gesprochen, und nie hatten sie mich selbst für mich sprechen lassen. Viele Menschen hatten Fotos von mir gemacht und sie für ihre Zwecke verfälscht. Viele Menschen hatten das kleine Mädchen aus dem Dorf verachtet, gequält und erniedrigt, aber es ließ sich nicht zertrampeln.

Viele Male hatte ich die Hände ausgestreckt, und niemand hatte mir geholfen. Sie nannten mich eine Plage und eine Verbrecherin.

Ich halte mich nicht für einen guten Menschen, aber eine Verbrecherin bin ich auch nicht. Ich habe nichts anderes getan, als die Männer so leiden zu lassen, wie sie mich leiden ließen.

Ich habe alle Sorten von Banditen kennengelernt: Mörder, die mich umbringen wollten, Journalisten, die meine Story haben wollten, Regisseure, die mein Leben verfilmen wollten. Sie alle dachten, sie könnten über mich reden, als gäbe es mich nicht, als hätte ich kein Recht darauf, respektiert zu werden. Die Banditen hatten meinen Körper gequält, aber die anderen quälten meine Seele.

Zum erstenmal konnte jetzt eine Frau meines Standes die Wahrheit über ihr Leben berichten und öffentlich Zeugnis ablegen von der Ungerechtigkeit, unter der wir alle leiden mußten.

Meine Hoffnung dabei war, daß dieses Zeugnis anderen eine Hilfe ist, anderen Frauen, meinen Schwestern, die man erniedrigt hat, und meinen Brüdern, die ausgebeutet werden.

Ich wollte beweisen, daß jeder von uns seine Würde hat, ungeachtet der Herkunft, der Kaste, der Hautfarbe oder des Geschlechts.

Ich wollte geachtet werden.

Ich wollte ihnen sagen: Phoolan Devi ist ein Mensch. Denn dann würden sie es auch über andere sagen.

Ein neuer Kampf hatte begonnen, aber er war anders. Ich hatte in den Dörfern und im Urwald überlebt, und ich betete zu Gott, daß er mich auch in der Stadt überleben ließ, damit ich denen helfen konnte, die so litten, wie ich gelitten hatte.

In meinem nächsten Leben wird die Vorsehung nicht so grausam sein – vielleicht.

Möge Durga das Gebet erhören:

Singe von meinem Sterben
Berichte von meinem Krieg
Wie ich kämpfte gegen tückische Dämonen
Vergib mir meine Schuld
Und gewähre mir Frieden.

Nachbemerkung

Wenn man Analphabetin ist, stellt das Verfassen der eigenen Autobiographie sicher eine einzigartige Herausforderung dar. Das gleiche gilt, wenn man eine Autorin verlegen will, die weder lesen noch schreiben kann.

Als Phoolan im Februar 1994 aus dem Gefängnis entlassen wurde, suchten wir nach ihr. Sie lebte zurückgezogen im nördlichen Teil von New Delhi und wurde rund um die Uhr von der Polizei beschützt – zwar kamen viele Besucher, um ihre Hochachtung auszudrücken, aber sie hatte auch Feinde, die ihr Morddrohungen schickten.

Zunächst mußten wir Phoolan genau erklären, was ein modernes Buch eigentlich ist. Sie hatte als Kind nur ein einziges Druckwerk gesehen: das vielbändige »Ramayana-Epos«, eines der bedeutendsten Werke aus dem Umkreis der hinduistischen Religion. Wir machten ihr klar, was es bedeuten würde, wenn sie selbst ihre Geschichte erzählte. Sie hatte sich daran gewöhnt, daß andere über sie berichteten. Aber schon nach kurzer Zeit begriff sie, worin der Unterschied besteht: Es war, wie sie es formulierte, *»wie der Unterschied zwischen Himmel und Erde«*.

Phoolan stimmte zu, und im darauffolgenden Sommer sprach sie ihre Geschichte auf Tonband. Die Niederschrift des Berichtes füllte über 2000 Seiten. Wir beauftragten zwei Schriftsteller, das Material auf eine geeignete Länge zu kürzen, und gemeinsam brachten sie es in Buchform.

Im August 1995 lasen wir Phoolan ihr Buch vor, und sie hörte aufmerksam zu. Auf diese Weise konnte sie sich davon überzeugen, daß man ihre urpersönlichen Worte aufgeschrieben hatte. Sie genehmigte jede Seite mit ihrer Unterschrift – immer noch die einzigen Worte, die sie schreiben konnte.

Bis ihre Autobiographie fertig war, vergingen fast zwei Jahre. Es erforderte acht Reisen nach Indien – zusammen über drei Monate in Delhi. Es war ein außergewöhnliches verlegerisches Abenteuer – aber es war eine geringe Mühe im Vergleich zu dem, was Phoolan in ihrem Leben erdulden mußte. Nach allem, was sie durchgemacht hatte, verdiente sie die Chance, ihre Geschichte selbst zu erzählen.

Bernard Fixot, Verleger der Originalausgabe

Wörterverzeichnis

Amma Mutter
Bahanji Schwester
Baraat vom Bräutigam angeführte Prozession zum Dorf der Braut
Beti Tochter
Bigha indische Maßeinheit, etwa ein Hektar
Brahma der Weltenschöpfer, in der hinduistischen Götterwelt neben Shiva und Vishnu Teil der obersten Trinität
Brahmane Angehöriger der höchsten Kaste, der Priesterkaste
Buppa Vater
Chacha Onkel
Chamar Angehöriger der Kaste von Lederhandwerkern
Chapati ungesäuertes Fladenbrot
Dacoit Bandit
Dal eine Linsenart
Dewali hinduistisches Lichtfest im Oktober
Dhoti Lendentuch, Kleidungsstück aus Baumwolle, das zwischen den Beinen durchgezogen und um die Taille gebunden wird
Dulhan Braut, Ehefrau
Durga die »Unzugängliche«, indische Muttergottheit und Gattin Shivas, die in verschiedenen Manifestationen erscheint und sowohl das schöpferische und das erhaltende als auch das zerstörerische Prinzip vertreten kann
Gadariya Kaste von Hirten
Gauna Tag, an dem die Frau in das Dorf des Ehemannes zieht
Ghee geklärte Butter
Ghoonghat Schleier oder Schal aus den zusammengerafften Enden des Saris
Gujar Kriegerkaste
Guru religiöser Lehrer im Hinduismus
Haldi Gelbwurz; die Braut wird damit gebadet und eingerieben
Homa heiliges Feuer
Hora Kichererbsen oder andere Hülsenfrüchte; werden gesalzen und getrocknet gegessen

Jaina Anhänger der indischen Religion des Jainismus, die im 6. Jh. v. Chr., zur Zeit Buddhas, gegründet wurde
Janwasa großes Zelt
Jatav Angehöriger einer niederen Kaste
Jeeja Schwager
Kachwari Schwemmland, saisonal als Anbaufläche nutzbar
Kakri Gurkensorte
Kali die »Schwarze«, Erscheinungsform der Durga, Göttin der Rache und Zerstörung; sie wird in schwarzer Gestalt und mit einer Kette von Totenschädeln um den Hals dargestellt
Kanya-daan Zeremonie, bei der die Brauteltern dem Bräutigam die Hand ihrer Tochter anbieten
Kaste grundlegende soziale Ordnungseinheit der Hindugesellschaft. Die ursprüngliche Einteilung sah vier Kasten vor: die der Brahmanen (Priester), der Kshatriyas (Krieger), der Vaishyas (Bauern und Handwerker) sowie der Shudras (Knechte). Heute gibt es etwa 3000 Kasten und Unterkasten in Indien.
Khat Bett- und Liegegestell aus Holz
Kshatriya Kriegerkaste, eine der vier ursprünglichen Kasten
Kurta langes, lockeres Hemd
Lakh indische Mengenangabe, 100 000 Einheiten
Lakshmi Göttin der Schönheit und des Glücks, Gattin Vishnus
Lathi Knüppel aus Holz
Lunghi Kleidungsstück, Stoff, der um die Hüfte geschlungen wird; sowohl von Männern als auch von Frauen getragen
Maharajah »großer König«, Herrscher eines Fürstentums
Maharani Gemahlin des Maharajah
Mallah Kaste der Fischer
Mantra Formel bei Riten und Meditationen
Muh-dikhai Zeremonie, bei der die in das Haus ihres Mannes aufgenommene Frau Geschenke erhält
Mukhiya Dorfältester
Namasteh Geste der Ehrerbietung mit aneinandergelegten Händen; auch Grußformel
Nayan Angehöriger einer niederen Kaste
Neem Paternoster-Baum
Panchayat Rat der Dorfältesten
Panches Angehörige des Dorfrates
Pandal eine Art Baldachin

Pandit sanskritkundiger Brahmane; Schriftgelehrter und religiöser Lehrer
Parathas Vollkorn-Fladenbrot
Pariah Unreiner, außerhalb der vier Kasten Stehender
Pradhan gewählter Führer einer Distriktsgemeinschaft von Dörfern
Raavana Gestalt aus dem Ramayana-Epos; Dämonenkönig, der Sita, die Gemahlin Ramas entführt
Rajah Titel indischer Hindufürsten
Rama Held des Ramayana; siebte Inkarnation von Vishnu
Ramayana altindisches Epos von 24 000 Doppelversen, in dem das Leben des Rama erzählt wird. Die ältesten Teile stammen aus dem 4./3. Jahrhundert v. Chr. Heute als Teil der Weltliteratur in ganz Südasien verbreitet. Bislang nicht auf deutsch erschienen.
Rayput Adels- und Kriegerkaste, der viele Grundbesitzer angehören
Roti ungesäuerter Brotfladen
Sadhu heiliger Mann
Sahib »Herr«; Anrede
Samosa in Fett ausgebackene, gefüllte Pastete
Sarasvati Gemahlin Brahmas, Göttin der Wissenschaft
Sari Kleidungsstück für Frauen, aus einem einzigen Tuchstück bestehend, das ohne Knöpfe oder andere Befestigungen getragen wird
Sarpanch Leiter des *Panchayat*, Bürgermeister
Shiva der Weltenzerstörer, in der hinduistischen Götterwelt neben Brahma und Vishnu Teil der obersten Trinität
Shudra Kaste der Knechte, die unterste der vier ursprünglichen Kasten
Sikh Angehöriger einer indischen religiösen Reformbewegung (gegen Ende des 15. Jahrhunderts gegründet)
Sipahi einfacher Polizist
Sita Gestalt aus dem Ramayana, Gemahlin des Rama
Sorghum Gattung von Gräsern, zu der auch die indische Hirse gehört, zubereitet als Brei oder Kuchen
Teeka die erste Hochzeitszeremonie, wenn der Bräutigam im Haus der Braut aufgenommen wird. Dabei wird auf seiner Stirn der *Teeka* angebracht, ein roter Fleck.
Thakur eine zur Kriegerkaste zählende Unterkaste, der vor allem Grundbesitzer angehören
Vaishya Kaste der Bauern, Handwerker und Kaufleute, die zweitunterste der vier Hauptkasten
Vishnu der Weltenerhalter, in der hinduistischen Götterwelt neben Brahma und Shiva Teil der obersten Trinität

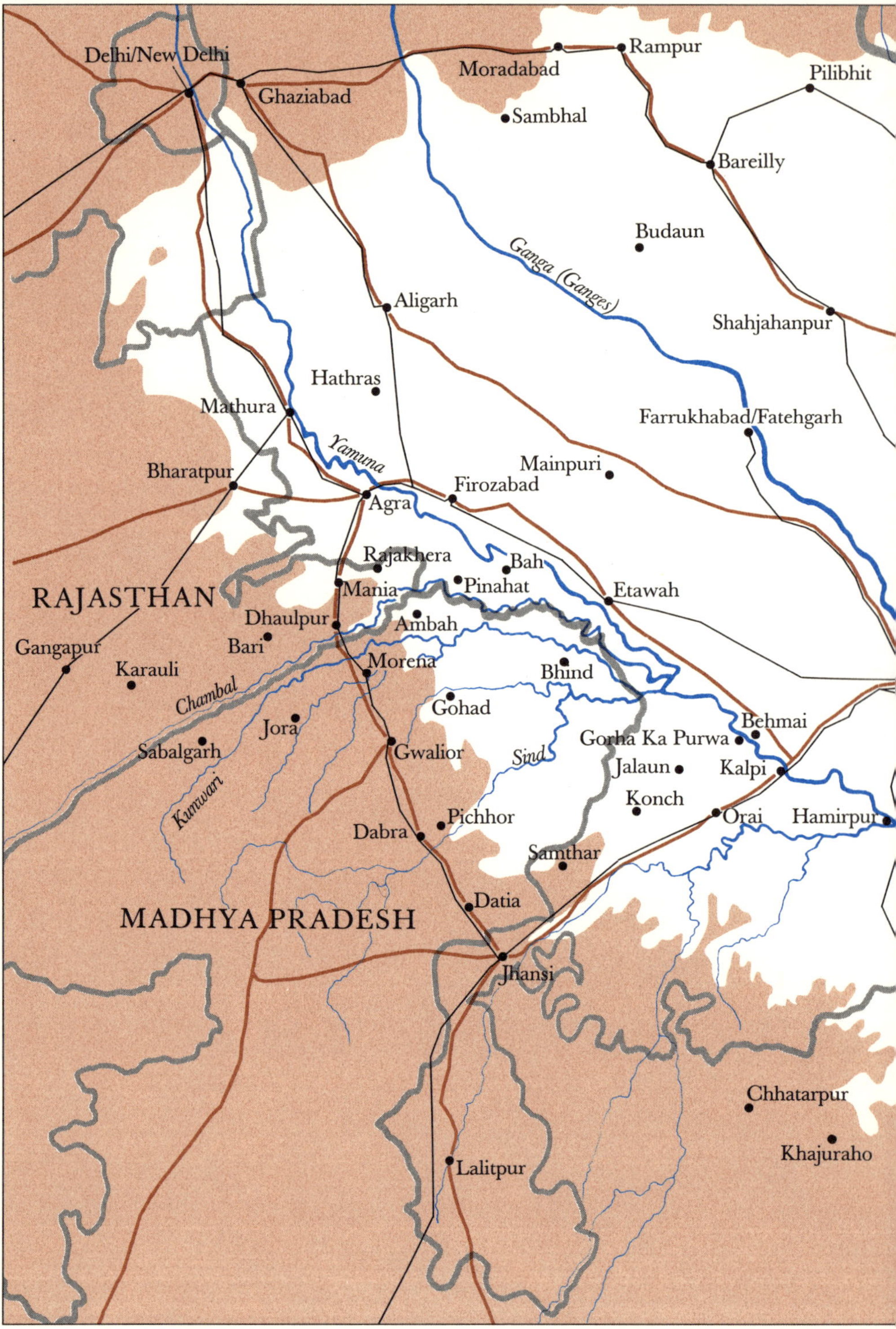

Delhi/New Delhi
Ghaziabad
Moradabad
Rampur
Pilibhit
Sambhal
Bareilly
Budaun
Ganga (Ganges)
Aligarh
Shahjahanpur
Hathras
Mathura
Farrukhabad/Fatehgarh
Yamuna
Mainpuri
Bharatpur
Firozabad
Agra
Rajakhera
Bah
Pinahat
Mania
Etawah
RAJASTHAN
Dhaulpur
Ambah
Bari
Gangapur
Morena
Karauli
Bhind
Chambal
Gohad
Behmai
Jora
Gorha Ka Purwa
Sabalgarh
Gwalior
Sind
Jalaun
Kalpi
Kunwari
Konch
Pichhor
Orai
Hamirpur
Dabra
Samthar
Datia
MADHYA PRADESH
Jhansi
Chhatarpur
Khajuraho
Lalitpur